Goethes Verhältnis zum Islam und zu seinem Begründer Mohammed gehört zu den erstaunlichsten Phänomenen in Goethes Leben. Für die Religion der Muslime entwickelte er bereits früh eine besondere Anteilnahme; der Koran war ihm, nach der Bibel, die vertrauteste religiöse Urkunde. Schon als 23jähriger dichtete Goethe ein wundervolles Preislied auf den Propheten Mohammed, und noch der 70jährige Dichter bekennt, daß er sich mit dem Gedanken trage, »ehrfurchtsvoll jene heilige Nacht zu feiern, wo der Koran vollständig dem Propheten von obenher gebracht ward«. Dazwischen liegt ein langes Leben, in welchem Goethe auf verschiedenartigste Weise dem Islam seine Verehrung bezeugt hat. Vor allem geschah dies in dem Werk, das uns heute, neben dem *Faust*, als eines seiner wesentlichsten dichterischen Vermächtnisse gilt, dem *West-östlichen Divan*.

Seit Jahrzehnten hat sich Katharina Mommsen mit dem Einfluß des Islam auf Goethes Leben und Werk auseinandergesetzt und ist dabei oft zu überraschenden Ergebnissen gelangt, die dem Leser neue Perspektiven eröffnen. Aus ihrer Gesamtdarstellung »Goethe und die arabische Welt«, die zu einem Standardwerk der Goethe-Forschung geworden ist, enthält der vorliegende Band die zentralen Kapitel.

Katharina Mommsen lebt als Professor emerita für Literatur der Stanford University in Kalifornien. Als gebürtige Berlinerin begann sie ihre akademische Laufbahn an der Deutschen Akademie der Wissenschaften und der Freien Universität Berlin. Ihre zahlreichen Vortragsreisen haben sie wiederholt in islamische Länder geführt. Im Insel Verlag gab Katharina Mommsen u. a. die Faksimile-Ausgabe des *West-östlichen Divan* heraus; im insel taschenbuch erschien zuletzt *Goethe. Die Kunst des Lebens*, in der edition suhrkamp ihre Weimarer Festrede von 1999 *Goethe und unsere Zeit*.

Peter-Anton von Arnim, geboren 1937. Übersetzer, Schriftsteller, Privatgelehrter, arbeitete von 1980 bis 1987 als Fotograf im Sudan.

insel taschenbuch 2650

Goethe und der Islam

Katharina Mommsen

Goethe und der Islam

Herausgegeben
und mit einem Nachwort
versehen von
Peter Anton von Arnim

Insel Verlag

Umschlagabbildung:
British Museum/Departement of Oriental Antiquities, London

insel taschenbuch 2650
Erste Auflage 2001

Vertrieb durch den Suhrkamp Taschenbuch Verlag
Umschlag nach Entwürfen von Willy Fleckhaus
Druck: Druckhaus Nomos, Sinzheim
Printed in Germany
ISBN 978-3-458-34350-4

3 4 5 6 7 8 – 16 15 14 13 12 11

Inhalt

Goethe und der Islam

1. Die geistesgeschichtlichen Voraussetzungen von Goethes Verhältnis zur muslimischen Religion

»Im Islam leben und sterben wir alle«

Das Verhältnis Goethes zum Islam und zu seinem Begründer Mohammed (569-632) gehört zu den erstaunlichsten Phänomenen in des Dichters Leben. Es läßt sich zeigen, daß er eine ganz besondere innere Anteilnahme für die Religion der Muslime entwickelte und daß der *Koran* nach der *Bibel* die religiöse Urkunde gewesen ist, mit der Goethe am vertrautesten war. Seine Anteilnahme am Islam bekundete sich zu den verschiedensten Zeiten seines Lebens. Als 23jähriger dichtete Goethe ein wundervolles Preislied auf den Propheten Mohammed, und noch der 70jährige Dichter bekennt in aller Öffentlichkeit, daß er sich mit dem Gedanken trage, »ehrfurchtsvoll jene heilige Nacht zu feiern, wo der *Koran* vollständig dem Propheten von obenher gebracht ward« (in: *Noten und Abhandlungen zum West-östlichen Divan,* Kapitel »Künftiger Divan«, Abschnitt *Buch des Paradieses*). Dazwischen liegt ein langes Leben, in welchem der Dichter auf die vielfältigste Weise dem Islam seine Verehrung bezeugt hat. Vor allem geschah dies in dem Werk, das uns heute, neben dem *Faust*, als eines seiner wesentlichsten dichterischen Vermächtnisse gilt, dem *West-östlichen Divan.* Eine von Goethe verfaßte Ankündigung dieses Werkes enthält sogar den erstaunlichen Satz: der Verfasser des Buches lehne »den Verdacht nicht ab, daß er selbst ein Muselman sei«.

Fragen wir nach den Gründen für diese außerordentlich positive Einstellung gegenüber dem Islam, so ist hier zunächst daran zu erinnern, daß Goethe stets allen religiösen Erscheinungen größtes Interesse entgegenbrachte. Beruht doch sein ganzes Wirken nicht zuletzt auch auf religiösen Impulsen und Überzeugungen. Was den Islam betrifft, so hing Goethes Interesse freilich auch zusammen mit Bestrebungen seiner Zeit. Die Aufklärung, beherrscht vom Gedanken der Toleranz, sah es als eine ihrer Aufgaben an, den Wert auch anderer, nichtchristlicher Religionen erkennbar zu machen. Dabei richtete sich der Blick zunächst auf den Islam, aus dem einfachen Grunde, weil man von ihm am meisten wußte. Die Religionen Indiens und des Fernen Ostens waren noch kaum in ihrer eigentlichen Gestalt erkennbar.

Gewiß teilte Goethe von Anfang an den offeneren Blick und die liberale Gesinnung einzelner führender Geister der Aufklärung. Dennoch ist sein Verhältnis zum Islam hieraus allein nicht zu erklären. Das zeigt schon die Wärme solcher huldigenden Äußerungen wie die eben erwähnten. Wollen wir ermessen, welche Besonderheit, Eigenwilligkeit und Kühnheit in ihnen liegt, so müssen wir uns wenigstens in ungefähren Zügen ein Bild davon machen, wie weit das Verständnis für den Islam bei den Zeitgenossen des Dichters gediehen war. Wir müssen uns vor Augen führen, inwiefern Goethes Gesinnungen historische Voraussetzungen haben und wo der Bereich eigenen Fühlens und Denkens beginnt.

Ganz im allgemeinen stand das Abendland dem Islam vom 7. bis Ende des 17. Jahrhunderts, also während rund eines Jahrtausends, feindlich gegenüber. Erst mit dem Ende des 17. Jahrhunderts bahnte sich allmählich eine Wende an. Die zahllosen kriegerischen Auseinandersetzungen zwischen Islam und Christentum ließen keine vorurteilslose Betrachtungsweise aufkommen. Erinnert sei nur daran, daß noch im Jahre 1683 die Türken zum letztenmal Wien belagerten. Seit den Kreuzzügen gab es in Europa einzelne Übersetzungen des *Korans*, die von Vertretern der christlichen Kirche zur Bekämpfung der muslimischen Religion veröffentlicht wurden. Ihre gegenüber dem Islam extrem feindliche Tendenz tut sich schon in Polemiken auf den Titelblättern, in Vorworten und Fußnoten kund. Eine erste solche lateinische Übersetzung dieser Art stammt aus dem

Jahr 1143. Ihr Urheber war der Abt von Cluny, Petrus Venerabilis. Die erste solche deutschsprachige *Koran*-Übersetzung – nach einer italienischen Vorlage – erschien 1616 in Nürnberg; sie stammte von dem dortigen Prediger Salomon Schweiggert. Auch die übrigen europäischen Lebensdarstellungen des Propheten Mohammed bekunden extrem feindliche Tendenzen. So ist für die Epochen, die der Goethezeit vorausgingen, eine feindselige Einstellung gegenüber den Anhängern der islamischen Lehre charakteristisch, die ihren Grund vor allem in der weitverbreiteten Türkenfurcht hatte. Erstmals 1647 erschien eine einigermaßen neutrale *Koran*-Übersetzung; sie stammte von dem französischen Geschäftsträger in Ägypten und Konstantinopel, André du Ruyer, der den Text aus dem Arabischen ins Französische übertrug. Goethe machte sich in der Epoche des *West-östlichen Divans* du Ruyers *Koran*-Übersetzung zunutze, die bis 1770 nicht weniger als acht Auflagen erlebte. Zu den *Koran*-Übersetzungen, die den christlich-theologischen Apologeten und Missionaren in ihrem Glaubenskampf dienen sollten, gehörte auch die philologisch korrekte lateinische Version von Ludovico Maracci, 1698 mit arabischem Text erschienen. Der italienische Verfasser, Beichtvater von Papst Innozenz XI., fügte ihr allerdings nicht nur eine Lebensdarstellung des von ihm als »Pseudopropheten« betrachteten Religionsstifters, sondern auch eine ausführliche Widerlegung seiner Lehre bei. Goethe hat sich bei seinen frühen *Koran*-Studien gründlich mit der Übersetzung des Maracci befaßt und sich von ihr anregen lassen. Eine Darstellung des Propheten Mohammed als Betrüger erschien noch um die Wende zum 18. Jahrhundert innerhalb des vielgelesenen *Dictionnaire Historique* von Pierre Bayle, einem enzyklopädischen Werk, das durch Gottscheds Übersetzung weite Verbreitung auch in der deutschsprachigen Welt fand. Goethe war schon in seiner Kindheit durch seine »unruhige Wißbegierde« zu Bayles historischem Wörterbuch getrieben worden, das er in seines Vaters Bibliothek entdeckte und in dem er sich wie in einem »Labyrinth« verlor. Etwa gleichzeitig mit dem Bayleschen Wörterbuch erschien in Frankreich die berühmte *Bibliothèque orientale* von Barthélemy d'Herbelot, ein riesiges lexikalisches Werk. Es vermittelt einerseits immens viele Informationen über die Länder des Orients, anderseits ist nicht zu übersehen, daß der Verfasser gegenüber dem Islam noch voller Vorurteile war. Goethe hat die *Bibliothèque orientale* lange und zu wiederholten Malen benutzt. Er verdankte diesem Werk zahlreiche Anregungen für sein poetisches und gelehrtes Schaffen in der Epoche des *West-östlichen Divans.*

Eine positive Wende in der Beurteilung des Propheten Mohammed bahnte sich im Jahre 1705 an mit der Veröffentlichung des Werks eines holländischen protestantischen Gelehrten, des Utrechter Orientalisten Hadrian Reland: *De religione Mohammedica.* Reland bemühte sich um eine unvoreingenommene Darstellung der islamischen Lehre. Sein Werk wurde bald ins Englische, Deutsche und Französische übersetzt. Goethe besaß in seiner Bibliothek in Frankfurt: *Hn. Adrian Relands Welt-berühmten Professoris der orientalischen Sprachen in Utrecht, Zwey Bücher von der Türckischen oder Mohammedanischen Religion* [...] getreulich übers. u. z. and. Mahl hg. Hannover 1717. Er hat sich mit Relands im Vergleich zu früheren Werken um Objektivität bemühtes Islam-Bild gleichfalls auseinandergesetzt. Selbst innerhalb der Literatur der Aufklärung nimmt dieses Buch eine Ausnahmestellung ein. Denn wie die Beispiele von Bayles Wörterbuch und Herbelots *Bibliothèque orientale* zeigen, bestand die allgemeine Tendenz der Zeit trotz allen Bemühens um religiöse Toleranz nach wie vor darin, den Propheten Mohammed als einen Betrüger darzustellen, zwar nicht mehr wie im Mittelalter, um die Überlegenheit des Christentums zu demonstrieren, aber nunmehr eben, um am Islam beispielhaft die offenbarten Religionen ganz allgemein als Betrügereien zu entlarven. Zwar wurde die Lehre von den drei Betrügern, Moses, Jesus und Mohammed, bereits dem Stauferkaiser Friedrich II. zugeschrieben, aber nachzuweisen sind Schriften dieses Inhalts erst aus der Zeit von Anfang der Frühaufklärung. Eine große Wirkung übte damals die Schrift eines Hamburger Juristen namens Johann Joachim Müller vom Jahre 1688 aus: *De imposturis religionum*; von den Betrügereien der Religionen.[1] Sie kursierte in zahlreichen Abschriften, später auch Drucken und zwei französischen Übersetzungen. Gottes Forderung an Abraham, er solle seinen Sohn schlachten, wird darin als barbarische Denkweise gebrandmarkt, die das Judentum in ein finsteres Licht rückt, und wenn der Gott der Christen seinen eigenen Sohn kreuzigen läßt, dann zeigt sich darin für ihn erst recht alles andere als ein Fortschritt des Denkens. Dem Aufklärer Voltaire, auf dessen *Mahomet*-Tragödie wir später noch zurückkommen werden, diente der Prophet Mohammed als bloße Folie für seine rationalistische Religionskritik, und selbst die 1810 auf deutsch erschienene Mohammed-Biographie von K. E. Oelsner, die Goethe in der *Divan*-Epoche benutzte, hält an dem Bild vom Begründer des Islam als eines Betrügers fest.

In diesem Licht erscheint das Buch Relands geradezu wie ein kühnes Plädoyer, nicht für den Islam selbst – das wäre damals, im Jahre 1717, noch zu gefährlich gewesen – aber doch für ein objektives Studium des Islam. So heißt es im § VII der Vorrede:

> GOTT hat allen Menschen die Vernunfft gegeben; und habe ich allezeit dafür gehalten, daß die Religion, die sich in Asia, Africa und Europa selbst so weit hat ausgebreitet, mehr Wahrscheinlichkeit habe, wodurch sie die Menschen an sich locket, und nicht so närrisch und abgeschmackt sey, als viele Christen sich wohl einbilden.

Um nicht in den Verdacht zu geraten, ein Sympathisant des Islam zu sein, sieht sich Reland dann zwar genötigt, auf dessen vorgebliche Verwerflichkeit hinzuweisen und sich damit von dieser fremden Religion zu distanzieren. Aber indem er sich dabei einer übertrieben drastischen Ausdrucksweise bedient und dennoch darauf besteht, daß man den Islam ernsthaft studieren solle, ist diese schriftstellerische Finte für den Leser, der zwischen den Zeilen zu lesen versteht, recht durchsichtig:

> Es ist zwar eine sehr böse, und dem Christenthum höchst schädliche Religion, dafür ein jeder Abscheu haben muß, der Christum lieb hat, und der heiligen Schrifft glaubet. Aber wiewohl dem also ist, darff man sie deswegen nicht erforschen? Soll man nicht die Tieffen und List des Satans entdecken? Vielmehr soll man dahin trachten sie recht zu erkennen, um sie desto sicherer und kräfftiger zu bestreiten.

Entscheidend für Goethe und seine Stellung zum Islam innerhalb der Aufklärung war die Frage, welche Reland dann im § VIII der Vorrede aufwirft:

> Da aber die Mohammedaner [...] alles, was im Alcoran steht, für GOttes Gebot halten, so kann man mit ihnen nicht disputieren, ob diese oder jene Lehr und Ceremonie gut oder billich sey, (denn das beweisen sie, weils im Alcoran steht) sondern der gantze Disputat muß darauf ankommen, ob der Alcoran auch ein Göttliches Buch sey.

Reland geht auf diese Frage nicht ein, verneint sie aber jedenfalls nicht. Vielmehr kontert er diese mit einer weiteren Frage, nämlich, »warum so wenig Mohammedaner zu unserer Religion bekehret werden«, obwohl schon so viele Christen in die islamischen Länder gereist sind, und gibt darauf eine Antwort, die gewiß auch Goethe schon mit Vergnügen zur Kenntnis genommen haben wird:

> [...] nicht, weil sie nicht disputieren wollen; sondern daß die meisten von den Evangelischen oder Protestierenden, die dahin reisen, nicht Seelen, sondern Geld zu gewinnen suchen [...] Wann ein Türck zu Constantinopel dem andern Türcken etwas erzehlet, und der andere ihn fraget, ob sich das in der That so verhalte, so wird man alsbald hören, daß der andere darauf mit Unwillen antwortet: Meynest du, daß ich ein Christ bin? Als wenn er sagen wollte: Meynest du, daß ich um Gewinstes willen, oder aus Kurtzweil lüge? Sollte man sich nicht schämen, daß uns dergleichen Dinge nachgesaget werden, und wir sie nicht widerlegen können, weils die leidige Erfahrung täglich bekräfftiget?

Für Goethe jedenfalls stand zeit seines Lebens außer Frage, daß auch der *Koran*, neben der Bibel, ein heiliges Buch sei. In diesem Zusammenhang bedeutete für die Einschätzung des Islam in Europa ein weiteres wichtiges Ereignis die englische *Koran*-Übersetzung von George Sale, eines Rechtsanwalts, der lange unter Arabern gelebt hatte. Seine Übersetzung von 1734 – nach ihrem Erscheinen bald ins Deutsche, Holländische und Französische übertragen – erfreut sich bei Kennern großer Schätzung wegen ihres engen Anschlusses an das arabische Original. Sie blieb für Europa ein Jahrhundert lang eine der Hauptquellen für die Kenntnis aller mit dem *Koran* zusammenhängenden Fragen. George Sale wies mit ähnlich liberaler Haltung wie Adrian Reland sowohl auf Vorzüge des Islam als solchem wie auch auf dessen mannigfache Übereinstimmungen mit dem Christentum hin. Goethe lernte Sales *Koran*-Übersetzung schon früh schätzen und schöpfte daraus Anregungen für seine eigene dichterische Produktion.[2] In der *Divan*-Epoche beschäftigte er sich erneut damit und wurde wiederum dadurch zu eigenem Schaffen inspiriert.

Eine wirkungsvolle Apologie des arabischen Religionsstifters fand sich im Nachlaß des Henri Comte de Boulainvilliers und wurde 1730 in Holland veröffentlicht. (*La Vie de Mahomet*; avec des Réflexions sur la Religion Mahometane, et les Coutumes des Musulmans. Par M. Le Comte de Boulainvilliers, auteur de l'Etat de la France. Amsterdam M. DCC. XXX.). Mohammed wird in diesem Werk unter anderem dafür gerühmt, daß er die Lehre der Einheit Gottes von Indien bis Spanien ausgebreitet habe. Boulainvilliers liberale Gesinnung beeinflußte nachgewiesenermaßen auch die Denkungsart Voltaires.[3] In seinem *Essai sur l'histoire générale et sur les mœurs et l'esprit des nations* von 1756 setzte Voltaire ähnliche Akzente wie Boulainvilliers und pries den Propheten Mohammed – neben Konfuzius und Zoroaster – als einen der drei größten Gesetzgeber der Welt. Sein Lob gipfelt in dem Urteil:

> Ce fut certainement un très-grand homme [...] Conquérant, Législateur, monarque et pontife, il joua le plus grand rôle qu'on puisse jouer sur la terre aux yeux du commun des hommes.

Freilich stammte von Voltaire auch eine ganz gegenteilige Darstellung aus jüngeren Jahren: seine 1741 uraufgeführte religionskritische Vers-Tragödie *Le Fanatisme ou Mahomet le Prophète.* Hierzu ist zu sagen, daß Voltaires Abneigung gegen jede Religion einer unvoreingenommenen Würdigung von Mohammeds Person ganz generell hinderlich war. Hinzu kam, daß Voltaire sich in diesem Bühnenwerk dem noch weitverbreiteten negativen Mohammed-Bild von Männern wie Prideaux und Bayle anschloß. So erscheint der Stifter des Islam in Voltaires *Mahomet*-Tragödie als skrupelloser Massenverführer, der in seinem Fanatismus auch vor verbrecherischen Mitteln nicht zurückschreckt. Mit diesem Bühnenwerk hatte es jedoch eine besondere Bewandtnis; der Autor bediente sich hier – in platt mißbräuchlicher Weise – der Gestalt des arabischen Religionsstifters als Vorwand für seinen Feldzug gegen religiösen Fanatismus und Aberglauben im allgemeinen und gegen die römische Kirche im besonderen. Dazu schreibt Hans Haas (in: *Das Bild Muhammeds im Wandel der Zeiten,* Berlin 1916, S. 20): »Das ganze Stück ist gegen das katholische Christentum, ist gegen die Religion überhaupt gerichtet, als gegen Priestertrug und Aberglauben [...] Hätte Voltaire den Mut dazu gefunden, so hätte er den Stoff für seine Tragödie in unserer Geschichte finden mögen. Das schien ihm zu riskant.« Wir werden noch von Goethes Stellung zu diesem ihm unsympathischen Werk sprechen, das er übersetzte und in stark überarbeiteter Form auf die Bühne brachte.[4]

Wenden wir nun den Blick nach Deutschland, so sind vor allem Leibniz,[5] Lessing und Herder als diejenigen zu nennen, die sich bemühten, dem Islam im Sinne einer humanen, aufgeklärten Gesinnung Gerechtigkeit widerfahren zu lassen. Schon durch sein Drama *Nathan der Weise* gilt Lessing mit Recht als ein Hauptvertreter der religiösen Toleranz.[6] Auch in seiner Schrift *Rettung des Hier[onymus] Cardanus* (1752) plädiert er – und zwar aus dem Munde eines Muslims – für den Islam, der bei Lessing als Vernunftreligion erscheint. Herder tat ein übriges. In seinen *Ideen zur Philosophie einer Geschichte der Menschheit*, Buch 19: *Reiche der Araber* (1791) würdigt er Mohammeds »hohe Begeisterung für die Lehre von Einem Gott« und »die Weise, ihm durch Reinigkeit, Andacht und Guttätigkeit zu dienen«. Nach Herders Überzeugung waren »verderbte Traditionen des Juden- und Christentums, die Mundart seines Stammes und seine persönlichen Gaben gleichsam die Fittige, die Mohammed über und außer sich selbst forttrugen«. Weiter rühmt Herder den hohen Grad der Kultur, den die Muslime erreicht hätten, und der sie den Pöbel der Christen in seinen groben Ausschweifungen und verwilderten Sitten tief verachten lasse. Das Verbot des Weins und unreiner Speisen, das Verbot des Wuchers und gewinnsüchtigen Spiels gehören zu den von Herder hervorgehobenen Reinheitsbestrebungen, mit denen die Anhänger der muslimischen Religion Gott, dem Schöpfer, Regierer und Richter der Welt, zu dienen sich bemühen.

Dieses Reinheitsstreben sowie die eifrige tägliche Andacht, die Werke der Barmherzigkeit und die Ergebung in Gottes Willen, welche der *Koran* vorschreibt: all dies präge den Muslimen Ruhe der Seele und Einheit des Charakters auf.

Kennzeichnend für Herders Hochschätzung des *Korans* ist seine Behauptung: »Wenn die germanischen Überwinder Europas ein klassisches Buch ihrer Sprache, wie die Araber den *Koran,* gehabt hätten; nie wäre die lateinische eine Oberherrin ihrer Sprache geworden, auch hätten sich viele ihrer Stämme nicht so ganz in der Irre verloren.«

Wir sehen also in Goethes Epoche Bestrebungen sich abzeichnen, den Islam freier und unvoreingenommener zu betrachten, als es jahrhundertelang üblich gewesen war. Dabei darf man allerdings nicht vergessen: es waren doch immer nur Einzelne, die sich auf solchen vorurteilsloseren Standpunkt zu erheben vermochten. Nur von wenigen Wortführern der Zeit kann man sagen, daß sie danach trachteten, engherzige Ansichten zu beseitigen und den Geist ihrer Landsleute aufzuklären, um Gesinnungen und Denkweise zu veredeln. Demgegenüber verhielten sich die meisten Zeitgenossen, soweit sie sich überhaupt mit dem Islam befaßten, auch weiterhin noch lange zumeist verständnislos und intolerant.

2. Persönliche Affinität zum Islam

Goethes Stellung zum Islam bestimmte sich jedoch von Anfang an – und dies ist das Entscheidende – nicht allein, nicht ausschließlich aus der Haltung einer fortschrittlichen Aufklärung mit ihren Toleranzbestrebungen und ihren Bemühungen, Fehlurteile der Vergangenheit auszuräumen. Vielmehr trat er zu Mohammed und seiner Religion in ein viel persönlicheres Verhältnis. Darum gehen seine zustimmenden Urteile über den Islam in ihrer Bekenntnishaftigkeit auch weit über alles hinaus, was je zuvor ein Autor in Deutschland zu diesem Thema zu äußern gewagt hat. Sein entschieden positives Verhältnis zum Islam gewann Goethe dadurch, daß ihm gewisse Hauptlehren als übereinstimmend mit seinem eigenen Glauben und Denken erschienen. Das erweckte in ihm eine tief begründete Sympathie, und aus solcher Sympathie resultiert der Ton so freimütiger Bekenntnisse, wie er hier schon aus einigen Beispielen erklang.

Durch Herder wurde Goethe frühzeitig, womöglich schon im Straßburger Winter 1770/71, zur Lektüre des *Korans* veranlaßt. Bald stoßen wir auf Zeugnisse ungewöhnlicher innerer Anteilnahme am Islam und am Propheten Mohammed. Damals wurde der Grund gelegt zu jener Wertschätzung des *Korans*, die in Goethes Altersjahren der *West-östliche Divan* bekundet, das Werk, in dem Islam und *Koran* auf unvergleichliche Weise geehrt werden.

Schon der junge Goethe zeigte starkes Interesse für die heilige Schrift der Muslime. Sich mit dem Islam auseinanderzusetzen entsprach zunächst ganz allgemein dem Drang der intellektuellen Jugend nach unvoreingenommener Aufgeschlossenheit und religiöser »Toleranz«. Wie Goethe in *Dichtung und Wahrheit* (Buch 12) berichtet, war Toleranz die »Losung der damaligen Zeit«. Im Sinne dieser aufklärerischen Toleranz betrachtete er den *Koran* als ein greifbares Beispiel dafür, daß neben der *Bibel* noch andere Schriften existieren, die großen Teilen der Menschheit heilig sind. Für tolerante Haltung setzte sich schon der junge Goethe bei seinen Debatten mit pietistischen Jugendfreunden ein. In diesem Sinne trat er auch als Mitarbeiter der *Frankfurter Gelehrten Anzeigen* gegen den orthodox christlichen Standpunkt auf, der nur *eine* hergebrachte Religion gelten lassen wollte. Vier Jahrzehnte später, in der Epoche des *West-östlichen Divans*, war es seine Opposition gegen die unter den Romantikern aufgekommene frömmlerische Gleichsetzung von Deutschtum und Christentum, welche Goethe veranlaßte, den *Koran* und damit den Islam erneut ins Blickfeld zu rücken.

Keineswegs ging es aber bei Goethes früher Beschäftigung mit dem *Koran* ausschließlich darum, religiöse Toleranz zu demonstrieren, hinter welcher sich oft nichts weiter verbirgt als Indifferenz. Vielmehr hing Goethes Studium des *Korans* mit seinem charakteristischen Drang zusammen, alle ihm erreichbaren religiösen Meinungen kennenzulernen. *Dichtung und Wahrheit* (Teil I, Buch 1) gibt davon Bericht, wie Goethe schon von Kindheit an nach einer ihm gemäßen Religion gesucht hat. Die Autobiographie verzeichnet auch die Hauptphasen dieser religiösen Orientierung im Anschluß an die Glaubenserschütterung des Jahres 1755, als beim furchtbaren Erdbeben in Lissabon, »der Schöpfer und Erhalter Himmels und der Erden« sich »keineswegs väterlich« bewies. Bald darauf lernte der Knabe zwischen der gesetzlichen Kirche und den Separatisten, Pietisten, Herrnhutern, den »Stillen im Lande« zu unterscheiden und begann seine eigene, ganz persönliche Religiosität zu entfalten. Eine Vorahnung seines späteren Pantheismus ist spürbar, wenn Goethe beschreibt, wie er sich als Kind »dem großen Gotte der Natur unmittelbar zu nähern suchte«. Der Sechsjährige hatte nach dem Erdbeben in Lissabon keine anthropomorphe Gottesvorstellung mehr: »Eine Gestalt konnte der Knabe diesem Wesen nicht verleihen; er suchte ihn also in seinen Werken auf.« Für seine Gottesverehrung erfand er ein eigenes Ritual: er baute seinem Gott der Natur einen Altar in Pyramidenform, auf dem in verschiedenen Abstufungen Naturprodukte aufgeschichtet waren. »Jedermann sah darin nur eine wohl aufgeputzte Naturaliensammlung; der Knabe hingegen wußte besser was er verschwieg.« Die Autobiographie beschreibt, wie der »junge Priester«, als die Sonne über den Dächern erschien, mit einer Lupe Räucherkerzchen entzündete, die unter gelindem Verbrennen und Verdampfen den angenehmsten Geruch verbreiteten. »Alles gelang nach Wunsch und die Andacht war vollkommen.«

Die wichtigsten Momente seiner religiösen Entwicklung waren, *Dichtung und Wahrheit* zufolge: die Ergriffenheit des Kindes durch Klopstocks *Messias*, das Studium des Neuen und Alten Testaments in den Grundsprachen bis zur vollkommenen »Bibelfestigkeit«, das Gewahrwerden der Widersprüche der Überlieferung mit dem Wirklichen und Möglichen, die Auseinandersetzung mit theologischen Kommentaren, die mit großer Ausführlichkeit beschriebene Versenkung in die Patriarchenwelt des Alten Testaments, worüber der Dichter in seiner Autobiographie abschließend sagt: »So flüchtete ich gern nach jenen morgenländischen Gegenden, ich versenkte mich in die ersten Bücher Moses und fand mich dort unter den ausgebreiteten Hirtenstämmen zugleich in der größten Einsamkeit und in der größten Gesellschaft.« Im zweiten Teil der Lebensbeschreibung berichtet er von der inneren Auflehnung des Konfirmanden gegen die Dürftigkeit des protestantischen Kultus, in welchem er eine Übereinstimmung zwischen der inneren

Religion des Herzens und jener äußeren der Kirche entbehrte. Entschiedene Abkehr von Kirche und Altar ist die nächste Station der religiösen Entwicklung, die mit dem Studium an der Universität Leipzig zusammenfällt. Nach schwerer Erkrankung erfolgt eine Rückkehr zu intensiven Gesprächen über das Neue Testament mit dem Gelehrten Ernst Theodor Langer, der an dem bibelfesten Goethe »einen getreuen und wohlvorbereiteten Proselyten« gewinnt. Bei der Rückkehr des an Körper und Seele Leidenden nach Frankfurt kommt es zur Freundschaftsverbindung mit der genialen Pietistin Susanne von Klettenberg, die an ihm ein »nach einem unbekannten Heile strebendes Wesen« fand. »Mystische chemisch-alchimische Bücher« der Neuplatonischen Schule werden gelesen, um die »Geheimnisse der Natur im Zusammenhang« kennenzulernen. Von großem Einfluß ist sodann Arnolds Kirchen- und Ketzer-Geschichte:

> Seine Gesinnungen stimmten zu sehr zu den meinigen, und was mich an seinem Werk besonders ergetzte, war, daß ich von manchen Ketzern, die man mir bisher als toll oder gottlos vorgestellt hatte, einen vorteilhaftern Begriff erhielt. Der Geist des Widerspruchs und die Lust zum Paradoxen steckt in uns allen. Ich studierte fleißig die verschiedenen Meinungen, und da ich oft genug hatte sagen hören, jeder Mensch habe am Ende doch seine eigene Religion, so kam mir nichts natürlicher vor, als daß ich mir auch meine eigene bilden könne, und das tat ich mit vieler Behaglichkeit.

Das achte Buch von *Dichtung und Wahrheit*, aus dem vorstehendes Zitat stammt, endet mit der Schilderung seiner damaligen Ideen über die Gottheit, »die sich von Ewigkeit her selbst produziert« und der ganzen Schöpfung, die »nichts ist und nichts war, als ein Abfallen und Zurückkehren zum Ursprünglichen«. Im nächsten Lebensabschnitt, den Goethe zum Abschluß seines juristischen Studiums 1770/71 in Straßburg verbringt, kommt es zur ersten Begegnung mit Herder, der ihn unter anderem zur Beschäftigung mit dem *Koran* veranlaßte.

In der anschließenden Lebensphase, aus der seine *Koran*-Auszüge stammen, finden wir ihn in Frankfurt und Wetzlar. Damals nahmen die Freunde, wie sein künftiger Schwager J. G. Schlosser am 25. Februar 1772 an Gleim schrieb, an Goethe die »ernste Bemühung« wahr, »seine Seele zu reinigen«. Die Auseinandersetzungen mit religiösen Freunden um die rechte Auffassung von Christus zog sich noch durch die kommenden Jahre hin. In *Dichtung und Wahrheit* berichtet er davon, wie er damals beobachten konnte, daß sich ein und dasselbe Bekenntnis nach den Gesinnungen verschiedener Personen umbildet. Das galt ebenso für den Dichter selbst, der in Teil III, Buch 14 feststellt: »Mein Christus hatte auch seine eigne Gestalt nach meinem Sinne angenommen.« Im gleichen Zusammenhang vertritt er die Meinung: wie wir uns das höchste Wesen denken, dies hänge »von unsern übrigen Fähigkeiten, ja von den Umständen ab«. Der Glaube sei »ein heiliges Gefäß, in welches ein jeder sein Gefühl, seinen Verstand, seine Einbildungskraft, so gut als er vermöge, zu opfern bereit stehe«. Im Zusammenhang dieser Gesamtentwicklung, die synkretistische Möglichkeiten nicht ausschloß, sondern willkommen hieß, sollte auch Goethes Studium des *Korans* betrachtet werden.

Goethes Hochachtung vor der heiligen Schrift des Islam gründete unter anderem in seiner Bewunderung für deren besonderen sprachlichen Wert. Zwar konnte er den *Koran* in der Originalsprache nicht lesen, aber sein außerordentlich feines literarisches Gespür ließ ihn die Qualität eines Textes auch dann erkennen, wenn er ihm in einer unzulänglichen Übersetzung vorlag. Wenn Herder den *Koran* als Sprachdenkmal rühmte, so fand er bei dem jüngeren Freund auch darin ein volles Echo. Goethe brachte das wiederholt zum Ausdruck: in einem für die Drucklegung nicht benutzten Huldigungsblatt des *West-östlichen Divans* stellt der Dichter den »staunenswürdigen *Koran*« neben andere Werke arabischer Dichtkunst. In den *Noten und Abhandlungen zum West-östlichen Divan*, im Kapitel »Mahomet«, preist Goethe die stilistische Schönheit des *Korans* mit den Worten: »Der Stil des *Koran* ist [...] streng, groß, furchtbar, stellenweis' wahrhaft erhaben.« Wenn man Goethes Diktion kennt, so weiß man, daß die Worte »wahrhaft erhaben« zu den höchsten Prädikaten gehören, mit denen er ein sprachliches Kunstwerk auszeichnen konnte.

Vornehmlich wurde Goethe jedoch zum *Koran* hingezogen durch religiöse Affinitäten. Hauptpunkte der islamischen Lehre, wie sie der *Koran* verkündet, stimmten mit seinen eigenen religiösen und philosophischen Überzeugungen überein. Diese Hauptpunkte waren: die Lehre von der Einheit Gottes, die Überzeugung, daß Gott sich in der Natur offenbare und diese Offenbarung durch verschiedene Abgesandte der Menschheit übermittle, das Abweisen von »Wundern« und die Auffassung, daß der Glaube sich in wohltätigem Wirken erweisen müsse. Diese weitgehende Übereinstimmung Goethes mit den Grundlehren des Islam erzeugten in ihm ein solch intensives Gefühl der Verwandtschaft, daß man sagen darf: ohne diese Affinitäten wäre eines seiner großen Alterswerke, der *West-östliche Divan*, schwerlich entstanden. Mit anderen Worten, die Faszination durch den Islam ließ ihn bis an sein Lebensende nicht mehr los, ja steigerte sich im Alter bis zu einem Grade der Vertrautheit, daß der 71jährige Dichter am 11. Mai 1821 an seinen Freund Zelter schreiben konnte:

> Indessen sammeln sich wieder neue Gedichte zum Divan. Diese Mohammedanische Religion, Mythologie, Sitte geben Raum einer Poesie wie sie meinen Jahren ziemt. Unbedingtes Ergeben in den unergründlichen Willen Gottes, heiterer Überblick des beweglichen immer kreis- und spiralartig wiederkehrenden Erde-Treibens, Liebe, Neigung zwischen zwei Welten schwebend, alles Reale geläutert, sich symbolisch auflösend. Was will der Großpapa weiter?

3. *Koran*-Anklänge im *Götz von Berlichingen* (1772)

Das frühste unbezweifelbare Zeugnis für Goethes Kenntnis des *Korans* ist nicht zufällig ein Brief an den Mentor, der ihn zur Beschäftigung mit dem Buch angeregt hatte. Im Juli 1772 schreibt Goethe von Wetzlar aus an Herder: »Ich möchte beten wie Moses im Koran: Herr mache mir Raum in meiner engen Brust.« Das Zitat stammt aus Sure 20, Vers 26. Man hat zu Recht darauf hingewiesen, daß im Ur-*Götz*, der in der Zeit zwischen August 1771 und Mai 1772 entstand, ein Satz an dieses *Koran*-Zitat im Brief an Herder erinnert. Dort sagt Götz zum Bruder Martin: »Gott wird euch Raum geben.« Daß Goethe auch hier an jene *Koran*-Stelle dachte, bliebe allerdings bloße Vermutung, wenn sie nur von der Ähnlichkeit des Wortlauts mit dem des Briefes an Herder ausginge. Berücksichtigt man aber auch die inneren Zusammenhänge in den betreffenden Texten, so läßt sich die Vermutung bekräftigen.

Im *Koran* wird Moses' Bitte an den Herrn, ihm Raum in seiner Brust zu machen, erst durch die nachfolgenden, von Goethe nicht zitierten Verse (Sure 20, Vers 33 f.) konkretisiert. Dort heißt es: Gott möge ihm »das Band von seiner Zunge lösen« und ihm einen Helfer verschaffen. Von einem Freund, dem Bruder Aaron, so bittet Moses, solle ihm, dem durch eine schwere Zunge Gehemmten, Kraft und Stärke für die Lösung seiner Aufgabe zuteil werden: »laß ihn an meiner Angelegenheit teilnehmen«. In seinem Brief an Herder denkt Goethe an diesen gesamten Passus, wenn er auch nur den Anfang zitiert. Das erweist die besondere Stellung der *Koran*-Worte.

Unmittelbar zuvor schildert Goethe sein Bemühen um »Meisterschaft«, um Erlernen des künstlerischen Ausdrucks. Er möchte nicht mehr einer sein, der, wie er bei Pindar las, im Dunklen keuchend mit unsicherem Fuß geht. Auf diesen peinvollen »Philoktetschen Zustand« – wie Goethe ihn nennt – deutet die *Koran*-Stelle, sofern sie von der »Schwerzüngigkeit«

des Moses handelt. Unmittelbar nach dem *Koran*-Zitat wechselt Goethe jedoch das Thema. Er bekennt – im zweiten Teil dieses so bedeutsamen Schreibens –, er wünsche sich Herder als fördernden Freund, sehne sich nach Zusammenarbeit mit ihm, nach seiner Gegenwart. Dem entspricht in der *Koran*-Stelle des Moses Bitte um den Helfer Aaron. Von Herder als Kenner des *Korans* durfte Goethe erwarten, daß er für sich die nicht zitierten Verse ergänzte und als Wink verstand. Kunstvoll leitet somit der *Koran*-Passus vom ersten zum zweiten Hauptthema des Briefes über. Daß Goethe die vom Helfer Aaron handelnden Worte als Einleitung des Folgenden wegläßt, ist beabsichtigte sibyllinische Dunkelheit im Stile Hamanns. Zu diesem Stil hatte sich Goethe damals, wie *Dichtung und Wahrheit* ausführlich schildert, »verleiten lassen«, wobei wiederum Herders Einfluß mitgewirkt hatte.

Herder ist übrigens später selbst in einer seiner Schriften auf die betreffende *Koran*-Stelle zu sprechen gekommen. In seinem Aufsatz *Plastik* von 1770 (Dritter Absatz) heißt es noch ganz allgemein: »Erhabne, prächtiggewölbte Brust gibt immer dem Gefühl Idee von edler Stärke, von Fähigkeit großmütiger Gesinnungen, und starker Entschlüsse.« Im Aufsatz mit gleichem Titel von 1778 (Dritter Abschnitt) heißt es dann aber: »Ein Mensch von freier Brust wird in aller Welt für frei und edel gehalten: man traut ihm etwas zu, er kann doch *atmen* [...]; dagegen die eingebogne, zusammengeklemmte, keuchende Thersites-Brust auch ein natürliches Omen ist von eingeschlossenem, zusammengekrümmten, kriechenden Mute. Oft hat der dennoch edle Mann vieles durch Grundsätze überwunden: Gott hat ihm, wie der Koran sagt, *Raum in der Brust gemacht* und Luft verschafft vor seinen Drängern.«. Auch das Motiv der Freundschaft wird in diesem Zusammenhang von Herder erwähnt.

In Herder sah Goethe damals den »großen Menschen«, den als Mentor zu gewinnen ein Hauptwunsch war. Darüber hatte er sich leidenschaftlich in einem früheren Schreiben an Herder von Anfang 1772 erklärt. Der hier erwähnte Brief von Juli 1772 verbindet jedoch in seinem zweiten Teil den gleichen Wunsch mit der Klage, daß Herder solchen Zusammenschluß verhindere. Es fehle ihm, dem Älteren, Überlegenen, an Verständnis und Geduld, der Jüngere ist enttäuscht. Das Motiv der Klage über eine derartige Enttäuschung findet sich gemeinsam mit den anderen Hauptmotiven des Juli-Briefs wieder in der 2. Szene des Ur-*Götz* (in den späteren Fassungen Akt 1, Szene 4). In dieser Szene, der wir uns nun zuwenden, erinnern also nicht allein die fraglichen *Koran*-Worte an den Juli-Brief, es gibt der Übereinstimmungen mehr.

Die Worte »Gott wird euch Raum geben« haben jedoch im Ur-*Götz* inhaltlich wie ihrer Stellung nach ähnliche Funktionen wie die entsprechenden des Briefes an Herder. Der Klosterbruder Martin, zu dem sie gesprochen sind, wird schnell, nachdem er mit Götz zusammengetroffen ist, dessen Bewunderer. Impulsiv fühlt er den Wunsch, mit Götz vereint zu kämpfen, muß dann aber beklagen, daß Ungeübtheit und Schwäche des Körpers es ihm unmöglich mache, »den Harnisch zu tragen«. Götz, der seinerseits an Martin Gefallen findet, würde diesen gern als Mitstreiter aufnehmen, begreift aber aus dessen Klagen, weshalb das nicht geht. Zum Abschied tröstet er ihn mit den Worten: »Seid mutig und geduldig, Gott wird euch Raum geben.« Unmittelbar hierauf folgt – die Ähnlichkeit mit dem Aufbau des Briefs an Herder ist auffallend – die innigste Beteurung von Freundschaft und Freundschaftsverlangen. Martin erkennt Götz an seiner eisernen Hand, küßt diese, verehrt sie wie eine Reliquie und bekennt, er werde Götz nie vergessen: »Wie mir's so eng um's Herz ward, da ich ihn sah [...] Es ist eine Wollust, einen großen Mann zu sehn.«

So steht beidemal, im Brief an Herder wie im *Götz*, das Wort »Gott wird euch Raum geben«, zwischen den Themen der Klage über Unzulänglichkeit eines potentiellen Jüngers und des Freundschaftsverlangens nach einem großen Mann, entsprechend dem *Koran*-Passus in seinem vollen Wortlaut. Im

Hintergrund steht Goethes Herder-Erlebnis. Goethe gestaltet es hier aus der Perspektive seiner Hoffnungen, während die nämliche Szene des Ur-*Götz* zuvor eine realistischere Spiegelung seines Verhältnisses zu Herder bringt. Hierüber sprach sich Goethe in demselben Brief an Herder vom Juli 1772 aus, der uns beschäftigte, und zwar an aufschlußreicher Stelle: unmittelbar nach dem *Koran*-Zitat, das auf Moses Verlangen nach dem Helfer Aaron deutete. Die betreffenden Worte lauten:

> Es vergeht kein Tag, daß ich mich nicht mit euch unterhalte und oft denke, wenn sichs nur mit ihm leben ließe. Es wird, es wird. Der Junge im Küraß wollte zu früh mit, und ihr reitet zu schnell. Genug, ich will nicht müßig sein, meinen Weg ziehn und das meinige tun, treffen wir einander wieder, so gibt sich's weitere.

Mit dem »Jungen im Küraß« wird auf Götzens »Bub« Georg angespielt, dessen Auftritt in der 2. Szene des Ur-*Götz* dem des Bruder Martin voraufgeht. Georg erscheint dort im Panzer eines Erwachsenen, möchte mitkämpfen – wie später Martin –, wird aber von Götz als zu jung abgewiesen. Es ist die Enttäuschung Goethes über Herders Abweisung, die in dem Georg-Auftritt zum dichterischen Motiv wurde, gleich wie sich Goethes Verehrung und Freundschaft für Herder im Martin-Auftritt spiegelt. Dergestalt ist in der gesamten 2. Szene des Ur-*Götz* eine Huldigung an Herder zu erkennen. Die mannigfachen Parallelen zwischen dieser Szene und Goethes Brief an Herder vom Juli 1772 machen deutlich, daß die in beiden Texten ausgesprochene Devise »Gott wird euch Raum geben« sich auf einen gemeinsamen gedanklichen Hintergrund bezieht: auf die 20. Sure des *Korans*. In der späteren Fassung des *Götz* (*Für die Bühne bearbeitet*) vom Sommer 1773 fügte Goethe den Worten, die er Götz zu Martin sprechen läßt, hinzu: »Wer weiß, wo wir uns wieder finden. Und wenn ihr wacker auf euren Wegen bleibt, ich wacker auf den meinigen fortschreite, so müssen wir uns irgendwo wieder begegnen.«

Noch dies erscheint wie ein Nachklang aus dem Brief an Herder vom Juli 1772, worin es heißt: »Ich will [...] meinen Weg ziehen und das meinige tun, treffen wir einander wieder, so gibt sich's weitere.« Goethe kam später mit Herder zusammen und fand zumindest zeitweise in ihm einen Helfer, wie er ihn sich 1771/72 wünschte. Darüber hinaus erinnert in der Götz-Szene an den *Koran* auch Bruder Martins Bekundung: »Ich darf keinen Wein trinken«, worauf sich zwischen Götz und ihm ein an Paradoxien reiches Gespräch über das Für und Wider des Weingenusses entspinnt. Hier mögen die vielfachen Wendungen zu diesem Thema im *Koran*, vom Lobpreis des Weines in der Sure *Die Bienen* als segensreiche Gabe Gottes, über die Abwägung seines Schadens und Nutzens in der Sure *Die Kuh* und die Warnung vor der Trunkenheit beim Gebet in der Sure *Die Weiber*, bis zur völligen Verdammung desselben als Werkzeug des Satans in der Sure *Der Tisch*, Goethe eine willkommene motivische Anregung geboten haben.

Aus alldem läßt sich schließen, daß Goethe schon zur Zeit der Niederschrift des Ur-*Götz* mit dem *Koran* durchaus vertraut war und daß er bereits damals den Wert der heiligen Schrift des Islam hoch einschätzte. Er zitiert daraus wie einer, der sich auf die *Bibel* beruft. Zu jener Zeit werden auch die Auszüge aus dem *Koran* entstanden sein, die sich auf zwei eigenhändig von Goethe beschriebenen Foliobögen erhalten haben. Sie stammen aus der im September 1771 erschienenen Übersetzung von Megerlin und aus der lateinischen Übertragung des Maracci. Diese Auszüge – etwa zwei Dutzend Verse – enthalten auch die im *Götz* und im Brief an Herder angeführte Stelle: »Herr mache mir Raum in meiner engen Brust.« Auch die anderen Stellen aus dem *Koran*, welche Goethe sich hier notiert hat, geben Zeugnis davon, welche der Lehren des Islam ihn besonders ansprachen. Einige davon hat er, wie wir noch sehen werden, in späteren Dichtungen wieder aufgegriffen.

4. *Koran*-Auszüge (1771/1772) und *Koran*-Rezensionen (1772)

Am 22. Dezember 1772 veröffentlichten die *Frankfurter Gelehrten Anzeigen*, deren Mitarbeiter Goethe seit Beginn des Jahres war, eine kritische Notiz, von der man annehmen darf, daß sie aus Goethes Feder stammt:

> *Megerlins Koran.* Diese elende Produktion wird kürzer abgefertigt [als die zuvor erwähnten Bücher]. Wir wünschten, daß einmal eine andere unter morgenländischem Himmel von einem Deutschen verfertigt würde, der mit allem Dichter- und Prophetengefühl in seinem Zelte den Koran läse, und Ahndungsgeist genug hätte, das Ganze zu umfassen. Denn was ist auch jetzo *Sale* für uns?

Die Rede ist von einer damals neu erschienenen *Koran*-Übertragung mit dem Titel: *Die türkische Bibel.* Die Uebersetzung aus der arabischen Urschrift selbst verfertiget [...] von M. David Friedrich Megerlin. Professor. (Franckfurt am Mayn 1772). Megerlin war der erste Deutsche, welcher den *Koran* direkt aus dem Arabischen übersetzt hat, weil, wie er in seiner Vorrede stolz erklärt, »uns Teutschen daran gelegen« sein müsse, »unsere Ehre zu retten, und uns um eine gute eigene neue Uebersetzung, aus dem Arabischen, umzusehen«. Megerlin verhielt sich seinem Gegenstand gegenüber jedoch keineswegs aufgeschlossen oder liberal. Schon auf dem Titelblatt begegnet man einem Kupferstich mit der Erklärung: *Mahomed der Falsche Prophet*, und auch in der Vorrede sichert Megerlin sich vor Angriffen von seiten dogmatischer Vertreter der Christenheit ab, indem er beteuert, daß »Mahomed das Apoc[alypsis] 13 angezeigte Thier, der falsche Prophet und gröste Antichrist seye«. Er brandmarkt den *Koran* als »Lügenbuch«. Die Übersetzung solle den »Teutschen« dazu dienen,

> den Antichrist Mahomed [...] besser kennen zu lernen, und Gott zu bitten, diesem gewalttätigen Reich, und seiner aber-

> gläubigen Religion im Koran, bald ein Ende zu machen [...], daß Jesus, und sein seligmachendes Evangelium allein herrsche, und wieder empor komme: wann die Mahomedaner, Juden und Heiden in den Schafstall Christi nach und nach, durch billige Mittel eingeführt werden.

Eine solch grundsätzlich mangelnde Achtung vor dem Propheten und die dadurch bekundete Unfähigkeit, sich auf die Welt des Islam einzustellen, bedeutete geistesgeschichtlich einen Rückschritt gegenüber den Bemühungen des englischen Übersetzers George Sale. Dieser hatte sich als Jurist zum beredten Anwalt Mohammeds gemacht. Allerdings wirkt der Sprachklang seiner Übersetzung, so verdienstlich sie insgesamt auch ist, nüchtern und spröde. Man kann sich vorstellen, daß sprachempfindliche Leser wie Herder und Goethe an ihr »Dichter- und Prophetengefühl« vermißten. Erst recht konnte Megerlin keine dichterisch inspirierte Übersetzung zustande bringen, da er dem Islam gegenüber von vornherein feindlich eingestellt war. Der Wunsch des Rezensenten, daß einmal eine andere Übersetzung »unter morgenländischem Himmel von einem Deutschen verfertigt würde, der mit allem Dichter- und Prophetengefühl in seinem Zelte den Koran läse und Ahndungsgeist genug hätte, das Ganze zu umfassen«, ist selbst so poetisch empfunden und formuliert, daß man sich fragt: wer sonst außer Goethe und allenfalls Herder hätte zum damaligen Zeitpunkt in Deutschland sich so auszudrücken vermocht? Und wer außer Goethe selber besaß ein »Dichter- und Prophetengefühl«, wie es hier gefordert wird? Mit der Problematik des Poeten- und Prophetentums hat gewiß niemand sich so ernsthaft und so lange beschäftigt wie Goethe; davon wird später noch die Rede sein.

Wenn Goethe trotz seiner Vorbehalte gegenüber dem Megerlinschen *Koran* sich dieser damals neusten Übersetzung für seine Zwecke bedient hat, so liegt darin kein Widerspruch. Denn Goethe ist, wie er es mit solchen Texten oft zu tun pflegte, frei damit umgegangen und hat, während er sich die Exzerpte anfertigte, sogleich sprachliche Verbesserungen daran vorgenommen. Megerlins umständliche Satzkonstruktionen erregten Goethes Mißbehagen ebenso wie die Wahl einzelner Worte, die Goethe wiederholt auf Grund der lateinischen Übersetzung des Maracci korrigiert. So gab er Megerlins Text gelegentlich eine erheblich veränderte Gestalt, indem er beispielsweise Sure 10, Vers 2: »Und das Ende ihres Gebetts wird wieder seyn: Lob seye Gott dem Herrn aller Geschöpfe« umformuliert in: »Ihr Gebet wird endigen: Ehre sey Gott, dem Herrn der Ewigkeiten.«

Die Goetheschen Auszüge aus der während der Herbstmesse 1771 erschienenen *Koran*-Übersetzung von Megerlin und aus der lateinischen Übersetzung von Maracci[1] vermögen uns wichtige Hinweise darauf zu geben, welche Aspekte der islamischen Religionslehre ihn damals besonders interessierten, entweder als ihm einleuchtende, seinem eigenen Denken verwandte Aussprüche oder weil er sie für seine dichterischen Vorhaben verwenden wollte:

Sura II.

106. Gewiss! wer sein Angesicht zu Gott völlig wendet, und dabey Gutes tuht, der wird seinen Lohn haben bey Gott seinem Herren, und über solche wird keine Furcht kommen noch betrübet werden.
109. Gott gehört der Aufgang und der Niedergang der Sonnen, und wohin ihr euch wendet, ist Gottes Angesicht da.
159. Er hat Zeichen genug davon gegeben, in der Schöpfung der Himmel und der Erden in der Abwechslung der Nacht und des Tags pp. in diesem allem sind Zeichen genug seiner Einigkeit und Gütigkeit, für die Völker, so sie mit Aufmerksamkeit betrachten wollen.
166. Es sind die Ungläubige gleich einem Tiehr, dem iemand ruft, das aber nichts höret, als nur von ferne, einen Ruf oder Schall und darüber erschrickt und davon laufft.

172. Darinn besteht eben nicht die Gerechtigkeit, dass ihr eure Angesichter richtet gegen Morgen oder gegen Abend, sondern darinn ist die Gerechtigkeit: wer recht glaubet an Gott, und an den iüngsten Tag, und an die Engel, an die Schrift, und Propheten: und wer ferner von seinem Vermögen giebt, um der Liebe Gottes Willen, seinen Verwandten, den Waisen, den Armen, den reisenden Pilgrimen, den Bettlern, und den Gefangenen Sklaven zur Erlösung, wer auch das Gebet beständig verrichtet, sein Bündniss hält, wo er Treue versprochen, und der sich gedultig erweisst in Widerwärtigkeiten, und Unglücksfällen, und zur Zeit der kriegrischen Gewaltthätigkeit: solche sind die so wahrhafftig sind und Gott fürchten.

Sura III.

138. So ist auch Mahomed unter euch nichts als ein Gesandter, und sind auch schon viele Gesandte vor ihm gestorben. Wenn er nun auch sterben sollte: wolltet ihr desswegen auf euern Fersen zurücktreten?
174. Gott ist auch nicht geneigt, dass er euch bekannt mache, was ein Geheimniss ist sondern er erwehlt einige von seinen Gesandten, welche er will: dass sie glauben an Gott und an seinen Gesandten.

Sura IV.

142. Die Heuchler – sind zweifelhafft zwischen beedem, und hangen weder diesen noch ienen recht an. Für den aber welchen Gott so in der Irre gehn lässt, wirst du gewiss keinen Weeg finden.

V. Sura. Der Tisch.

V. 70. Werden nun auch die Schrifftanhänger *glauben*, und Gott fürchten: so vergeben wir ihnen gern ihre Sünden, und wollen sie einführen in die lieblichste Gärten: wenn sie nur unter sich bestättigen das Gesetz und Evangelium,

und was über sie ist von ihrem Herren herabgeschickt worden; so sollen sie essen das Gute über ihnen und unter ihren Füssen. Etliche unter ihnen sind zwar ein aufrichtiges gerechtes Volck, aber böse ist was viele unter ihnen treiben.
101. O Ihr Gläubige, fraget nicht nach Dingen, welche wo sie auch angezeigt worden, nur Unruhe euch machen würden – Es haben schon auch vor euch Leute darnach geforscht: aber hernach sind sie doch dadurch zu Ungläubigen geworden.

VI. Sura. Das Vieh.
übersetzt aus dem lateinischen des Maraccius.

V. 75. Abraham sprach zu seinem Vater Azar. Ehrst du Götzen für Götter? Wahrhafftig ich erkenne deinen, und deines Volcks Offenbaaren Irrtuhm. Da zeigten wir Abraham des Himmels und der Erde Reich dass er im wahren Glauben bestätiget würde. Und als die Nacht über ihm finster ward, sah er das Gestirn und sprach: Das ist mein Herrscher, da es aber niederging rief er: untergehende lieb ich nicht. Dann sah er den Mond aufgehen, sprach Das ist mein Herrscher! Da er aber nieder ging sagt er: Wenn mich mein Herr nicht leitet geh ich in der Irre mit diesem Volck; Wie aber die Sonne heraufkam sprach er: Das ist mein Herrscher. Er ist grosser. Aber da sie auch untergieng, sprach er: O mein Volck nun binn ich frey von deinen Irrtühmern! Ich habe mein Angesicht gewendet zu dem der Himmel und Erde erschaffen hat.

X. Sura. Jonas.

V. 10. Ihr Gebet wird seyn: Ehre sey Gott! Und ihr Gruss gegen einander: Friede. Ihr Gebet wird endigen: Ehre sey Gott, dem Herrn der Ewigkeiten.

XIII. Sura. Der Donner.

8. Weiter sagen einige Ungläubige von dir: Ist dann nicht ein Wunderzeichen von seinem Herrn über ihn herabgeschickt worden? Doch du bist nur ein Prediger und ist einem ieden Volck sein Lehrer zur Unterweisung gegeben worden.

XVII. Sura. Die Nachtreise.

80. Verrichte dein Gebet bey dem Niedergang der Sonne, und bey der ersten Finsterniss der Nacht, und bey der Anbrechung des Tags zu Lesung des Korans – Auch in der Nacht beym Aufwachen bringe einen Teil davon zu mit beten. – So sage denn betend: O mein Herr, lass meinen Eingang seyn in der Wahrheit, und lass auch meinen Ausgang seyn einen Ausgang der Wahrheit, und lege mir von deinem Angesichte eine helfende Krafft zu.

XX. Sura. Tah.

26. Er sprach (Moses) o mein Herr mache mir Raum in meiner engen Brust. Mache mir auch mein Geschäfft leicht. Löse auch auf das Band von meiner Zunge.

XXIX. Sura. Die Spinne.

Vid. v. 43 sqq. Fürtrefflichkeit.
47. Du lasest vorher keine Bücher und schriebst sie auch nicht mit deiner rechten Hand.
49. Zeichen stehen bey Gott, ich binn nur ein offenbaarer Prediger.

Es ist sicher kein Zufall, daß Goethe sich an erster Stelle aus Sure 2 den Vers 106 und einige Zeilen weiter Vers 172 notiert hat, Verse, welche die Lehre zum Inhalt haben, daß Frömmigkeit sich nicht in bloßem Glauben oder der Einhaltung bestimmter Verhaltensregeln manifestiere, sondern sich durch Handlungen erweise, und zwar durch wohltätiges Wirken für andere Menschen. Noch nach viereinhalb Jahrzehnten, bei der Abfassung der *Noten und Abhandlungen zum West-östlichen Divan*, kommt der Dichter (im Kapitel »Mahomet«) mit Nachdruck auf den Anfang der 2. Sure zu sprechen und zitiert in diesem Zusammenhang die Mahnung an die »Frommen, von demjenigen was wir [Gott] ihnen verliehen haben Almosen auszuteilen«. Die hier gestellten Forderungen entsprachen durchaus Goethes eigenem Verhalten.[2] Obwohl gebürtiger Protestant, erklärte Goethe sich mit der lutherischen Lehre nicht einverstanden, »daß der Mensch einzig und allein trachten müsse, die Verdienste Christi zu erkennen und sich seiner Gnaden teilhaftig zu machen«. In dieser Hinsicht neigte er stärker zur ursprünglichen katholischen »Lehre von den guten Werken, daß nämlich der Mensch durch Gutestun, Vermächtnisse und milde Stiftungen eine Sünde abverdienen und sich überhaupt in der Gnade Gottes dadurch heben könne« (zu Eckermann am 20. Juni 1827). Allerdings fügte er sogleich seine Ansicht hinzu, daß, wenn der Glaube rechter Art sei, dies den Menschen auch zu guten Handlungen führen werde.

Die Verse 109 und 159 der 2. Sure, die Goethe sich notiert hat, gehören zu den zahlreichen Stellen im *Koran*, worin den Gläubigen – fern von allen anthropomorphen Gottesvorstellungen – die Unvergleichlichkeit Gottes vor Augen geführt wird: in der Regelmäßigkeit und Periodizität der Naturerscheinungen, im Wechsel der Tages- und Jahreszeiten, der Winde und Wolken, im Gang der Gestirne sind dem Menschen Zeichen gesetzt für die Größe und Allmacht Gottes, wie auch für die Unabänderlichkeit der göttlichen Vorsehung. Der *Koran* lehrt, wie der Mensch die Natur in allen ihren Phänomenen betrachten soll: als Beweise göttlicher Gesetze. Durch die Wahrnehmung der Natur in ihrem Reichtum, ihrer Vielfalt und Gesetzlichkeit, wird der Mensch auf das göttliche Walten hingewiesen: auf den Einen Gott in der Vielheit der Erscheinungen. Goethe sah darin eine Bestätigung seiner unumstößlichen Überzeugung, daß das Göttliche sich in der Natur offenbare. Wie in dem Vers 159 der Sure 2, den Goethe mit Bedacht notiert hat, gibt es im *Koran* zahlreiche Stellen, die auf Naturphänomene als Zeichen des Einen Gottes hinweisen, und in der Verbindung mit der Lehre von der Güte Gottes weckten sie Goethes Sympathie für den Islam und das Gefühl, hier auf eine der seinen verwandte Geistesrichtung gestoßen zu sein. Gerade die Nachdrücklichkeit, mit welcher der Prophet Mohammed die Einheit Gottes verkündet hat, wurde von Goethe stets als dessen besonderes Verdienst angesehen. So schrieb er in den *Noten und Abhandlungen zum West-östlichen Divan* im Kapitel »Mahmud von Gasna«: »Der Glaube an den einigen Gott wirkt immer geisterhebend, indem er den Menschen auf die Einheit seines eignen Innern zurückverweist.« In allem das Eine zu erblicken, das Göttliche, entsprach des Dichters eigener Religiosität.

Die Begeisterung Goethes für den Islam traf mit seiner Begeisterung für Spinoza zusammen, und mit beidem verstieß er gegen fest eingewurzelte Vorurteile: Während in der christlichen Überlieferung, wie wir dies am Beispiel von Goethes Zeitgenossen Megerlin gesehen haben, noch immer der Prophet Mohammed als das apokalyptische Tier, als der falsche Prophet und der Antichrist verfemt wurde, stand Spinoza gemeinhin für den Atheismus schlechthin. Nur die mutigsten Vertreter des deutschen Geisteslebens wagten, sich zu ihm zu bekennen. *Hen kai Pan*, »Eins in Allem«, »Eins und Alles«, »All in Ein«, »Eins in Allen« – diese Wendungen gehörten zur Chiffernsprache der Spinoza-Anhänger in Goethes Lebenszeit. Es sei hier nur erinnert an Lessings berühmtes Bekenntnis, zu dem er sich nach der Lektüre von Goethes Gedicht *Prometheus* in seiner Begeisterung hat hinreißen lassen: »Hen kai pan! Ich weiß nichts anders.«[3]

Allerdings darf nicht übersehen werden, daß Goethe mit seinem Begriff von der »göttlichen Natur« wie auch Herder mit seinem »Pan! Universum!«, unbekümmert darum, was nun im Islam die reine Lehre sei, die Grenzen zwischen der strengen Naturauffassung des Islam und der pantheistischen Philosophie des Spinoza zweifelsfrei überschritten haben. Denn nie verschmelzen im orthodoxen Islam Gott und Natur miteinander wie in Spinozas »divina natura«: Schöpfer und Schöpfung bleiben im Islam wie im jüdischen und christlichen Monotheismus eindeutig voneinander getrennte Wesenheiten.[4]

Goethes Auszüge aus Sure 3, nämlich die Verse 138 und 174, beziehen sich auf ein Thema, das vor allem den jungen Dichter mehrfach beschäftigt hat: die Vermittlung göttlicher Botschaften durch verschiedene Sprecher bei verschiedenen Nationen. Mit religiösen Jugendfreunden wie E. Th. Langer, F. H. Jacobi, den Brüdern F. L. und Chr. Grafen zu Stolberg, J. C. Lavater und andern Gesprächspartnern hat sich der junge Goethe intensiv über die Frage gestritten, ob einzig Christus von uns als Verkünder Gottes angesehen werden dürfe oder ob mehreren dieses Amt zuzuerkennen sei. Dies bildete einen der Streitpunkte, welche schließlich zum Bruch mit Lavater führten. Denn Goethe konnte sich nicht zu Christus allein bekennen, wie der »Zürcher Prophet« verlangte. Aus Lavaters Tagebuchnotizen ist ersichtlich, daß damals auch der *Koran* Gesprächsgegenstand zwischen Goethe und ihm war, was natürlich kein Zufall ist. Durch den Hinweis auf Mohammed wird Goethe versucht haben, dem Freund klarzumachen, daß die Geschichte auch außerhalb des christlichen Bereichs große Religionslehrer kennt.

Wenn Goethe sich aus Sure 29 den Vers 49 und aus Sure 13 den Vers 8 notiert hat, so verrät dies darüber hinaus ein besonderes Interesse des Dichters an Auftreten und Wirkungsweise des Propheten Mohammed und an dessen Stellung innerhalb seines Volks. Auf einen dem letztzitierten ähnlichen Vers hat Goethe noch über vier Jahrzehnte später zustimmend hingewiesen. Er schreibt (an A. O. Blumenthal, 28. Mai 1819), unter Anspielung auf Sure 14, Vers 4:

> Es ist wahr, was Gott im *Koran* sagt: Wir haben keinem Volk einen Propheten geschickt, als in seiner Sprache!

Im Jahre 1827 wiederholt Goethe in einem Brief vom 20. Juli 1827 an Thomas Carlyle mit Bezugnahme auf die gleiche *Koran*-Stelle:

> Der *Koran* sagt: Gott hat jedem Volke einen Propheten gegeben in seiner eignen Sprache.

Der gleiche Wortlaut erscheint auch in einem Aufsatz aus dem Jahre 1828. In dem Kapitel *Die Sprache des Paradieses* werden wir noch genauer darauf eingehen.

Wenn in den oben zitierten *Koran*-Auszügen – Sure 29, Vers 49 und Sure 13, Vers 8 – davon die Rede ist, daß der Prophet Mohammed die Forderung der Ungläubigen nach Wunderzeichen abgewiesen hat, so ist auch dieser Gedanke von Goethe begrüßt und noch nach langer Zeit wiederaufgegriffen worden. In einem über vier Jahrzehnte später entstandenen Paralipomenon zum *West-östlichen Divan* heißt es nämlich, in Anspielung auf jene Verse:

> Wunder kann ich nicht tun sagt der Prophete,
> Das größte Wunder ist daß ich bin.

Was Goethe hier den Propheten Mohammed sagen läßt, war ihm selbst gleichsam aus dem Herzen gesprochen. Ihm waren zwar aus der islamischen Überlieferung zahlreiche Wundergeschichten bekanntgeworden. Dabei ist ihm jedoch aufgefallen, wie der eben erwähnte Zweizeiler zeigt, daß im Gegensatz dazu der Prophet selbst kein Gewicht auf Wundertaten gelegt hat. Denn Mohammed lehnte, wie Goethe zustimmend festgestellt hat, jeden Kult um seine Persönlichkeit ab und wies wiederholt darauf hin, daß er selbst nichts als ein Mensch unter Menschen sei, nur eben den besonderen Auftrag habe, seinen Mitmenschen die reine Botschaft Gottes zu überbringen. Eine Sure des *Koran*, die achtzigste (*'Abasa wa tawalla – Er runzelte die Stirn und wendete sich ab*) weist sogar bereits in ihrem Titel darauf hin, daß auch Mohammed als Mensch fehlbar war und deshalb von Gott zur Ordnung gerufen werden mußte. So schreibt Annemarie Schimmel (in: *Mystische Dimensionen des Islam*, Köln 1985, S. 303): »Das einzige Wunder, das er beanspruchte, war, seinem Volke die Worte des Korans getreu mitgeteilt zu haben.« Die meisten Wundergeschichten, welche die Gestalt des Propheten umspinnen, stammen denn auch erst aus späteren Phasen der islamischen Tradition. Einige gehen allerdings bereits auf die mündliche Überlieferung des Prophetenworts und auf den *Koran* selbst zurück. In Goethes *Koran*-Auszügen findet sich der Hinweis auf eine der berühmtesten Wundergeschichten, welche die islamische Überlieferung kennt, nämlich *Die Nachtreise*. Goethe hat sich allerdings von der betreffenden Sure, der siebzehnten, nur diesen Titel und den 80. Vers notiert. Sowohl im ersten Vers derselben wie auch in den Anfangsversen der 53. Sure (*Der Stern*) wird das Ereignis in knappen Worten angedeutet. Der betreffende Vers in der Sure *Die Nachtreise* lautet (in der Übersetzung von Max Henning):

> Preis dem, der Seinen Diener des Nachts entführte von der heiligen Moschee [in Mekka] zur fernsten Moschee [el-Masjid el-aqsâ in Jerusalem], deren Umgebung wir gesegnet haben, um ihm Unsre Zeichen zu zeigen. Siehe, er ist der Hörende, der Schauende.

Die Biographen des Propheten haben den Bericht von jener Nacht zu einer Legende ausgeschmückt, wonach Mohammed, vom Engel Gabriel geweckt, veranlaßt worden sei, das Wunderpferd al-Buraq zu besteigen, das ihn von Mekka nach dem Tempel in Jerusalem und von da durch alle sieben Himmel getragen habe. Vom Propheten Mohammed selbst ist hingegen in bezug auf dieses Ereignis nur die Erklärung überliefert, er habe bei seiner Rückkehr zum nächtlichen Lager gefunden, daß das

Wasser in dem Krug, den er beim Aufstehen umgeworfen hatte, noch nicht ganz ausgelaufen war. Damit ist angedeutet, daß es sich um ein traumartig visionäres Erlebnis handelte. Europäische Biographen wie Maracci, Prideaux und Gagnier sahen in der Erzählung von der nächtlichen Auffahrt einen besonders dankbaren Stoff, an dem sich die Unglaubwürdigkeit des Propheten demonstrieren ließe. Aufschlußreich hingegen ist die Art und Weise, wie sich in Herders Werk die Berichte über die »Nachtreise« widerspiegeln. Herder hatte Gagniers Biographie des Propheten von 1732 gelesen, in welcher (in Teil 1, S. 195 ff.) ausführlich über diese berichtet wird. Schon in seinen 1768 bis 1770 entstandenen Notizen zu »Wahrnehmungen über Form und Gestalt«, die er unter dem Titel *Plastik* veröffentlichte, kommt Herder auf jene Überlieferung aus dem Leben des Propheten zu sprechen. Details dessen, was Mohammed während der nächtlichen Auffahrt gesehen hatte, erwähnt Herder, als handele es sich um erwiesene Fakten:

> Als Mahomet ins Paradies kam, sahe er den Moses mit Haaren wie Feuerflamme, den milden Jesus, als ob Milch und Wasser des Lebens ihm auf die Schultern flösse.

Das Motiv der »Nachtreise« des Propheten taucht auch in Herders *Shakespeare*-Abhandlung auf, mit der er sich seit Sommer 1771 beschäftigte. Dort erklärt Herder die nächtliche Auffahrt Mohammeds ganz rationalistisch als einen Traum, an dem man die Relativität von Raum und Zeit begreifen lernen könne:

> Hast du nie gefühlt, wie im Traum dir Ort und Zeit schwinden? was das also für unwesentliche Dinge, für Schatten gegen das, was *Handlung*, Würkung der Seele ist, seyn müßen? wie es blos an dieser Seele liege, sich Raum, Welt und Zeitmaaß zu schaffen, wie und wo sie will? Und hättest du das nur Einmal in deinem Leben gefühlt, wärest nach Einer Viertheilstunde erwacht, und der dunkle Rest deiner Traumhandlungen hätte dich schwören gemacht, du habest Nächte hinweg geschlafen, geträumt und gehandelt: – dürfte dir

Mohameds Traum, als Traum, noch Einen Augenblick ungereimt seyn?

Herder ging es in diesem Zusammenhang vor allem darum, das Wesen des dichterischen Prozesses zu kennzeichnen und den Beweis zu führen, daß ein großer Dichter wie Shakespeare über Raum und Zeit als eine Art Zauberer gebieten kann, so daß die Seele des Zuschauers über Welt und Zeit hinausfliegt, Räume und Weltgegenden überspringt, alles andere um sich herum vergißt. Mit rhetorischer Vehemenz ruft Herder aus: »denke dich einen Augenblick in eine [...] Dichterwelt, nur in einen Traum?« Es folgt der eben zitierte Hinweis auf den Propheten Mohammed, woran Herder die Überlegung schließt: »und wäre es nicht eben jedes Genies, jedes Dichters, und des Dramatischen Dichters insonderheit Erste und Einzige Pflicht, dich in einen solchen Traum zu setzen?«

Im selben Atemzug werden hier Prophet und Poet genannt. Durch die Verknüpfung des prophetischen Traums mit den Träumen der großen Dichter, insbesondere der dramatischen, unterstreicht Herder, was alle schöpferischen Genies miteinander verbindet. Diese von Herder vorgenommene Verknüpfung von Dichter- und Prophetengefühl ist für uns insofern von besonderer Bedeutung, als sie in die gleiche Epoche fällt, in der Goethe das Gefühl seiner eigenen dichterischen Berufung in dem Propheten-Hymnus *Mahomets Gesang* ausdrückte und sich mit dem Plan einer *Mahomet*-Tragödie trug. In diesem Tragödien-Projekt wollte der junge Goethe Probleme behandeln, die ihn ganz persönlich bedrängten. Der Gedanke der Verwandtschaft zwischen der Sendung eines Propheten und der eines Poeten war zweifellos von Goethe mit Herder erörtert worden, wobei die Gestalt des Propheten Mohammed zum Ausgangspunkt der Betrachtungen hatte dienen können. In der schon zuvor erwähnten Abhandlung *Plastik* kam Herder wiederum auf die Verwandtschaft der Propheten- und Poetengabe zu sprechen. Von der speziellen Affinität zur Poesie unter den Arabern sagt er dort:

> Ihre Dichtkunst, wie ihre Sprache [...] waren ursprünglich nur eins: denn nur spät ist diese zu andern Wißenschaften gebildet, da sie zur Dichtkunst geschaffen und gebohren war. Nothwendig also, daß Poesie auch die stärkste Würkung auf dieses Volk gehabt hat, das in ihr [= der Poesie], wie in seinem Lande, lebte. Lange vor Mahomeds Zeiten waren sie wegen ihrer Dichtkunst berühmt [... es war] eine der größten Ehren eines Stamms, wenn aus ihm ein Dichter des Preises werth ward. Wie in einem Hause die Geburt eines Sohnes, so ward im Stamme die Aufstehung eines neuen Dichters gefeiert [...] Sie vergleichen [ihre Gedichte], ihre Reden und scharfsinnigen Sprüche mit Perlen und finden in ihnen die Summe von Weisheit, Geistesruhm und Freude, gegen die Alles andre nichts sei.
>
> So waren die Araber vor Mahomed und wir wißen, was er eben durch diesen ihren Geschmack an der Dichtkunst für seine neue Religion ausrichtete. Sein Koran machte solch einen Eindruck auf sie, weil er so erhabne Poetische Stellen [hatte]: er konnte also nicht anders als vom Himmel stammen. Mahomed berief sich darauf und foderte sie zum Wettkampf heraus: weil er sie in der Poesie überwand, ward er auch in der Religion ihr Sieger. So stark war in ihnen der Glaube an das Göttliche der Dichtkunst.

Das gleiche Thema der Verwandtschaft zwischen Prophet und Poet wurde von Goethe ein halbes Jahrhundert später nochmals aufgegriffen. Im Kapitel »Mahomet« der *Noten und Abhandlungen* brachte der 70jährige Dichter das Gemeinsame auf die kurze Formel: »beide«, Prophet und Poet, »sind von Einem Gott ergriffen und befeuert«. Anschließend verbreitet sich Goethe allerdings detaillierter über die Unterschiede zwischen Propheten und Poeten. Auf diese Unterschiede werden wir später zu sprechen kommen. – Ebenfalls in den *Noten und Abhandlungen* (im Kapitel: *Künftiger Divan*) taucht nochmals das Motiv der Nachtreise Mohammeds auf. Hier drückt der alte Goethe seinen Wunsch aus, selber in einem »künftigen Divan«

die wunderbare Auffahrt des Propheten dichterisch auszugestalten.

Was Goethe hier beschäftigt, waren demnach Vorstellungen, mit denen er schon lange vertraut war. Schon in frühen Gesprächen mit Herder mögen sich diese Motive seiner Einbildungskraft eingeprägt haben, zumindest seit er sich bei seinen *Koran*-Auszügen mit der 17. Sure, *Die Nachtreise*, beschäftigt hatte.[5] Es ist zu bedauern, daß Goethe, von gelegentlichen Anspielungen im *Buch des Paradieses* abgesehen, nicht mehr zur poetischen Ausgestaltung dieser Legende gelangte, die ihn lange und oft beschäftigt hat. Wenn der alte Dichter sich freudig in jene Situation des Propheten versetzt und sich mit ihm auf dem Wunderpferd al-Buraq durch alle Himmel schwingen möchte, so wird daraus zugleich deutlich, wie weit er sich bis zu einem gewissen Grade mit dem Propheten identifiziert hat. Von manch weiteren solcher Identifikationen wird noch zu sprechen sein.

In Goethes *Koran*-Auszügen von Sure 3, Vers 174 und Sure 5, Vers 101 ist die Rede davon, daß die Gläubigen nicht nach Geheimnissen fragen sollen, die ihnen verschlossen sind. Diesen Gedanken hat Goethe später in eigene Worte gefaßt (*Maximen und Reflexionen*, aus dem Nachlaß): »Das schönste Glück des denkenden Menschen ist, das Erforschliche erforscht zu haben und das Unerforschliche ruhig zu verehren.«

Mehrere *Koran*-Auszüge Goethes beziehen sich auf die Persönlichkeit des Propheten Mohammed und auf dessen Auffassung vom Amt des Propheten. So notiert Goethe Sure 3, Vers 138, Mohammed sei »nichts als ein Gesandter«, wie es deren schon viele vor ihm gegeben habe. Auch in Sure 13, Vers 8 wird betont, Mohammed sei »nur ein Prediger«. Goethes Interesse für Sure 29, Vers 47 hängt mit der Frage zusammen, ob Mohammed lesen und schreiben gelernt hatte. Die *Koran*-Stelle verneint dies ausdrücklich, und in Sure 7, Vers 157 f. wird Mohammed als »'ummi« (=»illiterat«) bezeichnet. Annemarie Schimmel erklärt dazu (in: *Mystische Dimensionen des Islam*, a. a. O., S. 50): »Diese Eigenschaft steht im Mittelpunkt der islamischen Frömmigkeit; denn wie im Christentum Maria Jungfrau sein mußte, um das ungeschaffene Wort Gottes, das sich durch sie inkarnieren sollte, aufzunehmen und der Welt zu schenken, so mußte der Prophet ein Analphabet sein, damit das ungeschaffene Wort, das durch ihn sich als Buch manifestieren sollte, rein bewahrt werden konnte. Er war ein Gefäß, nicht befleckt von intellektuellem Wissen, so daß er das ihm anvertraute Wort in völliger Reinheit weitergeben konnte.« Die Annahme, daß Mohammed weder lesen noch schreiben konnte, hat jedoch die Biographen vielfach in Erstaunen gesetzt, gelegentlich wurde sie auch abgestritten. Goethe hingegen fand das überhaupt nicht befremdlich. Im Gegenteil, er hat sich wiederholt sehr nachdrücklich über den Vorrang des gesprochenen Worts vor dem geschriebenen geäußert. Schon im großen Einleitungsgedicht zum *West-östlichen Divan – Hegire* – taucht das Motiv auf: »Wie das Wort so wichtig dort war, / Weil es ein gesprochen Wort war.«

In Goethes Auszug aus Sure 2, dem Vers 172, geht es um die Unterscheidung zwischen wesentlichen und unwesentlichen religiösen Vorschriften: die strenge Einhaltung der vorgeschriebenen Gebetsrichtung hat demnach ein geringeres Gewicht als die Beachtung der Glaubensinhalte und deren Umsetzung in allen Lebenslagen. Es leuchtet ein, daß eine solche Auffassung Goethes ganze Sympathie haben mußte, da er selber überaus empfindlich war gegenüber aller Heuchelei. Zwischen wahrer Überzeugung und äußerlichem Gehabe unterschied Goethe auch beim Christentum, wo er »gar vieles Dumme in den Satzungen der Kirche« fand; wer »die reine Lehre und Liebe Christi« begriffen habe, werde »auf ein bißchen so oder so im äußeren Kultus nicht mehr sonderlichen Wert legen« (zu Eckermann, 11. März 1832). Aus der Wetzlarer Epoche vom Herbst 1772 berichtete Joh. Georg Christian Kestner an A. v. Hennings: »Er [Goethe] ist nicht, was man orthodox nennt [...] Er geht nicht in die Kirche, auch nicht zum Abendmahl [...] Vor der christlichen Religion hat er Hochachtung, nicht aber in der Gestalt, wie sie unsere Theologen vorstellten.«

Neben dem, was über die Heuchler (in Sure 4, Vers 142) und die Ungläubigen (in Sure 2, Vers 166) zu lesen steht, interessierte sich Goethe begreiflicherweise dafür, was im *Koran* speziell über die Christen gesagt wird. Es fällt auf, daß unter den *Koran*-Auszügen Goethes sich keine der feindlichen Äußerungen über die Christen finden, wie sie beispielsweise in der Kampfansage von Sure 9, Vers 29-33 enthalten ist, daß er sich vielmehr nur jene Verse notierte, welche zu freundlicher Toleranz auffordern – wie Sure 5, Vers 70, wo von Juden und Christen als den »Anhängern der Schrift« die Rede ist.[6] Hier wird denjenigen Juden und Christen, welche »glauben« (Goethe unterstreicht das Wort *glauben*), die Vergebung der Sünden und die Aufnahme ins Paradies verheißen. Daß Sure 29, Vers 43 ff. Goethes besonderen Beifall erweckte, erkennt man am Stichwort »Fürtrefflichkeit«, mit dem er (in der Megerlinschen Übersetzung) die Stelle markiert, wo der *Koran* empfiehlt:

> Widersprechet der Gesellschaft der Schrift [von Juden und Christen] nicht anders, als auf eine gelinde, gute und sanftmütige Weise [...] Saget zu ihnen: Wir glauben an die Offenbarung, so über uns ist geschickt worden, wie auch an die, so über euch ist herabgelassen worden (im Gesetz und im Evangelio), denn unser Gott und Euer Gott ist nur einer, und wir sind ihm ganz ergeben.

5. Fragmente einer *Mahomet*-Tragödie (1772)

> »Wirft aber der ewige Geist einen Blick seiner Weisheit, einen Funken seiner Liebe einem Erwählten zu, der trete auf, und lalle sein Gefühl.«

Goethes erstes eingehendes Studium des *Koran* fiel in die Jahre 1771 und 1772, das heißt in eine Zeit, in welcher er über einige der überlieferten christlichen Vorstellungen in Zweifel geraten war und sich »von der kirchlichen Verbindung ganz und gar loszuwinden versuchte« (*Dichtung und Wahrheit*, II. Teil, 7. Buch). In der vom Begründer des Islam vertretenen Lehre entdeckte Goethe zu den Dogmen der Kirche eine Alternative, die seinem religiösen Empfinden entgegenkam. Diese entscheidende Entdeckung wirkte so stark auf ihn, daß er sich dazu angeregt fühlte, den Plan zu einer Tragödie ins Auge zu fassen, deren Held *Mahomet* sein sollte. Zwar hat er dazu nur einige Kernpartien niedergeschrieben, die wir noch heute besitzen. Schon bezüglich dieser Fragmente ist jedoch zu sagen, daß sie die bedeutsamste Huldigung darstellen, die jemals ein Dichter in Deutschland dem Begründer des Islam dargebracht hat. In ihnen wird Wesentliches von dem deutlich, was Goethe am Islam fesselte. Drei Aspekte sind dabei hervorzuheben. Einmal war es die Gestalt des Propheten Mohammed selbst und dessen Bewußtsein von seiner Sendung, unter den Menschen als Botschafter des einen Gottes zu wirken; zum andern die von ihm vertretene Hauptlehre des Islam, die Lehre von der Einheit Gottes, für welche Goethe immer wieder in seinem Leben seine besondere Anteilnahme hat erkennen lassen. Zum dritten waren es die im *Koran* in großer Zahl zu findenden Aufforderungen an die Menschen, in der Natur die Allmacht und Güte Gottes zu erkennen, durch welche der Islam sich dem jungen Dichter als eine weltzugewandte Religion offenbarte und ihn in seinem eigenen Drang bestärkte, innerhalb dieser von vielen seiner christlichen Zeitgenossen als Jammertal verachteten Welt tätig zu werden und Gutes zu bewirken.

Die Gestalt Mohammeds war Goethe vor allem deshalb bedeutsam, weil er an ihr den Typus und das Schicksal eines Religionsstifters studieren konnte, welcher nicht allein durch das Wort seine Lehre verbreitet hatte wie Christus, sondern die Verkündigung seiner Botschaft mit der Gründung eines Gemeinwesens verband, zu dessen Aufrechterhaltung er rigorose, weltliche Mittel nicht ausschloß: Waffengewalt und Krieg. Voltaire hatte gerade diesen gesellschaftlichen Aspekt an Mohammeds Wirken, den er insgeheim durchaus billigte, in seiner *Mahomet*-

Tragödie für seine außerordentlich negative Charakterisierung des Propheten eingesetzt, und zwar in polemischer Absicht, die im Grunde gar nicht gegen den Islam, sondern, wie bereits erwähnt, gegen die katholische Kirche gerichtet war. Dagegen hatte Goethe vor, am Begründer des Islam diejenigen Züge hervorzuheben, welche ihm an demselben bewunderungswürdig und vorbildhaft erschienen, auch wenn er es dabei an gewissen kritischen Einwänden nicht fehlen lassen wollte.

Innerhalb der erhaltenen Fragmente ist es besonders das berühmte Preislied *Mahomets Gesang*, welches die Anteilnahme des jungen Dichters an der vom Propheten Mohammed ausgehenden Wirkung zum Ausdruck bringt. Goethe schrieb es im Frühjahr 1773 nieder, nachdem er alle ihm erreichbare Literatur über Mohammed studiert hatte.[1] In diesem Preislied wird das Wirken des Religionsstifters als eines geistigen Führers der Menschheit dargestellt im Bild einer den Bergen entspringenden Quelle, welche zum Strom anschwillt, der dann die anderen Bäche und Flüsse gleichsam als Geschwister mit sich nimmt, ja in seiner lebensbejahenden Begeisterung mit sich fortreißt und, nachdem er die Gegenden, welche er durchzieht, belebt und befruchtet hat, mit seinen Brüdern schließlich Einzug hält im Meer, das hier zum Sinnbild wird des unendlichen Gottes. Wir zitieren das Preislied in seinem ursprünglichen Wortlaut als Wechselgesang zwischen der Lieblingstochter des Propheten, Fatema, und ihrem Mann Ali, Mohammeds Vetter und der erste seiner zum Islam bekehrten Gefährten:

ALI
Seht den Felsenquell
Freudehell,
Wie ein Sternenblick!

FATEMA
Über Wolken
Nährten seine Jugend

Gute Geister,
Zwischen Klippen
Im Gebüsch.

ALI
Jünglingsfrisch
Tanzt er aus der Wolke
Auf die Marmorfelsen nieder,
Jauchzet wieder
Nach dem Himmel.

FATEMA
Durch die Gipfelgänge
Jagt er bunten Kieseln nach.

ALI
Und mit festem Führertritt
Reißt er seine Brüderquellen
Mit sich fort.

FATEMA
Drunten werden in dem Tal
Unter seinem Fußtritt Blumen,
Und die Wiese lebt von
Seinem Hauch.

ALI
Doch ihn hält kein Schattental,
Keine Blumen,
Die ihm seine Knie' umschlingen,
Ihm mit Liebesaugen schmeicheln;
Nach der Ebne dringt sein Lauf
Schlangenwandelnd.

FATEMA
Bäche schmiegen
Sich gesellschaftlich an ihn;
Und nun tritt er in die Ebne
Silberprangend.

ALI
Und die Ebne prangt mit ihm!
Und die Flüsse von der Ebne,

FATEMA
Und die Bächlein von Gebirgen
Jauchzen ihm, und rufen:

BEIDE
Bruder!
Bruder, nimm die Brüder mit!

FATEMA
Mit zu deinem alten Vater,
Zu dem ewgen Ozean,
Der, mit weitverbreit'ten Armen
Unsrer wartet,
Die sich, ach! vergebens öffnen,
Seine sehnenden zu fassen.

ALI
Denn uns frißt, in öder Wüste,
Gierger Sand; die Sonne droben
Saugt an unserm Blut;
Ein Hügel
Hemmet uns zum Teiche.
Bruder!
Nimm die Brüder von der Ebne!

FATEMA
Nimm die Brüder von Gebirgen!

BEIDE
Mit zu deinem Vater! mit!

ALI
Kommt ihr alle!
Und nun schwillt er herrlicher;
Ein ganz Geschlechte
Trägt den Fürsten hoch empor;
Triumphiert durch Königreiche;
Gibt Provinzen seinen Namen;
Städte werden unter seinem Fuß!

FATEMA
Doch ihn halten keine Städte,
Nicht der Türme Flammengipfel,[2]
Marmorhäuser, Monumente
Seiner Güte, seiner Macht.

ALI
Zedernhäuser trägt der Atlas
Auf den Riesenschultern; sausend
Wehen, über seinem Haupte,
Tausend Segel auf zum Himmel
Zeugen seiner Macht und Herrlichkeit.
Und so trägt er seine Brüder,

FATEMA
Seine Schätze, seine Kinder,

BEIDE
Dem erwartenden Erzeuger
Freudebrausend an das Herz!

Vor der Zeit seiner Arbeit an dem Plan der *Mahomet*-Tragödie pflegte Goethe lebhaften Umgang mit Pietisten im Umkreis der Frankfurter Freundin Susanne von Klettenberg. Bei aller Hochachtung und Freundschaft fühlte er sich unter denselben eigentlich fehl am Platz, ohne anfangs genau angeben zu können, weshalb. Noch war er auf der Suche nach einer der eigenen Natur gemäßen Form der Religiosität, wozu es offenbar noch eines Anstoßes von außen bedurfte, um sich seiner selbst ganz gewiß zu werden. Über diese Zeit des Suchens gibt es eine sprechende Passage in den *Bekenntnissen einer schönen Seele*, einem halb autobiographischen Text, welcher in *Wilhelm Meisters Lehrjahren* als ein Zwischenkapitel eingeschaltet ist. Er stellt in gewisser Weise ein Denkmal für Fräulein von Klettenberg dar, spiegelt aber auch Goethes eigene Erfahrungen wider. Die Stelle lautet:

> Wie sehr wünschte ich, daß ich mich auch damals ganz ohne System befunden hätte; aber wer kommt früh zu dem Glücke, sich seines eignen Selbst, ohne fremde Formen, in reinem Zusammenhang bewußt zu sein? Mir war es Ernst mit meiner Seligkeit. Ich vertraute bescheiden fremdem Ansehn; ich ergab mich völlig dem hallischen Bekehrungssystem [d. h. der von August Hermann Francke begründeten Bewegung der Pietisten], und mein ganzes Wesen wollte auf keinem Wege hineinpassen.
>
> Nach diesem Lehrplan muß die Veränderung des Herzens mit einem tiefen Schrecken über die Sünde anfangen; das Herz muß in dieser Not bald mehr, bald weniger die verschuldete Strafe anerkennen und den Vorschmack der Hölle kosten, der die Lust der Sünde verbittert. Endlich muß man eine sehr merkliche Versicherung der Gnade fühlen, die aber im Fortgange sich oft versteckt und mit Ernst wieder gesucht werden muß. [...]
>
> Das Ding, das noch nie erklärte böse Ding, das uns von dem Wesen trennt, dem wir das Leben verdanken, von dem Wesen, aus dem alles, was Leben genannt werden soll, sich un-

terhalten muß, das Ding, das man Sünde nennt, kannte ich noch gar nicht.

Wie weit sich Goethe in seiner religiösen Einstellung tatsächlich von jener der ihm befreundeten Pietisten abgewandt hatte, läßt sich fast graphisch ablesen an dem Unterschied zwischen einem in pietistischen Kreisen weitverbreiteten Traktat, in welchem Goethe die Metapher des zu Gott strebenden Stroms vorgefunden hatte, und seiner eigenen Verwendung derselben in *Mahomets Gesang*. Friedrich Warnecke (in: *Goethes Mahomet-Problem*, Halle 1907), Konrad Burdach (*Faust und Moses*, Berlin 1912) und Franz Saran (*Goethes Mahomet und Prometheus*, Halle 1914) haben als Goethes Quellentext für das Bild des Gott als dem ewigen Ozean zueilenden Stromes die *Torrents Spirituels* der Madame Guyon ausfindig gemacht.[3] In der Bibliothek des Hauses Goethe in Frankfurt haben sich Werke der Madame Guyon befunden, aber der Dichter mag auch die deutsche Übersetzung ihrer oben genannten Schrift gekannt haben, die 1728 in Leipzig erschienen war unter dem Titel: »Geistliche Ströme, darinne unter dem Sinnbild eines Stroms vorgestellt wird, wie Gott die Seelen, welche alhier zu einem neuen und ganz Göttlichen Leben gelangen sollen, läutere und auf das nächste zubereite.«

Die französische Aristokratin Madame du Chesnoy, geboren als Jeanne-Marie Bouvier de la Motte, genannt Madame Guyon (1648-1717), hatte sich nach dem Tode ihres Mannes 1676 der Mystik zugewandt und daraufhin zahlreiche Schriften verfaßt, in denen sie einen extremen Quietismus vertrat. Das heißt, sie predigte eine völlige Abkehr von der Welt als Voraussetzung dafür, daß man die höchste Stufe der Vereinigung mit Gott erreiche. Hierin sah die katholische Kirche eine Leugnung ihrer Rolle als Mittlerin zwischen Gott und den Menschen, ließ Madame Guyon mehrmals ins Gefängnis setzen und erklärte ihre Lehren für ketzerisch. Diese wurden nach ihrem Tode in 45 Bänden gedruckt und fanden vor allem unter den Pietisten in Deutschland begeisterte Leser. Eine ihrer Schriften wurde von dem als Autor vieler Gesangbuchverse bekannten Gerhard Tersteegen übersetzt unter dem Titel »Die heilige Liebe Gottes und die unheilige Naturliebe«. »Unheilige Naturliebe« – kann man sich einen größeren Kontrast zu Goethes Naturfrömmigkeit denken?

Wie schon aus dem Titel des Traktats der Madame Guyon ersichtlich, handelt dieses im Gegensatz zu Goethes Preislied auf den Propheten von einer Vielzahl einzelner Ströme, gemeint sind Seelen der Menschen, welche zum Meer, also zu Gott hinstreben, die hier aber in drei Arten oder Grade, das heißt gleichsam in drei Stände untergliedert werden und demzufolge auf verschiedenartige Weise zu Gott gelangen. Der Beschreibung aller drei unterschiedlichen Arten von Strömen im Traktat der Madame Guyon entnahm Goethe jeweils einzelne Motive, welche er in sein Gedicht integrierte und zu einem ganzheitlichen Bild verschmolz: den Felsenquell, der gleichsam den Armen Gottes entrinnt, um als mächtiger Strom sich wieder mit ihm zu vereinigen; das Einmünden kleinerer Bäche in die größeren Flüsse; den Hinweis auf die Gefahr, daß einige Flüsse in der Wüste austrocknen oder durch Hindernisse aufgehalten werden; die Pracht und Herrlichkeit einiger Ströme, die mit Gütern beladen sind; die Sehnsucht Gottes nach seinen Geschöpfen. Aber Goethe verwandelt nicht nur ein in erbaulichen Lehren ausuferndes Traktat in ein hinreißendes Gedicht, welches in seiner gedrängten Form und steten Steigerung dem von ihm dargestellten Gegenstand, dem Strom, auch in seinem rhythmischen Impetus entspricht.[4] Vielmehr unterscheidet sich Goethes Hymnus, wie bereits angedeutet, vom Traktat der Madame Guyon besonders auch inhaltlich auf entscheidende Weise.

Zunächst eliminierte Goethe ganz bewußt das Motiv der Sünde, das bei Madame Guyon eine zentrale Rolle spielt. Die Reinigung von der Sünde, die Beichte und Zerknirschung ist bei ihr die Voraussetzung dafür, daß die Seelen ihren Lauf zu Gott antreten können, und die Hindernisse, welchen die Flüsse in ihrem Lauf begegnen, die Stauungen, die Gefahr des Versiegens, des Austrocknens in der Wüste, stehen bei ihr als Hinweise auf die sündigen Versuchungen dieser Welt. Aber auch die hierarchische Einteilung der Flüsse in drei Klassen ist bei Goethe verschwunden. Zwar tritt Mohammed als eine Führergestalt hervor, der seine Brüder in seiner Begeisterung mit sich reißt, aber er ist unter ihnen nichts weiter als ein *primus inter pares*. Madame Guyon hingegen stellt die von ihr der dritten Stufe zugerechnete Art von Flüssen, welche auf dem Weg aus den Bergen unaufhaltsam dem Meer zueilen, ohne sich um ihre Brüder oder sonst um weltliche Dinge zu kümmern, als die höchste Form der Frömmigkeit dar. Die warenbeladenen, schöpferischen Ströme stehen bei ihr nur an zweiter Stelle und werden von ihr sogar mit einem leicht ironischen Unterton der Verachtung behandelt. (Dabei spielt bei ihr vermutlich eine unterschwellige Kritik an der Prachtentfaltung der katholischen Kirche eine Rolle.) Franz Saran (a. a. O., S. 21) kommentiert:

> Goethe hat mit voller Absicht die alte natur- und weltverneinende Mystik in eine natur- und lebensfreudige, weltbejahende Denkart umgewandelt: allein durch Natur, Leben, Kultur, Weltwesen führt der Weg zu Gott [. . .] Damit ist freilich die ganze Vorstellungsart des ›Gesanges‹ schillernd geworden. Denn die alten metaphysischen Gedanken, so wie es im Gesange geschieht, auf Natur und Welt zu beziehen, geht schwer an: die mystische Vorstellung ist an dem Strome, der durch Königreiche, Provinzen, Städte fließt, nicht recht nachvollziehbar.

Auf den Gedanken, daß es außer der christlich-asketischen auch eine weltbejahende Mystik geben kann, kam Saran offenbar nicht, bzw. ihm erschien dieser Gedanke als »nicht recht nachvollziehbar«. Ja, wenn er all die Einflüsse aufzählt, die auf Goethe bei Abfassung von *Mahomets Gesang* eingewirkt haben mögen, von der neutestamentlichen Christologie über Arnolds *Ketzergeschichte* und die *Torrents* der Madame Guyon bis hin zu Klopstocks *Messias*, so kommt ihm erstaunlicherweise ein für Goethe zentrales Dokument nicht in den Sinn: der *Koran.* Und das, obwohl der Prophet Mohammed ausdrücklich als Titelheld des Gedichts genannt ist! Hiermit werden wir in sinnfälliger Weise auf ein Tabu gelenkt, das noch immer die traditionelle Goethe-Rezeption in Deutschland zu beherrschen scheint: die Hinwendung Goethes zum Islam ist bis heute für manche Goethe-Forscher wenn nicht ein Ärgernis, so zumindest eine Verlegenheit.[5] Solchermaßen geblendet, wird für diese auch nicht erkennbar, wie es Goethe gelingen konnte, in *Mahomets Gesang* die von Madame Guyon übernommene Metapher vom Strom dergestalt umzudeuten, daß er damit den Geist des Islam genau zu erfassen vermochte. Dagegen weist die Orientalistin Annemarie Schimmel darauf hin, »daß das Bild des Propheten als das eines Stromes bereits im 10. Jahrhundert von dem schiitischen Theologen Kulaini verwendet worden war«, was Goethe aber nicht wissen konnte. »Goethe hat also in einem der ihm so eigenen Momente der Intuition gesagt, was für den Muslim ebenfalls richtig ist.«[6] Annemarie Schimmel war es übrigens auch, die das Gedicht »Der Strom« des großen islamischen, als »geistiger Vater« Pakistans bekannten Dichters Muhammad Iqbal aus dem Persischen ins Deutsche übertrug, wobei dieses Gedicht seinerseits eine schöpferische Umformung des Goetheschen Preislieds darstellt.[7] Muhammad Iqbal, ein gläubiger Muslim, hat in Goethe stets einen Geistesverwandten gesehen und gepriesen. Die Darstellung der Rezeption Goethes in der islamischen Welt würde jedoch ein eigenes Buch erfordern.

Besonders in den letzten Versen von *Mahomets Gesang* wird deutlich, wie Goethe in dem ganzen Gedicht zugleich auch seiner eigenen Lebenshaltung Ausdruck gibt. In gleicher Weise nämlich faßte er seine Aufgabe, sein Amt als Dichter auf: für die Menschen als für seine Brüder zu wirken, sie mitzureißen, mit sich hinanzuziehen zu einem höheren Leben.[8] Das Motiv des Stroms als Metapher für eine charismatische Persönlichkeit, die andere Menschen in ihren Bann zieht, verwendete er bereits im Drama *Götz von Berlichingen*. In der Szene *Adelheidens Schloß* im Vierten Akt läßt er den als Verräter gekennzeichneten Weislingen voll Neid über den ritterlichen Rebellen Franz von Sickingen sagen: »Ich haß ihn. Sein Ansehn nimmt zu wie ein Strom, der nur einmal ein paar Bäche gefressen hat, die übrigen folgen von selbst.« Im Propheten Mohammed sah Goethe eine Persönlichkeit, die durch die Verkündung des Glaubens an den einen Gott segensreich wirkte. In ähnlicher Weise erschien auch ihm seine eigne Sendung als Dichter letzten Endes unter einem religiösen Aspekt. In der Tat ist Goethe für viele Menschen zum inspirierenden Vorbild und Vermittler eines höheren geistigen Lebens geworden.

Überhaupt trägt die gesamte Propheten-Gestalt des Tragödienfragments auch Züge des jungen Goethe. Zur damaligen Zeit ging der Dichter mit einer ganzen Reihe von dramatischen Plänen um, in welchen er jeweils große Gestalten der Geschichte oder des Mythos in den Mittelpunkt stellen wollte, um durch sie zu versinnbildlichen, was er an sich selbst als das Besondere in seiner Jugend erfahren hatte: Größe und Gewalt seiner Schöpferkraft, die er als ein göttliches Geschenk ansah, die ihm aber zugleich auch als Verpflichtung und Aufgabe, als göttlicher Auftrag erschien.

In den Fragmenten der *Mahomet*-Tragödie wird – wie schon in den *Koran*-Exzerpten – deutlich sichtbar, daß Goethe für eine Hauptlehre des Islam ein spezielles Interesse bezeigte: die Lehre von der Einheit Gottes. Nachdrücklichst wird vom Dichter auf diese Lehre hingewiesen in der *Hymne*, die er Mahomet zu Beginn des Stücks allein unter dem gestirnten Himmel singen läßt. Sie entstand in enger Anlehnung an die Verse 75 ff. aus der VI. Sure (*Das Vieh*). Diese Verse hatte Goethe, wie wir sahen, in seinen Exzerpten nicht einfach aus Megerlins holpriger Übersetzung übernommen, sondern sich hierzu seine eigene deutsche Fassung nach der lateinischen Vorlage des Maracci geschaffen. Goethe nahm sich hier allerdings die dichterische Freiheit, dem Propheten Mohammed Worte in den Mund zu legen, welche sich im *Koran* auf den Urvater des Monotheismus, auf Abraham beziehen, woran Anstoß nehmen mag, wer am Buchstaben der Schrift klebt und die Botschaft des Textes nicht als solche zu würdigen bereit ist:

Teilen kann ich euch nicht dieser Seele Gefühl
Fühlen kann ich euch nicht allen ganzes Gefühl
Wer, wer wendet dem Flehen sein Ohr?
Dem bittenden Auge den Blick?

Sieh er blinket herauf Gad der freundliche Stern.
Sei mein Herr du! Mein Gott. Gnädig winkt er mir zu!
Bleib! Bleib! Wendst du dein Auge weg?
Wie? liebt ich ihn, der sich verbirgt?

Sei gesegnet o Mond! Führer du des Gestirns,
Sei mein Herr du, mein Gott! Du beleuchtest den Weg.
Laß! Laß! Nicht in der Finsternis
Mich! irren mit irrendem Volck.

Sonn dir glühenden weiht sich das glühende Herz.
Sei mein Herr du mein Gott! Leit allsehende mich.
Steigst auch du hinab herrliche!
Tief hüllet mich Finsternis ein.

Hebe liebendes Herz dem Erschaffenden dich!
Sei mein Herr du! mein Gott! Du alliebender du!
Der die Sonne den Mond und die Stern
Schuf Erde und Himmel und mich.[9]

Abermals zeigt sich hier Goethes Naturfrömmigkeit im Zusammenklang mit islamischen Vorstellungen. Seine Überzeugung, daß der Mensch sich aus der Vielfalt der Naturerscheinungen emporheben müsse zur Erkenntnis des Einen Gottes, fand er im *Koran* gleichnishaft vorgebildet. In *Dichtung und*

Wahrheit (Teil II, Buch 14) hat Goethe selbst den Hymnus innerhalb der Betrachtung seines *Mahomet*-Fragments wie folgt kommentiert:

> Das Stück fing mit einer Hymne an, welche Mahomet allein unter dem heiteren Nachthimmel anstimmt. Erst verehrt er die unendlichen Gestirne als eben so viele Götter; dann steigt der freundliche Stern Gad (unser Jupiter) hervor, und nun wird diesem, als dem König der Gestirne, ausschließliche Verehrung gewidmet. Nicht lange, so bewegt sich der Mond herauf und gewinnt Aug' und Herz des Anbetenden, der sodann, durch die hervortretende Sonne herrlich erquickt und gestärkt, zu neuem Preise aufgerufen wird. Aber dieser Wechsel, wie erfreulich er auch sein mag, ist dennoch beunruhigend, das Gemüt empfindet, daß es sich nochmals überbieten muß; es erhebt sich zu Gott, dem Einzigen, Ewigen, Unbegrenzten, dem alle diese begrenzten herrlichen Wesen ihr Dasein zu verdanken haben. Diese Hymne hatte ich mit viel Liebe gedichtet: sie ist verloren gegangen, würde sich aber zum Zweck einer Kantate wohl wieder herstellen lassen, und sich dem Musiker durch die Mannigfaltigkeit des Ausdrucks empfehlen. Man müßte sich aber, wie es auch damals schon die Absicht war, den Anführer einer Karawane mit seiner Familie und dem ganzen Stamme denken, und so würde für die Abwechselung der Stimmen und die Macht der Chöre wohl gesorgt sein.

Erstaunlich ist, wie intensiv und genau der alternde Dichter sich an dieses Projekt noch erinnert zu einer Zeit, als ihm das Manuskript längst abhanden gekommen war. (Erst nach seinem Tode tauchte es wieder auf.) Ein Zeitraum von vierzig Jahren lag immerhin dazwischen, als Goethe in *Dichtung und Wahrheit* schrieb – damit endet die Betrachtung des *Mahomet*-Projekts: »Ich erinnere mich auch noch der Intentionen einzelner Stellen, doch würde mich die Entwickelung derselben hier zu weit führen.«

In Goethes Erinnerung verschmelzen die Übersetzungen von Megerlin und Maracci zu einer interessanten Variante der Legende. Megerlin hatte einst fälschlicherweise von Sternen in der Mehrzahl geschrieben: »Und als ihn die Nacht bedeckte, sahe er die Sterne an und sprach: Diese sind meine Götter«, und Goethe hat, ihm folgend, in seinen Memoiren dem ganzen Geschehen einen polytheistischen Ausgangspunkt verliehen. In Anbetracht des Kampfes, den der Prophet Mohammed gegen die Vielgötterei der Mekkaner zu führen hatte, kann man dieser Wendung einen gewissen Wahrheitsgehalt nicht absprechen. In Maraccis Übersetzung hingegen ist durchaus richtig nur von einem einzelnen leuchtenden Stern die Rede. Diesen hat Goethe in seinem frühen Hymnus als den Stern ›Gad‹, der dem Propheten aus einem anfänglichen Gefühl der Verlassenheit und Hilflosigkeit vorübergehend heraushilft, zum Ausgangspunkt von dessen mehrstufigem Weg zur Gotteserkenntnis gemacht. (Goethe erwähnt hier, daß mit dem ›freundlichen Stern‹ unser Planet Jupiter gemeint sei. Auf arabisch heißt dieser jedoch Al-Muschtarî. Für vorliegendes Gedicht hat Goethe also die hebräische Namensform des Planeten gewählt, die gleichzeitig einen der zwölf Stämme Israels bezeichnet.) Bezeichnend ist, wie Goethe in jener Zeit geradezu geflissentlich darum bemüht war, im heiligen Buch des Islam eine Bestätigung seiner eigenen Religiosität zu finden.

Auch in der kurzen Dialogszene zwischen dem jugendlichen Propheten Mohammed und seiner Amme Halima aus den Fragmenten der *Mahomet*-Tragödie ist die Lehre von der Einheit Gottes wiederum auf charakteristische Weise verknüpft mit dem Hinweis auf die göttlichen Zeichen in der Natur, wodurch Goethes Naturfrömmigkeit erneut zum Ausdruck kommt:

HALIMA (seine Pflegemutter zu ihm): Mahomet.

MAH. Halima! O daß sie mich in diesen glückseligen Empfindungen stören muß. Was willst du mit mir, Halima?

HAL. Ängstige mich nicht, lieber Sohn, ich suche dich vor

Sonnen Untergang. Setze deine zarte Jugend nicht den Gefahren der Nacht aus.

MAH. Der Tag ist dem Gottlosen verflucht wie die Nacht. Das Laster zieht das Unglück an sich, wie die Kröte das Gift, wenn Tugend unter eben dem Himmel gleich einem heilsamen Amulett die gesundeste Atmosphäre um uns erhält.

HAL. So allein auf dem Felde, das keine Nacht vor Räubern sicher ist.

MAH. Ich war nicht allein. Der Herr mein Gott hat sich freundlichst zu mir genaht.

HAL. Sahst du ihn?

MAH. Siehst du ihn nicht? An jeder stillen Quelle, unter jedem blühenden Baum begegnet er mir in der Wärme seiner Liebe. Wie dank ich ihm – er hat meine Brust geöffnet, die harte Hülle meines Herzens weggenommen, daß ich seinen Namen empfinden kann.

HAL. Du träumst! Könnte deine Brust eröffnet worden sein und du leben?

MAH. Ich will für dich zu meinem Herrn flehen, daß du mich verstehen lernst.

HAL. Wer ist dein Gott, Hobal oder Al Fatas?

MAH. Armes, unglückliches Volk, das zum Steine ruft: ich liebe dich, und zum Ton: sei du mein Beschützer! Haben sie ein Ohr fürs Gebet, haben sie einen Arm zur Hülfe?

HAL. Der in dem Stein wohnt, der um den Ton schwebt, vernimmt mich, seine Macht ist groß!

MAH. Wie groß kann sie sein? Es stehn dreihundert neben ihm, jedem raucht ein flehender Altar. Wenn ihr wider eure Nachbarn betet, und eure Nachbarn wider euch, müssen nicht eure Götter wie kleine Fürsten, deren Grenzen verwirrt sind, mit unauflöslicher Zwietracht sich wechselweise die Wege versperren?

HAL. Hat dein Gott denn keine Gesellen?

MAH. Wenn er sie hätte, könnt er Gott sein?

HAL. Wo ist seine Wohnung?

MAH. Überall.

HAL. Das ist nirgends. Hast du Arme, den ausgebreiteten zu fassen?

MAH. Stärkere brennendere als diese, die für deine Liebe dir danken. Noch nicht lange, daß mir ihr Gebrauch verstattet ist. Halima, mir war's wie dem Kinde, das ihr in enge Windeln schränkt, ich fühlte in dunkler Einwickelung Arme und Füße, doch es lag nicht an mir, mich zu befreien. Erlöse du, mein Herr, das Menschengeschlecht von seinen Banden, ihre innerste Empfindung sehnt sich nach dir.

Die Szene bezeugt, wie eingehend Goethe sich mit den zur Kindheit des Propheten überlieferten Erzählungen befaßt und seiner Vorstellungswelt anverwandelt hat. Die Legende berichtet beispielsweise davon, daß Mohammeds Ziehmutter Halima von großer Furcht befallen worden sei, als sein Milchbruder, der mit ihm das Vieh gehütet hatte, ihr davon erzählte, wie zwei Männer in strahlend weißen Gewändern, also Engel, bei ihnen erschienen seien und Mohammed niedergeworfen, ihm die Brust geöffnet, sein Herz gereinigt und in derselbern Nacht wieder verschlossen hätten, ohne eine Narbe zu hinterlassen. Diese Legende geht zurück auf die ersten drei Verse der 94. Sure, worin Gott den Propheten mit den Worten anspricht (hier in der Übersetzung von Friedrich Rückert): »Erschlossen wir dir nicht die Brust/Und nahmen ab dir deine Last/darunter du gebeugt dich hast?« Wie im *Koran* ist es bei Goethe Gott selbst, welcher dem Jüngling, der dazu bestimmt ist, ein Prophet zu werden, die Brust geöffnet hat: »Wie dank ich ihm – er hat meine Brust geöffnet, die harte Hülle meines Herzens weggenommen, daß ich seinen Namen empfinden kann.« Von der volkstümlichen, naiven Handgreiflichkeit der Legende kehrt Goethe also zurück zur Bildersprache des *Koran*. Ein ähnliches Motiv begegnete uns bereits in Goethes Brief an Herder vom Juli 1772: »Ich möchte beten wie Moses im Koran: Herr mache mir Raum in meiner engen Brust.« Das heißt, wenn

Goethe im vorstehenden Dialog die Jugend des Propheten der islamischen Überlieferung getreu darstellt, so spiegeln sich doch darin zugleich seine eigenen religiösen Erfahrungen. Man fühlt sich fast wörtlich erinnert an folgenden Abschnitt aus den *Bekenntnissen einer schönen Seele* in Goethes *Wilhelm Meister*:

> Ich darf sagen, ich kam nie leer zurück, wenn ich unter Druck und Not Gott gesucht hatte. Es ist unendlich viel gesagt, und doch kann und darf ich nicht mehr sagen [...] Wie glücklich war ich, daß tausend kleine Vorgänge zusammen, so gewiß als das Atemholen Zeichen meines Lebens ist, mir bewiesen: daß ich nicht ohne Gott auf der Welt sei. Er war mir nahe, ich war vor ihm. Das ists, was ich mit geflissentlicher Vermeidung aller theologischen Systemsprache mit größter Wahrheit sagen kann.

In der gleichen Epoche seiner Jugend, als er an seinem *Mahomet*-Projekt arbeitete, entwarf Goethe auch den Plan zu einem *Prometheus*-Drama. Zu diesem sollte ein Gedicht gehören, welches von Friedrich Heinrich Jacobi später ohne Goethes Einverständnis veröffentlicht wurde und ihn unter den Verdacht des Atheismus geraten ließ: die Ode *Prometheus*. Zwar ging es Jacobi mit seiner Veröffentlichung der Ode in seiner Schrift: *Über die Lehre des Spinoza in Briefen an den Herrn Moses Mendelssohn* (1785) in erster Linie darum, nachzuweisen, daß Spinoza ein Atheist gewesen sei, aber da bei seiner Beweisführung Goethes Gedicht im Mittelpunkt stand, blieb auch Goethe nicht unbehelligt davon.[10] Die ungeheure Wirkung, welche damals von jenem Gedicht in Deutschland ausging, wurde später von Goethe in *Dichtung und Wahrheit* (Dritter Teil, Fünfzehntes Buch) mit den berühmten Worten beschrieben: »Es diente zum Zündkraut einer Explosion, welche die geheimsten Verhältnisse würdiger Männer aufdeckte und zur Sprache brachte.« Nicholas Boyle kennzeichnet dessen Radikalität recht gut, wenn er schreibt (in: *Goethe, The Poet and the Age, Volume I: The Poetry of desire.* Oxford 1991, S. 164): »Neither Feuerbach nor

Nietzsche will add anything of emotional or intellectual significance to this outburst of an Antichrist.«[11]

Wer aber Goethes *Mahomet*-Fragmente und seine Ode *Prometheus* nebeneinander liest, wird sich fragen: Wie konnte ein und derselbe Dichter zu gleicher Zeit zwei so konträre Werke verfassen? Wie verträgt sich die Verspottung der Götter im *Prometheus* mit der Gottesgewißheit, die sich im *Mahomet*-Projekt ausdrückt? Es gibt in den zwei Fragmenten Verse, die gegenteilige Überzeugungen auszudrücken scheinen, aber dennoch in einem Kernbegriff übereinstimmen. Man vergleiche folgende Stelle aus dem *Prometheus*, worin der für Goethe wichtige Begriff des *Irrens* eine entscheidende Rolle spielt, mit der entsprechenden Passage aus dem Eröffnungshymnus zum *Mahomet*-Fragment:

Da ich ein Kind war,
Nicht wußte, wo aus noch ein,
Kehrt ich mein verirrtes Auge
Zur Sonne, als wenn drüber wär
Ein Ohr, zu hören meine Klage,
Ein Herz wie meins,
Sich des Bedrängten zu erbarmen.

Der Ausweg aus diesem *Irren* ist im *Prometheus* das Selbsthelfertum:

Wer half mir
Wider der Titanen Übermut?
Wer rettete vom Tode mich,
Von Sklaverei?
Hast du nicht alles selbst vollendet,
Heilig glühend Herz?

In der Eröffnungshymne zur *Mahomet*-Tragödie hingegen richtet deren Held, nachdem er das Gefühl seiner Verlassenheit bekundet hat:

Wer, wer wendet dem Flehen sein Ohr?
Dem bittenden Auge den Blick?

seine ganze Hoffnung auf einen Gott, den er unter anderem in der Gestalt des Mondes zu finden hofft:

Laß! Laß! Nicht in der Finsternis
Mich! Irren mit irrendem Volck.

Bis er dann erkennt, daß er sich über die Unmittelbarkeit der vielfältigen und vergänglichen Objekte seiner Anschauung, selbst über die Sonne als der gewaltigsten aller Naturerscheinungen, erheben muß zum Gedanken des Einen Gottes:

Hebe liebendes Herz dem Erschaffenden dich!
Sei mein Herr du! mein Gott! Du alliebender du!
Der die Sonne den Mond und die Stern
Schuf Erde und Himmel und mich.

Es ist hier nicht der Ort, dem scheinbar unauflöslichen Widerspruch zwischen Goethes Gottesverehrung und seinem Selbsthelfertum im einzelnen nachzugehen. Nur sei betont, daß dieser Widerspruch keineswegs einem eklektizistischen Indifferentismus in philosophischen Angelegenheiten geschuldet ist, welcher Goethe gelegentlich nachgesagt wird, sondern vielmehr der gewaltigen Spannweite seines Denkens entsprach. Das tertium comparationis findet sich in dem aus der gleichen Jugendepoche stammenden Gedicht *Ganymed*:

Es schweben die Wolken
Abwärts, die Wolken
Neigen sich der sehnenden Liebe.
Mir! Mir!
In eurem Schoße
Aufwärts!
Umfangend umfangen!
Aufwärts an deinen Busen,
Alliebender Vater!

Die Auflösung des Widerspruchs sei hier jedoch wenigstens angedeutet durch einen Hinweis Momme Mommsens: Die Ode *Prometheus* war eine Abrechnung mit der traditionellen Vorstellung vom personalen Schöpfergott, einer Vorstellung, von der sich Goethe seit seiner Kindheit zu lösen versucht hat, nachdem durch die Berichte über das Erdbeben von Lissabon von 1755 schon der sechsjährige Goethe in seinem Kinderglauben an den gütigen Gott-Vater zutiefst erschüttert worden war, wie in *Dichtung und Wahrheit* (Erster Teil, Erstes Buch) nachzulesen: »Gott, der Schöpfer und Erhalter des Himmels und der Erden [...] hatte sich, indem er die Gerechten mit den Ungerechten gleichem Verderben preisgab, keineswegs als väterlich bewiesen.«

Nach der traditionellen kirchlichen Lehre, mit der Goethe gebrochen hatte, lief alles Bestreben darauf hinaus, wie Mommsen schreibt (a. a. O., S. 223): »Gott die Ehre zu geben und nicht der Welt.« Und er fährt fort:

> Die Konzeption der Klassiker war gerade entgegengesetzt: Sie gaben der Welt die Ehre, der Natur, und die hier entdeckten Werte erschienen ihnen von solchem Rang, dass sie das Prädikat ›göttlich‹ für einzig geeignet hielten, ihn auszudrükken. Anerkannt wurde zwar auch von ihnen das unbedingte Primat des schaffenden Prinzips – Spinozas natura naturans. Doch erschien es seinem Wesen nach unerforschlich, konnte vom Menschen nicht gefaßt werden, am wenigsten als ›Person‹. Nur mittelbar läßt das Göttliche in der Natur – der natura naturata Spinozas – sich erkennen. Dies gab der Welt, den Dingen ihren Wert und dem Menschen seine wichtigste Aufgabe.

Im *Koran* fand Goethe wie in Spinozas *Ethik* eine Ermutigung zum Tätigwerden in dieser Welt. Zwar wird im *Koran*, im Gegensatz zu Spinozas *Ethik*, wiederholt die Vorstellung von einem Jenseits nach dem Tode mit Hölle und Paradies als ein verbindlicher Glaubenssatz verkündet (vom »muslimischen« Paradies wird noch zu sprechen sein). Nirgends aber findet sich im *Koran* zugunsten des Jenseits eine Abwertung des Diesseits in der Vorstellung eines von der Erbsünde verseuchten Jammertals. Die Weltzugewandtheit des Islam im Zeichen des einen Gottes aber war für Goethe das Entscheidende, und deshalb zählte der Prophet Mohammed für ihn zu den Großen der Menschheit, dem er in der *Mahomet*-Tragödie ein Denkmal setzen wollte.

6. Das *Mahomet*-Projekt und die Prophetenproblematik in *Dichtung und Wahrheit* (1813)

»Alles, was das Genie durch Charakter und Geist über die Menschen vermag, sollte dargestellt werden, und wie es dabei gewinnt und verliert.«

An der Gestalt des Propheten, wie sie Goethe in der *Mahomet*-Tragödie darstellen wollte, beschäftigte ihn jedoch noch ein andrer Aspekt. Er tritt hervor im Plan der *Mahomet*-Handlung, den er aus der Erinnerung Jahrzehnte später in *Dichtung und Wahrheit* ausführlich geschildert hat. An der ehrwürdigen Gestalt des Propheten erscheinen hier auch kontroverse Züge, die ihn zu einem tragischen Helden machen.

Innere und äußere Erfahrungen hatten Goethe zu der Überzeugung geführt, daß die Laufbahn eines jeden Propheten, der die Welt mit gewaltsamen Mitteln zu seinem Glauben bekehren will, Gefahren des Integritätsverlusts mit sich bringt. Auch der größte Prophet kann sich nicht immer freihalten von der Verstrickung in Schuld. Am Beispiel seiner Mahomet-Gestalt wollte Goethe dies als etwas Paradigmatisches darstellen. Goethes Arbeit an seinem Jugend-Projekt war von der Absicht bestimmt, innere Konflikte, die er damals durchlebte, dichterisch zu gestalten und sich dadurch von ihnen zu befreien. Im Verfolg seiner Arbeit gab er dem Leben des Propheten mit dichterischer Freiheit einen tragischen Verlauf, womit er kein historisch getreues Mohammed-Bild vermitteln, sondern die Problematik einer solchen Sendung eindrucksvoll vor Augen führen wollte. Indem Goethes Held seine Lehre nicht nur durch das Wort verbreitet, ihr vielmehr in der Rolle des Feldherrn und Politikers durch Gewalt, Schwert und Krieg Eingang verschafft, wird er in Schuld verstrickt, seine Reinheit droht verlorenzugehen. Die von ihm eingesetzten Mittel rufen Gegenwirkungen hervor, die schließlich zu seinem Untergang führen. Am Schluß der Tragödie sollte der Held jedoch wieder in hellstem Licht erscheinen. Seine Integrität wollte Goethe bewahrt wissen. Soweit sie Einbußen erlitten hatte, war das nur unvermeidliche Folge seiner Auseinandersetzung und Verstrikkung mit der Welt.

Die dramatische Fabel entnahm Goethe den Mohammed-Biographien des 18. Jahrhunderts, auch wenn sie ein relativ ungünstiges Bild vom Propheten zeichneten. Denn nicht deren rationalistische Religionskritik, für die ihnen der Gründer des Islam nur zur Folie diente, nahm Goethe zum Ausgangspunkt seines *Mahomet*-Projekts; er benutzte diese Biographien, um aus ihnen wirksame Szenen für die Gestaltung eines Prophetenschicksals zu gewinnen. Mit der positiven Schlußwendung seines *Mahomet* distanziert sich Goethe von dem negativ gezeichneten europäischen Mohammed-Bild seiner Zeit. Bewußt stellte er sich damit auch in entschiedenen Widerspruch zu Voltaires *Mahomet*-Tragödie von 1741. Die von Voltaire darin vertretene feindlich-abschätzige Auffassung von der Rolle des Propheten Mohammed hat Goethe nie geteilt.

Die Skizze der *Mahomet*-Handlung in *Dichtung und Wahrheit* gehört zu den wichtigsten Äußerungen Goethes über den Begründer des Islam und über sich selbst. Sie verdient deshalb, vollständig wiedergegeben zu werden. Eingeleitet wird sie durch eine biographische Erzählung, die kommentarartig Aufschluß darüber gibt, weshalb Goethe in einer bestimmten Epoche seiner Jugend an dem Schicksal Mohammeds persönlichen Anteil nahm. Dies hatte folgenden Grund: Goethe waren Menschen begegnet, die mit großer Anmaßung als religiöse Heilsbringer auftraten, was ihnen dadurch erleichtert wurde, daß in jener Zeit ein allgemeines Bedürfnis nach seelisch-geistiger Erneuerung weit verbreitet war. Ausgestattet mit einer bestimmten Ausstrahlungskraft und rhetorischem Talent, eiferten sie für die Erneuerung des Christentums und versprachen die Welt zu verbessern. Kritisch stellte Goethe jedoch fest, daß diese Heilsbringer, bei allem guten Willen, zur Erreichung ihrer doch oft sehr »irdischen[r] Zwecke« auch recht unheilige Mittel einsetzen konnten. Es ging nicht ohne Gewaltsamkeit, Herrschsucht und List, wodurch ihr geistliches Wirken kompromittiert wurde. Die beiden Beispiele, die Goethe in *Dichtung und Wahrheit* heraushebt – Lavater[1] und Basedow[2] – waren nicht die einzigen, die ihn veranlaßt hatten, über das Wesen von »Propheten« und Menschheitsführern aller Art nachzudenken. Zu einer Zeit als – vermutlich aus Reaktion gegen Extreme der Aufklärungsbewegung – das Bedürfnis nach religiöser Erneuerung ungewöhnlich stark um sich griff, traten mehrere damals sehr bekannte Wanderapostel in Erscheinung, die ungeheuren Zulauf hatten. Sie bewegten sich meist auf Reisen, um allerorts Proselyten zu machen, und fanden in der Tat eine zahlreiche Anhängerschaft, besonders unter Frauen. Zu ihnen gehörten »der Gottesspührhund« Christoph Kaufmann und der von Herder mit dem Spottnamen »Heidenbekehrer« betitelte Franz Leuchsenring. Goethe lernte letzteren im März 1772 persönlich kennen und nahm ihn bald darauf zum Modell für seine Prophetenkarikatur in dem Stück *Ein Fastnachtsspiel vom Pater Brey*. Ein weiteres Stück zur Verspottung solcher Propheten schuf Goethe 1773 in *Satyros oder der vergötterte Waldteufel*. Die Forschung hat eine Vielzahl von zeitgenössischen »falschen Propheten« als mögliche Modelle zum Goetheschen *Satyros* vorgeschlagen. Zu ihnen gehörte auch der viel umherreisende »Zürcher Gottesmann« Lavater, von dessen fanatischem Glaubenseifer Goethe schon vieles durch Herder und andere gemeinsame Bekannte gehört hatte, ehe er 1773 mit ihm in briefliche Verbindung trat und ihn im Juni 1774 persönlich kennenlernte.

Indem er in *Dichtung und Wahrheit* den »Zürcher Propheten« mit dem Projekt der *Mahomet*-Tragödie in Zusammenhang bringt, lenkt Goethe die Aufmerksamkeit ab von seiner eigenen Person, das heißt von seiner ganz persönlichen Auseinandersetzung mit der Prophetenrolle und ihrer Problematik. In den frühen siebziger Jahren hatte Goethe jedoch eine unglaublich starke charismatische Ausstrahlung, die ihn befähigte, als Seelenführer auf seine Umwelt einzuwirken, und viele Menschen suchten den jungen Dichter in eine solche Rolle zu drängen. So mußte Goethe sich ernsthaft fragen, ob seine Lebensaufgabe möglicherweise darin bestände, alle seine Kräfte als Menschheitslehrer großen Maßstabes einzusetzen. Er fühlte sich veranlaßt, sehr gründlich über das Wesen von »Propheten« und Menschheitsführern aller Art nachzudenken, und er fand, daß er selber in höchstem Maße Eigenschaften besaß, die er an ihnen ausgeprägt sah: die charismatische Macht der Persönlichkeit, einen großen Weisheitsfundus, eine starke Überzeugungskraft, mit der er alle übertroffen hätte, und nicht zuletzt das intensive Bestreben, seine Mitmenschen der Gott-Natur näherzubringen, sie »dem Erzeuger an das Herz zu tragen«, wie es am Schluß der *Mahomet*-Hymne heißt.

Es liegt eine Reihe von Berichten vor, die für die Nachwelt Zeugnis von Goethes Wirkung auf seine Zeitgenossen ablegen und darüber Nachricht geben, wie die Natur ihn mit Anziehungskraft ausgestattet hatte, einem Charisma ohnegleichen. Einige seien hier angeführt, um begreiflicher zu machen, wovon die Rede ist und weshalb Goethe zeitweise an eine Prophetenrolle hat denken können. Wie C. A. Böttiger berichtet, drängten sich Männer, Frauen und Kinder in seine Nähe, um ihn zu sehen und sprechen zu hören:

> In seiner Jugend und Genieperiode war er als einer der schönsten Männer von Mädchen und Frauen angebetet. Oft ging er, als er noch in Frankfurt war, zu Fuß nach Darmstadt. Da gaben ihm die artigsten Frauen das Geleit bis zur Stadt hinaus, und in Darmstadt setzte er sich vor Mercks Haus, wo auf einer steinernen Treppe einige Bänke vor der Haustür standen, um den um ihn versammelten Mädchen Genieaudienz zu geben, die oft länger als eine Stunde dauerte.

Schon in seiner Straßburger Zeit hatte laut Heinrich Jung-Stilling der junge Student Goethe unter älteren Tischgenossen »die Regierung am Tisch, ohne daß er sie suchte«. Als Tischredner blieb er zeit seines Lebens berühmt. »Seine Tafelreden hätt' ich aufzuzeichnen gewünscht«, schrieb im Juli 1774 sein Freund Johann Georg Jacobi ins Tagebuch. Wenn Goethe sich in einem Lokal einfand, so konnte es geschehen, daß viele Menschen sich um seinen Tisch herum gruppierten, wie die folgende Überlieferung aus der Universitätsstadt Gießen im Jahre 1772 bekundet:

> [...] teils sitzend, teils stehend, ja einige der Gelehrten Herren standen auf Stühlen und schauten über die Köpfe ihrer Kollegen in den Kreis der Versammelten hinein, aus dessen Mitte die volle Stimme eines Mannes hervordrang, der mit begeisterter Rede seine Zuhörer bezauberte. Auf Höpfners [des Berichterstatters] Frage, was da vorgehe, wird ihm die Antwort: Goethe aus Wetzlar sei schon seit einer Stunde hier. Die Unterhaltung habe nach und nach sich so gestaltet, daß Goethe fast allein nur spräche und alle verwundert und begeistert ihm zuhörten.

Selber voll des Geistes, temperamentvoll bis zur Ekstase, war Goethe wie geschaffen, um über die »Sprache des Geistes« Aussagen zu machen, als er gegen die Jahreswende 1772/73 die Frage erörterte: »Was heißt mit Zungen reden?«[3] Er konnte darin aus eigenem Erleben nachvollziehen, was sich bei der Ausgießung des Heiligen Geistes im Pfingstwunder ereignet haben mochte:

> Die göttlichste Empfindung strömt aus der Seel in die Zungen, und flammend verkündigt sie die großen Taten Gottes in einer neuen Sprache [...] Kam in der Folge der Geist über eine Seele, so war das Aushauchen seiner Fülle, das erste notwendigste Atmen eines so gewürdigten Herzens. Es floß vom Geiste selber über, der so einfach wie das Licht auch so allgemein ist, und nur wenn die Wogen verbraust hatten, floß aus diesem Meer der sanfte Lehrstrom zur Erweckung

> und Änderung der Menschen [...] Die Fülle der heiligsten tiefsten Empfindung drängte für einen Augenblick den Menschen zum überirdischen Wesen, er redete die Sprache der Geister, und aus den Tiefen der Gottheit flammte seine Zunge Leben und Licht. Auf der Höhe der Empfindung erhält sich kein Sterblicher. Und doch mußte denen Jüngern die Erinnerung jenes Augenblicks Wonne durch ein ganzes Leben nachvibrieren. Wer fühlt nicht in seinem Busen, daß er sich unaufhörlich wieder dahin sehnen würde?[...] Wirft aber der ewige Geist einen Blick seiner Weisheit, einen Funken seiner Liebe einem Erwählten zu, der trete auf, und lalle sein Gefühl.

Die aus der Beschäftigung mit der Apostelgeschichte (10,46; 19,6) erwachsene biblische Abhandlung gibt nicht nur indirekt Kunde von Goethes eigenem »mit Zungen Reden«, sie ist zugleich Ausdruck seiner stets wachen Gewissenhaftigkeit, seiner Sorge, daß eine solche göttliche Gabe nicht mißbraucht werde.[4] Des jungen Dichters Vorliebe, sich »meistens unter Bildern und Gleichnissen« auszudrücken, mag dazu beigetragen haben, daß Zeitgenossen, die ihn so erlebten, unwillkürlich an den »Sohn Gottes«[5] denken mußten:

> Dieser Goethe, von dem und von dem allein ich vom Anfang bis zum Niedergang der Sonne, und von ihrem Niedergang bis wieder zu ihrem Aufgang [...] sprechen und stammeln und singen und dithyrambisieren möchte [...] dieser Goethe hat sich gleichsam über alle meine Ideale emporgeschwungen, die ich jemals von unmittelbarem Gefühl und Anschaun eines großen Genius gefaßt hatte. Noch nie hätt' ich das Gefühl der Jünger von Emmaus im Evangelio so gut exegisieren und mitempfinden können, von dem sie sagten: »Brannte nicht unser Herz in uns, als er mit uns redete?« Machen wir ihn immer zu unserm Herrn Christus, und lassen Sie mich den letzten seiner Jünger sein. Er hat so viel und so vortrefflich mit mir gesprochen; Worte des ewigen Lebens, die, solang ich atme, meine Glaubensartikel sein sollen.[6]

Der dies über die Wirkung des 25 jährigen Goethe schrieb, war selber ein Mann der Theologie. Andere, die Goethe nahestanden, verglichen ihn gleichfalls mit Jesus.[7] Gleichaltrige fühlten sich außerstande, »etwas Begreifliches über dieses außerordentliche Geschöpf Gottes zu schreiben«.[8] Die Mitwelt spürte in ihm eins »der außerordentlichsten und mächtigsten Genies, welches jemals auf der Erde gewandelt«.[9] Er wurde »vergöttert«[10] als »der schönste Mensch, der gewandteste, originellste, der feurigste, der ungestümste, der sanfteste, der verführerischste und der gefährlichste für das Herz einer Frau«.[11] Er war »die Bewunderung aller Augen«,[12] »vom Wirbel bis zur Zehe Genie und Kraft und Stärke«,[13] »der beste aller Menschen«,[14] ein »riesenmäßiger Geist«,[15] ein »Original-Genie«.[16] »Da ist kein Widerstand; er reißt alles mit sich fort.«[17] »Daß Goethe Götterkraft hat in seinem Wesen, weiß jedermann.«[18] »Er könnte König sein. Er hat nicht nur Weisheit und Bonhomie sondern auch Kraft.«[19] Man empfand an ihm »allenthalben denselben edlen alles durchschauenden, duldenden Mann.«[20] Menschen, die ihm nahestanden, verehrten ihn als »Heiligen«;[21] priesen ihn als »Wohltäter«,[22] als den »König der Geister«,[23] »des Landes Heil«,[24] als ein Wesen, das »Tausende glücklich machen«[25] könne. »Er ist ein Gott! aber er ist noch ein besserer Mensch.«[26] Hoffnungen verknüpften sich mit Goethes Auftreten, die die Menschen an den Beginn eines neuen Weltzeitalters denken ließen: »wie die Götter endlich durchbrachen und sich wider die Titanen lagerten.«[27] »Mir wurde wie eine neue Seele«, bekannte F. H. Jacobi nach einem Zusammensein mit Goethe. Man bestaunte diesen unfaßlichen Menschen als »Meteor«.[28] Oft konnte Goethe sich vor Bewunderern kaum retten. Aus den letzten Monaten im Frankfurter Elternhaus vor der Übersiedlung nach Weimar berichtet ein Augenzeuge, G. Ch. Götze, an seine Eltern (30. Sept. 1775):

> Sein Besuch- oder vielmehr Audienz-Zimmer ist nie leer, immer wechselt einer den andern ab. Goethe ist aber wirklich sehr inkommodiert, denn jeder Reisende will ihn ken-

nenlernen. Er hat sich aber jetzo auf den Fuß gesetzt, nur viermal wochentlich Audienz zu geben und zwar des Vormittags. Die übrige Zeit gehört er seinen Freunden und Geschäften.

Nachdem Goethe sich 1775 über seinen Lebensberuf klargeworden war und sich zu staatsmännischer Tätigkeit in Weimar entschlossen hatte, kam diese charismatische Ausstrahlung seiner dortigen Wirksamkeit zustatten. Als man ihm einmal über die Art seines Verhaltens Vorwürfe machte, soll er, laut Sophie von La Roche, erwidert haben: »Freund, warte, warte auf den Erfolg, ich kann meine Absicht jetzt nicht erklären, bald wird die Welt, Du und Weimar erkennen, daß ich einen Stuhl im Himmel verdienet habe.« In der neuen Lebensstellung wurde er mehr denn je zur überragenden Autorität, der sich die Mitbürger oft mit nahezu religiöser Ehrfurcht näherten. Selbst ein so berühmter älterer Dichter wie Wieland neigte sich tief vor dem Jüngeren. Kaum war Goethe in Weimar angelangt, da schrieb Wieland an F. H. Jacobi (am 10. November 1775), seine Seele sei »so voll von Goethe, wie ein Tautropfe von der Morgensonne«. Bald darauf, in einem Brief vom 8. Juni 1776 an J. G. Zimmermann, pries er ihn als »das größte, beste menschliche Wesen, das Gott geschaffen hat«. Ja, er sank buchstäblich vor dem Jüngeren in die Knie: »Heute war eine Stunde, wo ich ihn erst in seiner ganzen Herrlichkeit – der ganzen schönen, gefühlvollen, reinen Menschheit sah. Außer mir, kniet' ich neben ihn, drückte meine Seele an seine Brust, und betete Gott an.« Auch in Versen (*An Psyche*, Anfang Januar 1776) brachte Wieland derartige Empfindungen zum Ausdruck, wenn er mit Bezug auf Goethe dichtete:

So hat sich nie in Gotteswelt
Ein Menschensohn uns dargestellt,
Der alle Güte und alle Gewalt
Der Menschheit so in sich vereinigt.

Indem Goethe »Propheten« wie Leuchsenring, Lavater und Basedow beobachten konnte, gelangte er darüber zur Klarheit, daß er sich selbst die Rolle des religiösen Propheten verbieten müsse. Sein Wirken durfte einzig und allein im dichterischen Schaffen bestehen; auch mußte er aus seinem Dichten alle direkten Lehren und alle »Zwecke« verbannen. Nur auf indirekte Weise durfte er Wirkungen ausüben. Seine Aufgabe als Dichter war die Verbreitung eines »weltlichen Evangeliums«, wie er es im 13. Buch von *Dichtung und Wahrheit* beschreibt,[29] wo zunächst klargestellt wird, daß die herrlichsten Eigenschaften, die man an geistreichen gebildeten Menschen rühmen kann, großer, tüchtiger, weltgeübter Verstand, ein tiefes zartes Gemüt, ein vortreffliches Wollen, ein leidenschaftliches Wirken, all das zusammengenommen, noch keinen Poeten machen. Das Entscheidende liege vielmehr in Folgendem:

> Die wahre Poesie kündet sich dadurch an, daß sie, als ein weltliches Evangelium durch innere Heiterkeit, durch äußeres Behagen, uns von den irdischen Lasten zu befreien weiß, die auf uns drücken. Wie ein Luftballon hebt sie uns mit dem Ballast der uns anhängt, in höhere Regionen, und läßt die verwirrten Irrgänge der Erde in Vogelperspektive vor uns entwickelt daliegen. Die muntersten wie die ernstesten Werke haben den gleichen Zweck, durch eine glückliche geistreiche Darstellung so Lust als Schmerz zu mäßigen.

So sah Goethe seine eigentliche Aufgabe an, als er Klarheit darüber gewonnen hatte, daß er zum Poeten, aber nicht zum Propheten bestimmt und geschaffen sei. Diese Selbstbesinnung und Entscheidung spiegelt sich auch in der Eigenwilligkeit der gesamten Darstellung seines *Mahomet*-Projekts innerhalb von *Dichtung und Wahrheit*. Wenn Goethe in diesem Zusammenhang Lavater und Basedow erwähnt und sie dafür kritisiert, daß sie einseitig ihre Absichten und Zwecke verfolgten, und demgegenüber betont, daß er bei seinem eigenen schöpferischen Handeln zweck-, plan- und absichtslos habe verfahren müssen, so wollte er damit dartun, daß ein Poet nach andern Gesetzen handeln muß als ein Prophet. Desgleichen bedeutet seine Feststellung, daß bei seinem Helden Mahomet das gewaltsame Verfolgen von Zwecken unausweichlich zur Trübung der göttlichen Lehre führte, zugleich auch ein verborgenes Bekenntnis zur Freiheit der Poesie. Dem Dichter, der sich auf sein künstlerisches Schaffen beschränkt, gelingt es nach Goethes Überzeugung eher, das Göttliche rein zu erhalten. Auf diese Weise birgt die gesamte Schilderung seines *Mahomet*-Plans, einschließlich der Lavater-Basedow-Parallele, eine geheime Apologie der Dichtung:

> Von einem wichtigen Resultat, das mir eine Zeitlang viel Beschäftigung gab, indem es mich zum Hervorbringen aufforderte, gedenke ich gegenwärtig zu reden. Bei meiner überfreien Gesinnung, bei meinem völlig zweck- und planlosen Leben und Handeln konnte mir nicht verborgen bleiben, daß Lavater und Basedow geistige, ja geistliche Mittel zu irdischen Zwecken gebrauchten. Mir, der ich mein Talent und meine Tage absichtslos vergeudete, mußte schnell auffallen, daß beide Männer, jeder auf seine Art, indem sie zu lehren, zu unterrichten und zu überzeugen bemüht waren, doch auch gewisse Absichten im Hinterhalte verbargen, an deren Beförderung ihnen sehr gelegen war. Lavater ging zart und klug, Basedow heftig, frevelhaft, sogar plump zu Werke; auch waren beide von ihren Liebhabereien, Unternehmungen und von der Vortrefflichkeit ihres Treibens so überzeugt, daß man sie für redliche Männer halten, sie lieben und verehren mußte. Lavatern besonders konnte man zum Ruhme nachsagen, daß er wirklich höhere Zwecke hatte und, wenn er weltklug handelte, wohl glauben durfte, der Zweck heilige die Mittel. Indem ich nun beide beobachtete, ja ihnen frei heraus meine Meinung gestand, und die ihrige dagegen vernahm, so wurde der Gedanke rege, daß freilich der vorzügliche Mensch das Göttliche, was in ihm ist, auch außer sich verbreiten möchte. Dann aber trifft er auf die rohe Welt, und um auf sie zu wirken, muß er sich ihr gleichstellen; hierdurch aber vergibt er jenen hohen Vorzügen gar sehr, und am Ende begibt er sich ihrer gänzlich. Das Himm-

lische, Ewige wird in den Körper irdischer Absichten eingesenkt und zu vergänglichen Schicksalen mit fortgerissen. Nun betrachtete ich den Lebensgang beider Männer aus diesem Gesichtspunkt, und sie schienen mir ebenso ehrwürdig als bedauernswert: denn ich glaubte vorauszusehn, daß beide sich genötigt finden könnten, das Obere dem Unteren aufzuopfern. Weil ich nun aber alle Betrachtungen dieser Art aufs Äußerste verfolgte; und, über meine enge Erfahrung hinaus, nach ähnlichen Fällen in der Geschichte mich umsah; so entwickelte sich bei mir der Vorsatz, an dem Leben Mahomets, den ich nie als einen Betrüger hatte ansehn können, jene von mir in der Wirklichkeit so lebhaft angeschauten Wege, die, anstatt zum Heil, vielmehr zum Verderben führen, dramatisch darzustellen. Ich hatte kurz vorher das Leben des orientalischen Propheten mit großem Interesse gelesen und studiert, und war daher, als der Gedanke mir aufging, ziemlich vorbereitet. Das Ganze näherte sich mehr der regelmäßigen Form, zu der ich mich schon wieder hinneigte, ob ich mich gleich der dem Theater einmal errungenen Freiheit, mit Zeit und Ort nach Belieben schalten zu dürfen, mäßig bediente. Das Stück fing mit einer Hymne an.[30] [...] Nachdem sich also Mahomet selbst bekehrt, teilt er diese Gefühle und Gesinnungen den Seinigen mit; seine Frau und Ali fallen ihm unbedingt zu. Im zweiten Akt versucht er selbst, heftiger aber Ali, diesen Glauben in dem Stamme weiter auszubreiten. Hier zeigt sich Beistimmung und Widersetzlichkeit, nach Verschiedenheit der Charaktere. Der Zwist beginnt, der Streit wird gewaltsam, und Mahomet muß entfliehn. Im dritten Akt bezwingt er seine Gegner, macht seine Religion zur öffentlichen, reinigt die Kaaba von den Götzenbildern; weil aber doch nicht alles durch Kraft zu tun ist, so muß er auch zur List seine Zuflucht nehmen. Das Irdische wächst und breitet sich aus, das Göttliche tritt zurück und wird getrübt. Im vierten Akte verfolgt Mahomet seine Eroberungen, die Lehre wird mehr Vorwand

> als Zweck, alle denkbaren Mittel müssen benutzt werden; es fehlt nicht an Grausamkeiten. Eine Frau, deren Mann er hat hinrichten lassen, vergiftet ihn. Im fünften fühlt er sich vergiftet. Seine große Fassung, die Wiederkehr zu sich selbst, zum höheren Sinne machen ihn der Bewunderung würdig. Er reinigt seine Lehre, befestigt sein Reich und stirbt.
> So war der Entwurf einer Arbeit, die mich lange im Geist beschäftigte: denn gewöhnlich mußte ich erst etwas im Sinne beisammen haben, eh ich zur Ausführung schritt. Alles, was das Genie durch Charakter und Geist über die Menschen vermag, sollte dargestellt werden, und wie es dabei gewinnt und verliert. Mehrere einzuschaltende Gesänge wurden vorläufig gedichtet, von denen ist allein noch übrig, was, überschrieben *Mahomets Gesang*, unter meinen Gedichten steht. Im Stücke sollte Ali, zu Ehren seines Meisters, auf dem höchsten Punkte des Gelingens diesen Gesang vortragen, kurz vor der Umwendung, die durch das Gift geschieht. Ich erinnere mich auch noch der Intentionen einzelner Stellen, doch würde mich die Entwickelung derselben hier zu weit führen.[31]

»Alles, was das Genie durch Charakter und Geist über die Menschen vermag«, sollte dargestellt werden, und »wie es dabei gewinnt und verliert« – unter diesem Doppelaspekt faßt Goethe die Intention seiner Tragödie zusammen. Mahomet sollte gefeiert werden als Leuchtturm des Geistes, zugleich sollte aber sein Wirken als Prophet aus der Sicht des Poeten kritisch dargestellt werden. Der Prophet gewinnt Macht über die Welt, muß dafür aber Einbußen an seiner Integrität hinnehmen. Dem Poeten ist es nicht um weltliche Macht zu tun, daher sind bei ihm Gewinn und Verlust kleiner. Aus solchen »bis aufs Äußerste verfolgten Betrachtungen« resultierte die Lebensentscheidung des jungen Goethe, die Poeten- und nicht die Propheten-Laufbahn einzuschlagen.

Verwunderlich mag erscheinen, daß Goethe innerhalb der Autobiographie seinen Helden Mohammed in Parallele brachte mit Lavater und Basedow, zwei Gestalten, die doch ihrem Range nach dem Propheten des Islam in keiner Weise entsprachen. Beide verkörperten jedoch zwei verschiedene Typen moderner »Propheten« und waren zu einer Zeit, die nach geistiger Neuorientierung verlangte, enorm einflußreich. Dadurch konnten sie auch für Goethe genug Bedeutung erlangen, um ihn bei der Gestaltung eines Problems anzuregen, das letztlich sein eigenstes war.

7. Übersetzung von Voltaires *Mahomet* (1799)

»Der Weltgeschichte wichtiges Ereigniß:
Erst Nationen angeregt,
Dann unterjocht und mit Propheten-Zeugniß
Ein neu Gesetz den Völkern auferlegt;
Die größten Taten die geschehen,
Wo Leidenschaft und Klugheit streitend wirkt,
Im kleinsten Raume dargestellt zu sehen,
In diesem Sinn ist solch ein Bild bezirkt.«

Die Verstragödie *Le fanatisme ou Mahomet le Prophète* ist bekanntlich eine in Dramenform gefaßte Schmähschrift, in welcher der Prophet Mohammed für den Aufklärer Voltaire als Folie für seine Absicht herhalten mußte, religiösen Fanatismus jeder Art zu bekämpfen. Schon die Hellhörigeren unter Voltaires Zeitgenossen wußten, daß da, wo er im *Mahomet* »Mekka« sagte, eigentlich »Rom« gemeint war. So erscheint es nur konsequent, wenn 1742 das religionskritische Stück nach nur drei Aufführungen in der Comédie Française auf Betreiben des Kardinals Fleury abgesetzt wurde. In einem witzigen Gegenzug widmete Voltaire seinen *Mahomet* dem Papst. Benedikt XIV. wiederum war diplomatisch genug, die Widmung freundlich entgegenzunehmen. Doch währte es noch eine Reihe von Jahren, ehe es in Paris zu Neuaufführungen kam. Seine eigentlichen Triumphe erlebte das Stück erst viel später durch den berühmten Schauspieler der Napoleonischen Epoche François Joseph Talma (1763-1826). Er debütierte 1787 in der Rolle des Séide, des durch Mahomets Anschläge zum Vatermörder werdenden Opfers von blindem Glauben und religiösem Fanatismus. Talma war, wie Goethe nach dessen Tode rühmte, ein »entschiedenes Talent«, das »jene herkömmlich gepriesenen Stücke erst zu beleben und gewissermaßen immer neu zu erschaffen wußte«. Speziell die Erinnerung an Talmas Auftreten in Voltaires *Mahomet* hat Goethe in einem Aufsatz *Französisches Haupttheater* von 1828 für die Nachwelt bewahrt:

> Talma [...] sein Bestreben war, das Innerlichste des Menschen vorzustellen. Mit welchem leidenschaftlichen Drang war er nicht bemüht, jenes hypochondrische Stück auszubilden, das in der arabischen Wüste spielt, um Gefühle und Gesinnungen auszudrücken, die einer solchen Öde gemäß wären.

Daß Goethe den Titel des Werks nicht nennt, fällt auf. Vielleicht vermied er den Namen »Mahomet« absichtlich; doch konnte er damals sicher sein: die Leser wußten, daß es sich bei dem »hypochondrischen Stück« um kein anderes Werk als Voltaires *Mahomet* handelte. Talmas Bühnenerfolge, von denen man in ganz Europa sprach, weckten offenbar auch beim Herzog Carl August von Sachsen-Weimar den Wunsch, *Mahomet* auf seinem Hoftheater zu sehen. Er selber hatte schon als Prinz eine Aufführung des *Mahomet* in Paris erlebt. Doch war bisher an eine Aufführung des Werks in Weimar nicht gedacht worden. Es scheint, als ob ein neuer Oberhofmeister, der als Erzieher des Erbprinzen Carl Friedrich zu Anfang des Jahres 1799 von Carl August nach Weimar berufen worden war, dort die französische Verstragödie stark propagierte und den Herzog zugunsten des französischen Theaters im allgemeinen und des Voltaireschen *Mahomet* im besonderen beeinflußte. Damals kam das klassische französische Theater in ganz Europa wieder neu in Mode, nachdem der Enthusiasmus für Shakespeare und die englische Bühne, der sich durch Lessing, Herder, den jungen Goethe und die Sturm-und-Drang-Bewegung in Deutschland durchgesetzt hatte, allmählich abgeflaut war. Jetzt wünschte man erneut die Regeln der Einheit von Ort, Zeit und Handlung in Geltung zu bringen und Verse wie im 17. und frühen 18. Jahrhundert sprechen zu hören. So beauftragte 1799 Goethes Landesherr, in der Hoffnung dadurch »eine Epoche in der Verbesserung des deutschen Geschmacks« einzuleiten (Herzog Carl August an Knebel in einem Brief vom 4. Januar 1800), den Dichter damit, *Mahomet* für die Weimarer Bühne zu übersetzen. Der Herzog dachte vermutlich an eine Übersetzung in der Versform des Originals, unbeschadet der Tatsache, daß Goethe knapp vier Jahre zuvor in *Wilhelm Meisters Lehrjahre* (1796, Buch 4, Kapitel 18) »die Monotonie, die damals auf dem deutschen Theater herrschte, den albernen Fall und Klang der Alexandriner« heftig kritisiert hatte. Goethe übertrug schließlich den *Mahomet* in Blankversen statt in Alexandrinern.[1] Auf Wunsch des Herzogs fand die Weimarer Uraufführung zur Feier des Geburtstags der Herzogin Louise – am 30. Januar 1800 – statt.

Aus eigenem Antrieb hätte Goethe niemals die Übersetzung gerade dieses Stückes unternommen, da die Thematik seiner eigenen Auffassung des Propheten Mohammed widersprach. Bei Voltaire erscheint der Prophet als skrupelloser Machtmensch und Betrüger, der die Leichtgläubigkeit seiner Anhänger für seine egoistischen Zwecke mißbraucht. Das extrem negative Mohammed-Bild des Stücks entsprach noch ganz der feindseligen Tendenz in manchen zeitgenössischen Darstellungen wie derjenigen in Bayles *Dictionnaire Historique et Critique* von 1695 und vor allem in Humphrey Prideaux' *The true nature of Imposture fully displayed in the life of Mahomet* von 1699. Historische Fakten schob Voltaire für sein Drama ohne weiteres beiseite. Während zum Beispiel historisch belegt ist, daß Mohammed einer der angesehensten Familien Mekkas entstammte, macht Voltaire ihn zum gebürtigen Sklaven. Der bei Voltaire als erbitterter Gegner des Propheten auftretende Zopir war in Wirklichkeit ein Freund Mohammeds. Voltaire läßt ihn durch Mahomet auf skrupelloseste Weise aus dem Wege räumen, und zwar durch dessen eigenen Sohn Séide. Der Überlieferung zufolge war Séide (Zaid b. Harîtha) ein Sklave Mohammeds, der später von ihm freigelassen und an Sohnes Statt angenommen wurde; bei Voltaire wird Séide zum blinden Werkzeug des Tyrannen und als Opfer religiöser Schwärmerei sogar zum Vatermörder. Für Palmire gibt es in der Lebensgeschichte des Propheten keinen Anhalt außer dem allgemeinsten, daß Frauen für ihn reizvoll waren. Voltaire brauchte ein junges unschuldiges weibliches Wesen, um die verhängnisvolle Auswirkung von blindem Glauben auch an einer solchen Frau zu demonstrieren. Durch seine Skrupellosigkeit Palmire gegenüber wird Mahomet bei Voltaire aufs schwerste belastet: er, der sich nicht scheut, sein Vaterland in einen Bürgerkrieg zu stürzen, um Herrscher Arabiens zu werden, wird auch auf dem Gebiet sexueller Begierde als moralisch Hemmungsloser entlarvt.

Es leuchtet ein, daß Goethe bei seiner grundsätzlich positiven Einstellung zu Mohammed einem Stück, welches den Propheten als Betrüger und Tyrannen hinstellt, keine Sympathie entgegenbringen konnte. Wir erinnern uns Goethes ausdrücklicher Beteuerung in *Dichtung und Wahrheit,* daß er Mohammed »nie als einen Betrüger hatte ansehen können«. So kam es ihn hart an, daß ausgerechnet er Voltaires *Mahomet* übersetzen sollte. Mehrere Briefzeugnisse machen es deutlich, wie sehr er sich Gewalt antun mußte, um den Wunsch seines Landesherrn zu erfüllen. Zu den Gründen, weswegen er den Auftrag Carl Augusts nicht einfach abschlagen konnte, gehörte unter anderem die Abhängigkeit der Hoftheater damaliger Zeit von den Höfen. Ohne erhebliche Zuschüsse von seiten des Hofes hätte auch das Weimarer Theater nicht existieren können. In den Jahren 1791-1817, als Goethe dem Hoftheater vorstand, trugen die Fürstlichkeiten etwa ein Drittel der Kosten zur Aufrechterhaltung der Bühne bei. Angesichts einer derartigen Konstellation war es nach damaligen Begriffen undenkbar, den Wunsch des Landesherrn abzuschlagen, wenn er ein bestimmtes Bühnenstück zum Geburtstag seiner Gemahlin aufgeführt sehen wollte. Überdies mußte Goethe sich bei dieser prekären Aufgabe vor Augen halten, wieviel Dank er persönlich dem Herzog schuldig war, weswegen eine Nichterfüllung der Bitte bzw. eine Verweigerung des Befehls als Ding der Unmöglichkeit erschien. Solche Erwägungen gehen deutlich aus dem Brief Goethes an den Prinzen August von Gotha vom 3. Januar 1800 hervor, in dem er schreibt:

> Zu dem, vielleicht manchem sonderbar scheinenden Unternehmen, den Voltairischen Mahomet zu übersetzen, hat mich der Wunsch meines Fürsten gleichsam hingedrängt. Ich bin ihm so unendlich viel schuldig, indem ich ihm eine Existenz verdanke, ganz nach meinen Wünschen, ja über meine Wünsche, welches bey einer wunderlichen Natur wie die meinige nicht wenig sagen will, daß ich es für Pflicht hielt so gut ich konnte sein Verlangen zu erfüllen.

Der Ausdruck »sonderbar« taucht wiederholt auf, wenn Goethe sich über das Unternehmen der *Mahomet*-Übersetzung äußert. So in einem Brief an Wilhelm von Humboldt vom 28. Oktober 1799, wo Goethe erwähnt: »Durch eine sonderbare Veranlassung übersetzte ich den Mohamet des Voltaire ins Deutsche.« Auch in einem Brief an den Freund Knebel vermittelt das Wort »sonderbar« etwas von dem Unbehagen, das Goethe bei dem ganzen Unternehmen empfand: »Ich habe den Mahomet von Voltaire übersetzt, und denke ihn bald aufführen zu lassen. Ich weiß nicht was dieser sonderbare Versuch für eine Wirkung haben kann.«[2] Dem Herzog Carl August selber war bewußt, daß er Goethe Gewalt angetan hatte und daß dieser bei Erfüllung des Auftrags »gegen seine Natur« arbeiten und diese erst »überwinden« mußte. In seiner jovialen Art ernannte er den Widerstrebenden deshalb scherzhaft zum »Meccanus«, ein Spitzname, der noch eine Zeitlang in der Korrespondenz des Herzogs mit Goethe herumspukt, so in einem Brief vom 2. Oktober 1799:

> Es wird schon an einer besondern *Ukase* gearbeitet, durch welche du in allen vier Welttheilen zum Fürsten unter den Titel *Meccanus* ausgerufen werden sollst. Dieser Sieg ist in manchen Betracht den der *conquête* von Italien vorzuziehn, denn erstlich arbeitest du gegen deine Natur und überwindest diese, was *Suwarof* nicht nöthig hatte, und dann giebt deine Übersetzung den teutschen Theater gewiß eine neue und sehr wichtige Epoque, die *Italicus* Siege nicht in ihrem Fache hervorbringen. *Enfin*, ich wünsche dir das beste Glück und gedeyhen und freue mich ganz gewaltig über deine Tapferkeit.

Die Hoffnung des Herzogs, die Mahomet-Übersetzung könnte »eine neue und sehr wichtige Epoque« des deutschen Theaters einleiten, kommt in einem Schreiben vom 21. Dezember des gleichen Jahres besonders deutlich zum Ausdruck, in dem er von der »großen Liebe« spricht, welche er »für die Umwälzung habe, die *Mahomets* Erscheinung hervorbringen wird«. Carl August gab sich damals als großer Theaterkenner; auch auf Schillers Schaffen versuchte er Einfluß zu gewinnen, indem er ihm historische Stoffe zur Dramatisierung vorschlug und wünschte, Schiller möge ihm seine künftigen Pläne mitteilen. Die »Umwälzung« sollte vor allem in der Rückkehr zur gebundenen Versform bestehen, wie sie von den französischen Klassikern des 17. Jahrhunderts gepflegt worden war. Französische Vers-Tragödien und französisches Theater überhaupt gewannen damals von neuem die Gunst des aristokratischen Publikums. In diesem Zusammenhang erschien ein Aufsatz des gerade in Paris weilenden Wilhelm von Humboldt über das dortige Theater, den Goethe 1800 zusammen mit Proben aus dem *Mahomet* in den *Propyläen* veröffentlichte. Dieser Aufsatz gelangte gerade im rechten Moment in Goethes Hände und erleichterte ihm die Beschäftigung mit Voltaires *Mahomet*. Humboldt gegenüber bekannte Goethe, durch ihn wäre sein »Anschauen des französischen Theaters völlig ins Klare gebracht«; ohne ihn wäre ihm auch »dieses Experiment [der *Ma-*

homet-Übersetzung] nicht gelungen, ja ich hätte es nicht unternehmen mögen«. All seine Anspielungen auf das *Mahomet*-»Experiment« beziehen sich jedoch vornehmlich auf die Einhaltung der Regeln klassischer französischer Verstragödien, nicht auf den Inhalt von *Mahomet*.

An sich war Goethe zeitlebens ein Verehrer Voltaires. Er rühmte nicht nur dessen enorme Begabung als Dichter und die unglaubliche Leichtigkeit seiner Produktion, er bewunderte ihn auch als »allgemeine Quelle des Lichts«, genoß seine »Freiheit und Verwegenheit«, aufgrund deren man ihm »nie anmerkt, daß irgend eine Majestät seinen freien Geist nur einen Augenblick hat genieren können«, wie Eckermann berichtet (19. Dez. 1828). »Eigentlich, sagte Goethe, ist alles gut, was ein so großes Talent wie Voltaire schreibt, wiewohl ich nicht alle seine Frechheiten gelten lassen möchte.« (16. Dez. 1828). In der letzten Wendung macht sich eine gewisse persönliche Reserve bemerkbar. Sie tritt noch deutlicher in einem anderen Gespräch mit Eckermann zutage (15. Oktober 1825), wo gleichfalls von »Freiheiten und Frechheiten« Voltaires die Rede ist; hier fügt Goethe kritisch hinzu: » . . . im Grunde, so geistreich alles sein mag, ist der Welt doch nichts damit gedient; es läßt sich nichts darauf gründen. Ja es kann sogar von der größten Schädlichkeit sein, indem es die Menschen verwirrt und ihnen den nötigen Halt nimmt.« *Mahomet* wird nicht ausdrücklich erwähnt, aber man darf vermuten, daß Goethe hier wiederum speziell dies Voltairesche Werk im Sinn gehabt hat, dessen Übersetzung er mit so großem inneren Widerstand hatte übernehmen müssen.

So ist es denn auch nicht verwunderlich, daß die Übersetzung selbst vielfältige Spuren der Vorbehalte Goethes gegenüber der Darstellung des Propheten durch Voltaire zeigt. Da er sich durch den Stoff der *Mahomet*-Tragödie eher abgestoßen als angezogen fühlte, suchte er einen Ausweg, indem er sein Interesse auf die tragische Liebeshandlung konzentrierte. Sie war es, die, als er nach langem Zögern an die Arbeit ging, ihn am ehesten zu interessieren vermochte. Streckenweise nimmt die Übersetzung durch verstärktes Interesse an der Handlung zwischen Séide und Palmire den Charakter einer Bearbeitung an. Um sich für die Übersetzungsarbeit anregen zu lassen und sich in Gedanken leichter ins Morgenland versetzen zu können, hatte Goethe zunächst *Tausend und eine Nacht* gelesen. Die Tagebücher erwähnen Lektüre von *1001 Nacht* gleichzeitig mit der Übersetzungsarbeit an *Mahomet*. Daraus holte Goethe sich denn auch wichtige Anregungen für sein Bemühen, die Aufmerksamkeit der Zuschauer von der Titelfigur des *Mahomet* ab- und stärker auf die jungen Liebenden hinzulenken.[3] Darauf deutet auch die briefliche Äußerung gegenüber Schiller vom 23. Okt. 1799 hin, die Arbeit am *Mahomet* erfordere eigentlich »eine zarte Stimmung«. Das Liebespaar in *Mahomet* gewinnt bei Goethe jedenfalls beträchtliche Ähnlichkeit mit einem bestimmten Liebespaar aus *1001 Nacht*, dessen Geschichte während der Übersetzungsarbeit an *Mahomet* sogar in Goethes Tagebuch erwähnt wird. In beiden Fällen ist es die junge schöne Favoritin eines großen Herrschers (in *1001 Nacht* diejenige Harun al Raschids), welche in ein problematisches, leidenschaftliches, dabei unschuldiges Verhältnis zu einem Jüngling von hoher Abkunft gerät. Hier wie dort ist das Ende ein gleich tragisches: der Tod beider Liebenden, nach widrigen Schicksalen. Mit den Freiheiten, die Goethe sich gegenüber Voltaire erlaubte, zielte er unter anderem darauf ab, daß er die »Gestalt Palmirens verinnerlichte«. Vor allem durch Konzentration hierauf vermochte Goethe dem ihm widerstrebenden Stoff doch noch etwas abzugewinnen. Das spiegelt sich auch in einem Brief wider, den er am 3. Oktober 1799 von Jena aus an Christiane schrieb: »Du hast mich wohl sagen hören daß Durchl. der Herzog ein französisches Trauerspiel übersetzt wünschte, ich konnte immer damit nicht zurecht kommen. Endlich habe ich dem Stück die rechte Seite abgewonnen und die Arbeit geht von Statten.« Die »rechte Seite« gewann Goethe dem Stück vor allem durch Erhöhung der Liebe Séides und Palmires ab. Als Beispiel seien die Verse zitiert, in denen Palmire dem Propheten von ihrer Liebe zu Séide spricht. Diese Verse 930 ff. sind wesentlich Goethes Eigentum:

MAHOMET.
Du liebst ihn so?
PALMIRE.
Seit jenem Tag, als Hammon
Uns deinen heil'gen Händen übergab,
Wuchs diese Neigung, still allmächtig auf.
Wir liebten, wie wir lebten, von Natur.
So gingen Jahre hin, wir lernten endlich
Den süßen Namen unsers Glückes kennen,
Und nannten Liebe nun was wir empfanden.
Wir dankten Gott; denn es ist doch sein Werk.
Du sagst es ja, die guten Triebe kommen
Von ihm allein, und was in unsrer Brust
Er Gutes schafft, ist ewig, wie er selbst.
Sein Wille wechselt nie. Nein! er verwirft
Die Liebe nicht, die aus ihm selbst entsprang.
Was Unschuld war, wird immer Unschuld sein
Kann nicht Verbrechen werden.

Besonders nachhaltig kommt die Idealisierung der Liebenden am Schluß der Tragödie zum Ausdruck, wo Palmire »gegen den Leichnam« Séides gewendet, sagt:

Veredelt und verbunden sehen wir
Uns wieder. (Sie ersticht sich.)

Das Motiv des »Veredelt«-, vor allem aber das des »Verbunden«-Seins beim Wiedersehn in einem andern Leben ist Goethesche Zutat. Er hatte es in der Erzählung aus *1001 Nacht* gefunden und verwendete es später wieder am Schluß der *Wahlverwandtschaften*.

Den abstoßenden Charakter von Voltaires Mahomet suchte Goethe durch versöhnlichere Züge zu mildern. Besonders zeigt sich dies im Dialog zwischen Sopir und Mahomet in der fünften Szene des II. Akts. Hier erwidert Voltaires Mahomet auf den Vorwurf des Betrugs an den Menschen in sehr schroffer Weise:

Oui, je connais ton peuple il a besoin d'erreur;
Ou véritable ou faux, mon culte est nécessaire.

(Ja, ich kenne dein Volk, es bedarf des Irrtums / Ob wahrhaft oder falsch, mein Kult ist unabdingbar.) In Goethes Übertragung dagegen erscheint der Prophet als guter Kenner der Menschen, der sich auf deren Bedürfnisse einstellt (Vers 685 ff.):

Wer sie und ihr Bedürfnis kennt
Und dies befriedigt, der betrügt sie nicht.
Sie sehnen sich nach neuem Gottesdienst;
Der meine wird ihr Herz erheben. Das
Bedürfen sie.

Wo Voltaires Mahomet den Sopir unverblümt auffordert, ihm bei seinem Betrug an der Welt zu helfen: »Il faut m'aider à tromper l'univers«, tilgt Goethe diesen für den Propheten allzu belastenden Vers. Auch andere Wendungen, die das Bild des Propheten völlig verdunkeln, ließ Goethe aus oder änderte sie ab, so daß beispielsweise brüske Drohungen Mahomets wie dringliche Bitten klingen:

Il faut rendre la Mecque, abandonner ton temple,
De la crédulité donner à tous l'exemple,
Annoncer l'Alcoran aux peuples effrayés,
Me servir en prophète, et tomber à mes pieds:
Je te rendrai ton fils, et je serai ton gendre.

Von »erschrockenen Völkern«, die sich Mahomet glaubensselig »zu Füßen werfen«, da dieser den *Koran* als Instrument religiöser Einschüchterung benutzt, ist in Goethes Übertragung nicht mehr die Rede, statt dessen richtet der Prophet an Sopir einen Appell, zum neuen Glauben überzutreten, wobei der *Koran* als frohe Botschaft erscheint (Vers 745 ff.):

Nein! komm vielmehr und tritt auf meine Seite
Durch dein Gewicht befestige das Reich.
Verlasse deinen Tempel, übergib
Mir Mekka, sei gerührt von meinem Glauben,
Den Koran kündige den Völkern an,
Dien' als Prophet, als treuer Eifrer mir;
Frei ist dein Sohn, ich bin dein Eidam.

Das alles klingt sehr viel menschlicher als bei Voltaire. Ein Zug boshafter Rachelust, den Voltaires Mahomet zeigt, wird von Goethe umgewandelt in eine menschlich verständliche Reaktion: erst durch das störrische Verhalten des Gegners wird Mahomet selbst zu Grausamkeit und Härte gereizt und getrieben. Durch solche Motivierungen, die Goethe hinzuerfindet, plädiert er indirekt auf mildernde Umstände für den Helden, so etwa wenn er folgende Verse der Vorlage:

Fier citoyen, vieillard inexorable,
Je serai plus que toi cruel, impitoyable

(Stolzer Bürger, unnachsichtiger Greis / Ich werde grausamer als du, ja unerbittlicher sein) abändert in (Vers 765 ff.):

Geh, stolzer Bürger, eigensinn'ger Greis!
Du forderst selbst zur Grausamkeit mich auf,
Zur unbezwungnen Härte.

Die schlimmste charakterliche Verunglimpfung des Propheten durch Voltaire, der Plan, Sopir durch dessen Sohn Séide umbringen zu lassen und sich dann Palmires zu bemächtigen, wird von Goethe insofern gemildert, als bei ihm der Vertraute Omar weitgehend zum Anstifter, Antreiber und Verantwortlichen für die Ausführung wird.[4] So hat Goethe, der den Verlauf der Handlung insgesamt nicht abändern konnte, immerhin für eine beträchtliche Entlastung des Helden zu sorgen versucht. Hier wurde nur an wenigen Beispielen gezeigt, wie Goethe den Text akzeptabler zu machen suchte durch Kürzungen sowohl als Erweiterungen, durch stärkere Hinlenkung der Aufmerksamkeit des Publikums auf Palmire und Séide, durch Auslassung von besonders bösartigen Versen, Milderung des Tons, Veredlung der Denkungsweise, psychologisch bessere Motivierung anstößiger Handlungen und die Verlagerung von moralischer Schuld auf andere Personen.

Während der Arbeit an der Übersetzung hatte Goethe sich gelegentlich mit Schiller über das Werk und die bevorstehende Aufführung beraten. Auch Schiller machte Änderungsvorschläge. Doch liefen diese, seinem dramatischen Temperament entsprechend, auf Verstärkung von theatralischen Effekten heraus. Goethe hat keinen Gebrauch davon gemacht. Während der Arbeit schaltete der Herzog selbst sich wiederholt ein. Er erbot sich, beim Übersetzen zu helfen: »Liebster *Meccanus*, schicke mir den Propheten, sonst kan ich ihn versprochener Maaßen morgen nicht wieder schaffen: ich bin *Mahomets* wahrer Omar und verbreite seine Lehre durch Wort und That.« Er machte mehrere Korrekturvorschläge »aus der großen Liebe, welche ich für die Umwälzung habe, die Mahomets Erscheinung hervorbringen wird«. Einer der nächsten Briefe lautet: »Beliebte es wohl Ew. *Meccanischen* Hoheit morgen Mittag, da wir alleine sind, mit Schillern bey mir *in concreto* zu speißen? und mir heute dein *Manuscript* von *Mahomet* nebst den Französischen Original, daß meiner Frau gehört, zuzusenden?« Auch um die Rollenbesetzung und Einzelheiten der Inszenierung kümmerte sich der Landesvater im Falle des *Mahomet.* Hieraus wird abermals deutlich, daß die Aufführung des *Mahomet* sein ganz persönliches Projekt war. Ehe es zur Aufführung kam, gab es nicht nur die üblichen Leseproben mit den Schauspielern, sondern auch Vorlesungen im Goetheschen Haus und bei Hofe. Herder nahm an der Vorlesung im Goetheschen Hause teil. Seine Frau berichtete danach am 3. Januar 1800 an den gemeinsamen Freund K. L. von Knebel:

> Auch hat mein Mann dem durch Goethe übersetzten Mahomet in Jamben bei ihm beigewohnt. Vortreffliche, vortreffliche Verse, sagte mein Mann – aber der Inhalt – ist eine Versündigung gegen die Menschheit und gegen Alles.

Nach der Uraufführung am 30. Januar 1800 war die Reaktion Herders und seiner Frau nicht weniger ablehnend. Im Gegenteil, Caroline Herder schrieb am nächsten Tag an Knebel:

> Gestern waren wir in Mahomet. Nachdem man im Anfange an der Neuheit der Vorstellung (es war Anstand, Haltung in Bewegung und Sprache) ein Wohlgefallen hatte, und *der Zauber von Goethes Sprache und Rhythmus das Ohr ergötzte*, so wurde man durch den Inhalt von Scene zu Scene *empört.* Eine solche

Versündigung gegen die Historie (er machte den Mahomet zum groben platten Betrüger, Mörder und Wollüstling) und gegen die Menschheit habe ich Goethe nie zugetraut. Die platte grobe Tyrannei, Macht, Betrug und Wollust wird gefeiert!

Was sollen uns die alten Farcen von Jesuiterei, *uns Protestanten*? Wir wissen nichts damit anzufangen!

Hat die Zeit uns nicht gereift – sollen wir uns nicht an den bessern Früchten erfreuen – und nicht den alten Koth aufrühren, den Barbarei und Dummheit hervorbrachten.

Ach und die Ziererei der Kunst, uns *Deutsche* mit dem französischen Kothurn zu beschenken, weil es der Herr v. Haaren durch den Herzog so bestellt hat!

Lieber – es hat uns hier im sumpfigen Thal ein Taumel ergriffen, wovon Sie in Ihrer reinen Luft nichts ahnen. Schmerzlich thut es weh, die Unnatur unter dem Geweihten Namen Kunst auf den Thron gesetzt zu sehen. Ach und wir gaffen und gaffen und jubeln.

Leben Sie wohl, Lieber, und verzeihen meinem Unwillen!

Shakespeare, Shakespeare, wo bist du hin?

Über die Empörung des Ehepaars Herder wird sich niemand wundern, der von Herders Hochachtung vor dem Propheten Mohammed weiß. Herder betrachtete offenbar Goethes Übersetzung des Voltaireschen Dramas als Verrat an den in ihrer Jugend gemeinsam vertretenen Überzeugungen. Dabei hatte sich grundsätzlich an Goethes Einstellung zu Mohammed seit damals nichts geändert. An der Herderschen Reaktion wird jedoch nur allzu deutlich, in welche schiefe Lage Goethe durch den Übersetzungsauftrag des Herzogs gebracht worden war. Seine Bemühungen, die groben Züge des Voltaireschen Bildes von Mahomet abzumildern, wurden nicht gewürdigt, vermutlich nicht einmal bemerkt. Im Urteil Caroline Herders fällt die Charakterzeichnung des Voltaireschen Mahomet einzig Goethe zur Last! Ein anderer Freund Goethes war allerdings gerechter als die empörten Herders und bemerkte, wie von Goethe erhofft, die Abweichungen von Voltaires Vorlage. In einem Brief an Knebel vom 10. Jan. 1800 schreibt Goethe: »Es ist mir sehr angenehm daß du meinem Mahomet ein gutes Zeugniß giebst. Die Gelegenheit zur Vergleichung mit dem Original sollte den denkenden Deutschen auffordern über das Verhältniß der Kunst beyder Nationen nachzudenken. Gebe mir der Himmel mehr solche Leser wie du bist.«

An Caroline Herders Briefzeugnis ist noch etwas anderes interessant. Mit »Wohlgefallen« wurde bei der Vorstellung eine »Neuheit« bemerkt: »Anstand, Haltung in Bewegung und Sprache«. Das genau war es, was die Initiatoren sich vom Anschluß ans klassische französische Theater erhofft hatten und wozu »der Zauber von Goethes Sprache und Rhythmus« so entscheidend beitrug. Ausschließlich auf den Stil der klassischen französischen Bühne kam Goethe denn auch lediglich zu sprechen, soweit er öffentlich auf die *Mahomet*-Übersetzung Bezug nahm. Jedes Wort zum Inhalt wurde von Goethe geflissentlich vermieden, auch als er Anfang 1800 in der von ihm herausgegebenen Zeitschrift *Propyläen* zwei Szenen aus *Mahomet* veröffentlichte. Es waren bezeichnenderweise der erste Auftritt und der fünfte Auftritt aus dem zweiten Aufzug. Im ersten Auftritt begegnen Palmire und Séide einander und vergewissern sich gegenseitig ihrer Liebe; Mahomet wird nur mit höchster Verehrung genannt. Der fünfte Auftritt enthält den von Goethe stark überarbeiteten Dialog zwischen Mahomet und Sopir, der, wie wir sahen, entscheidende Abänderungen am Mahomet-Bild Voltaires aufweist. Hier tritt Mahomet in unvergleichlich würdevollerer Weise auf als bei Voltaire und wirkt insgesamt als eindrucksvolle, achtunggebietende Erscheinung.

Von mir geht eine rasche Wirkung aus,
Die auch den Meinen hohes Glück verspricht.
Wie manches Volk hat auf der Erde schon
Geglänzt an seiner Stelle durch Gesetz,
Durch Künste, doch besonders durch den Krieg.
Nun endlich tritt Arabien hervor.

Ein edles Volk, in Wüsten, unbekannt,
Vergräbt es lange seinen hohen Wert.
Blick' auf und sieh die neuen Siegestage
Herannahn! Sieh von Norden gegen Süden
Die Welt versunken, Persien in Blut.
Schwach Indien, in Sklaverei Ägypten
Erniedrigt, und den Glanz der Mauern Constantins
Verfinstert; sieh das Reich, dem Rom gebot,
Nach allen Seiten aus einander brechen,
Zerstückt den großen Körper, seine Glieder,
Zerstreut und ohne Hoffnung, traurig zucken.
Auf diese Trümmern' einer Welt laß uns
Arabien erheben. Neuen Gottesdienst
Bedürfen sie, bedürfen neue Hülfe,
Die Tiefgesunknen, einen neuen Gott.
Einst gab Osiris den Ägyptern, einst
Den Asiaten Zoroaster, Moses
Den Juden, in Italien gab Numa
Halbwilden Völkern unzulängliche
Gesetze; nun, nach tausend Jahren, komm' ich,
Die gröberen Gebote zu verändern.
Ein edler Joch biet' ich den Völkern an.
Die falschen Götter stürz' ich; neuer Gottesdienst,
Die erste Stufe meiner Größe, lockt
Die Herzen an. Mit Unrecht tadelst du,
Daß ich mein Vaterland betriege. Nein,
Ich raub' ihm seines Götzendienstes Schwäche,
Und unter Einem König, Einem Gott,
Vereint es mein Gesetz. Wie es mir dient,
So soll es herrlich werden auf der Erde.

Bemerkenswert an der Art, wie Goethe hier versucht hat, die Selbstdarstellung Mahomets ins Positive zu wenden, und symptomatisch für das Mißlingen dieses Versuchs im ganzen, ist nun folgendes: Die in Voltaires Drama angelegte Tendenz, Mohammed als einen rücksichtslosen, machtbesessenen Betrüger darzustellen, konnte Goethe nicht ganz und gar umkehren, wenn er nicht das Stück völlig umschreiben wollte, was ihm, sofern überhaupt machbar, zweifellos von seinem Auftraggeber, dem Herzog, nicht gestattet worden wäre. Also mußte er, um die Motivation der Handlungen des Mahomet einigermaßen in Einklang zu bringen mit der Gesamttendenz des Stückes, an dieselbe eine Konzession machen, indem er Mahomet am Schluß seiner menschlich so überzeugenden Rede sagen läßt: »... Wie es [das Vaterland] mir dient, / So soll es herrlich werden auf der Erde!« Wenn Islam Gott ergeben heißt und Mohammed ein Gesandter Gottes war, als welchen auch Goethe ihn anerkannte, so hätte es dem Propheten natürlich nicht darum gehen dürfen, daß das Vaterland *ihm* dient, sondern dem von ihm verkündeten einzigen Gott. Gäbe es also hier nicht die kurze, aber bedeutsame Wendung »Wie es *mir* dient«, welche die Sendung des Propheten im Voltaireschen Sinne in ein persönliches Machtstreben umdeutet, so könnte man in dieser von Goethe geprägten Selbstdarstellung Mahomets eine Huldigung an den Begründer des Islam sehen, welche der ihm in *Mahomets Gesang* vom jungen Goethe dargebrachten Huldigung in ihrer Großartigkeit kaum nachsteht.

8. Gelebter Islam: Vorsehungsglaube, Ergebung, Wohltätigkeit

> »Im Grunde liegt von diesem Glauben
> doch etwas in uns allen.«

In den *Koran*-Auszügen des jungen Goethe tauchte ein Hauptthema des Islam, der Vorsehungsglaube und die damit zusammenhängende Haltung der Ergebung in den Willen Gottes, noch nicht auf. Für den späteren Goethe sollte dieser Gesichtspunkt jedoch eine besondere Wichtigkeit erlangen, so daß man sagen kann, in der zweiten Hälfte seines Lebens ergab sich eine besonders enge Verbindung Goethes zum Islam durch die Übereinstimmung mit der Lehre von der Vorherbestimmung des Schicksals durch Gott. Goethe glaubte in der Tat so fest wie ein Muslim an diese Lehre und erachtete es als ein Gebot der Frömmigkeit, sich nicht gegen den Willen Gottes aufzulehnen. In der Epoche des *West-östlichen Divans* hatte er über die islamischen Kardinaltugenden folgendes bei seinem Gewährsmann Joseph von Hammer gelesen:

> Ergebung in den Willen Gottes und Vertrauen in die Vorsehung bilden das Wesen des Islam. Vertrauen in die Zukunft: *Inschallah: wenn Gott will* oder *wenn es Gott gefällt*, und Ergebung in das Vergangene; *Maschallah: was Gott will*, oder *was Gott gefällt.* Nichts unternehmen ohne die himmlische Hilfe erfleht zu haben: *Bismillah:* im *Namen Gottes*, und nichts beenden ohne Danksagung: *Elhamdulillah:* Lob sei Gott. Diese vier Worte, sozusagen die vier Eckpfeiler in der Ethik des Islam, führen alle Muslime ständig im Munde.[1]

Zu einer ähnlichen Gesinnung der Schicksalsergebenheit, des amor dei intellectualis, war Goethe längst geführt worden durch die *Ethik* des Spinoza, deren treuer Anhänger er seit eben der Zeit war, aus der auch die Fragmente seiner *Mahomet-Tragödie* stammen. Spinoza zufolge haben die Menschen keinen absoluten oder freien Willen, sondern nur einzelne Willensakte, diese oder jene Bejahung oder Verneinung. Alles folgt mit Notwendigkeit aus dem ewigen Ratschluß Gottes. Je mehr Vollkommenheit unsere Handlungen haben, um so mehr werden wir der göttlichen Natur teilhaftig und um so mehr vermögen wir Gott zu erkennen. Solche Einsicht sollte uns nach Spinozas Lehre veranlassen, die Fügungen des Schicksals oder das, was nicht in unsrer Macht steht, mit Gleichmut zu erwarten und zu ertragen.[2]

Außerordentlich häufig finden sich Bekenntnisse zu solcher Schicksalsgläubigkeit und entsprechender Gelassenheit auch in Goethes Dichtung, und zwar in einem mit dem Alter zunehmenden Maße (*Egmont, Die natürliche Tochter, Dichtung und Wahr-*

heit, West-östlicher Divan, Urworte Orphisch, Sankt Rochus-Fest zu Bingen, Wilhelm Meisters Wanderjahre). In einem Gespräch mit Friedrich Wilhelm Riemer vom November 1807 gibt der Dichter – ganz im Sinne des Islam – seiner Überzeugung Ausdruck, daß, was die Menschen für »Zufall« halten, in Wahrheit »Gott« sei:

> Was die Menschen bei ihren Unternehmungen nicht in Anschlag bringen und nicht bringen können, und was da, wo ihre Größe am herrlichsten erscheinen sollte, am auffallendsten waltet – der *Zufall* nachher von ihnen genannt –, das ist eben *Gott*, der hier unmittelbar mit seiner Allmacht eintritt und sich durch das Geringfügigste verherrlicht.

Bezeichnend für Goethe war es, daß er auch bei schweren Schicksalsschlägen, die ihn selber trafen, sich an dieser Lehre aufrichtete. Als sein Freund und Landesherr, der Großherzog Carl August, gestorben war, sagte der Dichter zu Eckermann, seufzend und allen Trost ablehnend:

> Gott fügt es, wie er es für gut findet, und uns armen Sterblichen bleibt weiter nichts, als zu tragen.

Überhaupt glaubte Goethe an Vorherbestimmung, besonders bei Todesfällen. So äußerte er gegenüber Kanzler Friedrich von Müller am 12. August 1827:

> Wir leben, so lange es Gott bestimmt hat.

Im Hinblick auf den nämlichen Vorsehungsglauben notierte sich der Dichter aufgrund eines Ausspruchs von Albrecht Dürer (*Maximen und Reflexionen*):

> Was ist Praedestinatio? Antwort: Gott ist mächtiger und weiser als wir; drum macht er es mit uns nach seinem Gefallen.

Ernst zu nehmen ist in diesem Sinne auch das fatalistische Bekenntnis aus einem Brief der *Italienischen Reise* (Rom, den 11. August 1787):

> Niemand kann sich umprägen und niemand seinem Schicksale entgehn.

Es läßt sich nun beobachten, daß Goethe, besonders in späteren Jahren, von seiner Schicksalsergebenheit gern sprach unter

Berufung auf den Islam. Hierfür einige Beispiele. Während des Feldzugs in Frankreich (1792), an dem der Dichter auf Wunsch seines Landesherrn teilnahm, geriet er einige Male in Lebensgefahr. Über sein Verhalten in solchen Situationen erzählt er in der *Campagne in Frankreich*, einem autobiographischen Werk, das er erst 1820/22, also nach der Epoche des *West-östlichen Divans* niedergeschrieben hat:

> Mir stellte sich, sobald die Gefahr groß ward, der blindeste Fatalismus zur Hand, und ich habe bemerkt, daß Menschen, die ein durchaus gefährlich Metier treiben, sich durch denselben Glauben gestählt und gestärkt fühlen. Die Mahomedanische Religion gibt hievon den besten Beweis.

Besonders aufschlußreich für Goethes religiöse Haltung absoluter Ergebenheit in den Willen Gottes ist der autobiographische Aufsatz *Sankt-Rochus-Fest zu Bingen*, der einen Bericht von der Rheinreise 1814 enthält. Hier legt Goethe in allem, was er zum Lob des gefeierten christlichen Heiligen sagt, eigene religiöse Überzeugungen nieder, und diese eigene Religiosität wiederum hat erstaunliche Ähnlichkeit mit islamischer Frömmigkeit.

Geschildert wird zunächst, wie der Dichter gemeinsam mit Freunden von Wiesbaden aus, wo er zum Kuraufenthalt verweilt, einen Abstecher macht zur Sankt-Rochus-Kapelle bei Bingen. Es ist der 16. August, der Tag des Heiligen. Gefeiert wird von der Bevölkerung zugleich der Wiederaufbau der Kapelle auf dem Rochus-Berg, die während der Kriegsereignisse zerstört worden war. Die Beschreibung des festlichen Tages, die Schilderung einer der schönsten Landschaften Deutschlands mit ihrer lebensfrohen Bevölkerung, all das wird durch die reife Darstellungsgabe des späten Goethe zu einem Meisterwerk der Erzählkunst. In starkem Kontrast zu diesen heiteren Festvorgängen steht nun ein Bericht über den Lebensgang des heiligen Rochus. Es ist ein Leben, das ganz im tätigen Dienst an den Menschen sich erfüllte und dadurch, wie Goethe es sah, ein Beispiel wahrhafter Frömmigkeit, wahrhaften Christentums wurde:

> Rochus, geboren zu Montpellier in Südfrankreich, Sohn reicher und mächtiger Eltern, verläßt nach dem Tode seiner Eltern das Vaterhaus. Sein gesamtes Vermögen teilt der Jüngling unter die Armen aus. Als Pilger will er zum Heiligen Land ziehen, doch wird er unterwegs, in Italien, von seinem Vorsatz abgebracht. Dort trifft er auf viele an der Pest Erkrankte, und er bleibt bei diesen, um sie zu pflegen, ungeachtet der damit verbundenen Lebensgefahr. Schließlich hat auch ihn die Krankheit angesteckt. Er zieht sich einsam in einen Wald zurück, sein wundes Bein erlaubt ihm nicht mehr zu gehen. Da bringt ihm ein kleiner Hund täglich ein Stück Brot, das er vom Tische seines Herren wegschnappt, und rettet den Heiligen vor dem Hungertod. Durch die Aktion des Hündleins wird Rochus von Menschen aufgefunden, die ihn pflegen, bis er geheilt ist. Wiederum setzt er daraufhin die Pflege von Pestkranken fort. Im Alter von 32 Jahren stirbt er während einer Gefängnishaft, die ihm irrtümlich auferlegt ward.

Die Züge im Leben des Heiligen, die Goethes besonderes Interesse hervorriefen, waren diese: völlige Selbstlosigkeit eines Menschen, der all seine Habe verschenkt, der nur hilfreich tätig sein will und im Dienst am Nächsten jede Gefahr auf sich nimmt, dabei auch den Tod nicht scheut. Im Aufsatz folgt auf die Lebensbeschreibung als Höhepunkt und Abschluß eine Lobrede auf den heiligen Rochus. Diese wird aber nicht unmittelbar vom Dichter gesprochen, sondern Goethe legt sie einem Geistlichen in den Mund. Es wird uns die Festpredigt mitgeteilt, die an jenem Feiertag gehalten wurde, angeblich im originalen Wortlaut, doch sind es natürlich Goethes Gedanken, die hier vorgetragen werden. Diese Rede ist ein Kabinettstück Goethescher Rhetorik. Während mit unmerklicher Ironie der Ton eines volkstümlichen Predigers imitiert wird, tönt zugleich aus den kunstvoll gebauten Perioden die Stimme des Dichters mit tiefem, ermahnendem Ernst. Die innere Beteiligung Goethes erweist sich sehr bald dadurch, daß er das

Lob des heiligen Rochus in Verbindung bringt mit einem Gedanken, der eine seiner Hauptmaximen geworden war. Es ist der islamische Gedanke von der »unbedingten Ergebung in den Willen Gottes«, der auch Goethes Denken und Handeln bestimmte. Sein Lieblingsphilosoph seit den frühen siebziger Jahren, Benedikt Spinoza, hatte ihn gelehrt, daß man »die Fügungen des Schicksals mit Gleichmut ertragen müsse, weil ja alles aus dem ewigen Ratschluß Gottes mit Notwendigkeit folgt«. Zur Zeit, als der Aufsatz über das Sankt-Rochus-Fest geschrieben wurde, war Goethe diesem Grundgedanken Spinozas wiederbegegnet bei den intensiven Studien über den islamischen Orient, die er seit Jahren für die Zwecke seines *West-östlichen Divans* betrieb. Wiederum hatte er hier in der Lehre des arabischen Propheten vieles seinem eigenen Denken Verwandte gefunden. Ganz besonders war es das Gebot des *Korans*, sich dem Schicksal und dem Willen Gottes unbedingt zu fügen, das dem Dichter aus der Seele gesprochen war. Hier deckte sich auch der Islam mit der Philosophie Spinozas in auffälliger Weise.[3] Wenn Goethe von nun an auf diese Lehre des Islam hinwies, was in Werken und brieflichen Äußerungen häufig vorkam, so brauchte er formelhaft die Wendung: »unbedingte Ergebung in den Willen Gottes«. Es ist eben diese Formel, die auch in der Lobrede des Predigers auf den heiligen Rochus wiederholt auftaucht. Sie begegnet hier so oft, daß sie geradezu als Leitmotiv der gesamten Predigt angesehen werden muß. Schon zu Anfang heißt es dort: Rochus sei darum ein Heiliger geworden, weil er »die vorzüglichste Eigenschaft besaß, die alles übrige Gute in sich schließt, eine unbedingte Ergebenheit in den Willen Gottes«. Der Prediger sagt weiter:

> Denn obgleich kein sterblicher Mensch sich anmaßen dürfte, Gott gleich, oder demselben auch nur ähnlich zu werden, so bewirke doch schon eine unbegrenzte Hingebung in seinen heiligen Willen die erste und sicherste Annäherung an das höchste Wesen.

Nicht weniger als sechsmal erscheint insgesamt in der Lobpredigt die Formel von der Ergebenheit in den Willen Gottes. Dabei wird auch das gesamte Handeln des Sankt Rochus erklärt aus dieser Geisteshaltung. Wenn er »vertrauensvoll auf die Fügungen Gottes, sein Vermögen den Armen verteilt«, wenn er, »ohne an sich selbst zu denken«, den Kranken beisteht, wenn er sich mit Todesverachtung »seinen Mitmenschen opferte« – so lassen sich diese Verdienste des Heiligen aus immer der gleichen Grundeinstellung ableiten: der Ergebung in den Willen des Herrn. Andererseits betont Goethe, daß diese Tugend nur deshalb fruchtbar wurde, weil sie sich in tätiger Nächstenliebe bewährte und vor allem, weil Rochus dabei an keinerlei »irdischen Lohn« dachte, sondern sich völlig uneigennützig selber opferte. Alles das macht die Predigt zugleich zu einem Musterbeispiel spinozistischer Ethik. Genauer gesagt: Goethes Lobrede auf Sankt Rochus greift aus christlichen Vorstellungen das heraus, was im wesentlichen mit dem Islam und mit der Ethik Spinozas übereinstimmte, der dem Dichter ja als der »christianissimus« unter den Philosophen galt, nicht zuletzt weil er ein Leben im Sinne Christi geführt hatte. So schrieb er an F. H. Jacobi am 9. Juni 1785: »Du erkennst die höchste Realität an, welche der Grund des ganzen Spinozismus ist, worauf alles übrige ruht, woraus alles übrige fließt. Er beweist nicht das Dasein Gottes, das Dasein ist Gott. Und wenn ihn andre deshalb *Atheum* schelten, so mögte ich ihn *theissimum* ja *christianissimum* nennen und preisen.« Entsprechend fehlen in der Predigt die sonst üblichen Floskeln der Erbauung, deren sich ein Vertreter der Kirche herkömmlicherweise bedient hätte. Die Lobrede wirkt wie die praktische Anwendung von Goethes Spinoza-Kapitel in *Dichtung und Wahrheit* (Teil III, Buch 14), wo von der »grenzenlosen Uneigennützigkeit« gesprochen wird, die »aus jedem Satze« seiner *Ethik* »hervorleuchtete«, wozu Goethe beifügt: »Uneigennützig zu sein in allem, am uneigennützigsten in Liebe und Freundschaft, war meine höchste Lust, meine Maxime, meine Ausübung.« Kurz darauf kommt er in diesem Buch auf sein Projekt einer *Mahomet*-Tragödie zu sprechen. Wohlgemerkt, Goethe sagt: *meine Ausübung.* Auf das Tun kommt es an. Goethes weitgehende Reserve gegenüber dem institutionalisierten Christentum ist bekannt. Soweit er sich für Christliches begeistern konnte, so war es, wenn es ihm in praktischer Bewährung entgegentrat. Deshalb liebte er eine Persönlichkeit wie Sankt Rochus. Er eignete sich diese Gestalt gleichsam an und stellte diesen Mann, der sich ganz in tätiger Nächstenliebe erfüllte, dem vagen Schwärmen gegenüber, dem oft genug nur in geistigem Spielen genüßlich sich ergehenden »Andächteln« und Frömmeln vieler Zeitgenossen; besonders unter den Romantikern.

Den Aufsatz zu Ehren des heiligen Rochus charakterisierte Goethe in einem Brief an den Freund Sulpiz Boisserée vom 27. September 1816 als »eine heitere im Innern fromme Darstellung«. Dies wiederum erinnert an die aus der gleichen Epoche stammende Würdigung der Frömmigkeit des korankundigen Persers Hafis im Gedicht *Beiname* des *West-östlichen Divans.* Dort hebt Goethe in gleicher Weise die heitere Haltung jenes gläubigen muslimischen Dichters hervor. (» ... Trotz Verneinung, Hindrung, Raubens / Mit dem heitren Bild des Glaubens.«)

Wie sehr Goethe sich in den heiligen Rochus völlig hineingedacht, ja sich wirklich mit ihm bis zu einem gewissen Grade identifiziert hat, ist zu erkennen vor allem an dem seltsamen Phänomen, daß die Lobrede – jene fingierte Predigt – aufgebaut ist auf dem religiösen Leitspruch, den er sich für das eigene Leben gewählt hatte, nämlich den von der unbedingten Ergebung in den Willen Gottes. Als der Dichter den Aufsatz schrieb, hatte er allerdings kurz zuvor etwas getan, was ihn an die weitgehende Selbstverleugnung des Heiligen denken lassen konnte. Nach dem Tode seiner Frau Christiane am 6. Juni 1816, einem Schicksalsschlag, der ihn aufs tiefste traf, hatte er, wie gewöhnlich in Situationen schlimmster Bedrängnis, Trost und Vergessen in vermehrter, intensivierter Arbeit gesucht. Darüber schrieb er in einem Brief an Wilhelm von Humboldt vom 26. Juni 1816, worin er dem Freund vom »Abscheiden« seiner »guten kleinen Frau« berichtet:

> Ich mußte mir in diesen Tagen eine wundersame Unterhaltung aufdringen, indem ich den alten Papierkram der Vergangenheit durchsichtete, wo so vieles Angefangene und Verlassene, so viele Vorsätze und Untreuen keine Entschuldigung zulassen, sondern bloß vergönnen im echten orientalischen Sinne an Gottes Barmherzigkeit Anspruch zu machen.

Aus diesen Zeilen geht hervor, daß Goethes Arbeit am *West-östlichen Divan* und seine Beschäftigung mit dem *Koran* und mit islamischer Frömmigkeit kein oberflächlich artistisches Spiel mit Formen und Inhalten einer ihm fremden Kultur darstellte, sondern einem inneren Bedürfnis entsprang, dessen Erfüllung ihm half bei der Bewältigung persönlicher Schicksalsschläge. Tags darauf, am 27. Juni 1816, fuhr Goethe mit dem Freunde Johann Heinrich Meyer nach Jena, um dort mit der Malerin Luise Seidler ein Altarbild für die Kapelle des heiligen Rochus zu besprechen. Dies nach seinem Entwurf von ihr ausgeführte Gemälde stiftete Goethe der Sankt-Rochus-Kapelle zu Bingen. Auch auf diesem Altarbild wird wahre Frömmigkeit zum Ausdruck gebracht, das heißt eine Religiosität, die sich in tätiger Nächstenliebe und Barmherzigkeit bewährt. Man sieht, wie Rochus sein Vaterhaus verläßt und dabei alle seine Habe ausgibt; der Geldbeutel wird völlig entleert, noch der allerletzte Heller wird weggegeben. In jener Epoche, als Goethe selber besonders harten Schicksalsprüfungen ausgesetzt war, beschäftigte er sich stärker denn je mit der Frage nach den Kennzeichen wahrer Frömmigkeit.

Im Juli 1816 wollte er noch einmal eine Reise in die Rhein- und Maingegenden unternehmen, wo er in den beiden voraufgehenden Sommern besonders glückliche Zeiten verlebt und viele Gedichte zum *West-östlichen Divan* verfaßt hatte. Doch schon kurz nach der Abreise aus Weimar verunglückte der Reisewagen. Sein ihn begleitender Freund Heinrich Meyer trug

Kopfverletzungen davon; Goethe selbst blieb unversehrt. Beide Freunde kehrten nach Weimar zurück, und Goethe beschloß, die Reise aufzugeben. Er sah das Ereignis als unglückliches Omen an, als Warnzeichen des Schicksals, dem er sich zu fügen hatte. Welchen Verzicht das in Goethes Leben bedeutete, werden wir in einem der nächsten Kapitel im einzelnen darstellen.

Den ersten unmittelbarsten Reflex auf den Reiseunfall des Jahres 1816 finden wir in dem Aufsatz über das Sankt-Rochus-Fest, denn dieser war die erste schriftstellerische Arbeit, die Goethe unternahm, nachdem er auf die dritte Rheinreise verzichtet hatte. Es ist ganz im Sinne dieses Aufsatzes gedacht, wenn Goethe an den Freund Heinrich Meyer am 29. Juli 1816 aus dem thüringischen Badeort Tennstädt über seine augenblickliche Stimmung schreibt:

> Und so müssen wir denn wieder im Islam, (das heißt: in unbedingter Hingebung in den Willen Gottes) verharren, welches uns dann fernerhin nicht schwer sein wird, wenn es uns ein wenig glimpflicher geht als bisher.

Islam ist hier also nicht im Sinne eines bestimmten religiösen Ritus gebraucht, sondern in dem ursprünglichen Sinn, in welchem ihn schon der Begründer der muslimischen Religion, der Prophet Mohammed verstanden hat: als Kennzeichnung einer bestimmten Geisteshaltung, die aus dem Glauben an den Einen Gott fließt. Es kommt also nicht von ungefähr, wenn Goethe den heiligen Rochus so nachdrücklich mit einer Formel preist, die eine bestimmte christliche, deutlicher aber noch islamische und spinozistische Gesinnung ausdrückt. »Ergebenheit in den göttlichen Willen« wird von nun an zum Trostwort im Zeichen der Entsagung. Als Leitmotiv durchzieht es Goethes Alterswerke, besonders den Roman, der vier Jahre später als der Sankt-Rochus-Aufsatz erschien. Seine ethisch-religiöse Haltung kündigt sich bereits im Untertitel an, den er dem Werk beigab: *Wilhelm Meisters Wanderjahre oder Die Entsagenden.*

Doch auch des Dichters Briefe aus seiner Spätzeit sind häufige Zeugen seiner »Ergebenheit in den göttlichen Willen«. So schreibt er im Jahre 1820, als seine Schwiegertochter gefährlich erkrankt, an seinen Freund Zelter am 20. September 1820 aus der gleichen schicksalsgläubigen Haltung heraus:

> Weiter kann ich nichts sagen, als daß ich auch hier mich im Islam zu halten suche.

Hiermit spielt er an auf den Vers aus dem *Buch der Sprüche* des *West-östlichen Divans*: »Im Islam leben und sterben wir alle« (»Närrisch daß jeder in seinem Falle ... «, Vers 4). Ähnlich äußerte sich Goethe, als im Jahre 1831 die Cholera um sich gegriffen hatte. Er schreibt der Rat suchenden Freundin Adele Schopenhauer, wiederum in Anspielung auf jenen Vers, am 19. September 1831 folgendermaßen:

> Hier kann niemand dem anderen raten; beschließe was zu tun ist jeder bei sich. Im Islam leben wir alle, unter welcher Form wir uns auch Mut machen.

In einem Brief vom 22. Dezember 1820 bedankt sich Goethe bei seinem Freund Johann Jakob von Willemer für dessen Aphorismensammlung, betitelt *Lebensansichten. Ein Buch für Jünglinge*. Frankfurt 1821, und schreibt dazu:

> Es stimmt [...] zu jeder religiös-vernünftigen Ansicht und ist ein Islam, zu dem wir uns früher oder später alle bekennen müssen.

Nichts anderes sei auch die erste Sammlung seiner *Zahmen Xenien*:

> Ernst oder Scherz, Unmut oder Gelassenheit sind nur die verschiedenen Schattierungen ein- und ebendesselben Gefühls [...] deswegen euch die einzelnen weisen Lehren [...] zuletzt mit dem einlenkenden Rate sich abschließen: Sei lustig, geht es nicht, so sei vergnügt [= genügsam].

Mit Bekenntnis zum Islam meint Goethe also das Bemühen, im amor dei intellectualis ein inneres Gleichgewicht zu bewahren, das durch Schicksalsschläge nicht zu erschüttern ist. Aus allen der hier angeführten Aussprüche wird ersichtlich, daß Goethe sein Leben bewußt nach einer der Grundlehren des islamischen Glaubens ausgerichtet hat und seine Freunde ausdrücklich auf diese Lehre hinwies. Auch am Calvinismus hat der Dichter übrigens gerade die Betonung der göttlichen Vorsehung besonders geschätzt. In einem Gespräch mit dem Kanzler von Müller vom 28. März 1819 äußerte Goethe sich einmal über die Verwandtschaft, die er auf diesem Gebiet zwischen der reformierten Religion und dem Islam erkannte, wie folgt:

> *Zuversicht* und *Ergebung* seien die echte Grundlage jeder bessern Religion, Unterordnung unter einen höhern die Ereignisse ordnenden Willen, den wir nicht begriffen, eben weil er höher als unsre Vernunft und unser Verstand sei. Der Islam und die reformierte Religion seien sich hierin am ähnlichsten.

Noch kurz vor seinem Tode, am 9. Februar 1832, schreibt der 82jährige Dichter, als wiederum die Cholera, »das asiatische Ungeheuer«, die Menschen erschreckt, an Marianne von Willemer:

> Hier am Orte und im Lande ist man sehr gefaßt, indem man es abzuwehren für unmöglich hält. Alle dergleichen Anstalten sind aufgehoben. Besieht man es genauer, so haben sich die Menschen, um sich von der furchtbaren Angst zu befreien, durch einen heilsamen Leichtsinn in den Islam geworfen und vertrauen Gottes unerforschlichen Ratschlüssen.

9. Schicksalsergebenheit

In Eckermanns Aufzeichnungen begegnen wir in einem Gespräch vom 11. April 1827 einem besonders aufschlußreichen und ausführlichen Lob des Islam. Goethe rückt hier wiederum die Ergebung in das Schicksal in den Vordergrund, als das für ihn bedeutsamste Prinzip, geht aber darüber hinaus – dies ist ganz singulär – auf die dialektische Schulung der Muslime ein, um auch an ihr die Vorzüge des Islam aufs höchste zu preisen:

> Ihr müßtet wie ich seit fünfzig Jahren die Kirchengeschichte studiert haben, um zu begreifen, wie das alles zusammenhängt [...] Es ist höchst merkwürdig, mit welchen Lehren die Mohammedaner ihre Erziehung beginnen. Als Grundlage in der Religion befestigen sie ihre Jugend zunächst in der Überzeugung, daß dem Menschen nichts begegnen könne, als was ihm von einer alles leitenden Gottheit längst bestimmt worden; und somit sind sie denn für ihr ganzes Leben ausgerüstet und beruhigt und bedürfen kaum eines Weiteren.

Goethe fährt fort:

> Ich will nicht untersuchen, was an dieser Lehre Wahres oder Falsches, Nützliches oder Schädliches sein mag; aber im Grunde liegt von diesem Glauben doch etwas in uns Allen, auch ohne daß es uns gelehrt worden. Die Kugel auf der mein Name nicht geschrieben steht, wird mich nicht treffen, sagt der Soldat in der Schlacht, und wie sollte er ohne diese Zuversicht in den dringendsten Gefahren Mut und Heiterkeit behalten! Die Lehre des christlichen Glaubens: kein Sperling fällt vom Dache ohne den Willen eures Vaters, ist aus derselben Quelle hervorgegangen, und deutet auf eine Vorsehung, die das Kleinste im Auge hält und ohne deren Willen und Zulassen nichts geschehen kann. Sodann ihren Unterricht in der Philosophie beginnen die Mohammedaner mit der Lehre: daß nichts existiere, wovon sich nicht das Gegenteil sagen lasse; und so üben sie den Geist der Jugend, indem sie ihre Aufgaben darin bestehen lassen, von jeder aufgestellten Behauptung die entgegengesetzte Meinung zu finden und auszusprechen, woraus eine große Gewandtheit im Denken und Reden hervorgehen muß. Nun aber nachdem von jedem aufgestellten Satze das Gegenteil behauptet worden, entsteht der *Zweifel*, welches denn von beiden das eigentlich Wahre sei. Im Zweifel aber ist kein Verharren, son-

dern er treibt den Geist zu näherer Untersuchung und *Prüfung*, woraus denn, wenn diese auf eine vollkommene Weise geschieht, die Gewißheit hervorgeht, welches das Ziel ist, worin der Mensch seine völlige Beruhigung findet. – Sie sehen, so folgert Goethe in jenem Gespräch, »daß dieser Lehre nichts fehlt und daß wir mit allen unsern Systemen nicht weiter sind und daß überhaupt niemand weiter gelangen kann. [...] Jenes philosophische System der Mohammedaner ist ein artiger Maßstab, den man an sich und an andere anlegen kann, um zu erfahren, auf welcher Stufe geistiger Tugend man denn eigentlich stehe.«

Soweit diese erstaunliche Lobpreisung des Islam.[1] Der Tenor des Gesprächs zeigt, daß Goethe selbst im Alter von 77 Jahren in seiner Bewunderung der islamischen Religion keineswegs nachgelassen, daß er sich eher noch in ihr bestärkt hatte.

Goethes Vorsehungsglaube war wohl das festeste, dauerhafteste Band, das ihn in seinen späteren Lebensjahren mit dem Islam verknüpfte. Er gründete, wie schon mehrmals betont, auf der gleichen Lebenseinstellung, die ihn zu seiner begeisterten Aufnahme der Philosophie Spinozas geführt hatte, in welcher die Vorherbestimmung gleichfalls eine zentrale Rolle spielt.[2] Es kann also kein zufälliges Zusammentreffen sein, daß Goethe die zitierte Lobrede auf den Islam gehalten hat an einem Tag, an dem er sich erneut mit Spinoza beschäftigt hatte. Aus Goethes Tagebüchern ist nämlich ersichtlich, daß ihm an jenem 11. April des Jahres 1827 gerade ein Buch über Spinoza in die Hände geraten war, und zwar eine der wenigen Schriften, die im frühen 18. Jahrhundert zu Schutz und Verteidigung des verfemten Philosophen verfaßt worden waren: das ebenso berühmte wie seltene Buch von Johann Christian Edelmann, *Moses mit dem aufgedeckten Angesicht*. Es dürfte kein Zweifel daran bestehen, daß die Beschäftigung mit der Philosophie des Spinoza Goethes Gedanken an jenem Tage auf den Islam gelenkt hat. Gerade weil beide Lehren in der für Goethe so wesentlichen Haltung des *amor dei intellectualis* übereinstimmten, rief die Beschäftigung mit der einen auch die Erinnerung an die andere hervor – ähnlich wie in den noch zu erwähnenden Gesprächen mit Eckermann vom Februar/März 1831.

Momme Mommsen hat auf eines der Hindernisse hingewiesen, welches dem Verständnis von Goethes Verehrung für Spinoza entgegensteht, nämlich, daß im allgemeinen die Denkweise neuerer Zeiten zum Indeterminismus neigt, während Goethe Spinozas Determinismus uneingeschränkt willkommen hieß.[3] Die Schwierigkeit, sich Spinozas Denkweise zu eigen zu machen, hat Albert Einstein aufs genaueste mit folgenden Worten bezeichnet:

> Spinoza ist der erste gewesen, der den Gedanken der deterministischen Gebundenheit allen Geschehens wirklich konsequent auf das menschliche Denken, Fühlen und Handeln angewendet hat. Nach meiner Ansicht hat sich sein Standpunkt unter den um Klarheit und Folgerichtigkeit Kämpfenden nur darum nicht allgemein durchsetzen können, weil hierzu nicht nur Konsequenz des Denkens, sondern auch eine ungewöhnliche Lauterkeit, Seelengröße und Bescheidenheit gehört.[4]

Es gibt allerdings eine Spielart des Determinismus, welchen Goethe mit aller Entschiedenheit ablehnte. Dieser war enthalten in der Lehre des mechanischen Materialismus, den der junge Dichter in Holbachs *Système de la Nature* kennengelernt hatte. Bekannt ist das Urteil, welches Goethe darüber später im Dritten Teil, Elften Buch von *Dichtung und Wahrheit* fällte: Es erschien ihm und seinen Freunden »als die rechte Quintessenz der Greisenheit, unschmackhaft, ja abgeschmackt. Alles sollte notwendig sein und deswegen kein Gott. Könnte es denn aber nicht notwendig einen Gott geben? fragten wir.«[5] Zwar ging auch Goethes Determinismus aus von einem »System« der Natur: »Die Natur wirkt nach ewigen, notwendigen, dergestalt göttlichen Gesetzen, daß die Gottheit selbst daran nichts ändern könnte.« Das ist in *Dichtung und Wahrheit* (im Vierten Teil, Sechzehnten Buch) in der Sicht Goethes die Quintessenz von Spinozas Lehre, welche, wie er dort sagt, eine große Wirkung auf die Folge seines Lebens ausgeübt hat. Aber er konnte sich eben eine Natur ohne Gott nicht denken. Daher seine Übereinstimmung mit Spinozas Forderung, wie Momme Mommsen schreibt: »... man solle vom Unerforschlichen der Gott-Natur soviel wie möglich zu erkennen suchen durch intellektuelles Anschaun der Dinge und Erforschung ihres Wesens. Solche Erkenntnis – Spinoza nennt sie Scientia intuitiva oder auch Dei intuitiva cognitio – ermöglicht es, Natur in Gott, Gott in der Natur zu sehn. Die Scientia intuitiva ›schreitet von der adäquaten Idee des formalen Wesens einiger Attribute Gottes zur adäquaten Erkenntnis des Wesens der Dinge‹, so lautet die zweimal fast wörtlich wiederholte Definition in Spinozas *Ethik*; bei der Wiederholung fügt Spinoza hinzu: ›und je mehr wir die Dinge auf diese Weise erkennen, desto mehr erkennen wir Gott.‹ «[6]

Dies aber war auch die Einstellung des muslimischen Propheten. Von Mohammed wird der Ausspruch überliefert: »Sucht nach dem Wissen, und sei es in China!« Aufgrund dieser positiven Einschätzung menschlichen Wissens und menschlicher Vernunft von seiten des Begründers der islamischen Religion, aufgrund auch der zahlreichen im *Koran* enthaltenen Aufforderungen an die Menschen, in der Natur das Wirken Gottes zu erkennen, entfaltete sich die Blüte der Wissenschaften in der Frühzeit des Abbasidenreiches,[7] auf ihr gründete sich die durchaus weltzugewandte Geisteshaltung der Mehrzahl islamischer Philosophen und Poeten, an der Goethe bei seinen orientalischen Studien in der *Divan*-Epoche Ermutigung, Trost und Freude fand. Im krassen Gegensatz dazu stand die Wissenschaftsfeindlichkeit der christlichen Kirchen, welche Glaube und Wissen wie auch Gott und Natur streng getrennt sehen wollten. Das war nicht nur kennzeichnend für das christliche Mittelalter. Die moderne Variante dieser Position trat Goethe entgegen in der Person seines Freundes Friedrich Heinrich Jacobi, der erklärte, in der Natur offenbare sich Gott keineswegs, im Gegenteil, diese verberge ihn vielmehr. Über den Gegensatz in ihrer Einstellung zur Natur kam es wiederholt zu Auseinandersetzungen zwischen Goethe und Jacobi, ja schließlich zum endgültigen Bruch ihrer Freundschaft. Gerade Jacobi gegenüber hat Goethe sich immer wieder auf Spinoza als seinen Lehrmeister berufen, obwohl Jacobi, dem Beispiel früherer Verleumder Spinozas folgend, es offenbar nicht unterlassen konnte, diesen als einen Atheisten zu brandmarken, so in der berühmt gewordenen Debatte, die durch Goethes Gedicht *Prometheus* ausgelöst wurde, wie auch erneut in seiner Schrift *Wider Mendelssohns Beschuldigungen*, Leipzig 1786. Auf letztere erwiderte Goethe auf ironische Weise in einem Brief vom 5. Mai 1786, den M. Mommsen zitiert (a. a. O., S. 228):

> Ich halte mich fest und fester an die Gottesverehrung des Atheisten p. 77 und überlasse euch alles was ihr Religion heißt und heißen müßt ibid. Wenn du sagst, man könne an Gott nur *glauben* p. 101. sage ich dir, ich halte viel aufs *schauen*, und wenn Spinoza von der Scientia intuitiva spricht, und sagt: Hoc cognoscendi genus procedit ab adaequata idea essentiae formalis quorundam Dei attributorum ad adaequatam cognitionem essentia rerum; so geben mir diese wenigen Worte Mut, mein ganzes Leben der Betrachtung der Dinge zu widmen, die ich reichen, und von deren essentia formali ich mir eine adäquate Idee zu bilden hoffen kann, ohne mich im mindsten zu bekümmern, wie weit ich kommen werde und was mir zugeschnitten ist.[8]

Mit den Angaben p. 77 und p. 101 bezieht sich Goethe scherzend auf die Seitenzahlen von Jacobis obengenannter Schrift. M. Mommsen kommentiert: »Die Scientia intuitiva hat demnach für Goethe nichts mit der sog. ›Religion‹ zu tun. Dennoch besteht er darauf, ihre Betätigung als ›Gottesverehrung‹ auffassen zu müssen. Die Unterscheidung ist charakteristisch für die Gesinnung der Klassik überhaupt. Hätte man dies eingesehen, wäre das gesamte Verhältnis der Klassiker zu Spinoza besser eingesehen worden.« Und, wie man hinzufügen könnte, Goethes Verhältnis zum Islam, soweit man in der Forschung bisher überhaupt bereit war, davon Kenntnis zu nehmen.

Goethes Determinismus ist also zu sehen in dem Dreiecksverhältnis: Gott, Natur und Mensch, wobei die Scientia intuitiva durch die Erkenntnis Gottes in der Natur zur Erkenntnis des Göttlichen im Menschen führt. M. Mommsen weist in diesem Zusammenhang hin auf Winckelmann, über den sich in Goethes Schrift *Winckelmann und sein Jahrhundert* von 1805 im Abschnitt *Antike* ein Satz findet, welcher den Begriff von der Scientia intuitiva in wunderbar poetischer Weise verküpft mit dem in Spinozas Lehre ebenfalls wichtigen Motiv der Laetitia (Freude am Dasein):

> Wenn die gesunde Natur des Menschen als ein Ganzes wirkt, wenn er sich in der Welt als in einem großen, schönen, würdigen und werten Ganzen fühlt, wenn das harmonische Behagen ihm ein reines, freies Entzücken gewährt: dann würde das Weltall, wenn es sich selbst empfinden könnte, als an sein Ziel gelangt, aufjauchzen und den Gipfel des eigenen Werdens und Wesens bewundern.

In der auf den ersten Blick überraschenden Verbindungslinie, die Momme Mommsen zwischen Spinoza und Winckelmann zieht, steckt ein impliziter Hinweis darauf, daß auch die Hinwendung zum islamischen Orient für Goethe keineswegs den völligen Bruch mit den Idealen der klassischen Antike und den gemeinsam mit Schiller vertretenen Grundsätzen bedeutete, als welcher sie zumeist verstanden wird. Eine Abkehr war es allenfalls vom klassischen Formideal, obwohl nicht einmal das voll und ganz, da Goethe, der schon in frühen Jahren gern in die Rolle der Scheherazade hineinschlüpfte, selbst in der klassischen Periode, in der Zeit seiner Zusammenarbeit mit Schiller und zu dessen leichtem Befremden sich nicht enthalten konnte, gelegentlich Ausflüge in das Reich orientalischer Erzählformen zu unternehmen, so etwa in seinen *Unterhaltungen deutscher Ausgewanderten.*[9] Keineswegs aber war es eine völlige inhaltliche Abkehr vom Geist der Antike. Man könnte allerdings fragen: gibt es denn einen gemeinsamen Nenner zwischen Winckelmann, Spinoza und Mohammed, und wenn ja, worin besteht er? Gegen die landläufige Auffassung, im Pantheismus der Klassiker Herder, Goethe, Schiller, Hölderlin sei ein Protest zu sehen gegen die »Entgötterung« der Welt durch die Aufklärung, wendet M. Mommsen ein: »Die Entgötterung der Welt, gegen die sich der Pantheismus kehrt, ist älteren Datums, sie vollzog sich beim Sieg des Christentums über die Antike, fast vor anderthalb Jahrtausenden. Genau hierauf zielt Schillers Wort von der ›entgötterten Natur‹ in *Die Götter Griechenlands*.« Wenn Goethe, wie er am 9. Juni 1785 in einem Brief an Jacobi bekannte, »das Göttliche *in herbis et lapidibus*« suchte, so fühlte er sich darin nicht nur durch den »heidnischen Sinn« der Schriften Winckelmanns bestärkt oder durch den Gedanken der *natura naturans* bei Spinoza, sondern auch durch den *Koran*. Wir erinnern uns der Verse aus der zweiten Sure, die sich der junge Goethe in seiner Frankfurter Zeit aus der Übersetzung Megerlins notierte:

> 109. Gott gehört der Aufgang und der Niedergang der Sonnen, und wohin ihr euch wendet, ist Gottes Angesicht da.
> 159. Er hat Zeichen genug davon gegeben, in der Schöpfung der Himmel und der Erden in der Abwechslung der Nacht und des Tags pp. in diesem allem sind Zeichen genug seiner Einigkeit und Gütigkeit, für die Völker, so sie mit Aufmerksamkeit betrachten wollen.

Wo aber bleibt, wenn alles vorherbestimmt ist, der Platz für die Freiheit, die Goethe im *Système de la Nature* Holbachs so entschieden vermißte, und das heißt auch, wo bleibt der Platz der Verantwortlichkeit des Menschen für sein Handeln? Das ist das zentrale Problem, welches die islamischen Theologen seit der Frühzeit des Islam beschäftigt hat, und Goethe selbst stieß während seiner orientalistischen Studien in der *Divan*-Epoche darauf, wie noch zu zeigen sein wird. Goethe hat stets abgelehnt, sich auf einfache Lehrsätze festlegen oder gar seine

Religiosität an der Akzeptanz oder Nichtakzeptanz von bestimmten Glaubenssätzen und Dogmen messen zu lassen. So stark durchdrungen seine Werke auch sind von philosophischem und religiösem Gedankengut, so pochte er immer zu Recht darauf, daß er Dichter sei und nicht Theologe oder Philosoph. Dennoch mag es für das Verständnis seines Verhältnisses zum Islam hilfreich sein zu erkennen, in welcher Richtung er eine Antwort auf das genannte Problem suchte.

Merkwürdig ist es zu sehen, wie Rudolf Steiner in seinem Buch *Goethes Weltanschauung* (Weimar 1897, S. 79) die Sache dargestellt hat in einer Zeit, als er sich dazu anschickte, die Rolle des Hohenpriesters eines Goethekults zu übernehmen. Er beginnt mit einem eingeschränkten Lob des Solipsisten Max Stirner, der seine Erkenntnis der Freiheit gefühlt habe, aber bei der Forderung der Freiheit stehengeblieben sei. Zur eigenen Position hingegen erklärt er stolz: »ich versuche das Leben in der Freiheit zu schildern, indem ich zeige, was der Mensch erblickt, wenn er auf den Grund seiner Seele sieht.« Bei Goethe kommt er dann zu dem überraschenden Urteil: »Goethe ist bis zu der Anschauung der Freiheit nicht gekommen, weil er eine Abneigung gegen Selbsterkenntnis hatte.«

Nun hat sich Goethe zwar in der Tat stets heftig geäußert gegen jede Art von narzißtischer Selbstbespiegelung, so in seinem Aufsatz zur *Morphologie* von 1823 mit dem Titel *Bedeutende Fördernis durch ein einziges geistreiches Wort*:

> Hierbei bekenn' ich, daß mir von jeher die große und so bedeutend klingende Aufgabe: *Erkenne dich selbst!* immer verdächtig vorkam, als eine List geheim verbündeter Priester, die den Menschen durch unerreichbare Forderungen verwirren und von der Tätigkeit gegen die Außenwelt zu einer innern falschen Beschaulichkeit verleiten wollen. Der Mensch kennt nur sich selbst, insofern er die Welt kennt, die er nur in sich und sich nur in ihr gewahr wird. Jeder neue Gegenstand, wohl beschaut, schließt eine neues Organ in uns auf.

Daraus aber zu folgern, Goethe sei bis zur Anschauung der Freiheit nicht gekommen, weil er eine Abneigung gegen Selbsterkenntnis hatte, heißt die Dinge auf den Kopf stellen. Entscheidend ist hier schließlich nur die Frage, welchen Weg zur Selbsterkenntnis man beschreitet. Geht man vom Ich, das heißt vom Subjekt aus wie Fichte, Max Stirner oder eben Rudolf Steiner, dann scheint die Freiheit unbegrenzt, steht aber auch das Tor zur Selbsttäuschung, wenn nicht gar zum Selbstbetrug offen, denn von da aus ist es schwer, den Weg aus der Subjektivität herauszufinden. Geht man dagegen von der Natur aus, dann weiß man sich den Gesetzen der Natur unterworfen, findet aber für sein Handeln eine Richtschnur in wie auch außer sich selbst. Über die Notwendigkeit der Selbsterkenntnis hat sich Goethe durchaus klar ausgesprochen. Der Anlaß war wiederum eine Publikation seines Freundes Jacobi, und zwar die Schrift aus dem Jahre 1811, *Von den göttlichen Dingen und ihrer Offenbarung*, die nunmehr zum endgültigen Bruch ihrer Freundschaft führte. Alfred Schmidt schreibt darüber (in: *Goethes herrlich leuchtende Natur*, München 1984, S. 103):

> Es kommt zur unerquicklichen Neuauflage des längst vergessenen Pantheismusstreits. Jacobi wiederholt hier seine schon gegen Herder (und Goethe) ins Feld geführte These, Spinozismus sei Atheismus, und behauptet, Schelling bediene sich in heuchlerischer Weise theistischer und christlicher Begriffe, die er in Wahrheit pantheistisch verstehe. Jacobi verficht in dieser (sich als philosophisches Testament gebenden) Schrift den Glauben an einen im menschlichen Herzen sich offenbarenden, außerweltlichen und persönlichen Gott. Schellings polemische Antwort erscheint 1812 unter dem Titel: *Denkmal der Schrift von den göttlichen Dingen etc. des Herrn Friedrich Heinrich Jacobi.*

Öffentlich mochte Goethe sich zu diesem Streit, der seine innersten Überzeugungen berührte, nicht äußern. Aber wie sehr ihn dieser erregte, wie sehr er sich von der dogmatischen Halsstarrigkeit seines Jugendfreundes abgestoßen fühlte, vertraute er einem anderen Freund, dem ihm in weltanschaulichen Dingen besonders nahestehenden Karl Ludwig v. Knebel an, dem er am 25. März 1812 schrieb:

> Ein Buch, welches mich erschreckt, betrübt und wieder auferbaut hat, ist von Schelling gegen Jacobi. Nach der Art, wie der letzte sich in den sogenannten ›göttlichen Dingen‹ herausgelassen, konnte der erste freilich nicht schweigen, ob er gleich sonst zu den hartnäckigen Schweigern gehört. Wir anderen, die wir uns zur Schellingschen Seite bekennen, müssen finden, daß Jacobi übel wegkommt.

Die zustimmende Antwort von Knebel erwidert Goethe am 8. April 1812 mit einem weiteren Brief vom 8. April 1812, worin er seinem Unmut freien Lauf läßt und sich in erstaunlicher Offenheit über die Fragen äußert, welche dieser Streit in seinem Tiefinnersten aufgewühlt hatte, Fragen, denen er sonst nur in verschlüsselter Form in seinen Dichtungen Ausdruck zu geben pflegte. Interessant ist zu sehen, wie Goethe hier die gegensätzlichen Positionen kennzeichnet, nämlich als »statum controversiae zwischen Natur- und Freiheitsmännern«, wobei er keinen Zweifel daran läßt, daß er selbst zu den »Naturmännern« gehört. Und so rechnet er mit seinem einstigen Freund im Namen Spinozas ab:

> Daß es mit Jacobi so enden werde und müsse, habe ich lange vorausgesehen, und habe unter seinem bornierten und doch immerfort regen Wesen selbst genugsam gelitten. Wem es nicht zu Kopfe will, daß Geist und Materie, Seele und Körper, Gedanke und Ausdehnung, oder (wie ein neuerer Franzos sich genialisch ausdrückt) Wille und Bewegung die notwendigen Doppelingredienzien des Universums waren, sind und sein werden, die beide gleiche Rechte für sich fordern und deswegen beide zusammen wohl als Stellvertreter Gottes angesehen werden können – wer zu dieser Vorstellung sich nicht erheben kann, der hätte das Denken längst aufgeben, und auf gemeinen Weltklatsch seine Tage verwenden sollen.

Folgt eine treffend humorvolle Kennzeichnung von Jacobis Dogmatismus beziehungsweise der Methode, die allem Dogmatismus zugrunde liegt, und, im Umkehrschluß, eine Kennzeichnung der Methode, auf welcher Goethes eigenes Prinzip der Toleranz beruht:

> Wer ferner nicht dahin gekommen ist, einzusehen, daß wir Menschen einseitig verfahren und verfahren müssen, daß aber unser einseitiges Verfahren bloß dahin gerichtet sein soll, von unserer Seite her in die andere Seite einzudringen, ja, womöglich sie zu durchdringen, und selbst bei unseren Antipoden wieder aufrecht auf unsere Füße gestellt zu Tage zu kommen, der sollte einen so hohen Ton nicht anstimmen. Aber dies ist leider gerade die Folge von jener Beschränktheit.

Dann aber kommt Goethe, als hätte er Rudolf Steiner vorausgeahnt, auf die Frage der Selbsterkenntnis in einer solch emphatischen Weise zu sprechen, daß sich dessen Behauptung: »Goethe ist bis zu der Anschauung der Freiheit nicht gekommen, weil er eine Abneigung gegen Selbsterkenntnis hatte«, als völlig aus der Luft gegriffen erweist:

> Und was das gute Herz, den trefflichen Charakter betrifft, so sage ich nur soviel: wir handeln eigentlich nur gut, insofern wir mit uns selbst bekannt sind; Dunkelheit über uns selbst läßt uns nicht leicht zu, das Gute recht zu tun, und so ist es denn ebenso viel, als wenn das Gute nicht wäre. Der Dünkel aber führt uns gewiß zum Bösen, ja, wenn er unbedingt ist, zum Schlechten, ohne daß man gerade sagen könnte, daß der Mensch, der schlecht handelt, schlecht sei.[10]

Am überraschendsten aber mag erscheinen, daß Goethe, indem er innerlich Abschied nimmt von seinem Jugendfreund, der ihm in seiner dogmatischen Verbohrtheit zum Feind geworden ist, sich unter Hinweis auf Gottes Gerechtigkeit in diesem Zusammenhang ausgerechnet auf einen muslimischen Zeugen beruft:

> Ich mag die mysteria iniquitatis nicht aufdecken; wie eben

> dieser Freund, unter fortdauernden Protestationen von Liebe und Neigung, meine redlichsten Bemühungen ignoriert, retardiert, ihre Wirkung abgestumpft, ja vereitelt hat. Ich habe das so viele Jahre ertragen, denn – Gott ist gerecht! – sagte der persische Gesandte, und jetzo werde ich mich's freilich nicht anfechten lassen, wenn sein graues Haupt mit Jammer in die Grube fährt.

Diese Äußerung lag zwei Jahre vor der Zeit, in der Goethe seine Arbeit am *West-östlichen Divan* begann. Wie wichtig ihm der islamische Gedanke von Gottes Gerechtigkeit gewesen ist, welcher seiner Haltung der Schicksalsergebenheit zugrunde lag, zeigt sich daran, daß er ihm im *Divan* ein eigenes Gedicht gewidmet hat. Wir werden im Kapitel über *Allahs hundert Namen* noch darauf zu sprechen kommen.

10. Annäherung der Religionen

In Anbetracht der positiven Einstellung Goethes gegenüber dem Islam kann es nicht wundernehmen, daß der Dichter auch einen Ausgleich unter den verschiedenen Religionen als wünschenswert ansah. So betrachtete er etwa den von Byzanz zu Anfang des 8. Jahrhunderts unternommenen Versuch, die drei monotheistischen Religionen der Juden, Christen und Muslime zu vereinen, mit Sympathie, obwohl er als Freund der Künste die gleichzeitige Unterdrückung der christlichen Bildwerke keineswegs billigen konnte.[1]

Lebendige Eindrücke während der Befreiungskriege gegen Napoleon trugen viel dazu bei, Goethe in seiner Achtung gegenüber den Muslimen zu bestätigen und seine Gedanken auf eine mögliche Annäherung der Religionen zu lenken. Damals kamen unter den verbündeten russischen Truppen auch baschkirische Soldaten nach Weimar. Goethe benutzte die Begegnung mit ihnen zu persönlichen Kontakten. Er erfreute sich, wie er am 5. Januar 1814 an seinen Freund F. W. v. Trebra schreibt, ihrer »besonderen Gunst«. Man tauschte Geschenke untereinander. Sein Tagebuch verzeichnet am 22. März 1814 den Besuch eines »kleinen Baschkiren«. Im Gedenken an diesen persönlichen Kontakt und unter dem Eindruck des gemeinsamen Kampfes christlicher und muslimischer Truppen gegen den Usurpator hielt es Goethe – nach dem Sieg der Verbündeten in der Völkerschlacht bei Leipzig – nicht mehr für angebracht, wenn die Protestanten am 31. Oktober, abgesondert von Andersgläubigen, ihr Reformationsfest zu feiern planten. Dies bezeugt ein 1816 geschriebener, vom Dichter allerdings nicht veröffentlichter Aufsatz *Zum Reformationsfest*, der sich auf das im Jahre 1817 zu feiernde 300. Jahresfest der Reformation bezieht. An einem solchen separaten Kirchenfest – heißt es dort – könne ein reines Gemüt keine vollkommene Freude haben, weil man »an Zwiespalt und Unfrieden, ein ungeheures Unglück einiger Jahrhunderte erinnert« werde. Vor allem – und das sei noch schlimmer – müsse man sich sagen, daß man sich bei solchem Fest von den anderen trenne, mit denen man noch 14 Tage zuvor – am 18. Oktober, dem Gedenktag der Völkerschlacht bei Leipzig von 1813 – den gemeinsamen Sieg gefeiert habe. Dieselben Menschen, mit denen man sich gerade eben aufs innigste und kräftigste verbunden fühlte, kränke man nun durch diese Trennung.

Was Goethe dagegen vorzuschlagen erwog, war eine Feier, die alle Konfessionen vereinigen sollte: ein »Fest der reinsten Humanität«, wie er es nennt. An diesem Fest, so schreibt Goethe, solle niemand fragen, von welcher Konfession der andere sei, und er fährt fort:

> Alle ziehen vereinigt zur Kirche und werden von demselben Gottesdienste erbaut; alle bilden Einen Kreis ums Feuer und werden von Einer Flamme erleuchtet. Alle erheben den Geist, an jenen Tag gedenkend, der seine Glorie nicht etwa nur Christen, sondern auch Juden, Mahometanern und Heiden zu danken hat.

Goethes Gedanken blieben ein Wunschtraum, den die Menschheit bisher nicht verwirklicht hat. Goethe mag hierzu auch durch den persönlichen Eindruck bewegt worden sein, welchen er von einer muslimischen Gebetsversammlung in Weimar empfing, an der er als Beobachter teilgenommen hatte. Von dieser religiösen Zeremonie ging nicht nur auf den Dichter, sondern auch auf viele Menschen seiner Umgebung eine starke Wirkung aus. Das Ereignis selber gehört zu den ominösen Erlebnissen, von denen im folgenden Abschnitt die Rede sein soll.

Der Gedanke des Zusammenlebens von Menschen verschiedener Religionen hat Goethe auch später noch beschäftigt. Charakteristisch für seine Spätzeit ist, daß er einen solchen Gedanken nicht mehr, wie noch in seiner Jugend, in einer theologischen oder philosophischen Abhandlung erörtert, sondern in der *Vorbetrachtung* zu einer Ausgabe des zweiten Bandes seiner Schriften *Zur Naturwissenschaft überhaupt* (Stuttgart und Tübingen 1823 – WA II. Abt., 13, S. 405) wieder aufgreift. In der Tat hatte er in der Folge seiner eigenen Beiträge zur naturwissenschaftlichen Forschung, insbesondere denen zur *Farbenlehre*, erlebt, daß gerade auf diesem angeblich wertneutralen Gebiet oft die heftigsten weltanschaulichen Parteienkämpfe toben:

> Die höchste Kultur aber, welche diesen letzten Zeiten gegönnt seyn möge, erwiese sich wohl darin: daß alles Würdige, dem Menschen eigentlich Werthe, in verschiedenen Formen neben einander müßte bestehen können und daß daher verschiedene Denkweisen, ohne sich verdrängen zu wollen, in einer und derselben Region ruhig neben einander fortwandelten.

Freilich kannte er die menschliche Natur zu gut, um sich da allzu großen Hoffnungen im allgemeinen hinzugeben, und so formulierte er das Folgende als einen Appell an die Einzelnen, ja gleichsam als eine Erinnerung an sich selbst:

> Alles aber was sich aufs Ewige bezieht und uns im Erdenleben als Bild und Gleichnis des Unvergänglichen vorschwebt, sollte uns von Rechts wegen außer Streit setzen,

obgleich auch hier manches Hindernis obwaltet. Denn, indem wir durch unsere Denk- und Empfindungsweise auch äußere Verhältnisse gründen, eine Gesellschaft um uns bilden, oder uns an sie anschließen, so wird ein Inneres zum Äußerlichen; ein solches, wohl aufgenommen oder feindlich bestritten, muß erhalten, es muß verteidigt werden, und so sind wir auf einmal vom Geistlichen ins Weltliche, vom Himmlischen ins Irdische und vom ewigen Unwandelbaren in das zeitliche Wechselhafte zurückgezogen.
Eben deshalb aber werden wir bei Mitteilung unserer Arbeiten desto wachsamer auf uns sein und lieber das worauf wir beharren einfach bezeichnen, als uns mit anders Gesinnten in Widerspruch und Streit einlassen.

11. Ominöse Ereignisse in der *Divan*-Epoche

Zu Beginn der Epoche, in welcher die vom Geist des Orients angehauchten Gedichte entstanden, widerfuhren Goethe eine Reihe ganz ungewöhnlicher Erlebnisse, die im Hinblick auf die Entstehung des *West-östlichen Divan* als ominös bezeichnet werden dürfen. Eine erste Botschaft des islamischen Orients kam ihm auf abenteuerliche Weise im Herbst 1813 in Gestalt einer arabischen Kalligraphie ins Haus, wie einem Brief an den Philologen und Universitätslehrer H. K. A. Eichstädt in Jena vom 20. Oktober 1813 zu entnehmen ist, dem Goethe schrieb: » … Ferner liegt in einer Pappe ein Blättchen aus einem arabischen Codex bey, welches mir unsere Krieger aus Spanien mitgebracht haben; Herr Doctor Lorsbach, dem ich mich ergebenst empfehle, hat ja wohl die Gefälligkeit mir dieses Räthsel zu entziffern.« Der Orientalist Lorsbach übersetzte ihm in der Tat das geheimnisvolle Blatt und ließ den Dichter am 29. Oktober 1813 wissen:

Die arab. Worte in dem hiermit zurückkehrenden Fragment sind der Anfang von dem 114ten oder letzten Capitel des

> Korans, und lauten deutsch also: »Im Namen Gottes des barmherzigen Erbarmers! Sprich: Ich fliehe zum Herrn der Menschen – vor dem Übel der Einflüsterung des Flüchtlings (d. i. des Teufels).« Die kleine Schrift, die darunter stehet, enthält dasselbe in persischer Sprache.

Der »Zufall«, welcher ihm unversehens die 114. Sure als Kriegsbeute aus Spanien in die Hände gespielt hatte, veranlaßte Goethe, sich erneut mit dem *Koran* zu befassen. Die Begegnung mit der letzten Sure bildete gleichsam den Auftakt zu einer intensiven Beschäftigung mit dem heiligen Buch des Islam in den folgenden Jahren. Die ihm so unvermutet ins Haus gekommene 114. Sure muß den Dichter ganz besonders beschäftigt haben. In seinem Nachlaß fanden sich Papiere, die zeigen, daß er sich noch nach Jahren um ihre kalligraphische Nachbildung bemüht hat. Aber zugleich findet sich auch ein dichterisches Echo auf das Flucht-Motiv dieser Sure »Ich fliehe zum Herrn der Menschen ... « im großen Einleitungsgedicht zum *West-östlichen Divan* mit dem Titel *Hegire*: »Flüchte du, im reinen Osten / Patriarchenluft zu kosten.« Hier wie dort ist der Aufruf zur Flucht aus den Wirrnissen der Zeit jedoch nicht als Empfehlung zu verstehen, den Widrigkeiten des Lebens ängstlich auszuweichen, sondern als Aufforderung, sich über sie zu erheben, das heißt als Anruf einer höheren Stimme, sich der Größe Gottes und der Weite seiner Welt zu erinnern, dort an den Propheten und hier an den »Sänger« gerichtet. Wenn Goethe den Themen der Vertreibung oder Flucht, die er in seinen Werken mehrmals verarbeitet hat, einen positiven Wert beimißt, so knüpft er damit erneut an einen Lehrsatz seines Lieblingsphilosophen Spinoza an, wie Momme Mommsen betont (a. a. O., S. 273 f.):

> Zu dieser auffällig positiven Einstellung des Dichters zur Flucht sei erwähnt, dass sich in Spinozas Ethik eine Apologie der *Fuga* findet, der Flucht, die Verdienst wird, wie sie in der Philosophiegeschichte vielleicht einzig dasteht: »Die Tugend des freien Menschen zeigt sich ebenso groß in Vermei-

dung, wie in Überwindung von Gefahren.« (*Ethik*, IV. Teil, 69. Lehrsatz). Hierzu bemerkt Spinoza: »Dem freien Menschen wird daher die Flucht zur rechten Zeit als ebenso große Beherztheit angerechnet wie der Kampf. Mit anderen Worten: der freie Mensch erwählt mit derselben Beherztheit oder Geistesgegenwart die Flucht wie den Kampf.«

Ein weiteres solch ominöses Ereignis trat zu Beginn des Jahres 1814 ein. Aus dem mit Preußen im Krieg gegen Napoleon verbündeten Rußland waren baschkirische Truppen nach Weimar gekommen. Sie hielten im protestantischen Gymnasium der Stadt eine Gebetsversammlung ab, der mehrere Weimarer Honoratioren beiwohnten, darunter auch Goethe. Wäre Herder noch am Leben gewesen, so hätte gewiß auch er sich an dieser in der Nachbarschaft seiner Kirche stattfindenden Andacht beteiligt. Weit davon entfernt, sich durch die Anwesenheit von fremdartig erscheinenden Menschen aus einem fernliegenden Erdteil und den Vollzug einer für die Anwesenden ungewohnten Zeremonie beunruhigt oder gar erschreckt zu zeigen, sah Goethe darin vielmehr ein Ereignis des Wunderbaren. Wie außergewöhnlich stark er davon beeindruckt und bewegt war, läßt sein Brief vom 5. Januar an seinen Freund Friedrich Wilhelm von Trebra erkennen:

> Da ich von Weissagungen rede, so muß ich bemerken, daß zu unserer Zeit Dinge geschehen, welche man keinem Propheten auszusprechen erlaubt hätte. Wer durfte wohl vor einigen Jahren verkünden, daß in dem Hörsaale unseres protestantischen Gymnasiums mahometanischer Gottesdienst werde gehalten und die Suren des *Korans* würden hergemurmelt werden, und doch ist es geschehen, wir haben der baschkirischen Andacht beigewohnt, ihren Mulla geschaut, und ihren Prinzen im Theater bewillkommt.

Mit Genugtuung verzeichnete Goethe als Folge dieses Ereignisses eine Belebung des Interesses der Weimarer Gesellschaft für den *Koran*, denn am 17. Januar 1814 konnte er seinem Sohn August berichten: »Mehrere unserer religiösen Damen haben sich die Übersetzung des Corâns von der Bibliothek erbeten.«

Ein drittes ungewöhnliches Vorkommnis, das in unserm Zusammenhang Erwähnung verdient, ereignete sich im Februar 1814, als ein in Finanzschwierigkeiten geratener Leipziger Kunsthändler, Johann Gottlieb Simmel, sich mit der Bitte an Goethe wandte, acht arabische, perso-arabische und turko-arabische Manuskripte von der Herzoglichen Bibliothek ankaufen zu lassen. Es war also wiederum ein Ereignis, das der »Zufall« bewirkt hatte. Da die Oberaufsicht über die Weimarer und Jenaer Bibliotheken in Goethes Händen lag und er auch für Akquisitionen größeren Ausmaßes gemeinsam mit seinem Ministerkollegen C. G. v. Voigt die Verantwortung trug, mußte er sich mit dem Fall befassen. So ließ er zunächst die Orientalia aus Leipzig kommen und auf der Bibliothek deponieren. Ein Verzeichnis der Manuskripte wurde Lorsbach zugesandt, »um über den Inhalt derselben deutlich zu werden«. Vor seiner Abreise in die Rhein- und Maingegenden im Sommer 1814 hatte Goethe keine Zeit mehr, sich um die orientalischen Handschriften zu kümmern. So ließ er die ihm anvertrauten Schätze auf der Bibliothek versiegeln. Als er Ende Oktober 1814 mit einer reichen Ausbeute orientalisierender Gedichte nach Weimar zurückkehrte, intensivierte sich sein Interesse für die ihm anvertrauten Handschriftenschätze. Lorsbach hatte sich nach dem Verzeichnis kein rechtes Bild machen können und wollte die Originale sehen. »Da man nun, wegen Kostbarkeit gedachter Manuskripte, sie nicht wohl aus Händen geben mochte«, übernahm Goethe persönlich deren Transport nach Jena und »communicirte sie genanntem Gelehrten nach und nach«.

Bezugnehmend auf Lorsbachs mündliche und schriftliche Informationen empfahl Goethe, daß die Handschriften »angeschafft und zum Grunde einer orientalischen Manuscript-Sammlung gelegt würden«. Alle Bemühungen in der Angelegenheit bewertete Goethe als lohnend – selbst für den Fall, daß der Handel nicht zustande kommen sollte. Dies geht aus einer Mitteilung an Minister von Voigt vom 28. Dezember 1814 hervor: »Man hätte das Ansehn umsonst gehabt, und wäre doch dadurch mit dem guten Lorsbach in ein näheres Verhältnis getreten.« Goethes Freude am Anblick der Manuskripte[1] und seine nähere Verbindung mit einem Fachmann hatten weitreichende Folgen. Das kündigt sich deutlich in einem Brief vom Januar 1815 an, in dem er dem Minister vom erfolgreich abgeschlossenen Handel berichtet und dann fortfährt:

> Da ich einmal, zufällig genug, nach dem Osten hingeführt worden, so ist es mir sehr angenehm den Grund einer kleinen orientalischen Bibliothek hier gelegt zu sehen, da ohnehin dazu schon ein Anfang gemacht ist.
>
> [...] Man muß dergleichen Handschriften wenigstens sehen, wenn man sie auch nicht lesen kann, um sich einen Begriff von der orientalischen Poesie und Literatur zu machen. Die unendliche Verehrung gegen ihre Dichter, Weltweisen und Gottesgelahrten, sowie die größte Geduld und Sorgfalt drükken sich in diesen Handschriften aus.

Der Brief zeigt, wie Goethe den Zufall ehrt, nachdem er »zufällig genug nach dem Osten hingeführt« worden war. Er ist bereits auf dem Wege zur Kennerschaft. Auf seine Weise »entziffert« er zunächst die »Hieroglyphen« der ihm fremden Handschriften und erfährt dadurch viel von Geist und Gesinnung der morgenländischen Welt, was imponierend und faszinierend auf ihn wirkt. Nachdem es Goethe gelungen war, die Handschriften für die Herzogliche Bibliothek zu erwerben, schrieb er Anfang Januar 1815 an den Minister v. Voigt:

> Ich freue mich doch der orientalischen Acquisition, wenn ich auch keinen der abentheuerlichen Buchstaben kenne. Es ist auch hierdurch ein Feld für künftige Studien in unsrer Bibliothek eröffnet.

Die »orientalische Acquisition« bedeutete für Goethe damals einen besonderen Glücksfall, weil sie gerade im rechten Augenblick seines Lebens erfolgte. Vermutlich hätte er die Handschriften zu keinem Zeitpunkt so zu schätzen gewußt wie jetzt, wo er bereits mit der Niederschrift einiger seiner »Gedichte an Hafis« begonnen hatte, wie er in einem Brief vom 28. Juli 1814 an seine Frau Christiane die ersten Gedichte jener Sammlung nannte, welche später, um ein Beträchtliches erweitert, den Titel *West-östlicher Divan* tragen sollte. Noch ahnte er allerdings nicht, wie weit ihn das neuerweckte Interesse an der morgenländischen Welt führen und welche Ausmaße es annehmen würde. Doch schon zeigte sich, daß die »abentheuerlichen Buchstaben« der arabischen Schrift ihn nicht mehr ruhen lassen wollten. Wenige Tage nach dem obigen Brief deutet ein Schreiben an Christian Heinrich Schlosser vom 23. Januar 1815 an, daß Goethe bereits mit dem Gedanken spielt, Arabisch zu lernen:

> Was mich aber jetzo beynahe ausschließlich beschäftigt, gesteh ich Ihnen am liebsten, da ich dabey mit Freude Ihrer gedenken kann. Ich habe mich nämlich, mit aller Gewalt und allem Vermögen, nach dem Orient geworfen, dem Lande des Glaubens, der Offenbarungen, Weissagungen und Verheißungen. Bey unserer Lebens- und Studien-Weise, vernimmt man soviel von allen Seiten her, begnügt sich mit encyklopädischem Wissen und den allgemeinsten Begriffen; dringt man aber selbst in ein solches Land um die Eigenthümlichkeiten seines Zustandes zu fassen, so gewinnt alles ein lebendigeres Ansehen. [...]
>
> Wenig fehlt; daß ich noch arabisch lerne, wenigstens soviel will ich mich in den Schreibezügen üben, daß ich die Amulette, Talismane, Abraxas und Siegel in der Urschrift nachbilden kann.
>
> In keiner Sprache ist vielleicht Geist, Wort und Schrift so uranfänglich zusammengekörpert.

Zu einer solchen frappierenden Erkenntnis, wie der letzte Satz sie ausspricht, konnte Goethe nur gelangen, weil er sich mit den Manuskripten, die der Zufall ihm vor Augen geführt hatte, sehr intensiv beschäftigte. Sie faszinierten ihn in zunehmenden Maße, weil durch sie vieles sinnfällig wurde, was ihn damals geistig bewegte. Das *Koran*-Blatt aus Spanien, der islamische Gottesdienst in Weimar und die Fülle der zu ihm gelangenden orientalischen Manuskripte aus Leipzig waren als augenhafte Eindrücke von nachhaltigster Wirkung. Durch sie fühlte sich Goethe in seinem Bestreben zur »Hegire«, zur ideellen Auswanderung ins Morgenland, ermutigt und bestärkt. Darauf deutet auch ein Brief von Mitte Januar 1815, den er im Zusammenhang des Erwerbs der orientalischen Handschriften für die Bibliothek an den Ministerkollegen C. G. von Voigt schrieb:

> Genau besehen, sind solche neue Studien in die man sich hinein wirft, eine Art Hegire, man flüchtet aus der Zeit in ferne Jahrhunderte und Gegenden, wo man sich etwas Paradies ähnliches erwartet.

Goethe hat nicht sogleich – wie in seiner Jugend im Hebräischen – mit eigenen Übungen in arabischer Schrift begonnen; dazu hätte es eines geistreichen Mentors wie Paulus in Heidelberg bedurft, aber eben eines solchen, der in seiner Nähe wohnte. Der Inhaber der Lehrstelle für Orientalistik in Jena, Kirchenrat Dr. Lorsbach war damals schwer leidend und bereits dem Tode nahe, ohnehin den orientalischen Dichtern nicht sonderlich geneigt und somit kein geeigneter Lehrer für Goethe. Einen solchen fand er erst 1817 in Lorsbachs Nachfolger an der Universität Jena, J. G. L. Kosegarten, mit dessen Hilfe er dann das Studium der arabischen Schriftzeichen aufnahm. Von Goethes Hand ist aus dieser Zeit unter anderem in schönster arabischer Kalligraphie eine *Bismillah*-Formel und eine Kopie jener letzten Sure des *Koran* erhalten, welche ihm, wie oben erwähnt, Weimarer Soldaten aus Spanien als Kriegsbeute mitgebracht hatten. Zum Jahr 1817 lautet denn auch Goethes Eintragung in den *Tag- und Jahres-Heften*:

> Um des Divans willen setzte ich meine Studien orientalischer Eigenheiten immer fort, und wendete viele Zeit darauf; da aber die Handschrift im Orient von so großer Bedeutung ist, so wird man es kaum seltsam finden, daß ich mich, ohne sonderliches Sprachstudium, doch dem Schön-

> schreiben mit Eifer widmete, und zu Scherz und Ernst orientalische mir vorliegende Manuskripte so nett als möglich, ja mit mancherlei herkömmlichen Zieraten nachzubilden suchte.

Wie bedeutsam die hier angeführten ominösen Begebenheiten für die Entstehung von Goethes *West-östlichem Divan* auch waren, sie bildeten zunächst nur Vorzeichen für eine schicksalhafte Wende im Leben des Dichters. Weitere Ereignisse traten hinzu, die ihn zu einer in seiner Dichterlaufbahn völlig neuen poetischen Produktivität drängten.

Entscheidend war die Begegnung mit Hafis, dem aus Schiras in Persien gebürtigen Dichter des 14. Jahrhunderts, welche der Verleger Cotta im Mai 1814 herbeiführte, indem er Goethe den *Diwan*, eine zweibändige Sammlung der Gedichte des Hafis in der Übersetzung Josef v. Hammers, zum Geschenk machte. In seinen *Tag- und Jahres-Heften* beginnt Goethe den Eintrag zum Jahre 1815 mit einer Schilderung der bedeutsamen Folgen, welche diese Begegnung in ihm auslöste, die sich zu einer Zeit ereignete, als die Armeen Napoleons sowie die seiner Gegner das Land über Jahre verunsichert hatten:

> Schon im vorigen Jahre waren mir die sämtlichen Gedichte *Hafis* in der *von Hammerschen* Übersetzung zugekommen, und wenn ich früher den hier und da in Zeitschriften übersetzt mitgeteilten einzelnen Stücken dieses herrlichen Poeten nichts abgewinnen konnte, so wirkten sie doch jetzt zusammen desto lebhafter auf mich ein, und ich mußte mich dagegen produktiv verhalten, weil ich sonst vor der mächtigen Erscheinung nicht hätte bestehen können. Die Einwirkung war zu lebhaft, die deutsche Übersetzung lag vor, und ich mußte also hier Veranlassung finden zu eigener Teilnahme. Alles was dem Stoff und dem Sinne nach bei mir Ähnliches verwahrt und gehegt worden, tat sich hervor, und dies mit um so mehr Heftigkeit, als ich höchst nötig fühlte mich aus der wirklichen Welt, die sich selbst offenbar und im Stillen bedrohte, in eine ideelle zu flüchten, an welcher vergnüg-

lichen Teil zu nehmen meiner Lust, Fähigkeit und Willen überlassen war.

Für Goethe war Hafis ein bewundernswerter Dichter ersten Ranges, durch den er sich zum Wettstreit herausgefordert fühlte. In ihm erkannte er einen Geistesverwandten, der mystischen Sinn mit weltzugewandter Lebenslust, tiefe Religiosität mit geistiger Beweglichkeit und antiklerikalem Spott verband. Auch die Zeitumstände, unter denen Hafis lebte, sah Goethe in seiner eignen Zeit widergespiegelt. Beide Dichter waren lange Zeit bei Hofe und von der Gnade der Fürsten abhängig. Beide waren extremer politischer Unruhe und verheerenden Kriegen ausgesetzt, Hafis als ein Zeitgenosse des gefürchteten Gewaltherrschers und Welteroberers Timur Lenk, in dem Goethe eine asiatische Vorgestalt Napoleons sah. So notierte Goethes Freund Sulpiz Boisserée am 3. August 1815 nach einem Treffen mit dem Dichter im Kursaal von Wiesbaden: »Neue Arbeit der *Divan*, Aneignung des Orientalismus – Napoleon, unsere Zeit, bieten reichen Stoff dazu. Timur, Dsingiskan Natur-Kräfte ähnlich, in einem Menschen erscheinend.«

Als Frucht der Begegnung mit dem persischen Dichter entstand die erste Sammlung von »Gedichten an Hafis«, welche bis Ende des Jahres 1814 zu einem Konvolut von 53 Folioblättern anwuchs, das er betitelte:: »Versammlung deutscher Gedichte mit stetem Bezug auf den Divan des persischen Saengers Mahomed Schemseddin Hafis«. Darin grüßte Goethe in einem mit *Hafis Dichtercharacter* (später mit *Unbegrenzt*) überschriebenen Gedicht seinen orientalischen Vorgänger in der dritten Strophe mit den Versen:

Und mag die ganze Welt versinken,
Hafis, mit dir, mit dir allein
Will ich wetteifern! Lust und Pein
Sei uns, den Zwillingen, gemein!
Wie du zu lieben und zu trinken
Das soll mein Stolz, mein Leben sein.

Segensreich für die neuerwachte lyrische Produktivität war auch, daß Goethe sich zu jener Zeit gerade auf der Reise durch die Rhein-Main-Gegenden, in der Landschaft seiner Kindheit und Jugend befand. Denn im Orient des Hafis begegnete ihm das Phantasiereich seiner Kindheit wieder, von welchem er in dem zu Ende des Jahres 1811 erschienenen vierten Buch von *Dichtung und Wahrheit* geschrieben hatte:

> Wenn eine stets geschäftige Einbildungskraft, [...] mich bald da-, bald dorthin führte, wenn das Gemisch von Fabel und Geschichte, Mythologie und Religion mich zu verwirren drohte, so flüchtete ich gern nach jenen morgenländischen Gegenden, ich versenkte mich in die ersten Bücher Mosis und fand mich dort unter den ausgebreiteten Hirtenstämmen zugleich in der größten Einsamkeit und in der größten Gesellschaft.

Davon als dem »jugendlichen Palästina« ist nun wieder die Rede im schon erwähnten Brief an Christian Heinrich Schlosser vom 23. Januar 1815:

> Ich habe mich gleich in Gesellschaft der persischen Dichter begeben, ihren Scherz und Ernst nachgebildet. Schiras [Hafis Geburtsort], als den poetischen Mittelpunkt, habe ich mir zum Aufenthalte gewählt, von da ich meine Streifzüge [...] nach allen Seiten ausdehne. [...] Nun will ich mich innerhalb der Grenzlinien Timurs halten, weil ich dadurch an einem abermaligen Besuch im jugendlichen Palästina nicht gehindert werde.

Bei seinen erneuten geistigen Ausflügen in das Morgenland traten ihm nunmehr, wie die *Tag- und Jahres-Hefte* 1815 berichten, neben Hafis zahlreiche weitere Gestalten der islamischen Geschichte, Mythologie und Poesie entgegen, deren Kenntnis ihm von verschiedenen Fachgelehrten entweder in persönlichem Kontakt oder durch ihre Publikationen vermittelt wurden: außer Lorsbach in Jena der Berliner Orientalist Heinrich von Diez mit seiner Übersetzung des *Buchs Kabus* und seinen *Denkwürdigkeiten von Asien*, K. E. Oelsner mit seiner schon früher erschienenen Mohammed-Biographie und vor allem der Hafis-Übersetzer Josef von Hammer mit der Zeitschrift *Fundgruben des Orients*, in der neben dem Herausgeber selbst verschiedene europäische Orientalisten ihre neuesten Forschungsergebnisse oder Übersetzungen orientalischer Texte darboten, und nicht zuletzt der große französische Orientalist Silvestre de Sacy, dem Goethe als Zeichen seiner Dankbarkeit am Schluß der *Noten und Abhandlungen* mit einem Widmungsgedicht ein Denkmal gesetzt hat.

Zu guter Letzt sei noch als ominöses Ereignis ganz andrer Art die Verzauberung des Mittsechzigers durch Marianne Willemer angeführt, die seine lyrische Produktivität so beflügelte, daß der als »Gedichte an Hafis« begonnene Zyklus sich zum *West-östlichen Divan* und damit zu Goethes größter Gedichtsammlung erweitern konnte. Ominös war diese Liebe insofern, als der Dichter sie sich selber prophezeite, noch ehe er die Geliebte überhaupt erblickt hatte. Es geschah dies, als er kurz nach dem Aufbruch zu seiner ersten Reise in die Rhein- und Maingegenden am 25. Juli 1814 das seltene Phänomen eines Nebelregenbogens am Himmel sah. Dies erschien ihm als Zeichen einer ihm von Oben bestimmten Liebe, und so rief er sich selbst in den Schlußversen des später *Phänomen* betitelten Gedichts zu:

So sollst du, muntrer Greis,
Dich nicht betrüben,
Sind gleich die Haare weiß,
Doch wirst du lieben.

Am 4. August 1814 begegnete ihm zum ersten Mal die künftige »Suleika« des *West-östlichen Divans*, Marianne. Goethes Freund, der Frankfurter Bankier Johann Jakob von Willemer stellte sie ihm in Wiesbaden als »Demoiselle Jung« vor, wie Goethe in seinem Tagebuch verzeichnet. Ehe Willemer sie als 16jährige in sein Haus geholt hatte, um sie mit seinen Kindern zusammen erziehen zu lassen, hatte sie in Frankfurt auf dem Theater das Publikum als Tänzerin, Sängerin und Schauspielerin entzückt.

Nach einem langjährigen Werben Willemers um ihre Hand willigte sie als 29jährige in eine Heirat ein. Am 27. September 1814 wurden beide getraut, während Goethe auf seiner ersten Reise durch die Rhein- und Maingegend sich gerade in Heidelberg befand. Doch als er sich im Oktober in Frankfurt aufhielt, war er häufiger Gast des neu vermählten Ehepaares. So feierte er am Abend des 18. Oktober mit ihnen den Jahrestag der Schlacht bei Leipzig, wobei sie vom »Türmchen auf dem Mühlberg« aus, welches Willemer gehörte, das nächtliche Schauspiel von »tausend und abertausend« Freudenfeuern genossen, die von den Frankfurt umgebenden Hügeln leuchteten. Dieser Nacht des 18. Oktober 1814 gedachten Goethe und Marianne von nun an immer wieder in ihren Briefen. Die Feuer auf den Hügeln wurden ihnen zu einer bildhaft symbolischen Erinnerung an den Beginn ihrer Liebe.

Was immer diese Liebesbeziehung ihnen an einzelnen Glücksmomenten bringen sollte, sie stand von Anfang an, dessen waren sich beide bewußt, unter dem Gebot der Entsagung und schloß deshalb die tiefen Schmerzen des Verzichts mit ein. Was bedeutete für Goethe diese ihm so wichtige Kategorie der Entsagung? Die bewußte Beschränkung auf das Erreichbare, die durch eigene Bemühung zu bewältigende Aufgabe, und die Ausrichtung auf die Pflicht genau geplanter Tätigkeit innerhalb einer Lebensordnung, deren Gesetze er in der göttlichen Natur vorgezeichnet sah. Entsagung bedeutet bei Goethe also nicht Resignation oder gar Verzweiflung, sondern die Beherrschung des Selbst, die Anerkennung des *Allahu akbar*, das heißt der Tatsache, daß Gott größer ist als jeglicher menschliche Wille und Verstand. Das schließt auch die Anerkennung der von Gott gesetzten Grenzen ein. Eine dieser Grenzen sah Goethe in der von ihm geachteten Heiligkeit der Ehe, und so war ihre Beziehung für die Liebenden, die beide verheiratet waren, ein gewagter Balanceakt. Ein Mensch von geringerer Statur als Goethe wäre, um erst gar nicht in Versuchung zu geraten, jene Grenze zu überschreiten, der Bestimmung des Schicksals, das ihn und Marianne so offenkundig zueinander geführt hatte, durch den Rückzug vom Kampfplatz der Leidenschaften ausgewichen und hätte die Beziehung abrupt abgebrochen. Denn daß ihr Zusammentreffen vorbestimmt war, daran hegten Goethe und Marianne keinen Zweifel. Seine Lieder seien Liebespfänder, versichert ihm die Geliebte (im *Buch Suleika*), und Hatem pflichtet dem bei, indem er erklärt:

> Denke nun wie von so langem
> Prophezeit Suleika war.

Goethe fand im Feld der Dichtung die Freiheit, seiner Liebe zu Marianne gleichsam spielerisch ihren Lauf zu lassen, ohne die Gebote der Freundschaft und der damals gültigen bürgerlichen Moral zu verletzen. Indem er sich und der Geliebten wie in einem Rollenspiel Namen aus dem Reich des Orients zuteilte, steckte er selbst die Grenzen ab, innerhalb deren sich beide frei bewegen konnten. Über die Bedeutung der von ihm gewählten Namen »Hatem« und »Suleika«, wird im vorletzten Kapitel dieses Buches noch ausführlicher zu sprechen sein. Erst nach Mariannes Tod wurde bekannt, wer hinter der »Suleika« des *West-östlichen Divans* verborgen war. In Herman Grimm hatte sie einen vertrauenswürdigen Übermittler gefunden, der aus Anlaß von Goethes 120. Geburtstag in einem einfühlsamen Aufsatz über »Goethe und Suleika« die Nachwelt mit der Dichterin Marianne von Willemer bekannt machte und ihre Rolle als »Suleika« darstellte.

Als wollte das Schicksal Goethe in seiner Handlungsweise bestätigen, kam es in seiner Beziehung zu Marianne zu einem für ihn ans Wunderbare grenzenden Ereignis. Zwar hatte Goethe in seinem Leben schon viele geliebte Frauen mit Gedichten bedacht, nie zuvor war es ihm jedoch begegnet, daß eine dieser Frauen ihm seine Gabe mit einem Gedicht von gleicher poetischer Qualität erwidert hätte. Doch als er, in beinahe klagendem Tonfall, das *Divan*-Gedicht schrieb, welches mit den Zeilen beginnt,

Nicht Gelegenheit macht Diebe,
Sie selbst ist der größte Dieb;
Denn sie stahl den Rest der Liebe,
Die mir noch im Herzen blieb.

da hielt er kurz darauf Mariannes Antwort in Händen, mit der sie gleich im ersten Wort – »hochbeglückt« – das Stichwort gab für die nun einsetzende neue Periode in Goethes Leben, in welcher sich trotz seines Alters eine erneute Steigerung seiner dichterischen Produktivität vollzog, die der *Divan*-Dichtung ihre staunenswerte Beschwingtheit, Fülle und Dynamik gab. Der erste und der letzte Vierzeiler des vierstrophigen Antwort-Gedichts Mariannes lauten:

Hochbeglückt in deiner Liebe
Schelt' ich nicht Gelegenheit;
Ward sie auch an dir zum Diebe,
Wie mich solch ein Raub erfreut!
…
Scherze nicht! Nichts von Verarmen!
Macht uns nicht die Liebe reich?
Halt ich dich in meinen Armen,
Jedem Glück ist meines gleich.

Das dichterische Zwiegespräch zwischen Goethe und Marianne setzte sich auf gleicher Höhe in weiteren Gedichten fort, und das Wunder war, daß Goethe ihre Gedichte nahezu unverändert in seinen *Divan* aufnehmen konnte, ohne daß (bis zur Enthüllung durch Herman Grimm) je ein Leser auf den Gedanken gekommen wäre, auch nur eines davon könnte nicht von Goethe stammen.

Im Juli 1816 wollte Goethe noch einmal eine Reise in die Rhein- und Maingegenden unternehmen, wo er in den beiden voraufgehenden Sommern besonders glücklich gewesen war, so daß ihm viele Gedichte zum *West-östlichen Divan* gelangen. Doch schon kurz nach der Abreise aus Weimar stürzte der Reisewagen. Goethe selbst blieb unversehrt, sein ihn begleitender Freund Heinrich Meyer trug Kopfverletzungen davon. Beide Freunde kehrten nach Weimar zurück, und Goethe beschloß, die Reise aufzugeben. Er sah das Ereignis als unglückliches Omen an, als Warnzeichen des Schicksals, dem er sich zu fügen hatte.

Daß ein an sich nicht allzu schwerwiegendes Vorkommnis solche Wirkung auf den Dichter ausübte, hatte besondere Gründe. Sein Entschluß zu dieser Reise bedeutete vor allem, daß er auch Marianne in Frankfurt wiedersehen würde. Bisher war ihre Beziehung seit ihrer ersten Begegnung, in der sich ihre Liebe füreinander entzündet hatte, auf Entsagung gegründet. Marianne war verheiratet, wie Goethe auch. Jede Möglichkeit eines gemeinsamen Lebens war – Goethes Grundsätzen entsprechend – daher ausgeschlossen. Eine Änderung trat jedoch ein, als Goethes Frau 1816 gestorben war. Goethe wäre jetzt frei gewesen, und Johann Jakob von Willemer war bereit, seine Frau freizugeben. Er wäre imstande gewesen, Goethe und Marianne zuliebe jeden Akt des Verzichts, der Selbstlosigkeit auf sich zu nehmen. Wäre es nun im Sommer 1816 zu einem dritten Wiedersehen mit Willemers gekommen, so hätten sich die Dinge mit größter Wahrscheinlichkeit in dieser Richtung entwickelt. Das hätte Goethe für sein ferneres Leben einen Gewinn an Glück gebracht, wie es ihm niemals vorher zuteil geworden war: die Lebensgemeinschaft mit einer ihm geistig ebenbürtigen Partnerin. Goethe wußte das alles, als er sich zu der dritten Reise entschloß. Er war sich aber auch über eines im klaren: wenn die Geschehnisse diesen Lauf nahmen, so griff er zerstörend in eine Ehe ein. Daran war nichts zu deuteln, daran änderte auch die freundschaftlich loyale Haltung Willemers nichts. Eine Scheidung wäre nötig gewesen. Goethe aber hatte erst vor wenigen Jahren in seinen *Wahlverwandtschaften* die Unverletzlichkeit der Ehe als Paradigma dargestellt für die durch göttlich-menschliches Gebot gesetzten Schranken. Bei der Wahl dieses Themas war sein kritischer Blick auf den zunehmenden Hang der Gesellschaft zur Libertinage noch bestimmend gewesen. Nun geriet der Dichter in Gefahr, selbst den Forderungen seines Werks zuwiderzuhandeln. Wort und Tat, die in Übereinstimmung zu bringen er sich stets bemüht hat, hätten einander nicht mehr entsprochen.

Als Goethe zur dritten Rhein-Mainreise aufbrach, in der verdüsterten Stimmung nach Christianes Tod, ließ die Hoffnung auf neues Lebensglück für einen Moment alle Bedenken in den Hintergrund treten. Er nahm das Risiko auf sich, die Rolle Eduards in den *Wahlverwandtschaften* zu spielen. Es bedurfte aber nur eines so geringfügigen Anlasses wie des Achsenbruchs, des Unfalls zu Beginn der Reise, um ihn aus seinen Träumen zu wecken. Goethe sah darin ein dämonisches Ereignis, ein Zeichen des Schicksals, daß er Verzicht leisten müsse. Nie wieder, auch in späterer Zeit nicht, hat Goethe eine Reise in die Rhein- und Maingegenden unternommen, obwohl es seine Heimat war. Die Einbuße an persönlichem Lebensglück zahlte der Dichter als Preis für ein Höheres. Er fügte sich in sein Schicksal, wie es der Ethik des Spinoza entspricht und wie ein Muslim sich in den Willen Allahs ergibt.

Wie stark aber Goethe die dichterische Produktivität in seiner *Divan*-Epoche, wie überhaupt seine Dichtergabe, von einer höheren Macht bestimmt sah, ließ er Jahre später in einem Gespräch mit Eckermann vom 11. März 1828 durchblicken (das im übrigen um das Dämonische und um die Person Napoleons kreiste), wo er davon spricht, daß ihn »die Gedichte des Divan in ihrer Gewalt hatten«:

> Was mir [...] in meinen jungen Jahren täglich und unter allen Umständen gelang, gelingt mir jetzt nur periodenweise und unter gewissen günstigen Bedingungen. Als mich vor zehn, zwölf Jahren, in der glücklichen Zeit nach dem Befreiungskriege, die Gedichte des Divan in ihrer Gewalt hatten, war ich produktiv genug, um oft an einem Tage zwei bis drei zu machen; und auf freiem Felde, im Wagen, oder im Gasthof, es war mir alles gleich [...]

Jede Produktivität höchster Art, jedes bedeutende Aperçu, jede Erfindung, jeder große Gedanke, der Früchte bringt und Folge hat, steht in niemandes Gewalt und ist über alle irdische Macht erhaben. Dergleichen hat der Mensch als unverhoffte Geschenke von oben, als reine Kinder Gottes zu betrachten, die er mit freudigem Dank zu empfangen und zu verehren hat.

12. Der korankundige Hafis als Vorbild des *Divan*-Dichters

Es mag jetzt deutlich geworden sein, daß der *West-östliche Divan* gar nicht hätte entstehen können ohne jenes positive Verhältnis Goethes zum Islam, wie es sich seit den Jugendjahren des Dichters herausgebildet hatte. Schon die ganz heitere, selbstverständliche Vertrautheit mit den religiösen Vorstellungen der islamischen Welt, das freizügige Schalten und Walten in diesem Bereich – wie wären sie zu erklären, wenn der Dichter des *Divans* hier nicht aus so tiefer Sympathie und entsprechendem Wissen heraus spräche? Nur diese Verbundenheit mit dem Islam ermöglichte es Goethe auch, sich bei Behandlung religiöser Themen in so souveräner Weise zwischen Ernst und Ironie zu bewegen. Sie erlaubte es ihm, seinem Dichten das Moment der »skeptischen Beweglichkeit« beizumischen, das ihm an seinem persischen Vorbild Hafis als ein Hauptcharakteristikum erschien. Wenn dabei – ebenso wie bei Hafis – niemals ein eigentlicher Mißton erklang, dann war dies in Goethes grundsätzlicher Hochschätzung des Islam begründet.

Wichtig an Hafis war Goethe dessen geistige Verankerung im *Koran*. Goethe betont, daß des Hafis »Beiname«, der ihm »als bezeichnender Hauptname geblieben« sei, das Verdienst bekunde, den *Koran* auswendig zu wissen, »um bei jedem Anlaß die gehörigen Stellen anführen, Erbauung befördern, Streitigkeit schlichten zu können«. Diese totale Durchdringung mit dem Koran vergleicht Goethe, bei Würdigung seines persischen »Zwillings«, mit der im 18. Jahrhundert in Deutschland noch einigermaßen verbreiteten Bibelfestigkeit, die er auch für sich selber in Anspruch nehmen durfte. Aus solcher Bibelfestigkeit konnte, wie es in den *Noten und Abhandlungen* im *Hafis* überschriebenen Kapitel heißt, »eine große Bildung« erwachsen, »weil das Gedächtnis, immer mit würdigen Gegenständen beschäftigt, dem Gefühl, dem Urteil reinen Stoff zu Genuß und Behandlung aufbewahrte«. Solche Bibelfestigkeit gab daher »eine vorzügliche Würde und unzweideutige Empfehlung«. Von Hafis nun rühmt Goethe:

> Ihm gehörte der ganze Koran, und was für Religionsgebäude man darauf gegründet, war ihm kein Rätsel. Er sagt selbst:
>
> »Durch den Koran hab' ich alles,
> Was mir je gelang, gemacht.«
>
> Als Derwisch, Sofi, Scheich lehrte er in seinem Geburtsorte Schiras, auf welchen er sich beschränkte [...] Er beschäftigte sich mit theologischen und grammatikalischen Arbeiten und versammelte eine große Anzahl Schüler um sich her.

Des Hafis Vertrautheit mit dem *Koran* hat denn auch Goethe zu dem Gedicht *Beiname* angeregt. Als feierlichen Auftakt zum ganzen *Buch Hafis* enthält es eine eindrucksvolle Würdigung der Frömmigkeit des Hafis. Die beiden Dichter treten einander in Person gegenüber. Der Deutsche befragt den durch Jahrhunderte von ihm getrennten persischen Vorgänger nach der Bedeutung seines Namens »Hafis« und klärt dadurch die religiöse Bedeutung dieses bezeichnenden Beinamens für die europäische Leserschaft:

Beiname

DICHTER.
Mohamed Schemseddin sage,
Warum hat dein Volk, das hehre
Hafis dich genannt?

HAFIS.
Ich ehre,
Ich erwidre deine Frage.
Weil, in glücklichem Gedächtnis,
Des Korans geweiht Vermächtnis
Unverändert ich verwahre,
Und damit so fromm gebare,
Daß gemeinen Tages Schlechtnis
Weder mich noch die berühret,
Die Propheten-Wort und -Samen
Schätzen, wie es sich gebühret:
Darum gab man mir den Namen.

In den Worten des Hafis kommt ein Hauptanliegen der Sufis zum Ausdruck, denen er zugehörte: die Reinigung des Selbst von niedrigen Begierden und Erhebung der Seele zu Gott. Wer »Propheten-Wort und -Samen« zu schätzen weiß, wessen Gedanken also durchdrungen sind von Gottes Wort, der vermag sich freizuhalten von »gemeinen Tages Schlechtnis«. Diese Antwort des Hafis erweckt im Dichter sofort ein Gefühl der Verbundenheit und den Wunsch, mit ihm zu wetteifern: wie Hafis sich auf den *Koran* beruft, so kann er auf sein eigenes tiefgegründetes Verhältnis zur *Bibel* pochen:

Hafis, drum, so will mir scheinen,
Möcht ich dir nicht gerne weichen:
Denn wenn wir wie andre meinen,
Werden wir den andern gleichen.

Und so gleich ich dir vollkommen,
Der ich unsrer heilgen Bücher
Herrlich Bild an mich genommen,
Wie auf jenes Tuch der Tücher
Sich des Herren Bildnis drückte,
Mich in stiller Brust erquickte,
Trotz Verneinung, Hindrung, Raubens,
Mit dem heitren Bild des Glaubens.

Die Ähnlichkeit zwischen dem korankundigen Hafis und dem bibelfesten Goethe besteht unter anderem darin, daß ihrer beider Religiosität »stiller« Natur ist, sie machen nicht viel Aufhebens davon, sondern behalten sie für sich. Beide haben aber gelegentlich auch ketzerische Anwandlungen, womit sie Angriffe von seiten der Strenggläubigen auf sich ziehen. Das heißt, die Orthodoxen bestreiten ihnen die Aufrichtigkeit ihrer Religiosität. All das ist angedeutet in dem Vers: »Trotz Verneinung, Hindrung, Raubens«.[1] Jene Angriffe von seiten der Orthodoxie hängen auch zusammen mit einem weiteren Kennzeichen der Religiosität beider Dichter: sie bedingt keine Verdüsterung des Lebens; sowohl Hafis als auch Goethe bleiben der Welt zugewandt. Sie bejahen die Welt, und ihr Tiefsinn wird nicht gemindert durch Frohsinn, ja gelegentlichen Leichtsinn. Typisch für beide Dichter ist das Element der Heiterkeit, worauf Goethes Schlußwendung vom »heitren Bild des Glaubens« hindeutet.[2] Ausgeprägte Weltbejahung im Zusammenklang mit Religiosität bekundet bereits beim jungen Goethe *Mahomets Gesang*. Man hat mit Recht darauf hingewiesen, daß der junge Dichter durch diesen *Mahomet*-Hymnus der Weltklage des *Messias*-Dichters Klopstock eine freudigere Religiosität entgegensetzen wollte. Für Goethe war wie für Hafis die Erde kein »Jammertal«. Doch ist der Vergleich mit dem muslimischen Dichter damit noch keineswegs am Ende. Für seine Dichtungen schöpft Goethe nicht nur aus der Bibel, sondern wie sein Vorbild Hafis selbst auch aus dem *Koran*.

Goethe geht in der Tat sogar noch einen Schritt weiter: Dem großen Einleitungsgedicht zum *West-östlichen Divan*, welches er dem *Buch des Sängers* voranstellt, gibt er den Titel *Hegire* und deutet damit an, daß er sich hier auf die Hidschra[3] des Propheten selbst bezieht und dessen Beispiel folgt. Die Auswanderung Mohammeds aus Mekka nach Medina im Jahre 622 markiert bekanntlich den Beginn der muslimischen Zeitrechnung. In der ersten Strophe von *Hegire* »flüchtet« der Sänger des *West-östlichen Divan* nach dem »reinen Osten«, um dort »Patriarchenluft zu kosten«. Mit dieser geistigen Emigration in örtliche und zeitliche Fernen beginnt auch für den *Divan*-Dichter eine neue Epoche. Die Verse 7 ff.:

Dort, im Reinen und im Rechten,
Will ich menschlichen Geschlechten
In des Ursprungs Tiefe dringen,
Wo sie noch von Gott empfingen
Himmelslehr' in Erdensprachen ...

können sich ebenso auf den *Koran* wie auf das *Alte* und *Neue Testament* beziehen. Auch die Verse 17 f.:

Wie das Wort so wichtig dort war,
Weil es ein gesprochen Wort war

dürfen mit gleichem Recht auf die arabische patriarchalische Zeit bezogen werden wie auf die jüdische: Offenbarungen und Evangelien wurden zunächst mündlich tradiert. Mohammed hat ebensowenig wie Christus etwas von seiner eigenen Hand Geschriebenes hinterlassen. Die Wichtigkeit und Wirksamkeit des »gesprochenen Worts« gerade in den islamischen Ländern wird auch durch das bis in heutige Zeiten gepflegte Auswendiglernen des *Korans* bekundet. Goethe war gleichfalls bekannt, daß die Araber lange Zeit ihre Dichtungen mündlich überlieferten, ehe sie schriftlich fixiert wurden. So läßt sich, wenn die Goetheschen *Hegire*-Verse auch nicht eindeutig festzulegen sind, doch auf alle Fälle eine starke Übereinstimmung mit islamischen Traditionen erkennen.

Goethe hat aber »als Westländer«, wie er sich nennt, auch gewisse Einwände gegenüber der Poesie des Hafis und der orientalischen Poesie im allgemeinen vorzubringen, und zwar im Hinblick auf das Verhältnis des Poeten zu seinem jeweiligen Herrscher. In den Abschnitten *Zweifel* und *Despotie* der *Noten und Abhandlungen* teilt er sie seinen Lesern mit, damit diese sich im Genuß jener Dichtung nicht unversehens gestört fühlen, wenn sie auf solche Stellen stoßen, wo die geistige und körperliche Unterwürfigkeit des Dichters unter seinen Herren und Oberen zum Ausdruck gebracht wird. Goethe führt als Beispiel ein Gedicht des Hafis an und sagt, wenn dort am Schluß vom Untertan gefordert wird: »Leg' auf des Schahes Bahn den Kopf, / Vielleicht daß er dich doch erblickt«, »so können und mögen wir freilich weder mit der Einbildungskraft noch mit der Empfindung folgen«. Goethe schreibt diese Unsitte der Selbsterniedrigung den uralten Zeiten zu, in denen »Könige zuerst an die Stelle Gottes traten«.

Keineswegs aber fühlt sich Goethe von Hafis und den Dichtern des islamischen Orients durch deren Religion getrennt oder gar befremdet. Im Gegenteil betont er:

> Es ist aber nicht die Religion die uns von jener Dichtkunst entfernt. Die Einheit Gottes, Ergebung in seinen Willen, Vermittlung durch einen Propheten, alles stimmt mehr oder weniger mit unserem Glauben, mit unserer Vorstellungsweise überein. Unsere heiligen Bücher liegen auch dort, ob nur gleich legendenweis, zum Grund.

13. Anregungen zu *Divan*-Gedichten durch den *Koran*

Goethes spezielles Verhältnis zum *Koran,* der ihm immer wieder »Verehrung abnötigte«, beruhte, wie schon erwähnt, zum guten Teil auf seiner Fähigkeit, eine bedeutende Überlieferung auf dichterische Weise zu erfassen. Der *Koran* – der in der arabischen Welt als Gipfelpunkt sprachlich-klanglicher Schönheit gilt – nimmt sich in den meisten abendländischen Übersetzungen mehr oder weniger spröde, naiv und unbeholfen aus. Die übermächtige Wirkung dieses mystischen Buches ist an die arabische Sprache gebunden. Wie Annemarie Schimmel betont (in: *Mystische Dimensionen des Islam,* Köln 1985, S. 50), durchdrang die Sprache des *Korans* »die islamische Gemeinschaft als lebendige Kraft«:

> Selbst wenn Millionen von Männern und Frauen die arabischen Worte des Korans nicht verstanden, so spürten sie

doch seine numinose Qualität und lebten mit ihm und aus ihm.

Die Meditation des *Korans* war:

ein wichtiges Mittel, um den Geist in einen mystischen Zustand zu versetzen oder ihn gar zu entrücken. Wenn das heilige Buch in klangvollen Melodien rezitiert wurde, konnte sein Rhythmus, sein Klang die Seele der Frommen in höhere Sphären führen und ihnen eine neue Verständnisstufe eröffnen. (A. a. O., S. 49)

Mit der besonderen Struktur des Arabischen hängt auch, wie Annemarie Schimmel (a. a. O., S. 30) hervorhebt, die »Schwierigkeit zusammen, mystische Texte in Übersetzung wiederzugeben«, denn das

geradezu magische Spiel von Laut und Sinn, das arabische Sätze so eindrucksvoll macht, geht in der Übersetzung verloren, und ebenso gehen die zahlreichen verborgenen Anspielungen verloren, die jeder arabischen Wurzel innewohnen und die den Eingeweihten auf die verschiedensten historischen, theologischen und dichterischen Erfahrungen hinweisen.

Seinen Proben einer gereimten Übersetzung des *Korans* schickte Joseph v. Hammer folgende Erläuterungen voraus:

Der Koran ist nicht nur des Islam's Gesetzbuch, sondern auch Meisterwerk arabischer Dichtkunst. Nur der höchste Zauber der Sprache konnte das Wort des Sohnes Abdallah's stempeln als Gottes Wort [...]Mohammed unterjochte sein Volk weniger durch das Schwert, als durch der Rede Kraft. Das lebendige Wort, das die *sieben* göttlichen an der Kaaba aufgehangenen Gedichte[1] weit hinter sich zurück ließ, konnte nicht die Frucht menschlicher Begeisterung, es mußte im Himmel gesprochen und geschrieben sein von Ewigkeit her. Daher ist der Koran Gottes Wort.

Die treueste Übersetzung davon wird die sein, die nicht nur den Geist, sondern auch die Form darzustellen ringt. Nachbildung der Rede durch Rhythmus und Schall ist unerläß-

> liche Bedingung der Übersetzung eines Dichterwerks. Der höchste Zauber arabischer Poesie besteht nicht nur in Bild und Bewegung, sondern auch vorzüglich in des Reimes Gleichklang, der für arabisches Ohr wahrer Sirenenklang ist. Um also den poetischen Gehalt des Korans so getreu als möglich auszumünzen, muß die Übersetzung mit dem Originale nicht nur gleichen Schritt, sondern auch gleichen Ton halten; die Endreime der Verse müssen in Reime übertragen werden, was bisher in keiner der uns bekannten Übersetzungen geschehen, und in keiner europäischen Sprache getreuer geschehen könnte als in der deutschen.

Auch wenn Hammers ehrgeiziges Unternehmen, den *Koran* seinen hier ausgesprochenen Forderungen gemäß ins Deutsche zu übertragen, insgesamt nicht als geglückt betrachtet werden kann, schalten wir hier einige Proben ein, wie sie Goethe vorlagen, weil sie zumindest eine vage Vorstellung von dem Reimreichtum, sprachlichen Reiz und »poetischen Gehalt« des Originals geben können. Wir beginnen mit Visionen vom Weltende und Jüngsten Gericht, bei denen auch in deutscher Sprache noch etwas von der Wucht der grandiosen Bilder und Klänge erhalten geblieben ist:

Die LXXXI. Sura, *Die Verdunkelung.*

1. Wann die Sonne wird verdunkelt.
2. Wann kein Stern mehr am Himmel funkelt,
3. Wann die Berge in Rauch verschweben,
4. Wann trächtige Kamele keine Milch mehr geben,
5. Wann die wilden Thiere kommen zusammen,
6. Wann die Meere sich entflammen,
7. Wann die Seelen in Schaaren sich mit ihren Leibern paaren,
8. Wann das nach der Geburt ertränkte Mädchen wird sagen,
9. Weßhalben sie ward erschlagen.
10. Wann die Bücher werden ausgebreitet,
11. Und die Himmel abgehäutet,

12. Wann die Höllen brennen,
13. Keine Räume mehr das Paradies von der Erde trennen,
14. Wird jede Seele, was sie gethan, bekennen.
15. Ich schwöre nicht bei den Planeten, die im Laufe voneinander treten,
16. Nicht bei der Nacht, wenn sie von Finsternissen raucht,
17. Nicht bei dem Morgen, wenn er Wohlgerüche haucht:
18. Daß der Koran das Wort sey des gerechten Gottgesandten,
19. Des Starken beim Herrn, beim Allbeständigen,
20. Des Getreuen, dem die Engel gehorchen.
21. Euer Freund ist kein Wahnsinniger nicht;
22. Er sah den Engel mit klarem Gesicht.
23. Er verbirgt Euch die Geheimnisse nicht;
24. Es sind nicht Worte, die Satan spricht.
25. Wohin, wohin gerathet Ihr!
26. Dies ist Ermahnung für die Welten
27. Für Jeden, der wandeln will den graden Weg
28. Doch wollt Ihrs nicht, wenn es nicht will der Herr der Welten.

Die LXXXII. Sura, *Die Spaltung.*

1. Wann sich spaltet der Himmel,
2. Wann die Sterne sich zerstreuen,
3. Wann sich mischet der Meere Getümmel,
4. Wann die Gräber ihre Todten ausspeien;
5. Dann weiß die Seele was war und kommen wird.
6. O Mensch! was verführte dich wider deinen Herrn, den Höchsten, der dich geschaffen!
7. Der dich gebildet und in Ordnung gebracht.
8. Der dir eine Gestalt, wie du gewollet, gemacht.
9. So ists! doch zeihet Ihr der Lügen des jüngsten Tages und des Richters Macht.
10. Ihr werdet von den Schutzengeln bewacht;
11. Sie schreiben Euere Werke bey Tag und Nacht;

12. Sie wissen was Ihr thut, wenn Ihr schlafet oder wacht.
13. Die Gerechten werden im Paradiese seyn,
14. Die Lasterhaften in der höllischen Pein;
15. Am jüngsten Tage gehen sie in selbe ein,
16. Und werden sich nimmer davon befrei'n.
17. Sag: was ist der jüngste Tag?
18. Und wer vermag zu erklären dir den jüngsten Tag?
19. Es ist der Tag, wo keine Seele über die andere Etwas vermag, und Gottes ist die Herrschaft an jenem Tag.

Die LXXXIII. Sura, *Das falsche Maaß.*

1. Weh den falschen Meßern!
2. Die das ganze Maaß und Gewicht fordern, wann ihnen wird zugemeßen und zugewogen
3. Die aber betrügen, wann sie meßen oder wägen!
4. Glauben sie denn nicht, daß sie wieder auferstehen
5. Am großen Tag?
6. Am Tage wo die Menschen stehn vor dem Herrn der Welten.
7. Das Sündenverzeichniß der Lasterhaften ist in *Sedschin*
8. Weißt Du was das heißt *Sedschin*?
9. Ein Buch mit Zeilen darinn.
10. Weh den Lügnern an jenem Tag!
11. Die da läugnen den jüngsten Tag.
12. Niemand läugnet denselben als verstockte Sünder.
13. Werden ihnen unsre Zeichen gelesen, sagen sie dies sind Fabeln für Kinder.
14. So ists! in ihrem Herzen liegt der Erwerb, den ihnen das Leben gab.
15. So ists! der Herr wird sie verschleiern an jenem Tag.
16. Sie steigen dann zur Hölle hinab.
17. Dann sagt man ihnen: dies läugnetet ihr ab.
18. Wahrlich! das Thatenverzeichniß der Seligen ist in *Allin*;
19. Weißt Du was da heißt *Allin*?

20. Ein Buch mit Zeilen darinn;
21. Das bezeugen die Cherubin.
22. Die Gerechten sind in ewiger Wonne;
23. Auf Betten gelagert sehn sie einander an.
24. Du siehst wie auf ihrem Gesicht der Glanz der Freude sich spiegelt,
25. Sie trinken vom reinsten Wein mit Moschus versiegelt,
26. Sie schlürfen denselben rein und hell
27. Gemischt mit Paradiesesquell;
28. Die Cherubin trinken daraus.
29. Die Lasterhaften lachen die Tugendhaften aus,
30. Und gehn sie vorbei, werfen sie ihnen schnöde Blicke zu,
31. Spotten über sie, wenn sie kommen nach Haus.
32. Und sehen sie dieselben, sagen sie: Wahrlich sie sind im Irrthum,
33. Ihnen wurden keine Hüter gesendet.
34. Aber am jüngsten Tag lachen die Gläubigen die Ungläubigen aus;
35. Gelagert auf Betten sehn sie einander an.
36. Sind die Ungläubigen belohnt, für das was sie gethan?

Die LXXXIV. Sura, *Die Zerbrechung.*

1. Wann das Firmament zerbricht,
2. Und seinem Herrn gehorcht aus Pflicht;
3. Wenn die Erde sich dehnend, sich an Todten erbricht.
4. Und ihrem Herrn gehorcht aus Pflicht;
5. O Mensch! dann eilest du zu deinem Herrn und findest ihn.
6. Wem das Buch wird in die Rechte gegeben,
7. Dem wird leicht die Rechenschaft;
8. Er kehrt zu seiner Familie mit freudigem Leben
9. Wem aber das Buch auf den Rücken wird gegeben,
10. Ruft die Verzweiflung an;
11. Ihn trifft des ewigen Feuers Bann.

12. Er führte mit seiner Familie fröhliches Leben,
13. Er meinte nicht er würde zum Herrn zurückkehren. Doch der Herr sah ihn an.
14. Ich schwöre nicht beym Abendroth,
15. Und bei der Nacht, die finster droht,
16. Und nicht beim Mond wenn er voll aufgeht.
17. Daß Ihr Euch von Zustand zu Zustand übertragen seht.
18. Warum glauben sie denn nicht?

Für die *Noten und Abhandlungen* bediente Goethe sich nicht der Hammerschen, sondern der Prosa-Übertragung des *Korans*, die Theodor Arnold auf der Grundlage der englischen Übersetzung von George Sale angefertigt hatte. Jedenfalls stammt im *Mahomet*-Kapitel daraus das lange *Koran*-Zitat, das Goethe mit einem Hinweis auf die seiner Meinung nach zentrale Bedeutung von Sure II, *Die Kuh*, einleitet:

> Der ganze Inhalt des Korans um mit wenigem viel zu sagen, findet sich zu Anfang der zweiten Sura und lautet folgendermaßen: »Es ist kein Zweifel in diesem Buch. Es ist eine Unterrichtung der Frommen, welche die Geheimnisse des Glaubens für wahr halten, die bestimmten Zeiten des Gebets beobachten und von demjenigen was wir ihnen verliehen haben Almosen austeilen; und welche der Offenbarung glauben, die den Propheten vor dir herabgesandt worden, und gewisse Versicherung des zukünftigen Lebens haben: diese werden von ihrem Herrn geleitet und sollen glücklich und selig sein, ob du sie vermahnest oder nicht vermahnest; sie werden doch nicht glauben. Gott hat ihre Herzen und Ohren versiegelt. Eine Dunkelheit bedecket ihr Gesicht und sie werden eine schwere Strafe leiden.

Goethe fährt fort:

> Und so wiederholt sich der Koran Sure für Sure. Glauben und Unglauben teilen sich in Oberes und Unteres; Himmel und Hölle sind den Bekennern und Leugnern zugedacht.

Zu den erheblichsten Schwierigkeiten, die sich vom Inhalt her für den Abendländer ergeben, der sich mit dem *Koran* auseinandersetzt, gehören die zahlreichen, das Buch lockend und drohend durchziehenden Schilderungen des Paradieses und der Hölle. Es fällt auf, daß Goethe im *Divan* das Höllen-Thema völlig ausspart, soweit es nicht gerade, wie wir oben gesehen haben, in einer von ihm zitierten *Koran* Stelle Erwähnung fand. Das vom *Koran* den Gläubigen in Aussicht gestellte Paradies hingegen hat ihn dafür um so mehr beschäftigt. Es seien darum noch einige darauf bezügliche Partien der Hammerschen Übertragung aus den *Fundgruben des Orients* zitiert, weil sie Goethes eigene Paradies-Ausmalungen im *West-östlichen Divan* mitveranlaßt haben:

Die LXXVI. Sura, *Der Mensch.*

5. Die Gerechten trinken Wein gemischt mit Flut von Kampferquell.
6. Davon trinken die Diener Gottes [...]
13. Dort ruhen sie auf weichen Matten, fühlen weder Frost noch Hitze,
14. Es wallen über ihnen kühle Schatten, und Früchte neigen sich von der Bäume Spitze.
15. Es kreisen Schalen aus Silber, und Becher aus Glas,
16. Gefäße aus Silber von gehörigem Maß.
17. Sie trinken Becher gemischt mit dem Gewürz *Sendschebil* (Ingwer)
18. Von dem Quelle genannt *Selsebil.*
19. Es kreisen um sie ewige Jünglinge zerstreuten Perlen gleich,
20. Und schaust du näher, siehst du ewige Gnade und das himmlische Reich.
21. Im Kleide aus grüner Seide mit Gold gestickt, sind sie mit silbernen Armbändern geschmückt; es tränket sie der Herr mit reinem Trank;

22. Das ist ihr Lohn, das ist für ihre Mühe Dank.
23. Wir haben dir den Koran als Bothschaft vom Himmel gebracht;
24. Unterwirf dich dem Geboth des Herrn, gehorch nicht ungerechter Macht.
25. Den Namen des Herrn nenn' spät, und früh wenn du aufgewacht.
26. Und lobe ihn die lange Nacht.

Die LXXVII. Sura, *Die Sendungen.*

41. Die Frommen weilen an Quellen von Schatten überhangen,
42. Sie haben Früchte, die sie verlangen.
43. Esset und trinket fröhlich fürs Gute, das ihr begangen.
44. So lohnen wir diejenigen, die dem Guten nachhangen.

Die LXX VIII. Sura, *Die Botschaft.*

30. Der Frommen harrt das ewige Leben,
33. Gärten und Reben,
32. Mädchen mit strotzender Brust,
33. Und Becher voll Wein, o süße Lust!

Die LXXXVIII. Sura, *Die Bedeckende.*

9. Zufrieden mit ihrem Tun.
10. Werden sie in hohen Gärten ruhn.
11. Entfernt ist alles Geschwätz von hinnen.
12. Außer den Quellen welche rinnen,
13. Es sind darinnen hohe Betten,
14. Becher zum trinken bereit,
15. Polster wohlgereiht
16. Und ausgebreitete Tapeten.

Die XCIII. Sura, *Die Erhöhung der Sonne.*

4. In der andern Welt geht es Dir besser als in diesem Leben.
5. Da wird Dir, womit Du zufrieden sein wirst gegeben.

Die XXIX. Sura, *Die Spinne.*

58. Die da glauben und Gutes tun, ihrer harren des Paradieses Lauben, darinnen zu ruhn, darunter strömt mehr als ein Fluß, ihnen zum ewigen Genuß.

Die XXXVII. Sura, *Die Ordnenden.*

40. Nach euern Werken euer Lohn.
41. Aufrichtige Diener Gottes ausgenommen.
42. Dieser harrt bestimmte Speis.
43. Mit Früchten werden sie genährt.
44. Im Paradeis.
45. Sie ruhen in weichen Betten versunken.
46. Es kreist der Becher von dem Quell.
47. Zum Trinken süß und hell.
48. Doch wird der Kopf nicht trüb' und keiner trunken.
49. Und neben ihnen Mädchen mit großen Augen, bescheidenen Blickes schau'n.
50. Verwahret wie ein Ei.

Die XLIV. Sura, *Der Rauch.*

49. Die den Herrn fürchten sind am sichern Ort.
50. In Gärten an Flüssen.
51. Im Kleide von Seide sie des ewigen Anschau'ns genießen.
52. So wird es sein. Wir geben ihnen Mädchen blank und rein, mit schwarzen Äugelein.
53. Alle Arten von Früchten werden ihnen bescheret sein.
54. Sie kosten den Tod nur in dieser Welt, und sind dann befreit von Höllenpein.

Gelegentlich findet man eine Hindeutung darauf, daß die Paradiesschilderungen des *Korans* nicht wörtlich gemeint sind, sondern Gleichnischarakter haben: Vers 16 von Sura XLVII, *Der Kampf*, lautet beispielsweise: »Gleichnis vom Paradies, das der Herr den Frommen verhieß.« – Wie sonst als durch Anknüpfung an irdische Freuden und Wunschvorstellungen ließe sich wohl die Ahnung von überirdischen Freuden in den Menschen erwecken? Für Goethe verstand sich das von selbst. Man sollte meinen, die Tatsache, daß viele Verkündigungen des *Korans* in Metaphern, in Gleichnissprache gekleidet sind, um Numinoses begreiflich zu machen, dürfe für den Gebildeten kein Problem darstellen, und es sei schlichteren Gemütern vorbehalten, solche Verheißungen wörtlich zu nehmen. Wieviel Sprengstoff jedoch sich hinter diesem Problem noch bis heute verbirgt, macht der ägyptische Sprachwissenschaftler Nasr Hamid Abu Zaid deutlich (in: *Ein Leben mit dem Islam*, Freiburg 1999, S. 103 ff.). Nach dem Tode des Propheten bildeten sich verschiedene Schulen der *Koran*-Auslegung heraus:

> Etwa seit dem 10. oder 11. Jahrhundert gewannen jedoch jene Interpreten zunehmend an Gewicht, die sich gar nicht als Interpreten verstanden, sondern auf der wortwörtlichen Bedeutung jedes Verses beharrten. Der Koran sei das Wort Gottes, also sei jeder Buchstabe von Gott herabgesandt, und mithin gelte ausschließlich die wortwörtliche Bedeutung. Die Interpretation als solche wird ausdrücklich abgelehnt. So heißt es in einem berühmt gewordenen Satz des Rechtsgelehrten Ibn Hanbal (gest. 855), in dem es darum geht, daß Gott dem Koran zufolge auf dem Thron sitzt: »Die Tatsache, daß Gott auf dem Thron sitzt, ist bekannt, das Wie ist unbekannt, und darüber zu reden ist eine unzulässige Neuerung.« [...]
>
> In der modernen sunnitischen Interpretation bleibt die Frage nach der Natur des Koran und seiner Sprache ausgeklammert. [...] Wer versucht, das Fehlen einer modernen Interpretationstheorie zu untersuchen, kann vor Gericht ge-

stellt oder sogar mit dem Tode bedroht und hingerichtet werden, wie es mit Mahmud Muhammad Taha im Sudan geschehen ist.

In der fünfundfünfzigsten Sure, *Der Allerbarmende*, soll ein ständig wiederholter Kehrreim – von Hammer durch »welche Wohltat wollet ihr wohl leugnen« übersetzt – mit den übrigen Reimen und Wohlklängen dafür sorgen, den Gläubigen schon akustisch in Taumel zu versetzen, was zusammen mit der visuellen Macht der paradiesischen Bildvorstellungen die Wirkung der Verse bis zur Ekstase steigern kann. Davon vermittelt die Hammersche Übersetzung allerdings kaum die entfernteste Ahnung:

> 46. Derjenigen, die den Herrn ehrten, harren zwei Gärten. 47. Welche Wohltat usw.[2] 48. Geschmückt mit Zweigen, die sich neigen. 49. *** 50. Darinnen zwei Quellen rinnen. 51. *** 52. Darin sind Früchte aller Art, wohl gepaart. 53. *** 54. Die Seligen ruhen auf goldgestickten Matten, worunter sie die nahen Blüten und Früchte überschatten. 55. *** 56. Darinnen sind Mädchen, deren Blick nicht herumschweift; deren Blüte kein Mensch und keiner der Dschinnen abgestreift. 57. *** 58. Sie sind darinnen wie Korallen und Rubinen. 59. *** 60. Bezahlen wir das den Guten anders als mit Gutem. 61. *** 62. Und neben den zwei Gärten setz' ich zwei andere für jene, so den Herrn im Leben ehrten. 63. *** 64. Das Grün sie dicht umflicht. 65*** 66. Es rinnen noch zwey andere Quellen darinnen. 67. *** 68. Dort werden sich Palmen und Äpfel gatten mit Granaten. 69. *** 70. Darin sind Mädchen schön und rein. 71. *** 72. Mit schwarzen Augen glänzend, hell und zart, in seidenen Zelten wohl verwahrt. 73*** 74. Deren Blick nicht herumschweift, deren Blüte kein Mensch und kein Dschinne abgestreift. 75. *** 75. Ihre Geliebten ruhen neben ihnen auf grünen Tapeten und Ruhbetten. 77. ***

Darauf, daß »Ähnlichkeit« zwischen den paradiesischen Freuden und den irdischen besteht, weist die – von Goethe besonders geschätzte – Sure II, *Die Kuh*, hin:

25. Gib gute Botschaft denen, die glauben und Gutes tun; denn ihrer sind Gärten worinnen Ströme rinnen. So oft sie mit himmlischer Frucht genähret werden; sagen sie: so wurden wir vormals genährt auf Erden. Allein es ist eine Ähnlichkeit. Es harren ihrer Gemahlinnen rein, und ewig werden sie darinnen sein.

Auf die spezielle Bedeutung gerade dieser *Koran*-Stelle für mehrere Goethesche Paradiesgedichte werden wir noch zu sprechen kommen. Insgesamt aber dürfte aus den hier gegebenen Textproben eines deutlich geworden sein: es bedurfte in der Tat der Intuition eines Goethe, um auf solche, für Abendländer schwer zugängliche Texte so viele farbenvolle Dichtungen zu gründen, wie sie der *West-östliche Divan* enthält. Es ist zu bedauern, daß Goethe Friedrich Rückerts Übersetzungen aus dem *Koran* nicht mehr kennengelernt hat. Einige Bruchstücke veröffentlichte Rückert im *Frauentaschenbuch* von 1824. Sein Plan, im Jahre 1842 eine mit Anmerkungen versehene Übertragung des *Korans* zu veröffentlichen, zerschlug sich. Erst aus dem Nachlaß wurde die – nicht vollständige – Rückertsche Übertragung 1888 publiziert (Neudrucke 1972 und 1996). Annemarie Schimmel rühmt sie als »die einzige, aus der man die poetische Stärke und den sprachlichen Glanz des Originals erkennen kann«. Ihr zufolge versuchte Rückert »zum ersten Mal – und im Deutschen bisher zum einzigen Mal! – den poetischen Charakter des Korans im Deutschen nachzuempfinden, jene hämmernden, eindrucksvollen kurzen Sätze mit ihrer Reimprosa, wie sie sich vor allem in den kürzeren Suren des Korans finden, die zu den ersten Offenbarungen gehören.« (Friedrich Rückert, *Ausgewählte Werke*. Hg. von Annemarie Schimmel. Frankfurt a. M., 1988; it 1022. Bd. 2, S. 111: *Übersetzungen aus dem Koran*)

Nicht wenige Gedichte des Goetheschen *Divans* sind unmittelbar durch den *Koran* inspiriert. Wie wir gesehen haben, hatte sich Goethe mit dem *Koran* in den verschiedensten Übersetzungen, der lateinischen des Maracci, der englischen von George Sale, einer deutschen Version derselben von Theodor

Arnold, einer mangelhaften deutschen Übersetzung aus dem Arabischen von Megerlin etc., und in verschiedenen Biographien mit dem Leben des Propheten Mohammed seit seiner Jugendzeit auseinandergesetzt und vertraut gemacht. In der Entstehungszeit des *Divan* waren Teile einer neuen deutschen Übersetzung des *Koran* erschienen, nämlich in den *Fundgruben des Orients*. Goethe entlieh die ersten vier Bände der *Fundgruben*, in denen J. v. Hammer Proben der hier zitierten *Koran*-Übersetzung veröffentlicht hatte, zum erstenmal vom 25. Januar bis 16. Mai 1815, dann wieder vom 27. Oktober 1815 bis 24. Juli 1816, vom 6. Februar bis 5. Juni 1819 und öfter. Für einige Gedichte des *Divan* übernahm Goethe *Koran*-Verse daraufhin wörtlich in der Fassung J. v. Hammers. Der Schluß von Vers 142 der 2. Sure begegnete ihm in allen sechs Foliobänden der *Fundgruben* als Motto:

> Sag: Gottes ist der Orient, und Gottes ist der Occident; Er leitet, wen er will, den wahren Pfad.

Dadurch wurde der *Divan-Dichter* angeregt zu seinem berühmten Vierzeiler, in dessen ersten beiden Versen er den Wortlaut der Vorlage übernommen hat, während er in den letzten beiden Versen seinerseits etwas hinzufügt – eine Verfahrensart, wie sie uns von nun an immer wieder begegnen wird:

> Gottes ist der Orient!
> Gottes ist der Okzident!
> Nord- und südliches Gelände
> Ruht im Frieden seiner Hände.

Um aus dem *Koran*-Vers ein Spruchgedicht zu machen, erweitert Goethe den zugrundeliegenden Gedanken: auch der Norden und der Süden werden ausdrücklich genannt, um den gesamten Erdkreis in den Schutz der göttlichen Fürsorge zu betten. Dieser Vierzeiler leitet die Gruppe der *Talismane* ein, die im *Buch des Sängers* steht. Noch ein weiterer Vierzeiler dieser Gruppe enthält starke Anklänge an die Hammersche *Koran*-Übersetzung, wo Goethe Vers 5 f. der 1. Sure, der »Eröffnenden«, so wiedergegeben fand:

5. Wollst uns leiten auf geraden Pfad

6. Derer, denen Du nicht zürnend gnädig warst, und die nicht irren.

Auch in diesem Fall fühlte Goethe sich motiviert, die ihm vor Augen getretenen Verse zum Spruchgedicht zu erweitern. Getreu seiner Vorlage nimmt Goethes Vierzeiler gleichfalls Gebetsform an:

Mich verwirren will das Irren;
Doch du weißt mich zu entwirren.
Wenn ich handle, wenn ich dichte,
Gib du meinem Weg die Richte.

Erstaunlich ist auch hier wiederum, mit welcher Treffsicherheit Goethe, der doch den *Koran* nicht im arabischen Original lesen konnte, dessen Botschaft erfaßt und in seiner deutschen Sprache wiedergibt. »Irren« bedeutet im Goetheschen Spruch wie im *Koran*: zielloses, planloses Umherschweifen, aber auch Befangensein im Irrtum. Wir erinnern uns an den frühen Hymnus aus dem *Mahomet*-Fragment, worin es heißt: »Laß! Laß! Nicht in der Finsternis / Mich! Irren mit irrendem Volck«. Auch dieser Hymnus hatte, wie wir sahen, eine *Koran*-Stelle zur Grundlage, nämlich die Verse 75 ff. der Sure 6, *Das Vieh*. Goethe hatte sich diese eigens aus der lateinischen Version des Maracci übersetzt. Zum Stichwort »Irren« bzw. »Irrtum« finden wir da: »Abraham sprach zu seinem Vater Azar: Ehrst du Götzen für Götter? Wahrhafftig ich erkenne deinen, und deines Volcks Offenbaaren Irrtuhm. Da zeigten wir Abraham des Himmels und der Erde Reich dass er im wahren Glauben bestätiget würde [...] Aber da sie [die Sonne] auch untergieng, sprach er: O mein Volck nun binn ich frey von deinen Irrtühmern! Ich habe mein Angesicht gewendet zu dem der Himmel und Erde erschaffen hat.«

Mit der im Laufe von zweihundert Jahren nach dem Tode des Propheten vollzogenen Institutionalierung der von ihm gestifteten Religion im sogenannten sunnitischen Islam trat dann ein grundlegender Bedeutungswandel ein: »Irren« oder in die

Irre gehen wurde nunmehr verstanden als Abweichung von dem durch die vier sunnitischen Rechtsschulen geschaffenen kanonischen Gesetz, das den Gläubigen genau vorschreibt, was sie zu tun und zu lassen haben, das also bis ins Kleinste ihren Tagesablauf regelt[3]. In Goethes ›Gebet‹ bezieht sich auf »irren« das Reimwort »entwirren« – aus Verwirrung zur Klarheit führen. Solches »Entwirren« fällt letztlich in den Zuständigkeitsbereich Gottes. Ihm stellt der Dichter denn auch sein gesamtes Leben, Handeln und Dichten anheim. Die Schlußverse »Wenn ich handle, wenn ich dichte ... « sind Goethesche Zutat, aber keine willkürliche. Der Dichter betet zu Gott um die rechte Leitung bei all seinem Tun und beim schöpferischen Gestalten. Mit der heute selten gewordenen Wortprägung ›Richte‹ hat Goethe genau das getroffen, was im *Koran* mit dem Begriff ›Scharia‹ gemeint ist. Besonders dieser Begriff wurde im Lauf der Geschichte einem verengenden Bedeutungswandel unterworfen. Ja die seit Beginn der Moderne auftretenden, politisch motivierten Islamisten haben es inzwischen dahin gebracht, daß man weithin unter dem Begriff ›Scharia‹ nunmehr nur noch eine Strafrechtsordnung versteht, welche solch barbarischen Körperstrafen enthält wie Auspeitschung und Amputation von Gliedmaßen bis hin zur Kreuzigung und Steinigung. Dagegen meinte ›Scharia‹ ursprünglich den Weg zur Wasserstelle, dann, im *Koran*, im religiös-übertragenen Sinn, den Weg der göttlichen Leitung, also eben »die Richte«.[4]

Zum *Koran*-Verständnis Goethes sei noch ein weiteres Spruchgedicht aus dem *Buch des Sängers* angeführt. Es wurde durch den Vers 21 der 98. Sure angeregt, wie ihn J. von Hammer in seinen *Fundgruben des Orients* dem Aufsatz *Sternbilder der Araber* vorangestellt hatte. Dort lautete er:

> Er hat Euch die Gestirne gesetzt, als Leiter in der Finsterniß zu Land und See.

Der *Koran*-Vers macht den Gläubigen aufmerksam auf die göttliche Leitung und Fürsorge in der Natur: in der bedrohlichen Finsternis, wo sonstige Orientierungsmöglichkeiten fehlen, kann der Mensch zu Wasser wie in der Wüste sich nach den Sternen richten. (Am plausibelsten wird das demonstriert am Beispiel des Seefahrers.) Ausrichtung durch Aufblick zum Sternenhimmel ist natürlich auch im übertragenen Sinne gemeint als sittlich-moralische Ausrichtung durch die von oben gewonnene Orientierung. Goethe erweitert auch diese Ermahnung des *Korans* um ein wichtiges Element: das Gefühl der Erhebung beim Aufblick zum »gestirnten Himmel über uns« (Kant) wird bei ihm durch die Sinnenfreude noch intensiviert:

Er hat euch die Gestirne gesetzt
Als Leiter zu Land und See;
Damit ihr euch daran ergetzt
Stets blickend in die Höh.

Mit dem Reimwort »ergetzt« reagiert Goethe auf das *Koran*-Wort »gesetzt« (»Er hat euch die Gestirne gesetzt«). Der Prophet weist die Menschen darauf hin, daß Gott die Sterne als praktisches und moralisches Orientierungsmittel »gesetzt« hat, der Poet aber fügt den Aspekt der Schönheit hinzu. Durch den schönen Anblick des Sternenhimmels wird der Mensch ergötzt, sein Entzücken über die Pracht der Sterne veranlaßt ihn zum beglückten Aufblick in die Höhe. Es ist eine typisch Goethesche Zutat. Allerdings hätte sich der Dichter, wäre es ihm bekannt gewesen, auch auf das Prophetenwort berufen können: »Fürwahr, Gott ist schön und liebt die Schönheit!« Entzücken über die Pracht der Sterne tönt vielfach aus Goethes Dichtungen. Nur ein Beispiel aus *Trost in Tränen* (1803): »Die Sterne, die begehrt man nicht, / Man freut sich ihrer Pracht, / Und mit Entzücken blickt man auf / In jeder heitern Nacht.« Auch im Gedicht *Sommernacht* des *Schenkenbuchs* im *West-östlichen Divan* wird die »Pracht« des nächtlichen Sternenhimmels gerühmt, die der zu religiösen Betrachtungen gestimmte Dichter bewundert.

Ein merkwürdiges Gedicht im *Buch des Unmuts* geht gleichfalls auf den *Koran* zurück. Jedenfalls notierte Goethe selbst auf dem Reinschriftblatt links unten einen Hinweis auf *[Koran]*

Sur. 22. Die Anregung zu dem Gedicht kam ihm allerdings nicht direkt aus seiner *Koran*-Lektüre, sondern aus Oelsners Biographie des Propheten, wo in einer Fußnote ein Zitat aus Sure 22 folgendermaßen wiedergegeben wird:

> Wen es ärgert, daß Gott dem Mohamed Schutz und Hülfe angedeihen läßt, der gehe und befestige einen Strick an den Balken seines Hauses, und knüpfe sich daran; er wird fühlen, daß sein Zorn sich legt.

Goethe wurde dadurch zu den Versen inspiriert:

DER PROPHET *spricht.*

Ärgert's jemand daß es Gott gefallen
Mahomet zu gönnen Schutz und Glück
An den stärksten Balken seiner Hallen
Da befestig' er den derben Strick
Knüpfe sich daran!! das hält und trägt;
Er wird fühlen, daß sein Zorn sich legt.

Dies ursprünglich von Goethe *Prophetentrutz* betitelte Gedicht erweckt den Anschein, als ob hier die über Mohammeds Erfolg verärgerten Neider zum Selbstmord aufgefordert werden sollten. Nun ist Selbstmord allerdings eine außerhalb des Islam liegende Vorstellung, weil der Muslim in allem, was ihm begegnet, Gottes Willen zu verehren gehalten ist und der *Koran* deshalb (in Sure 4, Vers 29 und 30) den Selbstmord ausdrücklich zu einer schweren Sünde erklärt. Man könnte also auf den Verdacht kommen, etwas stimme nicht mit dieser *Koran*-Übersetzung. Wurde Goethe demnach hier von seinem Gewährsmann irregeleitet?[5] Doch was kaum jemand vermuten würde, der über den *Koran* nur aus zweiter Hand unterrichtet ist: In dieser ernsten und Ehrfurcht gebietenden heiligen Schrift findet sich auch Humor. Dies wird am deutlichsten an einigen Stellen der zwölften Sure, in welcher die Geschichte von Josef und seinen Brüdern erzählt wird, besonders an jener, wo Potiphars Weib (Suleika) ihre geschwätzigen Nachbarinnen zu einem Gastmahl einlädt, und diese, geblendet von Josefs Schönheit, vor Aufregung sich mit dem bereitgelegten Obstmesser in die Finger schneiden.[6] Aber auch im vorliegenden Fall wird, wenn man auf den Urtext zurückgeht, klar, daß Humor im Spiel ist und die Aufforderung zum Selbstmord nicht allzu ernst gemeint sein kann. Denn im *Koran* ist in der Tat nicht von einem Balken und einem Strick die Rede, sondern von einem Seil, das der Betreffende zum Himmel spannen soll. Und welcher Irdische wäre schon fähig, ein Seil bis zum Himmel zu spannen? Goethe mag, durch seine Quelle irregeleitet, die Aufforderung zum Selbstmord allzu unverblümt ausgedrückt haben; den Humor der *Koran*-Stelle hat er dennoch gut getroffen.

Außer den Fällen von direkter Anregung durch den *Koran* gab es auch indirekte Einwirkungen. So wurde das Gedicht von der Erschaffung Adams – *Erschaffen und Beleben* – zwar primär durch Verse des Hafis ausgelöst, doch lag diesen wiederum *Koran*, Sure 15, Vers 26 zugrunde. In der von Goethe häufig zur Hand genommenen Übersetzung von George Sale und Theodor Arnold lautet der Vers: »Da dein Herr zu den Engeln sagt, wahrlich, ich bin im Begriff, den Menschen aus dürren Leimen, aus schwarzem Schlamm, in eine Gestalt gebildet, zu schaffen; wenn ich ihn demnach vollkommen gebildet, und ihm von meinem Geist eingeblasen haben werde, so fallet nieder und betet ihn an.«

Eine schier unerschöpfliche Quelle der Inspiration bildete jedoch für Goethe der *Koran*, wie die *Noten und Abhandlungen* im Kapitel *Künftiger Divan* bezeugen, für das *Buch des Paradieses*. Eine wichtige Rolle spielt darin das von Goethe mehrmals erwähnte Wunderpferd oder auch Flügelpferd, arabisch al-Buraq genannt, jenes mit einem Frauengesicht und Flügeln versehene Pferd des Propheten Mohammed, mit dem dieser, entsprechend der von Sure VII, Vers 1 ausgehenden Legende, in der sogenannten *Nachtreise* von der Ka'ba in Mekka nach Jerusalem und von dort durch die sieben Himmel geführt wurde. In einem früheren Kapitel wurde erwähnt, daß sich Herder bereits 1770/71 mit dem Thema der Nachtreise des Propheten in zwei seiner Schriften auseinandergesetzt hat, wobei außer Zweifel steht, daß damals er und sein junger Freund Goethe gemeinsam darüber gesprochen haben. Goethe begegnete dieser Legende erneut zur Zeit seiner Arbeit am *Divan* in der Wiedergabe durch J. v. Hammer in den *Fundgruben des Orients* (Bd. I. Wien 1809. S. 187, Nr. 359), worin auch das Gebot für die Muslime, fünfmal am Tag zu beten, erzählerisch begründet wird:

> Ich sah in der Nacht meiner Himmelfahrt den Propheten Moses. Ein Mann von hoher Statur und gekrausten Haaren, wie einer der Enthaltsamen; und ich sah den Herrn Jesus. Ein Mann von mittlerer Statur, weiß und roth im Angesichte, mit schlichten glatten Haaren; und ich sah *Malek*, den Hüter der Hölle, und *Dedschal*, der vor dem jüngsten Tage erscheinen wird. An jenem Tage wird sich der Herr offenbaren durch Zeichen; zweiflet nicht, daß er kommen wird. [Ein anderer Berichterstatter mit Namen] Jus erzählet wieder, der Prophet habe auf dieser nächtlichen Himmelsfahrt die Propheten *Adam, Enoch, Moses, Jesus* und *Abraham* angetroffen, die ihn alle auf dieselbe Weise bewillkommten. Dann, fährt der Prophet fort, bestiegen wir den höchsten Rücken der Himmel, wo wir deutlich das Geräusche der Feder des Schicksals vernahmen, die auf der unendlichen Tafel unaufhörlich das Loos der Welten verzeichnet. Hier schrieb mir Gott der Herr fünfzig Gebete für mein Volk vor; als ich nun wieder auf meinem Rückwege bey Moses vorbey kam, fragte er mich, wie viel hat der Herr deinem Volke Gebete vorgeschrieben; ich sagte fünfzig. So kehre wieder entgegnete er mir zu deinem Herren zurück, denn dein Volk hält es nicht aus [...] So gieng ich denn wieder, bis daß die *fünfzig* auf *fünf* vermindert waren. Moses sagte mir wieder, geh zu deinem Herren zurück, dein Volk hält es nicht aus; ich entgegnete ihm aber: Ich würde mich vor meinem Herren schämen. So verließ ich denn Moses und setzte meinen Weg fort bis an *Sidrutalmunfosa* den himmlischen Lotosbaum von mannigfaltigen wunderbaren Farben strahlend. Der Sand war Perlen, die Erde Moschus umher.

Wollte man sagen, die Paradiesesvorstellungen des *Koran* führten Goethe auf die elysischen Gefilde des Orients und das Flügelpferd al-Buraq wurde für ihn zu seinem orientalischem Pegasus, so wäre das wohl zutreffend, würde aber nur einen untergeordneten Aspekt von Goethes Verhältnis zum *Koran* erfassen. Denn was für viele Nachahmer von Goethes *Divan* gilt, muß für den Dichter des *Divan* selbst entschieden bestritten werden, obwohl die traditionelle Goethe-Literatur das zumeist so darstellt: nämlich daß es sich bei seiner *Hegire*, bei seiner Flucht in den Orient, nur um eine Art von Maskerade handelt, das heißt, daß sich der Dichter orientalischer Motive bedient habe, um sich vor einem auf Neuheiten erpichten Publikum in exotischer Verkleidung interessant zu machen. Das käme in der Tat einem Verhalten gleich, welches der in den USA lehrende palästinensische Autor Edward Said in seinem Buch *Orientalismus* (Frankfurt/Main 1981) bei einer Reihe von europäischen Schriftstellern des 19. Jahrhunderts als Exotismus getadelt hat. Dagegen spricht die große Verehrung, mit der Goethe dem *Koran* als heiliger Schrift begegnet ist und die tiefe Verbundenheit, die er mit dem Islam als Glaubensrichtung bekundete. In den *Noten und Abhandlungen zum West-östlichen Divan*, und zwar im Kapitel *Künftiger Divan*, hat Goethe in einer derart emphatischen, ja geradezu bekenntnishaften Weise dargetan, was ihn im Inneren beim Studium des *Koran* bewegte, so daß er damit für Mißverständnisse der oben erwähnten Art eigentlich keinen Raum läßt. Goethe beschreibt hier als glückvoll empfundene Steigerung seines Selbst, was ihm an Wunderbarem durch die Begegnung mit dem *Koran* eröffnet wurde:

> *Buch des Paradieses.* Auch diese Region des Mahometanischen Glaubens hat noch viele wunderschöne Plätze, Paradiese im Paradiese, daß man sich daselbst gern ergehen, gern ansiedeln möchte. Scherz und Ernst verschlingen sich hier so lieblich in einander, und ein verklärtes Alltägliche verleiht uns Flügel zum Höheren und Höchsten zu gelangen. Und was sollte den Dichter hindern, Mahomets Wunderpferd zu be-

steigen und sich durch alle Himmel zu schwingen? warum sollte er nicht ehrfurchtsvoll jene heilige Nacht feyern, wo der Koran vollständig dem Propheten von oben herab gebracht ward? Hier ist noch gar Manches zu gewinnen.

14. Vorsehungsglaube und Ergebung im *West-östlichen Divan*

Die Überzeugung, daß alles durch den Schöpfer vorbestimmt sei, bekundet sich in den Exzerpten Goethes aus dem *Koran* sowie in zahlreichen brieflichen und mündlichen Äußerungen des Dichters, die im Kapitel *Gelebter Islam* angeführt wurden. So kann es nicht wundernehmen, daß deterministische Wendungen sich auch im *West-östlichen Divan* finden. Einige Beispiele seien hier angeführt. Wir beginnen mit einem Gedicht aus dem *Buch der Sprüche:*

Was machst du an der Welt? sie ist schon gemacht,
Der Herr der Schöpfung hat alles bedacht.
Dein Los ist gefallen, verfolge die Weise,
Der Weg ist begonnen, vollende die Reise;
Denn Sorgen und Kummer verändern es nicht,
Sie schleudern dich ewig aus gleichem Gewicht.

Hier, wie bei anderer Gelegenheit, geht es dem »Talismane« ausstreuenden *Divan*-Dichter darum, ein »Gleichgewicht« zu bewirken, einen Zustand seelischer Ausgeglichenheit. Aus diesem »gleichen Gewicht« wird man durch Kummer, Betrübnis und Sorgen vor möglichem Unheil herausgeschleudert. Aber wenn man im Glauben an eine planvolle Weltschöpfung durch den Geist Gottes vertrauensvoll das schicksalbestimmende Los, wie es nun mal gefallen ist, akzeptiert und den vorbestimmten Lauf der Lebensreise zu vollenden sich anschickt, dann wird ein Zustand seelischer Harmonie den Menschen erfüllen, wie der Islam durch seine religiösen Vorstellungen ihn bei seinen Anhängern bewirkt.

Die gleiche deterministische Überzeugung vertritt auch der Knabe im *Schenkenbuch,* der im Gedicht *Sommernacht* auf kindliche Art wiederholt, was der alte Dichter ihn gelehrt hat: ob ein Stern groß ist oder klein, hell oder weniger hell glänzt, alles ist vorherbestimmt. Mit dieser Überzeugung zum Sternenhimmel aufblickend, sagt das Kind zu seinem Lehrer (Strophe 3 ff.):

»Denn ich weiß du liebst das Droben,
Das Unendliche zu schauen,
Wenn sie sich einander loben
Jene Feuer in dem Blauen.

Und das hellste will nur sagen:
»Jetzo glänz' ich meiner Stelle:
Wollte Gott euch mehr betagen,
Glänztet ihr wie ich so helle.«

Vorherbestimmung, hier am Sternenhimmel demonstriert, herrscht auch im Leben der Vögel: über jedes Nest, ob groß ob klein, entscheidet die göttliche Vorsehung. Alles hängt vom höchsten Willen ab:

Denn vor Gott ist alles herrlich,
Eben weil er ist der Beste;
Und so schläft nun aller Vogel
In dem groß- und kleinen Neste.

Solches hast du mich gelehret,
Oder etwas auch dergleichen;
Was ich je dir abgehöret
Wird dem Herzen nicht entweichen.

Was der Dichter den Knaben »gelehrt« hat, ist die islamische Überzeugung, daß alles in der Welt vorherbestimmt ist. Dem Knaben gibt das Bewußtsein, daß alles von Gott seine Bestimmung erhalten hat, ein Gefühl der Geborgenheit. In Form eines kindlichen Echos kommt hier ein grundlegendes »islamisches« Daseinsgefühl, von dem Goethe ergriffen war, nochmals zum Ausdruck.

Erstaunlicherweise scheut sich der deutsche Dichter nicht einmal, in dem folgenden Gedicht sogar den Wegbereiter der persischen Dichtkunst, Ferdusi, in Sachen Islam zu belehren:

FERDUSI *spricht*

»O Welt! wie schamlos und boshaft du bist!
Du nährst und erziehest und tötest zugleich.«

Die Entgegnung des deutschen Dichters auf das Ferdusi-Zitat enthält einen Hinweis auf die göttliche Vorbestimmung, der ganz und gar mit dem Geist muslimischer Gesinnung übereinstimmt:

Nur wer von Allah begünstiget ist,
Der nährt sich, erzieht sich, lebendig und reich.

Eine Art Proklamation des islamischen Vorsehungsglaubens ist das folgende Gedicht, mit dem das *Buch des Unmuts* schließt:

TIMUR *spricht.*

Was? Ihr mißbilliget den kräftigen Sturm
Des Übermuts, verlogne Pfaffen!
Hätt' Allah mich bestimmt zum Wurm;
So hätt' er mich als Wurm geschaffen.

Timurs Argumentation entspricht ganz der muslimischen Überzeugung: ob Welteroberer oder Wurm, jede Kreatur wird zu dem, was sie ist, durch Gottes unergründlichen Ratschluß. Timur ist im *Divan* eine geheime Chiffre für Napoleon. Doch hat Goethe auch an sich selber gedacht, worauf schon die Lesart in der Handschrift – *Hatem* statt *Timur* – weist. Auch ist das *Buch des Unmuts* der Ort, wo der Dichter, wie er in den *Noten und Abhandlungen* sagt, »seinem Verdruß, besonders über verhinderte, gestörte Tätigkeit, auf diese Weise Luft zu machen trachtet«. Der Ausdruck »Pfaffen« muß sich nicht ausschließlich gegen geistliche Gegner richten.[1] Es können auch andere herrschsüchtig-geistbeengende Gruppen gemeint sein, die dem Dichter in seine Lebensweise oder Tätigkeit hineinreden wollten und ihm das Leben schwermachten, wie z. B. die Gegner seiner *Farbenlehre*, die ihn in einen Federkrieg verwickelten. Einer der Hauptgegner hieß ausgerechnet Christoph Heinrich Pfaff.[2] Man sieht, im *Buch des Unmuts* konnte der *Divan*-Dichter zwar im Tone des Timur aufpochen und darauf hinweisen, daß die Vorsehung ihn nicht zum Wurm bestimmt habe, aber die gewöhnlich mit diesem Glauben verbundene Haltung frommer Ergebung ist hier nicht anzutreffen.

Im *Buch der Parabeln* hingegen finden sich besonders viele Gedichte, deren Quintessenz die Verbindung von Vorsehungsglaube und Ergebung ist. Die meisten Parabeln dieses Buches gehören jener Kategorie an, welche der Dichter selbst als »islamische« im eigentlichen Sinne charakterisiert. Von ihnen sagt er im Kapitel *Künftiger Divan* der *Noten und Abhandlungen*:

> sie stellen die wunderbaren Führungen und Fügungen dar, die aus unerforschlichen, unbegreiflichen Ratschlüssen Gottes hervorgehen; lehren und bestätigen den eigentlichen Islam, die unbedingte Ergebung in den Willen Gottes, die Überzeugung, daß niemand seinem einmal bestimmten Lose ausweichen könne.

Diese Kennzeichnung dürfte gelten für die Gedichte »Vom Himmel sank, in wilder Meere Schauer«, »Bulbuls Nachtlied«, *Wunderglaube*, »Die Perle die der Muschel entrann«, »Ein Kaiser hatte zwei Kassiere«, »Zum Kessel sprach der neue Topf« sowie »Alle Menschen groß und klein«. Wenn in allen genannten Gedichten auf die eine oder andere Weise eine Haltung der Demut anempfohlen oder gerühmt wird, so geschieht das natürlich im Hinblick auf die »unbedingte Ergebung in den Willen Gottes«. Im *Buch der Parabeln* der *Noten und Abhandlungen* richtet Goethe an den »einsichtigen Leser« die Aufforderung, zu erkennen, »wohin die von uns diesmal vorgetragenen [Parabeln] zu ordnen sein möchten«. Auch in dieser Aufforderung liegt ein nachdrücklicher, wenn auch versteckter Hinweis auf die Hauptlehre des Islam. Sie kann an all den genannten Parabeln als Quintessenz abgelesen werden – ein Beweis unter vielen, wie sehr Goethe daran gelegen war, diese Lehre von der Ergebenheit ins Schicksal geltend zu machen. Auf sie kommt er immer wieder zurück, so daß man den Eindruck gewinnt, als habe Goethe im höheren Alter in dieser Hauptlehre des Islam ihren positivsten Aspekt gesehen.

Schon das Gedicht, mit welchem Goethe das *Buch der Parabeln* eröffnet, bietet ein Musterbeispiel für die Haltung unbedingter Ergebung, wie sie aus der »Überzeugung, daß niemand seinem einmal bestimmten Lose ausweichen könne«, erwächst. »Perlendemuth« lautete das erste Stichwort, welches sich Goethe zu dem Gedicht notierte, »Gläubige Perle« die Überschrift, die er fürs Wiesbadener Register wählte. Die Anregung dazu verdankte Goethe einer Parabel von Saadi, die ihm in französischer, lateinischer und deutscher Übersetzung begegnet war.

Vom Himmel sank in wilder Meere Schauer
Ein Tropfe bangend, gräßlich schlug die Flut,
Doch lohnte Gott bescheidnen Glaubensmut
Und gab dem Tropfen Kraft und Dauer.
Ihn schloß die stille Muschel ein.
Und nun, zu ew'gem Ruhm und Lohne,
Die Perle glänzt an unsers Kaisers Krone
Mit holdem Blick und mildem Schein.

Aus dem Glauben an die Vorsehung resultiert die islamische Haltung der Zuversicht und Ergebung selbst in allergefährlichsten Lagen, wo das Bewußtsein der eigenen Ohnmacht überwältigend wäre, würde es nicht durch ein solches Vertrauen aufgewogen. Für sich betrachtet, klingt das Gedicht von der gläubigen Perle wie aus einer ganz fernen Welt. Dennoch handelt es sich bei dieser islamischen Parabel auch um eine persönliche Aussage des *Divan*-Dichters. Dazu müssen wir uns in Erinnerung rufen, daß Goethe gern die Metapher der Perle wählt, um etwas über die Poesie und den Poeten auszusagen. Deutlich ist das der Fall bei einer andern Parabel: »Die Perle die der Muschel entrann …«, wo auch eigene Probleme des *Divan*-Dichters zur Sprache kommen. In einem Liebeslied an Suleika spricht Goethe gleichfalls von »dichterischen Perlen«; die »gewaltige Brandung« von Suleikas Leidenschaft wirft sie dem *Divan*-Dichter »an des Lebens verödeten Strand« aus; seine *Suleika*-Lieder bezeichnet er dort als »Regentropfen Allahs, / Gereift in bescheidener Muschel«. Die Metapher von der »stillen Muschel« in der islamischen Parabel, von der wir ausgingen, deutet in ähnlicher Weise auf Selbsterlebtes: nicht Vermessenheit, sondern »bescheidener Glaubensmut« wird von Allah belohnt; der Tropfe darf zur Perle werden, zur »poetischen Perle«, möchten wir hinzufügen, als »Gewinn des Lebens«, von der »Flut« an den »Strand« ausgeworfen, wie eine weitere Variation dieses Themas in einem anderen *Divan*-Gedicht lautet.

Das Goethesche Kompositum »Glaubensmut« in der islamischen Parabel steht in den Altersjahren des Dichters für die gleiche zuversichtliche Haltung, die ihn schon in seiner Jugend auszeichnete. Sie spricht z. B. aus dem metaphorischen Selbstporträt des jungen Goethe als Seefahrer, der »scheiternd oder landend, seinen Göttern vertraut«[3], oder vermittelt sich durch das Gedicht aus seinem Singspiel *Lila* von 1777, worin es heißt: »Allen Gewalten / Zum Trutz sich erhalten […] Rufet die Arme / Der Götter herbei«. Grundsätzlich war es der gleiche »Glaubensmut«, der sich, wenn auch weit entfernt von der Ausdrucksweise des Sturm und Drang, in der islamischen Parabel von der »aus wilder Meere Schauer« erretteten Perle kundtut. Solches schon im jungen Goethe angelegte Gottvertrauen spricht sich allerdings in den späteren Jahren als religiöse Zuversicht stiller aus und mit deutlicherem Hinweis auf die islamische »Ergebung«.

Im Kapitel *Gelebter Islam* konnte gezeigt werden, mit welcher Beharrlichkeit der *Divan*-Dichter empfahl, sich in den Willen des Herrn zu fügen. Wir wiesen dort auf mehrere Briefzeugnisse Goethes hin, in welchen er sich auf den eigenen Vers »Im Islam leben und sterben wir alle« berufen hat. Wir haben ihn erneut diesem Kapitel als Motto vorangestellt, und wollen nun jenen Vierzeiler aus dem *Buch der Sprüche* vollständig anführen, in dem dieser Vers als Schlußzeile erscheint. Goethe hat hier den Gedanken der islamischen Ergebung mit der Ermahnung zu allgemeiner Toleranz verbunden:

Närrisch, daß jeder in seinem Falle
Seine besondere Meinung preist!
Wenn Islam Gott ergeben heißt,
Im Islam leben und sterben wir alle.

Ergebung ist auch die Quintessenz eines Zweizeilers aus dem *Buch der Sprüche*, der hier als letztes Beispiel angeführt sei:

Prüft das Geschick dich weiß es wohl warum,
Es wünschte dich enthaltsam! Folge stumm.

Nicht zufällig verwendete Goethe diesen Spruch zunächst als Motto in der Erstausgabe von *Wilhelm Meisters Wanderjahren*, dem Roman, der durchgehend »Entsagung« empfiehlt. Ganz im Sinne dieses Goetheschen Altersromans fordert das Verspaar dazu auf, sich in Enthaltsamkeit zu üben, d. h. nichts zu wünschen, was einem schicksalsmäßig versagt ist, sich nicht aufzulehnen gegen das Geschick, sondern willig zu akzeptieren, was einem als »Prüfung« auferlegt wird.

15. Wohltätigkeit im *West-östlichen Divan*

Wir erinnern uns, daß der 23jährige Goethe, als er sich Auszüge aus dem *Koran* machte, den Aufforderungen zum Almosengeben besondere Aufmerksamkeit widmete. Das Thema nimmt auch in den *Divan*-Gedichten, die der Siebzigjährige veröffentlichte, beträchtlichen Raum ein. In den meisten Fällen schließt Goethe sich den Aufforderungen des Islam zu Mildtätigkeit an, aber mit dem »Zweck«, den der Islam den Gläubigen vor Augen stellt, haben Goethes Aufrufe zum Geben nichts zu tun.

Nirgends äußert sich bei Goethe in Verbindung mit dem Motiv der Wohltätigkeit eine Händlergesinnung in Form von Paradiesversprechungen und -erwartungen. Der *Divan*-Dichter macht keine Versprechungen, die nicht sofort erfüllt werden. Der »Gewinn« des Gebens liegt Goethe zufolge im Gefühl der guten Tat oder, wie Goethe es auch nennt, in der »Wonne des Gebens«. So empfängt bei ihm der Gebende schon im Diesseits seinen Lohn: unversehens wird der Wohltätige selber zum Empfangenden. Ein Beispiel aus dem *Buch der Betrachtungen*: hier macht der Dichter aufmerksam auf die Geste der dankbar ausgestreckten Hand, wenn sie sich empfangend der Hand des Gebenden »entgegendrängt«. Nichts ist »lieblicher« als diese »hübsche« Gebärde. Durch das, was er sieht und dabei empfindet, empfängt der Gebende bereits im Augenblick der guten Handlung einen seelischen Lohn, im beglückenden Kontakt von Mensch zu Mensch, durch Gruß und Begegnung von Augen und Händen:

Lieblich ist des Mädchens Blick, der winket,
Trinkers Blick ist lieblich, eh er trinket,
Gruß des Herren, der befehlen konnte,
Sonnenschein im Herbst, der dich besonnte.
Lieblicher als alles dieses habe
Stets vor Augen, wie sich kleiner Gabe
Dürftige Hand so hübsch entgegen dränget,
Zierlich dankbar was du reichst empfänget.
Welch ein Blick! ein Gruß! ein sprechend Streben!
Schau es recht und du wirst immer geben.

In der Nachbarschaft dieses Spruchgedichts steht noch eine weitere Aufforderung zur Mildtätigkeit, bei der Goethe sich an das Pend-Nameh (Buch der Ratschläge) des iranischen Dichter Ferid-eddin Attar anschließt. Dieser hatte gemahnt, es sei wichtig, Wohltaten noch bei Lebzeiten mit eigener Hand auszuführen. Goethe erweitert das Motiv der Vorlage um einen zusätzlichen »diesseitigen« Aspekt: den Gewinn an Freude, den man selber davonträgt, wenn man sein Vermögen mit andern Menschen teilt, statt es bis nach dem Tode aufzusparen:

Und was im *Pend=Nameh* steht
Ist dir aus der Brust geschrieben:
Jeden, dem du selber gibst,
Wirst du wie dich selber lieben.
Reiche froh den Pfennig hin,
Häufe nicht ein Gold-Vermächtnis,
Eile freudig vorzuziehn
Gegenwart vor dem Gedächtnis

Zwei bezeichnende Wörter – »froh« (Vers 5) und »freudig« (Vers 7) – bestimmen den Ton der Verse. Sie erinnern an die Bedeutung der Freudigkeit (*laetitia*) in der *Ethik* des Spinoza. Dort ist es das Charakteristikum des geisteskräftigen Menschen: »gut zu handeln und froh zu sein« (*bene agere et laetari*).

Beide hier zuletzt zitierten Gedichte zusammen überließ Goethe zur Vorveröffentlichung dem Berliner Herausgeber eines Bändchens *Gaben der Milde*, dessen Erlös »zum Vorteil hülfloser Krieger« bestimmt war. Sie erschienen dort 1817 zusammen als ein Gedicht unter der Überschrift *Wonne des Gebens*. Dieser Titel, der leider im *West-östlichen Divan* nicht mehr erscheint, enthält die schöne Kurzformel, mit der die oben aufgeworfene Frage beantwortet wird. Welchen »Lohn« stellt der Dichter dem Mildtätigen in Aussicht? Nicht die Wonnen des Paradieses im Jenseits, wie der Prophet es tut, sondern die »Wonne des Gebens« im Diesseits.

Im *Buch der Sprüche* finden sich wiederholt Mahnungen zu Mildtätigkeit, mit denen Goethe sich zwar an den *Koran* anschließt, aber bezeichnenderweise weitere Aspekte hinzutreten läßt, durch die das oben Gesagte noch verstärkt wird. Der *Divan*-Dichter wünscht: Gutes sollte um seiner selbst und nicht um irgendwelcher Zwecke willen getan werden. Hier bekundet sich ein von allem Handelsgeist freies Ethos. Da alles im Leben vorübergehend ist, kann man weder für sich selber noch für seine Kinder bleibenden Gewinn davon festhalten. Wie in früheren Sprüchen wird hier der Wert der Gegenwart, des kostbaren Augenblicks, betont:

Gutes tu rein aus des Guten Liebe,
Was du tust verbleibt dir nicht;
Und wenn es auch dir verbliebe,
Bleibt es deinen Kindern nicht.

Das Thema der Wohltätigkeit ist damit aber für Goethe immer noch nicht erschöpft. Wenn in den vorangegangenen Sprüchen die Wichtigkeit des Gebens bei Lebzeiten, im Augenblick des Bedarfs, betont und die »Gegenwart« dem Gedächtnis vorgezogen wird, auch angesichts der Vergänglichkeit aller irdischen Güter, so zeigt der nächste Vierzeiler, der den Anfangsvers des zuletzt besprochenen Spruchgedichts wiederholt, eine interessante Variante. Hier geht es nicht mehr in erster Linie um die Würdigung des Augenblicks, sondern doch einmal um Künftiges. Allerdings handelt es sich nicht um künftigen materiellen Gewinn, sondern um das Weiterwirken eines Ethos, wie es die gebenden Naturen auszeichnet. Die Lebenspraxis des Wohltätigen ist etwas, das nicht verlorenzugehen braucht wie alle irdischen Güter. Es besteht vielmehr eine gute Aussicht des Fortbestands und Weiterlebens. Selbst wenn die eigenen Kinder ein solches sittliches Gut nicht aufnehmen und weitergeben sollten, so kann doch die Haltung der Wohltätigen noch künftigen Geschlechtern zugute kommen; ihre Gesinnungen können sich vererben und sich dadurch segensreich für die Erben und andere Menschen auswirken. Dies Ethos erinnert sehr stark an den Vers »Für andre wächst in mir das edle Gut« in Goethes *Zueignung* – d. h. eines Gedichts, das er an die Spitze seiner sämtlichen Werke stellte:

Gutes tu rein aus des Guten Liebe!
Das überliefre deinem Blut;
Und wenns den Kindern nicht verbliebe,
Den Enkeln kommt es doch zugut.

Aus biblischer und islamischer Überlieferung zugleich kam Goethe, wie die Kommentare vermerken, die Eingebung zu einer weiteren Variation des Themas der Wohltätigkeit im *Buch der Sprüche.* Im *Buch Kabus* des von ihm hochgeschätzten Berliner Gelehrten H. F. v. Diez begegnete dem *Divan*-Dichter wiederholt das folgende Sprichwort:

> Thue Gutes, wirf das Brod ins Wasser, wenns der Fisch nicht weiß, so weiß es doch der Schöpfer.

Diez kommentierte mit diesem »Sprüchwort im Arabischen«:

> eine Stelle im Prediger Salomo [...] vom ersten Spruche des eilften Kapitel [...] wirf selbst dein Brod ins Wasser, dahingestellt, wohin es schwimme und wem es zu gut komme [...] denn selbst diese Mildthätigkeit aufs Gerathewohl wird dir von Gott vergolten werden.

Es kam zu einem Gelehrtenstreit über die Textauslegung, durch den Goethe dazu angeregt wurde, das folgende Spruchgedicht zu schreiben, in welchem er durch Übernahme von Teilen des Diezschen Kommentars seine Zustimmung zu dessen Auffassung zum Ausdruck brachte:

> Was willst du untersuchen
> Wohin die Milde fließt.
> Ins Wasser wirf deine Kuchen,
> Wer weiß wer sie genießt.

»Milde« bedeutet hier im alten Wortsinn soviel wie Freigebigkeit und ist im übertragenen Sinne gebraucht für das aus freigebiger Gesinnung heraus Gespendete. Mit »Kuchen« ist hier natürlich an erster Stelle das fladenartige Backwerk gemeint, das man seit Urzeiten im Vorderen Orient anstelle von Brot ißt und das sehr wohl auf dem Wasser schwimmen kann. Darüber hinaus deutet Goethe im metaphorischen Sinne mit »Kuchen« auf seine Gedichte, das, was er den Menschen zu schenken hat. Auch bei ihm ist es »Mildtätigkeit aufs Geratewohl« wie in seiner Vorlage. Aber während Diez noch im Anschluß an religiöse Traditionen davon spricht, daß die Mildtätigkeit »von Gott vergolten« werde, fehlt dieser Gedanke bezeichnenderweise bei

Goethe. Auch die Botschaft seines Vierzeilers entsprach ganz der eigenen Lebenspraxis des Dichters. »Nur Geben heißt Leben«, lautete die Devise seines Freundes Zelter im Brief vom 19. Juli 1828, die wie am Goetheschen Beispiel abgelesen erscheint.

16. Monotheismus im *West-östlichen Divan*

Die Begeisterung des jungen Goethe für die Gestalt des Propheten Mohammed und die Hochschätzung, die er ihm entgegenbrachte, beruhten vor allem auf der Anerkennung seines Verdienstes, die Lehre von der Einheit Gottes rein verkündet zu haben. In den *Noten und Abhandlungen* preist Goethe den Monotheismus im Kapitel über den muslimischen Herrscher »Mahmud von Gasna«, der in den von ihm eroberten Teilen Indiens den Islam eingeführt und die dort herrschende Vielgötterei beseitigt hat, mit der bemerkenswerten, für Goethes Denken äußerst aufschlußreichen Begründung:

> Der Glaube an den einigen Gott wirkt immer geisterhebend, indem er den Menschen auf die Einheit seines eigenen Innern zurückweist.[1]

Eine besonders einprägsame Apologie des Monotheismus findet sich unter den Nachlaßversen zum *Divan* in dem Gedicht: »Süßes Kind, die Perlenreihen …«. Dieses Gedicht soll im Zentrum unserer folgenden Betrachtungen stehen, denn im Hinblick auf die Lehre von der Einheit Gottes spricht der Dichter darin ganz aus muslimischer Sicht. Wie wir noch sehen werden, hat Goethes junger katholischer Freund Sulpiz Boisserée dem Dichter geraten, das Gedicht zu verwerfen, in der Befürchtung, er könne damit Anstoß erregen. Denn Goethe stellt sich darin mit Entschiedenheit dem Propheten zur Seite, der den Anspruch erhoben hatte, im Gegensatz zum Christentum den reinen monotheistischen Gottesglauben zu verkünden. Mohammed berief sich dabei wiederholt auf den Urvater der drei Offenbarungsreligionen, Abraham. Bereits Abraham, so erklärte er, sei Muslim gewesen.[2] Bei seinem Plädoyer für den Monotheismus in der vierten Strophe von »Süßes Kind, die Perlenreihen …« schloß Goethe sich demnach nicht nur dem Alten Testament, sondern auch dem *Koran* an, wenn er in den Versen 13 ff. erklärt:

Abraham, den Herrn der Sterne
Hat er sich zum Ahn erlesen;
Moses ist, in wüster Ferne,
Durch den Einen groß gewesen.

David, auch durch viel Gebrechen,
Ja, Verbrechen durch gewandelt,
Wußte doch sich los zu sprechen:
Einem hab' ich recht gehandelt.

Der Ausdruck »Herr der Sterne« läßt natürlich an I. Mose 15, 1+5 denken: »Nach diesen Geschichten begab sich's, daß zu Abraham geschah das Wort des Herrn im Gesicht und sprach: Fürchte dich nicht, Abraham! Ich bin dein Schild und dein sehr großer Lohn. […] Und er hieß ihn hinausgehen und sprach: Siehe gen Himmel und zähle die Sterne; kannst du sie zählen? Und sprach zu ihm: Also soll dein Same werden.« Doch haben wir bereits gesehen, daß Goethe schon in jungen Jahren, als er sich Auszüge aus dem *Koran* machte und seine *Mahomet*-Tragödie entwarf, besonders beeindruckt war und sich sogar zur Abfassung einer Hymne begeistern ließ von jener Partie des *Korans* (Sure 6: *Das Vieh*, Vers 74-79), worin geschildert wird, wie Abraham im Angesicht des Sternenhimmels den wahren Gott erkennt. Mohammed hat den Christen zum Vorwurf gemacht, daß sie sich gegen die Erkenntnis von der Einheit Gottes, also gegen die Grundwahrheit des Monotheismus versündigten, indem sie Christus zum Sohn Gottes erklärten. So heißt es in der 112. Sure des *Koran*, die Goethe aus der 1811 im zweiten Band der *Fundgruben des Orients* veröffentlichten Übersetzung Josef v. Hammers bekannt war:

Das Bekenntniß der Einheit.

13. Sag': Gott ist Einer,
14. Er ist von Ewigkeit;
15. Er hat nicht gezeugt,
16. Er ward nicht gezeugt,
17. Ihm gleich ist Keiner.

Goethes eigene Vorstellung von Gott stimmte darin mit derjenigen der Muslime überein[3], und wie diese betonte Goethe, daß Christus selbst sich zum »alleinigen Gott« bekannt habe.[4] Er äußert sich hier auch auffallend feindlich gegenüber dem christlichen Kreuzeszeichen, das die im Gedicht angesprochene Geliebte[5] an der ihr vom Dichter geschenkten Perlenkette trägt (Str. 1 ff.):

Süßes Kind, die Perlenreihen,
Wie ich irgend nur vermochte,
Wollte traulich dir verleihen,
Als der Liebe Lampendochte.

Und nun kommst du, hast ein Zeichen
Dran gehängt, das, unter allen
Den Abraxas seinesgleichen,
Mir am schlechtsten will gefallen.

Diese ganz moderne Narrheit
Magst du mir nach Schiras bringen!
Soll ich wohl, in seiner Starrheit,
Hölzchen quer auf Hölzchen singen?

Man beachte hier besonders den Ausdruck »Abraxas«. Im vierten der unter dem Titel »Segenspfänder« im *Buch des Sängers* aufgeführten Gedichte hatte sich Goethe nämlich über Abraxas in kräftigen Worten folgendermaßen ausgedrückt:

> Doch Abraxas bring ich selten!
> Hier soll meist das Fratzenhafte,
> Das ein düstrer Wahnsinn schaffte,
> Für das allerhöchste gelten.
> Sag' ich euch absurde Dinge,
> Denkt, daß ich Abraxas bringe.

Auf die Kennzeichnung des Kreuzzeichens als Abraxas also folgen die zuvor zitierten Strophen, worin der althergebrachte Monotheismus – unter Berufung auf Abraham, Moses, David, Jesus und Mohammed – als »das Rechte« gepriesen wird. In der sechsten und siebenten Strophe bekundet Goethe, daß er gleich dem Propheten Mohammed die christliche Lehre von der Gottessohnschaft Jesu ablehnt, also in einem Punkt auf der Seite des Islam steht, der entscheidend geblieben ist für die theologische Auseinandersetzung zwischen Islam und Christentum, und er preist die Erneuerung des monotheistischen Glaubens durch Mohammed:

> Jesus fühlte rein und dachte
> Nur den Einen Gott im Stillen;
> Wer ihn selbst zum Gotte machte,
> Kränkte seinen heilgen Willen
>
> Und so muß das Rechte scheinen
> Was auch Mahomet gelungen;
> Nur durch den Begriff des Einen
> Hat er alle Welt bezwungen.

Auf den Gedanken, jene fünf Gestalten – Abraham, Moses, David, Jesus und Mahomet – als Vertreter des Monotheismus zu rühmen, wie es in Vers 13-29 geschieht, war Goethe im März 1815 durch Chardins *Voyage en Perse* gebracht worden, worin es heißt:

> Es ist hier zu bemerken, daß die Mahometaner glauben, Gott habe mehrere Jahrhunderte vor der Schöpfung der Welt die *Heiligen Bücher* geschrieben, welche für alle Zeiten die öffentliche Religion und die Sitten regeln sollten, und er bewahrte sie bei sich im Himmel auf und erlaubte den Engeln darin zu lesen, und auch den Propheten; denn sie behaupten, daß die Propheten vor der Welt geschaffen worden seien [...] Man findet bei ihren Autoren verzeichnet, daß nach Lehrmeinung der ersten Mahometaner die *Heiligen Schriften* ewig waren, wie Gott selbst [...] und sie lehrten, daß obwohl Gott hundertvierundzwanzigtausend Propheten in die Welt gesandt habe, nur fünf von ihnen Gesetze für den öffentlichen Kultus aufgestellt haben, nämlich Abraham, Moses, David, Jesus Christus, und ihr falscher Prophet Mahomet, welche sie zur Unterscheidung *Saleh-Kitab*, das heißt *Herren der Bücher* nennen, gemeint ist *Gesetzes*bücher, wie man sie auch *Gesetzgeber* nennen könnte.[6]

Der Dichter fährt nach seinem Lobpreis für die genannten fünf Propheten und insbesondere des Mohammed, den er im Gegensatz zu dem von ihm als Quelle benutzten Chardin eben keineswegs für einen falschen Propheten erklärte, in seinen Schmähungen des Kreuzes, das der Geliebten zum Halsschmuck dient, fort. Zum Schluß allerdings lenkt er auf galant-ironische Weise ein: Da sie die Trägerin dieses »leidigen Dinges« ist, kann der über alle Maßen Verliebte gar nicht anders als zum »Renegaten« werden. Schon Salomo sei es ganz ähnlich gegangen:

> Wenn du aber dennoch Huld'gung
> Diesem leid'gen Ding verlangest;

Diene mir es zur Entschuld'gung
Daß du nicht alleine prangest. –

Doch allein! – da viele Frauen
Salomonis ihn verkehrten,
Götter betend anzuschauen
Wie die Närrinnen verehrten.

Isis' Horn, Anubis' Rachen
Boten sie dem Judenstolze,
Mir willst du zum Gotte machen
Solch ein Jammerbild am Holze!

Und ich will nicht besser scheinen
Als es sich mit mir eräugnet,
Salomo verschwur den seinen,
Meinen Gott hab' ich verläugnet.

Laß die Renegatenbürde
Mich in diesem Kuß verschmerzen:
Denn ein Vitzliputzli würde
Talisman an deinem Herzen.

Wir erkennen, wie entschieden Goethe sich in diesem Gedicht auf den muslimischen Standpunkt stellt: mag den Christen das Kreuz als unabdingbares Mysterium gelten, den Muslimen ist es ein Ärgernis. Im *Koran*, Sure 4 (*Die Frauen*), Vers 157 ff. wird erklärt, daß nicht Jesus getötet oder gar gekreuzigt worden sei, sondern jemand, der ihm ähnlich war: »Doch die darüber streiten, sind darob in Zweifel, / Da sie davon kein Wissen haben / und folgen nur der Meinung; / Sie aber haben ihn in Wahrheit nicht getötet, / Erhoben hat ihn Gott zu sich, Denn Gott ist stark und weise.« (Übersetzung von Friedrich Rückert). –

Man weiß von des Dichters Abneigung gegen das Kreuz als

religiösem Symbol. Damit hat es aber eine besondere Bewandtnis. Goethe wehrte sich gegen die gewohnheitsmäßige Zurschaustellung des »Martergerüsts«, weil sein Auge und innerer Sinn hochempfindlich waren und jeden Eindruck mit ursprünglicher Gewalt auffaßten. In *Wilhelm Meisters Wanderjahren* sprach er es unumwunden aus, daß es ihm eine »verdammungswürdige Frechheit« bedeute, mit diesen »Geheimnissen, in welchen die göttliche Tiefe des Leidens verborgen liegt, zu spielen«. Hierüber solle man vielmehr »einen Schleier ziehen«. Mignon, die Lieblingsgestalt des Dichters in *Wilhelm Meisters Lehrjahren* trägt im Verborgenen ein Kreuz, das erst bei ihrem Tode entdeckt wird, und zwar »auf ihren zarten Armen mit vielen hundert Punkten zierlich abgebildet«. Dieses insgeheim getragene Kreuz birgt ein ernstes Geheimnis, und es darf daran erinnert werden, daß Goethe in der Gestalt der Mignon wichtige Züge seines eigenen Wesens in verschlüsselter Form dargestellt hat. All dies ist in Betracht zu ziehen, wenn man das heikle Thema von »Süßes Kind, die Perlenreihen ...« behandelt, wo in der Tat Goethes Abneigung gegen das Kreuz als Halsschmuck besonders kraß zur Darstellung kommt, so kraß, daß der Dichter auf Veranlassung seines Freundes Sulpiz Boisserée, eines gläubigen Katholiken, die Verse zu sekretieren versprach. Boisserée hat in seinem Tagebuch das Gespräch festgehalten, das er mit Goethe am 8. August 1815 in Wiesbaden hierzu geführt hat, nachdem ihm dieser sein Gedicht vorgelesen hatte:

> Haß des Kreuzes. Schirin hat ein Kreuz von Bernstein gekauft, ohne es zu kennen; ihr Liebhaber [Chosru] findet es an ihrer Brust, schilt gegen die westliche Narrheit u. s. w. Zu bitter hart und einseitig – ich rathe, es [das Gedicht] zu verwerfen [...] Er wolle es seinem Sohn zum Aufheben geben, dem gebe er alle seine Gedichte die er verwerfe; er habe eine Menge, besonders persönliche und zeitliche; nicht leicht eine Begebenheit worüber er sich nicht in einem Gedicht ausgesprochen. So habe er seinen Aerger, Kummer und Verdruß über die Angelegenheiten des Tages Politik

> u. s. w. gewöhnlich in einem Gedicht ausgelassen, es sei eine Art Bedürfniß und Herzens-Erleichterung, *Sedes poeticae.* Er schaffe sich so die Dinge vom Halse, wenn er sie in Gedichte bringe. Sonst habe er dergleichen immer verbrannt; aber sein Sohn verehre alles von ihm mit Pietät, da lasse er ihm den Spaß.[7]

Wenn man angesichts der riesigen Flut von Literatur über Goethe feststellen muß, wie wenig bisher Goethes enges Verhältnis zum Islam beachtet worden und in welch geringem Maße deshalb die Kenntnis dessen ins allgemeine Bewußtsein der Deutschen gedrungen ist, so könnte man auf den Gedanken kommen, das Gedicht »Süßes Kind, die Perlenreihen …« sei seit damals in einer Lade verschlossen geblieben und nur einer kleinen Zahl von Eingeweihten als eine strenge Geheimsache zugänglich gemacht worden. Dabei ist es seit 1836 bekannt.

Allerdings darf man sich durch die recht heftigen Äußerungen Goethes gegen das Kreuzeszeichen und seine ablehnende Haltung gegenüber den unter seinen romantischen Zeitgenossen in Schwang gekommenen »Religionsveränderungen« und dem »neuen altertümelnden, katholisch-christelnden Kunstgeschmack« nicht umgekehrt nunmehr zu der Meinung verleiten lassen, Goethe hätte sich allgemein dem Christentum und insbesondere dem Katholizismus gegenüber unduldsam oder gar feindlich verhalten. Auf diesem Mißverständnis gründet das im Internet unter: *http://www.freeyellow.com/members3/abdallah/goethe.html* zu findende Fetwa eines in Weimar ansässigen Schaikh 'Abdulqadir Al-Murabit, das er am 19. Dezember 1995 verkündet hat und sich vom Amir der Gemeinschaft der Muslime in Weimar, Hajj Abu Bakr Rieger, hat absegnen lassen, worin Goethe postum zum Muslim erklärt wird. Die Autoren dieses seltsamen Dokuments fühlen sich zu einem solchen Richterspruch unter anderem dadurch berechtigt, daß sie das Gedicht »Süßes Kind, die Perlenreihen« als Ablehnung nicht einiger christlicher Dogmen und Gebräuche, sondern als eine Ablehnung des Christentums als solchem deuten. Nun muß man jedoch im Auge behalten, daß Goethe sein Gespräch über jenes Gedicht mit niemand anderem als seinem katholischen Freund Sulpiz Boisserée geführt hat, der in seinem Tagebuch an keiner Stelle durchblicken läßt, daß er sich von Goethes Äußerungen des Unmuts über gewisse äußerliche Erscheinungen der offiziellen christlichen Religionsausübung in irgendeiner Weise persönlich verletzt gefühlt hätte. Ja, Goethe hat an anderer Stelle nicht nur nachdrücklich seine Verehrung für katholische Heilige wie Alexius, Filippo Neri, St. Rochus oder St. Nepomuk bekundet, er hat sogar, am 7. 4. 1830 dem Kanzler F. v. Müller gestanden: »Sie wissen, wie ich das Christentum achte, oder Sie wissen es vielleicht auch nicht; wer ist denn noch heutzutage ein Christ, wie Christus ihn haben wollte? Ich allein vielleicht, ob ihr mich gleich für einen Heiden haltet.«

Wie aber verträgt sich diese Aussage mit Goethes Bekenntnis zum reinen Monotheismus, wie verträgt sie sich mit seinem Geständnis in der Ankündigung zum *West-östlichen Divan* vom 3. Januar 1816, der Dichter desselben »lehne den Verdacht nicht ab, daß er selbst ein Muselman sei«, wie mit seiner Versicherung: »Im Islam leben und sterben wir alle«? War Goethe in Glaubenssachen ein Chamäleon? Man kann diese Frage nicht besser beantworten als dadurch, daß man Goethe selbst zu Wort kommen läßt, der noch miterlebt hat, wie er unter einen solchen Verdacht geriet. In das Buch *Campagne in Frankreich* nahm er die Erinnerung an seine Begegnung mit dem katholischen Zirkel der Fürstin Gallitzin in Münster auf, zu dem er im November 1792 eingeladen worden war. Er hatte die Gesellschaft der Fürstin zu allseitiger Zufriedenheit der Anwesenden damit unterhalten, daß er ihnen »die römischen Kirchenfeste, Karwoche und Ostern, Fronleichnam und Peter Paul; sodann zur Erheiterung die Pferdeweihe, woran auch andere Haus- und Hoftiere teilnehmen«, darstellte, was zu folgendem quiproquo führte:

> Einer von den Gegenwärtigen, mit den Gesamtverhältnissen nicht genau bekannt, hatte im stillen gefragt: ob ich

> denn wirklich katholisch sei? Als die Fürstin mir dieses erzählte, eröffnete sie mir noch ein anderes; man hatte ihr nämlich vor meiner Ankunft geschrieben, sie solle sich vor mir in acht nehmen, ich wisse mich so fromm zu stellen, daß man mich für religiös, ja für katholisch halten könne.

Man beachte nun in Goethes Antwort den Ausdruck »fratzenhafte Verzerrung«, und schon hat sich der Kreis zum oben zitierten »Abraxas« geschlossen:

> »Geben Sie mir zu, verehrte Freundin«, rief ich aus, »ich stelle mich nicht fromm, ich bin es am rechten Orte, mir fällt nicht schwer, mit einem klaren, unschuldigen Blick alle Zustände zu beachten und sie auch ebenso rein darzustellen. Jede Art fratzenhafter Verzerrung, wodurch sich dünkelhafte Menschen nach eigener Sinnesweise an dem Gegenstand versündigen, war mir von jeher zuwider. Was mir widersteht, davon wend' ich den Blick weg, aber manches, was ich nicht gerade billige, mag ich gern in seiner Eigentümlichkeit erkennen; da zeigt sich denn meist, daß die anderen ebenso recht haben, nach ihrer eigentümlichen Art und Weise zu existieren, als ich nach der meinigen.«

Goethes Verständnis des Monotheismus, sein Verständnis der Lehre von der Einheit Gottes, schloß also die Anerkennung der Vielfalt in der Einheit nicht aus, ja bedingte sie geradezu. Man kann das Prinzip der Toleranz, welches dieser Haltung Goethes zugrunde lag, nicht besser wiedergeben als mit dem 13. Vers aus der 49. Sure des *Koran* mit dem Titel *Die Gemächer* (in der Übersetzung von Friedrich Rückert):

> Ihr, o ihr Menschen, wir erschufen
> Euch Mann und Weib,
> Und machten euch zu Stämmen und Geschlechtern,
> Daß ihr einander kennen möchtet;
> Fürwahr, der edelste von euch ist
> Der Gottesfürchtigste von euch;
> Denn Gott ist weis' und kundig.

17. Die »hundert Namen Allahs« im *West-östlichen Divan*

Wenn das eingegrabne Wort
Allahs Namen rein verkündet,
Dich zu Lieb' und That entzündet.

Unter den mit *Segenspfänder* und *Talismane* überschriebenen Gedichten im *Buch des Sängers*, das den *West-östlichen Divan* eröffnet, spielen einige auf Allahs hundert Namen an, das heißt auf ein Mysterium, das im Zentrum islamisch-mystischer Frömmigkeit steht. Da, wie bekannt, im orthodoxen Islam das Bild bzw. Abbildungen verpönt sind, weil sie zum Götzendienst verleiten könnten, kommt dem Wort eine um so größere Bedeutung zu, es hat gleichsam schöpferische Kraft. Entsprechend sagt Goethe im ersten *Segenspfand* in den Versen 7-9: »Wenn das eingegrabne Wort / Allahs Namen rein verkündet, / Dich zu Lieb' und Tat entzündet.«

Dem Begriff »Talisman« und dem Thema der hundert Beinamen Gottes war Goethe in einem Aufsatz J. v. Hammers *Über die Talismane der Moslimen* (*Fundgruben des Orients* Band 4, S. 160 ff.) begegnet. Darin berichtet Hammer von einer islamischen Tradition, wonach Gott Namen trägt, welche »die *schönen* genannt, der Hauptbestandteil aller Beschwörungen, Zauberringe und Talismane« bilden. Neunundneunzig dieser Namen, heißt es, sind im *Koran* offenbart worden, der einhundertste bleibt verborgen. So bedeuten nach Hammer »die hundert Korallen des mohammedanischen Rosenkranzes neun und neunzig Eigenschaften Gottes samt seinem arabischen Namen *Allah*«. Die Tradition geht zurück auf den Vers 180 (179) der siebten Sure des *Koran*, »Doch Gottes sind die schönsten Namen / Ruft ihn damit, und lasset jene, / Die da mißbrauchen seinen Namen; / Gelohnt wird ihnen werden, was sie taten.« (Rückert), und auf die Verse 22 bis 24 der neunundfünfzigsten Sure des *Koran*, welche in der Übersetzung Hammers, die Goethe vorlag, folgendermaßen lauten:

22. Er ist der Herr. Es ist kein Gott als er. Er weiß das Offenbare wie das Verborgene. Er ist Allbarmherzig, und Allgnädig.

23. Er ist Gott der Herr. Es ist kein Gott als er, der Herrscher, der Heilige, der Heilbringende, der Gläubige, der Gute, der Höchste, der Dränger, der Gewaltige. Lob sei Gott über alle die, so sie ihm zur Seite stellen.[1]

24. Er ist Gott der Schöpfer, der Hervorbringer, der Bildner. Er hat schöne Namen. Ihn lobet was im Himmel und auf Erden. Er ist der Höchste, Weiseste.

Die »kanonische Litanei« des islamischen Rosenkranzes beginnt mit: »der Allmilde«, »der Allerbarmende«, »der Allherrscher«, »der Allheilige«, »der Allfehlerfreie«, »der Allrettende«, doch gibt es auch furchterregende Namen wie: »der Allzwingende«, »der Allnehmende«, »der Allerniedernde«, »der Allherabsetzende« usw. Die Vorsilbe »All« ist hierbei allerdings deutsche Zutat. Man fügt diese gewöhnlich im Deutschen hinzu, um die Beinamen Gottes als Attribute des »All«mächtigen zu kennzeichen und sie von gewöhnlichen, den irdischen Dingen beigelegten Eigenschaftswörtern zu unterscheiden. Im Arabischen mit seiner lakonischen Ausdrucksweise bedürfen die göttlichen Attribute einer solchen Kennzeichnung nicht. Weil aber in einer der kürzesten und zugleich wirkungsmächtigsten Sure des *Koran*, der einhundertzwölften (»Die aufrichtige Hingabe«), von Gott gesagt wird: »Keiner ist ihm gleich«, so ist schon in der Frühzeit des Islam eine heftige Diskussion um die Bedeutung der göttlichen Beinamen entbrannt, welche sich im *Koran* finden, eine Diskussion, die bis heute nicht abgerissen ist. Denn jede Qualifizierung eines Vorstellungsobjekts durch ein Eigenschaftswort bedeutet ja einen Vergleich mit anderen Dingen und damit eine Einschränkung, entsprechend der Formulierung Spinozas: »Omnis determinatio est negatio.« Zugleich kreist die Diskussion um die Frage, wie die Attribute der Allmacht Gottes mit denen seiner Barmherzigkeit und Gerechtigkeit zu vereinbaren sind.

Wenn jedoch Hans A. Maier in seinem Kommentar zum *Divan* (Tübingen 1965, Bd. II, S. 348) erklärt, Goethe habe sich »abgestoßen« gefühlt von der »inneren Widersprüchlichkeit« der Namensfülle Allahs, so hält dies einer näheren Überprüfung nicht stand. Vermutlich wurde Maier zu seiner Behauptung, die er nicht im einzelnen begründet, durch folgende Lektüre-Notizen Goethes verleitet: » [...] das Abscheuliche wohin das System der Einheit Gottes führt. / Das Absurde dass man ihm alle widersprechenden Namen (Praedicate) geben muß.« (FA 3/1, 679 f.: Bl. 92) Goethe spricht hier aber wohlgemerkt nicht nur von dem Absurden widersprüchlicher Namen, sondern auch vom »Abscheulichen, wohin das System der Einheit Gottes führt«, ohne daß jemand auf die Idee gekommen wäre, zu behaupten, Goethe hätte die Lehre von der Einheit Gottes abscheulich gefunden. Derlei Notizen dürfen nicht einfach aus dem Zusammenhang gerissen werden. Sie beziehen sich auf Extremfälle religiöser Sophistik, auf die Goethe bei der Lektüre von Dschelâl-eddîn Rumis *Mesnewi* gestoßen war. Hier waren ihm Märchen begegnet, worin die Untaten von Mördern und anderer Verbrecher damit gerechtfertigt wurden, daß man sie zu »Stellvertretern Gottes« erklärte, da sie ja nur den Willen der Vorsehung vollzogen hätten. Diese »Accomodation der wunderlichsten Märchen zu moralisierenden Dogmen« tadelt Goethe als ein »Verlügen des Wirklichen«, das in solchen Fällen »auf närrische Art ins Ideelle verwandelt« wird, und er notiert im Zusammenhang hiermit das Stichwort »Tyranney«.[2]

Goethe berührte damit ein Problem, welches die muslimischen Theologen seit der Frühzeit des Islam beschäftigte: Wie ist die Vorbestimmtheit des Schicksals, die sich aus der Einheit und Allmacht Gottes ergibt, mit dem Gedanken vereinbar, daß der Mensch für seine Taten verantwortlich ist? So schreibt Tilman Nagel in seiner *Geschichte der islamischen Theologie* (München 1994, S. 94) über die Mutakallimûn, die Theologen der islamischen Frühzeit: »Sie rangen um die Lösung des Kernproblemes schlechthin, das der Koran den Muslimen aufgegeben hatte – innerweltliche Kausalität und damit Verantwortbarkeit des Handelns zusammenzudenken mit der ununterbrochen sich aktualisierenden Allmacht des einen Schöpfers.«

Den modernen Islamisten, welche unter der Losung »Gott allein gebührt die Macht!« die Errichtung eines Gottesstaats fordern, hat der ehemalige Oberrichter am Obersten Gerichtshof zu Kairo, Mohammad Sa'id al-Ashmawy, in einem Buch über den *Politischen Islam* entgegengehalten, daß bereits der vierte der rechtgeleiteten Kalifen, Alî b. Abî Tâlib, als er von politischen Gegnern mit diesem Slogan konfrontiert wurde, geantwortet habe: »Diese Aussage ist zwar wahr, aber ihr gebraucht sie in falschem Sinn!« Und Ashmawy fährt fort:

> Noch heute trifft diese Antwort zu, denn jene Losung wird schlicht als politisches Schlagwort mißbraucht in einem Sinn, welcher der Wahrheit entgegengesetzt ist, die Logik verhöhnt und zur Spielerei mit Begriffen führt, und genau das war die Methode der Tyrannei von Anbeginn der Geschichte bis zum heutigen Tag.

Ashmawy erinnert an den Fall eines Verbrechers, der sich vor einem oberägyptischen Gericht wegen Mordes verantworten mußte und sich mit den Worten herauszureden versuchte: »Nicht ich habe ihn [das Opfer] getötet, sondern Gott hat ihn getötet .... [Denn] wenn Gott es nicht gewollt hätte, wäre er nicht getötet worden und ich hätte ihn nicht töten können.«[3]

Bemerkenswert ist, daß Goethe schon damals, wie heute Ashmawy, die totalitäre Denkart, welche hinter einer solchen Gesinnung steckt, mit dem Stichwort ›Tyrannei‹ brandmarkte. In der Tat hatten schon die Omayaden, das heißt jene frühe Dynastie von Herrschern im islamischen Reich, welche auf die ersten vier, die sogenannten rechtgeleiteten Kalifen folgten, für ihre ungezügelte, tyrannische Herrschaft die göttliche Bestimmung für sich in Anspruch genommen. Den Titel Kalif

(Stellvertreter) wollten sie nicht mehr im Sinne eines »Stellvertreters des Gottesgesandten« [Mohammed] verstanden wissen wie ihre bescheideneren Vorgänger, sondern im Sinne eines »Stellvertreters Gottes auf Erden«, der unbedingten Gehorsam fordern kann. Denn alles, was ein Kalif als solcher tut, ist demnach von Gott vorherbestimmt und daher gerechtfertigt.[4] So erscheint aber dann auch Gott selbst, welcher nicht nur die Taten, sondern auch die Untaten der Menschen im voraus entscheidet, die Übeltäter dann aber dafür bestraft, als Inbegriff der Ungerechtigkeit, als Tyrann.

Im Verlauf der Omayadenherrschaft versuchten verschiedene muslimische Denker für dieses Dilemma der Theodizee eine Lösung zu finden. Die eine, sich mit den Gegebenheiten der politischen Lage abfindende Richtung der Gläubigen, die sich als »Anhänger von Sunna und Hadith« bezeichneten, also sozusagen die Vorläufer des Sunnitentums, erklärten, wie Johann Christoph Bürgel schreibt (in: *Allmacht und Mächtigkeit*. Religion und Welt im Islam. München 1991, S. 107 f.): »Gutes und Böses sind nicht gut oder böse, weil die Vernunft es so entscheidet, sondern allein, weil Gott es so will und so offenbart hat [...] Sie vertraten eine ethische Kasuistik statt einer philosophischen Ethik, und sie leugneten die Kausalität im Naturgeschehen.[5]«

Es gab jedoch eine Gegenströmung, »die sogenannten Mu'tazeliten, eine theologische Richtung, die in der ersten Hälfte des 9. Jahrhunderts von beherrschendem Einfluß war«. Sie vertraten den Grundsatz: »Gott entspricht den Postulaten der Vernunft«, wobei sie die Einheit und Unvergleichlichkeit Gottes zum Ausgangspunkt ihrer Überlegungen bestimmten. Im Gegensatz zu den »Anhängern von Sunna und Hadith« nahmen sie deshalb die Anthropomorphismen des *Koran* nicht wörtlich, sondern sahen darin nur Gleichnisse, und folgerichtig verwarfen sie die Vorstellung eines persönlich verstandenen Gottes. »Gleichermaßen wichtig aber war die Forderung, daß Gott gerecht sein müsse, [...] was wiederum erfordert, daß der Mensch seine Handlungen selber erschaffen, d. h. frei sein muß, sie zu tun oder nicht zu tun. Sonst nämlich würde er für Dinge bestraft, die seiner freien Wahl und damit seiner Verantwortung entzogen sind.«[6]

Durch den Artikel *Motazelah* in Herbelots *Bibliothèque Orientale* war Goethes Aufmerksamkeit auf die Mu'tazeliten gelenkt worden. Daraufhin notierte er sich: »Sunniten – Orthodoxe, Motazales – Ketzer«. Bekanntlich war er des öfteren selbst als Ketzer verschrieen worden und fühlte sich verständlicherweise zum Denken der Ketzer hingezogen. So schrieb er in *Dichtung und Wahrheit* (Teil II, Buch 8) über Gottfried Arnolds *Kirchen- und Ketzergeschichte*: »Was mich an diesem Werk besonders ergötzte, war, daß ich von manchen Ketzern, die man mir bisher als toll oder gottlos vorgestellt hatte, einen vorteilhaftern Begriff erhielt.«

In unserem Zusammenhang ist nun bemerkenswert, daß der Dichter des *Divan* im zweiten seiner *Talismane* ein Gedicht schuf, das mit seiner Lobpreisung Gottes als des einzig Gerechten wie ein mu'tazelitisches Credo anmutet:

Er der einzige Gerechte,
Will für jedermann das Rechte.
Sei, von seinen hundert Namen,
Dieser hoch gelobet! Amen.

Goethes Übereinstimmung mit der mu'tazelitischen Lehre von der Gerechtigkeit Gottes ist in der Tat überraschend. Doch soll hier nicht behauptet werden, daß Goethe zugunsten einer bestimmten Glaubensrichtung Partei ergreifen wollte, als er von den hundert Namen Allahs ausgerechnet denjenigen pries, der im islamischen Rosenkranz an 29. Stelle steht: »der Allgerechte«. Unbezweifelbar aber ist, daß hier eine geistige Strömung zum Ausdruck kommt, die von der islamischen Frühaufklärung über die arabischen und jüdischen Philosophen des Mittelalters bis hin zu Spinoza und damit letztendlich zu Goethe führt. Ernst Bloch machte auf diese Filiation aufmerksam in seiner Analyse des philosophischen Romans *Hayy Ibn Yaqzân*

(*Der Lebende Sohn des Wachenden*) von Ibn Tufail (gest. 1185), dem Lehrer des Philosophen Averroes, Wesir und Hofarzt bei den nordafrikanischen Almohaden. Lessing hat diesen Roman sehr geschätzt, und es ist wahrscheinlich, daß auch Goethe ihn in seiner Jugend gelesen hat. Hauptabsicht des Autors ist, zu zeigen, wie Ernst Bloch sagt: »daß der Mensch ohne Kenntnis einer positiven Religion nicht nur zur Erkenntnis Gottes und der Natur gelangen könne, sondern ebenso zur Weisheit der Tugend.« Die gleiche Auffassung findet sich bei Goethe im ersten Teil, vierten Buch von *Dichtung und Wahrheit*:

> Die allgemeine, natürliche Religion bedarf eigentlich keines Glaubens: denn die Überzeugung, daß ein großes, hervorbringendes, ordnendes und leitendes Wesen sich gleichsam hinter der Natur verberge, um sich uns faßlich zu machen, eine solche Überzeugung drängt sich einem jeden auf; ja wenn er auch den Faden derselben, der ihn durchs Leben führt, manchmal fahren ließe, so wird er ihn doch gleich und überall wiederaufnehmen können.

Ernst Bloch fährt in seiner Darstellung der Lehren Ibn Tufails fort:

> Die Eigenschaften Gottes sind nicht seine, sondern Vorbilder für die Menschen, ihrer Gesinnung und der Handlung, worin sie sich bewährt. Bei Maimonides, dem jüdischen Aristoteliker, Avicenna und Averroes nicht ganz fernstehend, erschien das, in seinem *Führer der Verirrten*, so, daß das Wissen um Gott auf diejenigen Attribute beschränkt wird, welche ausschließlich den Menschen, nämlich die Sittlichkeit betreffen. Und auch von hier aus hat der morgenländische Naturalismus nach Europa gewirkt, so auf Abälard, so auf Roger Baco, so zuletzt auf die europäische Aufklärung des siebzehnten und achtzehnten Jahrhunderts. [...] Roger Baco lehrte [...] das Sittengesetz als für alle Menschen gleich-einleuchtend und von gleichem Inhalt; es macht nach ihm sogar den Inhalt jeder künftigen, jeder nur möglichen Universalreligion aus. Und was will Spinoza, nach lan-

gen Jahrhunderten, doch dem orientalischen Kulturkreis näher als irgendein anderer großer Denker, im ›Theologisch-politischen Traktat‹ dringender zeigen, als daß das Wesen der Religion nicht in der Anerkennung einzelner Dogmen, sondern in der humanen Gesinnung und der daraus entfließenden Praxis bestehe?[7]

Im Appendix zum ersten Teil der *Ethik* des Spinoza, *Über Gott*, worin Spinoza das Entstehen von Vorurteilen demonstriert, fand Goethe Beispiele dafür angeführt, wie Krankheiten, Erdbeben, Stürme usw. als böse, schädlich, schlecht, tadelnswert, häßlich usw. beurteilt werden, solange die Leute nur ihren eigenen Vorstellungen folgen. Spinoza fährt fort:

> Viele pflegen nämlich folgendermaßen zu argumentieren: Wenn alles aus der Notwendigkeit der vollkommensten Natur Gottes erfolgt ist, woher kommen dann so viele Unvollkommenheiten in der Natur, wie das Faulen der Dinge sogar bis zum Übelriechen, die ekelerregende Häßlichkeit gewisser Dinge, die Unordnung, das Schlechte, die Sünde u. s. f.? – Sie sind aber, wie gesagt, leicht zu widerlegen. Denn die Vollkommenheit der Dinge ist nur nach ihrer Natur und ihrem Vermögen zu schätzen; folglich ist ein Ding deshalb nicht mehr und nicht weniger vollkommen, weil es einen der menschlichen Sinne ergötzt oder beleidigt, weil es der menschlichen Natur zusagt oder nicht zusagt.
>
> Denen aber, welche fragen, warum Gott nicht alle Menschen so geschaffen hat, daß sie sich von der Vernunft allein leiten lassen, antworte ich nur: weil er Stoff hatte, alles zu schaffen, vom höchsten Grad der Vollkommenheit bis zum niedrigsten. Oder um mich eigentlicher auszudrücken: weil die Gesetze seiner Natur so umfangreich gewesen sind, daß sie ausreichten, alles hervorzubringen, was von einem unendlichen Verstand begriffen werden kann.

Hierdurch wurde offenbar Goethe dazu angeregt, ein Gedicht des persischen Dichters Nisami in den Prosateil des *Divans*, in die *Noten und Abhandlungen*, Kapitel »Allgemeines«, aufzunehmen. Nisamis Thema ist »ein faulendes Geschöpf«, das »durch das Vollkommene, was von ihm übrigbleibt, ein Gegenstand der Bewunderung und des frömmsten Nachdenkens« wird, wie Goethe kommentierend sagt:

Herr Jesus, der die Welt durchwandert,
Ging einst an einem Markt vorbei;
Ein toter Hund lag auf dem Wege,
Geschleppet vor des Hauses Tor,
Ein Haufe stand ums Aas umher,
Wie Geier sich um Äser sammeln.
Der eine sprach: »Mir wird das Hirn
Von dem Gestank ganz ausgelöscht.«
Der andre sprach: »Was braucht es viel,
Der Gräber Auswurf bringt nur Unglück.«
So sang ein jeder seine Weise,
Des toten Hundes Leib zu schmähen.
Als nun an Jesus kam die Reih',
Sprach, ohne Schmähn, er guten Sinns
Er sprach aus gütiger Natur:
»Die Zähne sind wie Perlen weiß.«
Dies Wort macht den Umstehenden,
Durchglühten Muscheln ähnlich, heiß.

Die Essenz des Jesus-Gedichts von Nisami stimmt weitgehend mit der *Ethik* des Spinoza überein. Wenn der Philosoph dazu auffordert, selbst bei der Beurteilung der verwesenden Kreatur mit ihrem »Faulen« sogar bis zum »Übelriechen« nicht zu vergessen, daß unsere Betrachtungsweise der Gott-Natur unangemessen ist, so geht eine ähnliche Aufforderung, uns auf einen höheren Standpunkt zu erheben, indirekt auch von dem islamischen Dichter Nisami aus, denn – um Goethe zu zitieren und damit noch einmal die Behauptung abzuwehren, der Dichter habe sich »abgestoßen« gefühlt von den »inneren Widersprüchen« der Attribute Allahs:

Jedermann fühlt sich betroffen, wenn der, so liebevolle als geistreiche, Prophet [Jesus], nach seiner eigensten Weise,

Schonung und Nachsicht fordert. Wie kräftig weiß er die unruhige Menge auf sich selbst zurückzuführen: sich des Verwerfens, des Verwünschens zu schämen [...] Ein faulendes Geschöpf wird, durch das Vollkommene was von ihm übrig bleibt, ein Gegenstand der Bewunderung und des frömmsten Nachdenkens.

18. »In tausend Formen«

»Und wenn ich Allahs Namenhundert nenne,
Mit jedem klingt ein Name nach für dich.«

Zu höchster Steigerung hat Goethe das Mysterium der hundert Namen Allahs im *West-östlichen Divan* geführt in dem Preisgedicht für die Geliebte, welches den krönenden Abschluß des *Buchs Suleika* bildet:

In tausend Formen magst du dich verstecken,
Doch, Allerliebste, gleich erkenn ich dich;
Du magst mit Zauberschleiern dich bedecken,
Allgegenwärtige, gleich erkenn ich dich.

An der Zypresse reinstem, jungen Streben,
Allschöngewachsne, gleich erkenn ich dich;
In des Kanales reinem Wellenleben,
Allschmeichelhafte, wohl erkenn ich dich.

Wenn steigend sich der Wasserstrahl entfaltet,
Allspielende, wie froh erkenn ich dich;
Wenn Wolke sich gestaltend umgestaltet,
Allmannigfaltge, dort erkenn ich dich.

An des geblümten Schleiers Wiesenteppich
Allbuntbesternte, schön erkenn ich dich;

Und greift umher ein tausendarmger Eppich
O! Allumklammernde, da kenn ich dich.

Wenn am Gebirg der Morgen sich entzündet,
Gleich, Allerheiternde, begrüß ich dich
Dann über mir der Himmel rein sich ründet,
Allherzerweiternde, dann athm ich dich.

Was ich mit äußerm Sinn, mit innerm kenne,
Du Allbelehrende, kenn ich durch dich;.
Und wenn ich Allahs Namenhundert nenne,
Mit jedem klingt ein Name nach für dich.

Der schon erwähnte Kommentator des Goetheschen *Divan*, Hans A. Maier, will das Gedicht (a. a. O., S. 348) verstanden wissen als »eine ins erotisch Positive gewendete Parodie auf die Namensfülle Allahs (deren innere Widersprüchlichkeit Goethe abstieß)«. Ist es möglich, das Wesen dieses wundervollen Gedichts in einer so verzerrten Beschreibung – eine von abstoßenden Widersprüchen ausgehende, ins Positive gewendete Parodie – wiederzuerkennen? Zum zweiten Teil dieser Behauptung wurde bereits das Nötige gesagt. Doch darf auch die These, das Gedicht stelle eine wie immer geartete Parodie dar, nicht unwidersprochen bleiben. Zu deren Widerlegung müssen wir etwas weiter ausholen.

Am Entstehungsdatum, dem 16. März 1815, notierte Goethe im Tagebuch als vorläufigen Titel für das Gedicht: *Beinamen der Allgeliebten*, während er es Ende Mai 1815 mit der Überschrift *Allgegenwärtige* versah. Beide versuchsweise gewählten Bezeichnungen deuten in dieselbe Richtung: durch einen – oder mehrere – »Beinamen« verherrlicht der Dichter seine Geliebte mit Anklängen an den muslimischen Rosenkranz. In der Aufzählung J. v. Hammers war der Beiname »der Allgegenwärtige« an 49. Stelle zu finden. Die dem Dichter stets gegenwärtige Suleika wird demnach sowohl in Vers 4 als auch in der provisorischen Überschrift des Gedichts mit einem der Attribute Allahs geschmückt. Eine Frau so auszuzeichnen zeugt allerdings von Kühnheit; darüber hinaus aber erfindet Goethe ganz eigne Beinamen für die Geliebte, die er den neunundneunzig Attributen des muslimischen Rosenkranzes dadurch angleicht, daß er sie wie diese mit der Silbe »All« beginnen läßt. Sie erscheinen in sämtlichen geraden Versen der Goetheschen »Lob- und Preislitanei«, während in den ungeraden Versen die Formen der göttlichen Natur vor Augen geführt werden, unter denen sich die Geliebte dem Dichter zugleich verhüllt und offenbart: im Wachstum der Zypresse, im Wasserstrahl des Springbrunnens, in den Metamorphosen der Wolkenbildung, dem Blumenteppich der Wiese, dem um sich greifenden Efeu, dem Sonnenaufgang im Gebirge und schließlich in der Bläue des Himmels. Wie wir wissen, war Offenbarung des Göttlichen in der Natur wie im Menschen das zentrale Thema von Goethes dichterischem Werk. Aber auch seine naturwissenschaftlichen Arbeiten sind aus dem gleichen Impuls entstanden. Man kann also das Gedicht »In tausend Formen ...« nicht gröber mißverstehen, als wenn man glaubt, darin sei eine Parodie zu erkennen. Vielmehr drückt sich darin voll und ganz Goethes Art von Frömmigkeit aus, eine Frömmigkeit allerdings, die unseren gewohnten Vorstellungen von der Notwendigkeit einer strikten Trennung von Gott, Mensch und Welt und einer peinlich gewahrten Unterscheidung von Profanem und Heiligem eklatant widerspricht. Nicht aus parodistischer Spottlust, sondern aus Ehrfurcht vor dem höchsten Wesen, das sich dem analytischen Verstand entzieht, hat Goethe dessen Wirken wie in einem Spiegel in der Geliebten aufscheinen lassen. So trifft auch auf ihn weitgehend zu, was Rückert so geistreich und treffend zur Charakterisierung seines persischen »Zwillings« Hafis sagt:

Hafis, wo er scheinet Übersinnliches
Nur zu reden, redet über Sinnliches;
Oder redet er, wo über Sinnliches

Er zu reden scheint, nur Übersinnliches?
Sein Geheimnis ist unübersinnlich,
Denn sein Sinnliches ist übersinnlich.[1]

Seine Weltzugewandtheit war für Hafis kein Hindernis, sich als Sufi, d. h. als ein gotterfüllter Mystiker zu verstehen, und gleicherweise stellte für Goethe die Liebe zu einem menschlichen Wesen kein Hindernis dar, sich Gott nahe zu fühlen. Mit seiner Preislitanei »In tausend Formen« näherte sich Goethe den Traditionen des Sufismus, worin verschiedene äußere Mittel dazu dienen, zur Ekstase, das heißt zur mystischen Vereinigung mit Gott zu gelangen. Eines dieser Mittel ist die Wiederholung der Gottesnamen; ein anderes der Tanz um einen schönen Menschen als dem Symbol Gottes.[2] In Goethes pantheistischem Loblied auf die Geliebte scheinen beide in der orientalischen Mystik geübten Praktiken aufs glücklichste vereint. Wenn überhaupt der Begriff der Parodie hier etwas treffen soll, dann höchstens in dem Sinn, wie ihn die Musikwissenschaftler auf Johann Sebastian Bach anwenden, indem sie Tonfolgen, die er aus seinen weltlichen Kantaten in einige seiner geistlichen Kantaten übernommen hat, als Parodien bezeichnen. In ähnlicher Weise hätte dann Goethe in den beiden Vierzeilern, die sich unter seinen Nachlaßgedichten zum *Divan* gefunden haben, sich selbst parodiert:

Sollt ich nicht ein Gleichnis brauchen,
Wie es mir beliebt?
Da uns Gott des Lebens Gleichnis
In der Mücke gibt.

Sollt' ich nicht ein Gleichnis brauchen
Wie es mir beliebt?
Da mir Gott in Liebchens Augen
Sich im Gleichnis gibt.

Schon vor der *Divan*-Epoche hatte der Dichter ein »Pandora« benanntes Innbild weiblicher Schönheit als »Allbegabte« besungen in Versen, die dem Suleika-Lob in vieler Hinsicht verwandt sind. Pandora erscheint – im Preislied des Epimetheus – »in tausend Gebilden« (Vers 673) der göttlichen Natur wie Suleika später »in tausend Formen«:

Der Seligkeit Fülle die hab' ich empfunden!
Die Schönheit besaß ich, sie hat mich gebunden;
Im Frühlingsgefolge trat herrlich sie an.
Sie erkannt' ich, sie ergriff ich, da war es getan!
Wie Nebel zerstiebte trübsinniger Wahn,
Sie zog mich zur Erd' ab, zum Himmel hinan.

Du suchest nach Worten sie würdig zu loben,
Du willst sie erhöhen; sie wandelt schon oben.
Vergleich' ihr das Beste; du hältst es für schlecht,
Sie spricht, du besinnst dich; doch hat sie schon
Recht [...]

Sie steiget hernieder in tausend Gebilden,
Sie schwebet auf Wassern, sie schreitet auf
Gefilden,
Nach heiligen Maßen erglänzt sie und schallt,
Und einzig veredelt die Form den Gehalt,
Verleiht ihm, verleiht sich die höchste Gewalt,
Mir erschien sie in Jugend-, in Frauen-Gestalt.

Wenn der Dichter die Geliebte in den allerschönsten Formen der Natur erkennt, so ist sie ihm Offenbarung des Göttlichen, so wie er auch die Sonne[3] oder die wechselnden Wolkenbilder und andere »Zauberschleier« der Natur als göttlich empfindet und feiert. In Vers 19 und 20 der Preislitanei auf Suleika »erkennt« der Dichter die Geliebte, wenn über ihm »der Himmel rein sich ründet«; das gleicht dem Ende der *Faust*-Tragödie, wo der Pater Marianus zu Ehren der Jungfrau Maria singt:

Höchste Herrscherin der Welt!
Lasse mich, im blauen,
Ausgespannten Himmelszelt
Dein Geheimnis schauen.
Billige was des Mannes Brust
Ernst und zart beweget
Und mit heiliger Liebeslust,
Dir entgegenträget …

So abwegig es wäre, hierin eine Parodie auf den Marienkult der katholischen Kirche sehen zu wollen, so unzutreffend ist die Unterstellung, in der »Lob- und Preislitanei« auf Suleika handle es sich um eine Parodie auf den muslimischen Rosenkranz. Vielmehr erweist sich daran die Souveränität, mit der Goethe mit islamischen Glaubensvorstellungen umzugehen verstand, ohne doch je die religiösen Gefühle der Muslime zu verletzen, eben weil er ihren Glauben tief respektierte und sich anzueignen wußte.

Ein langjähriger Vertrauter Goethes, der gelehrte Altphilologe Riemer, bezeichnete des Dichters Liebe im *West-östlichen Divan* als »orientalisch mystisch« und sah sie unter dem zweifachen Aspekt (in: Friedrich Wilhelm Riemer: *Mittheilungen über Goethe.* Bd. 2, Berlin 1841, S. 546 f.):

> … einmal als Liebe zu Gott, dem Inbegriff des Wahren, Guten, Schönen; dann als Liebe zur Natur, insofern sie die von Gott durchdrungene Natur ist, in der Er eben sich gestaltet, dann als Liebe zur personifizierten, d. h. individualisierten konkreten, insofern sie in Frauengestalt, überhaupt in weiblicher Schönheit sich offenbart.

Das »Ideelle«, das »Göttliche« unter weiblicher Form zu erleben ist auch der Sinn des Gedichts, mit dem das *Buch der Betrachtungen* schließt:

SULEIKA *spricht*
Der Spiegel sagt mir ich bin schön!
Ihr sagt: zu altern sei auch mein Geschick.
Vor Gott muß alles ewig stehn,
In mir liebt ihn für diesen Augenblick.

Suleika lehrt den Dichter, in ihr stellvertretend Gott zu lieben! In diesem Sinne erscheint sie in Vers 22 des Preislieds als »Allbelehrende«. Auf ihrer vergänglichen Schönheit liegt ein Abglanz der ewigen, göttlichen Schönheit. Darum dürfen Lob der Geliebten und Gotteslob miteinander verschmelzen, wie es der Erlebnisweise des Dichters entspricht, der sein Hauptwerk, den *Faust*, mit den Versen des *Chorus mysticus* ausklingen ließ:

Alles Vergängliche
Ist nur ein Gleichnis;
Das Unzulängliche
Hier wird's Ereigniß;
Das Unbeschreibliche
Hier ist's getan;
Das Ewig-Weibliche
Zieht uns hinan.

Hinangezogen wird der *Divan*-Dichter durch Suleika, die »Allschöngewachsene«, »Allspielende«, »Allmannigfaltige«, »Allbuntbesternte«, »Allumklammernde«, »Allerheiternde«, »Allherzerweiternde«. Zwar scheint Goethe den muslimischen Rosenkranz darin zu überbieten, daß er in seinem Preislied von tausend Formen spricht, während die islamische Tradition sich mit hundert göttlichen Attributen begnügt. Doch hier wie dort haben wir es lediglich mit symbolischen Zahlen zu tun. Der gebildete Muslim versteht die neunundneunzig Beinamen des Rosenkranzes als Hinweis auf die unendlichen Attribute Gottes, während den schlichteren Gemütern kein Harm geschieht, wenn sie den Ausspruch des Propheten, den Goethe aus Hammers *Fundgruben* kannte, wörtlich nehmen: »Gott hat neun und neunzig Namen: Wer sie weiß, geht ins Paradies ein.«

Angesichts der grenzenlosen Eigenschaften des Numinosen lag für Goethe nichts Befremdendes oder gar Abstoßendes an der Vorstellung von »hundert« oder »tausend« Namen für das unbegreifliche höchste Wesen. Das wird auch aus einem Gespräch mit Eckermann ersichtlich, in welchem er erneut auf die hundert Namen Allahs zu sprechen kam. Wiederum ließ er durchblicken, daß zwischen seiner eigenen Religiosität und dem Islam eine gewisse Verwandtschaft bestand. Am 8. März 1831, also ein Jahr vor seinem Tode, sagte der alte Dichter zu dem Freund und Jünger:

> Liebes Kind, was wissen wir denn von der Idee des Göttlichen und was wollen denn unsere engen Begriffe vom höchsten Wesen sagen! Wollte ich es, gleich einem Türken, mit hundert Namen nennen, so würde ich doch noch zu kurz kommen, und im Vergleich so grenzenloser Eigenschaften noch nichts gesagt haben.

Aus dem Kontext des ganzen Gesprächs geht hervor, daß die muslimische Vorstellung von den hundert Namen Allahs Goethe an den Gottesbegriff Spinozas erinnerte, den er sich selbst weitgehend zu eigen gemacht hatte: der Eine, die Gott-Natur, das *Hen kai pan*, hat unzählige Eigenschaften, Attribute, so daß wir uns nur durch die *Scientia intuitiva*, nur dadurch, daß wir die Welt »mit großem Sinne anschaun«, ihm nähern können. Jede einseitige Festlegung auf eine Eigenschaft oder auf einen »Namen« würde eine unangemessene Eingrenzung bedeuten, im Sinne der *Divan*-Verse im *Buch des Unmuts*:

> Als wenn das auf Namen ruhte!
> Was sich schweigend nur entfaltet.
> Lieb' ich doch das schöne Gute
> Wie es sich aus Gott gestaltet.

In den Gesprächen mit Eckermann stehen die Äußerungen über die hundert Namen Allahs im Zusammenhang mit längeren, über mehrere Tage von Ende Februar bis Anfang März 1831 sich hinziehenden Erörterungen über Goethes Vorstellung vom Dämonischen. Ausführlich wird da nicht nur vom Wesen Gottes gesprochen, sondern auch von der »Idee des Fatums«, von der »heimlich einwirkenden Gewalt« der Schicksalsmächte, von den »ewigen Gesetzen«, durch die uns die Gottheit Freude und Leid bestimmt. Dabei ist es natürlich kein Zufall, daß hier, wo die Grundfragen von Goethes Religiosität zur Debatte stehen, zugleich eines der nachdrücklichsten Bekenntnisse des alten Dichters zu Spinoza zu finden ist. Wieder tritt zur Erinnerung an Spinoza alsbald auch die an den Islam, was sich durch gewisse Übereinstimmungen islamischer Lehren mit derjenigen von Goethes Lieblingsphilosophen ganz natürlich erklärt.[4]

Diese Kongruenzen mögen es Goethe erleichtert haben, sich auch als Dichter in den Bereichen der muslimischen Religion mit einer Selbstverständlichkeit zu bewegen, die Muslime wie Nichtmuslime noch heute in Erstaunen versetzt.

Gleichfalls stimmte Goethe mit Spinoza in der Überzeugung überein, daß das Göttliche sich in der Natur offenbart, gemäß der Hauptlehre des Philosophen: *substantia sive natura sive deus.* Gemäß der 1825 im *Entwurf einer Witterungslehre* geäußerten Einsicht, daß wir das Göttliche niemals direkt erkennen können, sondern es nur »im Abglanz, im Beispiel, Symbol, in einzelnen und verwandten Erscheinungen« schauen, und in der Überzeugung, daß »alles Vergängliche« nur Gleichnis des Unvergänglichen ist, durfte auch die Verherrlichung der Geliebten und ihrer Einwirkungen auf den Dichter unmittelbar in eine Apotheose des Schöpfers selber übergehen und mit dieser verschmelzen. Goethe macht das in den *Noten und Abhandlungen* deutlich, wenn er dem Kapitel über den persischen Mystiker Dschelâl-eddîn Rumi eine Erlauterung zum muslimischen Rosenkranz beifügt. Der Passus weist zugleich daraufhin, daß der *Divan*-Dichter sich mit seiner »Lob- und Preislitanei« auf Suleika der sufisch-mystischen Tradition anzunähern suchte, soweit das im Bereich seiner Möglichkeiten lag:

> Hierbei ist so viel zu bemerken: daß der eigentliche Dichter die Herrlichkeit der Welt in sich aufzunehmen berufen ist und deshalb immer eher zu loben als zu tadeln geneigt sein wird. Daraus folgt, daß er den würdigsten Gegenstand aufzufinden sucht und, wenn er alles durchgegangen, endlich sein Talent am liebsten zu Preis und Verherrlichung Gottes anwendet. Besonders aber liegt dieses Bedürfnis dem

> Orientalen am nächsten, weil er immer dem Überschwenglichen zustrebt und solches bei Betrachtung der Gottheit in größter Fülle gewahr zu werden glaubt, so wie ihm denn bei jeder Ausführung niemand Übertriebenheit schuld geben darf.
> Schon der sogenannte mahometanische Rosenkranz, wodurch der Name Allah mit neunundneunzig Eigenschaften verherrlicht wird, ist eine solche Lob- und Preis-Litanei. Bejahende, verneinende Eigenschaften bezeichnen das unbegreiflichste Wesen; der Anbeter staunt, ergibt und beruhigt sich. Und wenn der weltliche Dichter die ihm vorschwebenden Vollkommenheiten an vorzügliche Personen verwendet, so flüchtet sich der gottergebene in das unpersönliche Wesen, das von Ewigkeit her alles durchdringt.

Goethe, der sich selbst in erster Linie als weltlichen Dichter sah, hat mit seiner »Lob- und Preislitanei« auf Suleika »die ihm vorschwebenden Vollkommenheiten« auf eine von ihm geliebte, durchaus irdische Person übertragen. Doch näherte er sich im *West-östlichen Divan* auch immer wieder den »gottergebenen« Dichtern an, die »das unpersönliche Wesen, das von Ewigkeit her alles durchdringt«, in ihren Werken preisen. Vorstehende Betrachtungen aus den *Noten und Abhandlungen* über den muslimischen Rosenkranz sind bezeichnenderweise Teil einer Würdigung des persischen Dichters Dschelâl-eddîn Rumi, dessen Werk als reinste Verkörperung des Sufismus gilt.[5] Allerdings läßt sich nicht leugnen, daß Goethe auch Bedenken gegenüber Rumi geäußert hat, weil er, wie wir oben gesehen haben, Anstoß nahm an der scheinbaren Amoral einiger seiner Märchen. So schreibt Goethe nach einer kurzen Charakterisierung seines Lebenslaufs:

> Nach obiger Darstellung wird man diesem großen Geiste nicht verargen, wenn er sich ins Abstruse gewendet. Seine Werke sehen etwas bunt aus, Geschichtchen, Mährchen, Parabeln, Legenden, Anectdoten, Beyspiele, Probleme behandelt er, um eine geheimnißvolle Lehre eingängig zu machen,

> von der er selbst keine deutliche Rechenschaft zu geben weiß.

Annemarie Schimmel führt Goethes kritische Haltung gegenüber Rumi darauf zurück, daß ihm dessen Werke seinerzeit in nur unzulänglicher Weise bekannt geworden waren, denn er mußte, wie sie schreibt, »sich auf die für seinen Geschmack allzu überschäumend-›mystischen‹ Ausführungen Hammer-Purgstalls in der *Geschichte der schönen Redekünste in Persien* (1818) verlassen.«[6] In diesem Zusammenhang zitiert sie den Dichter-Philosophen Muhammad Iqbal, für den es offenbar eine Enttäuschung bedeutete zu sehen, daß der von ihm hochgeschätzte Goethe seinen Lieblingsdichter Rumi nicht in dem Maß gewürdigt hat, wie er das von ihm meinte erwarten zu können:

> Die philosophischen Wahrheiten und Weisheiten Maulana Rumis waren für ihn [Goethe] undurchsichtig, doch ist es klar, daß er Rumis Worte nicht eindringlich betrachtet hat; denn wer Spinoza gepriesen und für Giordano Brunos Schutz die Feder erhoben hat, der kann unmöglich Rumi nicht anerkennen.[7]

Hegel hingegen, der gleich Iqbal Goethes *West-östlichen Divan* aufs höchste schätzte, hatte zwei Jahre nach dessen Veröffentlichung die im *Taschenbuch der Damen auf das Jahr 1821* erschienenen Gedichte Rumis in der »bewunderungswürdigen Kunst der Übertragung« von Friedrich Rückert kennengelernt und in seinen *Vorlesungen über die Ästhetik*, im Abschnitt: *Pantheismus der Kunst* (im Unterabschnitt: *Mohammedanische Poesie*) Rumi mit den Worten kommentiert:

> Indem sich nämlich der Dichter das Göttliche in Allem zu erblicken sehnt, und es wirklich erblickt, gibt er nun auch sein eigenes Selbst dagegen auf, faßt aber ebenso sehr die Immanenz des Göttlichen in seinem so erweiterten und befreiten Innern auf, und dadurch erwächst ihm jene heitre Innigkeit, jenes freie Glück, jene schwelgerische Seligkeit, welche dem Orientalen eigen ist, der sich bei der Lossagung von

> der eigenen Partikularität durchweg in das Ewige und Absolute versenkt, und in Allem das Bild und die Gegenwart des Göttlichen erkennt und empfindet. Solch ein Sichdurchdringen vom Göttlichen und beseligtes trunkenes Leben in Gott streift an die Mystik an. Vor allem ist in dieser Beziehung *Dschelaleddin-Rumi* zu rühmen, von dem Rückert uns die schönsten Proben in seiner bewunderungswürdigen Gewalt über den Ausdruck geliefert hat [...] Die Liebe zu Gott, mit dem der Mensch sein Selbst durch die schrankenloseste Hingebung identifiziert, und ihn den Einen nun in allen Welträumen erschaut, alles und jedes auf ihn bezieht und zu ihm zurückführt, macht hier den Mittelpunkt aus, der sich aufs weiteste nach allen Seiten und Regionen hin expandiert.

Dem Begriff des *Pantheismus* stellt Hegel eine diesem entgegengesetzte Form des Monotheismus gegenüber, welchen er im Begriff der *Erhabenheit* faßt, worin nämlich »der eine Gott [...] von den konkreten Welterscheinungen einerseits abgetrennt und für sich fixiert, die Äußerlichkeit des Daseienden aber andererseits als das Endliche bestimmt und zurückgesetzt ist«, weshalb Hegel hier auch von der »entgötterten endlichen Welt« spricht. Wenn nun in der Erhabenheit:

> ... die besten Gegenstände und herrlichsten Gestaltungen nur als bloßer Schmuck Gottes gebraucht werden und zur Verkündung der Pracht und der Herrlichkeit des Einen dienen, indem sie nur vor unsere Augen gestellt sind, um ihn als Herrn aller Kreaturen zu feiern, so erhebt dagegen im Pantheismus die Immanenz des Göttlichen in den Gegenständen das weltliche, natürliche und menschliche Dasein selber zur eigenen, selbständigeren Herrlichkeit. Das Selbstleben des Geistigen in den Naturerscheinungen und in den menschlichen Verhältnissen belebt und begeistigt dieselben in ihnen selber, und begründet wiederum ein eigentümliches Verhältnis der subjektiven Empfindung und Seele des Dichters zu den Gegenständen, die er besingt. Erfüllt von dieser

> beseelten Herrlichkeit ist das Gemüt in sich selber ruhig, unabhängig, frei, selbstständig, weit und groß [...] und verwächst mit den Gegenständen der Natur und ihrer Pracht, mit der Geliebten, dem Schenken, überhaupt mit allem, was des Lobes und der Liebe wert ist, zur seligsten, frohsten Innigkeit.

Wie wir sehen können, denkt Hegel am Schluß schon nicht mehr so sehr an Rumi, als vielmehr an Hafis, den er im folgenden auch namentlich erwähnt:

> Die freie glückliche Innigkeit [...] ist den Orientalen, hauptsächlich den mohammedanischen Persern eigen, die offen und froh ihr ganzes Selbst wie an Gott so auch allem Preiswürdigen hingeben, doch in dieser Hingebung gerade die freie Substantialität erhalten, die sie sich auch im Verhältnis zu der umgebenden Welt zu bewahren wissen. So sehen wir in der Glut der Leidenschaft die expansivste Seligkeit und Parrhesie des Gefühls, durch welche bei dem unerschöpflichen Reichtum an glänzenden und prächtigen Bildern der stete Ton der Freude, der Schönheit und des Glückes klingt. Wenn der Morgenländer leidet und unglücklich ist, so nimmt er es als unabänderlichen Spruch des Schicksals hin, und bleibt dabei sicher in sich, ohne Gedrücktheit, Empfindsamkeit oder verdrießlichen Trübsinn. In Hafis Gedichten finden wir Klage und Jammer genug über die Geliebte, den Schenken u. s. f. aber auch im Schmerze bleibt er gleich sorgenlos als im Glück. So sagt er z. B. einmal:
>
> Aus Dank, weil dich die Gegenwart
> Des Freunds erhellt,
> Verbrenn der Kerze gleich im Weh,
> Und sei vergnügt.
>
> Die Kerze lehrt lachen und weinen, sie lacht heitren Glanzes durch die Flamme, wenn sie zugleich in heißen Tränen zerschmilzt; in ihrem Verbrennen verbreitet sie den heitren Glanz. Dies ist auch der allgemeine Charakter dieser ganzen Poesie.

Es wird niemand überraschen, daß Hegel seine Ausführungen über den *Pantheismus der Kunst* im Abschnitt *Mohammedanische Poesie* in einer Apotheose des *Divan*-Dichters enden läßt, obwohl es sich bei diesem um keinen muslimischen Orientalen, sondern um einen christlich getauften Deutschen handelt:

> Auch Goethe ist [...] im späteren Alter von dieser weiten kummerlosen Heiterkeit ergriffen worden und hat sich als Greis noch, durchdrungen vom Hauch des Morgenlandes, in der poetischen Glut des Blutes, voll unermeßlicher Seligkeit zu dieser Freiheit des Gefühls hinübergewendet, welche selbst in der Polemik die schönste Unbekümmertheit nicht verliert. Die Lieder seines *West-östlichen Divans* sind weder spielend noch unbedeutende gesellschaftliche Artigkeiten, sondern aus solch einer freien hingebenden Empfindung hervorgegangen. Er selbst nennt sie in einem Lied an Suleika:
>
> Dichtrische Perlen,
> Die mir deiner Leidenschaft
> Gewaltige Brandung
> Warf an des Lebens
> Verödeten Strand aus.
> Mit spitzen Fingern
> Zierlich gelesen
> Durchreiht mit juwelenem
> Goldschmuck,
>
> nimm sie, ruft er der Geliebten zu,
>
> Nimm sie an deinen Hals,
> An deinen Busen!
> Die Regentropfen Allahs,
> Gereift in bescheidener Muschel.
>
> Zu solchen Gedichten bedurfte es eines zur größten Breite erweiterten, in allen Stürmen selbstgewissen Sinnes, einer Tiefe und Jugendlichkeit des Gemüts und
>
> Einer Welt von Lebenstrieben,
> Die in ihrer Fülle Drang
> Ahneten schon Bulbuls Lieben,
> Seelerregenden Gesang.

19. Das Licht und der Schmetterling

»Wer von reiner Lieb entbrannt
Wird vom Lieben Gott erkannt.«

Wenn man die Hymne *Mahomets Gesang* als die schönste Huldigung bezeichnen kann, die der junge Goethe dem Propheten des Islam dargebracht hat, so läßt sich von einem der berühmtesten *Divan*-Gedichte sagen, daß es die schönste Huldigung des alten Goethe an den Geist der islamischen Mystik darstellt. Die Rede ist von dem vorletzten Gedicht im *Buch des Sängers* mit dem Titel *Selige Sehnsucht*. Die beherrschenden Motive auch dieses Gedichts haben ihre Wurzel im Sufismus; und obwohl der Name Gottes darin nicht ein einziges Mal erscheint, wird jemand, der es mit den Augen eines im *Koran* bewanderten Muslims liest, ihn doch darin erkennen: Die Bewegung des ganzen Gedichtes ist ausgerichtet auf das Licht. Dies aber ist einer der schönen Beinamen Gottes, welcher in der Litanei des muslimischen Rosenkranzes die 93. Stelle einnimmt, und zwar aufgrund von Vers 36, dem sogenannten Lichtvers, aus der 24. Sure, die ihrerseits um dieses Verses willen den Titel *En-Nûr*, *Das Licht*, trägt. Goethe kannte ihn aus der Hammerschen Übersetzung (in den *Fundgruben des Orients*, Bd. 3, S. 253), er lautet dort:

> Gott ist das Licht der Himmel und der Erde. Sein Licht ist wie ein Fenster an der Wand, worinnen eine Lampe brennt, mit Glas bedeckt. Daß Gott glänzt wie ein Stern; die Lampe wird entzündet vom Oele eines gebenedeiten Baumes. Kein östliches, kein westliches Oel; es leuchtet dem, wem er will. Gott giebt den Menschen Gleichnisse. Er ist Allwissend.

Der Naturforscher Goethe muß sich von dieser islamischen Lichtmetaphorik ganz besonders innig angesprochen gefühlt haben. Denn ist nicht seine *Farbenlehre* eine einzige, in wissenschaftliche Form gekleidete Apologie des Lichts, dessen unteilbar-lebendige Natur und moralische Kraft er vor einer mechanistisch-analytischen Zersplitterung in *Korpuskeln* oder *Wellenlängen* durch die modernen Naturwissenschaften zu retten versucht hat? So schreibt er in seiner *Geschichte der Farbenlehre*, Dritte Abteilung, im Abschnitt über Roger Bacon: »Das Licht ist eine der ursprünglichen, von Gott erschaffenen Kräfte und Tugenden, welches sein Gleichnis in der Materie darzustellen sich bestrebt.« Auch im *Divan* gibt Goethe diesem Gedanken Ausdruck, und wenn er das in einem Gedicht mit dem Titel *Vermächtnis altpersischen Glaubens* tut, so will er damit sagen: Hier ist ein Erbe aus vorislamischer Zeit, das vom Gläubigen bewahrt zu werden verdient und vom Islam tatsächlich auch weitergetragen wird.

Schleppt ihr Holz herbei, so tut's mit Wonne,
Denn ihr tragt den Samen irdscher Sonne,
Pflückt ihr Pambeh[1], mögt ihr traulich sagen:
Diese wird als Docht das Heilge tragen.

Werdet ihr in jeder Lampe Brennen
Fromm den Abglanz höhern Lichts erkennen,
Soll euch nie ein Mißgeschick verwehren
Gottes Thron am Morgen zu verehren.

Aus der Verehrung für Gott als dem Licht hat sich ein zentrales Motiv des Sufismus entwickelt, nämlich die Vorstellung von der mystischen Vereinigung mit Gott und geistigen Wiedergeburt, gleichnishaft dargestellt am Schmetterling, welcher der Flamme zustrebt und in ihr verbrennt. Annemarie Schimmel weist in ihren Schriften auf einige solcher Beispiele hin, und zwei davon sollen in ihrer Übersetzung hier geboten werden. Als erster hat, wie sie erklärt, der in Bagdad im Jahre 922 wegen Ketzerei auf die grausamste Weise hingerichtete Mystiker al-Halladj in seinem *Kitâb at-tawasin* dieses Gleichnis verwendet, in Passagen wunderbarer arabischer Reimprosa, die von philosophischen Erörterungen unterbrochen werden:

Der Falter fliegt um das Kerzenlicht, bis der Morgen anbricht,
und kehrt zu seinesgleichen zurück,
Berichtet ihnen von dem Zustand des Glücks mit lieblichem Wort,
Dann vereint er sich mit der anziehenden Schönheit
Begierig, zur Vollkommenheit zu gelangen.

Darauf folgt, laut Annemarie Schimmel, die mystische Interpretation: Das Licht der Kerze ist das Wissen von der Wirklichkeit, ihre Wärme die Wirklichkeit der Wirklichkeit, das Gelangen zu ihr die Wahrheit der Wirklichkeit. Dann aber kehrt al-Halladj zum Gleichnis des Schmetterlings zurück:

Er begnügt sich nicht mit ihrem Licht,
Mit ihrer Wärme nicht, und wirft sich ganz hinein,
Und seinesgleichen erwarten seine Rückkehr, damit er ihnen von der Schau berichtet,
Da er sich nicht mit der Kunde begnügt.
Dann verschwindet er, vermindert sich, verflüchtigt sich, bleibt ohne Spur,
bleibt ohne Namen und Zeichen.
Weshalb sollte er zu den Formen zurückkehren, und in welchem Zustand, nachdem er gewonnen hat?
Wer zur Schau gelangt, bedarf nicht mehr der Kunde,
Wer zum Geschauten gelangt, bedarf nicht mehr der Schau.[2]

Am Schluß ihres Buches *Die Zeichen Gottes. Die religiöse Welt des Islam* (München 1995, S. 313) zitiert Annemarie Schimmel einen Text des 1273 in Konya gestorbenen Mystikers Djelâladdîn Rumi aus seinem Werk *Fîhi mâ fîhi* (deutsch von A. Schimmel: *Von allem und vom Einen*, Köln 1988), in welchem das Gleichnis vom lichtbegierigen Falter des Halladj wieder auftaucht:

Verstand ist das, was immer, Tag und Nacht, ruhelos und rastlos ist, denkend und sich anstrengend und versuchend,

Gott zu begreifen, selbst wenn Gott unerfaßbar und unbegreiflich ist, d. h. außerhalb unserer Denkweise liegt. Verstand ist wie ein Falter und der Geliebte wie eine Kerze. [...] Deshalb ist der Mensch, der es ohne Gott aushalten kann und keinerlei Anstrengungen macht, kein richtiger Mensch; aber falls er Gott begreifen könnte, wäre das nicht Gott. [...] Der wahre Mensch [ist] einer, der niemals von Bemühung frei ist, der ruhelos und unaufhörlich um das Licht der Majestät und Schönheit Gottes kreist. Und Gott ist es, der den Menschen verbrennt und ihn zunichte werden läßt – und kein Verstand kann Ihn erfassen.

Goethes mystische Denkweise unterscheidet sich jedoch in einem Punkt wesentlich von derjenigen, die sich in obigen Texten spiegelt. In den *Noten und Abhandlungen* erläutert er die Rubriken, nach welchen man die im *Buch der Parabeln* des *Divan* in dichterische Form gefaßten ethischen Grundsätze des Orients einteilen könne. Als vierte Rubrik benennt er den »eigentlichen Islam, die unbedingte Ergebung in den Willen Gottes, die Überzeugung, daß niemand seinem einmal bestimmten Lose ausweichen könne«, dann spricht er von einer fünften, »... welche man die mystische nennen müßte: sie treibt den Menschen aus dem vorhergehenden Zustand, der noch immer ängstlich und drückend bleibt, zur Vereinigung mit Gott schon in diesem Leben und zur vorläufigen Entsagung derjenigen Güter, deren allenfallsiger Verlust uns schmerzen könnte«. Für Goethe gilt: Entsagung ja, aber um eines erfüllten Daseins schon in diesem Leben willen; Askese im Sinne einer diesseitsfeindlichen Abtötung des Fleisches, nein. Das hängt mit seiner Naturfrömmigkeit zusammen. Dennoch entfernt er sich damit keineswegs aus dem Umkreis islamischer Mystik: für seine weltbejahende Gottesliebe kann er sich auf den Sufi und Dichter Hafis als muslimischen Kronzeugen berufen; und wenn auch im *Koran* wiederholt von einem Jenseits die Rede ist, mit Höllenstrafen für die Ungläubigen einerseits und Belohnungen für die Gläubigen andererseits, so werden die Menschen in dieser heiligen Schrift doch immer wieder dazu angehalten, bereits im Diesseits, das heißt in der Natur, das Wirken Gottes zu erkennen, sich daran zu freuen und ihren Nutzen daraus zu ziehen.

Wir erinnern uns, daß schon der 23jährige Goethe zu Beginn des *Mahomet*-Fragments seinen Helden erklären läßt, Gott begegne ihm »an jeder stillen Quelle, unter jedem blühenden Baum, in der Wärme seiner Liebe«. Über vier Jahrzehnte später zeigt eine Parabel des *West-östlichen Divans*, mit der Goethe sich an Saadi anschließt, wie man »Gottes Größe« an einem kleinen Phänomen erkennen könne:

Ich sah, mit Staunen und Vergnügen
Eine Pfauenfeder im Koran liegen,
Willkommen an dem heilgen Platz!
Der Erdgebilde höchster Schatz.
An dir wie an des Himmels Sternen
Ist Gottes Größe im Kleinen zu lernen.
Daß er, der Welten überblickt,
Sein Auge hier hat aufgedrückt,
Und so den leichten Flaum geschmückt
Daß Könige kaum unternahmen
Die Pracht des Vogels nachzuahmen.
Bescheiden freue dich des Ruhms,
So bist du wert des Heiligtums.

In Saadis *Rosengarten (Gulistan)* Buch III, 27, übersetzt von Adam Olearius, hatte Goethe folgende Vorlage gefunden:

> Ich sagte zu einer schönen Pfawen Feder! welche ich im Alcoran zwischen den Blettern liegend fand: »Woher kompt dir solche Hoheit! daß du in so herrlichem Buche liegest?« Die anwortete mir gleichsamb: »Wer schöne ist / hat allezeit mehr denn ein häßlicher einen freyen Fuß zu setzen wo er will / und niemandes Hand ziehet ihn leicht zurücke«.

Bei Saadi ist die Pfauenfeder aufgrund ihrer Schönheit würdig, im *Koran* zu liegen. Goethe ändert und erweitert das Motiv, indem er diese Pfauenfeder zu einer Repräsentantin des Göttlichen erhebt. Da Gott ihr »sein Auge aufgedrückt« hat, kann man an ihr »im Kleinen« etwas von »Gottes Größe« begreifen lernen, sowie man sie in entsprechender Weise »an des Himmels Sternen« erlernen kann. Bei Saadi spricht die Pfauenfeder »gleichsamb« selbst zu dem Dichter und verteidigt im stolzen Bewußtsein eigener Schönheit ihren legitimen Anspruch auf einen so ehrenvollen Platz. Herder, der 1792 in seinen *Blumen aus morgenländischen Dichtern* I, 10 (SW XXVI, 375) die Erzählung aus Saadis *Rosengarten* aufgriff, hatte das Motiv des Stolzes noch verstärkt:

> Eine Pfauenfeder lag zwischen Blättern des Korans, / Stolze, sprach ich, zu hoch ist diese Stelle für dich! / Nicht! antwortete sie. Wohin die schöne Gestalt kommt, / ist sie an ihrem Platz; jeder vergönnet ihn ihr.

Bei Goethe jedoch soll die Pfauenfeder sich ihres Ruhms »freuen«; damit wird das schon im ersten Vers mit dem Wort »Vergnügen« evozierte *laetitia*-Motiv aus Spinozas *Ethik* am Schluß noch einmal bekräftigt. Gleichsam aufgewogen wird das Sich-Freuen der schönen Pfauenfeder durch die Einschränkung »bescheiden«; der Erwählten kommt eine Haltung frommer Demut zu: »Bescheiden freue dich des Ruhms ...« Von der »stolzen« Haltung der rühmlich ausgezeichneten Pfauenfeder – bei Saadi und Herder – ist bei Goethe nicht mehr die Rede; vielmehr fordert der Dichter in der Schlußsentenz nachdrücklich zur Bescheidenheit auf. Nur dann nämlich sei die Erwählte »wert des Heiligtums«! So fügt Goethe dem »islamischen« Gedicht eine »christliche« Tugend hinzu: »Demut« und »äußerste Selbstverleugnung« waren ihm als Kardinaltugenden an zwei christlichen Heiligen begegnet, die er aufs höchste bewunderte: Philippo Neri, dem er in der *Italienischen Reise* ein Ehrendenkmal setzt, und Alexius, dessen Leben er in dem autobiographischen Bericht von der Schweizer Reise im Jahre 1779 mit spürbarer innerer Teilnahme nacherzählt. Entsprechend wird in mehreren Parabeln des *Divan*-Dichters die Tugend der Demut als Voraussetzung göttlicher Gnade und Erwähltheit gepriesen.

Die Mahnung, welche in der Parabel von der im *Koran* liegenden Pfauenfeder anklingt, »Gottes Größe im Kleinen« zu erkennen, taucht in Variationen nochmals unter den Nachlaßgedichten zum *West-östlichen Divan* auf:

> Sollt ich nicht ein Gleichnis brauchen,
> Wie es mir beliebt?
> Da uns Gott des Lebens Gleichnis
> In der Mücke gibt.

Auch dieser Vierzeiler wurde durch eine *Koran*-Stelle angeregt, und zwar durch Vers 26 der 2. Sure (übersetzt von J. v. Hammer in den *Fundgruben des Orients*):

> Es scheut sich nicht der Herr ein Gleichnis euch zu geben, von einer Mücke oder von dem was darüber ist. Die da glauben wissen, daß es Wahrheit von ihrem Herrn ist; die es aber nicht glauben sagen: Was will der Herr mit diesem Gleichnis.

Gemeint ist: Gott gibt den Menschen Gleichnisse aller Art, selbst in etwas so Kleinem wie der Mücke. Es sei daran erinnert, daß schon Werther »die Gegenwart des Allmächtigen« selbst in den »Mückchen« gewahr wird, weil für ihn in allem Leben »Gottes Gegenwart« spürbar ist bis hinab zu so unscheinbaren Phänomenen wie den Grashalmen. – In der pantheistischen Entzückung des Briefs vom 10. Mai lautet das so:

> Wenn das liebe Tal um mich dampft, und die hohe Sonne an der Oberfläche der undurchdringlichen Finsternis meines Waldes ruht und nur einzelne Strahlen sich in das innere Heiligtum stehlen, ich dann im hohen Grase am fallenden Bache liege, [. . .] wenn ich das Wimmeln der kleinen Welt zwischen Halmen, die unzähligen unergründlichen Gestalten der Würmchen, der Mückchen näher an meinem Herzen fühle, und fühle die Gegenwart des Allmächtigen, der uns nach seinem Bilde schuf, das Wehen des Allliebenden, der uns in ewiger Wonne schwebend trägt und erhält, mein Freund! Wenns dann um meine Augen dämmert und die Welt um mich her und der Himmel ganz in meiner Seele ruhn wie die Gestalt einer Geliebten – dann sehne ich mich oft und

denke: ach könntest du das wieder ausdrücken; [...] daß es würde der Spiegel deiner Seele, wie deine Seele ist der Spiegel des unendlichen Gottes!

Schon dem jungen Goethe war also die Natur als Widerspiegelung Gottes eine vertraute Vorstellung. Sie findet sich bereits in den *Koran*-Auszügen, welche sich der junge Dichter wenige Monate vor Niederschrift der *Leiden des jungen Werthers* angefertigt hatte. Das Beispiel aus dem *Koran* von der Mücke als einem Gleichnis des Lebens ließ Goethe, wie es scheint, später auch an die ins Licht fliegende Mücke denken, die dort ihren Flammentod findet. Unter seinen Lektüre-Notizen zum *Divan* steht jedenfalls das Stichwort »Die verliebte Mücke«. Diese Eintragung bezieht sich auf eine Erzählung in Saadis *Baumgarten* (*Der Persianische Baumgarten*, Buch 3, Kapitel 23. In: Adam Olearius, *Colligirte und viel vermehrte Reise-Beschreibungen* ... Hamburg 1696, S. 47 f.), wo in populärer Form jenes Motiv aus der sufischen Mystik wiedergegeben wird, welches wir oben aus Texten von al-Halladj und Rumi kennengelernt haben: die dem Licht zustrebende und in ihm verbrennende »verliebte Mücke« als Sinnbild des Heiligen, der aus Liebe zu Gott, gleichwie in dem Licht einer Kerze, den Leib in Askese opfert, um seine Seele zu retten:

Die Mücke wurde einsten von einem Manne also angeredet: Armes Blut! Suche jemanden zu lieben der deines gleichen ist. Nimm einen Weg vor dich / da du das Glück haben magst wieder heraus zu kommen. Du und das Licht / deine Geliebte / sind so weit voneinander als Nacht und Tag [...] Wie kann die Kertze / du armes Thierlein dich zu ihrem Freund annehmen / da die Augen der Könige und Fürsten auff gerichtet seyn? [...] Darauff antwortete die verliebte Mücke: Was ist denn nun daran gelegen / sterb ich schon / so bin ich dem Abraham gleich / ich habe Feuer in meinem Hertzen / die Funcken der Kertzen kommen mir vor als Blumen / mit willen werfe ich mich nicht selbst ins Feuer / aber die Ketten der Liebe zu den Kertzen / zie-

> hen mich dahin [...] Sobald ich mich der Liebe zur Kertzen ergeben / zog ich mein Hertz stracks ab von allen weltlichen Dingen [...] Ists dann nicht besser / daß ich durch meinen Bulen / die Kertze / umgebracht werde / nachdem an meiner Stirn geschrieben stehet / daß ich wahrhafftig einmal sterben muß.

Hafis jedoch gab in Gasele *Nun* XV 7 dieser Allegorie eine ganz neue Wendung, in der Goethe seine eigene Auffassung von Mystik aufs erfreulichste bestätigt fand:

> Wer die Sonne verehrt, hat keine Kunde vom Liebchen,
> Schmähst du den Herrn, so schau ihr in die Augen.

Der Übersetzer J. v. Hammer verdeutlicht den Sinn der Verse in einer Fußnote: »Diejenigen, welche die Sonne anbeten, kennen meine Geliebte nicht, sonst würden sie sich von der Sonne zu ihr wenden; und *wer an Gott nicht glaubt, schaue ihr in die Augen.*« In Anlehnung hieran greift Goethe den Anfang seines oben angeführten Vierzeilers wieder auf, preist aber statt der Mücke im dritten und vierten Vers die Augen der Geliebten, weil auch in ihnen sich Gott »im Gleichnis gibt«:

> Sollt' ich nicht ein Gleichnis brauchen
> Wie es mir beliebt?
> Da mir Gott in Liebchens Augen
> Sich im Gleichnis gibt.

Schon der 26jährige Goethe hatte im Banne der Augen einer geliebten Frau sich ganz ähnlich geäußert: »Ich habe nun wieder auf der ganzen Redoute nur deine Augen gesehen – und da ist mir die Mücke ums Licht eingefallen«, so schreibt er am 23. Februar 1776 an Charlotte v. Stein. Das Gleichnis aus der islamischen Mystik von der ins Licht fliegenden Mücke, die dort ihren Flammentod findet, war ihm also längst bekannt, als er ihm in der *Divan*-Epoche wiederbegegnete. Die Vorstellung, durch die Augen der Geliebten sich dem Göttlichen anzunähern, war ihm gleichfalls schon lange vertraut, ehe er bei seinem »Zwilling« Hafis auf dieses Motiv stieß, das so sehr seiner eigenen Empfindungsweise entsprach.

Die unmittelbare Vorlage für Goethes *Selige Sehnsucht* findet sich in J.v. Hammers Übersetzung des Hafis, 2, 90 f.: *Buch Sad I.* Sie lautet:

Wie die Kerze brennt die Seele,
Hell an Liebesflammen
Und mit reinem Sinne hab' ich
Meinen Leib geopfert.
Bis du nicht wie Schmetterlinge
Aus Begier verbrennest,
Kannst du nimmer Rettung finden
Von dem Gram der Liebe.
Du hast in des Flatterhaften
Seele Gluth geworfen,
Ob sie gleich längst aus Begierde
Dich zu schauen tanzte.
Sieh' der Chymiker der Liebe
Wird den Staub des Körpers,
Wenn er noch so bleiern wäre,
Doch in Gold verwandeln.
O Hafis! kennt wohl der Pöbel
Großer Perlen Zahlwerth?
Gieb die köstlichen Juwelen
Nur den Eingeweihten.

Daß Hafis der Autor dieses Gedichts gewesen sei, wird zwar bestritten.[3] Letztlich ist diese Frage jedoch hier ohne Belang. Goethe jedenfalls hielt es für eines des Hafis, und entscheidend für uns ist, was er aus seiner Vorlage gemacht hat:

Selige Sehnsucht.

Sagt es niemand, nur den Weisen,
Weil die Menge gleich verhöhnet,
Das Lebendge will ich preisen
Das nach Flammentod sich sehnet.

In der Liebesnächte Kühlung,
Die dich zeugte, wo du zeugtest,
Überfällt dich fremde Fühlung
Wenn die stille Kerze leuchtet.

Nicht mehr bleibest du umfangen
In der Finsternis Beschattung,
Und dich reißet neu Verlangen
Auf zu höherer Begattung.

Keine Ferne macht dich schwierig,
Kommst geflogen und gebannt,
Und zuletzt, des Lichts begierig,
Bist du Schmetterling verbrannt.

Und solang du das nicht hast,
Dieses: Stirb und werde!
Bist du nur ein trüber Gast
Auf der dunklen Erde.

Goethe gab dem Gedicht versuchsweise nach und nach verschiedene Überschriften, die alle zu seiner Deutung hilfreich sind. Die erste Reinschrift vom 31. Juli 1814 überschrieb er mit dem Hinweis auf seine Quelle, den *Diwan* des Hafis: *Buch Sad Gasele 1*. Im sogenannten Wiesbadener Register vom Ende Mai 1815, das die Titel der bis dahin entstandenen *Divan*-Gedichte enthält, nannte er es dann *Selbstopfer*. Bei der Erstveröffentlichung im Jahr 1817 erhielt es den Titel *Vollendung*. In der Erstausgabe des *West-östlichen Divans* von 1819 erschien es schließlich unter der Überschrift *Selige Sehnsucht*.

Wenn Goethes Gedicht sich nur an die »Weisen« wendet, »weil die Menge gleich verhöhnet«, so ist dieser Gedanke, wie wir gesehen haben, in der Vorlage bereits in ähnlicher Form ausgesprochen: »O Hafis! Kennt wohl der Pöbel / Großer Perlen Zahlenwerth? / Gieb die köstlichen Juwelen / Nur den Eingeweihten.« Er findet sich jedoch in ähnlicher Form bei Goethe selbst bereits in *Faust I*, (Studierzimmer, Vers 1205 f.): »Wir sind gewohnt, daß die Menschen verhöhnen, / Was sie nicht verstehn.« Das Gedicht enthält in poetisch verschlüsselter, bildhafter Form eine Fülle von Gedanken, welche den meisten Menschen unzugänglich bleiben. Eines dieser Rätsel war für Goethes Zeitgenossen offenbar die Rede vom »trüben Gast«.[4] Der mit Goethe eng befreundete Komponist Zelter berichtete in einem Brief vom 10. Februar 1828 von einem »artigen hübschen Mann, gegen 50«, der seine Vertonung von *Selige Sehnsucht* als »göttlich« pries, ihm dann jedoch erklärte: »Aber was für Worte! noch einmal, was für Worte! Ich kann sie nicht verstehen. [...] Der ›trübe Gast‹, was ist der ›trübe Gast‹?« Worauf ihm Zelter schlagfertig antwortete: »Nun ja, – der ›trübe Gast‹ sind Sie.«

Was aber auf Puritaner aller Zeiten bei diesem Gedicht besonders anstößig wirken muß, ist die kühne Art, in der Goethe darin den Liebesakt zum Thema macht. Hier sind es nicht mehr nur die schönen Augen der Angebeteten, hier ist es die körperliche Vereinigung des Liebenden mit der Geliebten, durch welche der Liebende zum Licht, zur Erkenntnis Gottes gelangt. Wahrlich für die Menge, die im Liebesakt nur die Befriedigung körperlicher Begierden sieht, ein Anlaß für Hohn und Spott, wäre der Gedanke hier nicht in so vollendeter dichterischer Sprache verschlüsselt. Für Goethe ist jedoch der Geschlechtsakt ein Teil des Werdens in der Natur, und die Natur ist für ihn eine Manifestation Gottes! Beim islamischen Mystiker el Haladj (hingerichtet 922) hat die Vereinigung mit Gott, wie wir oben gesehen haben, die Bedeutung der völligen Auslöschung seiner selbst bis hin zum Märtyrertod. Bestimmend bei Goethe ist hingegen das Moment von Polarität und Steigerung durch das Aufgehen im Anderen, in der Geliebten. Prosaisch ausgedrückt findet sich dieser Gedanke bei Hegel im Zusatz zu § 158 der *Rechtsphilosophie*:

Das erste Moment in der Liebe ist, daß ich keine selbständige

> Person für mich sein will und daß, wenn ich dies wäre, ich mich mangelhaft und unvollständig fühle. Das zweite Moment ist, daß ich mich in einer anderen Person gewinne, daß ich in ihr gelte, was sie wiederum in mir erreicht. Die Liebe ist daher der ungeheuerste Widerspruch, den der Verstand nicht lösen kann, indem es nichts Härteres gibt als diese Punktualität des Selbstbewußtseins, die negiert wird und die ich doch als affirmativ haben soll. Die Liebe ist das Hervorbringen und die Auflösung des Widerspruchs zugleich: als die Auflösung ist sie die sittliche Einigkeit.

Im § 573 seiner *Enzyklopädie* von 1830 zitiert Hegel voll Begeisterung aus Friedrich Rückerts Übersetzungen der Werke des bereits erwähnten islamischen Mystikers Djelaleddin Rumi (1207-1273) als Beispiel dafür, wie bei ihm »die Einheit der Seele mit dem Einen, auch diese Einheit als Liebe hervorgehoben wird«, und zugleich, um »eine Vorstellung von der bewunderungswürdigen Kunst der Übertragung des Herrn *Rückert*« zu geben. Wären Rückerts Übersetzungen nicht erst sieben Jahre nach der Entstehung von Goethes *Selige Sehnsucht*, nämlich im *Taschenbuch der Damen auf das Jahr 1821* veröffentlicht worden, könnte man meinen, das von Hegel zuletzt daraus zitierte Gedicht hätte neben dem des Hafis ebenfalls Goethe vorgelegen:

> Wohl endet Tod des Lebens Not,
> Doch schauert Leben vor dem Tod.
> So schauert vor der Lieb' ein Herz,
> Als ob es sei vom Tod bedroht.
> Denn *wo die Lieb' erwachet, stirbt*
> *Das Ich, der dunkele Despot.*
> Du laß ihn sterben in der Nacht
> Und atme frei im Morgenrot.

(Hervorhebungen von Hegel). Der Gedanke des »Stirb und werde!« war Goethe natürlich vertraut; nicht zuletzt aus dem Gleichnis Jesu in Johannes 12, Vers 24: »Es sei denn, daß das Weizenkorn in die Erde falle und ersterbe, so bleibt's allein; wo es aber erstirbet, so bringet's viel Früchte.«

In Goethes *Selige Sehnsucht*, das nicht zufällig im *Buch des Sängers* steht, geht es nicht allein um den Liebesakt. Der schöpferische Prozeß des Dichters, bei dem durch geheimnisvolle Verbindung mit einem alles durchwaltenden Wesen das Kunstwerk »gezeugt« wird, war für Goethe ein Erlebnis »höherer Begattung«. Und wie selbstverständlich sah er dies in Analogie zu den Naturprozessen. So äußerte er im Gespräch mit F. W. Riemer am 24. Mai 1811: »Unser ganzes Kunststück besteht darin, daß wir unsere Existenz aufgeben, um zu existieren.« – »Das Tier ist von kurzer Existenz. Beim Menschen wiederholen sich seine Zustände.« Am 29. Juni 1811 spricht Goethe mit Riemer: » ... über die verschiedenen Systeme bei den Insekten, wo eins das andere aufzehrt und sich ins andere verwandelt. So auch im Menschen.« In späteren Jahren, in einem Gespräch mit Kanzler F. v. Müller vom 6. Juni 1824 erwiderte Goethe auf die Frage nach seinem Urteil über den jungen Immermann, der damals erst am Anfang seiner schriftstellerischen Laufbahn stand: »Wie kann ich über ein erst Werdendes, Problematisches urteilen? Habe ich nicht mit meinem eigenen Werden genug zu tun? Und Sie wissen, daß ich ein fortwährendes Werdendes statuiere.« Zwar wurde er zu dem Gedicht *Selige Sehnsucht* durch die Begegnung mit dem *Diwan* des sufischen Dichters Hafis inspiriert. Doch war die Bereitschaft zum »Selbstopfer«, die Erlebnisweise des »Stirb und Werde« längst in ihm angelegt. Sie bildete schon das Leitmotiv seiner Reise nach Italien, die ihm in reichstem Maße Erlebnisse des Wiedergeborenwerdens, Neugeborenwerdens beschied. Eine Eintragung in der *Italienischen Reise* unter dem Datum des 21. Dezember 1787 lautet: »Bei meiner Ankunft in Italien wie neugeboren.« Nicht zufällig war es während der Zeit, als Goethe die *Italienische Reise* zu redigieren begann (1814), daß *Selige Sehnsucht* (*Selbstopfer*) entstand. Erstmals ausgesprochen findet sich der Gedanke, daß das »Stirb und Werde« zum Dasein des Künstlers gehöre, in einer Schrift von Karl Philipp Moritz *Über die bildende Nachahmung des Schönen* (Braunschweig 1788), die aus Gesprächen entstand, welche er mit seinem Freund Goethe während dessen römischem Aufenthalt geführt hatte. Wie weitgehend Goethe sich mit dem Inhalt dieser Schrift identifizierte, wird ersichtlich aus der Anzeige, die er dafür im Juli 1789 in den *Teutschen Merkur* setzte, und an der Ausführlichkeit, mit der er in der *Italienischen Reise* daraus zitiert. Moritz (und Goethe) zufolge obliegt dem Künstler:

> »die immerwährende Zerstörung des Unvollkommenen durch das Vollkommenere«. Der Künstler »zerstört sich – das veredelte Daseyn bleibt zurück«. Bei der »immerwährenden Auflösung unsres eignen Wesens« fällt »Aufhören und Werden in eins [...] So vollendet die Liebe unser Wesen.« Nur »*durch immerwährend sich verjüngendes Daseyn* [kann das ewige Schöne] nachgeahmt werden. Durch dieß sich stets verjüngende Daseyn, *sind wir selber.*«

»So vollendet die Liebe unser Wesen.« In *Selige Sehnsucht* bei dem »des Lichts begierigen Schmetterling« geht es um »höhere Begattung«, wobei die Metapher des Lichts für Gott steht. Offener hat Goethe diesen Gedanken in einem anderen *Divan*-Gedicht ausgedrückt, das sich im *Buch der Betrachtungen* findet:

Soll das Rechte zu dir ein
Fühl' in Gott was Rechts zu sein.
Wer von reiner Lieb entbrannt
Wird vom Lieben Gott erkannt.

Goethe war der uralte Zusammenhang des Wortes *erkennen* mit *zeugen* und *gebären* bewußt, wie er in der Bibelübersetzung Martin Luthers in 1. Moses 4, 1 und 17 zum Ausdruck kommt: »Und Adam erkannte sein Weib Eva, und sie ward schwanger und gebar den Kain«; »Und Kain erkannte sein Weib, die ward schwanger« etc. In *Selige Sehnsucht* dringt der von höherer Sehnsucht nach dem Göttlichen beseelte Sänger durch das »Stirb« zu einem neuen »Werde« vor. Der Begräbnistag Wielands am 25. Januar 1813 war einer der äußerst seltenen Anlässe, wo Goethe sich (in einem langen Gespräch mit Johannes Daniel Falk) über tiefste Geheimnisse seines Glaubens äußerte. Unter anderem fallen dabei die erstaunlichen Sätze: »Was wollen wir denn also von Gott wissen? Man hat es Diderot sehr verdacht, daß er irgendwo gesagt: wenn Gott noch nicht ist, so wird er vielleicht noch.« Ob der Atheist Diderot das tatsächlich so gesagt hat, sei dahingestellt – völlig fern stand seiner dialektischen Denkweise ein solcher Gedanke keineswegs. Aus dem Kontext des Gesprächs wird aber deutlich, daß Goethe selbst ihn für durchaus erwägenswert hielt. Denn wenn das Werden ein bestimmender Wesenszug der Natur ist, so ist ihm auch Gott unterworfen. Nur darf man diesen Gedanken, wie immer bei Goethe, keineswegs verabsolutieren. Als er feststellte, daß man die Schlußverse seines Gedichts *Eins und Alles*: »Denn alles muß ins Nichts zerfallen / Wenn es im Sein beharren will« einseitig auslegte, begegnete er dem daraus entsprungenen Mißverständnis durch ein neues Gedicht mit dem Titel *Vermächtnis*, das er mit den Worten beginnen ließ: »Kein Wesen kann zu Nichts zerfallen! / Das Ew'ge regt sich fort in allen, / Am Sein erhalte dich beglückt!« So gilt auch für die Losung »Stirb und Werde!«, daß man sie nicht absolut setzen darf, als Aufforderung zur ruhelosen Selbstverwandlung in Permanenz, sondern das Gegenteil mitzubedenken hat, welches sich in einer der 1827 veröffentlichten *Zahmen Xenien* des Dichters so ausgedrückt findet:

Wenn im Unendlichen dasselbe
Sich wiederholend ewig fließt,
Das tausendfältige Gewölbe
Sich kräftig ineinander schließt,
Strömt Lebenslust aus allen Dingen,
Dem kleinsten wie dem größten Stern,
Und alles Drängen, alles Ringen,
Ist ewige Ruh in Gott dem Herrn.

20. Der *Divan*-Dichter als Vermittler islamischer Glaubensvorstellungen

In der Zeit, als Goethe den *West-östlichen Divan* schuf, war er auch darum bemüht, die Aufmerksamkeit seiner Freunde und Bekannten auf Orientalia zu lenken und sie mit der Persönlichkeit des Propheten und den Lehren des Koran vertraut zu machen, natürlich nicht, um Proselyten für den Islam zu werben, sondern, um Gesprächspartner zu finden für die Themen, die ihn so faszinierten, und um zu erkunden, wie seine im Geist des Orients verfaßten Gedichte auf ihm nahestehende Menschen wirkten. Im Frühjahr 1815 hielt er bei der Herzogin Louise Vorlesungen über Werke arabischer und persischer Sprache, an denen mehrere gebildete Frauen aus dem Umkreis des Weimarer Hofes teilnahmen, wie einem brieflichen Bericht von Schillers Witwe Charlotte vom 22. Februar 1815 an C. L. von Knebel zu entnehmen ist:

> Gestern habe ich einen großen Genuß gehabt. Wir waren bei der Herzogin mit Goethe, Frau von Schardt, meine Schwester [Caroline v. Wolzogen] und ich. Frau von Stein darf leider nicht ausgehen. Frau von Wedel [die Oberhofmeisterin] schenkt immer Tee ein. Also ist die Gesellschaft ganz klein, aber recht gemütlich. Goethes Umgang mit dem Orient ist uns recht erfreulich; denn er lehrt uns diese wunderliche Welt kennen [...] Wir wollen auch aus dem Koran etwas hören. Die Herzogin freut sich dieser Lektüre sehr und wir alle nicht weniger.

Die Vorlesung aus dem *Koran* fand vermutlich am 28. Februar 1815 statt, als der Damenkreis um die Herzogin Louise erneut zusammentrat, um von Goethe »wunderschöne arabische Dichtungen« zu vernehmen, wie wiederum Charlotte von Schiller berichtet. Am 4. März 1815 teilt sie Knebel mit:

> Goethe hat alles zusammengetragen aus der Bibliothek, seiner Sammlung, daraus er uns nach der Zeitfolge die Dich-

tungen vorträgt, bald aus den »Fundgruben des Orients«, bald aus andern Werken, aus englischen Übersetzungen usw. Zwar spricht Charlotte von Schiller nur ganz allgemein von »wunderschönen arabischen Dichtungen«, welche sie »vernommen« hätten, doch schließt das nicht aus, daß Goethe – vermutlich im Anschluß an Proben aus der vorislamischen Beduinendichtung – auch Stellen aus dem *Koran* vorgelesen hat. Die damals von ihm aus der Herzoglichen Bibliothek entliehenen Bände der *Fundgruben des Orients* enthielten J. v. Hammers *Koran*-Übersetzung. Darunter befanden sich zahlreiche Partien, in denen Hammer sich bemüht hatte, vom Reimreichtum des *Korans* eine Vorstellung zu geben. Diese Versuche einer poetisierenden Wiedergabe – vor allem der letzten vierzig Suren des *Korans* – haben Goethe gewiß interessiert, und er wird versucht haben, deren Wirkung auf seine Zuhörerinnen zu erproben. Vermutlich hat Goethe zum Vergleich auch aus der in Prosa abgefaßten englischen Übersetzung von George Sale vorgelesen, da Charlotte von Schiller »englische Übersetzungen« erwähnt. Goethe kannte George Sales Übersetzung aus früherer Zeit und schätzte ihre Verdienste, obwohl er an ihr, wie an der Megerlinschen Übersetzung, »Dichter- und Prophetengefühl« vermißte. Keine der ihm vorliegenden *Koran*-Übertragungen befriedigte Goethe so weit, daß er sich ausschließlich auf sie hätte stützen mögen; so entlieh er denn im November 1815 weitere zwei Exemplare von *Koran*-Übersetzungen aus der Weimarer Bibliothek. Später benutzte er zur Arbeit an den *Noten und Abhandlungen* den von Theodor Arnold nach Georg Sale ins Deutsche übertragenen *Koran*, aus dem er dort wiederholt zitiert, daneben auch die französische Übersetzung von André du Ruyer.

Goethe erprobte die Wirkung von Schöpfungen orientalischer Dichtung auf ein deutsches Publikum nicht nur an der Damengesellschaft um die Herzogin Louise von Sachsen-Weimar. Auf seinen Reisen in die Rhein- und Maingegenden von 1814 und 1815 nahm er gleichfalls jede Gelegenheit wahr, um mit Freunden und Gelehrten über Orientalia zu sprechen, poetische Texte aus dem Arabischen, Persischen und eigene, zum *Divan* bestimmte Gedichte vorzulesen. Während der Aufenthalte in Heidelberg konnte er fachmännische Gespräche mit dem Arabisten H. E. G. Paulus führen und im Kreise von dessen ihm freundschaftlich verbundener Familie das Gelernte in heiterer Geselligkeit zum besten geben. Auch in Wiesbaden führte Goethe Gespräche über orientalische und orientalisierende Dichtung, besonders mit seinem jungen Freund Sulpiz Boisserée, dessen Tagebuch wiederholt davon berichtet. In Frankfurt gingen die Mitglieder und Freunde der Familie Willemer liebe- und verehrungsvoll auf des Dichters Neigung zum Orient ein. So stand die großartige Feier seines 66. Geburtstages, welche die Frankfurter Freunde ihm bereiteten, ganz im Zeichen der entstehenden *Divan*-Dichtung. In Jena wiederum trugen die Orientalisten der Universität zum Gedankenaustausch bei. Dort und in Weimar besaß Goethe gebildete Freunde – Knebel, Frommann, Riemer, C. G. v. Voigt, F. v. Müller und andere, die lebhaft an seinen Bemühungen um das Studium der östlichen Geisteswelt teilnahmen. Durchreisende Gäste, die den Dichter in seinem Hause aufsuchten, veranlaßten ihn gleichfalls zu Lesungen und zu Gesprächen über die entstehende *Divan*-Dichtung.

Dabei machte Goethe die Erfahrung, daß ein breiteres Publikum seinem neuen Werk mit Unverständnis begegnete, und zwar weil es, wie sich zeigte, »mit dem Osten wenig oder nicht bekannt« war. Davon ausgehend erwuchs in Goethe der Gedanke, den Gedichten erläuternde *Noten und Abhandlungen* anzufügen. Deren Ausarbeitung führte er mit Beharrlichkeit durch, obwohl das Erscheinen des *Divan*, dessen Gedichtteil schon 1816 druckfertig vorlag, sich dadurch bis zum Jahre 1819 verzögerte. Als er den Prosateil zu »besserem Verständnis des West-östlichen Divan« niederschrieb, hatte der Dichter, wie er selbst in der *Einleitung* sagt, die »Fragen und Einwendungen deutscher Hörenden und Lesenden« im Sinn, aus denen ihr

Bedürfnis nach Erklärungen zu »Glauben, Meynungen, Herkommen, Fabeln und Sitten« der Orientalen hervorging. Als jüngerer Autor hatte er zu seiner Enttäuschung immer wieder erfahren müssen, daß das Publikum seine Werke mißverstand; dies wollte er im Falle des *West-östlichen Divans* nicht nochmals erleben. Darum trat Goethe in den *Noten und Abhandlungen* nicht als gelehrter Fachmann auf, obwohl er sich in jenen Jahren ein beträchtliches Fachwissen angeeignet hatte, sondern er berichtet wie einer, der von einer großen Reise zu seinen Freunden heimkehrt, ihnen viel Erstaunliches zu erzählen und schöne Dinge mitzubringen hat. Um das Interesse seiner Leserschaft für die islamischen Länder zu wecken, wählte Goethe »die Rolle eines Handelsmannes, der seine Waren gefällig auslegt und sie auf mancherlei Weise angenehm zu machen sucht«. Mit solcher vorsorglichen Empfehlung drückt er die Hoffnung aus, man werde ihm »ankündigende, beschreibende, ja lobpreisende Redensarten nicht verargen«.

Allerdings war auch diesen Bemühungen Goethes um das Verständnis des deutschen Publikums für seinen *Divan* kein nennenswerter Erfolg beschieden. Auf lange Zeit blieb dessen Lektüre der Aufnahmebereitschaft weniger Kenner vorbehalten. Noch nach hundert Jahren war nicht einmal die Erstausgabe des *West-östlichen Divans* verkauft. Der *Noten und Abhandlungen* ungeachtet verstanden die meisten Leser nicht, was Goethe hatte vermitteln wollen. Die Ratlosigkeit war allgemein, selbst unter denjenigen, welche die Goetheschen Jugendwerke liebten und die Werke seiner klassischen Zeit aufs höchste schätzten. Anlaß zu Mißverständnissen gab im Falle des *West-östlichen Divans* vor allem auch des Dichters positive Einstellung zum Islam. Orthodoxe Christen fühlten sich provoziert, Goethes Lob des Islam ging ihnen entschieden zu weit. In der Tat empfingen Muslime aus dem Werk gelegentlich den Eindruck, Goethe sei insgeheim einer der Ihren gewesen, habe sich nur nicht deutlicher darüber ausdrücken dürfen.[1]

Am weitesten in seiner Annäherung an den Islam ging der

Dichter vielleicht am Schluß seiner Ankündigung des *Divans* von 1816 in jenem bereits zitierten Satz, der Verfasser »lehne den Verdacht nicht ab, daß er selbst ein Muselmann sei«. Unverständlich mochte auch die Verlautbarung des Siebzigjährigen im Abschnitt *Buch des Paradieses* in den *Noten und Abhandlungen* gewesen sein, daß er sich mit dem Gedanken trage, »ehrfurchtsvoll jene heilige Nacht zu feiern, wo der Koran vollständig dem Propheten von obenher gebracht ward«. Doch warum hätte er nicht Mohammeds »Wunderpferd«, das er im *Buch des Paradieses* öfter auftauchen läßt, zu guter Stunde selbst »besteigen und sich durch alle Himmel schwingen« sollen? Die himmlische Reise des Propheten auf dem Flügelpferd war ja auch von andern Dichtern vor ihm beschrieben und phantasievoll ausgeschmückt worden, und die Vorstellung vom geflügelten Pferd war ihm von Jugend an lieb und vertraut. Selbst in der *Ethik* des Spinoza, die Goethe auch auf Reisen mit sich führte, mag er einen Antrieb zu einem solchen Gedicht gefunden haben. Unter den Anmerkungen zum 49. Lehrsatz des zweiten Teils heißt es nämlich: »Wer z. B. ein geflügeltes Pferd erdichtet, gibt darum noch nicht zu, daß es ein geflügeltes Pferd gibt; d. h. er hat sich nicht getäuscht, wenn er nicht zugleich annimmt, daß es ein geflügeltes Pferd gibt. Daher scheint die Erfahrung nichts deutlicher zu lehren, als daß der Wille, oder die Fähigkeit beizustimmen, frei ist, und von der Fähigkeit des Erkennens verschieden …«

Allerdings wäre es völlig abwegig, aus Goethes oben zitiertem Bekenntnis zum Islam im ursprünglichen Sinne, der Ergebung in Gottes Willen, ableiten zu wollen, daß der *Divan*-Dichter heimlich zum Islam in seiner institutionalisierten Form konvertiert und es ihm daher darum zu tun gewesen sei, seinem neuen Glauben zusätzliche Anhänger zu verschaffen. Wie wenig Goethe von Proselytenmacherei hielt, zeigt schon der Vierzeiler im *Buch der Sprüche*, den er unter Anspielung auf eine in Persien zum Sprichwort gewordene Stelle aus Saadis *Rosengarten* dichtete:

Wenn man auch nach Mekka triebe
Christus' Esel, würd' er nicht
Dadurch besser abgericht,
Sondern stets ein Esel bliebe.

In Form einer Tierfabel drückt Goethe hier in derb-humoristischer Weise seine Überzeugung aus: Man mag in seinem Leben wohl vieles dazugewinnen, wenn man seinen Horizont erweitert und sich von anderen Teilen der Menschheit neue Kenntnisse hinzuerwirbt, letztlich ist jedes Geschöpf doch determiniert und kann seinem Sosein nicht entrinnen. Der *Divan*-Dichter ließ sich durch kein Dogma binden und bewahrte sich unter allen Umständen seine Toleranz. Er verehrte die *Bibel* und den *Koran;* so verschiedenartige Menschheitsführer wie Abraham, Moses, Sokrates, Christus, Mohammed oder Spinoza waren ihm wert und bewunderungswürdig als inspirierte Mittler eines höheren Willens. Mit dem *West-östlichen Divan* wollte er eine geistige Brücke zwischen Okzident und Orient schlagen.

Wiederholt trifft man im *Divan* auf indirekte Mahnungen zu guter Nachbarschaft unter den Anhängern der monotheistischen Religionen, ja aller Religionen, am eindringlichsten wohl in folgendem Vierzeiler aus dem *Buch der Sprüche*:

Wenn Gott so schlechter Nachbar wäre
Als ich bin und als du bist,
Wir hätten beide wenig Ehre;
Der läßt einen jeden wie er ist.

Damit befand sich Goethe in völligem Einklang mit dem 48. Vers der fünften Sure des *Koran* (*Der Tisch*), in welchem auch die *Ringparabel* von Lessings *Nathan* inhaltlich ihren Ursprung hat, und der in der schönen Übersetzung Friedrich Rückerts lautet:

Wir haben jedem Volke sein Gesetz gegeben
Und eine Laufbahn für sein Streben.
Hätt' es gewollet Gottes Macht,
Er hätt' ein Volk aus euch gemacht.

Allein, daß er euch prüf' im Leben,
Hat er Besondres euch gegeben.
So eilet nun im ganzen Chor
Einander euch im Guten vor.
Zu Gott ist euer aller Fahrt,
Da wird euch werden offenbart,
Worüber ihr uneinig wart.

21. Islamisches im *Buch des Paradieses*

In dem Buch eines Referenten der Basler Mission über den Islam nimmt sich die Darstellung der islamischen Paradiesesvorstellungen folgendermaßen aus[1]:

> Es fällt auf, daß schon dem Propheten, aber auch der späteren Tradition zur Schilderung der jenseitigen Freuden fast nur sinnlich-irdische Vorstellungen zur Verfügung stehen, wie auch die Leiden der Verdammten fast nur als körperlich peinigende Schmerzen dargestellt werden. Auch wenn man diese glühenden Bilder als Symbole nimmt (was sie jedoch zweifellos *nicht* sein wollen), so bleibt das unbefriedigende Gefühl zurück, daß der Islam sich geistige Freuden oder geistige Leiden offenbar kaum vorstellen kann oder daß sie ihm nichts zu sagen haben.

Offenbar wünscht sich unser christlicher Missionar ein Paradies ohne alle irdische Spuren, sozusagen geistige Freuden ohne Unterleib. Hätte er je einen Blick in den *West-östlichen Divan* geworfen, wie hätte ihn erst Goethes durchaus sinnliche Darstellung seiner Paradiesvorstellungen erschreckt, da er schon am islamischen Paradies folgendes zu bemängeln fand:

> Die geistige Gemeinschaft mit Gott, die die [islamische] Mystik doch so eindrücklich gepredigt hatte, hat jedenfalls das traditionelle Bild des Jenseits nicht mitbestimmt. Der Grund ist wohl darin zu suchen, daß für die Mystik das Ziel der menschlichen Bestimmung, eben diese vollkommene Ge-

> meinschaft mit Gott, gar kein jenseitiges, sondern ein ausgesprochen diesseitiges, gar kein eschatologisches, sondern ein immanentes Heilsgut ist.

Klarer ließe sich der Gegensatz zwischen den Paradiesvorstellungen Goethes und den von einer bestimmten christlichen Tradition geprägten nicht kennzeichnen. Denn wie man Goethes philosophischen Lehrmeister Spinoza einen Philosophen der Immanenz genannt hat[2], so könnte man Goethe einen Dichter der Immanenz nennen.[3] Jedenfalls hat er im islamischen Paradies die angeblich mangelnden »geistigen Freuden« keineswegs vermißt. In einer Anzeige in Cottas *Morgenblatt für die gebildeten Stände* von 1816 kündigte er das letzte der zwölf Gedichtbücher seines *West-östlichen Divans* mit den Worten an:

> Das *Buch des Paradieses* enthält sowohl die Sonderbarkeiten des mahometanischen Paradieses als auch die höheren Züge gläubigen Frommsinns, welche sich auf diese zugesagte künftige heitere Glückseligkeit beziehen. Man findet hier die Legende von den sieben Schläfern nach orientalischen Überlieferungen und anderen, die im gleichen Sinn den fröhlichen Umtausch irdischer Glückseligkeit mit der himmlischen darstellen. Es schließt sich mit dem Abschiede des Dichters an sein Volk, und der Divan selbst ist geschlossen.

Welche Funktion die Vorstellung vom Paradies in Goethes Gedankenwelt erfüllte, läßt sich auch erschließen aus einem Brief vom 21. Juni 1818 an seine Schwiegertochter Ottilie, worin er sich ganz allgemein über die mit seinem *Divan* verfolgte Absicht äußert:

> Die Wirkung dieser Gedichte empfindest du ganz richtig, ihre Bestimmung ist, uns von der bedingenden Gegenwart abzulösen und uns für den Augenblick dem Gefühl nach in eine grenzenlose Freiheit zu versetzen. Dies ist zu einer jeden Zeit wohltätig, besonders zu der unseren.

Daß Goethe in seiner Ankündigung des *Divan* gerade die beiden das Buch abschließenden Gedichte *Siebenschläfer* und *Gute*

Nacht! eigens hervorhebt, ist kein Zufall, denn in diesen hatte er das Thema des Paradieses zum ersten Mal aufgegriffen. Sie bildeten den Auftakt für das spätere *Buch des Paradieses*. In beiden wird die *Siebenschläfer*-Legende verarbeitet, die Goethe seit Mitte Dezember 1814 beschäftigte, als er in Jena deren arabische Quelle in englischer Übersetzung in den *Fundgruben des Orients* kennengelernt hatte. Am 29. Dezember 1814 brachte er den Entwurf zu dem großen balladesken Gedicht in Weimar zu Papier; vollendet wurde es jedoch erst im Mai 1815 in Wiesbaden.

In der genannten Quelle finden sich bereits alle wesentlichen Motive zu Goethes *Siebenschläfer*. Sie enthält auch einen Hinweis auf die ihr zugrunde liegende *Koran*-Stelle: Vers 26 von Sure XVIII, *Die Höhle*. In J. v. Hammers *Koran*-Übersetzung, die im gleichen Band der *Fundgruben des Orients* abgedruckt war, lautete der Vers: »In ihrer Höhle schliefen sie (die Siebenschläfer) dreyhundert Jahre und darüber neun.« Von der arabischen Quelle fühlte sich Goethe so bewegt, daß er sich davon zu einer sehr persönlichen Bekenntnisdichtung mit dem Titel *Gute Nacht!* anregen ließ, noch ehe in ihm der Gedanke zu einem *Buch des Paradieses* gereift war, dessen Abschluß es später bildete. Hier erscheint der Dichter wie einer der sieben Schläfer, das heißt wie einer jener »Begünstigten des Hofes«, von denen die Legende berichtet, daß sie lieber Ungnade und Rache ihres Fürsten auf sich nahmen, als ihre Überzeugungen aufzuopfern.

Gute Nacht! ist das Gedicht, mit dem der deutsche Dichter Abschied nimmt von seinen Landsleuten, seinen Zeitgenossen, vom irdischen Leben. Traumartig, visionhaft bringen die Verse zum Ausdruck, wie er von der Nachwelt erinnert werden möchte: als einer, dem Glauben und Überzeugungen höher standen als alle weltlichen Güter, Leben und Sicherheit, und der – wie jene legendären Schläfer in der Höhle – durch höhere Gnade wunderhaft bewahrt, ins Paradies versetzt wird.

Gute Nacht!

Nun so legt euch liebe Lieder
An den Busen meinem Volke
Und in einer Moschus-Wolke
Hüte Gabriel die Glieder
Des Ermüdeten gefällig;
Daß er frisch und wohlerhalten,
Froh wie immer, gern gesellig,
Möge Felsenklüfte spalten,
Um des Paradieses Weiten,
Mit Heroen aller Zeiten,
Im Genusse zu durchschreiten;
Wo das Schöne, stets das Neue,
Immer wächst nach allen Seiten,
Daß die Unzahl sich erfreue.
Ja, das Hündlein gar, das treue,
Darf die Herren hinbegleiten.

Abweichend von der Legende, wonach der Erzengel Gabriel Spalten in die Felsen reißt, um die Siebenschläfer jung und gesund zu erhalten, ist hier der Dichter selber derjenige, welcher die »Felsenklüfte spaltet«. Das Motiv wird so zum symbolischen Ausdruck für das Tun des gleich den Siebenschläfern geheimnisvoll verjüngten *Divan*-Dichters, der dem Engel Ähnliches für seine Landsleute leistet, indem er Luft und Licht aus dem »reinen Osten« in den dumpfen, abgeschlossenen und vermauerten Raum seines Heimatlandes eindringen läßt, um so das geistige Leben auch von dessen Bewohnern gesund und frisch zu erhalten. In diesem Sinne erklärte Goethe in einem undatierten Manuskript, das 1833 aus seinem Nachlaß unter dem Titel *Ein Wort für junge Dichter* veröffentlicht wurde:

> ... Wenn ich aber aussprechen soll, was ich den Deutschen überhaupt, besonders den jungen Dichtern geworden bin,

> so darf ich mich wohl ihren *Befreier* nennen; denn sie sind an mir gewahr geworden, daß, wie der Mensch von innen heraus leben, der Künstler von innen heraus wirken müsse, indem er, gebärde er sich wie er will, immer nur sein Individuum zu Tage fördern wird.
> Geht er dabei frisch und froh zu Werke, so manifestiert er gewiß den Werth seines Lebens, die Hoheit oder Anmuth, vielleicht auch die anmuthige Hoheit, die ihm von der Natur verliehen war.

Die Selbstcharakteristik, die Goethe in Vers 7 von *Gute Nacht!* gibt: »Froh wie immer, gern gesellig« entspricht ebenso seinem menschenfreundlichen Naturell wie seinen religiösen Überzeugungen, die ihr gedankliches Fundament in Spinozas *Ethik* hatten. Schon bei früherer Gelegenheit war von der Freudigkeit als einem grundlegenden Element der Goetheschen Religiosität die Rede, entsprechend Spinozas *bene agere et laetari* als einem unabdingbaren Bestandteil der vernunftgemäßen Liebe zu Gott. Dementsprechend betont auch Vers 11 den »Genuß«, Vers 12 das »Schöne«.

Wenn Goethe, seiner geselligen Natur gemäß, wünscht, »des Paradieses Weiten / Mit Heroen aller Zeiten, / Im Genusse zu durchschreiten«, so wird hier zwar kein spezieller Heros genannt, doch liegt es für den Leser des *West-östlichen Divans* nahe, sich den Propheten Mohammed als Gesprächspartner des Dichters im Paradiese vorzustellen.

Bis in Einzelheiten bleibt Goethe bei seinen Schilderungen des Paradieses seinen eigenen Überzeugungen und sogar seinem physikalischen Weltbild treu. Im Gegensatz zum *Koran* denkt er nicht in unversöhnlichen Gegensätzen wie »Himmel und Hölle« oder in Kategorien wie »Oberes und Unteres«. Sein Weltbild beruhte auf dem Grundsatz Spinozas, daß der Mensch von den unendlichen Attributen des Göttlichen nur zwei erfassen könne: Denken und Ausdehnung.[4] Das göttliche Attribut der Ausdehnung findet in Goethes Vision des sich stets ausdehnenden Paradieses seinen Ausdruck: »Wo das

Schöne, stets das Neue, / *Immer wächst nach allen Seiten* ... « So unterscheidet sich das von Goethe skizzierte Paradies durch seine Dynamik und ständige Ausdehnung von den Schilderungen des *Korans*. Die Goethesche Kosmologie läßt keine Lokalisierungen wie die mehr oder weniger stereotypen Paradies-Schilderungen der islamischen Überlieferung zu.

Auch geht es bei Goethe demokratischer zu als dort: die Weiten des Paradieses wachsen nach allen Seiten, damit – »die Unzahl sich erfreue«! Die Schlußvignette: »Ja, das Hündlein gar, das treue, / Darf die Herren hinbegleiten« sorgt nicht allein für eine heitere Note am Ende, sondern gleichfalls für eine Aufhebung der Ansprüche auf Privilegien, wie es auch der Hinweis auf die »Unzahl« tut, die sich »erfreuen« solle. Das »Hündlein« hat sich durch eine einzige kostbare Eigenschaft den Anspruch aufs Paradies erworben – Treue! Wirkungsvoll wehrt Goethe durch das Hündlein-Motiv alles denkbare Schlußpathos ab; und doch ist das Gedicht keineswegs blasphemisch gemeint. Die Stellung von *Gute Nacht!* am Ende der gesamten *Divan*-Dichtung und der innige Ton der Verse deuten unabweislich darauf hin, daß Goethe hier mit starker innerer Beteiligung spricht. Wiederum sehen wir ihn in einer Art Wetteifer mit dem Propheten. Der Dichter teilt zwar nicht die hierarchischen Vorstellungen des *Korans*, wonach »Oberes und Unteres«, »Himmel und Hölle« (*Noten und Abhandlungen*, Kapitel *Mahomet*) »den Bekennern und Leugnern zugedacht« sind. Doch greift er von islamischen Vorstellungen auf, was er dem eigenen Weltbild harmonisch zu verbinden vermag,[5] ohne auch nur das Geringste an innersten Überzeugungen preiszugeben. Von seinen eigenen Anschauungen läßt er genug Andeutungen durchscheinen, so daß er seine persönliche Religiosität nirgends verleugnet.

Wenn man beim *Buch des Paradieses* die Entstehungsgeschichte mit in Betracht zieht, dann fällt auf, daß Goethe das Gedicht *Begünstigte Tiere* und mehrere Vorformen von *Auserwählte Frauen* schuf, ehe er sich daranmachte, auch *Berechtigte*

Männer mit einem Gedicht zu bedenken. Im Gegensatz zu den Versen, welche den Frauen und Tieren im Paradies gewidmet sind, bezieht sich dieses Heldenpreislied auf einen ganz bestimmten historischen Moment im Leben des Propheten, den Sieg seiner Truppen über die ungläubigen Mekkaner im Jahre 623, im zweiten Jahr nach der Auswanderung von Mekka nach Medina. Über die näheren Umstände und die historische Bedeutung dieser entscheidenden Schlacht bei Bedr war Goethe durch die Mohammed-Biographien von Rehbinder, Oelsner, Boulainvilliers und Turpin genauestens unterrichtet. Das Gedicht *Berechtigte Männer* ist ganz vom Standpunkt des Propheten her gestaltet, welcher den im Glaubenskampf gefallenen Kriegern ein Weiterleben in ewiger Seligkeit verheißt. Hier wie in der Hymne aus dem frühen *Mahomet*-Fragment läßt Goethe den Propheten unter dem nächtlichen Sternenhimmel sprechen. Dabei bedient sich der Dichter zur Ausmalung der paradiesischen Freuden bestimmter Stellen des *Korans* wie etwa der von uns aus den *Fundgruben des Orients* weiter oben angeführten Verse. Auch das Motiv der Nachtreise des Propheten auf dem legendären Flügelpferd, das schon Herder so beeindruckt hatte, wird hier von Goethe wieder aufgegriffen.

Daß Goethe kriegerisches Heldentum nicht allzu hoch einschätzte, läßt er auf ironische Weise im abschließenden Vierzeiler durchblicken, nachdem er zuvor die etwas beschränkten traditionellen Vorstellungen von den Verlockungen hat Revue passieren lassen, die ein Männerherz dazu bewegen könnten, das Leben einzusetzen, um sich einen Platz im Paradies zu ergattern:

> Und so war das Wenige zu melden
> Wie der sel'ge Musulman sich brüstet.
> Paradies der Männer Glaubenshelden
> Ist hiermit vollkommen ausgerüstet.

Genaugenommen stellt das Gedicht *Berechtigte Männer* im gesamten Werk Goethes seinen einzigen Beitrag zum Thema des »heiligen Krieges« dar, soweit man unter »Heiligem Krieg«

ausschließlich das versteht, was im Islam »Jihad asghar«, der »kleine Heilige Krieg« genannt wird, nämlich der Kampf auf dem Schlachtfeld zur Verteidigung der Gemeinde der Gläubigen (Umma). Wenn wir im Kapitel *Mahmud von Gasna* sehen, wie Goethe die Kämpfe dieses muslimischen Herrschers auf dem indischen Subkontinent billigt, insoweit »er sich unermüdlich und streng [beweist] in Ausbreitung seines Glaubens und Zerstörung des Götzendienstes«, so verstehen wir, daß der Dichter, obwohl er in *Berechtigte Männer* das Thema des »heiligen Krieges« aus humorvoller Distanz behandelt, keine unmittelbare Kritik an den Glaubenskämpfen Mohammeds und seiner Gefährten übt, sondern dem Propheten auch darin eine gewisse Ehrfurcht nicht versagt. Über die Glaubenskämpfe der neuen Zeiten konnte er sich jedoch voll Unmut äußern. Friedrich Soret notierte in seinem Tagebuch am 17. März 1830 den Bericht Goethes über das Gespräch mit einem Bischof, welcher ihm vorgeworfen hatte, mit seinem *Werther* die Menschen in die Versuchung des Selbstmords geführt und sogar mehrere Freitode verursacht zu haben:

> Halt! rief ich; welchen Ton schlagen Sie den Großen dieser Welt gegenüber an, die mit einem Federzug und im Interesse der literarischen Produkte ihrer Diplomaten hunderttausend Männer ins Feld schicken, achtzigtausend von ihnen töten lassen und ihre Untertanen zum Mord anreizen, zu Plünderungen, zu Vergewaltigungen, zu Raubmord? Sie singen ein Tedeum darüber. Was tun Sie, um sich selbst Beifall zu zollen, wenn arme Schwachköpfe, erschreckt von den schönen Reden über die Hölle, die Sie von der Höhe Ihrer Kanzel herab halten, ihren Rest von Verstand verlieren und ihre elenden Tage im Irrenhaus vollenden; ohne alle die zu zählen, die sich selbst töten, um rascher ins Paradies zu kommen oder sich von ihren religiösen Ängsten zu befreien; was tun Sie dann? Sie segnen Gott dafür!

Der Islam kennt jedoch, was den meisten Nichtmuslimen unbekannt ist, auch den »Jihad akbar«, den »großen Heiligen

Krieg«, worunter der Kampf um Läuterung der eignen Triebe, die Beherrschung des Selbst, verstanden wird. Er geht zurück auf Vers 79 der vierten Sure (*Die Weiber*): »Was immer Gutes dir widerfährt, das ist von Gott, und was immer Böses dir widerfährt, ist von dir selber.« Goethe hat diese Art von »Heiligem Krieg« unter dem Stichwort »Entsagung« besonders in der späteren Phase seines Lebens vielfach geübt und ist in seinen Werken mit Nachdruck dafür eingetreten.

Obwohl Goethe sich nicht zu jenen »berechtigten Männern« zählen mag, denen der Einlaß ins Paradies deswegen sicher ist, weil sie im Kampf für den rechten Glauben gefallen sind, meint er dennoch, sich dort einen Platz verdient zu haben. Allerdings eben nicht an der Seite kriegerischer Männer, sondern im Gefolge der für das Paradies *Auserwählten Frauen*, von denen in einem der nächsten Kapitel die Rede sein soll:

Diese finden wir alldorten;
Und wer Frauen-Lob gepriesen
Der verdient an ewigen Orten
Lustzuwandeln wohl mit diesen.

In der Tat hat sich Goethe, wie noch darzustellen sein wird, wie kaum ein anderer Dichter um des in seinen Werken vielfach geübten Frauenlobs willen verdient gemacht. Aber noch ein anderes seiner Verdienste soll in diesem Zusammenhang erwähnt werden, dessen sich zu rühmen ihm niemals in den Sinn gekommen wäre, das aber bis heute von höchster Bedeutung geblieben ist. Goethe war Realist genug, um zu erkennen, daß Kriege aus dem Leben der Menschen nicht von einem Tag auf den anderen hinwegzudenken sind, aber er hat sich zeit seines Lebens im bescheidenen Rahmen seines Wirkungsbereichs für friedensfördernde Maßnahmen eingesetzt. Als er 1782 mit dem Präsidium der Kammer des Herzogtums Weimar beauftragt wurde, schaffte er die Artillerie ab, verringerte die Infanterie um zwei Drittel und kürzte den Militärhaushalt um die Hälfte. Auf die Dauer konnte er sich allerdings gegen seinen kriegsbegeisterten Landesherren, Herzog Carl August, nicht durchsetzen. Vergeblich hat er im Jahre 1806 versucht zu verhindern, daß sich der Herzog der Kriegskoalition gegen Frankreich anschloß und das eigene Territorium für die Auseinandersetzung mit Napoleon zur Verfügung stellte. So wurde im Zusammenhang mit der Schlacht bei Jena durch des Herzogs leichtsinniges Spiel mit dem Feuer der Untergang Weimars und des gesamten Herzogtums heraufbeschworen.[6] Die Rettung Weimars vor der Rache Napoleons war nicht zuletzt der Achtung zu danken, welche dieser Feldherr dem dichterischen Genius Goethes entgegenbrachte.

In seinem Wirken als Friedensstifter war Goethe in der Tat ein Muslim im Hinblick auf den wahren Sinn des Wortes Islam. Denn das Wort Islâm, Ergebung in den Willen Gottes, enthält im Arabischen die gleichen Wurzelkonsonanten wie das Wort Salâm, welches Gruß und Frieden bedeutet. Der Gruß eines Muslims lautet daher: »as-Salâm aleikum«, »der Friede sei mit euch«. Und so heißt es in Vers 25 der zehnten Sure (*Jonas*): »Und Gott lädt ein zur Wohnung des Friedens und leitet, wen Er will, den rechten Pfad.« Das *Buch des Paradieses* des *Divan*-Dichters ist der lieblichste und denkbar verlockendste, wenn auch stellenweise recht unorthodoxe Aufruf, dieser Einladung zu folgen.

22. *Begünstigte Tiere* im *Buch des Paradieses*

Einige der Vorstellungen vom islamischen Paradies, welche Goethe im *West-östlichen Divan* ausgestaltete, reichen weit in seine Jugendzeit zurück. Schon früh war dem Dichter der Gedanke vertraut, daß es »begünstigte Tiere« gebe, welche sich nach Auffassung der Muslime einen Platz im Paradies erworben hätten. Informationen darüber hatte er aus einem seiner Lieblingsbücher erhalten, das er in *Dichtung und Wahrheit* (Teil III, Buch 12) unter dem Kurztitel »Dappers Reisen« wiederholt nennt als ein Werk, aus dem er seinen »Märchenvorrat«

schöpfte, um die Jugendfreunde des Frankfurter Zirkels der Schwester, des Darmstädter Freundeskreises und seine Zuhörerschaft während der Wetzlarer Epoche zu unterhalten. Das kompilatorische Werk des 1690 gestorbenen holländischen Arztes und Geographen Olfert Dapper war für Europäer im Zeitalter der immer weiter sich ausdehnenden Handelsbeziehungen interessant; jung und alt vergnügten sich an den Beschreibungen der Länder Afrikas und Asiens, die Dapper aus verschiedenen Quellen auf recht unterhaltsame Weise zusammengestellt hatte.

Dappers Kompendium enthielt auch eine *Ausführliche Beschreibung der Landschaft Arabien.* Dort war Goethe schon früh auf die Behauptung gestoßen, der Prophet Mohammed habe den Tieren ebenso wie den Menschen für ihre bösen und guten Taten Strafe und Belohnung, Verdammnis oder Auferstehung beim Jüngsten Gericht in Aussicht gestellt, da Tiere auch Verstand und Seele hätten. Dapper berichtet darüber folgendermaßen:

Mahomet füget den Bestien eine verständliche Seele zu.

> Mahomet / der sich rühmet alle Wissenschafften in seinem Alkoran begriffen zu haben / schreibet nicht allein den stummen Bestien eine verständliche Seele / und einen Menschengleichen Verstand zu / sondern theilet ihnen auch auf gleiche Weise eine Auferstehung / Belohnung und Straffe / nach ihren Verdiensten und bösen Werken mit; wie er dann im Hauptstuck deß Alkorans von den Bestien also schreibet: Kein Vieh ist auf der Erde / noch kein Vogel flieget in der Lufft / der nicht euch Menschen gleich seye; zumahlen wir nichts in dem Buch (Alkoran) verworffen noch verachtet haben. Sie werden hernachmahls vom HErrn auferwecket werden.

Nach dem Tode des Propheten, so berichtet Dapper weiter, seien unter den Gesetzgebern der islamischen Tradition verschiedene Meinungen darüber entstanden, ob die Tiere in dasselbe Paradies wie die Menschen oder in ein gesondertes Paradies kommen würden oder ob die Tiere nicht überhaupt wieder zu Staub und Erde würden:

> Dieser Meinung deß Mahomets [daß auch die Tiere »auferweckt« werden,] stimmen Alkassai / Vahb / Kahb / Abbas und andere Mahometanische Gesetzlehrer bey; aber hierinnen kommen sie nicht überein / ob nemlich die guten Thiere / und die deßwegen mit Belohnung und Glückseeligkeit zu beschenken / eben das jenige Paradies der Seeligkeit / so den Menschen versprochen worden / oder ob sie ein anders überkommen werden. Viel unter ihnen sind in der Meinung / es seye vor beyderley nur ein Paradies bereitet. Die aber solches läugnen / haben wieder zweyerley Meinungen. Etliche unter ihnen halten davor / es werden die Thiere einen andern Ort ihrer Belohn- und Vergeltung überkommen / sie nennen aber zehen derselben / welche sie den Menschen zueignen. Andere behaubten / es werden die Thiere in Erden und Staub verwandelt werden.

Nur über zehn Tiere, denen das Paradies sicher sei, gab es, Dapper zufolge, keinen Streit. Dies waren: 1) die Kamelin des Saleh, 2) das Kalb Abrahams, 3) der Widder Ismaels, 4) die Kuh des Moses, 5) der Walfisch des Propheten Jonas, 6) der Esel des Propheten Jeremias, 7) die Ameise des Salomon, 8) der Wiedehopf der Königin Balkis von Saba,[1] 9) das Kamel des Propheten Mohammed,[2] 10) der Hund der Siebenschläfer von Ephesus.

Dapper übermittelt die Legenden dieser zehn heiligen Tiere, durch die ihre Aufnahme ins Paradies begründet wird, und weist zugleich auf eine gewisse Rangordnung unter diesen Tieren hin. Festgehalten sei, daß Goethe von allen zehn bei Dapper genannten Tieren nur den an letzter Stelle erwähnten Siebenschläfer-Hund ins *Buch des Paradieses* aufnahm und daß er die Zahl von zehn auf vier reduzierte:

> Unter denen zehen Thieren / welcher halber kein Streit ist /

besitzet die Kamehlin deß Saleh den ersten Platz / worvon diese Histori erzehlet wird [Folgt die Erzählung nach Sure 11, *Hud*, Vers 61ff.]:

Dieser Saleh war / von GOtt / vor Abrahams Zeiten / zu den Thamuditern gesendet / umb dieselben zu einem bessern Leben zu vermahnen. Die Thamuditer aber begehrten von ihme / zum Zeichen der Bekräfftigung seines Propheten=Ambts / und Sendung von GOtt / er sollte eine Kamehlin aus einem Steinfelsen / den sie ihme gezeiget hatten / hervorbringen. Solches nun brachte er / durch ein eiferiges Gebet / von GOtt in kurzem zu weeg. Diese von ihm hervorgebrachte Kamehlin weidete deß Tages auf den Bergen, deß Nachts aber kehrte sie wieder nach der Stadt / und schrye mit lauter Stimme: Diejenigen / welche Milch zu haben verlangen / kommen zu mir! und also dienete sie allen Bürgern. Selbige aber / an statt daß sie der Vortrefflichkeit dieses Mirakels und der empfangenen Wohltat hätten eingedenk seyn sollen / tödteten die Kamehlin / und jagten den Saleh aus ihrem Gebiet.

Nach der Kamehlin folget Abrahams Kalb / welches das jenige ist / mit dessen Fleisch er die drey Engel bewirthet und gespeiset. Diesem Kalb deß Vatters folget der Widder seines Sohns Ismael; denn etliche [Araber] setzen vor den [hebräischen Stammvater] Isaak ihren Stamm=Vatter Ismael / in der Opferung Abrahams. Dem Widder deß Ismaels folget deß Mosis Kuhe … [Folgt die Erzählung der betreffenden Legende].

Auf diese Kuhe folget der Wallfisch deß Profeten Jonas. Nach welchem der Esel deß Profeten Jeremias mit grossem Geschrey in das Paradies tritt … [Folgt die Erzählung der betreffenden Legende.] Dieser Esel ist eines von den 10 Thieren / welche Mahomets Paradies verdienet haben.

Nach diesem Esel folget die Ameise deß Salomons / von welcher der Alkoran also schreibet: … [Folgt Erzählung der betreffenden Legende nach Sure 27, *Die Ameise*, Vers 18 f.]

> Nach der Ameise wird der Widhopf der Balkais / der Königin von Saba / oder dem glücklichen Arabien / ins Paradies geführet / worvon der Alkoran auch eine weitläuffige Fabel erzehlet [nach Sure 27, *Die Ameise*, Vers 20ff.]: Es hat nemlich der Widhopf zwischen Salomon und der Königin Balkais sich als einen Kuppler gebrauchen lassen. Man giebt auch vor / es werde deß Mahomets Kamehl in das Paradies kommen.
>
> Endlich schliesset der Hund der sieben Efesischen Schläfer die Zahl der Thiere deß Paradieses ... [Folgt Erzählung der Siebenschläfer-Legende.]

Außer bei Dapper begegnete Goethe der Vorstellung von heiligen Tieren im islamischen Paradiese auch, als er sich ab Spätherbst 1771 mit dem *Koran* näher befaßte. In der *Koran*-Übersetzung des Maracci, die er damals benutzte, traf er auf folgenden Hinweis (III. prodr. 79):

> Isti [Dervisi quidam Aegyptii] ponunt in Paradiso quatuor animalia: Equuum S. Georgii, seu Chiderellae: asinum Jesu Christi: camelum Mahumeti; et canem septem Dormientium. Alii addunt, arietem Abrahae.

Hier wird also nur von vier Paradies-Tieren gesprochen: 1) das Pferd des heiligen Georg, 2) der Esel Jesu, 3) Mohammeds Kamel und 4) der Siebenschläferhund – an fünfter Stelle allenfalls noch: Abrahams Opfertier, der Widder. Nur zwei dieser in Maraccis *Koran*-Kommentar erwähnten heiligen Tiere sind in etwa identisch mit denen, die Dapper aufzählt: das Kamel des Propheten Mohammed, und der Siebenschläferhund. Dieser begegnet später in Goethes *Buch des Paradieses* wieder, wo wir auch den bei Maracci als heiliges Tier erwähnten Esel Christi wieder treffen, den Goethe an die Spitze der Paradiesestiere stellen sollte.

Eine allgemeinere Betrachtung Goethes über die Ausdehnung religiöser Spekulationen oder Kulte auf Tiere und über geistliche »Begünstigungen« von Tieren findet sich in Rückerinnerungen an Italien, über die Goethe in der *Italienischen Reise* unter dem Datum des 18. Januar 1787 berichtet. Ausgelöst wurden Goethes Gedankengänge durch das Fest des heiligen Antonius, des Patrons der »vierfüßigen Geschöpfe«, das Goethe damals in Rom miterlebte. Er beschreibt dieses Fest als »saturnalischen Feiertag für die sonst belasteten Tiere, so wie für ihre Wärter und Lenker«. Während alle Menschen an diesem Feiertage zu Fuß gehen müssen, werden Pferde, Maultiere, Esel und Hornvieh mit bunten Bändern geschmückt und vom Priester mit Weihwasser besprengt. Der Dichter verflicht die Schilderung dieses Erlebnisses mit Worten, die zeigen, daß seine Gedankengänge auch die in der islamischen Tradition vorkommende Vorstellung von »begünstigten Tieren« einschlossen:

> Es läßt sich bemerken, daß alle Religionen; die entweder ihren Kultus oder ihre Spekulationen ausdehnten, zuletzt dahin gelangen mußten, daß sie auch die Tiere einigermaßen geistlicher Begünstigungen teilhaft werden ließen.

Während der *Divan*-Epoche fand Goethe bei seinem orientalistischen Gewährsmann Joseph v. Hammer weitere Hinweise auf in der Welt des Islam besonders ausgezeichnete Tiere, wobei wiederum eine andere Anzahl angegeben wird, Hammer spricht von »sieben berühmtesten Tieren«:

> Die *sieben* berühmtesten Thiere: 1) der Widhopf Salomons, 2) der Hund der Siebenschläfer, 3) das Kameel Saleh's, 4) die Kuh des Moses, 5) der Fisch des Jonas, 6) die Schlange der Eva, 7.) der Pfau des Paradieses.

Soviel läßt sich mit Sicherheit sagen: durch alles, was Goethe aus den religiösen Überlieferungen des Islam über die durch Legendenbildungen ausgezeichneten Tiere erfahren hatte, fühlte er sich veranlaßt, auch in sein *Buch des Paradieses* Tiere aufzunehmen. Im Anschluß an die verschiedenen Quellen hätte der *Divan*-Dichter zehn, sieben, sechs, fünf, vier, d. h. beliebig viele »begünstigte Tiere« im *Buch des Paradieses* auftreten lassen können. Die Vierzahl, für die Goethe sich schließlich entschied, trifft einigermaßen mit den Angaben bei Maracci überein. Dort wird auch die von Goethe übernommene Vorstellung vermittelt, daß es sich um das wirkliche Paradies, nicht um ein Sonderparadies für Tiere handelt. Maracci hatte u. a. berichtet:

> Mahumetanis solemne est bestiis non solum sanctitatem, verum etiam Paradisum tribuere: veluti arieti Abrahae, Alboraco Mahumeti, et cani huic dormientium.

Hier wird den bisher genannten Paradiestieren also auch noch das Wunderpferd Al Boraq hinzugefügt, mit dem der Prophet bei der nächtlichen Auffahrt durch alle sieben Himmel flog. Man sieht, Goethe war lange mit derartigen Vorstellungen aus volkstümlichen Traditionen des Islam vertraut; die Überlieferung, wie sie sich ihm darstellte, schwankte jedoch in bezug auf Anzahl und Art der Tiere. Das gab auch dem *Divan*-Dichter die Freiheit, in dem Gedicht *Begünstigte Tiere* seine eigene Auswahl zu treffen. Für die Vierzahl entschloß Goethe sich vermutlich, weil er fühlte, er könne unmöglich mehr als *Vier Tiere* nennen, da die Vierzahl von *Auserwählten Frauen* durch die islamische Tradition festgelegt zu sein schien. Es wäre den Frauen gegenüber zu ungerecht gewesen, mehr Tiere ins *Divan*-Paradies aufzunehmen als Frauen.

Den letzten Anstoß zum Gedicht *Begünstigte Tiere* gab Goethes Studium der *Fundgruben des Orients*, das ihn auf die arabische Version der Siebenschläfer-Legende in englischer Übersetzung geführt hatte. Dort fand er am Ende der langen Nacherzählung den auf Paradiesestiere bezüglichen Hinweis:

> And it is asserted, that the ass of the prophet Jesus, the wolf of Joseph, and the dog of the companions of the cave, will all be admitted into paradise on the day of resurrection.

Der hier an erster Stelle einer Gruppe von Paradiestieren genannte Esel Jesu war Goethe schon früher bei Maracci begegnet, desgleichen der Hund der Siebenschläfer, doch ein Wolf als Paradiestier nirgends. Der Araber Wahab ben Monabbeh, dessen Version der Legende vom Siebenschläfer die *Fundgruben des Orients* mitteilen, erwähnt zwar einen »Wolf des Josef«, eine dazugehörige Legende wird jedoch nicht erzählt. Der Leser erfährt hier nicht einmal, welcher Josef gemeint ist; die Bibel berichtet weder beim Josef des Alten Testaments (in der Geschichte von Josef und seinen Brüdern) noch beim neutestamentlichen Josef dem Zimmermann von einem Wolf. So sah Goethe aufgrund einer unklaren Überlieferung einen »Wolf« ins islamische Paradies gelangen, ohne genau zu wissen, aufgrund welcher Verdienste. Oder hat er sich da an die Josefsgeschichte im *Koran* erinnert, von der Gott sagt: »Erzählen wollen wir dir die schönste der Geschichten durch die Offenbarung dieses Korans; siehe, zuvor warst du achtlos auf sie«? In der Josefslegende der Bibel ist nur von einem »reissenden Tier« die Rede, welches die Brüder Josefs für dessen Verschwinden bzw. Tod verantwortlich machen, als sie ihrem Vater Jakob Rede und Antwort stehen sollen über ihres jüngsten Bruders Verbleib, während sie ihn in Wirklichkeit an die Midianiter verkauft hatten. Im *Koran* hingegen lügen sie ihrem Vater ausdrücklich von einem Wolf etwas vor, der ihren Bruder Josef gefressen habe. So bestünde Goethes Ironie darin, *den* Wolf ins Paradies aufzunehmen, welcher Josef *nicht* gefressen hat. Wie schon in früher Kindheit durch die Josefslegende, so wurde hier durch diesen Wolf im Paradiese Goethes sprichwörtliche »Lust zu fabulieren« angeregt. Mit größter Freiheit gegenüber seinen orientalischen Quellen stellte er eine eigene Gruppe von Paradiestieren zusammen, als er am 22. Februar 1815 die folgenden Verse dichtete:

Begünstigte Tiere

Vier Tieren auch verheißen war,
Ins Paradies zu kommen;
Dort leben sie das ewge Jahr
Mit Heiligen und Frommen.

Den Vortritt hier ein Esel hat,
Er kommt mit muntern Schritten:

Denn Jesus zur Propheten-Stadt
Auf ihm ist eingeritten.

Als gebürtiger Christ läßt der *Divan*-Dichter dem Esel des Herrn den Vortritt. Ausgeschlossen bleiben alle früheren, aus alttestamentlicher Überlieferung stammenden Tiere. Nach Jesus wird in der nächsten Strophe an den Propheten Mohammed erinnert, aber nicht etwa in Verbindung mit dem Flügelpferd – neben dem sich der Esel Jesu wohl allzu bescheiden ausgenommen hätte –, sondern in einer von Goethe selbst erfundenen Propheten-Legende:

Halb schüchtern kommt ein Wolf sodann,
Dem Mahomet befohlen:
Laß dieses Schaf dem armen Mann,
Dem Reichen magst dus holen.

In den vielen Werken, welche Goethe während der *Divan*-Epoche konsultiert hat, findet man nirgends eine Überlieferung, wonach Mohammed einem Wolf befohlen habe, das Schaf des armen Mannes zu schonen. Allerdings kannte Goethe zwei Legenden, die den Propheten mit Wölfen in Verbindung bringen und die eine entfernte Ähnlichkeit mit Motiven der Goetheschen Wolfstrophe haben. Jean de Chardin nämlich berichtet innerhalb seiner *Voyage en Perse* von einer religiösen Wundergeschichte, nach welcher eine Hirschkuh sich vor den Verfolgungen eines Wolfs schutzflehend zu Mohammed flüchtete; der Prophet habe dem Raubtier eine bessere Beute zugesprochen, falls er von der Hirschkuh ablasse, und aus Dankbarkeit für ihre Rettung sei die Hirschkuh dem Propheten ihr Leben lang gefolgt. In einer anderen Prophetenlegende berichtet Maracci von der Begegnung mit einem »lupus«; dort aber besteht die Pointe gerade darin, daß das Schaf dem Wolf von Gott zur Nahrung bestimmt ist. In beiden Legenden kommen der »arme Mann« und »der Reiche« aus Goethes Wolf-Strophe nicht vor. In einer solchen Gegenüberstellung besteht aber doch gerade die soziale Pointe der Strophe.

Aller Wahrscheinlichkeit nach hat Goethe die Wolfs-Legende selber erfunden, um dadurch einem Tier Eingang ins Paradies des *Divan* zu verschaffen, das seinen eigenen Namen trug und gewisse ihm selbst eigene Verhaltensmerkmale zeigte. Mit dem Kurznamen »Wolf« war ja Goethe von Kindheit an gerufen worden, und so konnte er leicht darauf verfallen, sich selbst mit dem gleichnamigen Tier zu identifizieren. Dafür seien einige Beispiele aus verschiedenen Lebensepochen angeführt. Als Goethe mit Anfang Zwanzig einige unvermutete literarische Angriffe gegen Wieland und Friedrich Heinrich Jacobi führte, verglichen ihn die beiden Attackierten mit einem »feurigen Wolf« und gaben ihm den Titel »Doktor Werwolf«. Jacobi schrieb darüber am 22. April 1775 aus der Rückschau an Wieland:

> Anfangs sahen wir beide ihn [Goethe] als einen feurigen Wolf, der des Nachts an honetten Leuten hinaufsprang und sie in den Kot wälzte. Das garstige Tier! riefen wir aus, und ich weit heftiger und lauter, als Sie. Bald darauf erfuhr ich, daß man um ein bißchen Spukens willens nicht gleich des Teufels sei, sondern oft nur deswegen umgehe, weil man noch nicht ordentlich begraben sei, oder weil man einen Schatz versteckt habe. Also befand sich's mit Doktor Werwolf.

Etwa zwei Jahrzehnte später, in einer Zeit der Entfremdung zwischen Goethe und dem Ehepaar Herder, klagt Caroline Herder in einem Brief vom 19. Oktober 1803 an den gemeinsamen Freund C. F. von Knebel, daß sie sich wie ein »Lamm dort am Bache« vorkäme, das »dem Wolf, der's eben fressen will, eine Lobrede hält«. Und sie endigt mit dem dramatischen Ausruf: »Ach, er [Goethe] hat eine *Wolfs-Natur*!« – Weitere zwanzig Jahre später, als die von Goethe verehrte polnische Klaviervirtuosin Marie Szymanowska dem Dichter einen Abschiedsbesuch macht und seinem Enkel Wolf, ihrem besonderen Liebling, Geschenke bringt, kommt es zu folgendem, am 5. November 1823 durch den dabei anwesenden Kanzler F.

von Müller aufgezeichneten Dialog zwischen der jungen, schönen Künstlerin und dem 74jährigen Goethe:

»O daß ich doch schon viel älter wäre und hätte einen Enkel bald zu hoffen, er müßte Wolf heißen, und das erste Wort, das ich ihn stammeln lehrte, wäre *Ihr* teurer Name.« »Comment«, erwiderte Goethe, »vos compatriotes ont eu tant de peine à chasser des loups de chez eux, et Vous voulez les y reconduire?«

Goethes scherzhafte Erwiderung: »Wie denn, Ihre Landsleute haben mit so viel Mühe die Wölfe aus ihrer Heimat verjagt, und Sie wollen sie dort wieder einführen?« macht besonders deutlich, wie geläufig ihm die Identifizierung seiner selbst mit einem »Wolf« gewesen ist.

Betrachtet man die Wolf-Strophe aus *Begünstigte Tiere* nach Gehalt und Moral, so läuft das vom Wolf befolgte Gebot, den Armen zu schonen, auf Goethes eigene Lebenspraxis hinaus. Besonders in seinem Wirken als Staatsmann, als Minister in Sachsen-Weimar, strebte er von Anfang an danach, der armen thüringischen Bevölkerung zu helfen, sie nach bestem Vermögen vor Ausbeutung zu schützen.[3]

Wenn er je eine »Wolfsnatur« besaß, so hat er diese zu bezähmen getrachtet und sich höheren sittlichen Geboten gefügt.

Trifft unsere Vermutung zu, daß sich Goethe selbst hinter dem »Wolf« im *Buch des Paradieses* verbirgt, so erklären sich auch die Anfangsworte »Halb schüchtern kommt ein Wolf heran« sehr einfach. »Halb schüchtern« tritt er auf, weil er kein eigentlich Zugehöriger zum islamischen Paradiese ist. Nur »halb« gehört dieser »Wolf« hierher, doch erhält er Aufenthaltserlaubnis aufgrund seines Wohlverhaltens im Leben, hat er doch ein ausdrückliches Gebot des Propheten befolgt, für die Armen zu sorgen.

Mit seinem Fabulieren schließt Goethe sich der uralten Schwanktradition vom erlisteten Eingang ins Paradies an, die zugleich mit den Wunschtraumgebilden von einem besseren Jenseits bei den meisten Völkern existiert. Aus dem deutschsprachigen Bereich sind schon mittelalterliche Schwänke dieser Art und Märchen vom Typ *Bruder Lustig* bekannt. Es ist wohlverbürgt durch Zeugnisse von Goethes Zeitgenossen und auch durch seine autobiographischen Schriften, daß der Dichter sich gern hinter Masken verbarg und es liebte, allerlei unvermutete Rollen zu spielen. Auch weiß man, daß er besonderes Vergnügen daran fand, heimliche »Schnippchen in der Tasche zu schlagen«, wie er es nannte, womit er Scherze meinte, die er für sich selbst veranstaltete und die von andern nicht so leicht durchschaut werden konnten.[4]

Bei der Wolf-Strophe in *Begünstigte Tiere* scheint es sich um einen solchen Fall zu handeln.

Für die folgenden Strophen, die das Siebenschläfer-Hündlein und die Katze von Mohammeds Gefährten Abu Herrira als drittes und viertes der »begünstigten Tiere« im muslimischen Paradiese nennen, geben die *Divan*-Kommentare hinreichende Erläuterungen:

Nun, immer wedelnd, munter, brav,
Mit seinem Herrn, dem braven,
Das Hündlein, das den Siebenschlaf
So treulich mit geschlafen.

Abuherriras Katze hier
Knurrt um den Herrn und schmeichelt:
Denn immer ists ein heilig Tier,
Das der Prophet gestreichelt.

Während der Esel die Ehre gehabt hatte, den Herrn zu tragen, und der Wolf sich durch Bezähmung seiner Gier und durch Gehorsam Verdienste erwarb, zeichnet das Hündlein der Siebenschläfer sich durch die Kardinaltugend der Treue aus. Alle drei Tiere sieht man Leistungen erbringen – Tragen, Selbstbezwingung, Gehorsam und Treue –, die auch in der Menschenwelt als Tugenden hoch angerechnet zu werden verdienen. Das vierte der »begünstigten Tiere« in der Goetheschen Auswahl, Abuherriras Katze, hat dergleichen Tugenden nicht aufzuweisen. Doch Goethe wußte, eine Katze wird, im Gegensatz zum Hund, der bei Muslimen für unrein gilt, in den islamischen Ländern gern über den Rücken gestreichelt; auch hatte er gelesen, daß die Katze vom Propheten »sehr geliebt« worden sei und man glaube, sie komme »mit ins Paradies«. »Abuherrira« (= »der Katzenvater«) als Beinamen für einen Gefährten Mohammeds, den dieser täglich um sich sah, hatte der *Divan*-Dichter sich während seiner Lektüre notiert. So gelangte auch das den Propheten umschmeichelnde Kätzchen, obwohl es keine weiteren Meriten besitzt, als des Propheten Gefallen erregt zu haben und von ihm gestreichelt worden zu sein, gemäß einer volkstümlichen islamischen Tradition mit ins *Divan*-Paradies.

23. Auseinandersetzung mit dem Frauenbild der islamischen Tradition

Die Frage nach der Stellung der Frau in der islamischen Gesellschaft ist bis heute ein Gegenstand von Kontroversen. So hat man aus dem Bild der arabischen Frau, wie es sich in der vorislamischen Beduinenlyrik spiegelt, schließen wollen, daß sie sich in heidnischen Zeiten einer durchaus freien, vom Manne unabhängigen Lebensweise erfreute, während sie durch die Einführung des Islam in eine dienende Rolle als Wesen zweiter Ordnung gedrängt worden sei. Dem widerspricht unter anderem die Tatsache, daß Frauen in vorislamischer Zeit wie Sachen vererbt werden konnten, während ihnen im *Koran* ausdrücklich – eine Sensation für jene Zeit! – selbst das Erbrecht zugestanden wird, obschon nicht zu gleichen Teilen wie dem Mann. Auch deutet der Brauch der Mekkaner in vorislamischer Zeit, weibliche Säuglinge lebendig zu begraben, wenn sie die Zahl der Frauen begrenzen wollten – eine Praxis, die im *Koran* (Sure 81, Vers 8 f.) ausdrücklich als Verbrechen gebrandmarkt wird –, nicht gerade auf eine herausragende gesellschaftliche Stellung der Frau im vorislamischen Mekka hin. Wie in der Frage der Sklavenbefreiung gibt es jedoch unbezweifelbare Hinweise darauf, daß der Prophet Mohammed sich um eine gesellschaftliche Besserstellung der Frauen bemühte und für ihre Wünsche ein offenes Ohr hatte.[1] Unter den Bedingungen seiner Zeit jedoch konnte er weder eine völlige Abschaffung der Sklaverei noch eine umfassende rechtliche Gleichstellung der Frau durchsetzen. Tatsache ist aber, daß nach dem Tode des Propheten eine rückläufige Entwicklung einsetzte und sich die Stellung der Frau in der islamischen Gesellschaft von Jahrhundert zu Jahrhundert verschlechterte. Goethe hatte jedoch keinen Zugang zu den Originalquellen über das Leben des Propheten. Er war angewiesen auf das, was ihm durch die Tradition, gebrochen durch die Perspektive der europäischen Berichterstatter, an Informationen übermittelt wurde.

Die moralische Basis für die traditionelle Abwertung und Geringschätzung der Frau im Bereich der jüdischen und christlichen Religion ist bekanntlich die Überlieferung vom Sündenfall im Alten Testament (1. Mose 3), wo »das Weib« mit dem Bösen identifiziert wird. In der islamischen Tradition hingegen ist »Eva niemals für den Fall Adams verantwortlich gemacht worden«, wie Annemarie Schimmel mit Recht betont (in: *Mystische Dimensionen des Islam* a. a. O., S. 608); auch hätten die Muslime »selten solche Höhen des Hasses erreicht wie mittelalterliche christliche Schriftsteller in ihren Tiraden über die Frauen und ihre Verdammung«. Jenes Gefühl der Verachtung, das man so oft im mittelalterlichen Mönchtum findet, sei ausgeschlossen worden durch »die Liebe des Propheten zu Frauen, seine zahlreichen Ehen und seine vier Töchter« (Ebd. S. 603). Dennoch ist nicht zu verkennen, daß seit Einführung des Islam die Frau mehr und mehr unter die Kontrolle des Mannes geriet und seinen Befehlen unterworfen wurde.[2] Ihre untergeordnete Rolle wird traditionsgemäß damit begründet, daß sie ein intellektuell niedrigerstehendes Wesen als der Mann sei und daß bei ihr die animalischen Eigenschaften vorherrschten.[3]

Mit diesem Frauenbild des Islam hat Goethe sich auseinandergesetzt, und wenn er im »Araber«-Kapitel der *Noten und Abhandlungen* vom Propheten sagt, er habe seinem Stamme »eine düstre Religionshülle« übergeworfen, so wurde er zu dieser Ausdrucksweise gewiß inspiriert durch die Art der Verhüllung, denen die Frau in manchen Ländern des Islam unterworfen ist. Im Gegensatz zu den Schriftgelehrten und Gesetzeshütern des orthodoxen Judentums, Christentums und des Islam hielt Goethe die Frau keineswegs für ein Geschöpf minderen Ranges. Daß er mit seinen frauenfreundlichen Ansichten dem Gründer des Islam näherstand, als es die islamische Tradition erkennen läßt, welche von überwiegend frauenfeindlich eingestellten Männern dominiert war und ist, konnte er nicht wissen, aber er hat es wohl instinktiv erfaßt.[4] Denn es fällt auf, daß er sich in seinem Urteil über den Propheten Mohammed auch in diesem so wichtigen Punkt zurückhält und jegliche direkte Kritik an ihm vermeidet. Wie wir noch sehen werden, ging es ihm vielmehr darum, dort, wo der ihm als Vorbild geltende Prophet auf einem Irrweg zu sein schien, »es besser zu machen«.

Jedenfalls läßt Goethes grundsätzlich höhere Einschätzung der Frau es nicht als verwunderlich erscheinen, daß er von der islamischen Einstellung zur Frau abweicht und sie ironisiert, so wie er Berufung einlegte gegenüber der Forderung im 1. Buch Mose 3, 16: »Er soll dein Herr sein.« Im Alter von fünfzig Jahren nämlich schrieb Goethe einen Aufsatz – *Die guten Weiber* –, in dem sich folgendes Plädoyer für die Frau findet:

> Ich behaupte, daß es durchaus jetzt schwerer sei ein vollendeter Mann zu werden, als ein vollendetes Weib; der Ausspruch: »Er soll dein Herr sein«, ist die Formel einer barbarischen Zeit, die lange vorüber ist. Die Männer konnten sich nicht völlig ausbilden, ohne den Frauen gleiche Rechte zuzugestehen; indem die Frauen sich ausbildeten, stand die Wageschale inne, und indem sie bildungsfähiger sind, neigt sich in der Erfahrung die Wageschale zu ihren Gunsten.[5]

Charakteristisch für Goethe war es, daß er schon in seinem ersten großen dramatischen Werk – *Götz von Berlichingen* – »die Frau die Krone der Schöpfung« nennt und sich gegen ihre Herabsetzung wendet:

> Scheltet die Weiber! [...] Aber laßt mich euch was von Mannsleuten erzählen. Was seid denn ihr [...]? Ihr, die ihr selten seid was ihr sein wollt, niemals was ihr sein solltet.

Als ein Fürsprecher der Frauen setzte Goethe sich immer wieder zur Wehr gegen ihre Verachtung, wie sie damals auch in Gesellschaft und Literatur gang und gäbe war. Wegen ihrer frauenverächtlichen Tendenzen kritisierte er die oberen Stände in Deutschland, wie er auch die englische Literatur des 18. Jahrhunderts der Frauenfeindlichkeit zieh. Noch in späten Jahren nannte er im Gespräch mit Eckermann vom 5. Juli 1827 einen seiner Gründe, warum er ein Dichter der Frauen geworden sei:

> Frauen sind das einzige Gefäß, was uns Neueren noch geblieben ist, um unsere Idealität hinein zu gießen. Mit den Männern ist nichts zu tun. Im Achill und Odysseus, dem Tapfersten und Klügsten, hat der Homer alles vorweggenommen.

Bei solcher grundsätzlich positiven Einstellung zur Frau ist es nicht verwunderlich, daß er auch von der herkömmlichen islamischen Bewertung der Frau abwich und sie ironisierte. Zwar gibt es bei Goethe keine direkte Polemik gegen die Behandlung der Frau im Islam, aber bei genauerem Zusehen bemerkt man, wie der Dichter der negativen Einstellung des Propheten Mohammed gegenüber den Frauen, welche dieser der Überlieferung zufolge eingenommen haben soll, doch in sehr dezidierter Weise eine positive Haltung entgegensetzt.

Als Goethe im Winter 1814/15 die von J. v. Hammer übersetzten Aussprüche des Propheten studierte, welche dieser unter dem Titel *Sunna* veröffentlicht hatte[6], traf er wiederholt auf frauenfeindliche Vorstellungen wie die folgenden:

> 15. Ich sah das höllische Feuer, und die meisten Bewohner desselben waren Weiber [...]

> 205. Der Prophet [...] wandte [...] sich zu den Weibern mit diesen Worten: Versammelte Weiber [...] ich sah die Meisten von euch im Feuer: Warum das? fragten sie, o Prophet Gottes! – Weil ihr fluchenswerthes thut ...
>
> 303. Nicht wahr, das Zeugnis eines Weibes hat nur den halben Werth des Zeugnisses eines Mannes? – Warum – Darum, weil das Weib von Natur aus schwach ist an Geist und Urtheil.
>
> 361. Ich schaute [...] in die Hölle, und sah, die meisten Bewohner derselben seyen Weiber ...
>
> 514. [Gott spricht:] »Ich habe den Männern keine größere Plage hinterlassen als ihre Weiber.«
>
> 513. Alles Böse in einer Familie kommt vom Hause, vom Weibe, vom Pferde ...
>
> 527. Ich stand [...] am Thore der Hölle, und sah, die meisten Bewohner derselben seyen Weiber.
>
> 528. Ich sah das Feuer und die Hölle und die meisten Bewohner derselben waren Weiber [...] etc. etc.

Als Quintessenz läßt sich in der Tat aus solchen Verlautbarungen herauslesen: Weiber gehören eigentlich nicht ins Paradies, sondern in die Hölle. Die so überlieferten Worte des Propheten erscheinen als besonders wirkungsvoll, weil er als Augenzeuge auftritt, der Himmel und Hölle gesehen hatte. Auch damit setzte Goethe sich auseinander, als er sein Gedicht über die vier fürs Paradies auserwählten Frauen schuf. Deutlicher als an jenen Aussprüchen ließe sich nicht erweisen, daß Goethe nicht »sein«, sondern das Paradies der muslimischen Überlieferung darstellen wollte.

Einer der von Hammer unter dem Titel *Sunna* veröffentlichten Aussprüche des Propheten[7] sei noch angeführt, weil er die frauenfeindliche Tendenz besonders anschaulich macht, welche sich in der Reduzierung auf nur ganz wenige »vollkommene« Frauen bekundet. *Sunna* 504: »Viele der Männer sind vollkommen, doch von den Weibern ist keine vollkommen als [es folgen Namen und Lob von Asia, Maria und Aischa].«

Wohlgemerkt wurden hier nur drei Frauen genannt! Sich darüber hinwegsetzend, erhöhte Goethe die Anzahl der vollkommenen Frauen von drei auf vier. Er sah sich dazu berechtigt, weil seine Studien ihn die Vorstellung von vier vollkommenen Frauen als den üblichen Kanon hatten erkennen lassen. Eine Hauptbestätigung für die Gültigkeit des Vier-Frauen-Kanons fand sich schon in der oben zitierten *Koran*-Übersetzung von George Sale, die bereits der junge Goethe kannte, worin erklärt wurde, dem Propheten zufolge seien »von dem weiblichen Geschlecht nicht mehr als viere zur Vollkommenheit gelangt« (Asia, Maria, Khadidja, Fatima).

Sehen wir einmal ab von den Abweichungen in den Zahlenangaben, so erscheint an besagtem Ausspruch als besonders bemerkenswert, daß für beide Geschlechter offenbar völlig unterschiedliche Maßstäbe gelten, wenn es um die Frage geht, wer zur Vollkommenheit gelangen kann. Wir begegnen einer erstaunlichen Rechnung, bei der die Benachteiligung der Frau naiv und rigoros zutage tritt: viele Männer sind vollkommen, von Frauen vermochten aber nicht mehr als vier »zur Vollkommenheit [zu] gelangen«. Unmöglich konnte Goethe sich mit einer solchen Bewertung einverstanden erklären, er, der Vollkommenheit sehr selten an Männern, aber um so öfter an Frauen dargestellt hatte. Nun leuchtet es ein: das für die Frauen so nachteilige Resultat konnte nur dadurch zustande kommen, daß beide Geschlechter mit ganz verschiedenem Maß gemessen werden. Offensichtlich wurde echte Vollkommenheit von Männern überhaupt nicht verlangt. Bei ihnen galt als vollkommen schon, wer in Glaubenskriegen sein Leben einbüßte – also viele. Anders bei Frauen. An sie stellte man so hohe Ansprüche im Leben, daß sich eine solche Vollkommenheit nur bei den Hervorragendsten finden ließ: den vieren des Kanons. Auf dieser Ungerechtigkeit beruht die strenge Auswahl der Frauen. Das frauenfeindliche Moment lag demnach nicht bei Goethe, sondern geht zurück auf Denkgewohnheiten der muslimischen Männerwelt.

Goethe hat nicht nur deren Ungerechtigkeit gegenüber den Frauen empfunden, er hat sie auch absichtlich in ihrer ganzen Härte dargestellt. Indem er Frauen und Tieren hinsichtlich ihrer Eignung fürs Paradies der Zahl nach auf die gleiche Stufe stellt, polemisiert er indirekt – nicht gegen die Frauen, sondern vielmehr gegen die Rigorosität orthodox-islamischer Gesinnung, die er in seinem *Buch des Paradieses* auf ironische Weise behandelt. Des *Divan*-Dichters eigene Anschauung erhellt daraus, daß er durch alle möglichen Kunstgriffe versucht, diese Rigorosität zu mildern, Vorbehalte einzubauen und seinen Widerspruch anzumelden.

Beispielsweise zog unter den von J. v. Hammer als *Sunna* veröffentlichten Sentenzen mit frauenfeindlicher Tendenz folgender Rat des Propheten an die Männer Goethes besondere Aufmerksamkeit auf sich:

> Behandelt die Frauen mit Nachsicht, denn das Weib ward erschaffen aus einer krummen Ribbe, und die beßte von ihnen trägt die Spuren der krummen Ribbe. Wenn du sie gerade machen willst so brichst du sie, und wenn du sie ruhig läßt, so hört sie nicht auf krumm zu seyn. Behandelt mit Nachsicht die Frauen.

Goethe ließ sich durch diesen Text anregen zu dem humoristischen Gedicht im *Buch der Betrachtungen:*

> Behandelt die Frauen mit Nachsicht!
> Aus krummer Rippe ward sie erschaffen,
> Gott konnte sie nicht ganz grade machen.
> Willst du sie biegen, sie bricht;
> Läßt du sie ruhig, sie wird noch krümmer;
> Du guter Adam, was ist denn schlimmer? –
> Behandelt die Frauen mit Nachsicht:
> Es ist nicht gut, daß euch eine Rippe bricht.

Der Dichter gibt hier Mohammed die Ehre, daß er einen Ausspruch von ihm wörtlich zitiert und poetisch umformt. Bemerkenswert war ihm offenbar, wie der Prophet ein bekanntes Bibelwort geistreich erweiterte: Gott schuf die Frau aus »des

Menschen Rippe« (1. Mose 2, 21). Seine Pointe erhält Goethes Gedicht dadurch, daß es in die immer wieder zu hörende Schelte auf »die Frauen« einzustimmen scheint, ihnen jedoch »mildernde Umstände« zubilligt: »Gott konnte sie nicht ganz grade machen« ist Goethesche Zutat. Die Aufforderung des Propheten zur Nachsicht hat der Dichter gewiß als beherzigenswert empfunden. Doch dachte Goethe, wie schon das oben angeführte Zitat aus dem *Götz* beweist, von Jugend an realistisch und gerecht genug, um einzusehen, daß Gott auch die Männer »nicht ganz grade« machen konnte (oder wollte?!) und daß sie ihrerseits nicht minder auf Nachsicht angewiesen sind als die Frauen.

Um ein Gegengewicht zu schaffen zu der herablassenden Haltung des Gedichts »Behandelt die Frauen mit Nachsicht ...«, die seiner eigenen Gesinnung nicht entsprach, setzte Goethe mehrere Mittel ein. Erstens ließ er das *Buch der Betrachtungen*, das diese Verse enthält, mit einem Gedicht abschließen, welches den Titel trägt *Suleika spricht* und auf das *Buch Suleika* vorausweist. Hier stellt Goethe eine Frau auf die höchste Stufe: die Geliebte wird zur Vermittlerin der Liebe und der Erkenntnis Gottes. Indem sie im Augenblick ihrer vollkommensten Schönheit zur Repräsentantin des Göttlichen wird, können die Menschen »für diesen Augenblick« in ihr das höchste Wesen lieben:

SULEIKA *spricht.*

Der Spiegel sagt mir: ich bin schön!
Ihr sagt: zu altern sei auch mein Geschick.
Vor Gott muß alles ewig stehn,
In mir liebt Ihn, für diesen Augenblick.

Die Verse sind absichtsvoll an diesen auffallenden Platz gesetzt, um ein Gegengewicht zu der den Frauen so ungünstigen Aussage der *Sunna* zu schaffen. – Zweitens läßt die Vielzahl der Gedichte des Frauenlobs im *Buch Suleika* – dem umfangreichsten im ganzen *West-östlichen Divan* überhaupt – das Bild von der »nicht ganz grade« gemachten Frau vergessen. Das Gedicht *Wiederfinden* (»Ist es möglich! Stern der Sterne …«) stellt darüber hinaus die Schöpfungsgeschichte im Gegensatz zur Überlieferung in überraschend neuer Weise dar: in Vers 45 f. heißt es von Mann und Frau: »Beide sind wir auf der Erde / Musterhaft in Freud und Qual«! Schließlich klingt das *Buch Suleika* mit der schönsten Huldigung des Liebenden an die geliebte Frau aus in Versen, die mit der Anspielung auf die hundert Namen Allahs ihr den denkbar höchsten Rang verleihen: »Und wenn ich Allahs Namenhundert nenne, / Mit jedem klingt ein Name nach für dich.« Hier hat die irdische Geliebte eine sehr wichtige religiöse Funktion. In ihr verehrt der Dichter das Göttliche; durch sie lernt er auch »ans Paradies zu glauben«, wie er sie im *Buch des Paradieses* auf leicht schalkhafte Weise wissen läßt.[8]

Noch entschiedener aber wird – und damit kommen wir zum vierten Punkt – der Mythos von der »krummen Rippe« von Goethe widerrufen durch eine von ihm selbst erfundene neue Version des biblischen Berichts von der Erschaffung der Frau. Bei Goethe, der schon als junger Dichter in der Frau die »Krone der Schöpfung« pries, entsteht Eva nicht aus der Rippe Adams, sondern sie erscheint als Meisterstück des Schöpfers und als »liebster von allen Gottesgedanken«. Damit schafft Goethe eine Palinodie zu den von der *Sunna* angeregten Versen »Behandelt die Frauen mit Nachsicht …«

Diese Palinodie wurde dem *Buch der Parabeln* zugesellt, dessen krönenden Abschluß sie bildet:

Es ist gut.

Bei Mondeschein im Paradeis
Fand Jehova im Schlafe tief
Adam versunken, legte leis
Zur Seit ein Evchen, das auch entschlief.

Da lagen nun, in Erdeschranken,
Gottes zwei lieblichste Gedanken.
Gut!!! rief er sich zum Meisterlohn;
Er ging sogar nicht gern davon.

Kein Wunder, daß es uns berückt,
Wenn Auge frisch in Auge blickt,
Als hätten wirs so weit gebracht,
Bei dem zu sein, der uns gedacht.

Und ruft er uns, wohlan, es sei!
Nur, das beding ich, alle zwei.
Dich halten dieser Arme Schranken,
Liebster von allen Gottes-Gedanken.

Man hat vergeblich nach einer Quelle zu diesem Gedicht gesucht. Doch wird sich dafür keine finden – außer in des Dichters eigener Gedankenwelt und natürlich in der Genesis (1. Mose I) mit ihrer siebenmal wiederholten Formel: »Gott sah, daß es gut war«, wodurch Goethe zur Überschrift *Es ist gut* inspiriert wurde. Der ganze Schöpfungsprozeß wird hier begleitet von dieser freudigen Zustimmung, die sich, nach Schaffung der Tiere, sogar zu einem »siehe, es war sehr gut« steigert. Um so mehr fällt auf, daß nach der Erschaffung des ersten Menschen und seiner Gefährtin ein solches Wort des Beifalls nicht mehr erklingt. Goethe modifiziert die Überlieferung von *Bibel* und *Koran*, indem er Gott selber – nach Erschaffung der Frau! – in Entzücken über seine eigene Schöpfung des »Evchens« und des im Paradies vereinten menschlichen Paares ausbrechen läßt:

Gut!!! rief er sich zum Meisterlohn.

Wir erkennen, daß Goethe als Dichter die Erschaffung der Frau völlig anders darstellt als die alttestamentarische Überlieferung: Mann und Weib sind »Gottes zwei lieblichste Gedanken« (Vers 6); doch der geliebten Frau gilt der höchste Preis, wenn sie im Schlußvers gerühmt wird als: »Liebster von allen Gottes-Gedanken«!

An der Art, wie Goethe den angeblichen Ausspruch des Propheten Mohammed von der »krummen Rippe« aufgegriffen und dichterisch verarbeitet hat, läßt sich beispielhaft erkennen, was der Dichter gemeint hat, als er am 3. Mai 1816 an Zelter schrieb: »Ich verhalte mich produktiv, das heißt: ich will, daß derjenige, der es jetzt nicht ganz recht macht, besser machen solle.« Immer ist eine Art Wetteifer im Spiel. Goethe sucht große Gestalten aus der Religions-, Dichtungs- und Philosophiegeschichte wie Mohammed, Hafis und andere zu übertreffen, und zwar auf ihrem eigensten Gebiet: ihrem Ethos, ihren Ausdrucksmitteln usw. Viele Gedichte des *West-östlichen Divans* sind aus solchem Impuls entstanden. Besonders hinsichtlich der Einstellung zur Frau läßt sich der Wetteifer mit dem Propheten des Islam feststellen. Dies gilt vor allem für das *Buch des Paradieses.*

24. »Frauen sollen nichts verlieren«

»Mir gäb es keine größre Pein,
Wär ich im Paradies allein.«

Bei seinem Studium der islamischen Jenseitsvorstellungen war dem *Divan*-Dichter bewußt geworden, daß die Vorstellungen der Muslime vom Paradies aus der Perspektive des Mannes stammen. Die Paradieseswonnen sind ganz auf männliche Bedürfnisse abgestellt. Im Paradies warten auf den Mann, als schönster Lohn und Erfüllung männlicher Wunschträume, vollkommen engelhafte Wesen, jene immer jungfräulichen »Huris«, welche keinerlei menschliche Schwächen und Fehler haben. Entsprechend stellt es denn auch das Gedicht *Berechtigte Männer* dar, dessen auf die Huris bezüglichen Schlußstrophen (Vers 41 ff.) lauten:

Eine führt dich zu der andern Schmause,
Den sich jede äußerst ausersinnt;
Viele Frauen hast und Ruh im Hause,
Wert daß man darob das Paradies gewinnt.

Und so schicke dich in diesen Frieden
Denn du kannst ihn weiter nicht vertauschen;
Solche Mädchen werden nicht ermüden,
Solche Weine werden nicht berauschen.

Goethe stellte nun fest: wenn die himmlischen Frauen (Huris) in diesem »Paradies der Männer« als Spenderinnen von Freuden geschätzt werden und unentbehrlich sind, so bleibt die Frage, welchen Platz die irdischen Frauen dortselbst neben den Huris einnehmen sollen, ungeklärt. Jene in der männlichen Vorstellung von immerwährend jungfräulichen Huris sich verbergende Doppelmoral weckte Goethes Widerspruchsgeist, und so ließ er diesem am 27. Juli 1814 freien Lauf in grobianischen Spottversen, die natürlich nicht zur Veröffentlichung gedacht waren:

Jesus auch er darf da lehren
Paradiesischen Gemeinen;
Wer will seinen Jüngern wehren
Daß sie sagen wie sie's meynen.

Himmlisch weibliche Naturen
Wandeln da im luftgen Hayne,
Abends immer sind sie Huren,
Jungfraun mit des Morgens Scheine.

Auch zugleich die Mutter Gottes
Die gar einen Sohn gebohren,
Und zum Truz Satanschen Spottes
Nicht am x + y verloren.[1]

Die offenkundige Benachteiligung der Frau in seelischer Hinsicht und mit Blick auf ihre Heilsgewißheit erschien Goethe als so charakteristisch für den Islam, daß er sich gedrängt fühlte, in drastischer Weise darauf aufmerksam zu machen. Drei Gedichte im *Buch des Paradieses* handeln von der Frage, welche Erdenbewohner Anspruch aufs Paradies haben. Das erste Gedicht ist *Berechtigte Männer*, aus welchem hervorgeht, daß unzählige Männer Aufnahme ins Paradies erlangen, nämlich alle, die im Glaubenskampf ihren Tod finden. Ihre Namen erfahren wir allerdings nicht. Das zweite Gedicht, unmittelbar auf *Berechtigte Männer* folgend, heißt *Auserwählte Frauen*. Hier wird nun bezüglich der Frauen verkündet, daß auch sie zwar grundsätzlich aufs Paradies hoffen können, daß aber insgesamt nur vier bekannt sind, die des Eintritts würdig befunden wurden:

Frauen sollen nichts verlieren
Reiner Treue ziemt zu hoffen;
Doch wir wissen nur von vieren,
Die alldort schon eingetroffen.

Im dritten Gedicht – *Begünstigte Tiere* – wird von vier Tieren berichtet, die gleichfalls wegen ihrer Verdienste ins Paradies gelangten. Unverkennbar lag eine beträchtliche Härte gegen die Frauen darin, daß sie bezüglich ihrer Jenseitserwartungen mit den Tieren gleichgestellt wurden. Das trat in der Erstausgabe des *Divans* besonders sinnfällig zu Tage, wo das Gedicht *Begünstigte Tiere* unmittelbar auf *Auserwählte Frauen* folgte.

Sogar noch unlängst wurde Goethe deshalb eines Ausfalls von Frauenfeindlichkeit in diesen Gedichten verdächtigt. Süffisant äußerte Hans Albert Maier in seinem *Divan*-Kommentar von 1965 die Vermutung, es sei »eine humoristisch-ungalante Bosheit Goethes, ebenso viele Tiere wie Frauen in sein *Divan*-Paradies zugelassen zu haben« (a. a. O., S. 427). Es läßt sich jedoch beweisen, daß man Goethe unmöglich gerade an dieser Stelle Frauenfeindlichkeit nachsagen kann. Zunächst ist daran zu erinnern, daß Goethe, wenn er einer unbegrenzten

Zahl von Männern, aber nur ganz wenigen Frauen den Eintritt ins Paradies gewährt, damit nicht »sein« Paradies, sondern das der Muslime kennzeichnen wollte.

Seiner Überzeugung, daß die Frauen des Jenseits mindestens ebenso würdig seien wie die Männer, hat Goethe – und kein andrer wie er – in vielen Dichtungen Ausdruck gegeben. Es war eine Besonderheit Goethes, seinen weiblichen Gestalten solche Züge von Idealität, ja Heiligkeit zu verleihen, daß sie sich damit fraglos schon im Erdenleben als würdig erwiesen, künftige Bewohnerinnen des Himmels oder Paradieses zu sein. Es sei nur erinnert an Iphigenie, Leonore von Este, Natalie, die »schöne Seele« der *Lehrjahre,* Eugenie, Ottilie, die alle beinahe Heilige sind. Makarie – in den *Wanderjahren* – wird schon zu Lebzeiten eine »Heilige« genannt; nach dem Tode steht ihr, der »Göttlichen«, die Sternenauffahrt bevor. Goethe liebte es aber auch, sündige oder angefochtene Frauen vor einem fiktiven Gottesgericht zu verteidigen und für ihre Aufnahme in den Himmel zu plädieren. Als er *Auserwählte Frauen* schrieb, hatte er bereits von der Sünderin Gretchen – am Schluß des 1. Teils der *Faust*-Tragödie – gesagt: »sie ist gerettet«. Für die Szene ihrer Himmelsauffahrt am Schluß des II. Teils der *Faust*-Tragödie trug er die Pläne schon im Kopf.[2] In ähnlicher Weise »gerettet« erscheinen auch früher schon das vergöttlichte Clärchen im *Egmont,* die verklärte Mignon in den *Lehrjahren,* die Heldinnen der Balladen *Die Braut von Korinth* und *Der Gott und die Bajadere* oder die »Frau des Bramen« in der *Paria*-Legende.

Es steht somit außer Frage, daß die Auswahl von nur vier Frauen für das *Buch des Paradieses* keineswegs mit Goethes Bewertung des weiblichen Geschlechts übereinstimmt. Was er mit der Beschränkung auf die Vierzahl und der darin implizierten Frauenfeindlichkeit beabsichtigt, ließe sich gewiß schon erklären aus dem Bedürfnis des Dichters, die islamische Tradition möglichst genau zur Anschauung zu bringen. Bei seinem Studium der islamischen Paradiesvorstellungen war Goethe wiederholt auf die Zahl von vier auserwählten Frauen gestoßen. So begegnete ihm bei Lektüre des *Korans* in Sure 66 der Hinweis, daß die Frau des Pharao und die Jungfrau Maria sich durch ihre Verdienste einen Platz im Paradies erworben hätten[3] (hier zitiert nach der von Goethe in seiner Jugend und später wieder in der *Divan*-Epoche benutzten Ausgabe: *Der Koran od. insgemein sogenannte Alcoran des Mohammeds* [...] in d. Engl. übers. von George Sale [...] ins Teutsche verdollmetscht von Theodor Arnold. Lemgo 1746. S. 629):

> GOtt stellt denen, so da glauben, des Pharaos Weib gleichfalls zum Exempel vor; Als sie sagte, HErr, baue mir ein Haus bey dir im Paradieß, und erlöse mich von Pharao und seinen Wercken, und befreye mich vom ungerechten Volck. Ingleichen stellt er ihnen vor Maria, die Tochter des Imran, die ihre Keuschheit bewahrte und in deren Leib wir unsern Geist einhauchten und die an die Worte ihres HErrn und seiner Schrift glaubte, und eine andächtigte und gehorsame Jungfrau war.

In einer Fußnote weisen die Übersetzer auf muslimische *Koran*-Kommentare hin, denen zufolge nicht mehr als vier Frauen zu solcher Vollkommenheit gelangt seien:

> Bey Gelegenheit der rühmlichen Erwehnung, die von diesen zwey ausserordentlichen Weibern allhier gethan wird, führen die Commentatores die Worte ihres Propheten an, daß unter den Männern viele vollkommen gewesen, von dem weiblichen Geschlecht aber nicht mehr als viere zur Vollkommenheit gelanget wären; Nemlich *Asia*, das Weib Pharaonis, *Maria, die Tochter des Imrâm; Khadidjah,* die Tochter des Khowailed (des Propheten erste Ehefrau) und *Fâtema*, des Mohammeds Tochter.

Die Überlieferung, nach welcher der Prophet nur vier Frauen Vollkommenheit zugesprochen habe, gelangte auch über den, von Reiske und andern Europäern übersetzten, arabischen Geschichtsschreiber Abul Feda in zahlreiche europäische Darstellungen. Olfert Dapper z. B. berief sich auf »des Abulfeda Bericht«, als er den Ausspruch des Propheten zitierte:

> Unter den Mannspersonen sind ihrer viel berühmt gewesen, unter den Weibspersonen sind keine vollkommen befunden worden, als folgende vier: nehmlich, Asjah, des Faraos Weib; Miriam, des Amrans Tochter; Chadigha, des Chowaileds, und Fatima, des Mahomets Tochter.

Die europäischen Leser von Reisebeschreibungen des Orients scheinen sich für die Frage, ob die muslimischen Frauen vom Paradies ausgeschlossen seien, besonders interessiert zu haben, denn das Thema wird oft erörtert. Es gab darüber verschiedene Ansichten.[4] Chardin (*Voyage en Perse et autres lieux de l'Orient.* Amsterdam 1735. T. 4, 26) versuchte auf seinen Reisen Genaueres in Erfahrung zu bringen und berichtete dann: nach Ansicht der Muslime, die er gesprochen habe, träfe die Behauptung, daß Frauen vom Paradiese ausgeschlossen seien, nur insofern zu, als die Frauen nicht am selben Orte mit den Männern zusammen sein sollten, weil es dort himmlische Frauen gäbe, weit schöner, als die Frauen von dieser Welt nach der Auferstehung sein würden. Indessen sollten die Frauen dereinst ebenfalls glückselig werden und an einem für sie bestimmten Ort Freuden und Vergnügen aller Art genießen. Einen originellen Gesichtspunkt führt K. E. Oelsner ein, der in seiner *Mohamed*-Biographie (Frankfurt 1810) mit spürbarer Ironie folgendes über das Thema verlauten ließ:

> In diesem ganzen Gemälde des Paradieses ist von dem Glücke der liebenswürdigsten Hälfte des Menschengeschlechts gar nicht die Rede. Man macht Mohamed, der sonst so empfindlich für die Reitze des schönen Geschlechts war, den Vorwurf, er habe durch sein Beispiel die grausame Undankbarkeit der Männer bewiesen. Aber diese Beschuldigung ist falsch. Der Koran verheißt ihnen Shawls und Gewänder von Mousselin, im Paradiese gewoben, und vor ihrem Eintritte in den Wohnsitz der Seeligen belebt der Hauch eines neuen Frühlings ihre Reitze; sie werden alle verjüngt und verschönert; aber ach! sie finden dort ihre Männer wieder!

Zwar wußte Goethe, daß der *Koran* gelegentlich ganz generell verheißt, »die wahren Gläubigen beider Geschlechter«, besonders die »Weiber der Muselmänner«, könnten Belohnung im Paradies erwarten. (*Koran,* Sure 13, Vers 25., übers. von J. v. Hammer, *Fundgruben des Orients.* Bd. 3. S. 233: »In Edens Garten gehn sie ein; und wer's verdient von ihren Vätern, Weibern und Verwandten.« Ähnlich pauschale Erwähnung von Weibern in Sure 33, 43 und 48.)[5] Doch war es Goethe nicht entgangen, wie vage im ganzen von den Frauen gesprochen wird. Bei den vielen Verheißungen von reinen Huris, Wein und dergleichen ist immer speziell an die Bedürfnisse des Mannes gedacht. Von männlichen Paradies-Partnern für die Frau – entsprechend den Huris – ist nirgends die Rede. Wenn Goethe in seiner Ankündigung des *Divan* vom 24. Februar 1816 erklärte, seine Gedichtsammlung werde auch die »Sonderbarkeiten des mahometanischen Paradieses« enthalten, so dachte er dabei gewiß in erster Linie an die sonderbare Rolle, welche die Frau nach den Paradiesvorstellungen der Muslime spielt:

> Das *Buch des Paradieses* enthält sowohl die Sonderbarkeiten des mahometanischen Paradieses als auch die höheren Züge gläubigen Frommsinns, welche sich auf diese zugesagte künftige heitere Glückseligkeit beziehen.

Im Anschluß an die Lektüre der Mohammed-Biographie von Rehbinder (Johann v. Rehbinder, *Abul Casem Mohammed.* Ein Beitrag zur politischen Menschengeschichte. Kopenhagen 1799) hatte der Dichter sich im März 1815 folgende Notizen gemacht:

Die vier schoensten Weib[er]
Ahia Königin v[on] Egypt[en]
Maria
Cadisga Gemahlin} Mahoms
Fatima Tochter

Nach dieser Aufzeichnung entstand die erste Fassung von *Auserwählte Frauen*; damals war noch der Titel *Vier Frauen* vorgesehen. Goethe folgte der bei Rehbinder genannten Reihe, machte aber eine bezeichnende Ausnahme. Statt der ersten Gemahlin Mohammeds, Khadidja (hier: Cadisga), wählte er zunächst des Propheten spätere Lieblingsfrau Aischa. Über Aischa hatte er in der v. Hammerschen Version der *Sunna* gelesen, daß der Islam sie zu den seltenen Mustern der »Vollkommenheit« zählte (*Sunna* 405), andererseits hatte er durch diese Lektüre erfahren, daß sie keineswegs frei war von menschlichen Schwächen. Aischa soll nämlich manchmal gegen den Propheten im Kreise seiner Frauen intrigiert haben (*Sunna* 544).[6] »Freilich auch ein Schalk wie viele« – so schränkt Goethes Aischa-Strophe denn auch entsprechend den ihr geltenden Lobpreis ein.[7] Mit Schmunzeln vermerkte der Frauenfreund Goethe, daß gelegentlich auch der Islam einer Frau Vollkommenheit zugesteht, der man Schwächen nachsehen mußte. Da sie die Lieblingsfrau des Propheten war, ließ die Tradition ihr eine weitherzigere Beurteilung zuteil werden als den übrigen Frauen. Goethe zeigte nicht nur ihr gegenüber Verständnis, sondern gegenüber vielen angefochtenen Frauen, welche er wegen ihrer sonstigen Vorzüge vor Gott und der moralischen Weltordnung als Dichter verteidigte.

Gewöhnlich wurden bei Aufzählung der vollkommenen Frauen ihre vier Namen genannt ohne besonderen Hinweis darauf, daß sie zum Paradies erkoren seien. Dies verstand sich von selbst. Doch fand Goethe für den Paradiesgedanken, den er seinen *Auserwählten Frauen* zugrunde legte, immer wieder Bestätigungen, wenn einzelne von den vieren gesondert erwähnt wurden. Daß Asia, die Frau des Pharao zur Zeit von Moses Geburt, und die Jungfrau Maria zum Paradies bestimmt seien, wird auch in der Hammerschen Übersetzungsprobe aus dem *Koran* erwähnt, die Goethe damals las. In der Vorrede zu seiner Hafis-Übersetzung erwähnte Hammer gleichfalls, daß Maria zusammen mit Jesus »im Paradies wandele«.[8] Über Khadidja, die erste Gemahlin des Propheten, berichtet die *Sunna* (537), sie werde im Paradies einen Kiosk erhalten; von Fatima, Mohammeds Tochter, heißt es in der v. Hammerschen

Sunna (534), sie sei »Bewohnerin des Paradieses«. Betrachten wir nun Goethes Gedicht in seiner endgültigen Fassung:

Auserwählte Frauen.

Frauen sollen nichts verlieren,
Reiner Treue ziemt zu hoffen;
Doch wir wissen nur von vieren
Die alldort schon eingetroffen!

Erst Suleika, Erdensonne,
Gegen Jussuph ganz Begierde,
Nun, des Paradieses Wonne,
Glänzt sie der Entsagung Zierde.

Dann die Allgebenedeite,
Die den Heiden Heil geboren
Und, getäuscht, in bittrem Leide,
Sah den Sohn am Kreuz verloren.

Mahoms Gattin auch! sie baute
Wohlfahrt ihm und Herrlichkeiten,
Und empfahl bei Lebenszeiten
Einen Gott und eine Traute.

Kommt Fatima dann, die Holde,
Tochter, Gattin sonder Fehle,
Englisch allerreinste Seele
In dem Leib von Honiggolde.

Diese finden wir alldorten;
Und wer Frauen-Lob gepriesen
Der verdient an ewigen Orten
Lustzuwandeln wohl mit diesen.

Schon in der ersten Strophe fällt die Einschränkung auf, mit der Goethe die ominöse Vierzahl einführt. Denn er beteuert zunächst, daß die Frauen insgesamt »nichts verlieren sollen« – gegenüber den vielen »berechtigten Männern« –, so daß bei »reiner Treue« allen »zu hoffen ziemt«. Doch dies stimmt merkwürdig wenig zusammen damit, daß trotz der proklamierten generellen Hoffnung für die Frauen nur *vier* wirklich als »auserwählt« bekannt sind. In dem Satz »Doch wir wissen nur von vieren, / Die alldort schon eingetroffen« deutet der Dichter auf seine eigene Verwunderung hin und wirft indirekt die Frage auf: warum nur so wenige? Der Widerspruch, auf den Goethes Formulierung hinweist, spiegelt nun aber verblüffend genau die Widersprüchlichkeit, mit der er in seinen Quellen die Frauenfrage behandelt fand. Einerseits konzediert der *Koran* dem »weiblichen Geschlecht« überhaupt die Hoffnung aufs Paradies. Anderseits gesteht die islamische Überlieferung nur drei oder vier Frauen »Vollkommenheit« zu. Man erkennt: Goethes »Doch wir wissen nur von vieren« spielt ironisch auf seine Quellen an. Diese macht der Dichter für die geringe Zahl verantwortlich, er selbst distanziert sich mit dem Wink: was hieran verwunderlich ist, stammt nicht von mir, ich referiere nur, was die Überlieferung meldet, und finde es selbst sonderbar.

In den nächsten Strophen, wo die vier Auserwählten genannt werden, folgt Goethe im allgemeinen dem Kanon von vier »vollkommensten« und »schönsten« Frauen, den er aus seinen Quellen kannte. Eine bemerkenswerte Abweichung erlaubt er sich allerdings bei der ersten Frau. Während im islamischen Kanon am Anfang immer die Gemahlin Pharaos – Ahia bzw. Asia – genannt wird, welche Moses als Findelkind bei sich aufnahm und ihm damit das Leben rettete, nennt Goethe stattdessen Suleika, die Gemahlin Potiphars. Auf Suleikas und Jussufs (Josephs) entsagungsvolle Liebe wird im *Koran* (Sure XII, *Jussuf*) angespielt. Diese ruhmvolle Erwähnung im *Koran* veranlaßte viele islamische Dichter, jene Liebesgeschichte kunstvoll poetisch zu erweitern und aufs schönste auszuschmükken.[9] Zahlreiche Versionen sind überliefert; die am meisten gepriesene ist die von Dschami.[10] Goethe kannte sie aus den *Fundgruben des Orients*. Jene berühmte Liebesgeschichte aus islamischer Tradition, in der Jussufs und Suleikas Liebe als leidenschaftlich brennend, aber keusch gefeiert wird, veranlaßte Goethe, die Geliebte im *West-östlichen Divan* unter dem Namen *Suleika* zu besingen. Unwillkürlich bezieht deshalb der Leser von *Auserwählte Frauen* die Suleika-Strophe auf die Suleika des *Divan*. Das aber war gerade Goethes Absicht. Indem er an die Stelle Ahias bzw. Asias die gleichfalls altägyptische Suleika setzte, erreichte er, daß die Heldin des *Buchs Suleika* in die Reihe der »Auserwählten« trat, die das Paradies erlangen. Aus der Perspektive des *West-östlichen Divans* erscheint das nur als eine besonders subtile Preisung der Geliebten. Ihre eigentliche Bedeutung gewinnt aber die Suleika-Strophe erst, wenn man die in ihr liegende Opposition gegen den islamischen Vollkommenheits-Kanon in Betracht zieht. Goethe deutet an: auch eine Frau, die ihm selber begegnet war, konnte Vollkommenheits- und Paradiesesansprüchen genügen, sofern sie Vorzüge wie seine Suleika besaß. Auch Hatems Suleika »glänzt« – wie nach muslimischer Tradition die Frau des Potiphar – als »der Entsagung Zierde«. Mit seiner Aufnahme Suleikas ins Paradies gab der *Divan*-Dichter dem Leser noch einen weiteren Wink: Wenn von den im islamischen Vollkommenheits-Kanon genannten vier Frauen zwei davon die Lieblingsfrau bzw. die Tochter des Propheten waren, so möchte auch er als Poet beanspruchen dürfen, daß seine Lieblingsfrau im Paradies Einlaß findet. Der Wettstreit zwischen Prophet und Poet, wie er allenthalben bei Goethe zutage tritt, wenn er sich mit Mohammed auseinandersetzt, ist auch hier erkennbar.

In der ersten Fassung von *Auserwählte Frauen* hatte der Dichter in der Schlußstrophe noch deutlicher ausgesprochen, was er in der Endfassung in zurückhaltenderer Weise zu verstehen gibt. Mit Bezug auf die »vier« heißt es dort:

Diese werden nur bewundert
In dem höchsten Himmelskreise;
Doch sind ähnliche zu Hundert
Freundlich dir im Paradeise.

Durch das hier auftauchende Bild eines »höchsten Himmelskreises«, in dem nur die vier Auserwählten zu »bewundern« sind, wird die Vorstellung von verschiedenen, hierarchisch geordneten Himmelskreisen geweckt. Damit ist der Phantasie Spielraum gelassen für die Ansiedlung weiterer Paradiesbewohnerinnen in weniger hohen »Himmelskreisen«. In diesem Sinne spricht Goethe auch von einem »höheren Paradies« gelegentlich eines Gesprächs mit Sulpiz Boisserée vom 3. August 1815:

... bei den Mahomedanern ist Maria die heilige Frau im höheren Paradies – dort auch vier Tiere.

Natürlich beziehen die Verse »Doch sind ähnliche zu Hundert / Freundlich dir im Paradeise« sich auf die Huris; der Wortlaut verrät aber, daß Goethe in seiner Eigenschaft als Berichterstatter aus dem Paradies sich speziell mit dem Problem des *numerus clausus* beschäftigt, dessen Härte er etwas zu mildern trachtet. Schon während er an den *Auserwählten Frauen* dichtete, beabsichtigte Goethe demnach, die frauenfeindliche Rigorosität nicht einfach hinzunehmen, sondern ihr durch Hindeutungen auf die Fragwürdigkeit der Vierzahl entgegenzuwirken, die für ihn zu den »Sonderbarkeiten des mahometanischen Paradieses« gehörte. Als Goethe dann im Herbst 1818 das *Buch des Paradieses* als Ganzes zur Veröffentlichung vorbereitete, kam ihm vollends zum Bewußtsein, wie sehr darin die Frauen benachteiligt schienen. So beschloß er, noch etwas dagegen zu tun. Dem Manuskript zufolge, das er am 20. September 1818 zum Druck sandte, sollte das *Buch des Paradieses* zunächst nur die folgenden fünf Gedichte enthalten: *Berechtigte Männer – Auserwählte Frauen – Begünstigte Tiere – Siebenschläfer – Abschied.*

Das ganze *Buch des Paradieses* spiegelte damals noch unverkennbar ein – weitgehend auf orientalischen Quellen beruhendes – »Paradies der Männer« mit unterschiedlicher Bewertung von Männern und Frauen bei deutlicher Benachteiligung der Frau. An der Spitze stand das Gedicht *Berechtigte Männer*, das ungezählte Scharen von kriegerischen Männern als Anwärter aufs Paradies erscheinen ließ. Auch *Siebenschläfer* ist ein »Männergedicht«, insofern es eine Gruppe von Männern ist, denen im *Koran* (in der Sure 18, *Die Höhle*) das Paradies versprochen wird, weil sie noch in vorislamischer Zeit, um ihrem Glauben an den Einen Gott treu zu bleiben, vor dem bei Hofe praktizierten Götzendienst flohen und ihr Leben aufs Spiel setzten. Goethe mußte als Berichterstatter vom islamischen Paradies auch davon Rechenschaft geben. Es fällt aber auf, daß der *Divan*-Dichter den einseitig auf Männergeschmack ausgerichteten Paradiesesvorstellungen leise entgegenzuwirken beginnt. Werden doch von ihm jene »Auserwählten« im *Siebenschläfer*-Gedicht in einer Weise geschildert, daß sie sich von den kriegerischen Glaubenshelden bedeutsam unterscheiden. Als »zarte, leichtbeschuht-, beputzte Knaben« nehmen die »Begünstigten des Hofes«, welche »vor des Kaiser Grimme« fliehen, geradezu weibliche Züge an; jedenfalls hat Goethe bei seiner Gestaltung der Legende typisch männliche Geschlechtsmerkmale eher unterdrückt als herausgehoben. Goethe schildert die »Lieblinge des Schlafes«, die »beseligt« liegen, so zart, als sei von geliebten weiblichen Wesen die Rede (Vers 34 ff.):

Und der Engel, ihr Beschützer,
Sagt vor Gottes Thron berichtend:
So zur Rechten, so zur Linken
Hab ich immer sie gewendet,
Daß die schönen jungen Glieder
Nicht des Moders Qualm verletze.
Spalten riß ich in die Felsen,
Daß die Sonne steigend, sinkend,
Junge Wangen frisch erneute ...

Auch durch das Prädikat »Auserwählte« setzt er *Siebenschläfer* und *Auserwählte Frauen* miteinander in Beziehung. Dem aufmerksamen Leser wird bei der Lektüre bewußt: solche »Auserwählte« können immer nur einzelne religiöse Gestalten sein; was sie in frommer Bewährung Außerordentliches leisten, wäre von der Mehrzahl der Menschen gar nicht zu erwarten, ist aber, wie Goethe bereits in seiner Wortwahl erkennen läßt, weder speziell ans männliche noch ans weibliche Geschlecht gebunden. Im *Siebenschläfer* beruht die Paradieswürdigkeit der Männer nicht auf kriegerischer Tapferkeit, sondern auf dem *Jihad akbar*, dem »größeren Heiligen Krieg«, dem Kampf um Läuterung, um die Beherrschung des Selbst, wie sie der Islam von den Männern gleichermaßen wie von den Frauen fordert, wenn sie ins Paradies eingehen wollen. Nicht also wegen kämpferischer Verdienste im *Jihad asghar*, dem »kleineren Heiligen Krieg«, wie die vielen berechtigten »Glaubenshelden«, werden sie ins Paradies versetzt, sondern aufgrund ihres Märtyrertums im Leben. Aus dem bloßen Faktum, daß Goethe in zwei Männergedichten und nur in einem Frauengedicht das Thema der Anwartschaft aufs Paradies der Muslime behandelt, dürfen jedenfalls nicht gleich negative Schlüsse in bezug auf seine eigene Haltung gegenüber den Frauen gezogen werden.

Im ursprünglichen Manuskript, wie Goethe es 1818 zum Druck sandte, schien die Geringschätzung der Frauen zusätzlich dadurch zum Ausdruck zu kommen, daß auf *Auserwählte Frauen* das Gedicht: *Begünstigte Tiere* folgte. Frauen und Tiere erscheinen dadurch auf die gleiche Wertstufe gestellt. Offenbar wurde Goethe damals bewußt, daß er bei seiner Charakteristik islamischen Denkens selber ganz unverdient in den Verdacht der Frauenfeindlichkeit zu geraten drohte. Er verfaßte deshalb im allerletzten Moment – am 23. September 1818 – noch ein besonders umfangreiches Gedicht, *Höheres und Höchstes*, das er hinter *Begünstigte Tiere* setzen ließ, nicht zuletzt in der Absicht, dem Vorwurf einer frauenfeindlichen Tendenz im *Buch des Paradieses* die Spitze zu nehmen. In der Tat beginnt das Gedicht mit Versen, die wegen der vorausgehenden Gedichte ausdrücklich um Entschuldigung bitten:

Daß wir solche Dinge lehren
Möge man uns nicht bestrafen ...

Darauf folgt der entscheidend neue Gedanke, daß im Paradies Aussicht besteht, Mädchen und Frauen wie die auf Erden geliebten wiederzusehen: »So gefallen [...] hübsche Kinder, / Die uns allen hier gefielen, / Auch verjüngtem Geist nicht minder.« Damit ist die Begrenzung auf vier Auserwählte endgültig durchbrochen; für den westlichen Dichter hatte der traditionelle islamische *numerus clausus* keine bindende Wirkung.

In der zweiten Ausgabe des *West-östlichen Divans* von 1827 ging Goethe dann noch einen Schritt weiter. Hier ließ er *Auserwählte Frauen* und *Begünstigte Tiere* nicht mehr aufeinander folgen; zweifellos mißfiel ihm schon der bloße Anschein einer frauenfeindlichen Tendenz. Er schaltete statt dessen zwischen *Auserwählte Frauen* und *Begünstigte Tiere* vier umfangreiche neue Gedichte ein – eine Reihe von Dialogen zwischen *Dichter* und *Huri:* »Heute steh' ich meine Wache ...« *(Einlaß),* »Draußen am Orte ...« *(Anklang),* »Deine Liebe, dein Kuß mich entzückt!« und »Wieder einen Finger schlägst du mir ein!« Diese Liebesdialoge knüpfen ans *Buch Suleika* an und rücken von neuem das Thema der Liebe zur Frau in den Mittelpunkt. Nun enthebt Goethe auch das Gedicht *Berechtigte Männer* seiner Vorrangstellung am Eingang des Buches und setzt diesem ein nachträglich im Jahre 1820 entstandenes Gedicht mit dem Titel *Vorschmack* voraus, welches die Aufmerksamkeit betont auf die irdische Geliebte lenkt. Dadurch werden die Gewichte im *Buch des Paradieses* nunmehr wesentlich anders verteilt. Von vornherein erhält jetzt das gesamte Buch eine neue Ausrichtung dadurch, daß die geliebte Partnerin aufrückt zur wichtigsten Bezugsperson im Paradies und ihr als solcher eine Hauptrolle zufällt:

Vorschmack.

Der echte Moslem spricht vom Paradiese,
Als wenn er selbst allda gewesen wäre;
Er glaubt dem Koran, wie es der verhieße:
Hierauf begründet sich die reine Lehre.

Doch der Prophet, Verfasser jenes Buches,
Weiß unsre Mängel droben auszuwittern
Und sieht, daß trotz dem Donner seines Fluches
Die Zweifel oft den Glauben uns verbittern.

Deshalb entsendet er den ewgen Räumen
Ein Jugendmuster, alles zu verjüngen;
Sie schwebt heran und fesselt ohne Säumen
Um meinen Hals die allerliebsten Schlingen.

Auf meinem Schoß, an meinem Herzen halt ich
Das Himmelswesen, mag nichts weiter wissen;
Und glaube nun ans Paradies gewaltig,
Denn ewig möcht ich sie so treulich küssen.

Schon darin, daß hier der Prophet als »Verfasser jenes Buches« bezeichnet wird, liegt eine Ketzerei, denn nach muslimischer Auffassung ist Mohammed Übermittler des göttlichen *Korans*, nicht dessen »Verfasser«. Doch erlaubt Goethe sich noch weitere freidenkerische Kapriolen, indem er, als Fabulierer vom Fabulierer sprechend, sich mit dem »Verfasser jenes Buches« gleichsam auf die gleiche Stufe stellt.

Hatte Mohammed den Gläubigen das Paradies in Analogie zur verklärten Erde ausgemalt, so schildert nun Goethe das Herabkommen eines »Himmelswesens« ins irdische Dasein. Nur ein solches »Himmelswesen«, das aus »den ewgen Räumen« herabkommt, kann die Zweifel beschwichtigen und den Glauben ans Paradies befestigen; hält erst der Muslim ein solches »Jugendmuster« auf seinem Schoß und an seinem Herzen, so glaubt er auch gleich »ans Paradies gewaltig«, denn ewig möchte er sie »so treulich küssen«. Schalkhaft demonstriert hier der *Divan*-Dichter, daß der Prophet auf weibliche Hilfe nicht verzichten kann, wenn die Männer glauben sollen. Nur durch den »Vorschmack«, den der Muslim auf Erden von den Paradiesfreuden erhält, ist sein Glaube ans Paradies zu befestigen.

Goethes Absicht ist klar erkennbar: er möchte der Einseitigkeit eines »Paradieses der Männer«, wie der Prophet es den Gläubigen in Aussicht stellt, entgegenwirken. Wieder einmal fühlt Goethe das Bedürfnis, sich »produktiv zu verhalten«, das heißt besser zu machen, was der andere »nicht ganz recht« gemacht hatte.

25. Die Sprache des Paradieses

Eine vom traditionellen Islam emanzipierte Auffassung vom Paradies war schon in dem Gedicht *Höheres und Höchstes* von 1818 zu erkennen, das sozusagen das Mittelglied bildet zwischen den ursprünglichen fünf Paradiesgedichten und den auf der Karlsbader Reise im Frühjahr 1820 entstandenen weiteren fünf: *Vorschmack, Einlaß, Anklang,* »Deine Liebe, dein Kuß mich entzückt!« und »Wieder einen Finger schlägst du mir ein«. Durch all diese dem *Divan* nachträglich eingefügten Gedichte vom April/Mai 1820 kommt ein stark weiblicher Einschlag ins *Buch des Paradieses.* Anknüpfend an *Höheres und Höchstes* geben sie dem endgültigen *Buch des Paradieses* sein eigentümliches Gepräge: die »liebliche« Mischung von »Scherz und Ernst«, von der Goethe für einen »künftigen Divan« schon in den *Noten und Abhandlungen* von 1819 geträumt hatte. Daß ihm derartiges schon früher im Sinn lag, zeigt die Ankündigung des *West-östlichen Divans* von 1816, wo er vom *Buch des Paradieses* voraussagte, es werde neben den *Siebenschläfern* andere

Legenden enthalten, »die im gleichen Sinn den fröhlichen Umtausch irdischer Glückseligkeit mit der himmlischen darstellen«. Besonders in den vielen Versen, die das Verhältnis zwischen dem verklärten Dichter und der Huri schildern, vollzieht sich »der fröhliche Umtausch irdischer Glückseligkeit mit der himmlischen«. Allerdings hat selbst hier noch der *Koran* eingewirkt, und zwar nach dem Muster, welches Goethe im Kapitel *Übersicht* der *Noten und Abhandlungen* in bezug auf Nisami und dessen »Liebes- und Halbwunderlegende« beschreibt:

> Schon im Koran war die Andeutung gegeben, wie man uralte lakonische Überlieferungen zu eigenen Zwecken behandeln, ausführen und in gewisser Weitläuftigkeit könne ergetzlich machen.

Mit »gewisser Weitläuftigkeit« führt Goethe in den Paradiesgedichten besonders ein Motiv »ergötzlich« aus, worauf er in den *Noten und Abhandlungen* mit den Worten Bezug nimmt: »ein verklärtes Alltägliche verleiht uns Flügel zum Höheren und Höchsten zu gelangen«. Bisher hat man übersehen, daß dem Aperçu vom »verklärten Alltäglichen« im Paradies, eine entsprechende Wendung im *Koran* zugrunde liegt, gewissermaßen als Keimzelle dessen, was Goethe als »fröhlichen Umtausch irdischer Glückseligkeit mit der himmlischen« kennzeichnet. In gedrängter Form ist diese »uralte lakonische Überlieferung« nämlich bereits in Vers 25 der zweiten Sure (*Die Kuh*) enthalten, die Goethe besonders schätzte. Der Vers lautet (in der Übersetzung J. v. Hammers):

> Gieb gute Bothschaft denen, die glauben und Guthes thun; denn ihrer sind Gärten worinnen Ströme rinnen. So oft sie mit himmlischer Frucht genähret werden; sagen sie: so wurden wir vormals genährt auf Erden. Allein es ist eine Aehnlichkeit. Es harren ihrer Gemahlinnen rein, und ewig werden sie darinnen seyn.

Das Motiv der »Ähnlichkeit« und des »verklärten Alltäglichen« bildet den Ausgangspunkt zu den Goetheschen Erfindungen im *Buch des Paradieses*, insbesondere zu dem, was dort über die Frauen gesagt wird. Laut Sure 2, Vers 25 werden im Muslim durch die Freuden des Paradieses frühere irdische Erlebnisse wachgerufen, auch im Zusammensein mit den seiner harrenden Huris. Im *West-östlichen Divan* fühlt sich der verklärte Dichter durch die Huri an Suleika erinnert. Gestalt und Wesen der himmlischen Geliebten sind der irdischen Geliebten so ähnlich, daß er nicht weiß, ob diese Ähnlichkeit auf »Täuschung oder Wahrheit« beruht. Goethes dichterische Eingebung, das »verklärte Alltägliche« des Paradieses nicht nur durch Reminiszenzen an die irdischen Frauen zu würzen, sondern durch die irdischen Frauen das Paradies erst zur Realität werden zu lassen, war allerdings eine dem Prophetenwort eher zuwiderlaufende Phantasie eines weltimmanent denkenden Freigeists. Möglicherweise wurde Goethe zu seinem Fabulieren durch Hafis ermutigt, der in der Gasele *Dal* LIV V. 3 f. ausgerufen hatte:

O komme Geliebte, die vom Paradies
Der Hüter für mich auf die Erde gebracht.

Etwas Freigeisterisches haftet ja auch den Paradiesphantasien des Hafis an, der die irdischen und himmlischen Sphären so durcheinanderwirbelt, daß man oft nicht mehr weiß, ob von irdischer oder himmlischer Glückseligkeit die Rede ist. Sein Übersetzer v. Hammer lenkte bereits die Aufmerksamkeit darauf, daß Hafis »in den Sagen von Eden und dem ewigen Leben nichts als Bilder der Schönheit des Liebchens und der Freuden des Lebens« sieht oder gar behauptet: »Liebe und Wein, Mädchen und Knaben hinieden seyen mehr werth als alle Huris und Quellen des Paradieses dort oben.«

Goethes Erlebnisweise stimmte mit der des Hafis darin überein, daß auch er im Irdischen den Abglanz höherer Welten wahrnahm, wie er umgekehrt bei seinen Jenseitsvorstellungen an Erlebnisse des Diesseits anknüpfte. Diese Erlebnisweise war insbesondere bestimmend für jene fünf nachträglich ins *Buch des Paradieses* aufgenommenen Gedichte, welche 1820 auf der Reise nach Karlsbad entstanden sind. Man hat sich gewundert, wie Goethe auf jener Reise, auf der ihm keine Quellenwerke zur Verfügung standen, zu seinen späten Paradies-Gedichten hat angeregt werden können. Das erklärt sich ganz natürlich, wenn man bedenkt, daß Goethe hier aus einer Quelle schöpfte, mit der er seit seiner Jugendzeit vertraut war und die er so gut im Kopf hatte, daß er auch ohne unmittelbare Vorlage frei damit schalten konnte. Es läßt sich in der Tat nachweisen, daß Goethe schon als Vierundzwanzigjähriger besonderes Interesse für die zweite Sure des *Korans* und speziell für die Stelle von den Paradiesesgattinnen bekundete. Schon damals zeigte er sich aufgeschlossen und besonders empfänglich für das in dieser Partie liegende Element des Humors. Aus Lavaters Tagebuch nämlich geht hervor, daß auf der gemeinsamen Rhein-Reise von 1774 die zweite Sure des Korans Gegenstand eines heiteren Gesprächs zwischen Goethe und Lavater war. Eines Morgens diktierte der junge Goethe noch vom Bett aus dem Freund und Reisegefährten einige übermütige Verse, in denen mit Selbstironie sowohl das Liebesverlangen des theologischen Freundes nach dessen fern in der Schweiz weilendem »Weibchen« als auch sein eigenes Verlangen nach schönen Frauen, denen er auf der Reise begegnet war oder noch zu begegnen hoffte, porträtiert wird. Jene Sehnsuchtszustände der beiden jungen Männer werden als himmlische und irdische Liebesgefühle einander gegenübergestellt. Den parodistischen Versen gibt Goethe die bemerkenswerte Überschrift: *II. Sura.* Der Inhalt der Verse verrät, daß dabei auf jene Stelle angespielt wird, in der von den Paradiesgattinnen die Rede ist, welche den Muslimen zum Lohn ihrer Frömmigkeit verheißen sind:

II. Sura.

Es ist so viel Heimweh in der Welt, daß eins dem andern die
  Wage hält;
Da streckt er sich in seinem Bett – denkt, o daß ich mein
  Weibchen hätt'.

Ich kröne mich in meinem Sinn; Fort ist die gute Meyerin!
Doch hoffen wir wieder Mayen Freüd,
Er lehret, und bekehrt die Leüt'
Ich fahr zum schönen Liesel heüt *explicit Sura.*

Ausgangspunkt der Verse, die uns in Lavaters Tagebucheintragung vom 18. Juli 1774 überliefert sind, ist die Vorstellung vom »Heimweh«, d. h. einer Sehnsucht nach früheren Glückszuständen und geliebten Frauen. Die Quintessenz der Goetheschen Explikation von *Sure II* liegt darin, daß solches »Heimweh« überall in der Welt zu finden ist. Die allerverschiedensten Menschen sehnen sich nach Glückszuständen – der »Zürcher Prophet« Lavater sowohl als auch der junge Dichter Goethe, wobei die Sehnsüchte – ob himmlisch oder irdisch – immer etwas von »Heimweh« haben, denn der weltliche Mensch sehnt sich nach unschuldigen Paradieszuständen zurück, während der Bewohner des Paradieses, wie ihn *Koran*, Sure 2, Vers 25 darstellt, sein »Heimweh« nach der irdischen Geliebten durch sein Zusammenleben mit den Huris stillt. Wie in den auf der gleichen Reise mit Lavater gedichteten Versen *Diner zu Coblenz* (»Zwischen Lavater und Basedow ...« : »... Und, wie nach Emmaus, weiter ging's / Mit Sturm- und Feuerschritten: / Prophete rechts, Prophete lincks, / Das Weltkind in der Mitten«) erscheint in der Suren-Travestie des jungen Goethe am Schluß Lavater als »Prophet«, der Dichter selber als »Weltkind«: »Er [Lavater] lehret, und bekehrt die Leut' / Ich fahr zum schönen Liesel heut.«

Vorher schon hatte Goethe bei Besprechung von Lavaters *Aussichten in die Ewigkeit* dessen Vorstellungen vom Jenseits mit dem *Koran* und muslimischen Paradiesvorstellungen verglichen, indem er mit der Betrachtung begann: »Es war immer so und natürlich, daß der nach Ewigkeit hungernde und dürstende, solche Speisen sich droben in Phantasie bereitete, die seinem Gaumen hier angenehm waren, sein Magen hier vertragen konnte. Der weiche Orientaler bepolstert sein Paradies um wohlgeschmückte Tische, unter unverwelklichen Bäumen, von denen Früchte des Lebens über die Auserwählten und ihre ewig reine Weiber, herabhängen ...« (*Aussichten in die Ewigkeit, in Briefen an Zimmermann.* Dritter und letzter Band. 1773. In: *Frankfurter Gelehrte Anzeigen* Nr. 88 vom 3. November 1772) – Als Beleg dafür, wie Goethe in der *Werther*-Epoche tief durchdrungen war von Vorstellungen des islamischen Paradieses, sei noch sein Brief an Charlotte Buff vom 8. Oktober 1772 angeführt: »Nein Lotte Sie bleiben mir, dafür geb Ihnen der reiche im Himmel seine schönsten Früchte, und wem er sie auf Erden versagt dem lass er droben im Paradiese wo kühle Bäche fließen zwischen Palmbäumen und Früchte drüber hängen wie Gold ...« – Wie selbstverständlich erwähnt er, zwischen »Houris« gesessen zu haben, in einem Brief an Johanna Fahlmer von Januar 1774: »Wir haben gestern gessen Wildprettsbraten und Geleepastete und viel Wein getrunken und zwischen Houries gesessen bis ein Uhr Nachts ...«

Was Goethe 1820 auf seiner Karlsbader Reise für das *Buch des Paradieses* nachträglich dichtete, beruhte demnach auf Erinnerungen an den *Koran*, welche er sich über viereinhalb Jahrzehnte bewahrt hatte. Aufgefrischt durch die Orientstudien der *Divan*-Epoche, wurden sie zu guter Stunde im Geiste des neuen Werkes heiter und frei verwendet. Auch dieser *Koran*-Stelle gegenüber mußte Goethe sich nach seiner Gewohnheit »produktiv« verhalten. Wenn er das Motiv der »Ähnlichkeit« von himmlischen und irdischen Erscheinungen aus *Koran* Sure 2, Vers 25 mit größtem Geschick einsetzt, um noch einmal nachdrücklich als Dichter des »Frauenlobs« aufzutreten, dann gehört das zu Goethes genialsten Leistungen auf diesem Gebiet und verdient eingehender als bisher beachtet und gewürdigt zu werden.

Bemerkenswert ist, wie Goethe im *Buch des Paradieses* sich in Gegensatz zur Sunna stellt, indem er fabulierend gegen die vom Propheten überlieferten Aussagen zur Rolle der Frau Widerspruch einlegt. Besonders drastisch geschieht das im Gedicht

»Deine Liebe, dein Kuß mich entzückt«. Dort berichtet eine der Huris von der Verlegenheit, in die sie als Himmelswesen geraten, weil sie die Glaubenshelden nicht so zu beglücken vermögen, wie der Prophet es vorgesehen hatte. Die Männer sehnen sich zu ihren früheren Favoritinnen, trotz all ihrer Fehler, auf die Erde zurück. (Auf die Dauer mögen ganz vollkommene weibliche Wesen wie die im *Koran* versprochenen Huris langweilig werden.) Ganz unverblümt erzählt eine der Betroffenen von dieser Kalamität:

Denn, siehst du, wie die Gläubigen kamen,
Von dem Propheten so wohl empfohlen,
Besitz vom Paradiese nahmen,
Da waren wir, wie er befohlen,
So liebenswürdig, so charmant,
Wie uns die Engel selbst nicht gekannt.

Allein der erste, zweite, dritte
Die hatten vorher eine Favorite;
Gegen uns warens garstige Dinger,
Sie aber hielten uns doch geringer;
Wir waren reizend, geistig, munter –
Die Moslims wollten wieder herunter.

Mit anderen Worten: Mohammed hat sich geirrt. Seine Vorstellungen vom Paradies erweisen sich als unrealistisch; sie bedürfen der Überprüfung. Um dies den Lesern zu demonstrieren, läßt der *Divan*-Dichter während des weiteren Berichts der Huri den Propheten in eigner Person die Bühne des Paradieses betreten:

Nun war uns himmlisch Hochgebornen
Ein solch Betragen ganz zuwider,
Wir aufgewiegelten Verschwornen
Besannen uns schon hin und wieder;

Als der Prophet durch alle Himmel fuhr,
Da paßten wir auf seine Spur;
Rückkehrend hatt' er sich's nicht versehn,
Das Flügelpferd es mußte stehn.

Da hatten wir ihn in der Mitte! –
Freundlich ernst, nach Prophetensitte,
Wurden wir kürzlich von ihm beschieden;
Wir aber waren sehr unzufrieden.

Denn seine Zwecke zu erreichen
Sollten wir eben alles lenken,
So, wie ihr dächtet, sollten wir denken,
Wir sollten euren Liebchen gleichen.

Unsere Eigenliebe ging verloren,
Die Mädchen krauten hinter den Ohren,
Doch, dachten wir, im ewigen Leben
Muß man sich eben in alles ergeben.

Ein überzeugenderes Plädoyer für die Erdenfrauen läßt sich kaum erdenken. Christlichen Wunschvorstellungen hätte es entsprochen, daß irdische Frauen im Jenseits zu »Engeln« werden, Goethe hingegen verlangt – nun in der Maske des Propheten Mohammed höchstpersönlich –, daß die Huris sich die irdischen Frauen zum Vorbild nehmen, ob sie wollen oder nicht:

Nun sieht ein jeder, was er sah,
Und ihm geschieht was ihm geschah.
Wir sind die Blonden, wir sind die Braunen,
Wir haben Grillen und haben Launen,
Ja, wohl auch manchmal eine Flause,
Ein jeder denkt, er sei zu Hause,
Und wir darüber sind frisch und froh
Daß sie meinen, es wäre so …

In scherzhafter Vermummung übt Goethe als Realist und Frauenfreund Kritik an den allzu abstrakten Paradiesvorstellungen des Islam mit seinen engelhaften Paradiesjungfrauen. Zugleich wertet er die irdischen Frauen entscheidend auf, offenbar in der Überzeugung, daß sie recht gut zu ihren Männern passen, wie Gott sie nun mal geschaffen hat. Das ist jedenfalls die Erkenntnis, zu welcher er den Propheten nachträglich kommen läßt, als sich herausgestellt hat, daß die Gläubigen sich aus den Himmelswesen nicht so viel machen wie aus ihren früheren Favoritinnen.

Schalkhaft bindet sich Goethe selber die Maske des Propheten vors Gesicht, um als solcher getarnt eine Revision der islamischen Paradiesvorstellungen vorzunehmen. Mit der Aufforderung an die Himmelswesen, sich die irdischen Frauen zum Vorbild zu nehmen, legt er auf die denkbar eindringlichste Weise Fürsprache ein zugunsten der irdischen Frauen. Denn was spräche mehr für diese Frauen als die Tatsache, daß den Männern erst richtig wohl im Paradiese wird, wenn »ein jeder denkt, er sei zu Hause«?!

Nun mag der Leser des *West-östlichen Divans* sich fragen: warum überhaupt »Huris« im Paradies, wenn diese so weit mit den irdischen Frauen identisch sind, daß die Männer sie schließlich selber gar nicht mehr von ihren früheren Frauen unterscheiden können? Zu Beginn des hier zitierten Gedichts wird das am Fall des verklärten Dichters beispielhaft dargestellt. Seine Huri ist Suleika so ähnlich, daß er sich gedrängt fühlt, sie darüber zu befragen:

Deine Liebe, dein Kuß mich entzückt!
Geheimnisse mag ich nicht erfragen;
Doch sag' mir ob du an irdischen Tagen
Jemals Teil genommen?
Mir ist es oft so vorgekommen,
Ich wollt' es beschwören, ich wollt' es beweisen
Du hast einmal Suleika geheißen.

Die Antwort der Huri gegen Ende des Gedichts verdeutlicht nochmals, wie wenig »Huri« und irdische Geliebte voneinander unterscheidbar sind:

Du aber bist von freiem Humor,
Ich komme dir paradiesisch vor;
Du gibst dem Blick, dem Kuß die Ehre
Und wenn ich auch nicht Suleika wäre.
Doch da sie gar zu lieblich war,
So glich sie mir wohl auf ein Haar.

Der Leser weiß, hier spricht eine Huri, doch der Paradiesbewohner selbst wird ewig im ungewissen bleiben, ob die Ähnlichkeit mit seiner früheren Geliebten auf Täuschung oder Wahrheit beruht:

DICHTER.

Du blendest mich mit Himmelsklarheit,
Es sei nun Täuschung oder Wahrheit,
Genug, ich bewundre dich vor allen.

Wenn man nun sieht, wie jene zwei Wesen im Paradies sich so angeregt unterhalten, so könnte man auf die Frage kommen: In welcher Sprache tun sie das? Sollte es unser profanes Deutsch sein? Gewiß, die Gespräche sind in Deutsch wiedergegeben. Aber ist dies eine dem Paradies angemessene Sprache? Oder unterhalten sie sich in der Sprache der Engel? Aber Engel sind die beiden ja nicht. Denn während man Kindern im christlichen Kulturbereich, die nach einem Verstorbenen fragen, weiszumachen pflegt, dieser sei nun ein Engel geworden, ist eine solche Vorstellung dem Islam – und auch Goethe – fremd. Ist es Arabisch, die Sprache, in welcher der *Koran* offenbart worden ist? Gewiß auch nicht, denn da hätte der Dichter, der kein Arabisch verstand, bei der Huri nicht mithalten können. Ist es die Sprache der Urschrift des *Korans*, wie sie nach Auffassung der Muslime auf der »wohlverwahrten Tafel« (Sure 85, *Die Türme*, Vers 22) zu finden ist? Aber das ist ja jene Sprache, welche Gott vorbehalten und mit keiner der menschlichen Sprachen vergleichbar ist. Nun hat aber Goethe entsprechend Vers 4 der Sure 14 (*Abraham*) wiederholt betont (u. a. in dem Artikel *German Romance* in *Über Kunst und Altertum*, 1828):

> Der Koran sagt: »Gott hat jedem Volke einen Propheten gegeben in seiner eigenen Sprache.«

Dem deutschen Volk ist jedoch nie ein Prophet in deutscher Sprache erstanden. Sollte es demnach ein gottverlassenes Volk geblieben sein, eines ohne heilige Schrift und ohne eine paradiesfähige Sprache? Die Antwort Goethes lautet: »... jeder Übersetzer [ist] ein Prophet in seinem Volke. Luthers Bibelübersetzung hat die größten Wirkungen hervorgebracht, wennschon die Kritik daran bis heute immerfort bedingt und mäkelt.« Dem »Riesenwerk« Luthers hat Goethe zeit seines Lebens die größte Bewunderung entgegengebracht, doch einmal hat er gestanden: »Nur das Zarte unterstehe ich mich, hin und wieder besser zu machen« (zu Johann Stephan Schütze, Mai/Juni 1813). Also auch hier finden wir wieder bei Goethe den Gedanken des Wetteiferns mit einem Propheten beziehungsweise mit jemand, der in seinen Augen für sein Volk die Funktion eines Propheten erfüllt hat. So ist es also die Sprache Luthers und, wenn sie um eine Note zarter sein soll, die Sprache Goethes selbst, in der sich »Dichter« und »Huri« im Paradies unterhalten. In diesem Sinne ist die Sprache des Paradieses keine solche, die an eine bestimmte Nation gebunden ist, sondern jeweils diejenige, in der man in der Kindheit die heiligen Schriften kennengelernt und seine ersten Lieder gesungen hat.

Was den Dichter besonders an seiner Huri entzückt, ist in der Tat eine Fähigkeit, die ihn wiederum an Suleika erinnern muß: Bewundernd stellt er nicht nur fest, wie wir oben gesehen haben, »Du blendest mich mit Himmels Klarheit ...«; um ihm zu gefallen, spricht sie in seiner eigenen Sprache, ja befleißigt sich sogar seiner eigenen Dichtart:

> Um ihre Pflicht nicht zu versäumen,
> Um einem Deutschen zu gefallen,
> Spricht eine Huri in Knittelreimen.

Schon in *Höheres und Höchstes* war das Motiv angelegt, daß für den Dichter zur Vorstellung eines Paradieszustandes die eigene Sprache gehört. Er möchte, wie es dort in Vers 19 f. heißt: »Gar zu gern in deutscher Sprache! Paradieses-Worte stammeln.« In Vers 21-24 malte er aus, in welchen »Dialekten ... sich Mensch und Engel kosen, / Der Grammatik, der versteckten, / Deklinierend Mohn und Rosen.« Das war im Herbst 1818 gewesen. Im Frühjahr 1820 ließ Goethe dann in »Deine Liebe, dein Kuß mich entzückt!« die Huri in »Knittelreimen« sprechen. Ihre Entgegnung auf des Dichters Staunen und die Bekundung seiner Dankbarkeit bietet Goethe den Anlaß, nochmals mit einer kühnen, überraschenden Wendung und auf galante Weise dem Gedanken entgegenzutreten, daß die Parallele zwischen den vier »auserwählten Frauen« und den vier »berechtigten Tieren« eine Abwertung der irdischen Frauen bedeuten könnte:

HURI.

Ja, reim' auch du nur unverdrossen,
Wie es dir aus der Seele steigt!
Wir paradiesische Genossen
Sind Wort- und Taten reinen Sinns geneigt.
Die Tiere, weißt du, sind nicht ausgeschlossen,
Die sich gehorsam, die sich treu erzeigt!
Ein derbes Wort kann Huri nicht verdrießen;
Wir fühlen was vom Herzen spricht,
Und was aus frischer Quelle bricht,
Das darf im Paradiese fließen.

Die Trostworte der Huri, der Dichter brauche sich seiner »derben« deutschen Reimart nicht zu schämen, da ja sogar Tiere ins Paradies aufgenommen würden, weisen deutlich auf das Gedicht *Begünstigte Tiere* hin. Durch räumliche Trennung hatte Goethe das Vier-Tiere-Gedicht zwar inzwischen schon ziemlich weit von dem Vier-Frauen-Gedicht weggerückt. Hier tat er jedoch noch ein übriges, um den Anschein einer frauenfeindlichen Tendenz zu vermeiden: durch den Vergleich des Dichters – das heißt seiner selbst – mit jenen Tieren trat er bewußt der Verdächtigung entgegen, er habe Frauen und Tiere auf gleicher Rangstufe erscheinen lassen wollen. Durch Vers 71 von »Deine Liebe, dein Kuß mich entzückt!« pariert er in eigener Person jede frauenfeindliche Auslegung. Nicht zufällig stehen diese Verse vor dem Gedicht *Begünstigte Tiere.* Auf diese Weise versucht Goethe nochmals, jede mögliche Anzüglichkeit zu entschärfen, für die es zwar in der islamischen Tradition Anhaltspunkte gab, die jedoch seiner eigenen Mentalität fernlag.

Goethe tut aber noch ein übriges. Der verklärte Dichter findet nicht nur in der Huri eine seiner Suleika »auf ein Haar« gleichende Geliebte wieder. Diese versichert sogar, daß sie ihn nicht zu vollkommeneren Gedichten inspirieren könne als Suleika. Dadurch erscheint Goethes geliebte Suleika wiederum als unüberbietbares weibliches Musterwesen – selbst im Vergleich mit einer »Huri«!

HURI.

Wieder einen Finger schlägst du mir ein!
Weißt du denn, wieviel Äonen
Wir vertraut schon zusammen wohnen?

DICHTER.

Nein! – Wills auch nicht wissen. Nein!
Mannigfaltiger, frischer Genuß
Ewig bräutlich keuscher Kuß!
Wenn jeder Augenblick mich durchschauert,
Was soll ich fragen, wie lang es gedauert!

HURI.

Abwesend bist denn doch auch einmal,
Ich merk es wohl, ohne Maß und Zahl.
Hast in dem Weltall nicht verzagt,
An Gottes Tiefen dich gewagt;

Nun sei der Liebsten auch gewärtig!
Hast du nicht schon das Liedchen fertig?
Wie klang es draußen an dem Tor?
Wie klingt's? – Ich will nicht stärker in dich dringen
Sing' mir die Lieder an Suleika vor:
Denn weiter wirst du's doch im Paradies nicht bringen.

Mit diesen Schlußversen »Sing mir die Lieder an Suleika vor: / Denn weiter wirst du's doch im Paradies nicht bringen« hat Goethe wohl das stärkste Argument zugunsten einer Erdenfrau gefunden, welches sich denken läßt, um das Bild der Frau aufzuwerten: indem die Huri bekennt, daß sie den Dichter nicht zu schöneren, vollkommeneren Versen inspirieren kann als Suleika, streckt sie sozusagen vor ihrer irdischen Nebenbuhlerin die Waffen. Wiederum erscheint diese zum Abschluß als unerreichbares weibliches »Musterbild«.

Schon im Gedicht *Anklang* bilden die Verse des *Divan*-Dichters ein Erkennungszeichen für die Paradieswächterin. Während sie beim vertrauten Zusammenwohnen mit dem Dichter auch seine Gedichte kennenlernt, erinnert sich die Huri daran, daß sie derartige Lieder früher schon gehört hat, als sie noch am Paradiestor Wache hielt:

HURI.

Draußen am Orte,
Wo ich dich zuerst sprach,
Wacht ich oft an der Pforte,
Dem Gebote nach.
Da hört ich ein wunderlich Gesäusel,
Ein Ton- und Silbengekräusel,
Das wollte herein;
Niemand aber ließ sich sehen,
Da verklang es klein zu klein;
Es klang aber fast wie deine Lieder,
Das erinnr ich mich wieder.

DICHTER.

Ewig Geliebte! wie zart
Erinnerst du dich deines Trauten!
Was auch, in irdischer Luft und Art,
Für Töne lauten,
Die wollen alle herauf;
Viele verklingen da unten zu Hauf;
Andere mit Geistes Flug und Lauf,
Wie das Flügel-Pferd des Propheten,
Steigen empor und flöten
Draußen an dem Tor.
Kommt deinen Gespielen so etwas vor,
So sollen sie's freundlich vermerken,
Das Echo lieblich verstärken,
Daß es wieder hinunter halle,
Und sollen Acht haben,
Daß, in jedem Falle,
Wenn er kommt, seine Gaben
Jedem zu Gute kommen;
Das wird beiden Welten frommen.

Sie mögen's ihm freundlich lohnen,
Auf liebliche Weise fügsam,
Sie lassen ihn mit sich wohnen:
Alle Guten sind genügsam.

Du aber bist mir beschieden,
Dich lass' ich nicht aus dem ewigen Frieden;
Auf die Wache sollst du nicht ziehn,
Schick' eine ledige Schwester dahin.

Liest man den Text genau, so erkennt man, daß jene Paradiesgefährtin, die ein so feines Ohr für des Dichters Lieder besitzt, nicht *Suleika* selber ist, sondern eine ihr zum Verwechseln ähnliche Huri; besitzt sie doch alle Vorzüge Suleikas, um den Dichter auf ewig zu beglücken, einschließlich der seltenen Fähigkeit, seine Verse im gleichen Klang und Ton zu erwidern. In diesen Dialogen, die dem *Buch des Paradieses* seine besondere Note schwebender Heiterkeit verleihen, setzt Goethe die irdischen Zwiegespräche mit Marianne, die Dialoge von Hatem mit *Suleika* im *Buch Suleika* fort. In des Paradieses Sphäre huldigt er dem irdischen »Musterbild«. So gestaltet er »den fröhlichen Umtausch irdischer Glückseligkeit mit der himmlischen« – im Anschluß an die erwähnten *Koran*-Stelle, Sure 2, Vers 25 – zur Verherrlichung der Geliebten fabulierend aus.

26. Einwände gegen das Weinverbot

»Horch! wir andre Musulmanen
Nüchtern sollen wir gebückt sein,
Er, in seinem heilgen Eifer,
Möchte gern allein verrückt sein.«

Die muslimische Auffassung von der Rolle der Frau war nicht der einzige kritische Punkt, an dem der *Divan*-Dichter sich zum Widerspruch gegen den Propheten Mohammed veranlaßt fühlte. Um ein vollständiges und objektives Bild von Goethes Verhältnis zum Islam zu gewinnen, wollen wir auch die weiteren Einwände des Dichters gegen die Vorschriften orthodox-islamischer Lebensführung erörtern, welche sich im *West-östlichen Divan* finden. Man trifft auf sie oft gerade dort, wo Goethe sich scheinbar nah an den Propheten anschließt. Symptomatisch ist schon das große Einleitungsgedicht *Hegire.* Hier stellt der *Divan*-Dichter ganz bewußt eine Analogie zu Mohammed her, aber gerade durch diese Analogie macht er auf drastische Weise deutlich, wie sich die Zielsetzung des Poeten von der des Propheten unterscheidet. Mohammed trat im Jahre 622 seine »Hegire« an in der Hoffnung, von Medina aus seine Lehre ungehindert verbreiten zu können, was ihm in Mekka unmöglich war. Der *Divan*-Dichter hingegen erhofft etwas völlig anderes: im Vergleich mit dem Ziel der »Hegire« des Propheten mag es für manche Ohren fast blasphemisch klingen, wenn es im *Buch des Sängers* gleich zu Anfang programmatisch heißt:

Unter Lieben, Trinken, Singen
Soll dich Chisers Quell[1] verjüngen.

Indem er sich die Erneuerung des Daseins durch den orientalischen Musenquell – »unter Lieben, Trinken, Singen« – erhoffte, bekundete Goethe die Lebenshaltung eines auf jene weltfreudige Dreiheit eingeschworenen Sängers, die sich von der des Propheten, wie sie uns von der Überlieferung dargestellt wird, gründlich unterschied. Dieser Unterschied in den Lebensauffassungen ist dann auch der Ausgangspunkt für die Kritik des Dichters am Propheten.

In ihrem *Wörterbuch zu Goethes West-östlichem Divan* (Tübingen 1987. Einführung, S. XVIII) schreibt Christa Dill: »Im Divan sind sechs *Themen* inhaltbestimmend: das Thema der Dichtung und des Geistes, das Liebesthema, das Trinkthema, das Thema Individuum und Welt, das Thema Zeit und Ewigkeit und das Thema Natur und Gott.« Unter diesen ist das Trinkthema besonders auffallend. Das islamische Gesetz verbietet bekanntlich alle rauschhaften Getränke. Kritisch setzt der *Divan*-Dichter sich mit diesem Weinverbot auseinander. Sein *Saki Nameh – Schenkenbuch* handelt durchgehend von Weingenuß und Weinverbot. Ausdrücklich bekennt Goethe sich hier zu dem den Muslimen verbotenen Rausch. Doch sei von vornherein festgehalten, was auch Christa Dill betont:

> Goethes *Schenkenbuch* ist keine Sammlung von Trinkliedern. Die Weinestrunkenheit wird zum Symbol für den rauschhaften Zustand, in dem eine Steigerung aller Lebensfunktionen eintritt, in dem man ›Gott frischer ins Angesicht‹ blickt.

Goethe war dem Weinverbot schon bei seinen frühen *Koran*-Studien begegnet. Auch in der *Divan*-Epoche stieß er wieder auf dieses Thema. So in der Mohammed-Biographie von Rehbinder, wo S. 43 berichtet wird:

»Bey Gelegenheit[…]eines Gastmahls, hatte Mohammed die Wirkungen des Weins auf das ohnehin feurige Temperament der Araber wahrgenommen. Er verbot ihn durch einen Spruch des *Koran,* der dem Musulmanne zur Richtschnur dient aber doch einigen Modificationen unterworfen ist.«

In der Einleitung zum *Koran* von George Sale, übersetzt von Th. Arnold, las Goethe auf S. 154 f.:

»Das Wein-Trincken, worunter alle Arten des starken und berauschenden Geträncks begriffen werden, ist in dem *Koran* an mehr als einem Ort verboten. Es sind zwar einige in den Gedancken gestanden, daß nur die Übermasse allein darinnen verboten, der mässige Gebrauch des Weins aber durch zwo Stellen in demselben Buch zugelassen werde; Allein die aufgenommenste Meynung ist, daß es schlechterdings unerlaubt sey, starckes Geträncke, sowohl in geringerer als grösserer Quantität zu trincken; Und obschon ruchlose Gemüther und Freygeister sich das Gegentheil herausnehmen, so sind doch die gewissenhaftern so streng, zumahl wenn sie die Wallfahrt nach Mecca vollzogen haben, daß sie es nicht nur vor unerlaubt halten, Wein zu kosten, sondern auch Trauben zu dessen Kelterung zu pressen, damit zu handeln, solchen zu kauffen oder zu verkauffen, oder auch sich nur mit dem durch solchen Verkauff erlangten Geld zu erhalten. Die Persianer, sowohl als die Türcken, trinken aber jedennoch den Wein überaus gern.«

Bekannt ist, daß der *Divan*-Dichter zum *Schenkenbuch* durch seinen östlichen Bruder Hafis inspiriert wurde. Nicht nur gab das *Sakiname* in Hafis' *Diwan* den Anstoß zur Benennung von Goethes *Saki Nameh,* der gesamte *Diwan* wirkte anregend auf den deutschen Dichter durch jene zahllosen Verse, in denen Hafis mit taumelnder Begeisterung Wein, Rausch, Trunkenheit, Weinhaus, Schenke, Glas, Becher, Krug, Flasche und zugleich den schönen Schenkenknaben (Saki) rühmt und segnet, der dem Dichter den Wein kredenzt. Charakteristisch für den gesamten Hafisischen *Diwan* ist schon der Ausruf, mit dem die erste Gasele beginnt:

»Reich mir o Schenke das Glas ...«

Wie aber konnte Mohammed Schemseddin, d. i. die Sonne des Glaubens, mit dem Beinamen Hafis, d. i. der Bewahrer des *Korans,* sich so weit vom *Koran* entfernen, da er doch Muslim und sogar Derwisch, Sofi und Scheich war? Sagt er denn nicht von sich selbst:

Durch den Koran hab' ich alles
Was mir je gelang gemacht.

Zunächst ist festzustellen, daß das Weinverbot im *Koran* selbst nicht absolut ist, wie gemeinhin angenommen.[2] Im *Koran* gibt es eine Entwicklung, worauf wir bereits in bezug auf die Diskussion über den Wein in Goethes *Götz* hingewiesen haben, vom Lobpreis des Weines in der Sure *Die Bienen* als Gabe Gottes, über die Abwägung seines Schadens und Nutzens in der Sure *Die Kuh* und die Warnung vor der Trunkenheit beim Gebet in der Sure *Die Weiber*, bis zur Anprangerung des Alkohols als Werkzeug des Satans in der Sure *Der Tisch.* Selbst wenn man nun aber davon ausgeht, wie die orthodoxen islamischen Rechtsgelehrten das tun, daß die zuletzt offenbarten Verse jeweils die vorigen aufheben oder ›abrogieren‹, wie der Fachausdruck heißt, so ist immerhin noch bemerkenswert, daß im *Koran* keine Strafe für Trunkenheit ausgesprochen wird. Eine solche, nämlich die Auspeitschung, hat erst der vierte der rechtgeleiteten Kalifen, Mohammeds Vetter und Schwiegersohn Ali, eingeführt.[3] So ist denn auch die Einstellung zum Weinverbot in der Geschichte des Islam nicht zu allen Zeiten und in allen Ländern die gleiche gewesen. Man denke nur an Dichter wie Omar el Khayâm oder Abu Nuwâs oder Motanabbi, aber auch an manche Erzählungen aus *Tausend und Eine Nacht.* Ja es wird sogar gesagt, in keiner Sprache gäbe es so viele Gedichte zum Lobpreis des Weines wie in der arabischen.[4] Der *Diwan* des Hafis macht deutlich, daß dieser Dichter, wie J. v. Hammer schreibt, während der Regierungsepoche eines »der fröhlichsten und nachsichtigsten Fürsten« lebte, des milden Schah Schedschaa, der selber mit seinen Wesiren Wein zu trinken pflegte. Während vorher und nachher in Schiras Übertretungen des Trinkverbots streng geahndet wurden, herrschte zu Schah Schedschaas Regierungszeit (1358-1384) große Freizügigkeit. Die meisten Gedichte des Hafis stammen aus dieser liberalen Epoche, in der auch Poesie und Wissenschaften durch den Schah gefördert wurden. Des Hafis Begeisterung für einen solchen Herrscher klingt aus mehreren seiner Lieder hervor, so wenn er verkündet:

Itzt ist die Zeit des Schah Schedschaa
Die Zeit des Rechts, der Weisheit.

Oder wenn er jubelt:

Preiset den Herren! die Schenke
Ist wieder geöffnet,
Denn dieses ist die Thure meiner Sorgen.
Alles geht drunter und drüber,
Vom Rausche verwirret,
Und dieser Wein wahrhaftig ist nicht bildlich ...

Auch die Verse, die Hafis aus dem Stegreif dichtete, als der Schah ihn überraschte, wie er einen schönen Knaben zum Wein einlud, geben ein gutes Beispiel der damals möglichen Übertretungen des Weinverbots:

In der Zeit des milden
Trinkt Hafis aus seinem Kruge,
Der Mufti aus seinem Becher ...

Goethe nennt Hafis (im Gedicht *Unbegrenzt* des *Buchs Hafis*) »der Freuden echte Dichterquelle«; er ist ihm ein:

Zum Küssen stets bereiter Mund,
Ein Brustgesang der lieblich fließet,
Zum Trinken stets gereizter Schlund ...

Wie bereitwillig und selbstverständlich Goethe dem Beispiel seines »Zwillings« folgte, als er im *Schenkenbuch* Wein, Becher und Schenken pries, das deuten noch die *Noten und Abhandlungen* (im Kapitel *Künftiger Divan*, Abschnitt *Das Schenkenbuch*) an, wo es einfach heißt:

> Weder die unmäßige Neigung zu dem halbverbotenen Weine, noch das Zartgefühl für die Schönheit eines heranwachsenden Knaben durfte im Divan vermißt werden.

Die Bezeichnung »halbverboten« ergab sich für den *Divan*-Dichter aus der Diskrepanz zwischen dem Verbot in der islamischen Gesetzgebung und dem Einblick in die Lebenspraxis, die der abendländische Leser aus dem *Diwan* des Hafis gewinnen konnte. Joseph v. Hammer, der Übersetzer, behauptet, des Hafis Gedichte seien »größtentheils bacchantischen und erotischen Inhalts«; in der Vorrede zu seiner Übersetzung der Gedichte erwähnt er, daß Hafis in vielen Gaselen

> mit seinen Mitbrüdern und ihren gemeinschaftlichen Obern über Weingenuß und Weinverboth zanket, ihnen oft Heucheley zur Last legt, und sie ermahnet, das blaue Ordenskleid und den Ordensgürtel mit dem [...] Weinglas zu vertauschen.

Ketzerisch erscheint Hafis fast durchgehend bei Hammer, ein zwischen Leichtsinn und Tiefsinn schwebender Trinker, der selbst in verheerendsten kriegerischen Zeiten »mit ungestörtem Frohsinn von Nachtigall und Rosen, von Wein und Liebe sang«. Nur gelegentlich wird erwähnt, »daß Hafis weder ganz sinnlich noch ganz allegorisch verstanden werden müßte, sondern stellenweise als Herold des Sinnengenusses, und stellenweise als Zunge der mystischen Welt«.

Wie sich bei Hafis die Sphären vermischen, veranschaulicht Johann Christoph Bürgel (in: *Drei Hafis-Studien*, Bern 1975, S. 11), indem er von Hafis' mehrstimmigem Metaphernspiel spricht:

> So kann Hafis etwa sagen, aus der Flut seiner Tränen werde ihn nur die Arche Noahs retten, wobei die letztere dem Frommen der Glaube an Gott, dem Anakreontiker dagegen den Weinpokal bedeutet, denn Noah gilt nach alter jüdischer, vom Islam rezipierter Auffassung als Erfinder des Weins [...] Anakreontik, Erotik, Panegyrik und Mystik, mindestens zwei dieser Sphären vermischen sich ständig.

Goethe war bekannt, daß Hafis' Gedichte in der islamischen Welt nicht ausschließlich als Bekundungen eines überschwenglichen Lebensgenusses aufgefaßt werden, vielmehr hatte er erfahren, daß Hafis auch als »mystische Zunge« bezeichnet wurde. Im Gedicht *Offenbar Geheimnis* (»Sie haben, dich heiliger Hafis, / Die mystische Zunge genannt ...«) spielt er darauf an, wobei er ihm in der letzten Strophe diesen Ehrentitel voll zuerkennt: »Du aber bist mystisch rein, [...] Der du, ohne fromm zu sein, selig bist.« Bei dem aufklärerisch gesonnenen Übersetzer Hammer fand Goethe die Auffassung vertreten, daß die allegorischen Auslegungen erst nachträglich erfolgt seien, um die Gedichte des Hafis als religiöse Dichtungen ausgeben und dadurch retten zu können:

> Gleich nach seinem [Hafis'] Tode hatten Neid und Gleißnerey ihm die Ehre des Begräbnißes versagen wollen, weil er beschuldigt ward, das Heiligste, nämlich den *Koran* entweihet, und wider den Sinn göttlicher Schrift den Genuß des Weines durch Wort und Beyspiel gelehrt zu haben [...] Damals, als Heucheley und Mißgunst Hafisen so schwer sinnlicher Wollust und verbothener Lehre zeihten, mochte es noch Niemand in den Sinn gekommen seyn, in den Dithyramben des Genußes von Wein und Liebe nichts als mystische Allegorieen göttlicher Liebe und himmlischer Ekstase suchen zu wollen. Als aber später die wahre oder Scheinfrömmigkeit der *Muftis, Scheiche, Ulemas, Sofis, Imame,* der *Derwische* und *Kalender* die Unmöglichkeit sah, Hafisens Lieder aus dem Munde des Volkes zu bringen, mußte sie wohl, um die Orthodoxie des Dichters und die ihrige zu retten, die sinnlichen Bilder für übersinnliche Allegorieen, und die ganze Sprache Hafisens für mystische Sprache erklären. Diese Meinung hat sich bisher bei allen orthodoxen Moslimen in Kredit erhalten, *Schemii* und Sururi haben den *Diwan* ganz in diesem Sinne commentiert. *Sudi* hatte Verstand und Muth genug, anderer Meinung zu seyn. Es ward mit viel Lebhaftigkeit gestritten dafür und dawider, nicht nur in *Schiras*, sondern auch in *Konstantinopel.*

Für die Debatten innerhalb der Geschichte des Islam, ob Dichter wie Hafis als Ketzer oder Rechtgläubige anzusehen seien, interessierte Goethe sich aufs lebhafteste. Zahlreiche seiner *Divan*-Gedichte – vor allem im *Buch Hafis* – sind diesem Thema gewidmet. Selbst durch »Fetwas«, Urteile islamischer Gelehrter über Gegenstände der religiösen und politischen Gesetzgebung, ließ sich der Dichter zu Versen anregen, die eine freizügige Auslegung der Gesetze preisen. Einen liberalen Richter wie den weisen Mufti Ebusuud in Konstantinopel erklärte Goethe sogar zum »Heiligen«, weil er das Werk des Hafis geschützt hatte vor dem Fanatismus von Zeloten, die – um J. v. Hammer zu zitieren:

> nur noch mit dem Bannstrahle des Scheichulislam gewaffnet seyn wollten, um über den ganzen Diwan Hafisens und alle seine Bewunderer den Stab der Verdammung zu brechen.

Wie sehr der *Divan*-Dichter mit dem »Ketzer« Hafis sympathisiert, ja wie er als Weintrinker mit ihm zu wetteifern trachtet, obwohl das für die Orthodoxen als verdammungswürdig gilt, zeigt das *Schenkenbuch* in allen seinen Teilen – buchstäblich vom ersten Vers »Ja, in der Schenke hab ich auch gesessen ...« bis zum abschließenden »Ich trinke noch ...« im letzten Gedicht des Zyklus. Besonders freimütig erklärt der *Divan*-Dichter sich selbst zum Ketzer in folgendem Gedicht:

Da wird nicht mehr nachgefragt!
Wein ist ernstlich untersagt.
Soll denn doch getrunken sein,
Trinke nur vom besten Wein:
Doppelt wärest du ein Ketzer
In Verdammnis um den Krätzer.

Goethe wurde zu diesen humoristischen Versen angeregt durch die Lehren eines persischen Königs aus dem 11. Jahrhundert, der seinem Sohn geraten hatte:

> Laß immer den besten Wein bringen; denn ist der Wein schlecht, so wird die Mahlzeit für schlecht gehalten. Hierzu kömmt, daß Wein zu trinken, Sünde ist. Wenn du also die

Sünde begehst, so begehe sie wenigstens um des besten Weines willen; denn sonst würdest du theils die Sünde begehen, theils würdest du schlechten Wein trinken. Bei Gott! das würde das Liederlichste unter den liederlichen Dingen seyn. Wenn du sündigest, so sündige wenigstens um der besten Dinge willen. Wenn du am jüngsten Tag gestraft werden wirst, so werde wenigstens wegen des Besten gestraft.[5]

Solche läßliche Behandlung des Weinverbots durch einen persischen König mochte Goethes Eindruck bestärken, daß in Persien das Weinverbot des *Korans* zeitweise nicht so strikt genommen wurde wie in andern islamischen Ländern. Persien war ja ursprünglich ein Land des Weinbaus gewesen. So erscheint es auch im *Parsi Nameh – Buch des Parsen*, wo Goethe dem sittlichen Naturkult des Parsismus huldigt. Mit dessen kosmischer Ethik, die auf religiöser Anschauung der Natur beruhte, fühlte der *Divan*-Dichter sich im Einklang. Aus solcher Übereinstimmung heraus wird auch der Weinbau gerechtfertigt, bekundet es doch Dankbarkeit gegenüber den göttlichen Gaben der Natur:

Wenn der Mensch die Erde schätzet,
Weil die Sonne sie bescheinet,
An der Rebe sich ergetzet,
Die dem scharfen Messer weinet,
Da sie fühlt, daß ihre Säfte,
Wohlgekocht, die Welt erquickend,
Werden regsam vielen Kräften,
Aber mehreren erstickend –
Weiß er das der Glut zu danken,
Die das alles läßt gedeihen:
Wird Betrunkner stammelnd wanken,
Mäßiger wird sich singend freuen.

Daß der aus dem Saft der Rebe durch Gärung gewonnene Trank seine Gefahren haben kann, weiß also der Parse, auch wenn er den Wein reinen Gewissens anbaut. Nur der Mäßige »wird sich singend freuen«. Hier wird – in Übereinstimmung mit den häufigen Warnungen vor Übermaß im *Schenkenbuch* – wiederum Maßhalten beim Trinken empfohlen.

Goethe war selber in einer Weingegend aufgewachsen. Er sah »die Säfte der Rebe« als etwas »die Welt Erquickendes« an; er freute sich am Regsamwerden vieler Kräfte, vor allem an dem der schöpferischen Kräfte im Bereich des Musischen, und dankte der »Glut«, die »das alles läßt gedeihen«. Noch in seinem achtzigsten Lebensjahre bekannte der alte Dichter gegenüber Eckermann (am 15. Juni 1828), als er sich eine Zeitlang ins Weinbaugebiet von Dornburg zurückgezogen hatte, er

> halte geistige Zwiesprache mit den Ranken der Weinrebe, die mir gute Gedanken sagen und wovon ich Euch wunderliche Dinge mitteilen könnte. Auch mache ich wieder Gedichte, die nicht schlecht sind, und möchte überall, daß es mir vergönnt wäre, in diesem Zustande so fortzuleben.

Wenn Goethe hier von »geistiger Zwiesprache mit den Ranken der Weinrebe« spricht, so ist mehr gemeint als Botanisches. Und es versteht sich von selbst, daß bloßes Trinken für den Dichter nichts wäre, was dem Menschen zu besonderem Lob gereichte. Wenn im *Divan* von »Trunkenheit« die Rede ist, so ist mit diesem Wort weit mehr gemeint, als der bloße Zustand des angeheiterten oder gar besinnungslosen Trinkers. Immer geht es um das Regsamwerden höherer Kräfte, um die Selbstentgrenzung durch die »Glut«, die den Geist in Bewegung setzt und ihn zur Tätigkeit anregt. Das demonstriert der *Divan*-Dichter schon in einem der allerersten, an Hafis als seinem Vorbild gerichteten Lieder im *Buch des Sängers*:

Erschaffen und Beleben.

Hans Adam war ein Erdenkloß,
Den Gott zum Menschen machte;
Doch bracht' er aus der Mutter Schoß
Noch vieles Ungeschlachte.

Hier geht Goethe zurück auf den auch in der islamischen Überlieferung bekannten Schöpfungsbericht aus 1. Mose 2,7: »Und Gott der Herr machte den Menschen aus einem Erdkloß, und er blies ihm ein den lebendigen Odem in seine Nase. Und also ward der Mensch eine lebendige Seele.« Goethes »Hans Adam« ist ein solcher »Erdenkloß«, ehe er vom göttlichen Geist belebt wird. Auf derb-humoristische Weise schildert der *Divan*-Dichter, wie das geschieht:

> Die Elohim[6] zur Nas' hinein
> Den besten Geist ihm bliesen;
> Nun schien er schon was mehr zu sein,
> Denn er fing an zu niesen.

Für die »ketzerische« Einstellung zum Weingenuß ist die Fortsetzung des Gedichts aufschlußreich; hier wird nämlich gegen die Autorität des *Korans* vom *Divan*-Dichter die eines anderen heiligen Buches ins Feld geführt:

> Doch mit Gebein und Glied und Kopf
> Blieb er ein halber Klumpen
> Bis endlich Noah für den Tropf
> Das Wahre fand, den Humpen.

Man sieht, um dem Weinverbot des islamischen Gesetzes entgegenzutreten, weist Goethe auf die gleichfalls ehrwürdige Überlieferung des Alten Testaments hin, wonach Noah als erster »Weinberge pflanzte« (1. Mose 9, 20). Dadurch »fand Noah« – nach Goethes Darstellung – »das Wahre«, um aus dem »halben Klumpen« und »Tropf« einen richtigen Menschen zu machen.[7] Noah aber war »ein frommer Mann« (1. Mose 6, 9) gewesen, der »Gnade vor dem Herrn fand« (1. Mose 6, 8). Im Anschluß an Hafis[8] schildert Goethe sehr drastisch die Wirkung des »Humpens«:

> Der Klumpe fühlt sogleich den Schwung,
> Sobald er sich benetzet,
> So wie der Teig durch Säuerung
> Sich in Bewegung setzet.

Es ist demnach die belebende Wirkung des Weins, die den Prozeß der Menschwerdung erst vollendet. Ebenso wie zur Brotbereitung Treibmittel, Hefe oder Sauerteig unerläßlich sind, so wird auch der Mensch erst durch Wein in Bewegung gesetzt. Doch Goethe bleibt hierbei nicht stehen. Kühn schreitet er fort zu der höchstmöglichen Stufe in der Vergleichsskala unter nochmaliger Verwendung der Partikel »so«:

So, Hafis, mag dein holder Sang,
Dein heiliges Exempel,
Uns führen bei der Gläser Klang
Zu unsres Schöpfers Tempel.

Die Gedichte des Hafis beflügeln uns wiederum auf ganz andere Weise als der Wein und führen uns in die allerhöchste Sphäre, »zu unsres Schöpfers Tempel«, ins Allerheiligste also. In überraschender Steigerung, durch dreifache Bewegung nach oben, demonstriert der *Divan*-Dichter die machtvoll belebende Wirkung von Wein und Geist. Wenn wir dem »heiligen Exempel« des Hafis folgen, so werden wir aus den irdischen Bezirken emporgehoben ins Überirdische.

Zum »heiligen Exempel« kann Hafis werden, weil sein »holder Sang«, mit dem er zu Lebensfreude und Weingenuß aufruft, selber belebend wie Wein auf uns wirkt – und weit beschwingender als gewöhnliche Trunkenheit: seine dionysischen Verse können den Hörer in einen Zustand höherer Begeisterung versetzen und gleichsam zum Himmel tragen.

Mit Bewunderung nahm Goethe an Hafis wahr, daß dieser Seelenverwandte ihm in seinen Seligpreisungen des Erdendaseins noch weit überlegen war. Daher nennt er ihn auch in dem an ihn gerichteten Gedicht (*An Hafis*) seinen »Meister«. Die Metapher des »zwischen zwei Welten« schwebenden, mit »spirituellem Gas« gefüllten Luftballons gebrauchte Goethe wiederholt, nachdem er mit Verwunderung an seinen, durch Hafis inspirierten Liedern ein Phänomen wahrgenommen hatte, das er seinem Freund, dem Musiker Zelter in Berlin, in einem Brief vom 17. April 1815 so beschreibt: »Das Orientalisieren finde ich sehr gefährlich: eh man sich's versieht, geht das derbste Gedicht wie ein Luftballon für lauter rationellem und spirituellem Gas, womit es sich anfüllt, uns aus den Händen und in alle Lüfte.« Bei dem »Hans-Adam«-Gedicht vollzieht sich dieser Vorgang vor unsern Augen. Aber auch bei andern *Divan*-Gedichten ist er wiederholt festzustellen. Vorstehende Luftballon-Metapher erinnert an eine andere Metapher Goethes, die er, angeregt durch *1001 Nacht*, in früheren Zeiten verwendete: an den »magischen Teppich« in seiner symbolischen Funktion. Innerhalb des Spiels von *Was wir bringen* wird dieser fliegende Teppich zum zentralen Motiv; dies »künstliche Fuhrwerk« ermöglicht nämlich dort den Anwesenden, »den Ort zu verändern, in die Luft zu steigen, an einem andern Orte, an einem würdigem Platze sich niederzulassen«. Natürlich weist auch dieses Gleichnis aus *Was wir bringen* auf die magische Kraft der Dichtkunst hin.

Doch was haben Luftballon und fliegender Teppich mit dem Trinkthema zu tun? Nicht wenig, wenn man bedenkt, daß Goethe, wie Hafis, um sich in die Lüfte zu schwingen, der Trunkenheit bedurfte. Weinrausch war für sie, um es mit Gundolfs treffender Formulierung zu sagen, »die Vorform, die sinnliche Lage der göttlichen Trunkenheit, in der man, befreit von den Hüllen und Ketten der Logik, dem Bereich des rechnenden, wägenden und zerlegenden Verstandes entrückt, ›das Rechte weiß‹.« Mit diesen Worten nahm Gundolf in seiner Goethe-Monographie (Berlin 1916, S. 649) Bezug auf Vers 4 des folgenden Gedichts aus dem *Schenkenbuch*:

Solang man nüchtern ist
Gefällt das Schlechte,
Wie man getrunken hat
Weiß man das Rechte;
Nur ist das Übermaß
Auch gleich zu Handen;
Hafis! o lehre mich
Wie du's verstanden.

Denn meine Meinung ist
Nicht übertrieben:
Wenn man nicht trinken kann
Soll man nicht lieben;
Doch sollt ihr Trinker euch
Nicht besser dünken,
Wenn man nicht lieben kann
Soll man nicht trinken.

Diese Botschaft richtet sich nicht ausschließlich an Dichter, Künstler, schöpferische Menschen. Sowohl die Gefahr des Übermaßes wie das durch Weingenuß gesteigerte Lebensgefühl ist eine allgemeine Erfahrung. Vermag doch sogar ein Tunichtgut, beflügelt vom Weingenuß, dann und wann höhere Fähigkeiten zu entwickeln, wie der *Divan*-Dichter im *Schenkenbuch* auf humorvolle Weise andeutet:

So weit bracht' es Muley, der Dieb,
Daß er trunken schöne Lettern schrieb.

Indessen möchten wir, Gundolf folgend, das Gedicht »Solang man nüchtern ist« doch vor allem auf den schöpferischen Menschen beziehen, entsprechend dem Zweizeiler aus Goethes *Zahmen Xenien*:

Wein macht munter geistreichen Mann,
Weihrauch ohne Feuer man nicht riechen kann.

Als Goethe sich an seinem Geburtstag, dem 28. August des Jahres 1814, im Weinbaugebiet Wiesbadens aufhielt, wo die ersten Lieder des späteren *Schenkenbuchs* entstanden, schrieb er als Gruß an seinen Freund Zelter die Verse nieder:

Wie man getrunken hat
Weiß man das Rechte!

Goethe macht dabei deutlich, daß dieser Zweizeiler aus dem obigen Gedicht als ganz persönliches Bekenntnis aufzufassen ist, indem er das Zitat mit dem Hinweis an Zelter einleitet: »nur für Dich!«.

Die gleichen *Schenkenbuch*-Verse zitiert Goethe erneut gegenüber Eckermann am 11. März 1828, wo er im Verlauf eines Gesprächs über die Wirkungen des Weines sagt:

Da Sie übrigens meinen Divan so gut kennen, so wissen Sie, daß ich selber gesagt habe

Wenn man getrunken hat
Weiß man das Rechte.

Dem fügt Goethe noch die Bemerkung hinzu: »Es liegen im Wein allerdings produktivmachende Kräfte sehr bedeutender Art; aber es kommt dabei alles auf Zustände und Zeit und Stunde an und was dem einen nützet, schadet dem andern.«

Innerhalb des *Schenkenbuchs* kommt Goethe auf das Motiv der Zusammengehörigkeit von Weinrausch und Liebesrausch nochmals in den folgenden Versen zurück:

Sie haben wegen der Trunkenheit
Vielfältig uns verklagt,
Und haben von unsrer Trunkenheit
Lange nicht genug gesagt.
Gewöhnlich der Betrunkenheit
Erliegt man bis es tagt;
Doch hat mich meine Betrunkenheit
In der Nacht umher gejagt.
Es ist die Liebestrunkenheit,
Die mich erbärmlich plagt,
Von Tag zu Nacht, von Nacht zu Tag
In meinem Herzen zagt.
Dem Herzen, das in Trunkenheit
Der Lieder schwillt und ragt
Daß keine nüchterne Trunkenheit
Sich gleich zu heben wagt.
Lieb-, Lied- und Weines Trunkenheit,
Ob's nachtet oder tagt,
Die göttlichste Betrunkenheit,
Die mich entzückt und plagt.

Diese Verse enthalten eine grundlegende Auseinandersetzung des *Divan*-Dichters mit dem Weinverbot der islamischen Gesetzgebung. Bereits die ersten Zeilen nehmen Bezug auf Kritik, Vorwurf, »Klage«, wie sie der Trunkene von seiten der Moralprediger erfährt. Doch dieser »vielfältig« wegen seiner Trunkenheit »Verklagte« läßt die Ankläger wissen, daß sie von seiner Trunkenheit »lange nicht genug gesagt« hätten! Was verstehen denn sie von Trunkenheit? Was wissen sie überhaupt von ihr? Kennen sie denn die verschiedenen Abstufungen zwischen »Betrunkenheit« und »Trunkenheit«? In Gedichtform klärt er sie darüber auf, und zwar geradezu systematisch, wie sich die Kategorien deutlich voneinander abheben. Punkt I: gewöhnlich wird »Betrunkenheit« (Vers 5) durch berauschende Getränke ausgelöst. Der Trinkende wird dabei im Laufe der Nacht vom Rausch überwältigt und »erliegt« (Vers 6). – Punkt II: »Trunkenheit« dagegen ist nicht so leicht zu bestimmen. (Vers 4). – Punkt III: Denn es gibt »nüchterne Trunkenheit« (Vers 15), also einen Zustand des Rauschs, der keine berauschenden Getränke voraussetzt: »Jugend ist Trunkenheit ohne Wein«, heißt es in einem andern Gedicht des *Schenkenbuchs*, auf das wir noch zurückkommen werden. – Punkt IV: eine weitere Form der Trunkenheit ist »Liebestrunkenheit« (Vers 9); zu ihren Symptomen gehört, daß sie »von Tag zu Nacht, von Nacht zu Tag« den von ihr Betroffenen »erbärmlich plagt« (Vers 9-12). – Punkt V: als weitere Form der Trunkenheit kennt der Dichter »Liedestrunkenheit« (Vers 13-16), womit der schöpferische Rausch des Dichtens bezeichnet ist; sie läßt sein zagendes Herz »schwellen« und sich »erheben«. – Punkt VI: es gibt eine »Weines Trunkenheit« (Vers 17), die sich abhebt vom gewöhnlichen Betrunkensein. – Punkt VII: mit der »göttlichsten Betrunkenheit« (Vers 13-20), ist die oberste Stufe der Trunkenheit erreicht. Ihr kann man nichts gleichstellen, weil sie – eine Verbindung von »Lieb-, Lied- und Weines Trunkenheit« – die höchste Form irdischer Seligkeit darstellt. Es ist ein Zustand, in dem alle Leidenschaften des Dichters sich untrennbar vereinen. Zu seinen Kennzeichen gehört, daß – »obs nachtet oder tagt« – »die göttlichste Betrunkenheit« den liebenden, trinkenden, Verse schreibenden Dichter mit Ekstasen des Weinrauschs, Liebesrauschs und der poetischen Begeisterung »entzückt und plagt«. Diese höchste Form von Trunkenheit teilt der Sänger des *Schenkenbuchs* mit seinem »Meister« Hafis.

Beider Dichter Einstellung zum Weinverbot des Islam hat daher verwandte Züge, ob sie nun in ihren Versen die wohltätigen Wirkungen des Weins preisen, der sie lebensbejahend stimmt, verjüngend, heilend, befreiend, beflügelnd, anfeuernd und auf die schöpferischen Kräfte belebend wirkt, ihren Geist erhebt und zu höheren Erkenntnissen führt oder auch gelegentlich abträgliche Wirkungen zeitigt, die sie gleichfalls nicht verschweigen, angefangen von den »Tumulten«, »Händeln«, »Insulten«, kurz dem »wüsten Wesen«, das in der Schenke ausbrechen kann, bis zum »Katzenjammer«, dem unbehaglichen Zustand der Ernüchterung nach dem Rausch.

Gewiß nicht aus grundsätzlicher Irreligiosität spotten Goethe und Hafis des Weinverbots, wenn sie sich ihre geistige Freiheit gegenüber den offiziellen Gesetzen und Lehrmeinungen der Orthodoxen bewahren. Sie erlauben sich Abweichungen von moralischen Geboten und institutionalisierten Glaubensformen um ihres Dichtertums willen. Weingenuß war für Hafis und Goethe unentbehrlich, weil beiden Dichtern der Rausch, um nochmals Gundolf zu zitieren, »Vorstufe für die göttliche Erleuchtung« war. Unbeirrt folgt Goethe dem »heiligen Exempel« seines Dichtervorbilds und Seelenverwandten Hafis, wenn er im *Schenkenbuch* auf eine für orthodoxe Muslime provozierende Weise verkündet:

Trunken müssen wir alle sein!
Jugend ist Trunkenheit ohne Wein;
Trinkt sich das Alter wieder zu Jugend,
So ist es wundervolle Tugend.
Für Sorgen sorgt das liebe Leben,
Und Sorgenbrecher sind die Reben.

Die hier besungene Trunkenheit ist ein Zustand jugendlicher Begeisterung, welcher rauschhafter Getränke nicht bedarf, denn Jugend ist, so heißt es, »Trunkenheit ohne Wein«. Wenn wir zunächst an den Dichter denken, zumal den lyrischen, so gilt in der Tat als Regel: Schöpfertum ist an Jugendlichkeit gebunden, das heißt an Jugend als Phase stärksten Schöpfungspotentials, glühendster Leidenschaftlichkeit und blühendster Einbildungskraft. Kann der alternde Dichter sich mit Hilfe des Weins wieder in einen solchen Zustand jugendlich rauschhafter Produktivität versetzen und begeisterte Verse singen, so darf er sich dessen gewiß als »wundervoller Tugend« rühmen.

Doch Goethes Gedicht behält wiederum seine Gültigkeit auch dann, wenn man dabei an die Menschheit im allgemeinen denkt: zum jugendlichen Zustand der »Trunkenheit ohne Wein« gehört eine tatkräftige, lebensbejahende Haltung, in der man sich von den Sorgen des Daseins nicht bezwingen läßt, sondern sich weltzugewandt darüber hinwegschwingt. Wenn nun der alternde Mensch sich der heilenden Wirkung des Weins als eines »Sorgenbrechers« bedient und mit seiner Hilfe eine geistig-seelische Verfassung erlangt, die ihn über das Elend des Alltags erhebt und ihn voller Gottvertrauen das Leben bejahen läßt, so darf diese Haltung, Goethe zufolge, durchaus als »Tugend« gelten. Wiederum sehen wir hier den Dichter – wie im Falle seiner grundsätzlichen Verteidigung der Frau – in der Rolle des Fürsprechers menschlicher Bedürfnisse, die er als legitim anerkannte, obwohl sie von Dogmatikern negiert werden.

Einmal wird innerhalb des *Schenkenbuchs* das Weinverbot des Propheten direkt im Sinne einer Mahnung ausgesprochen. Sprecher ist hier der Schenkenknabe, der es als seine moralische Pflicht ansieht, den trunkenen Dichter an das Verbot des Propheten zu erinnern, nachdem frühere Versuche, sein Trinken zu zügeln, vergebliche Liebesmüh geblieben waren:

DICHTER
Schenke, komm! Noch einen Becher!
SCHENKE
Herr, du hast genug getrunken;
Nennen dich den wilden Zecher!

DICHTER
Sahst du je, daß ich gesunken?
SCHENKE
Mahomet verbietet's.
DICHTER
Liebchen!
Hört es niemand, will dir's sagen.
SCHENKE
Wenn du einmal gerne redest,
Brauch' ich gar nicht viel zu fragen.
DICHTER
Horch! wir andre Muselmanen
Nüchtern sollen wir gebückt sein,
Er, in seinem heilgen Eifer,
Möchte gern allein verrückt sein.

Die rhetorische Frage: »Sahst du je, daß ich gesunken?« läßt erkennen, dieser Dichter »erliegt« dem Weine nicht wie ein gewöhnlich Betrunkener. Andere Verse des *Schenkenbuchs* deuten gleichfalls darauf hin, daß er auch in diesem Zustand im Vollbesitz seiner geistigen Kräfte bleibt, entsprechend dem Grundsatz, den er dem Schenken gegenüber ausspricht: »Daß ich mir bewußt sei, / Darauf kommt es überall an … / Obgleich betrunken.« Goethes eigene ausgeprägte Trinkfestigkeit und sein wacher Kopf im Zustand des Rausches ist überliefert durch zahlreiche Augenzeugenberichte, die den Dichter im Vollbesitz seiner geistigen Kräfte, wahrhaft geistsprühend, aber niemals vom Wein überwältigt schildern.

Eine andere Gefahr allerdings birgt dieser Zustand für den Dichter und für alle Menschen – das Verplaudern! Im *Schenkenbuch* finden sich mehrere Beispiele dieser Art, wo der Dichter sein Innerstes enthüllt und Geheimnisse ausplaudert, die er besser für sich behalten sollte. Auch im *Diwan* des Hafis begegnet das Motiv der Preisgabe von Geheimnissen im Zustand der Trunkenheit. In Goethes *Schenkenbuch* vertraut Hatem seinen geheimsten ketzerischen Verdacht allerdings nur dem Schenken, seinem treuen Adepten, leise flüsternd ins Ohr. Es ist der Verdacht, daß Mohammed den rauschhaften Taumel als ganz persönliches Privileg betrachtet. Der Prophet »in seinem heiligen Eifer, / möchte gern allein verrückt sein«! Das derbe Wort »verrückt« wirkt in seiner modernen Bedeutung in diesem Zusammenhang auf uns befremdlich, wenn nicht gar anstößig. Bei Goethe bedeutet es hier jedoch so viel wie »entrückt«, »in Ekstase versetzt«, d. h. Mohammed will das Entzücken des Innern bis zur Selbstvergessenheit, das seine Erleuchtungen und Offenbarungserlebnisse begleitet, ganz allein in Anspruch nehmen. Wie man weiß, wurde Goethe zu den Versen angeregt durch eine in der Nachfolge Voltaires auf rationalistische Erklärungen des Transzendenten ausgerichtete Biographie des Propheten (K. E. Oelsner, *Mohamed. Darstellung des Einflusses seiner Glaubenslehre auf die Völker des Mittelalters* ... A. d. Franz. übers. von E. D. M. Frankfurt a. M. 1810. S. 217), in welcher der im Gedicht ausgesprochene Verdacht folgendermaßen formuliert ist:

> Bisweilen sind die Abschweifungen des Koran absichtlich; dann findet man in diesen Übergängen Feinheit und sogar Genie. Weit öfter aber sind sie von der Art, daß der Prophet den Gläubigen nur deßwegen den Wein untersagt zu haben scheint, um das Vorrecht der Trunkenheit für sich selber zu behalten.

Am Anfang des Buches (a. a. O., S. 25 f.) steht eine Schilderung des Propheten, die das hier Gemeinte deutlicher macht:

> »Die erhabene Vorstellung eines einzigen Gottes, mitten unter einem abgöttischen Volke aufgefaßt, war wohl geeignet, eine große und feurige Seele zu entflammen. Je weniger Mohamed vermochte, diesen Begriff einer philosophischen Untersuchung zu unterwerfen, desto mehr mußte er davon überrascht, geblendet und beherrscht werden. Solches ist stets die Wirkung jeder einfachen, aber großen und an Folgerungen reichen Vorstellung, und ganz besonders von dieser. Aber wenn Vernunft die Anwendung derselben nicht re-

gelt, so hüllt sie sich in den vielfachen Nebel des Aberglaubens ein [...] Mohamed, der sich von seiner Entdeckung nicht Rechenschaft geben konnte, schreibt sie einer übernatürlichen Ursache zu. Diese Gunst des Himmels setzt ihn ausser sich, er wird selbst von der Fieberhitze seiner Einbildungskraft getäuscht und sieht sich mit Recht als überspannten Dichter behandelt. Der Wahnsinn liegt nur in der heftigen Bewegung, die sein Gemüth ergriffen hat, sonst ist sein Geist vollkommen hell.«

Warum Goethe das Weinverbot der islamischen Gesetzgebung nicht akzeptieren konnte, dürfte aus allem bisher Gesagten deutlich geworden sein. Noch in seinem Nachlaß finden sich zum *Divan* Gedichtfragmente zum Lob des Weins in Fülle.

Mit dem Thema des Trinkens hängen noch einige weitere »ketzerische« Stellen im *Schenkenbuch* zusammen. Gelegentlich mahnt der Schenke den Trinkenden, seine Zunge besser im Zaum zu halten, um nicht durch »Mönche« in Gefahr zu geraten. Der Schenke schildert die Situation so:

Denk', o Herr! wenn du getrunken,
Sprüht um dich des Feuers Glast!
Prasselnd blitzen tausend Funken,
Und du weißt nicht, wo es faßt.

Mönche seh' ich in den Ecken,
Wenn du auf die Tafel schlägst,
Die sich gleisnerisch verstecken,
Wenn dein Herz du offen trägst.

Eine solche Situation, wo der Weinselige seine Zunge nicht im Zaume halten kann, zeigt das folgende Gedicht, in dem der Dichter gänzlich unverblümt zu erkennen gibt, wie wenig ihm die Meinungen und theologischen Grübeleien der »Mönche« bedeuten. Seine überschwengliche Lobpreisung des Weins muß – jedenfalls für die Ohren von Vertretern der muslimischen Orthodoxie – wie eine hybride Lästerung klingen, wenn der Wein sogar noch über den *Koran* erhoben wird:

Ob der Koran von Ewigkeit sei?
Darnach frag' ich nicht!
Ob der Koran geschaffen sei?
Das weiß ich nicht!
Daß er das Buch der Bücher sei
Glaub' ich aus Mosleminen-Pflicht.
Daß aber der Wein von Ewigkeit sei
Daran zweifl' ich nicht.
Oder daß er vor den Engeln geschaffen sei
Ist vielleicht auch kein Gedicht.
Der Trinkende, wie es auch immer sei,
Blickt Gott frischer ins Angesicht.

Die Schlußverse enthalten Goethes stärkstes Argument für den Weingenuß. Hier bezeugt der *Divan*-Dichter von neuem seinen freien Geist und seine sinnenfrohe Anbetung des Lebens, wenn er fordert, »frisch« möge der Mensch seinem Schöpfer (der Pantheist würde sagen: der Gott-Natur) »ins Angesicht« blicken!

Ehe er das Gedicht schrieb, hatte Goethe manches über die dogmatischen Streitigkeiten in der Geschichte des Islam gelesen, so zum Beispiel über den Streit der verschiedenen Glaubensrichtungen, ob der *Koran* als »geschaffen« oder »ungeschaffen« anzusehen sei. Dazu hatte er sich aus dem Artikel *Motazelah* in Herbelots *Bibliothèque orientale* folgendes notiert:

Sunniten Orthodoxe
Coran Ungeschaffen
Motazales Ketzer
Coran Geschaffen ...

Noch ausführlichere Informationen über diesen Richtungsstreit fand Goethe im Artikel *Alcoran* desselben Werkes. Daß die Mu'tazeliten im erstgenannten Artikel als Sekte oder gar als Ketzer bezeichnet werden, mußte Goethes Aufmerksamkeit auf sie lenken, denn er hat sich stets besonders für ketzerische Strömungen, und zwar auch schon im Christentum, interessiert. Uns als Außenstehenden mag der Streit über die Geschaffenheit oder Unerschaffenheit des *Korans* als Spitzfindigkeit erscheinen, ebenso wie es uns als Nachgeborenen schwerfällt, den frühchristlichen Streit über die Frage, ob Jesus gott*gleich* oder gott*ähnlich* gewesen sei, nachzuvollziehen, oder auch den Streit zwischen den Reformatoren Zwingli und Luther, ob Brot und Wein im Abendmahl den Leib und das Blut Christi *bedeutet* oder *ist*.

Zwar scheint Goethe in seinem Gedicht »Ob der Koran von Ewigkeit sei? ...« zu dem betreffenden Streit ironische Distanz zu wahren, doch ist es klar, daß, soweit er überhaupt einer Richtung zuneigt, so mehr zu derjenigen der Mu'tazila, wenn auch eher auf schalkhafte Weise, die im dogmatischen Sinne nicht ernst genommen werden kann. Bereits im Kapitel über Allahs hundert Namen haben wir gesehen, daß Goethe, indem er in einem Gedicht unter den Attributen Gottes dasjenige des *Gerechten* zu höchster Preiswürdigkeit erhebt, gleichsam ein mu'tazelitisches Glaubensbekenntnis abgelegt hat. Die Frage nach der Ewigkeit des *Korans* unbeantwortet zu lassen, dagegen den Wein als von Ewigkeit her existierend zu preisen, muß deshalb besonders den Sunniten, d. h. den Orthodoxen, wie eine doppelte und dreifache Gotteslästerung erscheinen. Denn erstens verstößt der *Dīvan*-Dichter damit gegen das sunnitische Dogma von der Unerschaffenheit des *Korans*. Zweitens bedeutet die Annahme von etwas neben Gott außer dem *Koran* von Ewigkeit her Bestehendem die Todsünde des »Schirk«, der »Beigesellung«, also der im Islam an allererster Stelle verpönten Sünde des Polytheismus. Wenn es sich dabei aber drittens noch ausgerechnet um etwas dem orthodoxen Muslim streng Verbotenes wie den Wein handelt, so bedeutet dies, daß durch jene Verse Goethes insbesondere die Sunniten sich dreifach getroffen fühlen müssen.[9]

Eine ironische Schilderung der Kontroverse um Erschaffenheit oder Unerschaffenheit des *Korans* hatte Goethe bei K. E. Oelsner (a. a. O., S. 183) gefunden:

»Im Jahr 258 der Flucht brachen große Unruhen aus zu Bagdad, wegen eines Befehls von *Mamun*, welcher eine ausdrückliche Erklärung forderte, daß der Koran nicht ältern Ursprungs sei als die Erschaffung der Dinge, sondern daß ihn Gott zugleich mit dem Weltall hervorgebracht. Der Statthalter von Bagdad, dem aufgetragen war, über die Widerspänstigen zu berichten, versammlete die Gelehrten, damit jeder persönlich sich erkläre und unterzeichne. Der Großrichter *Beschr* erklärt, daß der Koran das Wort Gottes sey. Ich frage, sagt der Statthalter, ob der Koran geschaffen sey oder nicht? *Beschr* antwortet: Gott ist der Schöpfer aller Dinge. Nun gut, erwiedert der Statthalter, da der Koran ein Ding ist. – *Beschr* gesteht den Vordersatz ein. – Folglich, schließt der Statthalter, ist er geschaffen. – Warlich, versetzt *Beschr*, ich behaupte nicht, daß er Schöpfer sey. – Davon ist die Rede nicht, schreit der Statthalter. – *Beschr* schwört, daß ihm sein Gewissen nicht erlaube, mehr einzugestehn. Die andern Doktoren von Bagdad geben zu, der Koran sey gemacht, gebildet, aber nicht geschaffen. Mamum befiehlt, den Beschr und Ibrahim zu züchtigen, und die andern zu binden, wenn sie auf ihrer abgeschmackten Meynung bestehen. Ischak macht sie mit der Stimmung des Kalyfen bekannt. Auf der Stelle entschließen sich alle Doktoren von Bagdad, der Großrichter vor andern, den Koran als geschaffen anzuerkennen. Nur vier bestehen auf ihrer Meinung; man setzt sie gefangen, sie bleiben dabey.«

Verwandt mit des Dichters Zweifeln an der Unerschaffenheit und Ewigkeit des *Korans* sind seine skeptischen Verlautbarungen gegen jede Art von »Überlieferung«, wenn sie zum unumstößlichen Dogma wird. Goethe hielt sich »weislich weit entfernt / Vom Streit der Schulen und Katheder«. Ihm war klar, daß derlei Streitereien zu nichts führen, daß »Überlieferung« nur ein »Hirngespinst« der Orthodoxen sei. Besser erschien es ihm, sich auf den Verstand zu verlassen, wie das folgende Gedicht aus dem *Buch des Unmuts* bekundet:

Glaubst du denn von Mund zu Ohr
Sei ein redlicher Gewinnst?
Überliefrung, o! du Tor!
Ist auch wohl ein Hirngespinst.
Nun geht erst das Urteil an.
Dich vermag aus Glaubensketten
Der Verstand allein zu retten,
Dem du schon Verzicht getan.

Der hier zum Ausdruck gebrachte Standpunkt scheint sich für einen Vertreter der Spätaufklärung in Deutschland wie Goethe von selbst zu verstehen. Dabei kann leicht übersehen werden, daß Goethe in dem vorstehenden Gedicht im Zusammenhang mit dem oben erwähnten Streit zwischen Sunniten und Mu'tazeliten wiederum eindeutig Stellung bezieht für die Mu'tazila und gegen die Sunna. Denn Sunna bedeutet eben Überlieferung, im speziellen Sinne die vom Propheten Mohammed überlieferten Aussprüche und Handlungen, nach denen sich der Gläubige in seinem täglichen Tun und Lassen ohne Wenn und Aber zu richten hat. Die erste schriftliche Sammlung der Aussprüche des Propheten, diejenige des Bukhari, entstand jedoch erst zweihundert Jahre nach dessen Tode. Das System der islamischen Rechtsprechung, welches auf diese und noch spätere Sammlungen aufgebaut wurde, ist zwar ein Werk von Menschenhand, nämlich der Rechtsgelehrten jener Zeit, wurde aber allmählich neben dem Koran in quasi göttlichen Rang erhoben und durfte mit Vernunftgründen von da an nicht mehr hinterfragt werden.

Goethe war offenbar bekannt, daß jene Tradition oft auf recht fragwürdigen Fundamenten ruhte.[10] Denn sie fußte auf dem sogenannten *Isnâd*, d. h. der Kette von Überlieferungen (»Glaubensketten«) von Generation zu Generation (»von Mund zu Ohr«), wobei jedoch die Rechtsgelehrten, welche sich in ihrer Rechtsprechung darauf stützten, nicht die inhaltliche Glaubwürdigkeit der überlieferten Aussprüche des Propheten einer Prüfung unterzogen, sondern nur die Glaubwürdigkeit der Gewährsleute, welche sie überliefert hatten. So sieht der »unmutige« Dichter des *Divan* in der Überlieferung »keinen redlichen Gewinnst«, und daran zu glauben ist für ihn »auch wohl ein Hirngespinst«.

Den Unmut des Dichters erregte offensichtlich die im blinden Gehorsam gegenüber der Tradition sich manifestierende Vernunftfeindlichkeit, in der ihm ähnlich denkende Orthodoxe der christlichen Kirche wiederzubegegnen schienen.[11] Die Sunniten, so heißt es in einem Buch über einen der Gründer der vier orthodoxen Rechtsschulen, Ahmad b. Hanbal, »verwenden weder Analogieschluß noch eigene Einsicht. Analogie in Sachen des Glaubens ist nichtig, eigene Einsicht ist genauso, ja noch schlimmer. Wer beides in der Religion nutzt, gehört zu den Neuerern, die dem Irrtum anheimgefallen sind.«[12] Nach dem Sieg der traditionalistischen Orthodoxie ab dem zehnten Jahrhundert wurde es demnach für Muslime ratsam, »auf den Verstand Verzicht zu tun«. Dagegen erhebt der Dichter des *Divans* Einspruch, ganz nach dem obersten Grundsatz der islamischen Frühaufklärung, welcher, wie wir gesehen haben, lautete: Gott ist gerecht und sein Wesen entspricht den Postulaten der Vernunft.

Den *Divan*-Dichter verdrießen die theologischen Spitzfindigkeiten, welche in allen Religionen im Laufe ihrer Institutionalisierung von den bestallten Schriftgelehrten zu immer verzwickteren Problemen gesteigert werden; und wenn die Orthodoxen mit arroganter Intoleranz ihren Mitmenschen auf den Leib rücken, so regt sich sein »Unmut«. Zielscheibe des »Unmuts« oder Spottes sind dabei durchaus nicht etwa nur »östliche«, sondern auch »westliche« Eiferer, wie sie ihm in der christlichen Kirchengeschichte begegneten. Auch insofern ist Goethes *Divan* in der Tat ein »west-östlicher«. Denn Goethe hielt ganz allgemein nichts von ausgeklügelten Lehrsätzen im Bereich des Glaubens. Fanatikern wie seinem christlichen Freund Friedrich Heinrich Jacobi, der sich ihm wegen seiner Intoleranz immer mehr entfremdet hatte, hielt er in dem Gedicht *Groß ist die Diana der Epheser* entgegen (Vers 15 f.):

Als gäb's einen Gott so im Gehirn
Da! Hinter des Menschen alberner Stirn!

Der Glaube aber war seiner Überzeugung nach das kostbare Gut, das die Menschheitsepochen »glänzend, herzerhebend und fruchtbar« macht.[13] Hatte er im *Buch des Sängers* im Gedicht *Hegire* das Lob der glaubensstarken Zeiten gesungen, wo die Menschen ohne die Vermittlung von Rechts- oder Schriftgelehrten »noch von Gott empfingen / Himmelslehr' in Erdendingen / Und sich nicht den Kopf zerbrachen«, so begegnen wir im *Buch des Unmuts* der gleichen Gesinnung wieder, nur in der Umkehrung – als Kritik an den neueren, mit dogmatischen Absurditäten überfrachteten Zeiten. Der *Divan*-Dichter greift dazu Motive aus der Welt des Islam auf:

Sonst wenn man den heiligen Koran zitierte
Nannte man die Sure, den Vers dazu,
Und jeder Moslim, wie sich's gebührte,
Fühlte sein Gewissen in Respekt und Ruh.
Die neuen Derwische wissens nicht besser,
Sie schwatzen das Alte, das Neue dazu.
Die Verwirrung wird täglich größer,
O! heiliger Koran! O! ewige Ruh!

Wenn Goethe hier von »Koran«, »Sure«, »Moslim«, »Derwisch« spricht, so sind wir durchaus berechtigt, derartige Unmutsäußerungen zunächst einmal wörtlich zu nehmen. Kritisiert wird hier eine religionsgeschichtliche Entwicklung im Islam, die Goethe in den *Noten und Abhandlungen,* im Kapitel *Hafis*, folgendermaßen skizziert:

> Nun ward, gar bald nach seinem Ursprunge, der Koran ein Gegenstand der unendlichsten Auslegungen, gab Gelegenheit zu den spitzfindigsten Subtilitäten, und, indem er die Sinnesweise eines jeden aufregte, entstanden grenzenlos abweichende Meinungen, verrückte Kombinationen, ja die unvernünftigsten Beziehungen aller Art wurden versucht, so

daß der eigentlich geistreiche, verständige Mann eifrig bemüht sein mußte, um nur wieder auf den Grund des reinen, guten Textes zurück zu gelangen.

Die *Noten und Abhandlungen* geben hier eine Art historischen Kommentars zu »Sonst wenn man den heiligen Koran zitierte ...«. Doch weist der innerhalb der Verse wie auch in der Prosa-Partie anklingende Ton des persönlichen Engagements darauf hin, daß der Dichter hier auch in eigener Sache spricht. Ausdrücke wie »Koran«, »Sure« usw. dürfen gewiß auch auf nichtislamische Verhältnisse übertragen werden, das heißt, man darf sicher sein, daß der *Divan*-Dichter hier nicht nur: »östliche«, sondern wahrhaft »west-östliche« Symptome der Spätzeit kritisiert. So ist, wenn der *Divan*-Dichter über die »neuen Derwische« klagt, dies ebenfalls nicht als eine ausschließlich auf die Entwicklung der islamischen Theologie beschränkte Kritik zu verstehen. Christliche Theologen sind hier in gleicher Weise gemeint. Im übrigen gilt dieser Goethesche Stoßseufzer keineswegs nur dem Bereich der Theologie. Was hier kritisiert wird, ist symptomatisch für alle Lebensbereiche der spätzeitlichen Menschheit. Ein ähnlicher Stoßseufzer in den *Noten und Abhandlungen*, im Kapitel *Vergleich*, mag das verdeutlichen; dort beklagt Goethe den »durch Kunst, Wissenschaft, Technik, Politik, Kriegs- und Friedensverkehr und Verderb so unendlich verklausulierten, zersplitterten Zustand«, dem diejenigen ausgesetzt sind, die »in späteren Tagen« leben. Im Kapitel *Enweri* gebraucht Goethe in gleichem Sinne den mißbilligenden Ausdruck »Überbildung«, er spricht von der Stadt *Tus* als einer »wegen Überbildung verdächtigen Stadt«.

27. Antagonismus zwischen dem Propheten und den Poeten

»In seiner Abneigung gegen Poesie erscheint Mahomet höchst konsequent ...«

Bei seinem Studium des *Koran* stieß Goethe wiederholt auf Zeichen des Antagonismus zwischen dem Propheten und den Dichtern. Im Zusammenhang mit diesem Problem machte er sich die folgenden Notizen:

> Diejenigen Personen denen aufgetragen ist Religion zu handhaben und Sittlichkeit zu verbreiten stehen nicht immer mit den Dichtern, Fabel- und Märchen-Erzählern im Einklang. Können sie Historienbücher, Lieder u. dgl. nicht bei Seite schaffen und unterdrücken, so suchen sie solche durch eine sittliche, geistliche Deutung nicht allein unschädlich zu machen, sondern sogar Nutzen daraus zu ziehen, und es kann dieses oft um desto ungezwungener geschehen als Worte vieldeutig sind, und das Himmlische im Irdischen sich oft verkörpert. In der orientalischen Literatur kommt dieser Fall sehr oft vor.

Offenbar sah Goethe Dichter und Religionslehrer als natürliche Gegner an, als Rivalen: die religiösen Lehrer möchten die Werke der Dichter »unterdrücken«, »bei Seite schaffen«, »unschädlich machen«. Begreiflicherweise reagierte Goethe auf derartige Tendenzen mit besonderer Empfindlichkeit. Nirgends hat er sich dem Propheten Mohammed gegenüber schärfer ausgedrückt als im »Araber«-Kapitel der *Noten und Abhandlungen*, wo er ihm nachsagt, er habe seinem Stamme »eine düstre Religionshülle« übergeworfen, wodurch »jede Aussicht auf reinere Fortschritte« verhüllt worden sei. Von der »düsteren Religionshülle«, die den Frauen durch die islamische Religion übergeworfen wurde, war bereits die Rede, ebenfalls vom Verbot des Weins und des Rausches. Hier nun soll abschließend vom Antagonismus zwischen Propheten und Poeten die Rede sein, also von einem Gebiet, auf dem Goethe als Künstler sich am meisten betroffen und zum Widerspruch gegen den Propheten aufgerufen fühlte.

Anläßlich seiner Beschäftigung mit den *Moallakat* hatte Goethe bereits erhebliche Einwände gegenüber der Haltung des Propheten erwähnt, weil er durch Einführung des Islam der freieren Dichtungsweise der vorislamischen Beduinen ein Ende bereitet habe. Goethes Hochachtung gegenüber dem Islam hinderte ihn in diesem Falle nicht daran, innerhalb des »Araber«-Kapitels harsche Kritik am Propheten zu üben, denn als Dichter beklagte er das Ende der freien Dichtungsweise als bedeutsamen Verlust.

Goethe wußte, daß aus theologischen Gründen die Zeit vor Mohammed in der Welt des Islam die »Zeit der Unwissenheit« genannt wird, und daß erst mit der Hedschra des Propheten von Mekka nach Medina im Jahre 622 die eigentliche Zeitrechnung der Muslime beginnt. Darauf nehmen Notizen Bezug, die sich noch unter den Aufzeichnungen aus der *Divan*-Epoche im Weimarer Archiv befinden.

> AL GIAHELIAT
> … Zeit der Unwissenheit.

und:

> KORAN
> Von Mahomet an wird
> die Zweite Zeit
> AL ESLAMIAT
> des Islamismus gerechnet.

Im *Mahomet*-Kapitel nahm Goethe dann Stellung zum Terminus »Zeit der Unwissenheit«. Ausführlich werden dort die Errungenschaften erörtert, die dem Islam gegenüber den vorangehenden ordnungslosen Zeiten zu danken waren: Durchsetzung von Monotheismus, von festen theologischen Richtlinien und äußeren Zeremonien, von geordneter geistlicher und weltlicher Gesetzgebung. In Anerkennung dieser neuen Ordnung schreibt Goethe, man könne es

> dem Muselmann nicht verargen, wenn er die Zeit vor Mahomet die Zeit der Unwissenheit benennt, und völlig überzeugt ist, daß mit dem Islam Erleuchtung und Weisheit erst beginne.

Absolute Gültigkeit konnte für Goethe jedoch die Bezeichnung »Zeit der Unwissenheit« nicht haben, weil für ihn außer theologischen Kriterien auch noch andere Gesichtspunkte bei der Bewertung von Menschheitsepochen ausschlaggebend waren. Vor allem war ihm wichtig, ob in einer Epoche die Künste blühten oder darniederlagen. In dieser Hinsicht wußte er sich einig mit Herder, der, obwohl selber Theologe, in seinen *Ideen zur Philosophie der Geschichte der Menschheit* von der heidnischen Epoche als von den »schönen Zeiten« der Araber gesprochen hatte. Gerade die Frühzeit des Arabertums hatte ihn aufgrund der damals blühenden Dichtkunst fasziniert. Daß Goethe aus dem gleichen Grund wie Herder die heidnischen Zeiten des Arabertums besonders hoch schätzte, kann man dem *Araber*-Kapitel der *Noten und Abhandlungen* entnehmen. Auch im *Mahomet*-Kapitel werden einige Vorzüge der »Vorzeit« gegenüber der durch den *Koran* eingeleiteten Epoche hervorgehoben. Dort weist Goethe zugleich darauf hin, daß eine solche Auffassung nicht ausschließlich einem abendländischen Standpunkt zuzuschreiben ist, sondern daß es auch im islamischen Lebenskreis Vertreter dieser Sichtweise gab. Auf sie als auf »gute Köpfe« bezieht er sich, wenn er sagt:

> ... Dessenungeachtet aber fanden sich gute Köpfe, die eine bessere Dicht- und Schreibart der Vorzeit anerkannten und behaupteten: daß, wenn es Gott nicht gefallen hätte durch Mahomet auf einmal seinen Willen und eine entschieden gesetzliche Bildung zu offenbaren, die Araber nach und nach von selbst eine solche Stufe und eine noch höhere würden erstiegen und reinere Begriffe in einer reinen Sprache entwikkelt haben.

> Andere, verwegener, behaupteten, Mahomet habe ihre Sprache und Literatur verdorben, so daß sie sich niemals wieder erholen werde.

Goethe hat hier einzelne Freidenker im Sinne, über die er manches bei seinen Studien über die Wirkung des Propheten gelesen hatte. Hinweisen auf Kritiker des Islam aus dessen Frühzeit begegnete er u. a. in Oelsners Mohammed-Biographie:

> Achmet Ben Edris versichert, die Männer von Genie, deren es in dem Jahrhundert der Offenbahrung sehr viele gab, hätten sich vergebens um die Ehre bemüht, den Koran in der Beredsamkeit zu übertreffen [...] Mozdar jedoch, Isa mit dem Beinamen Merdad und andere aus der Sekte der Motazaliten haben behauptet, daß die Araber sehr wohl ein Werk zu schaffen vermöchten, das den Koran an Gehalt und Schönheit überträfe, wenn ihnen nicht von Jugend auf untersagt wäre, an dergleichen zu denken.

Auch in einigen Artikeln der *Bibliothèque orientale* begegnete Goethe wiederholten Hinweisen auf arabische und persische Schriftsteller, die den *Koran* – entgegen der orthodoxen Auffassung – als von Mohammed »verfaßt« ansahen, Poeten, die mit dem Verfasser des Korans in Wettbewerb zu treten gedachten. Er traf auf Aussprüche von muslimischen Autoren, die keine Bedenken trugen zu sagen, es könne Bücher geben, die den Koran »von seiten der Lehre wie auch der Beredsamkeit übertreffen« dürften. Jedenfalls läßt sich zeigen, daß die innerhalb der Welt des Islam so anstößige Behauptung Goethes, die Religion habe einen negativen, hemmenden Einfluß auf die arabische Dichtkunst ausgeübt, nicht nur aus abendländischer Perspektive stammte. Unter den Aufzeichnungen, die Goethe sich über die Kontroverse des Propheten und der Dichter machte, steht auch die folgende Notiz, die sich auf den Artikel über Nasser Ben Hareth in der *Bibliothèque orientale* bezieht:

> Nasser! contra Mahomet

Goethe hatte hierzu folgendes gelesen:

> Während dem, daß Mohammed seinen Koran zu Mekka be-

kannt machte, unterhielt Nasser Ben Hareth, nachdem er aus Persien zurückgekommen war [...] seine Freunde mit vielen fabelhaften Geschichten, die er aus den Jahrbüchern dieses Landes ausgezogen hatte, in welchen die Thaten der persischen Helden, *Asfendiar* und *Rostam* mit vielem Pompe erzählt werden, und sagte dabei zu seinen Landsleuten: die Geschichten, die ich euch erzähle, sind weit angenehmer, als diejenigen, mit welchen euch Mohammed unterhält. Diese Fabeln des Nasser machten auch in der Tat einen so starken Eindruck auf die Araber, daß, als Mohammed ihnen eine Geschichte aus dem alten Testamente erzählte, sie zu ihm sagten: Wir haben bereits alle diese Sachen, und viele weit schönere gehört, aber beide sind weiter nichts als alte Mährchen aus der vergangenen Zeit. Dies ist aus dem Kapitel des *Korans* genommen, das die Ueberschrift hat: *Anfal*, das heißt, von der Beute. Wenn *Hussain Vaez* diese Stelle erklären will, so sagt er, die Worte dieser Araber, mit welchen sie den Koran verachten, indem sie ihm die persischen Geschichten vorzogen, hätten nicht den geringsten Grund. Denn Mohammed hatte sie mit folgenden Worten herausgefordert: »Bringt irgend einen Aufsatz, der der Lehre und der Zierlichkeit des *Korans* gleich kommt.« Und da sie nichts dergleichen aufzubringen im Stande waren, so ward ihre Eitelkeit lächerlich. Auch antwortete *Mohammed* dem *Nasser* und denen von seiner Parthei nichts weiter, als: Alles, was ich euch sage, ist das reine Wort Gottes, das man mit Ehrerbietung anhören muß. Als *Nasser* diese Worte gehört hatte, so that er folgendes Gebet an Gott, wie es in eben diesem Kapitel aufgezeichnet steht: »O Herr! wenn dasjenige, was uns Mohammed sagt, von dir herkommt, so laß Steine auf uns regnen, und laß uns unter dieselben begraben, wie du ehemals dem *Abrahah* den *Abissiner* gethan hast, und strafe uns in dem künftigen Leben mit einer harten Strafe.«

Der *Koran* hatte damals eine harte Probe auszustehen. [...] Ob nun aber gleich *Nasser* dafür ist verflucht worden, daß

> er vom *Koran* Uebels geredet hat, so hat es dennoch mehrere musulmanische Gelehrte gegeben, die kein Bedenken getragen haben, zu sagen, daß es Bücher geben könne, die ihn noch, sowohl von Seiten der Lehre, als der Beredsamkeit übertreffen durften. Ja es hat sogar einige unter ihnen gegeben, die Widersprüche und sowohl gegründete Zweifel darin gefunden haben, daß sie es für unmöglich halten, sie auflösen zu können.[1]

Über die Rivalität zwischen Mohammed und den Dichtern berichtet die islamische Überlieferung schon aus der Frühzeit seines Wirkens, als Mohammed sich gegen die Anwürfe seiner Gegner zur Wehr setzen mußte, daß die ihm gewährten Offenbarungen nichts weiter seien als Produkte der Poesie. Goethe kannte die diesbezüglichen *Koran*-Stellen mit den Erläuterungen von George Sale bereits aus der Zeit seiner frühen *Koran*-Studien. Einige der betreffenden Partien (es gibt deren eine große Zahl) seien hier in der deutschen Übertragung von George Sales *Koran*-Ausgabe wiedergegeben, die Goethe auch während der *Divan*-Epoche konsultierte. Zunächst ein Passus aus Sure XXXVI:

> Wir [Gott] haben den Mohammed die Kunst der Poeterey nicht gelehret; So schickt sichs auch für ihm [sic] nicht wohl, einen Poeten abzugeben. Dieses Buch ist nichts anders als eine Vermahnung von GOtt, und ein deutlicher *Koran*, auf daß er den, der lebendig ist, warnen möge.

Die Übersetzer gaben dazu folgende Erläuterung:

> Wir haben den Mohammed die Kunst der Poeterey (oder zu dichten) nicht gelehret. Dieses ist eine Antwort auf der Ungläubigen Vorgeben, welche den Koran vor ein blosses poetisches Gedichte ausschrieen.

Koran, Sure XXI, *Die Propheten* spielt gleichfalls auf den Konflikt an:

> Sie [die Ungläubigen] sprechen, der *Koran* ist ein verworrener Hauffe Träume: Ja er [Mohammed] hat solchen geschmiedet; Ja, er ist ein Dichter. Lasset ihn demnach mit einigem

Wunderwerck zu uns kommen, auf eine solche Weise, wie die vorigen *Propheten* gesandt worden [...] Wenn dich [o Mohammed] die Ungläubigen sehen, so begegnen sie dir nur mit Verspottung [...] Andere Apostel sind vor dir auch verspottet worden; aber die Straffe traff die Spötter zu rechter Zeit.

Ebenfalls *Koran,* Sure L, *Qaf:*

Warlich sie wundern sich, daß ein Prediger aus ihnen selbst zu ihnen gekommen ist [...], sie beschuldigten die Wahrheit mit Lügen, nachdem solche an sie gelanget ist: Daher sind sie in ein verworrenes Geschäfte hinein gerathen.

Der Kommentator macht klar, daß es wieder um das gleiche Problem geht:

Daß sie nicht wissen, was sie von dem *Koran* mit Gewißheit sagen sollen, indem sie ihn bald vor ein Poetisches Gedichte, bald ein Zauber-Werk, und bald ein Stück von der Divination oder Wahrsagerey halten.

Koran, Sure XI enthält Mohammeds Herausforderung an die Dichter, etwas vorzuweisen, was sich mit dem *Koran* messen könne:

Warlich du [Mohammed] bist nur ein Prediger; und GOtt ist der Regierer aller Dinge. Wollen sie [die Ungläubigen] sprechen, Er hat den Koran geschmiedet? Antworte, so bringt mir denn Zehen Capitel die ihm gleich sind, welche von euch selbst geschmiedet worden.

Wie man sieht, trug der Prophet »Sorge, zwischen sich und den Dichtern eine Scheidewand aufzurichten« (Gustav E. von Grunebaum, *Vom Wesen und Werden der arabischen Poesie von 500 bis 1000 n. Chr.* in: *Kritik und Dichtkunst.* Studien zur arabischen Literaturgeschichte. Wiesbaden 1955, S. 21). Er tat dies aber, wie Grunebaum betont, nicht so sehr, um die Dichtkunst als solche zu bekämpfen, als um zu vermeiden, daß seine Offenbarungen einer Verwechslung mit den verantwortungslosen Äußerungen der Literatoren im allgemeinen und der Wahrsager im besonderen ausgesetzt würden. Grunebaum fährt fort:

> Entscheidend war, daß der Prophet das Ethos untergrub, auf dem die heidnische Poesie beruhte, und auf diese Weise vieles vernichtete oder doch schwächte, was ihr vor dem einen Auftrieb gegeben: den besten Beweis liefern jene Dichter, die wie Labid (um 560-665?) nichts Erhebliches mehr schufen, nachdem sie einmal den Islam angenommen hatten.

Grunebaum spricht in diesem Zusammenhang auch von dem »Stillstand der poetischen Produktion, den der Aufstieg der neuen Kultur mit sich brachte«. Dies steht völlig im Einklang mit dem, was Goethe im *Araber*-Kapitel der *Noten und Abhandlungen* sagt, wo er die Vorstellung einer Entwicklung der Araber auf eine noch höhere als die durch den Islam erreichte Stufe und »reinerer Begriffe in einer reinen Sprache« als Möglichkeit erwog. Eine solche Einstellung wird vom strenggläubigen Muslim als blasphemisch empfunden. Ihm ist der Islam etwas Absolutes, folglich eine höhere Entwicklung über den Islam hinaus undenkbar. Für die Strenggläubigen behält der *Koran* allezeit die Aura des Absoluten als Gottes ewiges Wort.

Was Goethe im *Mahomet*-Kapitel der *Noten und Abhandlungen* zum heiklen Thema des Prophetentums verlauten ließ, war keine nur durch den Moment eingegebene Meinung, sondern gründete sich auf im Laufe des Lebens immer klarer gewordenen Überzeugungen des Dichters. Vor seiner Auseinandersetzung mit Mohammed stellte Goethe zunächst klar, seine eigene Auffassung sei dadurch bestimmt, daß er »vom Standpunkte der Poesie«, also von einer durchaus anderen Position als der des Propheten ausgehe:

> Da wir bei unseren Betrachtungen vom Standpunkte der Poesie entweder ausgehen oder doch auf denselben zurückkehren, so wird es unsern Zwecken angemessen sein von genanntem außerordentlichen Manne vorerst zu erzählen, wie er heftig behauptet und beteuert: er sei Prophet und nicht Poet und daher auch sein Koran als göttliches Gesetz und nicht etwa als menschliches Buch, zum Unterricht oder zum Vergnügen anzusehen.

Wir wissen bereits, daß der *Divan*-Dichter im *Schenkenbuch* Mohammed scherzhaft den »Verfasser jenes Buches« nannte. Dem Glauben der orthodoxen Muslime, der *Koran* existiere »von Ewigkeit« her, sei also nicht »geschaffen«, konnte Goethe nicht beipflichten. Zwar galt ihm, im Gegensatz zu einem Großteil der Aufklärer, der *Koran* als »heiliges Buch«, und er hat das wiederholt zum Ausdruck gebracht. So spricht er etwa im *Mahomet*-Kapitel der *Noten und Abhandlungen* vom »Körper dieses heiligen Buches«. Doch fühlte er sich – als Verfasser poetischer Werke – berechtigt, auch an dieses seiner Überzeugung nach von Mohammed »verfaßte« Werk im Sinne der Aufklärung mit den Instrumenten der Vernunft heranzugehen und es einer kritischen Prüfung zu unterziehen. Dabei sei daran erinnert, daß Goethe, seit seiner frühen Begegnung mit Herder, wiederholt auch Bibelkritik geübt hat, wie denn seiner Auffassung nach auch die Heilige Schrift der Christenheit als poetisches Werk zu betrachten und zu verehren ist. So sagt er in den *Noten und Abhandlungen,* im Kapitel *Hebräer* über die *Bibel*, kurz bevor er auf den *Koran* zu sprechen kommt:

> Da wir von orientalischer Poesie sprechen, so wird notwendig, der Bibel, als der ältesten Sammlung, zu gedenken. Ein großer Teil des alten Testaments ist mit erhöhter Gesinnung, ist enthusiastisch geschrieben und gehört dem Felde der Dichtkunst an.

Es ist die höhere Eingebung, die das »Poetische« des Textes ausmacht. Soweit es dennoch einen Unterschied zwischen Propheten und Poeten gibt, so liegt er, Goethe zufolge, in der Art und Weise, wie beide jeweils die ihnen von Gott verliehenen Gaben anwenden:

> Wollen wir nun den Unterschied zwischen Poeten und Propheten näher andeuten, so sagen wir: beide sind von einem Gott ergriffen und befeuert, der Poet aber vergeudet die ihm verliehene Gabe im Genuß, um Genuß hervorzubringen, Ehre durch das Hervorgebrachte zu erlangen, allenfalls ein bequemes Leben. Alle übrigen Zwecke versäumt er, sucht

> mannigfaltig zu sein, sich in Gesinnung und Darstellung grenzenlos zu zeigen. Der Prophet hingegen sieht nur auf einen einzigen bestimmten Zweck; solchen zu erlangen bedient er sich der einfachsten Mittel. Irgend eine Lehre will er verkünden und, wie um eine Standarte, durch sie und um sie die Völker versammeln. Hierzu bedarf es nur, daß die Welt glaube; er muß also eintönig werden und bleiben, denn das Mannigfaltige glaubt man nicht, man erkennt es.

Demnach war Mohammed nach Goethes Überzeugung ebenso durch höhere Eingebung inspiriert wie ein Poet. Doch bekundete sich seine Prophetennatur darin, daß er eine Lehre zu verkünden, einen Glauben zu verbreiten sich berufen fühlte. Es ist dieser Wille zur Macht, durch den sich in Goethes Sicht der Prophet vom Poeten unterscheidet. Anders als der Prophet hat der Poet durchaus nicht den entschiedenen Willen, die Völker zu versammeln und die Menschen zum Gehorsam zu zwingen.

In seinem Bemühen, dem Propheten gerecht zu werden, suchte Goethe eine Begründung und bis zu einem gewissen Grad eine Rechtfertigung dafür, daß Mohammed, der »auf einen einzigen bestimmten Zweck« sehen mußte, sich gegen die Dichter und ihren Einfluß auf die Menschen zur Wehr setzte. Zunächst äußert Goethe die Vermutung, daß gerade die heißblütigen Araber durch ihre starke Empfänglichkeit für Poesie einerseits und die klimabedingte Lebensweise anderseits in besonderem Maße Verführungen und Gefahren ausgesetzt sein mochten, die von einer exzessiven Hingabe an Phantasiegebilde ausgehen können. In diesem Sinne sagt er im Anschluß an Gedankengänge des Orientalisten v. Hammer, die er in dessen *Geschichte der schönen Redekünste Persiens* (Wien 1818) gefunden hatte:

> In seiner Abneigung gegen Poesie erscheint Mahomet auch höchst konsequent, indem er alle Märchen verbietet. Diese Spiele einer leichtfertigen Einbildungskraft, die vom Wirklichen bis zum Unmöglichen hin- und wiederschwebt, und

> das Unwahrscheinliche als ein Wahrhaftiges und Zweifelloses vorträgt, waren der orientalischen Sinnlichkeit, einer weichen Ruhe und bequemem Müßiggang höchst angemessen. Diese Luftgebilde, über einem wunderlichen Boden schwankend, hatten sich zur Zeit der Sassaniden in's Unendliche vermehrt, wie sie uns Tausend und Eine Nacht, an einen losen Faden gereiht, als Beispiele darlegt. Ihr eigentlicher Charakter ist, daß sie keinen sittlichen Zweck haben und daher den Menschen nicht auf sich selbst zurück, sondern außer sich hinaus in's unbedingte Freie führen und tragen. Gerade das Entgegengesetzte wollte Mahomet bewirken.

Nicht ohne ironische Untertöne bezeichnet Goethe den Propheten als in seiner Abneigung gegen Poesie »höchst konsequent«, indem er alle Märchen verbietet, während er sich selber »manches Märchenhafte, obgleich immer zu seinen Zwecken dienlich, zu erlauben pflegt«:

> Man sehe, wie er die Überlieferungen des alten Testaments und die Ereignisse patriarchalischer Familien [...] in Legenden zu verwandeln weiß, mit kluger Ausführlichkeit den Glauben an Gott, Vertrauen und Gehorsam immer mehr auszusprechen und einzuschärfen versteht; wobei er sich denn manches Märchenhafte, obgleich immer zu seinen Zwecken dienlich, zu erlauben pflegt. Bewundernswürdig ist er, wenn man in diesem Sinne die Begebenheiten Noahs, Abrahams, Josephs betrachtet und beurteilt.

Nach Goethes Auffassung sind es also die »Zwecke«, die den Unterschied zwischen Propheten und Poeten ausmachen. Ein Poet darf keine Zwecke und Absichten verfolgen. Er ist berufen, wie Goethe in den *Noten und Abhandlungen*, im Kapitel *Dschelâl-eddin Rumi* schreibt, »die Herrlichkeit der Welt in sich aufzunehmen« und »die ihm verliehene Gabe im Genuß zu vergeuden, um Genuß hervorzubringen«. Dadurch kann er zum »lieblichen Lebensgeleiter« der Menschen werden wie Hafis, der in Goethes Charakterisierung als ein »lustiger Bruder ihres

Gleichen« erscheint. Nach Jahrhunderten werden dessen Lieder daher auch noch gesungen, »der Stimmung wegen, die er ewig rein und erfreulich verbreitet« (*Noten*, Kapitel *Übersicht*). Dichter dieser Art können Lebenshilfe leisten in Zeiten, wo »bei Zerstörung aller Sicherheit des bürgerlichen Daseins, der Mensch sich auf flüchtigen, gleichsam im Vorübergehen gehaschten Genuß des Lebens beschränkt« (*Noten*, Kapitel *Warnung*). Dem entspricht es, wenn für Goethe, wie es in *Dichtung und Wahrheit* (Teil III, Buch 13) heißt, die »wahre Poesie« sich dadurch ankündigt, daß sie

> durch innere Heiterkeit, durch äußeres Behagen, uns von den irdischen Lasten zu befreien weiß, die auf uns drücken. Wie ein Luftballon hebt sie uns mit dem Ballast der uns anhängt, in höhere Regionen, und läßt die verwirrten Irrgänge der Erde in Vogelperspektive vor uns entwikkelt daliegen. Die muntersten wie die ernstesten Werke haben den gleichen Zweck, durch die glückliche geistreiche Darstellung so Lust als Schmerz zu mäßigen.

In diesem Sinne spricht Goethe von der »wahren Poesie« als einem »weltlichen Evangelium«. Durch die Dichter werden andere geistige und seelische Kräfte in Bewegung gesetzt als durch den religiösen Lehrer. Dieser weist die Menschen auf die Nichtigkeit der Welt hin; in Verfolgung seiner sittlichen Zwecke muß der Prophet den Menschen Fesseln anlegen, sie auf sich selbst zurücklenken, auf ihr Inneres, ihre Grenzen, ihre Bedingtheit. Der Dichter hingegen wird sie von Fesseln zu befreien suchen. Wie der Märchenerzähler führt und trägt der Poet die Menschen aus der Beschränktheit und den Grenzen ihrer Lebensbedingungen und ihres eigenen Innern »außer sich hinaus ins unbedingte Freie«. Die muslimische Religion indessen läßt »ihren Bekenner nicht aus einer dumpfen Beschränktheit heraus, indem sie, keine schweren Pflichten fordernd, ihm innerhalb derselben alles Wünschenswerte verleiht und zugleich, durch Aussicht auf die Zukunft, Tapferkeit und Religionspatriotismus einflößt und erhält« (*Noten*, Kapitel *Mah-*

mud von Gasna). Der Eintönigkeit, Starre und Einfalt des religiösen Dogmas setzt der Dichter die Beweglichkeit, Mannigfaltigkeit, Vielgestaltigkeit seiner Phantasiegebilde entgegen. So haben Prophet und Poet aufeinander bezogene Funktionen. Denn für die Seele des Menschen ist beides – Konzentration und Expansion – vonnöten wie Einatmen und Ausatmen für den Körper. Hafis erweckte gerade darum Goethes immer wachsende Bewunderung und Neigung, weil er auf schönste Weise seine Poeten-Funktion erfüllte (*Noten*, Kapitel *Künftiger Divan*):

> »Das glücklichste Naturell, große Bildung, freie Facilität und die reine Überzeugung, daß man den Menschen nur alsdann behagt, wenn man ihnen vorsingt, was sie gern, leicht und bequem hören, wobei man ihnen denn auch etwas Schweres, Schwieriges, Unwillkommenes gelegentlich mit unterschieben darf.«

Da der Weltgeist nach Goethes Überzeugung Propheten und Poeten verschiedene, einander ergänzende Aufgaben zuteilt, entsprechend dem uns in der Atmung vorgegebenen Lebensrhythmus von Diastole und Systole, bestand für den Dichter kein Anlaß, sich dem Propheten unterlegen zu fühlen. Als Poet wußte Goethe sich dem »Verfasser« des *Korans* gelegentlich sogar überlegen. Das geht indirekt aus manchen Andeutungen von Kritik hervor, in denen er sein Befremden ausdrückt über einige der stilistischen Eigenheiten des heiligen Buches. Deutlich wird bei Goethes Charakterisierung des *Korans* (im Kapitel *Mahomet* der *Noten und Abhandlungen*) darüber hinaus, daß dieses Werk auch vom Inhalt her zwiespältige Gefühle in ihm auslöste:

> Der ganze Inhalt des Korans, um mit wenigem viel zu sagen, findet sich zu Anfang der zweiten Sura und lautet folgendermaßen: »Es ist kein Zweifel in diesem Buch. Es ist eine Unterrichtung der Frommen, welche die Geheimnisse des *Glaubens* für wahr halten, die bestimmten Zeiten des *Gebets* beobachten und von demjenigen, was wir ihnen verliehen

> haben, *Almosen* austeilen; und welche der Offenbarung glauben, die den *Propheten* vor dir herabgesandt worden, und gewisse Versicherung des zukünftigen Lebens haben: diese werden von ihrem Herrn geleitet und sollen glücklich und selig sein. Die Ungläubigen betreffend, wird es ihnen gleichviel sein, ob du sie vermahnest oder nicht vermahnest; sie werden doch nicht glauben. Gott hat ihre Herzen und Ohren versiegelt. Eine Dunkelheit bedecket ihr Gesicht und sie werden eine schwere Strafe leiden.« (Goethe zitiert hier aus der 1746 von Theodor Arnold ins Deutsche gebrachten Version der englischen Übersetzung von George Sale.)
>
> Und so wiederholt sich der Koran Sure für Sure. Glauben und Unglauben teilen sich in Oberes und Unteres; Himmel und Hölle sind den Bekennern und Leugnern zugedacht. Nähere Bestimmung des Gebotenen und Verbotenen, fabelhafte Geschichten jüdischer und christlicher Religionen, Amplifikationen aller Art, grenzenlose Tautologien und Wiederholungen bilden den Körper dieses heiligen Buches, das uns, so oft wir auch daran gehen, immer von neuem anwidert, dann aber anzieht, in Erstaunen setzt und am Ende Verehrung abnötigt.

Goethes zwiespältige Haltung gegenüber dem *Koran* wird nirgends so deutlich wie in dem zuletzt zitierten Satz. Der Ausdruck »anwidert« ist in der Tat ein hartes Wort. Es ist zu vermuten, daß hiermit nicht nur eine stilistische Kritik intendiert ist, obwohl Goethe über diesen Punkt sich nicht näher äußert. Aber vieles spricht dafür, daß er damit auf die Androhungen der Höllenstrafen anspielt, welche sich im *Koran* so zahlreich finden. Denn solche Drohungen hatte Goethe schon in seiner Jugend, als sie ihm von seiten der christlichen Kirchen entgegentraten, als abstoßend empfunden. So heißt es im *Wilhelm Meister* in den *Bekenntnissen einer schönen Seele*:

> Nicht einen Augenblick ist mir die Furcht vor der Hölle angekommen, ja die Idee eines bösen Geistes und eines Straf-

> und Quäleortes nach dem Tode konnte keineswegs in dem Kreis meiner Ideen Platz finden. Ich fand die Menschen, die ohne Gott lebten, deren Herz dem Vertrauen und der Liebe gegen den Unsichtbaren zugeschlossen war, schon so unglücklich, daß eine Hölle und äußere Strafen mir eher für sie eine Linderung zu versprechen, als eine Schärfung der Strafe zu drohen schienen.

In einem abschließenden Urteil über den *Koran* gibt Goethe nochmals seiner Bewunderung für das heilige Buch Ausdruck, wenn er sagt:

> Der Stil des Korans ist, seinem Inhalt und Zweck gemäß, streng, groß, furchtbar, stellenweis' wahrhaft erhaben; so treibt ein Keil den andern und darf sich über die große Wirksamkeit des Buches niemand verwundern. Weshalb es denn auch von den echten Verehrern für unerschaffen und mit Gott gleich ewig erklärt wurde.

Bei all seiner Bewunderung für den *Koran* und für den Stifter der islamischen Religion blieb Goethe im Innersten überzeugt, daß es »die Herrlichkeit der Poesie« sei, in der doch zuletzt »das Heil der Menschheit aufbewahrt« bleibe. Er sprach dies zum selben Zeitpunkt aus, als er über seine Erfahrungen mit dem *Koran* Rechenschaft ablegte, und zwar gleichfalls innerhalb der *Noten und Abhandlungen zum West-östlichen Divan.* Im Kapitel *Neuere und neueste Reisende* deutet er auch an, warum die Poesie diese Heilsfunktion ausüben, warum sie zu einer Oase in der Wüste des Lebens werden kann, in die sich die »reine Menschheit, edle Sitte, Heiterkeit und Liebe flüchtet«. Die Überzeugung von der »Herrlichkeit der Poesie« stimmte den Dichter hochgemut. Durch Hafis fühlte er sich auch in seiner Auffassung des Dichteramts bestätigt, so wie er sich ihm verwandt fühlte als ein »heiteres Talent«, das »genügsam froh und klug« lebte, »von der Fülle der Welt seinen Teil dahin nehmend in die Geheimnisse der Gottheit von fern hinein blickend« (Kapitel *Hafis*).

Nur mit Zurückhaltung äußert sich Goethe darüber, was die

Gemeinsamkeit mit dem Propheten ausmacht, nämlich wie dieser »von einem Gott ergriffen und befeuert« zu sein. Ohne Vorbehalt werden Poet und Prophet auf die gleiche Stufe gestellt. Eine solch hohe Auffassung vom Poeten als einem mit dem Propheten gleichrangigen Gottesgesandten, der nur auf andere Weise wirkt, jedoch gleichfalls als Medium, Sprachrohr einer höheren Macht, teilte Goethe mit den bedeutendsten Dichtern der Weltliteratur. Scheute er sich auch im allgemeinen, viel darüber verlauten zu lassen, so deutete er doch gelegentlich (wie im Kapitel *Verwahrung* der *Noten und Abhandlungen*) darauf hin, daß er gleichfalls »Wort und Ausdruck als heilige Zeugnisse betrachtete«. Lieber sprach Goethe in diesem Zusammenhang von anderen Dichtern als von sich selber; doch verrät zum Beispiel seine Schilderung Klopstocks im zehnten Buch von *Dichtung und Wahrheit*, daß er die Wesenszüge dieses Dichters so gut zu erkennen vermochte, weil er sich ihm verwandt fühlte. Klopstock hatte sich in den Augen Goethes »das völlige Recht [erworben], sich als eine geheiligte Person anzusehen«:

> Er, an der Bibel erzogen und durch ihre Kraft genährt, lebt nun mit Erzvätern, Propheten und Vorläufern als Gegenwärtigen [...] Er war von der sinnlichen wie von der sittlichen Seite betrachtet, ein reiner Jüngling [...] Und so befliß er sich auch in seinem Tun der aufmerksamsten Reinigkeit [...], ein reines Ab- und Vorbild.

Und wenn Goethe im fünfzehnten Buch von *Dichtung und Wahrheit* nochmals auf Klopstock zu sprechen kommt, so macht er deutlich, daß die Funktionen eines Poeten, der sich einer höheren Pflicht unterworfen fühlt, von denen eines Propheten nicht immer in aller Schärfe zu trennen sind:

> Ein solcher Mann unterwindet sich der schweren Aufgabe, zugleich seine eigene Würde und die Würde eines Höheren, dem er Rechenschaft schuldig ist, durchzuführen, seinen eigenen Vorteil neben dem viel wichtigern eines Fürsten, ja ganzer Staaten zu befördern und sich in dieser bedenklichen

> Lage vor allen Dingen den Menschen gefällig zu machen. Und so schien sich auch Klopstock als Mann von Wert und als Stellvertreter höherer Wesen, der Religion, der Sittlichkeit und Freiheit, zu betragen.

Dies ist nur eins von mehreren Zeugnissen, wo Goethe von Dichtern als von Persönlichkeiten spricht, die den Vergleich mit heiligen Männern der Kirchengeschichte nicht zu scheuen brauchen. Noch der 80jährige Goethe äußerte am 8. Juni 1830 gelegentlich eines Gesprächs mit Kanzler F. von Müller, welches von der Lektüre eines kurz zuvor erschienenen Buchs mit dem Titel *Glaubensbekenntnis eines denkgläubigen Christen*, von [Pseudonym:] Aleithozetes, und dem unvollendeten Teil der eigenen Autobiographie seinen Ausgangspunkt nahm:

> Man müsse entweder den Glauben an die Tradition festhalten, ohne sich auf ihre Kritik einzulassen, oder, wenn man sich der Kritik ergebe, jenen Glauben aufgeben. Ein drittes sei nicht gedenkbar. ›Mir bleibt Christus immer ein höchst bedeutendes, aber problematisches Wesen. [...] Die Menschheit steckt jetzt in einer religiösen Krisis; wie sie durchkommen will, weiß ich nicht, aber sie muß und wird durchkommen.‹ [...] Seit die Menschen einsehen lernen, wie viel dummes Zeug man ihnen [von seiten der Obrigkeit und klerikaler Institutionen] aufgeheftet, und seit sie anfangen zu glauben, daß die Apostel und Heiligen auch nicht bessere Kerls als solche Bursche wie Klopstock, Lessing und wir andren armen Hundsfötter gewesen, muß es natürlich wunderlich in den Köpfen sich kreuzen.

Mit dem Ausdruck »Wir andren armen Hundsfötter« spielt Goethe auf eine für ihn charakteristische Weise den Vergleich herunter, mit dem er auf die Ähnlichkeit zwischen den Dichtern und andern Gottesgesandten, »Aposteln und Heiligen« hinweisen möchte. In einem früheren Kapitel wurde bereits erwähnt, daß vielen seiner Zeitgenossen Goethe selbst als Heilsbringer erschienen war. Als der junge Dichter sich entschlossen hatte, Weimar zur Stätte seines Wirkens zu machen und auch

Herder dorthin nachzuziehen, knüpften sich daran Hoffnungen für die Menschheit, die der damals schon ortsansässige Wieland, ein sonst eher nüchtern aufklärerisch gesonnener Dichter, in einem Brief an Johann Heinrich Merck vom 7. Oktober 1776 mit geradezu heilsgeschichtlicher Emphase in Anspielung auf die Bibel in dem Ausruf zusammenfaßte:

> So wird doch Weimar noch der Berg Ararat, wo die guten Menschen Fuß fassen können, während daß allgemeine Sündflut die übrige Welt bedeckt.

Die Gemeinsamkeit zwischen Weimar und dem heiligen »Berg Ararat« lag für Wieland darin, daß hier wie dort gottesfürchtige, erwählte Männer ihre Zuflucht gefunden hatten. Die Erwartungen waren hochgespannt, daß von Weimar wohltätige Wirkungen auch noch auf spätere Generationen ausgingen. Goethe selbst lebte in diesem Bewußtsein, wie sich aus Versen des Jahres 1782 ablesen läßt:

> O Weimar! dir fiel ein besonder Los!
> Wie Bethlehem in Juda, klein und groß!

Der Vergleich zwischen dem bescheidenen Weimar und dem Stall von Bethlehem, in welchem das irdische Wirken Christi begann, wird dem nicht abwegig erscheinen, der Dichter wie Religionsstifter als Verwandte, nämlich als göttliche Boten, zu erkennen vermag. Weimars Dichter durften sich Religionsstiftern, Aposteln und Heiligen verwandt fühlen. Dies tönt noch aus Goethes Worten heraus, als er freudig bewegt über den Eifer einer in seinem Sinne wirksamen Jüngerin, Caroline Schlegel, unter Anspielung auf Matthäus 8, 10 am 12. Oktober 1796 an Schiller schrieb: »Solchen Glauben habe ich in Israel selten funden.«

Religionsstifter waren demnach für Goethe keine grundsätzlich von Dichtern verschiedene Wesen, eben insofern sie alle »von einem Gott ergriffen und befeuert« sind. Darüber hinaus betrachtete Goethe überhaupt alle »mächtigen Entelechien«, in denen sich eine geistige Übermacht manifestiert, alle genialen Naturen, als »Werkzeug einer höheren Weltregierung«. So erklärte Goethe in einem Gespräch mit Eckermann vom 11. März 1828:

> Jede Produktivität höchster Art, jedes bedeutende Aperçu, jede Erfindung, jeder große Gedanke, der Früchte bringt und Folge hat, steht in niemandes Gewalt und ist über aller irdischen Macht erhaben. Dergleichen hat der Mensch als unverhoffte Geschenke von oben, als reine Kinder Gottes zu betrachten, die er mit freudigem Dank zu empfangen und zu verehren hat.

Der geniale Mensch sei nämlich, wie Goethe im weiteren Verlauf des Gesprächs sagt:

> oftmals als ein Werkzeug einer höheren Weltregierung zu betrachten, als ein würdig befundenes Gefäß zur Aufnahme eines göttlichen Einflusses. Ich sage dies, indem ich erwäge, wie oft ein einziger Gedanke ganzen Jahrhunderten eine andere Gestalt gab, und wie einzelne Menschen durch das, was von ihnen ausging, ihrem Zeitalter ein Gepräge aufdrückten, das noch in nachfolgenden Geschlechtern kenntlich blieb und wohltätig fortwirkte.

Dies mag auch als ein Schlüssel dienen zum Verständnis des Begriffs der *Persönlichkeit*, welcher im *Buch Suleika* des *Divan* von der Titelheldin bekanntlich mit folgenden Versen gepriesen wird:

> Volk und Knecht und Überwinder
> Sie gestehn, zu jeder Zeit:
> Höchstes Glück der Erdenkinder
> Sei nur die Persönlichkeit.

Damit fällt ein Stichwort, das uns veranlaßt, noch von einem anderen Propheten zu sprechen, der in Goethes Erlebniswelt eine nicht minder große Rolle gespielt hat als der Prophet Mohammed, nämlich dem für ihn wichtigsten der jüdischen Propheten, Moses. Nicht zufällig hat er ihm ein eigenes Kapitel gleich zu Anfang der *Noten und Abhandlungen zum West-östlichen Divan* gewidmet, und zwar unter dem Titel *Israel in der Wüste*. Man erkennt bei seiner Lektüre, daß Goethe, wenn von »Orient« und von »Patriarchenluft«, ja auch vom »Paradies« die Rede ist, außer der islamischen Welt stets auch das alttestamentarische Judentum, das Volk Israel, im Sinn hatte. Selbst seine *Hegire* in den islamischen Orient kann verstanden werden als Rückkehr des Erwachsenen in das liebste Fabelland seiner Kindheit, in die Welt des Alten Testaments. Goethe erinnert daran, daß er einst »dem ersten Buch Mosis viel Zeit und Aufmerksamkeit gewidmet und manchen jugendlichen Tag entlang in den Paradiesen des Orient« sich ergangen habe. (Siehe *Dichtung und Wahrheit*, Erster Teil, Viertes Buch, worin er ausführlich die Geschichte des Urvaters der monotheistischen Religionen, Abraham, erzählt, und dann von seinem jugendlichen Entwurf eines Josephs-Romans berichtet.) In bezug nun auf die vier letzten Bücher Mosis versucht Goethe ein Problem aufzuklären, welches ihn schon von Jugend an, namentlich seit der Zeit seiner mit Herder gemeinsam betriebenen bibelkritischen Studien, beschäftigt hatte. Dabei wird ersichtlich, daß Goethe an den Bibeltext in mancher Hinsicht mit ganz ähnlichen Kriterien heranging wie an den *Koran*, indem er ihn nämlich sowohl unter historischen als auch poetischen Gesichtspunkten betrachtete. Schon zu Beginn fallen die gewichtigen Worte:

> Das eigentliche, einzige und tiefste Thema der Welt- und Menschengeschichte, dem alle übrigen untergeordnet sind, bleibt der Konflikt des Unglaubens und Glaubens. Alle Epochen, in welchen der Glaube herrscht, unter welcher Gestalt er auch wolle, sind glänzend, herzerhebend und fruchtbar für Mitwelt und Nachwelt. Alle Epochen dagegen, in welchen der Unglaube, in welcher Form es auch sei, einen kümmerlichen Sieg behauptet, [...] verschwinden vor der Nachwelt, weil sich niemand gern mit Erkenntnis des unfruchtbaren abquälen mag.

Die letzten vier Bücher Mosis haben nach Goethes Auffassung den Unglauben zum Thema, und so empfindet er sie als verworren, sie sind ihm in der dargebotenen Form verdrießlich. Denn während das erste Buch, wie er sagt, den Triumph des

Glaubens zeigt, drängt sich ihm bei den letzteren der Eindruck auf, daß darin der Unglaube auf die kleinlichste Weise sich dem Glauben Schritt für Schritt in den Weg schiebt. Dabei handelt es sich eigentlich um einen Bericht über eine außerordentlich bedeutsame historische Unternehmung, nämlich um den Auszug Israels aus Ägypten unter Moses' Führung. Interessant ist also, zu sehen, was Goethe hier unter Glauben und was unter Unglauben versteht. Aus dem Zusammenhang ergibt sich, daß Goethe nicht den Gegensatz zwischen Religiosität und Atheismus gemeint haben kann, denn im biblischen Text ist von Atheismus selbstverständlich noch überhaupt nicht die Rede. Vielmehr sieht Goethe einen Ausdruck des Unglaubens darin, daß der »Gang der Geschichte [...] überall gehemmt [wird] durch eingeschaltete zahllose Gesetze«, dadurch, daß man sich »kleinlich bemüht, das religiöse Zeremoniengepäck zu vervielfältigen«, und Moses, »der Heerführer, der auf seinen Füßen stehen sollte, sich wiederholt aufs Angesicht wirft, um Gnaden und Strafen von oben zu erflehen, die beide nur verzettelt gereicht werden, so daß man mit dem verirrten Volk den Hauptzweck völlig aus den Augen verliert«, nämlich der Einzug ins Gelobte Land. Unglaube bedeutet demnach das, was Luther im Neuen Testament mit dem Ausdruck »Kleingläubigkeit« wiedergibt, also mangelndes Gott- und Selbstvertrauen, welches durch starres Festhalten an willkürlich eingesetzten Regeln und Riten kompensiert wird. Die verworrene Darstellungsart, die in dem von Goethe kritisierten biblischen Text herrscht, hat zur Folge, daß Moses als Zauderer, Gott als grauenvoll und schrecklich erscheint. Gewiß steckt darin eine geheime Kritik Goethes an der kirchlichen Orthodoxie, die er in seiner Jugend als quälend empfunden hat, aber auch ganz allgemein die Warnung vor der Gefahr einer Formalisierung und Reglementierung des religiösen Lebens der Menschen, einer Gefahr, der jede institutionalisierte Religion unterworfen ist.

Es soll hier nicht ausführlich dargelegt werden, wie Goethe

versucht hat, das Problem, das ihm in den letzten vier Büchern Mosis begegnet ist, im einzelnen zu lösen. Mit seinen eigenen Worten sei nur angedeutet, worin er die Auflösung des Rätsels sieht: Es ist »eine höchst traurige, unbegreifliche Redaktion«, welche diese Bücher durch Einschaltungen von Gesetzesvorschriften aus späterer Zeit »ganz ungenießbar« gemacht hat. Goethe bemüht sich also darum, den ursprünglichen Gang der Erzählung wieder herzustellen und von den Einschüben späterer Redakteure zu reinigen. Dabei soll ihm sowohl das Bild Gottes als patriarchalisches, freundliches Wesen, als welches er uns im ersten Buch Mosis wie später auch im Buch Josua und dem der Richter entgegentritt, und der Charakter des Propheten Moses selbst als Leitfaden dienen. Goethe begründet das so:

> Uns hierüber aufzuklären, sprechen wir aus: wie der Mann, so auch sein Gott.[2] Daher also von dem Charakter Mosis noch einige Schlußworte!
>
> »Ihr habt«, könnte man uns zurufen, »in dem Vorhergehenden mit allzu großer Verwegenheit einem außerordentlichen Manne diejenigen Eigenschaften abgesprochen, die bisher höchlich an ihm bewundert wurden, die Eigenschaften des Regenten und Heerführers. Was aber zeichnet ihn denn aus? Wodurch legitimiert er sich zu einem so wichtigen Beruf? Was gibt ihm die Kühnheit, sich trotz innerer und äußerer Ungunst zu einem solchen Geschäfte hinzudrängen, wenn ihm jene Hauptserfordernisse, jene unerläßlichen Talente fehlen, die ihr ihm mit unerhörter Frechheit absprecht?« Hierauf lasse man uns antworten: »Nicht die Talente, nicht das Geschick zu diesem oder jenem machen eigentlich den *Mann der Tat*, die Persönlichkeit ist's, von der in solchen Fällen alles abhängt. Der Charakter ruht auf der Persönlichkeit, nicht auf den Talenten. Talente können sich zum Charakter gesellen, er gesellt sich nicht zu ihnen: denn ihm ist alles entbehrlich außer er selbst. Und so gestehen wir gern, daß uns die Persönlichkeit Mosis, von dem ersten

Meuchelmord an durch alle Grausamkeiten durch bis zum Verschwinden, ein höchst bedeutendes und würdiges Bild gibt von einem Manne, der durch seine Natur zum Größten getrieben ist.«

Schon der Heldenverehrung des jungen Goethe lag eine ähnliche Überzeugung zugrunde. Sie umschloß so verschiedenartige mythologische und historische Gestalten wie Prometheus, Moses, Sokrates, Christus, Cäsar, Mohammed, Shakespeare, Spinoza, zu denen später noch Künstler wie Raffael, Leonardo, Mozart und naturwissenschaftliche Denker wie Giordano Bruno, Kepler, Kopernikus, Linné und andere geniale Naturen hinzutraten, die alle ihrem Zeitalter ein Gepräge aufgedrückt hatten, »das noch in nachfolgenden Geschlechtern kenntlich blieb und wohltätig fortwirkte«. Auch der Perser Hafis gehörte in die Reihe dieser Heroen; und wenn der alte Goethe im letzten Gedicht vom *Buch des Paradieses: Gute Nacht!* (»Nun, so legt euch, liebe Lieder ...«) davon träumte, »des Paradieses Weiten / Mit Heroen aller Zeiten / Im Genusse zu durchschreiten«, so dachte er gewiß an solche genialen Wesen, die der Weltgeist in ähnlicher Weise wie ihn mit unerklärlichen Gaben ausgezeichnet hatte.

Prinzipiell ist für Goethe der Bereich des Theologischen nicht getrennt zu betrachten von den übrigen Bereichen geistiger Errungenschaften der Menschen, von den Künsten, der Philosophie, der Naturerkenntnis usw. Allerdings waren erst die Säkularisations- und Aufklärungsprozesse des geistigen Europa vonnöten, ehe ein führender Geist der Epoche wie Goethe den bewegten Weltlauf mit solch innerer Freiheit und geistiger Sicherheit betrachten konnte und bis die Intellektuellen der Zeit bereit und fähig waren, sich einem solchen führenden Geist anzuschließen und einzusehen, daß »Apostel und Heilige auch nicht bessere Kerls als Klopstock und Lessing« – und Goethe selbst – gewesen waren.

Danach sollte es niemand mehr verwundern, wenn Goethe bei seiner Auseinandersetzung mit Mohammed sozusagen als

Gleicher unter Gleichen spricht und dessen Dichterkritik seinerseits mit einer Prophetenkritik erwidert.

28. Die Poesie vor dem Richterstuhl orthodoxer und liberaler Würdenträger

Wie es zum Antagonismus zwischen dem Propheten Mohammed und den Dichtern gekommen war, hatte Goethe aus vielen Quellen, welche er für seine Arbeit am *Divan* herangezogen hatte, erfahren können. Unter anderem hatte er Kenntnis genommen von einem Ausfall gegen die Dichter, der sich in den Versen 216-227 der Sure 26, *Die Poeten*, findet. Die *Koran*-Übersetzung Josef v. Hammers in den *Fundgruben des Orients* brachte die darauf bezüglichen Verse in folgendem Wortlaut:

216. Vertraue Gott dem Allerhöchsten, dem Allerbarmenden.
217. Er siehet dich, wenn du aufstehst zum Gebet.
218. Wenn du dich beugst mit jenen, die sich auf der Erde beugen.
219. Er ist der Alles hört, dem Nichts entgeht.
220. Soll ich dir sagen auf wen die Teufeln niedersteigen?
221. Sie steigen nieder auf die Lügner und den Bösewicht.
222. Sie flüstern ihm ins Ohr, doch nichts als Lügen.
223. Die Poeten folgen ihnen, und lassen sich von ihnen betrügen.
224. Siehst du denn nicht, wie sie durch alle Thäler schweifend nimmer ruhn.
225. Und Dinge sagen, so sie nimmer thun.
226. Die ausgenommen, welche Gutes thun, und viele Gebete zum Herrn senden.
227. Sie riefen um Hülfe nachdem sie Unrecht erlitten. Die Unrecht thun wissen wohl, wie sich ernst die Sache wird enden.

Goethe machte sich daraufhin – vermutlich am 7. oder 8. März 1815 – mit roter Tinte Notizen, denen er die Überschrift »Anklage« gab. Es war die Keimzelle zu einem Gedicht über die Anklage des *Korans* gegen die Poeten:

Anklage

Soll ich dir sagen auf wen die
Teufel niedersteigen
Sie steigen nieder auf die Lügner
und den Bösewicht
Die Poeten folgen ihnen und lassen
Sich von ihnen betrügen
Siehst du denn nicht wie sie durch
alle Thäler schweifend nimmer ruhn.
Und Dinge sagen so sie nimmer thun.

sur. 36 [statt 26] p. 255. III Fdgr.
Poesie, Propheten Wort, Magie.

Die letzten drei Stichworte »Poesie«, »Propheten Wort« und »Magie« sind ebenso Goethesche Zutat und Ausdruck seiner Gedankengänge wie die Überschrift »Anklage«. Sie weisen hin auf das Problem, daß Magie sowohl von der Poesie als vom Prophetenwort ausgeht. Zwei oder drei Tage danach – sein Tagebuch vermerkt an diesen Tagen: Lektüre des »Coran« – entstand am 10. März 1815 ein Gedicht, das Goethe später ins *Buch Hafis* aufnahm:

Anklage

Wißt ihr denn auf wen die Teufel lauern,
In der Wüste, zwischen Fels und Mauern?
Und, wie sie den Augenblick erpassen,
Nach der Hölle sie entführend fassen?
Lügner sind es und der Bösewicht.

Der Poete warum scheut er nicht
Sich mit solchen Leuten einzulassen!

Weiß denn der mit wem er geht und wandelt,
Er, der immer nur im Wahnsinn handelt?
Grenzenlos, von eigensinngem Lieben,
Wird er in die Öde fortgetrieben,
Seiner Klagen Reim', in Sand geschrieben,
Sind vom Winde gleich verjagt;
Er versteht nicht was er sagt,
Was er sagt wird er nicht halten.

Doch sein Lied man läßt es immer walten,
Da es doch dem Koran widerspricht.
Lehret nun, ihr des Gesetzes Kenner,
Weisheit-fromme, hochgelahrte Männer,
Treuer Mosleminen feste Pflicht.

Hafis insbesondre schaffet Ärgernisse,
Mirza sprengt den Geist ins Ungewisse,
Saget was man tun und lassen müsse?

Die Einteilung des Gedichts in fünf Strophen ungleicher Länge deutet darauf hin, daß sich verschiedene anklagende Stimmen erheben, wobei allemal der *Koran* die Grundlage bildet. So beruht die erste, aus fünf Versen bestehende Strophe auf dem Wortlaut von Sure 26, Vers 220 f. Der den Poeten anklagende Sprecher der zweiten, aus einem einzigen Verspaar bestehenden Strophe nimmt den Wortlaut von Vers 223 auf. Hier wie dort wird den Dichtern der Vorwurf gemacht, sich mit Lügnern, Bösewichtern, Teufeln einzulassen. Die Anklage, sich durch schlechten Einfluß verführen zu lassen, enthält zugleich den Vorwurf, daß sie selbst zu Verführern für die Menschen werden und ihrerseits schlechten Einfluß ausüben. Mit leisem Anklang an die Verse 224 f. versucht der Sprecher der dritten

Strophe den Poeten durch den Hinweis, er handle unbewußt, »im Wahnsinn«, also nicht aus verantwortungsvollem Denken, in Schutz zu nehmen. Die Vorstellung vom Dichter als einem Wahnsinnigen, ebenso wie die Vorstellung vom Dichter als Lügner, ist uralt und war schon der Antike vertraut. In der vierten Strophe kommt die eigentliche Mißlichkeit zur Sprache: was kann man tun, damit Lieder, die dem *Koran* widersprechen, nicht mehr wie bisher im Volk kursieren und »walten«? Die Strenggläubigen appellieren an »Weisheit-fromme, hochgelahrte Männer«, an die »Kenner des Gesetzes«, um die Muslime über ihre Pflicht zu belehren. In der fünften Strophe werden dann speziell Hafis und Mirza als Sündenböcke genannt.

Wenn es in Vers 21 heißt, »Hafis insbesondere schaffet Ärgernisse«, so kann das schon im Hinblick auf des Hafis Einstellung zum Weinverbot nicht wundernehmen. Es erscheint plausibel, daß er nach Meinung der Orthodoxen die Gemüter verwirrte. Sein vielfältiges Lob irdischer Lebensgenüsse konnte ihn als besonders gefährlichen Verführer erscheinen lassen.

Dagegen gibt Vers 22: »Mirza sprengt den Geist ins Ungewisse« Rätsel auf. Die Kommentatoren haben sich bisher vergebens bemüht, einen Dichter des Namens Mirza ausfindig zu machen, auf den der Inhalt des Verses passen könnte. Doch mit der Metapher »sprengt den Geist ins Ungewisse« ist nur das ausgedrückt, was Goethe im *Mahomet*-Kapitel als charakteristisches Tun des Poeten überhaupt beschreibt: den Menschen »außer sich hinaus ins unbedingte Freie« zu führen und zu tragen. Eine befriedigende Erklärung, wer dieser angeklagte »Mirza« ist, findet man nicht, wenn man unter Dichtern nach ihm sucht. Meines Erachtens meinte Goethe hier den freigeistigen Herausgeber einer Dichter-Anthologie, Sam Mirza, dessen Auswahl von Gedichten und dessen Kriterien zu ihrer Beurteilung wie geschaffen waren, um bei Regierung und Geistlichkeit Beunruhigung auszulösen. Der führende Arabist der Goethezeit, Silvestre de Sacy, dem Goethe aus Dankbarkeit für die von ihm übermittelten Kenntnisse über den islamischen Orient seinen *West-östlichen Divan* in einem Widmungsgedicht zueignete, berichtet über Sam Mirza und seine Anthologie wie folgt:

Die Erhabenheit der Gegenwart oder *Geschichte der Dichter von Sam Mirza*. Sam Mirza lebte noch im Jahre 957 [1550] …

»Die Dichter unserer Zeit haben, so sagt er […] all diejenigen übertroffen, welche ihnen vorausgegangen sind, und jeder von ihnen hat die Höhe der Beredsamkeit eines Khosrou, Saadi, Anweri und die Kenntnisse eines Ferdousi erreicht […] und da die Folge der Zeiten die Erinnerung an ihre Namen auslöschen könnte, so habe ich mich darangemacht, in diesem Band die genauesten Daten über ihr Leben zu sammeln und eine Blütenlese ihrer Verse darin zu vereinen. Dieses Werk, dem ich den Namen *Tohfaî Sami* gegeben habe, ist in sieben Bücher unterteilt […] Man darf nicht überrascht sein, wenn man in dieser Sammlung die Namen von einigen Feinden des Reiches und seiner Religion finden wird. Sehen wir nicht im Koran den Namen Gottes neben dem der Gottlosen, der Pharaonen und der Riesen? Schließlich sollte man in Betracht ziehen, daß es sich hier um eine historische Sammlung handelt und nicht um ein Buch, welches für die Andacht und Frömmigkeit bestimmt ist.«[1]

Auf solch einen ketzerischen Text paßt sehr wohl Goethes Formulierung: »Mirza sprengt den Geist ins Ungewisse«. Denn er enthält Kühnheiten von unglaublicher Frivolität. Es wird darin darauf hingewiesen, daß im *Koran* gelegentlich Gott mit den Gottlosen in einem Atemzug genannt wird, was formal gesehen zwar richtig sein mag, aber hier so erscheint, als wären sie ihm dadurch gleichgestellt, während es im *Koran* im Gegenteil doch darum geht, daß sie von Gott dem Unvergleichlichen der ewigen Verdammnis preisgegeben werden. Welch eine Verkehrung der Maßstäbe! Als ein fast noch krasserer Akt der Blasphemie erscheint es jedoch, wenn hier darüber hinaus von den Pharaonen und Riesen die Rede ist, also von fabelhaften Gestalten, neben welchen dann Gott selbst fast auch als ein Fabelwesen erscheint und der *Koran* als eine bloße Sammlung von Fabeln und Geschichten. Auch ein mit dem Islam nicht sonderlich vertrauter Leser wird dies ohne weiteres als eine ketzerische Position erkennen.

Schwieriger ist es, zu verstehen, welche Bewandtnis es mit der *Erhabenheit der Gegenwart* auf sich hat und mit der von Mirza behaupteten Überlegenheit der gegenwärtigen Poesie über diejenige der Altvordern. Tilman Nagel schreibt in seiner *Geschichte der islamischen Theologie* (München 1994, S. 73): »Als Gegenbegriff zur *sunna* kommt das Wort *bid'a* in Gebrauch; es brandmarkt Handlungsweisen als ›Neuerungen‹, die nicht der Sitte der Altvorderen entsprechen.« Und er zitiert (S. 224) aus dem Glaubensbekenntnis des Ahmad b. Hanbal, des Begründers der rigorosesten der vier sunnitischen Rechtsschulen: »Alle Zweifelsfragen, welche die Gelehrten meiden, sind zu verabscheuen! Hütet euch insgesamt vor den Neuerungen!« Bid'a, das heißt Neuerung, wurde demnach der Ketzerei gleichgestellt und damit zum todeswürdigen Verbrechen. Mit welcher Entschiedenheit dieses Prinzip noch heute von den islamischen Autoritäten gehandhabt wird, zeigt ein Vorfall aus der Studentenzeit des ägyptischen Sprachwissenschaftlers Professor Nasr Hamid Abu Zaid, den er in seinen Erinnerungen *Ein Leben mit dem Islam* (Freiburg 1999, S. 102) beschreibt. Als er vom Arabistischen Seminar der Azhar-Universität von Kairo zum neuen Assistenten im Bereich Islamwissenschaften bestimmt wurde, wandte er ein, daß er sich nicht in der Lage sähe, etwas Neues beizutragen. Daraufhin rief einer der Professoren:

> Etwas Neues? Gibt es denn etwas Neues in der Islamwissenschaft? [...] Die Koranwissenschaften und die Rhetorik gehören zu den Wissenschaften, die so lange geschmort haben, bis sie richtig gar geworden sind. Willst du etwa eine neue Theorie erfinden?

Der junge Abu Zaid schloß daraus: »Schon diese Diskussion zeigte, daß es unmöglich sein würde, über den Koran zu arbeiten und gleichzeitig frei zu sein.« Für die Poeten wurde zum

Verhängnis, daß man das Prinzip Ahmad b. Hanbals, das heißt das Verbot von Neuerungen in Theologie und Recht, allmählich auch auf das Gebiet der Poesie ausdehnte. Daß das Verbot von Neuerungen bis heute ein Problem der arabischen Dichter geblieben ist, beschreibt der große syrische Lyriker Adonis, der heute in Paris im Exil lebt, in *An Introduction to Arab poetics*, (London 1990) im Kapitel *Poetics and Modernity*. (Das Original dieser Vorlesungsreihe ist in Paris 1985 erschienen unter dem Titel: *Introduction à la poétique arabe*.) Wenn also Mirza die Gegenwart als erhaben preist und die Dichter der Gegenwart gegenüber ihren Vorgängern als überlegen darstellt, so bedeutet das in den Augen der »Gesetzeskenner« in der Tat eine Umwertung aller Werte! So konnte Goethe keine geeignetere Symbolfigur finden als diesen Sam Mirza, wenn es darum ging, Hafis von den irritierten Rechtgläubigen nicht nur als Individuum, sondern beispielhaft an der Spitze ganzer Scharen zweifelhafter Dichter vor Gericht anklagen zu lassen.

Anklage ist das erste von jenen vier Gedichten im *Buch Hafis*, welche vom Konflikt des freisinnigen Dichters mit der geistlichen Obrigkeit handeln. Zwar hätte Goethe statt ins *Buch Hafis* diese Gedichte auch ins *Buch des Unmuts* stellen können. So aber benutzt er sie, um die vielumstrittene, facettenreiche Persönlichkeit des Hafis auch aus dem Blickwinkel seiner Widersacher zu beleuchten und die Einsprüche, welche jene gegen dessen *Diwan* erhoben, als exemplarisch für den Konflikt des Dichters mit der Welt darzustellen. Mit Bedacht plazierte Goethe das große Einleitungsgedicht *Beiname* an den Anfang der dem Hafis gewidmeten Gedichtgruppe, um gleichsam im Vorfeld der Auseinandersetzungen diesem Dichter eine echte, tiefe Religiosität zu bescheinigen und damit zu bezeugen, daß ihm der Beiname und Ehrentitel »Bewahrer des Koran« mit Recht zugesprochen wird. Den späteren Vorwürfen von seiten der Orthodoxie soll so von vornherein der Stachel genommen werden. Dem Gedicht *Anklage* läßt Goethe im *Buch Hafis* unmittelbar das Gedicht *Fetwa* folgen, das wohlgemerkt zu den allerfrühsten *Divan*-Gedichten gehört und vor allen andern in diesem Zusammenhang erwähnten Gedichten entstand. Der *Divan*-Dichter wurde zu diesen *Fetwa*, das heißt Rechtsgutachten, betitelten Versen inspiriert durch die Vorrede des Hafis-Übersetzers J. v. Hammer, der über den Streit um Hafis berichtet:

Als [nach dem Tode des Hafis] die wahre oder Scheinfrömmigkeit der *Muftis, Scheiche, Ulemas, Sofis, Imame,* der *Derwische* und *Kalender* die Unmöglichkeit sah, Hafisens Lieder aus dem Munde des Volkes zu bringen, mußte sie wohl, um die Orthodoxie des Dichters und die ihrige zu retten, die sinnlichen Bilder für übersinnliche Allegorieen, und die ganze Sprache Hafisens für mystische Sprache erklären [...] Es ward mit vieler Lebhaftigkeit gestritten dafür und dawider, nicht nur in *Schiras*, sondern auch in *Konstantinopel.* Die osmanischen Gesetzgelehrten legten die Frage sogar dem berühmten Mufti *Ebusuud* vor, dessen Fetwas über alle Gegenstände der religiösen und politischen Gesetzgebung kanonischen Wert haben.

Die Frage und das Fetwa lauteten, wie folgt: Gesetzt, *Seid* sagt: der Divan Hafisens sey die Sprache göttlicher Geheimnisse, und *Omar* antwortet: er irre sich hierin, diese Gedichte seyen so wenig geheimnisvolle Ascetensprache, daß mehr als Ein Gesetzgelehrter die Lesung derselben als verboten erklärt habe. Wenn nun hierauf *Seid* erwidert: daß (ohne der Ehrfurcht für so große Gesetzgelehrte zu nahe zu treten) dieselben hievon nichts verständen, und daß solche erotische Gedichte kein Löffel für ihren Mund seyen, was ist denn wohl dem *Seid* von Rechts wegen zu antworten?

Fetwa.

Die Gedichte Hafisens enthalten viele ausgemachte und unumstößliche Wahrheiten, aber hie und da finden sich auch Kleinigkeiten, die wirklich außer den Grenzen des Gesetzes liegen. Das sicherste ist, diese Verse wohl von einander zu unterscheiden, Schlangengift nicht für Theriak anzunehmen, sich nur der reinen Wollust guter Handlungen zu überlassen, und vor jener, welche ewige Pein nach sich zieht, zu verwahren. Dies schrieb der arme Ebusuud, dem Gott seine Sünden verzeihen wolle.[2]

Ein musterhaftes Fetwa, wodurch der weise Mufti seine Orthodoxie sehr fein aus der Schlinge zog, und zugleich die Erwartungen der fanatischen Zeloten täuschte, die nur noch mit dem Bannstrahle des Scheichulislam gewaffnet seyn wollten, um über den ganzen Diwan Hafisens und alle seine Bewunderer den Stab der Verdammung zu brechen.

Das salomonische Urteil des weisen Türken entzückte Goethe so, daß er es durch Rhythmisierung, bei weitgehender Wahrung des Wortlauts, zum Gedicht umwandelte:

Fetwa.

Hafis' Dichterzüge, sie bezeichnen
Ausgemachte Wahrheit unauslöschlich,
Aber hie und da auch Kleinigkeiten
Außerhalb der Grenze des Gesetzes.
Willst du sicher gehn, so mußt du wissen
Schlangengift und Theriak zu sondern –
Doch der reinen Wollust edler Handlung
Sich mit frohem Mut zu überlassen,
Und vor solcher, der nur ew'ge Pein folgt,
Mit besonnenem Sinn sich zu verwahren,
Ist gewiß das Beste, um nicht zu fehlen.
Dieses schrieb der arme Ebusuud,
Gott verzeih' ihm seine Sünden alle.

Die Spontaneität, mit der Goethe den Text von Ebusuuds Fetwa in ein Gedicht umwandelte, weist darauf hin, daß er beim Lesen derselben unmittelbar das Gefühl gehabt haben muß: hier geht es auch um deinen eigenen Fall! Später fügte er dem Gedicht drei weitere hinzu, in welchen er das Thema des Konflikts zwischen dem Dichter und der geistlichen Obrigkeit erneut aufgriff. Dem großmütigen Mufti jedoch setzte Goethe, indem er dessen Fetwa in seinem *Divan* als Musterbeispiel eines weisen Schiedsspruchs zitiert, ein Ehrendenkmal. Eine bestimmte Wendung im Text des Ebusuud muß Goethe besonders überrascht und erfreut haben: »die reine Wollust guter Handlungen«. Denn damit hat der Mufti eine Formel gefunden, welche Goethe aus der *Ethik* des über ein Jahrhundert später geborenen Spinoza bekannt war und die er zur Richtschnur seines Handeln gemacht hat: das »bene agere et laetari«! »Gutes tu rein aus des Guten Liebe!« heißt es in einem Vierzeiler Goethes aus dem Jahr 1814.

Wenn Goethe die bekannte historische Figur des Ebusuud aus dem 16. Jahrhundert in seinem *Divan* als Sprecher auftreten läßt, so wird daraus auch deutlich, daß in den Gedichten *Anklage* und *Fetwa* nicht von zeitgenössischen, sondern von postumen Angriffen der Geistlichkeit auf den *Diwan* des Hafis die Rede ist. Damit verstärkt sich zugleich die Vermutung, daß Goethe bei Vers 22 des Gedichts *Anklage* an Sam Mirza gedacht hat, der ein Zeitgenosse Ebusuuds war. Das 16. Jahrhundert war eine Epoche großer innerer Unruhe, politischer Machtkämpfe und fanatischer Feldzüge sowohl von seiten der sunnitischen als auch der schiitischen Geistlichkeit. Dichter und bildende Künstler flüchteten damals aus Mittelasien und Persien in Länder mit günstigeren Bedingungen. Im Iran beschränkte die Dynastie der Safawiden (1501-1732) die erlaubte Literatur fast ausschließlich auf religiöse Dichtung, was unzählige Dichter dieser Zeit zur Auswanderung nach Indien veranlaßte, wo die religiös und kulturell offene Atmosphäre des prunkvollen Mogulhofes lockte und vor allem die den Dichtern gewährte größere Freiheit. Wenn nun ein Mufti wie Ebusuud Effendi in diesen religiös fanatisierten Zeiten weltoffene Toleranz walten ließ, so verdiente ein solches Verhalten nach Meinung Goethes auch noch nach Jahrhunderten dankbare Anerkennung.

Im *Fetwa* betitelten Gedicht folgte Goethe zwar im ganzen dem Wortlaut seiner Vorlage bei Ebusuud, doch sorgten als Glanzlichter hinzugefügte eindrucksvolle Wortprägungen wie »Hafis' *Dichterzüge*« und kleine Änderungen am Text dafür, daß aus der Prosavorlage ein Gedicht wurde. Durch syntaktische Umstellungen und semantische Varianten verstärkte Goethe die Ironie des Textes: Mit einem großen »Aber« werden die Ketzereien des Hafis von dem weisen Richter zu »Kleinigkeiten / Außerhalb der Grenze des Gesetzes« heruntergespielt. Durch diese rhetorische Meisterleistung war es Ebusuud gelungen, den Bannstrahl vom *Diwan* des Hafis abzulenken. Weder wird das Werk *in toto* verworfen noch der Dichter verdammt. Es ergeht vielmehr an den Leser die Mahnung: Er soll sein kritisches Vermögen einsetzen, um Gutes und Böses, Nützliches und Schädliches unterscheiden zu lernen; es bleibt also dem Einzelnen überlassen, Gift und Gegengift (Theriak) zu »sondern«, im übrigen kommt es – und darin liegt die Quintessenz des *Fetwa* – nicht so sehr auf Worte, sondern vielmehr auf die Handlungen, den untadeligen oder schlechten Lebenswandel der Menschen an, für deren Konsequenz im Guten wie im Bösen jeder selber verantwortlich ist.

Goethes Begeisterung für einen solchen Richter und einen solchen Urteilsspruch ließ ihn ein Dankgedicht auf den Mufti schreiben, das diesen als »Heiligen« rühmt:

Der Deutsche dankt.

Heiliger Ebusuud, hasts getroffen!
Solche Heilge wünschet sich der Dichter;
Denn gerade jene Kleinigkeiten
Außerhalb der Grenze des Gesetzes
Sind das Erbteil, wo er übermütig,
Selbst im Kummer lustig, sich beweget.
Schlangengift und Theriak muß
Ihm das eine wie das andre scheinen.

Töten wird nicht jenes, dies nicht heilen:
Denn das wahre Leben ist des Handelns
Ewge Unschuld, die sich so erweiset,
Daß sie niemand schadet als sich selber.
Und so kann der alte Dichter hoffen,
Daß die Huris ihn im Paradiese
Als verklärten Jüngling wohl empfangen.
Heiliger Ebusuud, hasts getroffen!

Das Gedicht zeigt deutlich, wie sehr Goethe sich mit seinem östlichen Bruder Hafis auch im Hinblick auf die Streitigkeiten um dessen *Diwan* identifiziert hat. Was er von Anklagen und Fetwas las, mußte ihn daran erinnern, daß er in gleicher Weise von seinem Publikum verkannt und mißverstanden wurde. Hatte er selbst doch von Anbeginn seiner Autorschaft darunter zu leiden gehabt, daß man den Sinn seiner Werke verfehlte und ihn als Autor verteufelte. Angriffe von seiten der Geistlichkeit und von dem durch die Kirche beeinflußten Publikum waren zur deprimierenden Konstante in Goethes Leben als Autor geworden. Die verständnislose Resonanz auf seinen ersten Roman, *Werthers Leiden*, hatte ihm die Freude am Dichten für viele Jahre vergällt. Das bloße Faktum, daß sein Held sich das Leben genommen hatte, brachte ihm zahllose feindselige Angriffe und Verdammungsurteile ein. Mit dem Schauspiel *Stella* erging es ihm nicht besser: weil sich am Schluß der Ausblick auf eine Ehe zu dritt eröffnet, traf ihn der Vorwurf der Amoralität. Nach Erscheinen von *Wilhelm Meisters Lehrjahren* wurde dem Autor selbst von Freunden vorgeworfen, er lasse seinen Helden in eine allzu liederliche Gesellschaft geraten. Viele Gedichte, darunter auch Teile der *Römischen Elegien*, wagte Goethe gar nicht zu veröffentlichen, weil er wußte, das Publikum würde auf deren antikisch freie Erotik feindlich reagieren. Die *Wahlverwandtschaften* entfesselten Stürme sittlicher Entrüstung wegen der Art, wie Goethe darin die Ehebruchsproblematik behandelt hatte. Die *Wanderjahre* brachten ihm erneut Nackenschläge von seiten der Geistlichkeit und ihrer Gefolgschaft ein. Solche und ungezählte andre bittere Erfahrungen mit den Vertretern der christlichen Kirchen standen Goethe vor Augen bei allem, was er über Verleumdungen und Angriffe las, denen Hafis von seiten der muslimischen Orthodoxie ausgesetzt war. Darum konnte er aus voller Brust über die Jahrhunderte hinweg dem Mufti Ebusuud zurufen:

Heiliger Ebusuud, hast's getroffen!
Solche Heilge wünschet sich der Dichter;

Die Wendung von den »Kleinigkeiten außerhalb der Grenze des Gesetzes« scheinen Goethe so entzückt zu haben, daß er sie auch in *Der Deutsche dankt* wiederholt und ihre Wichtigkeit für den Dichter erläutert:

Denn gerade jene Kleinigkeiten
Außerhalb der Grenze des Gesetzes
Sind das Erbteil, wo er übermütig,
Selbst im Kummer lustig, sich beweget.

Die durch orthodoxe Lehrmeinungen, religiöse Satzung und beschränkte Moral vorgeschriebenen Schranken der Gedanken- und Handlungsfreiheit werden hier mit der sprechenden Metapher »Grenze des Gesetzes« leicht ins Ironische gezogen. Damit bekennt sich der Dichter jedoch keineswegs zum schrankenlosen Libertinismus. Als sein »Erbteil«, d. h. als seinen geistigen Besitz, bringt er ins Erdendasein eigene Vorstellungen mit, durch welche er sich nicht weniger gebunden fühlt, die ihn aber dazu berechtigen, sich außerhalb jener von den Dogmatikern gesetzten Norm zu bewegen.

Das Recht des Poeten für sich beanspruchend, bewegt er sich »übermütig« und selbst »im Kummer lustig«, wobei »lustig« das tiefere Wesen des Künstlers charakterisiert und nicht nur die Stimmung, wie Christa Dill mit Recht betont.

Hans Pyritz (in *Goethe-Studien*, Köln 1962, S. 205 f.) sieht in den Versen:

Denn das wahre Leben ist des Handelns
Ew'ge Unschuld, die sich so erweiset,
Daß sie niemand schadet als sich selber

»einen der seltenen Fälle, wo Goethe sein Schweigen über die letzten Geheimnisse bricht«, ein »gewaltiges Wort aus der Urtiefe seines metaphysischen Bewußtseins«. Es sei gerichtet gegen jeden religiös-ethischen Dualismus, der die Ganzheit des Lebens in Gut und Böse, in Wahrheit und Irrtum aufspaltet *(Fetwa)*. Das »wahre Leben«, das eigentliche Leben, rechtfertige sich in jedem Augenblicke selber, sei vollkommen in sich, gemäß dem Goetheschen in einem Brief an J. H. Meyer vom 8. Februar 1796 geäußerten Diktum: »Der Zweck des Lebens ist das Leben selbst.« Nun mag es zwar zutreffen, daß jene Verse Goethes der »Urtiefe seines metaphysischen Bewußtseins« entsprungen sind, wie Pyritz sich ausdrückt. Nur daß Goethe sich hiermit »weit außerhalb des vom – ästhetischen und ethischen – Gesetz bestimmten Klassizismus auf einen neuen Boden metaphysischer Freiheit« gestellt habe, wie Pyritz des weiteren behauptet, läßt sich nicht aufrechterhalten. Denn diese Gedanken, recht verstanden, waren für Goethe keineswegs neu; geht es doch um nichts anderes als um Spinozas »Bestreben nach Erhaltung des eigenen Seins«, »suum esse conservare«.[3] Und daß in Goethes »metaphysischem Bewußtsein«, um bei Pyritz' Ausdruck zu bleiben, die Lehren Spinozas fest verankert waren, hat er selbst mehrfach betont. Bedenklich jedoch ist, was Pyritz aus jenen Versen ableitet. Denn er will in Goethe einen Vitalisten erkannt haben (wie er das ausdrücklich auf S. 207 in bezug auf das Gedicht *Wiederfinden* bekundet), indem er erklärt, alles Handeln sei, metaphysisch gesehen, »unschuldig«, d. h. der Wertung unzugänglich, weil es der ewigen Notwendigkeit des Lebens entspringt. »Und dieser Lebensprozeß ist das grundlose und nicht zu deutende Urphänomen des Seins, das Goethe hier als die unmittelbare Funktion des Göttlichen verehrt.« So sei auch der Künstler nicht dogmatisch zu richten, sondern als Selbstzeugnis des Lebens zu verstehen. Gerade außerhalb des »Gesetzes« bewähre er sein »Erbteil«: die »seherische Vergegenwärtigung der Selbstherrlichkeit des Lebens«. Das ist alles weit mehr Nietzsche als Goethe, und selbst wenn Nietzsche sich als Erben sowohl Spinozas als auch Goethes verstanden hat, so ist doch festzuhalten, daß Goethe ihm auf das Feld des künstlerischen Elitedenkens und Amoralismus niemals gefolgt wäre.[4] Es gibt nicht den geringsten Hinweis darauf, vielmehr spricht alles dagegen, daß Goethe sich in der *Divan*-Epoche »weit außerhalb des vom – ästhetischen und ethischen – Gesetz bestimmten Klassizismus« gestellt und sich damit von Spinoza verabschiedet hätte, dessen *Ethik* er einst nicht nur in der Ode *Prometheus*, sondern auch in dem Gedicht *Das Göttliche* gehuldigt hat, welches bekanntlich mit den Worten beginnt: »Edel sei der Mensch, hilfreich und gut.« Dieses Gedicht war, neben dem *Prometheus*, der Auslöser für die berühmte Spinoza-Debatte in der deutschen Literatur gewesen. Im Alter hat Goethe sich keineswegs von Spinoza abgewandt, vielmehr nahmen seine Bekenntnisse zu dem Verkünder des amor dei intellectualis an Entschiedenheit noch zu. Um den Unterschied der oben angeführten Verse aus *Der Deutsche dankt* zur vitalistischen Position, die Pyritz darin gefunden haben will, zu erkennen, muß man sie im Lichte der Affektenlehre Spinozas lesen und dabei insbesondere die Bedeutung des Verses »Daß sie niemand schadet als sich selber« in Betracht ziehen. Nur in einem Punkt ist Pyritz beizupflichten: Er weist zu Recht auf Goethes Abneigung gegen jegliche Art von dualistischen Tugendlehren hin, deren Gefährlichkeit für die Poesie, ja ganz allgemein für ein menschenwürdiges Leben, wenn sie zur herrschenden Doktrin, zur Ideologie werden, der Dichter hier am Beispiel der islamischen Orthodoxie andeutet, wobei er zugleich am Fall des »Heiligen« Ebusuud aufzeigt, wie es gelegentlich einem mutigen und gewitzten Menschen gelingen kann, diese zu überlisten.

29. *El Motanabbi,* der Möchtegernprophet Abul Tayib, als Namenspatron im *West-östlichen Divan*

»Der Verwegenste jedoch,
ein geistvoller Dichter.«

Unter den Dichtern des Goldenen Zeitalters der arabischen Kultur erweckte einer Goethes ganz besonderes Interesse: *Motanabbi.* Die Art und Weise, in welcher der *Divan*-Dichter auf Motanabbi zu sprechen kommt, läßt erkennen, daß dessen Persönlichkeit für ihn besondere Anziehungskraft hatte. Es kümmerte Goethe nicht, daß es sich hier um einen in Europa weitgehend Unbekannten handelte. Auch heute noch wird man gut tun, einige Informationen vorauszuschicken, bevor man das Verhältnis Goethes zu diesem arabischen Dichter behandelt.

Abul Tayib Ahmed Ibn al Hosain, mit Beinamen Motanabbi, lebte von 915 bis 965 christlicher Zeitrechnung. Er war einfacher Herkunft; sein Vater war Wasserträger in Kufa. Durch seine sprachschöpferischen Fähigkeiten wirkte Motanabbi als kühner Erneuerer der poetischen Sprache und galt zur Zeit seines Auftretens fast unbestritten als größter Dichter der Epoche. Es war die Blütezeit arabischer Literatur und Philosophie. Dies drei Jahrhunderte (750 bis 1055) andauernde Zeitalter begann, als die Dynastie der Abbasiden die Führung der islamischen Welt übernommen hatte. Damals wurde die neue Hauptstadt Bagdad zum Mittelpunkt der Literatur und Künste. In seiner Jugend soll Motanabbi unter den Beduinen der Wüste Samawa als Prophet einer neuzugründenden Religion aufgetreten sein und mit seiner Nachahmung des *Koran* wirklich Anhänger gefunden haben. Dies führte jedoch nach kurzer Zeit zu seiner Verhaftung. Auf jenes Abenteuer soll sein Beiname Motanabbi – der »Möchtegern-Prophet« – zurückgehen, unter dem er berühmt wurde. Motanabbi lebte an verschiedenen

Höfen, fand aber weder in Syrien noch in Ägypten, Bagdad oder Persien seine hochgespannten Erwartungen erfüllt und wurde oft in Streitigkeiten verwickelt. Auf einer Rückreise von Persien kam er in der Nähe von Bagdad durch räuberische Beduinen ums Leben.

Manche Experten halten Motanabbi für den größten arabischen Dichter oder doch wenigstens für den letzten großen. Wie hoch er als Klassiker der arabischen Dichtkunst geschätzt wird, bewies die Tausendjahrfeier seiner Geburt, die 1935 in allen arabisch sprechenden Ländern begangen wurde. Von der ursprünglichen Beliebtheit Motanabbis in alter Zeit zeugen viele Kommentare und kritische Erläuterungen, die seinen Gedichten bald gewidmet wurden. Einige Generationen nach seinem Tode gehörte Motanabbis *Diwan* zu den Werken, die von arabischen Schülern auswendig gelernt zu werden pflegten wie der *Koran*.

Den europäischen Lesern war zu Goethes Zeit Motanabbi so gut wie unbekannt. Sicher wurden viele erst auf ihn aufmerksam durch die achtungsvolle Behandlung, die ihm im *West-östlichen Divan* widerfuhr. Bis dahin waren nur wenige Proben seiner Dichtkunst in europäischen Sprachen erschienen. 1816, als der poetische Teil des Goetheschen *Divans* schon so gut wie abgeschlossen war, veröffentlichte J. v. Hammer *Proben aus Motenebbi*, insgesamt neun Gedichte aus der Jugendepoche des Dichters. Zur Einleitung sagt er: »wie Mohammed der letzte und die Krone der Propheten« gewesen sei, so ward Motanabbi »der erste und die Krone der Dichter des Islams«. Einige Jahre nach Goethes *West-östlichem Divan* ließ Hammer dann eine Übersetzung von Motanabbis *Diwan* erscheinen, in deren Titel dieser wiederum als größter arabischer Dichter apostrophiert wird.

Goethe hatte vermutlich schon als 16jähriger Student in Leipzig von Motanabbi erfahren und einen Eindruck von seinen Gedichten gewonnen. Als er Anfang Oktober 1765 während der Messezeit in Leipzig eintraf, war nämlich dort gerade ein Buch von Johann Jacob Reiske erschienen: *Proben der arabischen Dichtkunst in verliebten und traurigen Gedichten, aus dem Motanabbi.* Arabisch und Deutsch, nebst Anmerkungen. Leipzig 1765. Reiske, ein Freund Lessings und der in jener Zeit bedeutendste Arabist Europas, zählte zu den Berühmtheiten der Stadt Leipzig, auch wenn die maßgeblichen Professoren ihm an der Universität keine seinem wissenschaftlichen Rang angemessene Stellung einzuräumen bereit waren. Seine Motanabbi-Anthologie wandte sich durchaus nicht nur an Gelehrte, sie war, soweit es die deutschen Übersetzungen und Erläuterungen betraf, leicht verständlich und populär gehalten. Als Lesestoff für das städtische Publikum entbehrten die »verliebten Gedichte« Motanabbis nicht der erotischen Pikanterie. Auch durch Reiskes huldigende »Zuschrift« zum Geburtstag seiner ihm gerade neuvermählten, schönen und gelehrten Gattin Ernestine Christine machte das Büchlein von sich reden. Herder wurde damals durch Reiskes Motanabbi-Anthologie zu neuen Gedanken »über die Elegie« angeregt.

Für den *West-östlichen Divan* wurde die erneute Lektüre von Reiskes Motanabbi-Anthologie in den Jahren 1818/19 fruchtbar, indem sie Goethe zur entscheidenden Eingebung für das Gedicht *Einlaß* im *Buch des Paradieses* verhalf. Dem erotischen Charakter der Reiskeschen Anthologie entsprechend, stammt das Motiv aus dem Bereich der Liebesdichtung Motanabbis; in diesem Fall handelte es sich um einen Gedanken sublimierter Erotik, den Goethe aufgriff. Das Gedicht *Einlaß* vom 24. April 1820 entstand als erstes von mehreren Gedichten, die Goethe bald nach Erscheinen des *West-östlichen Divans* verfaßte, um mit ihnen in einer späteren Ausgabe das *Buch des Paradieses* zu bereichern.

Einlaß bringt eine Variation zu der Frage, die schon in dem Gedicht *Berechtigte Männer* von 1815 gestellt war: wen halten die Wache ausübenden »Himmels-Mädchen« für »berechtigt«, zum Paradies zugelassen zu werden? Die Antwort lautete zunächst: nur den »Helden«, der »die Wunde für den Glauben«

vorweisen kann. In *Einlaß* zögert die »Wache stehende« Huri, den Dichter des *West-östlichen Divans*, Hatem-Goethe, ins Paradies eintreten zu lassen. Fehlen ihm doch die Glaubenswunden, die ihn den Muslimen »verwandt« machen! Daraufhin weist der Dichter auf ein überraschend andersartiges Verdienst hin, das ihn rechtfertigen soll. Anstelle der Glaubenswunden hat er »Lebens-Wunden« erlitten und vor allem – »Liebes-Wunden«! Der letzte, das Gedicht weiterhin beherrschende Gedanke, daß »Liebes-Wunden« eine Art Heiligenausweis sind, geht auf ein Gedicht Motanabbis mit Reiskes Kommentar zurück. Die Verse Motanabbis lauten:

> Wie mancher Erschlagner, wie ich erschlagen worden bin, wie mancher Martyrer, von der Weiße der Hälse und von der Rose der Wangen und von Augen der Hindinnen …

Dazu erklärt Reiske:

> Die Heftigkeit der Liebe, welche den, der damit geplagt wird, um seine Gesundheit, oder um seinen Verstand, oder wohl gar um sein Leben bringt, nennt der Dichter einen Mord. Daß auch er von einem solchen Anfalle der Liebe heftig erschüttert worden, davon sagt er, daß er erschlagen, oder umgebracht worden sey […] Unter die Zahl derer, welche mit dem rühmlichen Namen Martyrer bey den Muhammedanern beehret werden, gehören auch die, welche für Liebe unsinnig werden, oder ihr Leben drüber einbüßen. Denn die Muhammedaner sehen dergleichen Übel für ein […] von Gotte zugeschicktes Kreuz, und den, welcher darunter leidet, für einen von Gotte ausersehenen Kreuzträger an, der seine Prüfestunde aushält.

Hier fand Goethe ausgesprochen: die Muslime ehren mit dem »rühmlichen Namen Märtyrer« auch denjenigen, der um der Liebe willen »erschlagen wird«, der Verstand oder Leben aus Liebesraserei verliert; ein solcher Mensch wird als ein »von Gott auserlesener Kreuzträger« betrachtet. Die folgende Lobpreisung des Liebeshelden als eines dem Glaubenshelden gleichrangigen Märtyrers erschließt sich in ihrer Bedeutung erst eigentlich, wenn wir hierin eine Anspielung auf die Verse Motanabbis und Reiskes Deutung derselben erkennen:

HURI

Heute steh ich meine Wache
Vor des Paradieses Tor,
Weiß nicht grade wie ichs mache,
Kommst mir so verdächtig vor!

Ob du unsern Mosleminen
Auch recht eigentlich verwandt?
Ob dein Kämpfen, dein Verdienen
Dich ans Paradies gesandt?

Zählst du dich zu jenen Helden?
Zeige deine Wunden an,
Die mir Rühmliches vermelden,
Und ich führe dich heran.

DICHTER

Nicht so vieles Federlesen!
Laß mich immer nur herein:
Denn ich bin ein Mensch gewesen
Und das heißt ein Kämpfer sein.

Schärfe deine kräftgen Blicke!
Hier! – durchschaue diese Brust,
Sieh der Lebens-Wunden Tücke,
Sieh der Liebes-Wunden Lust.

Und doch sang ich gläubiger Weise;
Daß mir die Geliebte treu,
Daß die Welt, wie sie auch kreise,
Liebevoll und dankbar sei.

Mit den Trefflichsten zusammen
Wirkt ich, bis ich mir erlangt,
Daß mein Nam' in Liebesflammen
Von den schönsten Herzen prangt.

Nein! du wählst nicht den Geringern!
Gib die Hand, daß Tag für Tag
Ich an deinen zarten Fingern
Ewigkeiten zählen mag.

Für diese Strophen vermochte die Quellenforschung bisher nur den Gedanken, daß das Leben ein Kampf sei, durch Zitate zu belegen. Des Dichters Rechtfertigung begnügt sich jedoch nicht mit dem Hinweis auf das »Kämpfer sein«. Nicht jeder Kampf wird belohnt mit Zulassung zum Paradies. Das Hauptgewicht legt der *Divan*-Dichter vielmehr auf die Erklärung, welche Art Kämpfer er gewesen sei. Erst die Lebens- und Liebeswunden erweisen die Natur des Außerordentlichen dieser Kämpfe, durch welche das Paradies verdient wird, gleich den Glaubenskämpfen bei den Helden der *Berechtigten Männer.*

Auch im Sufismus kennt man den »Märtyrer der Liebe«. Annemarie Schimmel vermutet (*Mystische Dimensionen des Islam*, S. 190): »Die Lehre, daß dem Märtyrer besondere himmlische Privilegien zustehen, hat vielleicht dazu beigetragen, das Bild des ›Märtyrers der Liebe‹ zu formen, der eine besondere Stellung bei Gott einnimmt, wenn er vom Schwert der Sehnsucht getötet ward oder auf dem dornigen Pfade zum Geliebten gestorben ist. [...] Kostbarer als alles andere ist die Belohnung für die, die von Liebe getötet worden sind.«

Hieraus erhellt, auf welche Art Kämpfe Goethe an der Paradiesespforte sich beruft. Er spricht als Dichter des *Werther*, des *Tasso*, des *Faust*, der *Wahlverwandtschaften*. Die Darstellung von tragischen Liebesgeschicken in solchen und anderen Werken beruhte weitgehend auf eigenem Erleben. Wenn in den *Wahlverwandtschaften* die Heldin Ottilie durch ihren Liebestod zur Heiligen wird, so kann man darin ein Modell zu der Rechtfertigung des Dichters in *Einlaß* sehen.

Als guter Kämpfer weist sich der Dichter aber auch dadurch aus, daß er »gläubigerweise« die Welt insgesamt so darstellt, als sei sie »liebevoll und dankbar«, als gäbe es in ihr eine Gemeinde von »Trefflichsten«, bei der »sein Name in Liebesflammen prangt«. Solcherart ausgerüstet mit dem Glauben an die Macht der Liebe, nicht achtend aller Wunden, die sie schlägt, klopft der Dichter gleich den »verklärten Lieben / Paradieses Pforten kühnlich an«, wie es in Vers 7 f. von *Berechtigte Männer* heißt. Es ist das eine schöne Erweiterung des Motivs vom muslimischen Liebesmärtyrer nach typisch Goethescher Art.

Goethes früheste Beschäftigung mit Motanabbi im Hinblick auf die Arbeit am *West-östlichen Divans* läßt sich nachweisen in den Monaten Januar und Februar 1815. Als er in dieser Zeit begann, umfassendere Studien zu treiben, um seine Kenntnis des Orients über Hafis hinaus zu erweitern, war Motanabbi einer der ersten Dichter, über den er sich in den verschiedensten orientalistischen Publikationen Kenntnis verschaffte. Darunter am aufschlußreichsten mag für ihn der Artikel *Motanabbi* in der *Bibliothèque orientale* gewesen sein. Als Goethe 1819 seine Motanabbi-Charakteristik für die *Noten und Abhandlungen* vorbereitete, stützte er sich auf diesen Artikel:

Motanabbi

Dieser Name bedeutet eigentlich, einen der den Propheten spielt oder nachahmt. Es ist der Beiname von Abul Tayeb Ben Hussein vom Stamme der Djofa, geboren in Kufa, im Stadtviertel Kenda; deshalb gibt man ihm die Beinamen Al Djofi, Al Kendi, Al Kufi. Man gibt ihm auch jenen des Motanabbi, weil er sich in einem Anfall von Wahnsinn die Eigenschaft eines Propheten anmaßte; dies ist jedoch der Name, unter dem er am besten bekannt ist.

Motanabbi wurde im Jahre 303 der Hegire [Hidschra] geboren und wurde noch in seiner Jugend von Kufa nach Damaskus gebracht, wo er die Schönen Künste erlernte und sich in der arabischen Poesie soweit hervortat, daß manche ihn dem Abu Tammâm vorziehen, dem einzigen, der ihm den ersten Rang streitig machen könnte. In der Tat hat ihm der Diwan seiner Gedichte einen solchen Ruf eingetragen, daß er von vierzig Kommentatoren erklärt und kommentiert worden ist [...]

Dieser Dichter war, was einige seiner Neider ihm vorgehalten haben, der Sohn eines Wasserträgers der Stadt Kufa, wenngleich er sich vielmals seiner edlen Abkunft rühmte, was einen arabischen Dichter dazu veranlaßte, ein Epigramm gegen ihn zu verfassen, etwa folgenden Inhalts: Schaut den Adel unseres Poeten, morgens verlangt er von den Leuten Höflichkeit, und am Abend liegt er auf der Lauer. Nicht lang her ist's, da verkaufte er gemeines und gewöhnliches Wasser in Kufa, und nunmehr verkauft er hier das Wasser der Unsterblichkeit.

Dieser Dichter erlangte jedoch trotz seiner Neider ein großes Vermögen durch seine Dichtungen, welche von den Fürsten, denen er sich anschloß, hoch bezahlt wurden. Aber schließlich stieg ihm das zu Kopfe und er glaubte, durch seine Verse einen gleichen Anspruch darauf zu haben, als Prophet zu gelten, wie Mohammed aufgrund seiner Prosa. Es fehlte nicht an Leuten, die seinem Wahn anhingen. Denn es gab ganze Völkerschaften in den Wüstenzonen Arabiens, unter anderem die Kelabiten, die ihm folgten. Aber Lulon, der dieses Land als Statthalter von Akhschid König von Ägypten und Syrien regierte, gebot der Ausbreitung seiner neuen Sekte Einhalt, indem er ihn einkerkerte und ihn auf diesen Wahn zu verzichten zwang.

Motanabbi schloß sich, nachdem er seinem Wahnsinn abgeschworen und seine Freiheit wiedererlangt hatte, Seif ad-Daula an, einem Fürsten aus dem Hause Hamadan, der die Literaten nach allen Kräften förderte [...] Er blieb einige Zeit an jenem Hof und ging dann weiter zu jenem des Kafur.

Kafur machte ihm große Geschenke, was nicht verhinderte, daß der Poet ihn voller Unzufriedenheit verließ und sogar Verse gegen ihn schrieb, woraufhin er gezwungen war, Ägypten zu verlassen und zu Ahad ed-Daula, Sultan der Buiden in Persien, zu fliehen.

Schließlich wurde die innere Unruhe dieses Dichters so groß, daß er sich auch mit dem Hof dieses Fürsten überwarf und beschloß, Persien zu verlassen und in sein Vaterland nach Kufa zurückzukehren, und er hatte bereits Numania in der Nähe der Stadt Bagdad erreicht, als er und sein Sohn von den Assaditen angegriffen wurde, Arabern aus dem Stamme der Assad, welche die Landgebiete des Irak durchstreiften, um die Reisenden auszuplündern. Der Dichter wollte nun auch den Tapferen spielen und sich gegen sie verteidigen, dabei verloren er und sein Sohn das Leben im Jahre 354 der Hidschra.

Im *West-östlichen Divan* erwähnt Goethe Motanabbis Namen an zwei Stellen. Einmal erscheint er im Gedichtteil, das andere Mal in den *Noten und Abhandlungen.* Bei der Erwähnung Motanabbis in dem berühmten Gedicht des *Buchs Suleika* »Volk und Knecht und Überwinder « läßt sich zunächst keine besondere Absicht erkennen. Der Name fällt wie beiläufig, kein Zusatz erklärt ihn. Es könnte scheinen, als habe Goethe Motanabbi nur um eines aparten Reimes willen genannt: »Motanabbi« reimt auf »Rabbi«. Erst wenn man die ganze Stelle im Zusammenhang mit dem »Mahomet«-Kapitel der *Noten und Abhandlungen* liest, wo Goethe den Dichter Motanabbi ausführlich charakterisiert, erkennt man ihre tiefere Bedeutung.

Betrachten wir zuerst die Motanabbi betreffenden Sätze in den *Noten und Abhandlungen*, um aus ihnen Aufschluß über das Gedicht zu gewinnen. Im *Mahomet*-Kapitel, das die Hinweise auf Motanabbi enthält, kommt Goethe auf das Thema zu sprechen, welches er schon in *Dichtung und Wahrheit* im Zusammenhang mit seiner nicht ausgeführten *Mahomet*-Tragödie behandelt hatte: das Verhältnis des Propheten zum Poeten. Auch hier weist Goethe wiederum auf die nahe Verwandtschaft hin, die zwischen beiden besteht, anderseits aber auch auf schwerwiegende Unterschiede, die zu einem Verhältnis der Rivalität und des Wettstreits führen. Die Verwandtschaft zwischen Propheten und großem Dichter erklärt Goethe in den *Noten und Abhandlungen* vor allem aus der göttlichen Herkunft ihres Schaffens: »Beide sind von einem Gott ergriffen und befeuert.« Man kann in diesem Zusammenhang durchaus Muhammad Iqbal zitieren, den geistigen Vater des modernen Pakistan und bedeutenden islamischen Dichter, der auch ein begeisterter Verehrer Goethes war: »Ist Menschenbildung Ziel der Poesie, / Ist Dichtung Erbschaft auch der Prophetie.« (Übersetzung von Annemarie Schimmel) Diese von Goethe tief empfundene gemeinsame Basis ließ ihn sein eigenes Schaffen immer wieder mit dem der Propheten vergleichen, besonders mit dem Mohammeds als Botschaftsträger des *Korans*. Was in den *Noten und Abhandlungen* über den Wettstreit zwischen Prophet und Poet gesagt ist, läuft wie in *Dichtung und Wahrheit* auf eine Apologie der Dichtung hinaus.

Bei aller Bewunderung für den *Koran* benennt Goethe einige stilistische Mängel, die er persönlich an diesem heiligen Buch empfindet, und kommt sodann auf Kritiker am Propheten innerhalb der islamischen Welt zu sprechen, die ebenfalls Einwände gegen denselben erhoben hatten. Über diese Gruppe von arabischen Dichtern spricht er als von »guten Köpfen«, die »eine bessere Dicht- und Schreibart der Vorzeit anerkannten« und die behaupteten, ohne Mohammed wären die Araber möglicherweise auf eine höhere Stufe gelangt und hätten »reinere Begriffe in einer reinen Sprache entwickelt«. Noch Verwegenere hätten behauptet, daß Mohammed »ihre Sprache und Literatur verdorben« habe, so daß sie sich niemals wieder erholen werde. Schließlich kommt Goethe auf Motanabbi zu sprechen als einen »geistvollen« Dichter, der es wagte, sich dem Propheten gegenüber überlegen zu fühlen:

der Verwegenste jedoch, ein geistvoller Dichter, war kühn

genug zu versichern: alles, was Mahomet gesagt habe, wollte er auch gesagt haben, und besser, ja er sammelte sogar eine Anzahl Sektierer um sich her. Man bezeichnete ihn deshalb mit dem Spottnamen *Motanabbi*, unter welchem wir ihn kennen, welches so viel heißt als: einer, der gern den Propheten spielen möchte.

Ein Dichter, der sich zutraute, den *Koran* mit den Mitteln seiner Kunst zu übertreffen, mußte Goethes besonderes Interesse erwecken. Motanabbi erschien ihm verwandt, ein Vorfahr, da auch Goethe nichts Geringeres anstrebte, als in seinem »weltlichen Evangelium« besser zu sagen, was die herkömmlichen Evangelien lehrten. Doch auch die zweite hier erwähnte Eigenschaft Motanabbis, daß er als Dichter selbst den Propheten gespielt, eine Sekte um sich versammelt hatte, war für Goethe höchst interessant. Sie erweckte bei ihm Erinnerungen an eine problematische Epoche seiner Entwicklung. Wie in einem früheren Kapitel dargestellt, geriet Goethe in der Frühzeit seiner dichterischen Produktion selbst in Versuchung, aufgrund seiner charismatischen Gaben als Prophet aufzutreten, Menschen unmittelbar zu lehren, eine Gemeinde um sich zu versammeln. Damals bereits hatte er das Verhältnis von Prophet und Poet gründlich durchdacht. Allerdings hatte die Versuchung für Goethe nicht lange gewährt, und lachend, voller Selbstironie, wies sie der junge Goethe von sich in mehreren satirischen Dramen, worin Persönlichkeiten gegeißelt werden, die, vom Bedürfnis des Jahrhunderts begünstigt, als Propheten und Lehrer sich zum Oberhaupt von Sekten machten. In seinen Satiren entlarvte Goethe diese »Gurus« des 18. Jahrhunderts mit beißendem Spott als falsche Propheten, da sie keineswegs dem Wohl der Menschen dienten, wie sie vorgaben, sondern weit mehr an eigenen Nutzen und Machtgewinn dachten. Die satirischen Propheten-Darstellungen des jungen Goethe zeigen, daß er damals für sich die Konsequenz gezogen hatte, sich nicht auf prophetisches Wirken einzulassen. Denn ein solches war durch die falschen Propheten kompromittiert worden und mußte daher zu seiner Zeit als besonders fragwürdig erscheinen. *Satyros oder der vergötterte Waldteufel*, die letzte seiner Prophetensatiren, handelt von eben diesem Aspekt.

Von den vielen Informationen, die Goethe in seinen Quellen über Motanabbi finden konnte, hat er bei der Darstellung dieses arabischen Dichters in den *Noten und Abhandlungen* nur zwei Gesichtspunkte verwendet: erstens den poetischen Wetteifer Motanabbis mit Mohammed, durch welchen er sich im eigenen dichterischen Bestreben bestätigt sah; und zweitens das Auftreten des Dichters als sektenbildenden Propheten als eine von ihm selbst nicht genutzte Fähigkeit.

Betrachten wir nun das Gedicht »Volk und Knecht und Überwinder ...«, so findet sich, daß Goethe auch hier bei der Nennung Motanabbis eben diese beiden Aspekte im Auge gehabt hat. Entstanden am 26. September 1815, gehört es zu jenen im Herbst 1815 verfaßten Gedichten, in denen zwei Liebende, »Hatem« und »Suleika«, einen Dialog führen.

SULEIKA

Volk und Knecht und Überwinder
Sie gestehn, zu jeder Zeit:
Höchstes Glück der Erdenkinder
Sei nur die Persönlichkeit.

Jedes Leben sei zu führen,
Wenn man sich nicht selbst vermißt;
Alles könne man verlieren,
Wenn man bliebe, was man ist.

Die von Suleika gesprochenen Verse kreisen um den Gedanken: »Höchstes Glück der Erdenkinder / Sei nur die Persönlichkeit.« Angeregt durch Gedankengänge des arabischen Dichters Abu Ismael Tograi sieht Goethe hier den Wert der Persönlichkeit vor allem darin, daß man sich selbst treu bleibt.

Man darf sich nicht »selbst vermissen«, sich selbst »nicht verlieren«, sondern muß »bleiben was man ist«.

Hatems Antwort beginnt mit Antithesen, die eine Huldigung an Marianne-Suleika darstellen. »Alles Erdenglück« findet Goethe-Hatem nur in ihrer Liebe. Verlöre er das Glück dieser Liebe, das heißt, wendete sich Suleika von ihm ab, so verlöre er damit auch sich selbst, und bliebe nicht, was er ist: ein sich selber »wertes Ich« (Strophe 3 und 4):

HATEM

Kann wohl sein! So wird gemeinet;
Doch ich bin auf andrer Spur:
Alles Erdenglück vereinet
Find' ich in Suleika nur.

Wie sie sich an mich verschwendet
Bin ich mir ein wertes Ich;
Hätte sie sich weggewendet
Augenblicks verlör ich mich.

Der Gedanke, daß Suleika sich von Hatem abwenden könnte, bildet den Kernpunkt des Gedichts. Er knüpft an ein Motiv an, mit dem Goethe vielfach seine Rolle als »Hatem« charakterisierte. Immer wieder sieht er sich als den »greisen«, den »beinah ergrauten Dichter«, empfindet es deshalb als verwegen, von der jungen »Suleika« Erwiderung seiner Liebe zu erhoffen. Diesen Altersskrupeln entgegnet Suleika mit unbekümmerten Liebesbeteuerungen, die Hatem alle Zweifel nehmen sollen. Im *Buch Suleika* wirkt dieses Wechselspiel auf eigentümliche Weise belebend. Den Hintergrund bildete Goethes Beglückung über Mariannes Liebe, die so allumfassend war, daß sie sein Alter mit einschloß. »Die Teure, die sich dem Spätherbst so freundlich erwiesen hat«, so apostrophierte er sie in einem Brief vom 18. November 1822.

Die Befürchtung, Marianne-Suleika könne sich von ihm abwenden, sprach Hatem-Goethe schon in dem einen Tag vor »Volk und Knecht und Überwinder« entstandenen Gedicht »Lieb' um Liebe, Stund' um Stunde« aus. Hier erinnert er daran, daß der rechte Liebespartner für Suleika eigentlich nicht der alternde Hatem, sondern der jugendlich schöne Jussuph sein müßte, entsprechend der Geschichte von Jussuph und Suleika, wie sie sich in der islamischen Überlieferung aus der 12. Sure des *Koran* entwickelt hat, worin die Geschichte von Josef und seinen Brüdern und die vergebliche Liebe von Potiphars Weib (Suleika) zu Josef erzählt wird, eine Geschichte, welche von Nisami, Dschami und anderen Dichtern ausgestaltet worden ist. Hatem fehlen die Jugendreize Jussuphs, darum ist er besorgt, Suleikas Schönheit nicht »erwiedern« zu können:

Doch du fühlst an meinen Liedern
Immer noch geheime Sorgen;
Jussuphs Reize möcht' ich borgen
Deine Schönheit zu erwiedern.

Nachdem er die Aussicht, daß er Suleikas Liebe verlieren könnte, bis zur letzten Konsequenz durchdacht hat – »Hätte sie sich weggewendet, / Augenblicks verlör ich mich« – fährt Hatem fort, wobei er auf überraschende Weise den Namen Motanabbis erwähnt:

Nun, mit Hatem wärs zu Ende;
Doch schon hab' ich umgelost.
Ich verkörpre mich behende
In den Holden den sie kost.

Wollte, wo nicht gar ein Rabbi,
Das will mir so recht nicht ein,
Doch Ferdusi, Motanabbi,
Allenfalls der Kaiser sein.

In ungetrübt heiterem Ton eröffnen die Verse eine neue, tröstliche Perspektive. Nicht alle Möglichkeiten, sich als »wertes Ich« zu fühlen, wären verloren für den Fall, daß Suleika sich abwenden sollte. »Zu Ende« ginge es nur mit »Hatem«, das heißt mit der Hauptrolle, die sich Goethe im *Divan* gegenüber Marianne zugedacht hat, der Rolle des Liebenden, dem allerdings die Jugendschönheit Jussuphs fehlt. Es blieben dann jedoch noch andere Rollen, in die Goethe »behende«, d. h. augenblicklich, sich »verkörpern« könnte. Sie wären von seinem Alter unabhängig. Huldigte er Suleika in diesen Rollen, dann wäre er gewiß, noch immer von ihr geliebt zu sein, er bliebe für sie weiterhin der »Holde, den sie kost«.

Goethe zählt vier solcher Rollen auf. Bei genauerem Zusehn ist ernstlich gemeint nur eine, die anspruchsvolle des großen Dichters. Auf sie zielt die Nennung Ferdusis, des ersten Dichters Persiens, und Motanabbis, des umstrittenen, aber wohl begabtesten Dichters Arabiens. Nur einer ihresgleichen möchte Goethe wirklich sein. Zu den Rollen des »Rabbis« und des »Kaisers« hat er in Wahrheit keine rechte Neigung. Goethe nennt aber diese Figuren, um geschickt die hohe Selbsteinschätzung zu überspielen, die sich aus der Gleichstellung seiner selbst mit jenen Größen der Weltliteratur verrät. Denn weil es eher aufschneiderisch klingt, wenn der Dichter »allenfalls« Kaiser, und eher unglaubwürdig, wenn er ein Rabbi sein möchte, so mag es ihm mit einem Augenzwinkern verziehen werden, wenn er sich in der Rolle des Ferdusi oder Motanabbi eine Größe anmaßt, die ihm wirklich zusteht.

Also will Goethe, falls es mit Hatem »zu Ende« sein sollte, in der Gestalt eines anderen großen Dichters um Suleika werben, in der Gewißheit, auf diese Weise Mariannes Liebe nie zu verlieren. Mit den Versen »Nimmer will ich dich verlieren! . . . « läßt er denn auch Suleika auf Hatems Befürchtungen antworten. Und hier, wo Marianne-Suleika wiederum den Altersskrupeln Hatems ihre Liebe entgegenstellt, endet sie mit dem stolzen Hinweis darauf, daß Goethe als der berühmte Dichter ihr gehört. Dies bildet ein unlösliches Band, das Suleika mit Hatem verknüpft:

SULEIKA

Nimmer will ich dich verlieren!
Liebe gibt der Liebe Kraft.
Magst du meine Jugend zieren
Mit gewaltiger Leidenschaft.
Ach! wie schmeichelts meinem Triebe
Wenn man meinen Dichter preist;
Denn das Leben ist die Liebe,
Und des Lebens Leben Geist.

Das Motiv des großen Dichters und seines Schaffens taucht wiederholt im *West-östlichen Divan* auf. Dabei werden eigens jene Aspekte hervorgehoben, welche Goethe-Hatem für Marianne-Suleika besonders liebenswert erscheinen lassen. Am leichtesten ist dies zu erkennen an der Rolle des Kaisers, die Goethe »allenfalls« spielen möchte. Mit dem Kaiser identifiziert er sich im *Divan* mehrmals. Die Anregung dazu gab Hafis, der sich gelegentlich mit dem Kaiser vergleicht, um zu betonen, daß er sich als größten Dichter der Zeit betrachtete. In seinem Gedicht Dal CLXCII, 17 sagt er:

Wenn es *Hafisens* Wille nicht war, ein Kaiser zu werden,
Hätt' er wohl sein Schwert über die Erde gestreckt?

Auch Goethe benutzt die Gleichsetzung des Dichters mit dem Kaiser zur Aufstellung einer im orientalisierenden Stile prahlerischen Behauptung: wenn er mit seinen Preisgedichten die Geliebte beschenkt, so »überbietet« er selbst den Kaiser durch Fülle und Reichtum seiner Gaben. Seine Gedichte an die Geliebte betrachtet Goethe als »Kaisergaben«. Eine Gleichsetzung des Dichters mit dem Kaiser bekundet sich auch in den Versen: »Was ist denn Hoheit? Mir ist sie geläufig! [...] ich bin so groß als er« – nämlich als der Kaiser!

Ähnlich steht es nun aber mit der Rolle Motanabbis: ein

Poet, der zugleich Prophet sein möchte. Goethe konnte hier Parallelen erblicken zu Gelebtem und Unausgelebtem in seiner eigenen Dichterlaufbahn. Mit der wohlbedachten Beschränkung auf den Dichterberuf hatte er eine der wichtigsten Entscheidungen seines Lebens getroffen. Seine eigene Prophetengabe, die er ungenutzt ließ, behandelte Goethe zeitlebens als Geheimnis. Nur selten verrät sich davon etwas in seinem Werk, versteckt hinter Rätseln oder Ironie, z. B. wenn er in prophetischen Gestalten wie Moses, Christus, Mohammed, Merlin, Bakis, Epimenides, Prometheus auf sich selbst deutet. »Seht mich an als Propheten!« sagt Goethe in einer der *Zahmen Xenien* aus der *Divan*-Epoche. Ein andermal weist er dort auf sein geheimes Prophetentum hin durch Anspielung auf den israelitischen Propheten Elia mit dem Prophetenmantel:

Ihr guten Kinder,
Ihr armen Sünder,
Zupft mir am Mantel –
Laßt nur den Handel!
Ich werde wallen
Und lass' ihn fallen;
Wer ihn erwischet,
Der ist erfrischet.

Mit einer ironischen Anspielung auf eine versäumte Prophetenlaufbahn beschloß Goethe den zu seinen Lebzeiten veröffentlichten Teil von *Dichtung und Wahrheit*: Vielleicht, sagt er hier, hätte die Natur ihn eigentlich zum »Volksredner« bestimmt, dann wäre alles andere, was er getrieben, ein »verfehlter Beruf« gewesen. Daß er im *West-östlichen Divan* auf Motanabbi nicht nur in den *Noten und Abhandlungen* ausführlich einging, sondern ihn auch in einem Gedicht an markanter Stelle erwähnt, hatte noch einen besonderen Grund. Marianne von Willemer war nämlich eine der wenigen Goethe nahestehenden Persönlichkeiten, die von seiner Veranlagung zum Propheten wußten. Dies zeigt sich an folgender Episode: Neun Tage vor der Niederschrift des Gedichts »Volk und Knecht und

Überwinder ...«, in welchem Motanabbi erwähnt wird, hat Goethe Verse niedergeschrieben, in denen Suleika zu Hatem spricht und ihn dabei ganz ausdrücklich als »Poet« und »Prophet« anredet:

SULEIKA

Als ich auf dem Euphrat schiffte,
Streifte sich der goldne Ring
Fingerab, in Wasserklüfte,
Den ich jüngst von dir empfing.

Also träumt ich. Morgenröte
Blitzt ins Auge durch den Baum,
Sag' Poete, sag' Prophete!
Was bedeutet dieser Traum?

Diese Verse, die so erstaunlich auch auf Motanabbi zutreffen, stammen vermutlich von Marianne, was allerdings für unsere Betrachtung eher belanglos ist. Auf jeden Fall sind sie im Sinne Mariannes gesprochen und deuten auf deren tiefe Einsicht in Goethes Persönlichkeit hin. Wesentlich ist, daß Goethe hier in der Doppeleigenschaft erscheint, durch die er sich mit Motanabbi verbunden fühlt, und daß die Zeile »Sag' Poete, sag' Prophete!« Suleika in den Mund gelegt ist. Ausgesprochen war damit, daß die Freundin ihn gerade in dieser von ihm sonst verschwiegenen Doppeleigenschaft erkennt und – liebt! Dies gab Goethe die Gewißheit, mit der er in dem späteren Gedicht »Volk und Knecht und Überwinder ...« sagen konnte, daß Suleika ihm »hold« sein und ihn lieben werde in der Motanabbi-Rolle, das heißt in der Rolle dessen, der auch gelegentlich den »Propheten spielen« konnte. Womöglich war es die doppelte Anrede »Sag' Poete, sag' Prophete!« in der kurz zuvor entstandenen Suleika-Strophe, die den Dichter darauf gebracht hat, sich mit Motanabbi zu vergleichen.

Dadurch daß Suleika die Worte »Poete« und »Prophete« durch einen doppelten Reim mit der vorhergehenden »Morgenröte« verbindet, wird man unwillkürlich auf den Gedanken gebracht: statt »sag' Prophete!« könnte es auch »sage Goethe!« heißen. Vorausgesetzt, Marianne von Willemer sei die Verfasserin der Verse gewesen, liegt diese Möglichkeit durchaus nahe. Der mit Marianne befreundete Herman Grimm sprach später die Vermutung aus, daß die Verse von ihr und zwar in der Fassung »sage Goethe!« stammten. Die *Divan*-Forschung hat diese Möglichkeit ernstlich in Betracht gezogen. Wer auch immer »Prophete« schrieb, hat dabei bewußt durchblicken lassen, daß hier ein »sage Goethe! « intendiert war. Ein paar Tage später, am 30. September 1815, wird das Reimspiel wiederholt: das Wort »Morgenröte« wird so plaziert, daß es das Reimwort »Goethe« fordert. Statt dessen steht jedoch ein anderes, das sich auf »Morgenröte« gar nicht reimt, namlich Goethes Dichterpseudonym »Hatem«, wodurch der Reim auf »Goethe« geradezu unabweislich mitklingt. Hier spricht der Divan-Dichter zu Suleika (»Locken! haltet mich gefangen ... « Vers 9 ff.):

Du beschämst wie Morgenröte
Jener Gipfel ernste Wand,
Und noch einmal fühlet Hatem
Frühlingshauch und Sommerbrand.

Geht man davon aus, welch tiefe Einsicht Marianne in Goethes inneres Wesen hatte, wird auch deutlich: Suleikas Wort »sag' Prophete!« hat in dem Zusammenhang, in welchem es in »Als ich auf dem Euphrat schiffte ... « steht, nicht bloß den schlichten Sinn: weissage mir als Prophet, wie mein Traum vom abgeglittenen Ring zu deuten sei! Denn wenn auch zunächst an Wahrsagung, Traumdeutung zu denken ist, so wird Goethe doch angesprochen in seiner zweifachen Eigenschaft als »Poet« und »Prophet«. Weil Goethe wie Motanabbi zugleich »Prophet« sein konnte, wird er auch der zuverlässigste Traumdeuter sein. Mit einem Anflug von Schelmerei deutet Suleika auf das von Goethe sorgsam gehütete Geheimnis seiner Prophetennatur.

Ein bedeutsamer Umstand sei noch erwähnt. Die Niederschrift von Suleikas Vers »Sag' Poete, sag' Prophete!«, der sich an Goethe als großen Dichter richtet und der doch zugleich an ein intimes »sage Goethe!« denken läßt, erfolgte einen Tag nachdem Marianne erstmals mit einem Suleika-Gedicht (»Hochbeglückt in deiner Liebe ...«) die Goetheschen *Divan*-Lieder erwidert hatte. Der Vers entstand also in einem epochemachenden Augenblick in Goethes Leben. Es war ihm noch nie begegnet, daß eine Geliebte gleichsam in seiner Sprache dichten konnte. Freude über dies Ereignis, das ihn aufs innigste mit Marianne verband, spiegelt sich in jenem Vers; sie klingt nach in der darauffolgenden Wiederholung des Reimspiels »Morgenröte« – »Goethe«, endlich aber auch in dem Vergleich seiner selbst mit Motanabbi, der, gleich dem in Suleikas Vers mit der Bitte um Traumdeutung Angesprochenen, Poet und Prophet zugleich sein konnte.

Weshalb aber nimmt Goethe an, auch in der Rolle eines »Rabbi« könne er Suleikas Liebe bewahren? Warum nennt er von vier möglichen Rollen diese überhaupt, sogar an erster Stelle, da er doch gar nicht die Absicht hatte, sie wirklich zu spielen? (»Wollte, wo nicht gar ein Rabbi, / Das will mir so recht nicht ein ... allenfalls der Kaiser sein«). Das Rätsel klärt sich, wenn man der Überlieferung nachgeht, aus der dem bibelfesten Goethe die Wirkungsweise eines »Rabbi« bekannt war: aus den Evangelien des *Neuen Testaments*. Darin erscheint das Wort »Rabbi« in der Bedeutung »Meister«, »Lehrer«, und zwar an jenen Stellen, wo die Jünger Jesu mit dem Namen »Rabbi« Christus als ihr geistiges Oberhaupt ehren. Das Wort »Rabbi« deutet zunächst auf Eigenschaften Christi, die bei Mohammed durch die Benennung »Prophet« charakterisiert sind: die des geistigen Führers einer Gemeinschaft von Gläubigen.

Die Analogie zwischen »Rabbi« und »Prophet« tritt besonders deutlich hervor im 23. Kapitel des Matthäus-Evangeliums, wo das Wort Rabbi ausnahmsweise auch auf andere Gesetzeslehrer als auf Jesus angewendet wird, und zwar kritisch. Jesus betont hier, der einzige echte Rabbi, das heißt der, dem die Bezeichnung »Meister« allein zukomme, sei er selbst. Es gäbe aber neben ihm eine Menge solcher, die auch Rabbi genannt werden möchten, ohne echte geistige Führer zu sein, also ohne das Recht auf diesen Titel zu besitzen. Es sind die »Pharisäer und Schriftgelehrten«. Vor diesen falschen, angemaßten Rabbis warnt Christus seine Jünger und fordert sie auf, die Bezeichnung »Rabbi« nicht zu mißbrauchen:

> Sie sitzen gern obenan über Tisch und in den Schulen und haben's gern, daß sie gegrüßt werden auf dem Markt und von den Menschen Rabbi genannt werden. Aber ihr sollt euch nicht Rabbi nennen lassen: denn *einer* ist euer Meister, Christus.

Das Hauptkennzeichen der Falschheit bei den angemaßten Rabbis sieht Jesus darin, daß sie ihre Weisheitslehren im eigenen Handeln nicht umsetzen:

> Sie sagen's wohl, und tun's nicht. Sie binden [...] schwere und unerträgliche Bürden und legen sie den Menschen auf den Hals; aber sie selbst wollen dieselben nicht mit einem Finger regen. Alle ihre Werke [...] tun sie, daß sie von den Leuten gesehen werden.

Die Nichtübereinstimmung von Reden und Tun war zu allen Zeiten das Kennzeichen der »falschen Propheten«. Goethe hatte sich mit dieser Menschenart auseinandergesetzt. »Sie sagen's wohl, und tun's nicht« – das war sein Haupteinwand gegen die »Gurus« seiner Zeit gewesen, die er so hartnäckig bekämpfte. In seinen Jugendsatiren wie auch später im *Groß-Kophta* verspottete Goethe diese falschen Propheten immer wieder, indem er ihnen vorwarf, ihrem Predigen von Weltverbesserung, Altruismus, Humanität in der Praxis zuwiderzuhandeln. Er zeigte auf, daß sie sich im Leben und Tun als krasse Egoisten erwiesen. Aufgrund dieser eigenen Lebenserfahrung zog Goethe auch folgerichtig den Schluß aus Jesu Kritik an den Rabbis in Matthäus 23: solche Rabbis sind falsche Propheten. Hierauf spielt der Dichter an, wenn er in »Volk und Knecht und Überwinder ...« die Rabbi-Rolle für sich selbst abweist.

Warum hat er dann, so könnte man fragen, die Rolle des Rabbi überhaupt in Betracht gezogen? Weil das Wort Rabbi sich auch auf den echten Propheten und Menschheitslehrer beziehen konnte, als welcher im Neuen Testament Jesus verstanden wird. Goethe konnte hier an zwei Möglichkeiten bei der Ausübung echten Prophetentums denken. Von der einen, selbst als »Prophet« und Lehrer einer Gemeinde aufzutreten, hatte er vorsätzlich nie Gebrauch gemacht. Er behandelte diese Fähigkeit als Geheimnis und hätte sich ihretwegen niemals anmaßend mit Christus verglichen. Zu der Möglichkeit, ein Rabbi im eingeschränkten Sinne zu sein, nämlich einer, der sich bemüht, Gutes zu tun und zu bewirken, durfte er sich eher bekennen. Er wollte in seiner Dichtung zugleich als Poet und Prophet gehört werden. Hier, in seinem »weltlichen Evangelium«, trat das »Prophetische« an ihm in Erscheinung und qualifizierte ihn zum Menschheitsführer. Nur die nächsten Freunde haben hiervon etwas gewußt: Marianne, Zelter, Eckermann und wenige andere.

1816 veröffentlichte J. v. Hammer in den *Fundgruben des Orients* Bd 5. S. 202 ff. *Proben aus Motenebbi*, die Goethe zu weiteren Versen fürs *Buch Suleika* anregten. Sein Gefühl der Verwandtschaft mit Motanabbi verstärkte sich gewiß noch, als er dort auf Verse traf, in denen Motanabbi sich als einen ewigen »Wandrer« bezeichnet:

> Immer und stets durchstreich' ich das Land ein ewiger Wandrer.

Als »Wandrer« verstand sich Goethe selbst schon seit langem. Seit den frühen 70er Jahren hat er unter dieser Bezeichnung wiederholt auf sich gedeutet, angefangen von *Wandrers Sturmlied* (1771), über *Wandrers Nachtlied I* (»Der du von dem Himmel bist ...«; 1776), *Wandrers Nachtlied II* (»Über allen Gipfeln ist Ruh ...«; 1780); *Wandrer und Pächterin* (1802) bis zu *Wandrers*

Gemütsruhe (»Über's Niederträchtige ...«; 1814) im *West-östlichen Divan* usw. Von späteren Werken seien nur *Wilhelm Meisters Wanderjahre* und die Gedichte *Wanderlied* (»Von dem Berge ...«; 1821) und *Wandersegen* (»Die Wanderjahre sind nun angetreten ...«; 1821) erwähnt.

Die Nähe, in welcher sich Goethe zur nomadischen Existenzform der Beduinendichter empfand, sehen wir eindringlich in Buch 3, Kapitel 9 der *Wanderjahre* dargestellt. So darf angenommen werden, daß das Gefühl, ein ewiger Wanderer zu sein, welches er mit Motanabbi teilte, Goethes Bewußtsein ihrer inneren Verwandtschaft noch verstärkt hat.

30. »Medschnun« aus der Sicht islamischer Dichter und in Goethes *Divan*

»Doch ihr müßt mich nicht verklagen
Daß ich mich als Medschnun preise.«

Zu den sagenumwobenen Gestalten aus der Geschichte der arabischen Poesie, welche sich Goethe im *West-östlichen Divan* zu seinen Namenspatronen gewählt hat, gehört auch der arabische Dichter Keis (oder Qais), genannt Medschnun, dessen Rolle der *Divan*-Dichter im *Buch des Unmuts* übernimmt. Goethes erstes Interesse für die Persönlichkeit Medschnuns läßt sich der Tagebucheintragung vom 26. Mai 1808 »Medschnun und Leila« entnehmen, einem Lektürevermerk aus der Zeit seines damaligen Kuraufenthalts in Karlsbad. Vermutlich bezieht sich die Eintragung auf den damals gerade in deutscher Übersetzung erschienenen Roman des persischen Dichters Dschami *Medschnun und Leila.*[11] Erneute Beschäftigung mit dem Liebespaar erwähnt Goethe in den *Tag- und Jahres-Heften 1815*, in denen er rückblickend berichtet: »Medschnun und Leila, als Muster einer grenzenlosen Liebe, ward wieder dem Gefühl und der Einbildungskraft zugeeignet.«

Zu dieser nochmaligen Lektüre und gedanklichen Auseinandersetzung mit Medschnun und Leila war Goethe zweifellos durch Hafis angeregt worden, dessen *Diwan* ihn seit Mai 1814 beschäftigte. Dort fand er nicht nur die Namen von Medschnun und Leila mehrmals erwähnt, er stieß auch auf Verse des persischen Dichters, in denen dieser sich mit Medschnun unmittelbar identifiziert. So wenn Hafis behauptet:

Ich bin Medschnun, der nicht für Leila
Arabien und Persien nähme.

Der Übersetzer Hammer sagt in einer Fußnote dazu nur lakonisch, Medschnun und Leila seien »das bekannte Muster leidenschaftlicher Liebe«. In einer andern Gasele des Hafis heißt es:

Auf Leila's Pfad, der voll Gefahr
Und voll Beschwerde ist,
Ist vor dem Andern Allem noth,
Daß ein Medschnun du bist.

Man sieht, wie Hafis in den beiden Liebenden ein Muster für sich selbst und andere erkennt. Manchmal wird der Name Medschnuns gar nicht ausdrücklich genannt, dennoch weiß der Leser sogleich, um wen es sich handelt:

Morgenlüftchen von Leila's Wohnung,
Ich beschwöre bei Gott dich,
Sag! wie lange noch soll ich Wüsten
Mit Thränen begießen?

Wenn man besser verstehen will, weshalb Hafis gerade als ein Sufi von der Gestalt Medschnuns gefesselt war und sich in ihm wiedererkannte, so können Hinweise von Annemarie Schimmel (in *Mystische Dimensionen des Islam*, S. 415) hilfreich sein:

»Majnun, der Held der altarabischen Geschichte, der seinen Verstand aus Liebe zu Laila verlor«, war für die Sufis ein »Modell mystischer Liebe«. Und von Leila sagt sie: »Diese Frau, die noch nicht einmal besonders schön war, wurde für ihn zum Vorbild aller Schönheit und war so – wie die Sufis es interpretieren – die Manifestation göttlicher Schönheit, wie sie

> vom Auge der Liebe erblickt wird.« – »Denn das Auge der Liebe sieht nur Schönheit, im Gegensatz zum Auge des Verstandes, der göttliche Schönheit nicht in erschaffenen Formen erkennen kann [...] Majnun wird so zum mystischen Liebenden, der Gott überall sieht, da er Ihn nicht außerhalb, sondern im Innersten seines Herzens gefunden hat.«

Auf Medschnun beruft sich der persische Lyriker, wenn er die Stärke seiner eigenen Liebesfähigkeit beteuern will: Medschnun steht gleichsam für die Absolutheit des Liebesgefühls. Jahrhundertelang haben arabische, persische, türkische und indische Dichter die Erinnerung an die beiden, feindlichen Stämmen angehörigen, unglücklichen Liebenden wachgehalten, die zueinander nicht kommen konnten: der keuschen Leila und des von Sehnsucht verzehrten, wahnsinnig werdenden Medschnun.

Goethes Tagebuch vom 1. März 1815 verzeichnet abendliche Lektüre von *Medschnun und Leila.* Die Schreibung der Namen deutet darauf hin, daß er an diesem Abend Dschamis Werk nicht in der Übersetzung des französischen Orientalisten Chezy, sondern in der deutschen Fassung von A. Th. Hartmann las. Aus dieser war zu erfahren, daß Medschnun (Keis) den Muslimen nicht nur als das Musterbild eines grenzenlos Liebenden, sondern auch als ein begnadeter Dichter galt:

> Keis verfertigte Verse mit glücklichem Erfolg [...] Vergebens suchst du die Liebe in einem Herzen auszurotten, wo die Natur selbst den Keim davon niedergelegt [...] Dies war der Fall mit Keis. Gänzlich unvermögend, sich selbst zu beherrschen, ward er nur gar zu bald unter dem Namen Medschnun (d. h. Wahnsinniger) allgemein bekannt [...] Zwischen den Bergen umherirrend, allein ihre steilen Gipfel erklimmend [...] vermied Medschnun, fern von seinem Stamm, mit eifriger Sorgfalt seine theuersten Freunde. Bemerkte er sie von ferne, so vertiefte er sich alsbald in die Wüste und entzog sich ihren Blicken. Über dieses sonderbare Betragen erstaunt, machten sie ihn zum Gegenstande

ihres Spottes [...] Wie oft zeichnete er nicht auf den Sand den Namen Leila! den theuren Namen, den er mit seinen Thränen benetzte [... Später erreicht ihn ein] Befehl des Khalifen in den folgenden Worten: »Es wird dem Keis, mit dem Beinamen Medschnun, hiermit streng untersagt [...] in seinen verliebten Liedern eine Schönheit zu besingen, an die er keine Ansprüche machen kann. Es wird ihm ferner befohlen [...] nie den Namen Leila in der Versammlung seiner Freunde auszusprechen.« [...] In eine düstere Verzweiflung gestürzt, hin und her getrieben in jeder Rücksicht, wie der Wirbelwind [...] suchte Medschnun von dem Bilde seiner Leila verfolgt, vergeblich einen Hafen der Ruhe. Seine unruhigen Schritte führten ihn unvermerkt in die brennenden Sandfelder der Wüste. Man sah ihn zuweilen auf dem Gipfel der Berge einsam umherirren, gleich dem flüchtigen Schatten einer Wolke [...] Eines Tages, als er nach seiner Gewohnheit mit dem Finger auf den Sand den theuren Namen Leila zeichnete, fand er sich plötzlich von einer zahlreichen Gesellschaft von Jägern umgeben. Mitten unter ihnen befand sich Naufel, ein junger Fürst [...] Beim Anblick dieses Unglücklichen stürzte er sich von seinem Pferde; und als er sich ihm näherte, las er den Namen, den er eben gezeichnet hatte. Dieser so berühmte Name ließ ihn in dem Unglücklichen Medschnun erblicken, und von seinem bedauernswürdigen Zustande tief gerührt, redete er ihn mit folgenden freundlichen Worten an: »Düsterer Bewohner der Wüste, der du dich unnütz verzehrst, indem du ihrem schnell verfliegenden Sande deinen Schmerz anvertrauest, wie lange willst du noch das Spielwerk einer dich irre leitenden Einbildungskraft seyn?«

Jene Schilderung des in die Wüste geflohenen Dichters hat deutliche Spuren im Goetheschen Werk hinterlassen. Zwar wird der Name Medschnun nicht immer genannt, doch seine Gestalt – man könnte auch sagen, sein Typus – erscheint unverkennbar in den Versen 7 ff. des folgenden Gedichts:

Anklage.

[...]
Der Poete, warum scheut er nicht,
Sich mit solchen Leuten einzulassen!
Weiß denn der mit wem er geht und wandelt,
Er, der immer nur im Wahnsinn handelt?
Grenzenlos, von eigensinn'gem Lieben,
Wird er in die Öde fortgetrieben,
Seiner Klagen Reim in Sand geschrieben,
Sind vom Winde gleich verjagt;
Er versteht nicht was er sagt,
Was er sagt, wird er nicht halten.

Medschnuns Gestalt taucht an dieser Stelle im *Buch Hafis* gleichsam als Prototyp des Poeten auf. Man erkennt ihn sofort an Hauptwesenszügen, dem »eigensinnigen Lieben«, d. h. dem Nachgeben der eigenen Neigung in einem Maße, das der Umwelt »wahnsinnig« erscheinen muß. Von der Übermacht seiner Gefühle wird Medschnun in die Einsamkeit der Wüste getrieben: Dort schreibt er Verse in den Sand, die der Wind »gleich verjagt«.

Die Anklage gegen »die Poeten«, daß sie die Vorschriften der Religion übertreten, wird an der Gestalt des in den Augen der Leute im Wahnsinn handelnden Medschnun beispielhaft vorgeführt. Dem Verfasser der *Leiden des jungen Werthers* und der *Wahlverwandtschaften* war eine Erfahrung wie die des Medschnun durchaus nicht fremd. Schon in seinem Jugendwerk (Buch I, am 12. August) findet sich das Bekenntnis:

> Ich bin mehr als einmal trunken gewesen, meine Leidenschaften waren nie weit vom Wahnsinn, und beides reut mich nicht: denn ich habe in meinem Maße begreifen lernen, wie man alle außerordentlichen Menschen, die etwas Großes, etwas Unmöglichscheinendes wirkten, von jeher für Trunkene und Wahnsinnige ausschreien mußte.

Im Gegensatz zu Goethes bürgerlicher Umwelt gab es in der orientalischen Tradition Bewunderung für solchen Dichter-Wahnsinn. Jedenfalls läßt die reiche literarische Überlieferung der Fabel von Medschnun und Leila auf die Achtung, das Staunen und die Bewunderung schließen, welche man der Gestalt des Medschnun entgegenbrachte. Seine Raserei muß als etwas Außerordentliches, Großes, Gottgewolltes empfunden worden sein, anders ließe sich die Popularität dieses Stoffes in den Ländern des Nahen und Mittleren Orients nicht erklären. Das wiederum erinnert an die Vorstellungen der Antike vom furor poeticus. So erklärte schon Demokrit, ohne Wahnsinn gebe es keinen guten Dichter. In gleichem Sinne sprach Platon im *Phaidros* von gottgesandtem Wahn, der den Dichter ergreift und den Verzückten zu Werken beflügelt, welche den Siegespreis davontragen vor den Dichtungen der Vernünftler. Der Roman *Medschnun und Leila* von Dschami enthält ähnliche Bekenntnisse des persischen Autors, der gleichfalls den Zustand des Furors höher stellt als alle Weisheit:

> Bald verwirrte das Übermaß seines Glücks seine [Keis'] Vernunft und Medschnun war der einzige Name, mit dem er forthin bezeichnet wurde. Überall [...] tönte ihm der Beiname Medschnun entgegen, und sein Herz hüpfte vor Freude. Und wirklich giebt es einen süßeren Namen, als den, welchen die Liebe uns beilegt, und kann mit einem solchen die rührendste Melodie verglichen werden? Dschami, mit welchem Vergnügen würdest du den eitelen Namen eines Weisen aufopfern, wenn irgend eine junge Schöne dich durch das Geschenk ihrer Gunstbezeugungen in den Zustand des Wahnsinns versetzen wollte?

Von den orientalischen Quellen her drang die Vorstellung, daß es sich bei solchem Wahnsinn um eine Auszeichnung des Menschen, um einen von oben her über ihn verhängten Zustand, der ans Mystische grenzt, handeln kann, selbst bis zur *Bibliothèque orientale*, dem aufklärerischen Nachschlagewerk, dessen Goethe sich oft bediente:

MEGNOUN: Dieses Wort bedeutet eigentlich im Arabischen einen Wahnsinnigen, einen Besessenen, wird im Besonderen angewandt auf einen Menschen, der von göttlicher oder profaner Liebe entrückt ist. Dieses Wort Megnoun ist auch zum Beinamen eines berühmten Mannes geworden, den die Orientalen für das Modell eines perfekten Liebhabers halten. Seine Geliebte mit Namen Leileh wird von eben denselben Orientalen als die schönste und keuscheste von allen ihres Geschlechts betrachtet. Man findet die Liebe von Megnoun und Leileh auf Arabisch, Persisch und Türkisch, und alle Mahometaner betrachten diese beiden Liebenden ungefähr wie die Juden Braut und Bräutigam im Hohen Lied, indem sie deren Geschichte in ein Sinnbild verwandeln und sich ihrer bedienen, um die Geistigsten unter ihnen zur Betrachtung der Mysterien Gottes zu erheben.[2]

Im Artikel *Yousouf* der *Bibliothèque orientale*, in welchem Medschnun und Leila mit Joseph und Suleika annähernd gleichgesetzt werden, ist von weiteren klassischen Liebespaaren des islamischen Kulturkreises die Rede, aber:

Es muß hier bemerkt werden, daß die Musulmanen sich niemals der Beispiele von Khosrou und Schirin, von Ferhad und anderer Liebenden bedienen, welche den Stoff zu einer Unzahl von in arabischer, persischer und türkischer Sprache verfaßten Romanen geliefert haben, um die göttliche Liebe auszudrücken, sondern nur, wenn es sich um eine profane Liebesgeschichte handelt; dagegen verfügen diejenigen, über die wir zuvor gesprochen haben, über eine nahezu sakrosankte Autorität, aufgrund dessen, was im Koran über sie gesagt wird.

Irgendwann im Frühjahr 1815 – jedenfalls vor Ende Mai – entstand Goethes Eröffnungsgedicht zum *Buch der Liebe*, in dem Medschnun und Leila als viertes Paar unter sechs musterhaften Paaren erscheinen:

Musterbilder.

Hör' und bewahre
   Sechs Liebespaare.
Wortbild entzündet, Liebe schürt zu:
   Rustan und Rodawu.
Unbekannte sind sich nah:
   Jussuph und Suleika.
Liebe, nicht Liebesgewinn:
   Ferhad und Schirin.
Nur füreinander da:
   Medschnun und Leila.
Liebend im Alter sah
   Dschemil auf Boteinah.
Süße Liebeslaune:
   Salomo und die Braune!
Hast du sie wohl vermerkt,
   Bist im Lieben gestärkt.

»Nur für einander da: Medschnun und Leila« – das ist für den Dichter des Divans die Quintessenz der entsagungsvollen Liebe dieses Paares, an dessen Musterhaftigkeit auch andere Entsagende sich »im Lieben gestärkt« fühlen können.

Wiederholt bezog Goethe sich als Liebesdichter auf Medschnun. Als ihn einst eine tiefe Neigung zur österreichischen Kaiserin Maria Ludovica erfaßt hatte, deren Typus ihn erinnerte an die in seinem *Torquato Tasso* verherrlichte Prinzessin Eleonore von Este, die in der Tat eine Vorfahrin von ihr war, fühlte er sich unausweichlich an die hoffnungslose Liebe Medschnuns für Leila erinnert, so hoffnungslos war die Lage, in die er geraten war. Damals mußte der Dichter des *Tasso* die Gefühle seines Helden, der ja nach Goethes eigenem Zeugnis »ein gesteigerter Werther« war, in hohen Jahren erneut durchleben. Zum Schmerzlichsten gehörte es dabei für ihn, daß er seiner überschwenglichen Liebe und Verehrung für die Fürstin keinen poetischen Ausdruck verleihen durfte und seine Verse gleichsam »in den Sand« schreiben mußte. Ein der Kaiserin gegebenes Versprechen band ihn, ihr niemals öffentlich zu huldigen, ja niemals ihren Namen in der Öffentlichkeit zu erwähnen. Nur das Gedicht *Geheimstes*, das, wie Goethe andeutet, »heiße Leidenschaft zu einem verborgenen unbekannten Gegenstand« ausdrückt, gibt im *Buch der Liebe* auf geheimnisvolle Weise etwas von des Dichters Gefühlen preis. Die fünfte Strophe des Gedichts spiegelt Goethes Freude wider über Herzog Carl Augusts Mitteilung aus Wien, die Kaiserin habe mit lebhafter Freundlichkeit nach ihm gefragt und lasse ihm Grüße sagen:

Wenn vor deines Kaisers Throne
Oder vor der Vielgeliebten
Je dein Name wird gesprochen,
Sei es dir zu höchstem Lohne.

Die nächste Strophe des durch die Grüße der Herzensherrin beglückten Dichters zeigt, daß er in dieser Situation voll Mitgefühl an den Beduinendichter Medschnun dachte:

Darum war's der höchste Jammer
Als einst Medschnun sterbend wollte,
Daß vor Leila seinen Namen
Man forthin nicht nennen sollte.

Das Motiv des Schweigegebots stammt aus einer Medschnun-und-Leila-Anekdote in Saadis *Baumgarten (Bustan)*, welche Goethe aus der Übersetzung von Adam Olearius (erschienen in Hamburg 1696) kannte:

> Der verliebte Medsnum wurde einmahl gefraget: Was schadet dir dann / daß du nicht mehr in die Stadt kompst? Ist denn keine Liebe oder Neigung zu deiner Leila mehr übergeblieben / und sind deine Gedancken anderswohin geflogen? Wie Medsnum diß hörte / weinete er bitterlich und sprach: Ey laß mich zufrieden! das Hertz thut mir ohne diß wehe gnug / streue mir dar kein Saltz mehr hinein / es

> geschiehet nicht / daß ich ruhigen Gemüthes sey, aber wohl aus Noth / daß ich so ferne von ihr getrennet bin: Hastu irgend etwas an sie zu berichten / fragte der andere / so sage es mir / es soll alles wol bestellet werden? aber Medsnum antwortete: Es ist unnöthig / daß meiner gedacht werde / wo sie ist / und darumb hastu nichts bey ihr von mir zu gedencken.

Die Bitte der Kaiserin an Goethe, ihren Namen nie zu nennen, unterscheidet sich zwar in mancherlei Hinsicht von dem Gebot Medschnuns, in Leilas Gegenwart seiner nicht zu erwähnen. Und doch benutzte Goethe das aus der Anekdote stammende Motiv des »höchsten Jammers« wohl, um erstens seiner Beglükkung Ausdruck zu verleihen, daß sein Name »höchsten Ortes« genannt worden war; außerdem konnte er auf diese Weise auf seinen eigenen »höchsten Jammer« anspielen, der »Vielgeliebten« (Vers 18) keine dichterischen Huldigungen darbringen zu dürfen. Konrad Burdach, der noch glaubte, die letzte Strophe von *Geheimstes* sei erst durch den Tod der Kaiserin ausgelöst worden, was man heute nicht mehr annimmt, spricht von »symbolischer Umkehrung« der »tief tragischen Beziehung«.

Noch ein weiteres Mal hat Goethe als Liebesdichter im *West-östlichen Divan* auf die entsagungsvolle Geschichte Medschnuns und Leilas angespielt. Er tat dies in einem Spruchgedicht, das zunächst fürs *Buch der Sprüche* bestimmt war, dann aber ins *Buch Suleika* aufgenommen wurde:

> Der Liebende wird nicht irre gehn,
> Wär's um ihn her auch noch so trübe.
> Sollten Leila und Medschnun auferstehn,
> Von mir erführen sie den Weg der Liebe.

Zu diesem Vierzeiler wurde Goethe gleichfalls durch Saadi angeregt, der im *Gulistan* (übers. v. Olearius) schrieb:

> Wenn Leile und Metznun solten wider Auffstehen / so wurden sie aus meinem Buche die Kunst zu Lieben lernen.

Statt Saadis Wendung »die Kunst zu lieben« zu übernehmen, wählt Goethe den Ausdruck »Weg der Liebe«. Die gleiche Metapher findet sich sehr oft bei Hafis, der auch gern von »Straße der Liebe«, »Pfad der Liebe«, »Liebespfad« spricht. Merkwürdig ist schon bei Saadi der Palingenesie-Gedanke: die Vorstellung von der Wiedergeburt der berühmten Liebenden. Dadurch erscheinen Medschnun und Leila einerseits als Vorfahren und Muster der späteren Dichter, anderseits als Nachkommen und Schüler, die auch ihrerseits wieder etwas über die Kunst der Liebe bzw. den Weg der Liebe von den Späteren werden lernen können. Das Palingenesie- wie auch das Wetteifer-Motiv waren wie geschaffen für Goethe. Aus den zuversichtlichen Versen: »Sollten Leila und Medschnun auferstehn, / Von mir erführen sie den Weg der Liebe« wird der charakteristische Ton dessen hörbar, der sich Rivalen gegenüber »produktiv verhält«. Es klingt so, als habe Goethe andeuten wollen: von ihm als Dichter der Liebe sowie von dem »musterhaften« *Divan*-Paar Hatem und Suleika können Liebende allemal etwas dazulernen.

Das Motiv der Wiederkehr Medschnuns – wie auch andrer großer Liebender – begegnet noch einmal in einem Nachlaßgedicht an Suleika, wo Goethe sich wieder ganz stark identifiziert mit dem seine Verse in den Wüstensand schreibenden Beduinendichter:

Nicht mehr auf Seidenblatt
Schreib' ich symmetrische Reime;
Nicht mehr fass' ich sie
In goldne Ranken;
Dem Staub, dem beweglichen, eingezeichnet
Überweht sie der Wind, aber die Kraft besteht,
Bis zum Mittelpunkt der Erde
Dem Boden angebannt.
Und der Wandrer wird kommen,
Der Liebende. Betritt er
Diese Stelle, ihm zuckt's
Durch alle Glieder.
»Hier! vor mir liebte der Liebende.

War es Medschnun der zarte?
Ferhad der kräftige? Dschemil der daurende?
Oder von jenen tausend
Glücklich-Unglücklichen einer?
Er liebte! Ich liebe wie er,
Ich ahnd' ihn!«
[...]

Auf wahrhaft brüderliche Weise wird hier von Goethe das Bild des unglücklichen Beduinendichters gezeichnet, der einsam in die Öde getrieben, Verse zu Ehren der Geliebten in den Sand schreibt, eine scheinbar sinnlose Handlung, die den schwermutsvollen Gedanken an die Vergänglichkeit aller Dinge weckt. Doch er weiß, die scheinbaren Wahnsinnshandlungen: das Festhalten an einer hoffnungslosen Liebe, das Aufsuchen der Einsamkeit, das Schreiben von Versen in den Sand, sind kein vergebliches, kein unsinniges Tun. Jeder so stark durchlittenen Dichterliebe ist ihre Unsterblichkeit gesichert: damit tritt Goethe erneut den Vertretern der Anklage im *Buch Hafis* und allen Widersachern der Poeten entgegen. Denn die Schrift im Sand, welche denselben als Akt des Wahnsinns, als absolut töricht erscheint, gewinnt plötzlich einen untergründigen Sinn:

Aber die Kraft besteht
Bis zum Mittelpunkt der Erde
Dem Boden angebannt ...

In einem anderen Zusammenhang innerhalb des *West-östlichen Divans* greift Goethe das Thema des Wahnsinns in recht derber Weise wieder auf, nämlich diesmal nicht im Bereich der Liebesdichtung, sondern im *Buch des Unmuts*. Dort findet sich zugleich sein erstaunlichstes Bekenntnis zu Medschnun:

Medschnun heißt – ich will nicht sagen
Daß es grad ein Toller heiße;
Doch ihr müßt mich nicht verklagen
Daß ich mich als Medschnun preise.

Wenn die Brust, die redlich volle,
Sich entladet euch zu retten,
Ruft ihr nicht: »Das ist der Tolle!
Holet Stricke, schaffet Ketten!«

Und wenn ihr zuletzt in Fesseln
Seht die Klügeren verschmachten,
Sengt es euch wie Feuernesseln,
Das vergebens zu betrachten.

»Ein Verrückter« steht von Goethes Hand mit Blei auf dem Reinschriftblatt dieses undatierten Gedichts in der rechten oberen Ecke. Welcher spezielle Verdruß oder Unmut Goethe veranlaßte, sich »als Medschnun zu preisen«, ist nicht bekannt und dürfte wohl auch kaum mehr zu ermitteln sein. Goethe befand sich oft im Widerspruch zur Umwelt. Die Frage erhob sich immer wieder, wer denn nun im Recht sei: der Dichter oder seine Umgebung? Wich er beispielsweise in politischer Hinsicht von der communis opinio ab oder warnte er in weiser Voraussicht vor den gefährlichen Folgen unsinniger militärischer Unternehmungen, so wurde er für »verrückt« erklärt. Gar zu oft machte er solche Erfahrungen, wie er das in einem Zweizeiler der *Zahmen Xenien* festgehalten hat:

Wenn ich dumm bin, lassen sie mich gelten;
Wenn ich Recht hab wollen sie mich schelten.

Gelegentlich beunruhigte ihn natürlich auch sein Mißverhältnis zur Welt oder der eigene Zustand, so daß er sich fragen mußte:

Läßt mich das Alter im Stich?
Bin ich wieder ein Kind?
Ich weiß nicht, ob ich
Oder die andern verrückt sind.

Doch dann wiederum durfte er sich sagen, was ein Spruchgedicht der *Zahmen Xenien* in Dialogform faßt:

»Bei mancherlei Geschäftigkeit
Hast dich ungeschickt benommen.«

Ohne jene Verrücktheit,
Wär' ich nicht so weit gekommen.

So pochte auch noch der alte Poet mit demselben Anspruch wie der Verfasser von *Werthers Leiden* auf das Privileg des Genies und proklamierte in den gleichzeitig mit der *Divan*-Dichtung entstandenen *Zahmen Xenien*:

Der Dichter nimmer gebückt ist.
Ihr ließt verrückten Werther schalten,
So lernt nun wie das Alter verrückt ist.

Auch in diesen *Zahmen Xenien* tönt etwas nach vom Trotz des Medschnun-Gedichtes im *Buch des Unmuts*. Wir haben gesehen, daß er auf ähnliche Beispiele von stolz-trotzigem Selbstgefühl gestoßen war bei Hafis, Dschami und andern Poeten des islamischen Kulturkreises, die sich zum furor des Medschnun bekannt hatten. Alle diese im Widerspruch mit der Welt lebenden Dichter bedrängte die von Goethe in den *Zahmen Xenien* so drastisch formulierte Frage: »Ich weiß nicht, ob ich oder die andern verrückt sind?«

Gewiß war sich Goethe dessen bewußt, daß er hierin mit dem Propheten Mohammed ein vergleichbares Schicksal teilte. Wie bereits im Kapitel über den Antagonismus zwischen dem Propheten und den Poeten erwähnt, hatte er aus Biographien des Propheten und aus dem *Koran* erfahren, daß Mohammed besonders in der Frühzeit seines Wirkens als Sendbote Gottes den stärksten Anfeindungen von seiten der Ungläubigen ausgesetzt war und daß diese ihn beschuldigten, nichts weiter als ein Poet und damit ein Lügner zu sein. Dank der Unterstützung und Solidarität seiner Ehefrau Chadidja und erster Gefolgsleute wie Ali, Abu Bakr, Omar und Osman überwand Mohammed seine anfänglichen Selbstzweifel und fand sich in seiner göttlichen Berufung bestärkt.

Derlei Anfeindungen erwiderte er mit der Aufforderung an seine Gegner, einen Text vorzuweisen, der sich mit dem des *Koran* an Schönheit messen könnte. Auch wies er darauf hin, daß schon andere Propheten vor ihm von den Zweiflern zu Verrückten erklärt worden seien. Von seinen orientalistischen Gewährsleuten hat Goethe vermutlich erfahren, daß an solchen Stellen im *Koran* für den Ausdruck *verrückt* das arabische Wort *medjnun* steht. Dieses enthält die Wurzelkonsonanten *dj-n-n*, aus welchen auch das Wort *Djinn* abgeleitet ist. Es bezeichnet jene dämonischen Geister, welche in der Vorstellungswelt des *Koran* neben den Engeln als übersinnliche Wesen die Welt bevölkern. Ein *medjnun* ist also ein von Geistern Besessener, und wenn im *Koran* davon die Rede ist, daß gegen Mohammed von seinen Feinden die Beschuldigung erhoben wurde, ein *mejnun* zu sein, so wird diese Anklage in den deutschen Übersetzungen entsprechend meist mit »ein Besessener« wiedergegeben. In der etwas grobschlächtigen (und nicht immer klaren) Übersetzung Megerlins hingegen konnte Goethe am Anfang der Sure 68 (*Die Schreibfeder*) finden: »Bey der Schreibfeder, und was die Engel damit schreiben. / Du bist durch die Gütigkeit deines Herrn nicht von denen, so im Kopf verrückt sind.« Und in der Sure 26 (*Die Poeten*), Vers 26/27 heißt es in bezug auf den Propheten Moses: »Pharao sagte darauf zu den Umstehenden: Warhaftig dieser Gesandte, der zu euch will geschickt sein, ist verruckt im Kopf, oder gar besessen. / Moses sagte: Nein! Der mich gesandt hat, ist der Herr vom Morgen und vom Abend: wann ihr wollt Vernunft gebrauchen, auch aller Dinge zwischen Osten und Westen.«

Im *West-östlichen Divan* stellt Goethe wiederholt dar, daß nicht der Dichter, sondern die menschliche Umwelt im Unrecht ist. Im Gedicht *Offenbar Geheimnis* zeigt Goethe am Beispiel des Hafis, daß »die Wortgelehrten« diesen Dichter »nicht verstehen«, weil sie bei seinen Worten »Närrisches« denken. Sie und nicht Hafis sind also in Wirklichkeit die Narren, selbst wenn Hafis bei seiner Auflehnung gegen all die Mißverständnisse, denen er begegnet, sich wie ein Rasender aufführen mag:

> Wer vermag zu halten mein Herz! Nun so schreyt denn:
> Aufgeschaut! ein Rasender ist entlaufen.

Goethe jedenfalls schloß sich mit Entschiedenheit seinem arabischen Namenspatron Medschnun und seinem persischen Bruder Hafis an. Er wußte, zum Genie gehört die Besessenheit, zum Dichter der furor poeticus, das Recht auf die im *Schenkenbuch* gepriesene »Lieb-, Lied- und Weines Trunkenheit«. Auch in dieser Hinsicht war es ihm nicht anders ergangen als seinen orientalischen Wahlverwandten, denn schon als Autor von *Werthers Leiden* hatte er an sich selbst erfahren, »wie man alle außerordentlichen Menschen, die etwas Großes, etwas unmöglich Scheinendes wirkten, von jeher für Trunkene und Wahnsinnige ausschreien mußte«.

31. Die Namen »Suleika« und »Hatem« im Rollenspiel des *Divan*

In Carl Ludwig von Knebel besaß Goethe einen literarisch vielseitig gebildeten Freund, der regen Anteil an der Entstehung des *West-östlichen Divan* nahm. Knebel hatte einst die berühmte Dichtung des arabischen Dichters Abu Ismael Tograi übersetzt, die sogenannten *Lamijat*, das heißt eine auf den Buchstaben Lam reimende Qaside. Er hatte sie nach einer lateinischen Vorlage ins Deutsche übertragen und der Dichtung dadurch, daß er die Doppelverse als Distichen wiedergab, die Form einer Elegie verliehen. Ausgehend von dem Gedanken, daß sie seinem Freunde Goethe eine willkommene Anregung zu seinen *Divan*-Gedichten bieten könnte, teilte er ihm am 7. April 1815 mit:

> Das Gedicht von Abu-Ismael-Thograi habe ich unter meinen Papieren gefunden. Es besteht aus 60 Distichen und hat, wie die Nachrichten sagen, seinem Verfasser den größten Ruhm bei seiner Nation gebracht, ja ihm sogar zur Vesirstelle verholfen. Der berühmte *Reiske* hat solches mit seinen Auslegungen und Noten in einem ganzen Bande herausgegeben, den ich einmal bei dem hiesigen Einsiedel fand und es danach übersetzte. Solltest Du es zu sehen wünschen, so

kann ich es Dir abschreiben lassen. Es scheint mehr aus aphoristischen Sätzen zusammengesetzt, als zu einem ganzen Gedichte verbunden zu sein.

Kaum hielt Goethe Knebels Übersetzung von Abu Ismael Tograis *Lamijat* in Händen, als er darin eine Reihe von Versen entdeckte, die in ihm auf überraschende Weise ein Erlebnis wachriefen, welches von allen Ereignissen der *Divan*-Epoche sich als besonders bedeutsam erwiesen hatte: die gemeinsam mit Marianne erlebte Feier des 18. Oktober 1814 zur einjährigen Wiederkehr der Schlacht bei Leipzig, wo sie mit Willemers Familie in Frankfurt von deren »Türmchen vom Mühlberg« aus »tausend und abertausend« Freudenfeuer auf den die Stadt umgebenden Hügeln hatten leuchten sehen. Rosine Städel, Willemers älteste Tochter, eine schwärmerische Verehrerin Goethes, hat die Erinnerung daran am 9. Dezember 1814 in des Dichters Stammbuch mit folgenden Worten festgehalten: »Sooft fortan die Feuerzeichen des achtzehnten Oktober dankbar zum Himmel lodern, gedenkt ein kleiner Kreis guter Menschen eines unvergeßlichen Abends. Mögen doch auch Sie sich zuweilen wohlwollend jenes Abends erinnern.« Für Goethe wie auch für Marianne aber hatten die Freudenfeuer, die damals auf den Hügeln leuchteten, noch eine besondere, ja eine schicksalhafte Bedeutung. Sie wurden sich an jenem Abend ihrer brennenden Liebe bewußt, einer Liebe, die im *Buch Suleika* des *West-östlichen Divans* ihre schönsten Früchte tragen sollte.

In Abu Ismael Tograis *Lamijat* fand Goethe nun folgendes Distichon 23:

Liebesfeuer durchnachtet von ihr [dem »edlen Weib«] in brennenden Herzen;
Gastliches Feuer des Freunds lodert vom Hügel herab.

Dazu Knebels Anmerkung:

Die Araber sind von solcher Gastfreundlichkeit, daß sie zu nachts Feuer auf den Hügeln anzünden, um Fremde zu sich einzuladen.

Auf Hügeln angezündete Feuer als Zeichen der Gastfreundschaft, Liebesfeuer von brennenden Herzen, die Nacht durchleuchtend – diese Bilder aus arabischer Dichtung kamen den Erinnerungen sehr nahe, die Goethe und Marianne von jener Nacht zurückbehielten. Alles spricht dafür, daß Goethe die Elegie Tograis auf seine zweite Rheinreise von 1815 mitgenommen hat. Zwei Verspaare daraus zeichnete Goethe für seine Freunde Willemer auf. Eines davon stand wiederum mit einem bedeutsamen Datum in Beziehung: dem 28. August 1815, Goethes 66. Geburtstag. Die Willemers hatten diesen Tag zu einem für Goethe höchst beglückenden Fest gestaltet, mit beziehungsreichen Geschenken, wovon manche seiner Liebe zum Orient huldigten, wie zum Beispiel ein Turban von feinstem Musselin. Rosine Städel hatte als Geburtstagsgeschenk eine Zeichnung angefertigt, welche die Aussicht von Goethes Fenster in der Willemerschen Sommerwohnung, der Gerbermühle, auf seine Geburtsstadt Frankfurt zeigte. Nach Weimar zurückgekehrt, ließ Goethe diese Zeichnung lithographisch vervielfältigen. Unter ein solches von ihm an die Willemers nach Frankfurt gesandtes Exemplar setzte er die Unterschrift:

Als die Tage noch wuchsen, gefiel das Leben mir wenig
Nun, abnehmend mit Eil könnten gefallen sie mir.
Zum Gedenken des 28. August 1815. Goethe.

Zwar mochten die meisten Frankfurter Freunde Goethes glauben, die Verse stammten von ihm; Marianne jedoch war in das Geheimnis von deren Herkunft eingeweiht, denn sie hatte durch Goethe die gesamte Elegie Tograis kennengelernt. Und in der Tat, die Verse stehen wörtlich so in Tograis *Lamijat* als 40. Distichon der Knebelschen Übersetzung. Allerdings hat Goethe, indem er lediglich ein einziges Satzzeichen austauschte, ihnen eine völlig neuen Sinn verliehen und sie dadurch doch in gewisser Weise in ein eigenes Gedicht verwandelt. Tograis 40. Distichon enthält eine tief schmerzliche Reflexion, der allgemeinen Stimmung des ganzen Gedichts entsprechend: im Alter ist das Leben womöglich noch schwerer zu ertragen als in der Jugend. Hierauf deutete bei ihm ein ironisches Fragezeichen am Ende des Distichons. An dessen Stelle setzt nun Goethe einen Punkt, wodurch sich die Pointe ergibt: das Leben, das mir in der Jugend mißfiel, jetzt im Alter könnte es mir gefallen! Indem Goethe so aus den Worten Tograis ein selbständiges Epigramm mit eigener Bedeutung formte, erhielt er, seinen Absichten entsprechend, eine Danksagung, gerichtet an die Frankfurter Freunde, die ihm eine so beglückende Geburtstagsfeier bereitet hatten, gerichtet natürlich vor allem auch an Marianne, die ihm als Spenderin neuer Lebensfreude im Alter erschienen war.

Obwohl die Verse ursprünglich nicht von Goethe stammten, lag doch eine reizvolle Note darin, daß sie, von Goethe mit neuer Interpunktion versehen, den gleichen Gedanken vermittelten, welchen er selbst bereits ein Jahr zuvor in einem Gedicht des *West-östlichen Divans* ganz ähnlich ausgesprochen hatte. Im Dezember 1814 nämlich waren die folgenden, durch Hafis angeregten Verse entstanden, die gleichfalls auf die Klage hinausliefen: das Leben erfüllt gewisse Wünsche erst im Alter, wenn es eigentlich zu spät ist:

Wer wird von der Welt verlangen
Was sie selbst vermißt und träumet,
Rückwärts oder seitwärts blickend
Stets den Tag des Tags versäumet?
Ihr Bemühn, ihr guter Wille
Hinkt nur nach dem raschen Leben,
Und was du vor Jahren brauchtest,
Möchte sie dir heute geben.

Aus Briefen Mariannes an Goethe geht hervor, daß sie noch nach vielen Jahren Verse Tograis auswendig wußte und sich auf sie berief, um Goethe an sie und ihre Liebe zu erinnern. Bekannt ist, daß sie sich mehrmals bezog auf Distichon 39, das heißt auf die Verse, welche den von Goethe zitierten unmittelbar voraufgehen:

39.
Ich besänft'ge mein Herz, mit süsser Hoffnung ihm schmeichelnd;
Eng ist das Leben fürwahr, aber die Hoffnung ist weit.

Auch von Distichon 39 existierte im Hause Willemer eine Niederschrift von Goethes Hand. Sie ist nicht erhalten, und über ihre Veranlassung hat man keine Information. Doch lassen sich aus dem Inhalt, vor allem aber aus der benachbarten Stellung der beiden Distichen 39 und 40 gewisse Schlüsse ziehen. Wie Goethe in Distichon 40 seine Lebenssituation gespiegelt sah, so fand Marianne die ihre vorgezeichnet in Distichon 39. Für ihre Liebe zu Goethe gab es keine Erfüllung, sondern nur weite Hoffnung. (Im *Divan* vereint erst das Paradies die beiden Liebenden.) Daß in dem Werk eines arabischen Dichters vier aufeinanderfolgende Verse eine richtungweisende Bedeutung hatten für das Leben beider, muß Goethe als ominös erschienen sein. Für das Distichon, welches ihr eignes Schicksal bezeichnete, faßte Marianne eine begreifliche Vorliebe. Das mag Goethe dazu veranlaßt haben, es bei Gelegenheit für sie aufzuschreiben. Tograis Distichon 39 fand sich auf einer Gedenktafel von Willemers »Mühlberg-Häuschen« noch bis zu dessen Zerstörung im Krieg 1944. Man hielt auch jene Verse für Goethes. Marianne wahrte das Geheimnis der Verfasserschaft, auch als 1825, also noch zu Lebzeiten Goethes, in einem nicht autorisierten Druck Tograis Distichen 39 und 40 als angeblich Goethesche Gedichte veröffentlicht wurden. Zu Recht nahm Goethe selber jene Tograi-Verse in die Ausgabe seiner Werke nicht auf.

In ihren Briefen an Goethe spielt Marianne auf Tograis Distichon 39 an, wenn sie den Freund besonders nachdrücklich an ihre Hoffnung erinnert, ihn irgendwann doch noch einmal zu einem Besuch in Frankfurt bewegen zu können. In der dichterischen Prosa ihrer Briefe bedient sie sich der Tograischen Wendungen als einer Art Geheimsprache – ein Nachspiel zu der Zeit der Chiffernbriefe, als sie sich durch Bezeichnung von Hafis-Stellen miteinander verständigten. Mitte April 1821 schreibt sie:

> So wie die Natur aus ihrem langen Winterschlafe erwachen will und der erste Atemzug das Erwachen von tausend Keimen und Leben zur Folge hat, so fängt auch die Hoffnung sich an zu regen, und lang genährte und heimlich gepflegte Wünsche scheinen aus dem Schlafe erwachen zu wollen und bewegen von neuem das beschwichtigte Herz, wie denn überhaupt der Frühling die Jahreszeit der Hoffnungen ist; ob der Sommer die Blüte zur Reife und der Herbst die Frucht bringt, das wird die Zeit lehren.

Als Goethe im Sommer 1823 nach Marienbad und Karlsbad ging, statt, wie Marianne gehofft hatte, Frankfurt zu besuchen, schreibt sie, Goethe zu seiner erfolgreichen Kur in Böhmen beglückwünschend:

> Ich hoffte von einem Tag zum andern, [...] und es wird uns leichter, eine fehlgeschlagene Hoffnung zu ertragen, wenn wir bedenken, wie viel der Freund bei dem Tausch gewann. Doch ist [es] eine eigene Geschichte mit dem Aufgeben, und wenn ich schon früher mein Herz besänftigte, mit süßer Hoffnung ihm schmeichelnd, so fehlt auch der Nachsatz nicht: Kurz ist das Leben fürwahr, aber die Hoffnung ist lang und ich kann trotz allen Gründen das widerspenstige Wesen nicht dahin bringen, daß es schweigt und auf das nächste Jahr hofft.

Acht Jahre waren verstrichen, seit Marianne zum letzten Mal mit Goethe gesprochen hatte. Wenn sie nach so langer Zeit noch Tograis 39. Distichon zitieren kann in der Gewißheit, Goethe damit eine vertrauliche Botschaft zu übermitteln, ist anzunehmen: die Verse müssen in Gesprächen mit Goethe 1815 eine zentrale Rolle gespielt haben. Nun beweist aber eine Anspielung auf eine weitere Tograi-Stelle – nämlich auf das oben (S. 395) angeführte Distichon 23 – in dem Brief, den wir eben zitierten, daß Marianne und Goethe gemeinsam die gesamten *Lamijat* Tograis gelesen haben, nicht etwa nur die von Goethe einzeln niedergeschriebenen Distichen 39 und 40.

Und so spielt Marianne nicht nur auf Distichen 39 und 40, sondern auch auf das 23. Distichon an in jenem Brief vom September 1823:

> Ich zweifle nicht, daß der Rest des Septembers und der Anfang des Oktobers ganz in den Sommer hinüberspielen werden, den wir eigentlich jetzt erst haben, und daß, wenn schon die Feuer des 18. Oktobers nicht mehr die vaterländischen Berge erhellen, doch in den Augen und Herzen der Bewohnerinnen Frankfurts noch manche stille Flamme brennt die zu nicht uninteressanten Beobachtungen aufzufordern scheint.

Goethe beantwortete Mariannes Brief nicht mit einem Brief, sondern mit symbolischen Geschenken. Er sandte ihr Eckermanns soeben erschienene *Beyträge zur Poesie mit besonderer Hinweisung auf Goethe* und wies die Freundin auf die Seitenzahl hin, wo Eckermann das von Marianne gedichtete Lied »Ach um deine feuchten Schwingen« aus dem *Buch Suleika* in vollem Wortlaut zitiert und, den wahren Sachverhalt nicht ahnend, als Goethesche Kunstleistung ersten Ranges gepriesen hatte. Dem Buch fügte Goethe einen Kranz, geflochten aus Zweigen von Myrte und Lorbeer hinzu, eine Ehrung Mariannes als Liebende und Dichterin. (Lorbeer ist dem Apollo, Myrte der Aphrodite heilig.) Das wichtigste Geschenk jedoch waren begleitende Verse, welche die Bedeutung des Kranzes erklärten, vor allem aber ausdrückten, wie tief Goethe von Mariannes letztem Brief berührt war:

> Myrt und Lorbeer hatten sich verbunden
> Mögen sie vielleicht getrennt erscheinen,
> Wollen sie, gedenkend seliger Stunden,
> Hoffnungsvoll sich abermal vereinen.
>
> d. 18. Oktbr. 1823.

Als er das Gedicht 1827 in seine Werke aufnahm, ließ er das Datum fort, fügte jedoch eine Erläuterung hinzu, die vor der Öffentlichkeit Suleika als Dichterin und Liebende pries: »Dieses Gedicht begleitete einen geschlungenen Lorbeer und Myrtenkranz zum Symbol eines wie Hatem und Suleika in Liebe und Dichtung wetteifernden Paares.« Wer sich hinter dem Namen Suleika verbarg und daß es sich hier in der Tat um eine bedeutende Dichterin handelte, war damals jedoch außer den beiden Liebenden selbst noch niemand bekannt.

Den Beschluß, sich und seiner Geliebten jene poetische Geheimnamen zuzulegen, hatte Goethe vor Antritt seiner zweiten Reise in die Rhein- und Maingegenden im Sommer 1815 gefaßt, auf welcher es zu einem Wiedersehen mit Marianne kommen sollte. Für sich als *Divan*-Dichter wählte er aus noch zu erläuternden Gründen den Namen »Hatem«. Am ersten Tag seiner Reise verfaßte er jedoch zunächst ein Gedicht, worin er, der Wiederbegegnung mit der bewunderungswürdigen Frau entgegensehend, für sie den beziehungsvollen Namen »Suleika« wählte:

> Daß Suleika von Jussuph entzückt war,
> Ist keine Kunst;
> Er war jung, Jugend hat Gunst,
> Er war schön, sie sagen: zum Entzücken,
> Schön war sie, konnten einander beglücken.
> Aber daß du, die so lange mir erharrt war,
> Feurige Jugendblicke mir schickst,
> Jetzt mich liebst, mich später beglückst,
> Das sollen meine Lieder preisen:
> Sollst mir ewig Suleika heißen.

Den Namen der beiden Liebenden Jussuph und Suleika war Goethe bei seinen orientalischen Studien häufig begegnet, unter anderem fand er Anspielungen auf sie im *Diwan* des Hafis (in Gasele *Elif VIII*, Vers 11 f.):

> Jusufs berauschende Schönheit erklärt den Zauber
> der Liebe,
> Welcher zerrissen den Flor bei *Sulicha* ...

Der Übersetzer Josef v. Hammer fügte die Erklärung hinzu:

> *Sulicha* oder *Suleicha*, Potifars Gemahlin in den orientalischen Romanen, die in des ägyptischen Josephs Geschichte nichts

als die unwiderstehbare Macht der Schönheit des Mannes aufs Herz des Weibes darzustellen suchen.

In der biblischen Tradition von 1. Mose 39 wird bekanntlich »Potiphars Weib«, die dort namenlos bleibt, in ein eher zweifelhaftes Licht gerückt. Dagegen hebt die islamische Tradition sie aus dieser Anonymität heraus und gibt ihr den Namen Suleika – wobei sie, ausgehend von der zwölften Sure des *Koran* mit dem Titel *Jussuph* – ihren Liebesroman zur sprichwörtlich »schönsten der Geschichten« ausmalt. Denn schon im *Koran* heißt es am Anfang der Josephs-Sure im Vers 3, allerdings dort bezogen auf die gesamte Geschichte von Joseph und seinen Brüdern: »Erzählen wollen Wir [Gott] dir [Mohammed] die schönste der Geschichten durch die Offenbarung dieses Korans; siehe, zuvor warst du achtlos auf sie.«

Unter Goethes Lektüre-Notizen vom Frühjahr 1815 finden sich mehrere Aufzeichnungen, die sein Interesse für die Geschichte Suleikas bekunden. So notierte er aus dem in den *Fundgruben des Orients* in Fortsetzung erschienenen Roman von Dschami – *Jussuf und Suleika* – die folgenden Motive, in denen Suleika im reinen Licht der Unschuld erscheint:

> Suleicha träumt und sieht einen verklärten Jussuf, verliebt sich, klagt für sich, schweigt. Verkommt. Amme dringt. Sie gesteht. Amme vertrauts dem Vater [...] Suleicha sieht den Jussuf zum 2ten mal im Traum. Wird wahnsinnig auf ein Jahr.

In der *Bibliothèque orientale* hatte er über Jussuph und Suleika lesen können:

> Die Musulmanen [...] bedienen sich oft ihrer Namen und ihres Vorbilds, um das Herz der Menschen zu einer höheren als der gemeinen Liebe zu erheben, da sie behaupten, daß diese beiden Liebenden nichts anderes seien als das Sinnbild der treuen Seele, die sich durch die Liebe bis zu Gott erhebt.[1]

Goethes orientalistischer Berater in Berlin, Heinrich Friedrich von Diez, hatte bereits 1811 im ersten Band seiner »Denkwürdigkeiten«[2] (S. 30) über den persischen Dichter Dschami (1414-1492) geschrieben:

Im Koran findet sich ein eigenes Kapitel, das zwölfte an der Zahl, unterm Namen Jussuf oder Joseph, wo von der Liebe der Zuleicha, Tochter des Pharao und Gemahlin des Potiphars, gegen Joseph, Sohn Jacobs, geredet wird. Da diese Liebe aus dem Anblick der großen Schönheit Josephs entsprungen sein soll und ohne große sinnliche Befriedigung geblieben: so wird sie von den Mohammedanern als ein Muster keuscher, obgleich brennender Liebe vorgestellt, welche zur Liebe gegen Gott geführt haben soll, weil man hinzudichtet, daß Zuleicha sich am Ende zum wahren Glauben bekehrt habe. Dies hat zum Roman Gelegenheit gegeben, welcher unterm Namen ›Jussuf und Zuleicha‹ von Dschami im Persischen geschrieben worden. Die Liebe wird darin als die Neigung zu allem Schönen, Guten und Edeln vorgestellt und soll sich durch Betrachtung der sinnlichen Schönheit am Menschen wie an andern belebten und unbelebten Wesen zur Liebe und Anbetung des Schöpfers aller Schönheit erheben, so daß man die Liebe gegen die Schönheit der Geschöpfe als das Mittel zur Liebe gegen die Schönheit des Schöpfers ansieht.

Diese Auffassung war für den *Divan*-Dichter bestimmend. Zwar schloß er sich sowohl der biblischen als auch der islamischen Tradition an, wenn er Potiphars Weib »gegen Jussuph ganz Begierde« sein läßt. Doch folgte er der Auffassung der Muslime darin, daß er Suleika als glänzendes Vorbild der Entsagung, als »der Entsagung Zierde«, preist.

Mit der Wahl des Namens »Suleika« für die als Künstlerin verehrte und geliebte Frau des Freundes deutete Goethe zugleich die Spielregeln an, denen ihr Verhältnis unterworfen war, da von vornherein feststand, daß ihrer beider Liebe auf Entsagung gegründet sein mußte. Nachdem er die Geliebte so »benamst« hatte,[3] fühlte er sich frei, Marianne unter diesem Pseudonym nach Herzenslust zu besingen.

Es hätte nun nahegelegen, daß Goethe für sich selbst den Dichternamen Joseph oder Yussuf wählte, da dieser in der islamischen Tradition das Pendant zu Suleika bildet. Im Kapitel über Motanabbi haben wir bereits einen der Gründe genannt, weshalb Goethe den Gedanken verwarf: Joseph war jugendlich schön, ja er ist bis heute im arabischen Kulturraum das sprichwörtliche Sinnbild männlicher Schönheit geblieben: »Djamîl ka Yûsuf«, »schön wie Joseph« ist die höchste Auszeichnung, die sich ein Araber für die Schönheit eines Mannes erdenken kann. Dem stand entgegen, daß Goethe ein »beinah ergrauter Dichter« war, wie er sich in einem der *Hatem*-Gedichte nannte, das heißt im angehenden Greisenalter stand, als er Mariannes Bekanntschaft machte.

Aber es gab noch einen tieferen Grund, eine gleichsam heilige Scheu, welche Goethe von diesem Schritt abhalten mußte. Goethe hatte seit seiner Jugend, wie bereits vor ihm schon der Prophet Mohammed, in Joseph eine Gestalt erblickt, dessen Lebenslauf ihm in gewisser Weise die Bestimmung seines eignen Wirkens unter den Menschen vorgezeichnet zu haben schien, eine Gestalt also, mit der er sich heimlich identifizierte. Wie in Buch IV von *Dichtung und Wahrheit* geschildert, hat er als heranwachsender Knabe ein *Josephs*-Epos verfaßt und dem Vater in einem »artigen Quartband« überreicht. Es ist allerdings nicht erhalten, vermutlich hat er es später selbst vernichtet. Nun hatte Goethe in der von ihm vielfach konsultierten *Bibliothèque Orientale* unter dem Stichwort *Yousouf* unter anderem folgendes über seinen Helden lesen können:

> Hafis, der persische Dichter, sagt in seinem Divan, welcher den Mahometanern als ein rein mystisches Buch gilt: Ich verstehe sehr wohl, wie die außerordentliche Schönheit Josephs das Herz Zoleikhas über die Grenzen einer gewöhnlichen Liebe hinaustragen konnte und mußte; wobei hier Joseph, den Kommentatoren dieses Dichters zufolge, für die Gestalt des Schöpfers, und Zoleikha für die der Schöpfung steht.
>
> Die gleichen Orientalen bedienen sich auch der Namen von Megnoun und von Leilé, als derer von anderen Liebenden,

welche bei ihnen nicht weniger berühmt sind wegen ihrer Treue und Standhaftigkeit, wie auch wegen ihrer Keuschheit. Folgendes sagt darüber Giami, ein anderer mystischer Dichter, in seinem Diwan: Auf dem gefahren- und schmerzvollen Weg, welcher zum Verstand Leilés führt, muß man als ersten Schritt vor allem eines tun, man muß Megnoun werden. Der Name Megnoun, der im Arabischen einen Wahnsinnigen bezeichnet, ist zum Eigennamen eines Entrückten geworden, und die Kommentatoren dieses Dichters behaupten, mit dem erwähnten Distichon wolle er sagen, daß man, um der göttlichen Liebe teilhaftig zu werden, man sich vorher aller menschlichen Betrachtungsweisen, und infolgedessen seines eigenen Verstandes entledigen müsse. Es muß hier bemerkt werden, daß die Musulmanen sich niemals der Beispiele von Khosrou und Schirin, von Ferhad und anderer Liebenden bedienen, welche den Stoff zu einer Unzahl von in arabischer, persischer und türkischer Sprache verfaßten Romanen geliefert haben, um die göttliche Liebe auszudrücken, sondern nur, wenn es sich um eine profane Liebesgeschichte handelt; dagegen verfügen diejenigen, über die wir zuvor gesprochen haben, über eine nahezu sakrosankte Autorität, aufgrund dessen, was im Koran über sie gesagt wird.

Hatte Goethe im *Divan* als keuscher Liebhaber der Suleika nun also den Part des Joseph zu spielen übernommen, dann hätte er sich gleichsam die Rolle einer Gestalt angemaßt, welche in der mystischen Tradition des Islam, wie er hier erfuhr, als Sinnbild für die Gestalt des Schöpfers selbst stand. Das mußte Goethe zweifellos als zu große Vermessenheit erscheinen. Zwar hat Goethe sich im *Divan* unter anderem auch als Medschnun präsentiert, dessen Liebesgeschichte mit Leila die muslimischen Dichter gelegentlich mit dem Liebespaar Joseph und Suleika gleichsetzten. So war durch sein Auftreten in der Rolle des Medschnun für ihn die Möglichkeit gewahrt, insgeheim die Rolle des Geliebten der Suleika zu übernehmen, ohne daß er damit sein heimliches Bestreben, es dem in seiner Schönheit und menschlichen Vollkommenheit unerreichbaren Joseph gleichzutun, offenbart hätte.

Statt »Joseph« wählte Goethe für sich den unverfänglicheren Namen »Hatem«. Dies stand nun wiederum in engem Bezug zu den ihm von seinem Freund Knebel übermittelten *Lamijat* des Abu Ismael Tograi, und speziell zu dem bereits oben zitierten 23. Distichon:

Liebesfeuer durchnachtet von ihr in brennenden Herzen;
Gastliches Feuer des Freunds lodert vom Hügel herab.

Knebel hatte dazu, wie wir gesehen haben, angemerkt: »Die Araber sind von solcher Gastfreundlichkeit, daß sie zu Nachts Feuer auf den Hügeln anzünden, um Fremde zu sich einzuladen!«

Das erinnerte Goethe an den vorislamischen Dichter Hatem Thai, welcher in der arabischen Welt als ein Muster an Freigebigkeit gilt und darum als »alles Gebender« vom *Divan*-Dichter selber gerühmt wird. Allerdings hätte, wie im Falle des Josef, auch diese Namenswahl leicht als Anmaßung erscheinen können. Um einen solchen Verdacht von sich abzuwehren, beteuert der Dichter, an Identifizierung mit dem Namenspatron sei nicht gedacht, und er nennt noch des weiteren den Namen Hatem Zograi:

Da du nun Suleika heißest
Sollt ich auch benamset sein,
Wenn du deinen Geliebten preisest,
Hatem! das soll der Name seyn.
Nur daß man mich daran erkennet,
Keine Anmaßung soll es sein.
Wer sich Sankt-Georgenritter nennet
Denkt nicht gleich Sankt Georg zu seyn.
Nicht Hatem Thai, nicht der alles Gebende
Kann ich in meiner Armut sein,
Hatem Zograi nicht, der reichlichst Lebende
Von allen Dichtern, möchte' ich sein.

Aber beide doch im Auge zu haben
Es wird nicht ganz verwerflich sein:
Zu nehmen, zu geben des Glückes Gaben,
Wird immer ein groß Vergnügen sein.

Mit den beiden Namen Hatem Thai und Hatem Zograi nahm Goethe auf Dichtergestalten aus zwei verschiedenen Epochen der arabischen Literaturgeschichte Bezug, wobei der erste dem heroischen (vorislamischen), der zweite dem »Silbernen Zeitalter« der arabischen Poesie zuzurechnen ist. Der Name des Dichters aus vorislamischer Zeit war ihm in Gedichten von Hafis begegnet, worin dieser als Poet den Vorgänger im Lobpreis der mit seinem Namen Hatem Thai sprichwörtlich verbundenen Freigebigkeit zu überbieten trachtete. Der oben als »der reichlichst Lebende von allen Dichtern« angeführte Hatem Zograi hingegen war in Wirklichkeit der uns bereits als Verfasser der *Lamijat* bekannte Abu Ismael Tograi, und wenn Goethe ihn hier ebenfalls mit dem Beinamen Hatem auszeichnet, so scheint das seine höchst eigene Erfindung zu sein, denn in der arabischen Literaturgeschichte kennt man einen solchen für Abu Ismael Tograi nicht.[4] Offenbar sah aber Goethe in den beiden Dichtern, dem »alles Gebenden« und dem »reichlichst Lebenden« zwei komplementäre Eigenschaften verkörpert, deren Zusammengehörigkeit er offenbar mit dem gemeinsamen Beinamen *Hatem* Ausdruck geben wollte, denn es waren Eigenschaften, aufgrund deren er sich beiden Dichtern gleichermaßen verbunden fühlte. Tograi war ein Dichter, der, wie Goethe, zugleich ein sehr hoher Staatsbeamter war und dadurch eine so reiche Lebenserfahrung und Weltübersicht gewann, daß er unter den arabischen Dichtern sehr wohl als »der reichlichst Lebende« bezeichnet werden könnte. Doch seien hier noch zwei Verspaare angeführt, welche in Goethes Sichtweise das Bindeglied darstellen zwischen den beiden Hatems, *Hatem Thai*, dem »alles Gebenden«, und *Hatem Zograi*, dem »reichlichst Lebenden«:

8.

Reichthum sucht' ich, um ihn aus offener Hand zu vertheilen,
Und zu befriedgen die Schuld meines erhabnen Gefühls;

9.

Aber die Zeit hat die Hofnung verkehrt, statt aller der Beute
Bin ich, nach mühsamer Fahrt, nun mit der Ruhe vergnügt.

Vor allem folgende Züge des Dichters beeindruckten Goethe an diesen Versen: 1) Wenn Tograi von seinem Reichtum spricht, so denkt er nicht an dessen Vermehrung, was bei den meisten Reichen die Hauptsorge zu sein pflegt. Am Reichtum und seinem Erwerb ist Tograi nur insoweit interessiert, als er die Möglichkeit gibt, ihn an Bedürftige zu verteilen. Infolgedessen ist sein Reichtum auch keineswegs unermeßlich groß, er zergeht rasch wie alle Güter in seinem Leben. Wie Tograi als »Wanderer« auf seinen Reichtum zugunsten anderer verzichtet, ähnelt er dem »wandernd-entsagenden« Helden in *Wilhelm Meisters Wanderjahren*, dem Roman, an dem Goethe noch arbeitete, als er sich mit Tograis Elegie beschäftigte. Allen Reichtum innerer Kultur, den Wilhelm in den *Lehrjahren* erworben hatte, verwendet er in den *Wanderjahren* nur zu einem einzigen Ziel: andern zu helfen, nicht nur seinem Sohn, sondern auch den hilfsbedürftigen Freunden. 2) Als Dichter, der zu Reichtum gelangt, ist Tograi ein singulärer Fall. Dichter sind im allgemeinen arm. Schiller hatte dargestellt, wie sie bei der »Teilung der Erde« zu kurz kamen, wie sie statt dessen aber innerlich die Reichsten wurden: sie leben im Reich der Träume und genießen die Gastfreundschaft des höchsten Gottes. 3) Verschenkt ein reicher Dichter alles, was er hat, so manifestiert sich sein innerer Reichtum auf ungewöhnliche Weise. Mit diesem Zug gehört er ins Land der Legende. So mag Tograi Goethe an den heiligen Rochus erinnert haben, auf den er 1814 aufmerksam geworden war und den er 1816 in Wort und Bild feierte. St. Rochus »teilte alle sein ererbtes Vermögen unter die Armen aus« und trat danach »völlig ausgebeutelt« seine »Pilgerschaft« an.

In der Gestalt, in der Tograi im achten und neunten Distichon Goethe entgegentrat, behielt dessen Kennzeichnung als »der reichlichst Lebende von allen Dichtern« ihre innere Wahrheit. Die Stelle bezeugt äußeren und inneren Reichtum, beide wirken sich in Tograis Leben aus. Seine Freigebigkeit, in welcher der innere Reichtum nicht nur des Dichters, sondern auch des Menschen hervortritt, ließ Goethe daran denken, ihn mit dem sprichwörtlich freigebigen Hatem Thai gleichzusetzen. Der all seinen Reichtum verschenkende Dichter Tograi – von Goethe in einem Atemzug mit St. Georg genannt –, ist ein Heiliger nicht weniger als der »alles gebende« Hatem Thai.

Der Übergang von Hatem Thai, dem »alles Gebenden«, zu Hatem Zograi, dem »reichlichst Lebenden«, bezeichnet aber auch den Wandel des Begriffs, der im Arabischen für diese Lebenshaltung steht, nämlich *karâma*, und zwar von der vorislamischen Zeit zur Zeit des Islam. Im Wörterbuch finden wir für *karâma* die Ausdrücke: Adel; Edelmut; Großmut; Freigebigkeit; Ehre; Würde. Galt *karâma* in vorislamischer Zeit als die höchste aller Tugenden, so behielt sie auch im Islam einen Ehrenplatz bei, allerdings in gewandelter Bedeutung. Denn in der früharabischen Stammesgesellschaft nahm Freigebigkeit gelegentlich die Form von Verschwendung an und grenzte an Großmannssucht. Im Islam hingegen geht es um Wohltätigkeit, die um ihrer selbst willen und zumeist in aller Stille geübt wird. Letzteres entsprach genau Goethes Verhalten.[5]

Das zu *karâma* gehörige Eigenschaftswort *karîm* ist einer der Beinamen Gottes, der im Koran sehr häufig, und zwar meist in Zusammenhang mit Gottes Segen und Barmherzigkeit genannt wird. In der 96. Sure, der Überlieferung nach die erste Sure, welche dem Propheten Mohammed offenbart wurde, wird Gott als der Schöpfer mit *akram*, also der Steigerungsform von *karîm* benannt, weil er den Menschen (durch die Offenbarung) gelehrt hat, was dieser vorher nicht wußte. Wenn man also dem Wirken Gottes nachzueifern bestrebt ist, dann beschränkt Wohltätigkeit sich demnach nicht auf die Verteilung materieller Güter allein, sie besteht auch darin, daß man die Mitmenschen an seinem Wissen teilhaben läßt. In jedem Fall aber soll man aus der Fülle dessen, was man von Gott erhalten hat, etwas an die Bedürftigen weitergeben. Bekanntlich ist einer der fünf Grundpfeiler des Islam die Almosenspende. Das arabische Wort, welches man im Deutschen durch den Begriff ›Almosenspende‹ wiederzugeben pflegt, lautet *zakat*, bedeutet jedoch im eigentlichen Sinne ›Reinigung‹. Durch Wohltätigkeit und Almosengeben reinigt der Mensch sein Herz von den Versuchungen der Begehrlichkeit. Es ist also durchaus islamisches Gedankengut, welches Goethe in Tograis Dichtung vorfand und worin er dem eigenen Wesen verwandte Züge wiederentdeckte. Indem Goethe in seinem dadurch angeregten Gedicht neben Hatem Thai und Hatem Zograi auch den heiligen Georg nennt, deutet er an, daß er bei seinem ideellen Ausflug (*Hegire*) in islamische Gefilde seinem christlichen Heimatboden nicht durchweg untreu geworden ist.

32. »Gottes ist der Orient! Gottes ist der Occident!«[1]

Von dem Vierzeiler, der die Reihe der *Talismane* im *Buch des Sängers* eröffnet, war zwar zuvor schon kurz im Kapitel über die »Anregungen zu *Divan*-Gedichten durch den *Koran*« die Rede, doch sei zum Abschluß dieser zentral wichtige Spruch noch einmal einer eingehenderen Betrachtung gewürdigt, weil er Goethes Verhältnis zum Islam im besonderen und seine religiöse Einstellung im allgemeinen in knappster Form wiedergibt. Dabei wird sich zeigen, welch hohen Wert Goethe selbst ihm beimaß und wie sehr seine Botschaft ihm am Herzen lag. Der halb aus Worten des *Koran* und halb aus des Dichters eigenen Worten geformte Spruch taucht in seiner endgültigen Fassung erstmals in einem Brief Goethes an den jungen Freund Sulpiz Boisserée vom 2. Januar 1815 auf. Nach einer längeren

Schilderung seiner damaligen ungemein vielseitigen Aktivitäten erklärt Goethe:

> Indessen muß ich manchmal lächeln, wenn, in meiner heidnisch-mahometanischen Umgebung, vera icon auch als Panier weht. Täglich wird eine Perikope aus dem Homer und dem Hafis gelesen, wie denn die persischen Dichter gegenwärtig an der Tagesordnung sind. Erscheint denn dazwischen der Moscowitische Bilder-Calender, so nimmt sich's freylich bunt genug aus, und es bleibt nichts übrig als zu rufen:
>
> Gottes ist der Orient!
> Gottes ist der Occident!
> Nord- und südliches Gelände
> Ruht im Frieden seiner Hände.
>
> Und so will ich denn mit dieser frommen Betrachtung [...] schließen.

Hier wird der Vierzeiler in einer auf den ersten Blick scherzhaft-spielerischen Weise eingeführt, wie Goethe das oft tut in Angelegenheiten, die ihm durchaus ernst sind. Mit dem Ausdruck »vera icon« nimmt er Bezug auf ein Bild der heiligen Veronica aus Boisserées Gemäldesammlung, von welchem der katholische Freund ihm in von Missionsgeist nicht ganz freier Absicht eine Abbildung geschickt hatte. Um dieser christlichen »Ikone« nicht uneingeschränkt das ganze Feld zu überlassen, beschwört Goethe zunächst seine »heidnisch-mahometanische Umgebung« (Homer und Hafis) und setzt ihr schließlich seinen orientalischen »Talisman« entgegen. Man fühlt sich daran erinnert, daß Goethe Jahrzehnte zuvor dem christlichen Eifer des protestantischen Theologen Lavater mit dem Hinweis auf die Vortrefflichkeit des *Koran* und speziell der zweiten Sure entgegengetreten war. In beiden Fällen ging es ihm darum, den Bekehrungseifer seiner Freunde mit Milde und Freundlichkeit abzuwehren und sie daran zu erinnern, daß es außer der das Monopol auf Erlösung beanspruchenden christlichen Religion noch andere Religionen auf der Erde gibt, die der Achtung wert sind und weiten Teilen der Menschheit einen anderen als den uns gewohnten Zugang zum Göttlichen vermitteln.

Wenn Goethe den Vierzeiler hier eine »fromme Betrachtung« nennt, so verdient das schon deshalb besonders beachtet zu werden, weil diese Bezeichnung in aller Kürze den einzigen Kommentar darstellt, der dazu von Goethe selbst überliefert ist. »Fromme Betrachtung« – »Meditation«, er hätte auch von Gebet sprechen können. Gebet allerdings nicht in dem herkömmlichen Sinne, wie bei uns dieses Wort zumeist verstanden wird, als Aussprechen persönlicher, an eine anonyme Macht gerichteter Wünsche, mit welchen man eigentlich mehr oder weniger bei sich selbst und der eigenen beschränkten Existenz verhaftet bleibt. Vielmehr bedeutet es ein sich Öffnen gegenüber Gott in der Art der Lobpreisungen, die sich aus der jüdischen Tradition im Christentum erhalten haben, vor allem in den Psalmen Davids. Uns ist allgemein bekannt, daß den Muslimen als Pflicht auferlegt ist, fünfmal am Tag zu beten. Nicht bekannt ist dem Durchschnittsbürger hingegen der Inhalt des muslimischen Gebets, das im Gegensatz zur persönlichen Anrufung Gottes um Hilfe (*Du`a*) auf arabisch *Salât* genannt wird. Und der Anblick einer Gemeinschaft von Muslimen, die sich zum rituellen Gebet niederwerfen, wird von vielen Deutschen als befremdend, wenn nicht gar als bedrohlich empfunden. Goethe hingegen hat mit Ehrfurcht von dem wunderbaren Augenblick gesprochen, als er Anfang des Jahres 1814 das Gemeinschaftsgebet von baschkirischen Muslimen im Hörsal eines protestantischen Gymnasiums in Weimar mitzuerleben Gelegenheit hatte. Denn ihm war bekannt, worin der Inhalt jener von Muslimen gemeinsam verrichteten Gebete besteht: in »frommen Betrachtungen«, die dem *Koran* entnommen sind. Und so hat auch Goethe, wie wir bereits wissen, seinen Vierzeiler zur Hälfte dem *Koran* entnommen und mit einem eigenen Zusatz zu einem Gebet gestaltet.

Aber eben nicht nur als »fromme Betrachtung«, sondern auch als »Talisman« hat Goethe seinen Spruch verstanden, wie er ihn denn nicht ohne Absicht an den Anfang seiner »Talismane« genannten Vierzeiler im *Buch des Sängers* gestellt hat. Wenn ein Muslim einem Freund für seine bevorstehende Reise oder sonst eine neue Unternehmung Glück und Erfolg wünschen will, sagt er zu ihm: »yaftah Allah at-tarîq aleik«, »möge Gott dir den Weg öffnen«. Dies in Erinnerung an die erste Sure des *Koran*, die »Eröffnende«, welche oft als das islamische Vaterunser bezeichnet wird. Sie wird auch beim Anlaß des Todes eines Menschen gesprochen und soll diesem den Weg ins Paradies öffnen. Das Öffnen spielt im Islam deshalb eine große Rolle als Vorstellung von einem Moment des Glücks, und der Talisman als Glücksbringer hat öffnende Funktion. Mit seinem großen Einfühlungsvermögen für die islamische Vorstellungswelt hat Goethe diese Überlieferung erstaunlich genau erfaßt. Der Orientalist Gustav Stickel schreibt in einem 1886 verfaßten Bericht mit dem Titel *Meine Berührungen mit Goethe* über einen Besuch beim Dichter am 30. September 1829:

> Da ich im Begriff war, nach Paris abzureisen, um dort unter Leitung eines der berühmtesten Orientalisten dieses Jahrhunderts, Sylvester de Sacy, meine Studien für Arabisch und Persisch zu erweitern, und bei Chézy Sanskrit zu lernen, schien es mir geziemend, mich bei Goethe zu verabschieden. [...] Erwartungsvoll stand ich zur bestimmten Zeit im Empfangszimmer. Bald darauf trat Goethe herein [...], ein Blättchen in Form und Größe eines Stammbuchblattes in der Hand; das reichte er mir mit den Worten: »Nehmen Sie es und zeigen Sie es meinen Freunden in Paris, es wird Ihnen manche Tür öffnen.«
>
> Von seiner Hand geschrieben, enthält es die Stelle des Westöstlichen Divan als meinen Talisman:
>
> Gottes ist der Orient!
> Gottes ist der Occident!
> Nord- und südliches Gelände
> Ruht im Frieden Seiner Hände.
>
> *Goethe*

Dieses Blättchen, bis heute von mir als ein Kleinod bewahrt, hat das einzige Mal, als ich davon Gebrauch machte, wie ein Zauberschlüssel in Paris gewirkt.

Wie hoch der Dichter den Vierzeiler einschätzte, wird auch daraus ersichtlich, daß er davon zwei Kalligraphien anfertigte, die er allerdings niemals veröffentlichte, deren sorgsam gezogene Schriftzüge und liebevolle Ausschmückung jedoch zeigen, welch besonderen Wert er den Versen beimaß. Man sieht sogleich: hier ist jedes Wort aus stärkster Intensität des Geistes geboren und daher auch mit höchster Bewußtheit nachzuvollziehen. Die Knappheit, Gedrängtheit des Stils verleiht den Wörtern besonderes Gewicht. Ein solcher »Talisman« enthält wahrhaftig »den höchsten Sinn im engsten Raum« (*Segenspfänder*). Goethes kalligraphische Lettern und zeichnerische Umrahmungen weisen darauf hin: diese Verse sind langsam und feierlich, gebetartig zu sprechen.

Vor allem durch die zeichnerischen Umrahmungen der einzelnen Verse erinnern beide Schönschriften an *Koran*-Kalligraphien, wie sie Goethe vor Augen oder zumindest im Sinn gehabt haben muß, als er diese Verse als einen »Talisman« niederschrieb und ausschmückte. Da er sich nachweislich seit Mitte Dezember 1814 und noch im Januar 1815 intensiv mit wertvollen orientalischen Schriftstücken, d. h. sowohl handgeschriebenen Exemplaren des *Koran* als auch mit Dichterhandschriften, befasste[2], ist zu vermuten, daß seine eigenen Kalligraphien auch aus dieser Zeit stammen. Unter den orientalischen Handschriften, die damals durch den Leipziger Kunsthändler Stimmel in Goethes Hände gelangt waren und mit denen er sich im Dezember 1814 beschäftigte, befanden sich außer einigen Prachtexemplaren von Werken persischer Dichter mehrere Gebete und auch Kommentare zu *Koran*-Stellen. Ab Januar 1815 nahm Goethe dann die in der Herzoglichen Bibliothek aufbewahrten wertvollen Orientalia zur Hand, unter denen sich eine *Koran*-Handschrift in Großoktav aus dem Jahre 1568, ein kalligraphisches Meisterstück, und ein *Koran* in Duodez sowie weitere Handschriften von Bruchstücken aus dem *Koran* befanden.

Einen deutlichen Hinweis darauf, daß das Gedicht »Gottes ist der Orient« aus der Zeit um die Jahreswende 1814/15 stammt, gibt auch Goethes Tagebuchnotiz vom 1. Januar 1815: »Amulete pp.«, die sich höchstwahrscheinlich auf die Entstehung der Gruppe von Gedichten bezieht, deren Krönung jener Vierzeiler bildet. Auch die Kalligraphien entstanden vermutlich an jenem Neujahrstag. Die Vermutung, daß Goethe die zwei Schönschriften seiner »frommen Betrachtung« am 1. Januar 1815 angefertigt hat, wird zusätzlich dadurch gestützt, daß er, wie wir wissen, die Gepflogenheit hatte, die Feier eines neuen Jahresanfangs sehr bewußt zu begehen. Dies war nun der Beginn des Jahres, auf welches er hohe Hoffnungen für die Wirkung seiner Gedichte im Geist des Orients setzte. Wenn er diesen Tag besonders ehren wollte, indem er nach Mustern des *Koran* Schönschriften seiner »frommen Betrachtung« anfertigte, so wäre dies völlig im Einklang mit seiner damaligen Sinnesart.

Die zweite Kalligraphie ist noch etwas reicher ausgeziert als die erste. Die Andeutung von stilisierten Blüten, wie man sie hier findet, erinnert besonders stark an *Koran* Kalligraphien und persische Diwane, in denen man oft schmückenden Blüten begegnet, gelegentlich zur Markierung des Vers-Wechsels. Hier sei erwähnt, daß Palmetten ein in *Koran*-Handschriften häufig verwendetes Schmuckelement sind. Denn Goethe hat in der oberen rechten Ecke eine palmettenartige Skizze angebracht, die einer geflügelten, nach oben strebenden Erscheinung ähnelt[3], jedoch am ehesten einem auffliegenden Schmetterling gleicht, was wiederum Assoziationen mit der Schmetterlingssymbolik in *Selige Sehnsucht* weckt und gleichfalls an den vierten der *Talismane* denken läßt:

> Ob ich Ird'sches denk' und sinne
> Das gereicht zu höherem Gewinne.
> Mit dem Staube nicht der Geist zerstoben
> Dringet, in sich selbst gedrängt, nach oben.

Jedenfalls fügt Goethes zarte Skizze dem Text seiner frommen Betrachtung noch etwas visuell nach oben Weisendes, auf Überirdisches Hindeutendes hinzu.

Nach dem Vorbild der arabischen und persischen *Koran*-Kalligraphien und wertvollen Dichterhandschriften hat Goethe in den Schönschriften seines »Talismans« die Bedeutung jedes Verses, jedes Wortes, ja jedes einzelnen Buchstabens optisch zur Geltung gebracht, indem er die Zeichenfeder den Umrissen der einzelnen Lettern in gewissem Abstand in leichten Zügen dergestalt hat folgen lassen, daß sich aus den Gesamtumrißlinien eine schwungvolle wellenhafte Umrahmung der ganzen Verszeile ergibt, die etwas Wolkenartiges hat. Mit diesen Umrißlinien, die den Wert des Textes betonen und schmückend erhöhen, schloß Goethe sich einer schon ums Jahr 1000 christlicher Zeitrechnung belegten arabischen Art von Schriftverzierung in *Koran*-Kalligraphien an. Jeder seiner Verse erscheint wie ein helles Wölkchen, so daß die Verse insgesamt vier übereinander schwebenden Wolken gleichen. Bei Goethes symbolischer Sehweise ist dieser optische Effekt natürlich kein Zufall. Unwillkürlich bewirkt das Wolkenhafte seiner Versgebilde, daß sie an höhere Sphären denken lassen und den Geist »hinan«ziehen. Dadurch stellen sich auch sogleich Assoziationen mit andern *Divan*-Versen ein, die die gleiche »Tendenz nach oben« bekunden, so schon die Schlußverse von *Hegire*:

Wisset nur, daß Dichterworte
Um des Paradieses Pforte
Immer leise klopfend schweben
Sich erbittend ew'ges Leben.

Darüber hinaus wecken Goethes Wolkenumrisse die Erinnerung daran, daß bereits der junge Dichter sich durch den Anblick schwebender Wolken mit höheren Regionen und der Sphäre des Überirdischen verbunden fühlte bis zur inbrünstig religiösen Vision, im Schoße von Wolken aufwärts zum göttlichen Vater getragen zu werden.[4] Entsprechend sind die von Goethe gezeichneten Wolken auf seinen Talismanen auch Darstellung seines inneren Erlebens und als solche Symbole des »Heranziehens des Göttlichen«, des Aufschwungs in höhere Sphären, der Wandlung ins Metaphysische.

Begreifen wir die Wolken als Symbole für das innere Erleben des Dichters, so tut sich eine weitere Dimensionen des Talismans auf. Mit dem Spruch ist ja nicht nur die äußere Welt, dieser Planet Erde mit seinen Menschen, gemeint: es geht um die innere Welt des Dichters, der durch die geistige Vereinigung mit dem Orient den Frieden in Gott fand.

Die Anregung zu den Versen ging, wie bekannt, von den *Fundgruben des Orients* aus, mit denen Goethe sich seit Mitte Dezember 1814 beschäftigte. Dort war er auf den *Koran*-Vers in der Übersetzung Joseph v. Hammers gestoßen:

Sag: Gottes ist der Orient, und Gottes ist der Occident;
Er leitet wen er will den wahren Pfad.

Cor. II. Sure

Da Hammer, der Herausgeber der *Fundgruben*, keinen genaueren Stellenhinweis gab, obwohl die II. Sure nicht weniger als 286 Verse umfaßt, die meisten *Divan*-Kommentare jedoch auf eine falsche Verszahl hinweisen, sei klargestellt, daß es sich hier um den 142. Vers handelt, von dem die Inspiration zu Goethes Spruchgedicht ausging.[5] Dieser Vers erschien Hammer als Motto für jene frühe orientalistische Zeitschrift von ausgesprochen internationalem Gepräge so passend, daß er alle sechs von 1809 bis 1818 erscheinenden *Fundgruben*-Bände mit ihm schmückte. Die programmatische Bedeutung des als Motto verwendeten *Koran*-Verses unterstrich er zusätzlich noch dadurch, daß er es auf höchst auffällige Weise mitten auf der Titelseite der Großfoliobände plazierte, was Goethe gleichsam als eine Aufforderung empfunden haben muß, darauf produktiv zu reagieren.

Zu Goethes Spruchgedicht ist ein Entwurf erhalten geblieben, der dieses in folgender Vorform zeigt:

Gottes ist der Orient
Gottes ist der Occident

Auch den Norden wie den Süden
Hat sein Auge nie gemieden.

Vergleichen wir den vermutlich schon im Dezember 1814 entstandenen Entwurf und die endgültige Fassung des Spruches, wie sie seit dem 2. Januar 1815 belegt ist, mit dem *Koran*-Vers in der Hammerschen Übersetzung aus den *Fundgruben*, so zeigen sich einige bemerkenswerte Unterschiede, an welchen sich Goethes poetische Vorgehensweise sinnfällig ablesen läßt.

Das erste Wort »Sag« fiel Goethes Umformung zum Opfer. Es ist im *Koran* die Aufforderung des Erzengels Gabriel an den Propheten Mohammed, die ihm zuteil werdende Botschaft an sein Volk weiterzugeben. Goethe dagegen konzentriert sich gleich auf die Botschaft selbst und läßt sein Gedicht beginnen mit »Gottes ist ...«. Grammatisch ist das ein uralter Possessiv-Genitiv lateinisch-romanischen Ursprungs, sprachlich eine »westliche« Form. Nur vermittelst dieser Form aber war es möglich, das Gedicht mit dem Namen Gottes einsetzen zu lassen. Und das ist nun wiederum für die muslimische Religion charakteristisch. In diesem Anfang selbst ist also West und Ost im Namen Gottes vereinigt.

Der *Koran*-Vers enthielt das Bindewort »und« – »Gottes ist der Orient, und Gottes ist der Occident«. Dies Bindewort fehlt bei Goethe. Was bewirkt er damit? Im *Koran* werden Orient und Occident gleichgeordnet aneinandergefügt, dort handelt es sich um eine ›Addition‹. Indem Goethe das ›und‹ wegläßt, bleiben einzig die zwei völlig gleich konstruierten und nahezu gleichlautenden Aussagesätze bestehen. Deren (Fast-)Identität wird noch dadurch unterstrichen, daß die beiden Sätze als Verse in zwei Zeilen erscheinen, die auch typographisch bis hin zum ›O‹ von »Orient« und »Occident« identisch sind:

»... ist der Orient«
»... ist der Occident«

Die zweimalige Abfolge des gleichen Satzes, in dem sich in der zweiten Zeile nur ein paar Buchstaben ändern, macht die Einheit von Orient und Occident zugleich hör- und sichtbar und damit, jenseits des nur intellektuellen Verstehens, sinnlich erfahrbar. Goethe fügt also nicht zwei unterschiedene Dinge aneinander, sondern schweißt sie zu einer polaren Einheit zusammen: aus einer ›additio‹ wird eine ›unio‹!

Ein wesentliches Element der Umformung besteht auch darin, daß Goethe die Langzeile der Vorlage in trochäische Vierheber umwandelte und damit erstmals bei Gelegenheit dieses Spruchgedichts einen vierhebigen, zunächst männlich, dann weiblich gereimten trochäischen Vierzeiler schuf – eine von nun an für den *West-östlichen Divan* charakteristische Dichtart.

Schon der frühe Entwurf verrät Goethes Absicht, in der zweiten Hälfte des Spruches von der *Koran*-Vorlage abzuweichen und einen Vierzeiler zu schaffen, der halb aus Worten des *Koran* und halb aus seinen eigenen Worten besteht. Auch dies ist ein den *West-östlichen Divan* bestimmendes Merkmal: daß der Dichter einen geheim oder auch offen geführten Dialog mit der islamischen Überlieferung führt.

Vermutlich fühlte Goethe sich durch Vers 142 von Sure II ganz unmittelbar dazu herausgefordert, ihn durch eine eigne Botschaft zu ergänzen. Jedenfalls deutet der frühe Entwurf zu Vers 3 und 4 seines Vierzeilers darauf hin, daß er von Anfang an der Vorstellung vom Osten und Westen noch die des Nordens und Südens hinzufügen wollte. Die *Koran*-Vorlage erschien ihm offenbar zu eindimensional.

Zunächst jedoch gelang ihm nur eine unzulängliche Lösung: »Auch den Norden wie den Süden / Hat sein Auge nie gemieden.« Das klang noch zu matt und vor allem durch die verneinende Aussage gegen Ende gar zu unbeholfen, als daß diese Fassung den Dichter hätte befriedigen können. Immerhin erkennt man an dieser Vorform, was seine kreative Reaktion auslöste: durch die Einbeziehung des Nordens und Südens wird angeknüpft an das große Einleitungsgedicht »Nord und West und Süd zersplittern ...«, dessen Titel *Hegire* auf den Beginn der islamischen Zeitrechnung deutet, während die Unterschrift bezeugt, daß es am 24. Dezember (1814), dem Tag der Geburt

Jesu und Beginn des christlichen Zeitalters, entstand. Das war kein Zufall, sondern Ausdruck von des Dichters Bemühen um die Überbrückung feindlicher Gegensätze, um die Versöhnung der einander scheinbar polar entgegengesetzten geistigen Welten, ein Friedensprogramm, wie es sich noch im kleinsten Detail des *West-östlichen Divans* bekundet.

Goethes Wunsch, in dem Spruch »Gottes ist der Orient« alle vier Himmelsrichtungen zu nennen und die durch den *Koran*-Vers vor dem geistigen Auge gezogene, von Ost nach West verlaufende Horizontale durch eine in Richtung der Magnetnadel verlaufende Vertikale zu ergänzen, entsprang der Absicht, auf die Einheit der göttlichen Schöpfung hinzuweisen. Der Magnet ist ja das eindrucksvollste Weltsymbol der polaren Einheit im Kosmos. Die Ergänzung der im *Koran*-Vers enthaltenen Ost-West-Linie um eine Nord-Süd-Linie führt dazu, daß beide Linien sich vor unserm inneren Auge überkreuzen. Wenn dadurch unversehens das Zeichen des Kreuzes ersteht, so ist das bei Goethes augenhafter Kreativität natürlich kein Zufall. Auf diese Weise ergänzt er die Aussage des östlichen *Korans* durch das für die Christenheit und den Westen bezeichnende Kreuz-Symbol.

Es wäre zwar denkbar gewesen, daß Goethe, um den »west-östlichen« Charakter seines Werkes zu unterstreichen, das Gedicht, entsprechend dem Gesamttitel *West-östlicher Divan*, mit den Worten »Gottes ist der Occident« hätte beginnen lassen. Aber das wäre allzu mechanisch gedacht. Einmal widerspräche es dem *Koran*-Vers. Den Text eines heiligen Buches nach eigener Willkür umzubiegen wäre Goethe nie in den Sinn gekommen. Daran hinderte ihn die Ehrfurcht vor dem Göttlichen und Heiligen, die »Ehrfurcht vor dem, was über uns ist«. Zum anderen mußte die Reihenfolge von Orient und Okzident dem Gange der Sonne folgen; eine Umkehrung der Reihenfolge hätte die Vorstellung der Nacht heraufbeschworen, was in diesem Zusammenhang der Goetheschen Symbolik direkt ins Gesicht geschlagen hätte.

Weiterhin ist der ganze *Divan*-Zyklus als Geschichte einer Reise des Dichters in den Orient zu lesen, eben als *Hegire*. Der »Sänger« befindet sich, während er die Gebete der Talismane spricht (denn um Gebete handelt es sich ja), im Orient. Und da ist es natürlich, daß er zunächst die ihn umgebende Welt ehrfurchtsvoll in den Händen Gottes sieht und sich dann seiner Herkunft erinnert. Und schließlich: Was ist der ›Orient‹ im Orient? Auch im Orient geht die Sonne im Osten auf. Gerade wenn man annimmt, daß sich der »Sänger« im (Nahen) Orient befindet, weist die erste Zeile des Gedichtes über den Nahen Osten in den Fernen Osten hinüber, erweitert also den Horizont um nicht weiter genannte Erd-Dimensionen. So regt Goethe durch seine symbolische Bildersprache zu immer weiteren Meditationen über den ›Talisman‹ an.

Die Schlußverse 3 und 4 in der Lesart vom 2. Januar 1815, in welcher der Dichter die abschließend befriedigende Fassung fand:

Nord- und südliches Gelände
Ruht im Frieden seiner Hände.

erweitern gegenüber der Vorform entscheidend die symbolische Bildsprache.[6] Der unmittelbare Übergang vom »Auge« Gottes zum »Frieden seiner Hände« ist durchaus der Natur des Dichters der »sehenden Hand«[7] gemäß. Das Schlußwort »Hände« beschwört die Macht Gottes. Damit bewegt sich der Dichter ganz im Bereich der orientalischen Vorstellungswelt, denn sowohl im Arabischen wie auch im Hebräischen steht das Wort für ›Hand‹ (›yad‹) gleichzeitig für den Begriff der ›Macht‹! Durch die Hand Gottes ergriffen zu sein bedeutet Empfang des göttlichen Geistes. Der Bedeutungsumfang von yad (Hand) im *Koran* geht hervor aus Sure 3, Vers 63: »Sprich: Die Gnadenfülle ist in Gottes Hand, Er gibt sie, wem er will, und Gott ist weitumfassend weise«; ebd. Vers 26 f.: »Sprich: O Gott, Herr der Herrschaft, du gibst die Macht, wem du willst, und nimmst die Macht, wem du willst, und demütigst, wen du willst. In deiner Hand ist das Gute; siehe, du hast Macht über alle Dinge. Du lässest die Nacht übergehen in den Tag und den Tag übergehen in die Nacht, und lässest erstehen das Lebendige aus dem Toten und lässest das Tote entstehen aus dem Lebendigen, und du versorgst, wen du willst, ohne Berechnung.« Vgl. auch Sure 67, *Die Herrschaft*: »Gepriesen sei, in dessen Hand die Herrschaft ist, und Er hat über jedes Ding Gewalt.«[8]

Mit den Schlußversen erweckt Goethe darüber hinaus die Vorstellung von der in den Händen Gottes ruhenden Weltkugel. Dies nun ist ein Symbol der christlichen Ikonographie, das sich tief in das Bildgedächtnis des abendländischen Menschen eingeprägt hat:

> Die Kugel ist Sinnbild des idealen Universums, speziell der himmlischen Vollkommenheit, der absoluten Allgegenwart und Allwirksamkeit Gottes. So kann sie in abgeleitetem Sinn besonders in der Hand Gottes den Schöpfungsbereich von Himmel und Erde symbolisieren.[9]

Im Unterbewußten ruft das Bild einer in den Händen Gottes ruhenden Kugel die Einheit von Nord und Süd wach. Eine solche Assoziation ist völlig angemessen, da es letztlich kein adäquateres Bildsymbol der Einheit gibt als die Kugel. Vergegenwärtigt man sich die Kugelform der Erde, dann verwandelt sich die durch die abstrakten Begriffe »Orient« und »Occident« gezogene gerade Linie zum Halbkreis. Solch ein Halbkreis aber ist als Zeichen des Halbmondes – das Symbol des Islam. Genauso kann man die beiden letzten Zeilen des Spruches sehen und deuten. Und dann ergibt sich ein aus zwei Halbkreisen bestehender Kreis, dem ein Kreuz eingeschrieben ist: Islam und Christentum werden als untrennbare Einheit gesehen. Wie aus vielen mittelalterlichen Bildern hervorgeht, ist der Kreis mit dem Kreuz ein Zeichen christlicher Weltherrschaft. Aus Goethes Spruch hingegen schimmert es durch als ein Symbol der Einheit gleichberechtigter Kulturen.

In Verbindung mit der Vorstellung der Erdkugel wecken die Worte »Orient« und »Occident« zugleich die Assoziation mit dem Lauf der Sonne. In der Tat beziehen sich ja diese Ausdrücke auf deren Auf- und Niedergang. Bedenkt man, daß Goethe in der Sonne stets das höchste Symbol des Göttlichen sah, so wird man gewahr, daß nach des Dichters Willen in diesen Versen Gott durch sein höchstes Symbol anwesend, das heißt erfahrbar ist. Das mag auch der Grund dafür sein, warum Goethe hier die Fremdworte »Orient« und »Occident« statt der deutschen Wörter »Morgenland« und »Abendland« verwendet, da in letzteren der Bezug auf die Sonne nur indirekt zum Ausdruck kommt, nämlich insoweit sie die durch die Sonne bewirkten Tageszeiten bezeichnen. Goethe wollte aber, daß in diesen Versen die Sonne selbst ›erscheine‹.

Nun könnte man einwenden, daß diese zwei Wörter ja gar nicht von Goethe stammen, sondern aus dem *Koran*. Doch dem ist zu entgegnen, daß Goethe sich nie ein Zitat aneignet, wenn es in irgendeinem Punkte seiner Sprache sich nicht fügt. In allen solchen Fällen übersetzt Goethe das jeweilige Zitat, wie hier den Text des *Koran*, in seine Sprache. Es handelt sich also, obwohl es sich (nur) um ein Zitat zu handeln scheint, um reinste Goethesche Sprache und ist als solche zu deuten.

Daß ihm all das bewußt war, als er entdeckte, daß der *Koran*-Vers seine Sprache enthielt, soll hier nicht behauptet werden. Das Erkennen des Fremden als des Eignen ist ein geheimnisvoller Vorgang, in dem tausenderlei Elemente blitzartig zusammenschießen. Doch dürfte wohl kein Zweifel daran bestehen, daß Goethe in den *Koran*-Zeilen sich selbst und den Sinn seines Gedichtbuches spontan wiedererkannte. Dieser Spruch war ein »den höchsten Sinn im engsten Raum« enthaltendes Symbol seines Werkes. Je höher der Sinn aber ist, desto umfassender ist er auch. Darum deuten die höchsten Symbole stets auf alles Höchste. So auch in Goethes »frommer Betrachtung«.

Nun nehme man einmal an, Goethe hätte nur geschrieben: »Ruht in Seinen Händen«! Das hätte eine Vermenschlichung Gottes bedeutet und damit gegen den Geist des Islam verstoßen. Aber auch in optischer Hinsicht wäre dieses Bild für den Augenmenschen Goethe unannehmbar gewesen: Zwei verschiedene, geschiedene Dinge in zwei verschiedenen Händen hätten die Einheit zerrissen. Doch bei Goethe finden Nord und Süd ihre Einheit nicht in den ›Händen‹, sondern »im Frieden seiner Hände«. Es ist ein sprachliches Wunder, an dem man auch erkennen kann: Goethes poetische Grammatik ist eine andere als die übliche Alltagsgrammatik.[10]

Wenn hier vom »Nord- und südlichen Gelände« die Rede ist, so ist zu bedenken, daß »Nord«, ganz persönlich vom Dichter aus betrachtet, zunächst Deutschland heißt und »südliches Gelände« Italien. Wie in einer Nußschale gibt Goethe hier ein grandioses Bild seiner eigenen geistigen Existenz und ihrer Ausweitung ins Universale durch die Berührung mit dem islamischen Osten: und eben dies ist nun wieder auf einer höheren Ebene das typisch ›Westliche‹ des Dichters. Orient und Occident sind so betrachtet Polaritäten, die sich zum Universalen steigern. Steigerung aber ist Wandlung. Damals, als Goethe den Frieden verkündenden Talisman »Gottes ist der Orient« schuf, hatte sich ihm eine neue Dimension seines eigenen Wesens erschlossen. Als persönliche Konfession des Dichters genommen, sagt der Talisman aus, daß Goethe in dieser Zeit, trotz aller Schmerzen, ja Verzweiflungen, auf eine ihn überraschende Weise neuen Frieden gefunden hatte, einen Frieden in Gott, wie er dem Dichter als höchstes Ziel im ganzen *West-östlichen Divan* vorschwebt bis hin zum »Buch des Paradieses«.

Versetzt man sich in die Perspektive des Propheten Mohammed, so waren für ihn Teile der Weltgegenden, in die Goethe seine *Hegire* angetreten hat, um dort »Patriarchenluft zu kosten« ja kein Orient, sondern lagen im Westen, so etwa das jüdische Land des Alten Testaments. Und damit kommen wir zur Bedeutung des Koranverses, welcher Goethes Vierzeiler zugrunde liegt. Eins der Grundprinzipien des Islam ist, wie erwähnt, der *tauhîd*, die Suche nach der Erkenntnis von Gottes Einheit in der Vielfalt der Erscheinungen. Der Prophet war darauf bedacht, den Gläubigen in aller Welt eine einheitliche, gemeinsame Gebetsrichtung, *Qibla* genannt, zu geben. Zunächst war dies das Heilige Haus in Jerusalem, *Bait al-Qods*, dann, nach einer neuen Offenbarung, die Ka'ba in Mekka, als dem nach der Überlieferung von Abraham gestifteten Heiligtum. Als einige Leute aus seiner Umgebung den Propheten wegen dieser Änderung der Gebetsrichtung zur Rede stellten, wurden ihm jene Verse der 2. Sure offenbart, in welchen in vielfältigen Wendungen klargestellt wird, daß nicht die formale Erfüllung bestimmter religiöser Vorschriften darüber entscheidet, ob jemand ein Muslim ist oder nicht, sondern die Erfüllung von Gottes Willen. In diesem Sinne wird dort auch der vorislamische Patriarch Abraham als Muslim gepriesen. Goethe hat diese Verse besonders geliebt und schon als 22jähriger sich einige davon aus der Übersetzung des Frankfurter Professors Megerlin notiert, wie etwa den folgenden:

> 172. Darinn besteht eben nicht die Gerechtigkeit, dass ihr eure Angesichter richtet gegen Morgen oder gegen Abend, sondern darinn ist die Gerechtigkeit: wer recht glaubet an Gott, und an den iüngsten Tag, und an die Engel, an die Schrift, und Propheten: und wer ferner von seinem Vermögen giebt, um der Liebe Gottes Willen, seinen Verwandten, den Waisen, den Armen, den reisenden Pilgrimen, den Bettlern, und den Gefangenen Sklaven zur Erlösung, wer auch das Gebet beständig verrichtet, sein Bündniss hält, wo er Treue versprochen, und der sich gedultig erweisst in Widerwärtigkeiten, und Unglücksfällen, und zur Zeit der kriegrischen Gewaltthätigkeit: solche sind die so wahrhafftig sind und Gott fürchten.

So lautet denn auch der Vers 142, der dem Motto aus den *Fundgruben des Orients* und Goethes Vierzeiler zugrunde liegt, vollständig folgendermaßen (in der Übersetzung Max Hennings):

> 142. Sprechen werden die Toren unter dem Volk: Was wendet er sie ab von ihrer Qibla, die sie früher hatten? Sprich: Allahs ist der Westen und der Osten; Er leitet, wen Er will, auf den rechten Pfad.

Ruhten aber »Nord- und südliches Gelände« in Goethes eigenem Innern wirklich »im Frieden« beieinander? Man spricht gern von Goethes organischer Entwicklung, ohne dabei der tiefen Brüche zu gedenken, die für dieses Leben doch nicht minder charakteristisch sind. In einem Brief vom 21. Oktober 1827 an den Bildhauer C. D. Rauch hat Goethe sich darüber geäußert, wieviel es ihn gekostet habe, den Zustand eines inneren Gleichgewichts zu erreichen:

> Auch mir in einem langen Leben sind Ereignisse begegnet, die, aus glänzenden Zuständen, eine Reihe von Unglück mir in andern entwickelten; ja es gibt so grausame Augenblicke, in welchen man die Kürze des Lebens für die höchste Wohlthat halten möchte, um eine unerträgliche Qual nicht übermäßig lange zu empfinden.
>
> Viele Leidende sind vor mir hingegangen, mir aber war die Pflicht auferlegt, auszudauern und eine Folge von Freude und Schmerz zu ertragen, wovon das Einzelne schon hätte tödlich seyn können.
>
> In solchen Fällen blieb nichts weiter übrig als alles, was mir jedesmal von Thätigkeit übrig blieb, abermals auf das regsamste hervorzurufen und, gleich einem, der in einen verderblichen Krieg verwickelt ist, den Kampf so im Nachtheil als im Vortheil kräftig fortzusetzen.
>
> Und so hab ich mich bis auf den heutigen Tag durchgeschlagen, wo dem höchsten Glück, das den Menschen über sich selbst erheben möchte, immer noch soviel Mäßigendes beygemischt ist, welches mich von Stund zu Stunde mir selbst angehörig zu seyn ermahnt und nöthigt. Und wenn ich für mich selbst, um gegen das, was man Tücke des Schicksals zu nennen berechtigt ist, im Gleichgewicht zu bleiben, kein ander Mittel zu finden wußte, so wird es gewiß jedem heilsam werden, der, von Natur zu edler, freyschaffender Thätigkeit bestimmt, das widerwärtige Gefühl unvorhergesehener Hemmung durch eine frisch sich erprobende Kraft zu beseitigen und, insofern es dem Menschen gegeben ist, sich wieder herzustellen trachtet.

Auch seine künstlerische Laufbahn lief nicht ohne Brüche ab. In Straßburg erkennt der ›nordische‹ (= deutsche) Goethe das gotische Straßburger Münster. In Assisi nimmt der ›klassische‹ (= südliche) Goethe nur den Minerva-Tempel wahr. Wie stark Goethe den Abstand zwischen seiner Jugend und seinem Mannesalter empfand, macht aufs eindrücklichste die *Zueignung* des *Faust* von 1797 deutlich, die auch zeigt, daß dieser Abstand nur durch tiefe Erschütterungen und Krisen zu überbrücken war. So »ruht« zunächst keineswegs in diesem Dichter »Nord- und südliches Gelände« friedlich nebeneinander. Bis zur *Divan*-Epoche schlossen sie sich weitgehend gegenseitig aus, bekämpften einander in Goethes Brust. Die ›klassische Wendung‹ führte zur Verurteilung des Nordens. Erst nachdem Goethe den islamischen Osten entdeckt hatte, kam dieser Widerstreit zur Ruhe. Plötzlich setzen sich die Gegensätze in ein harmonisches Verhältnis: Goethe weiß nordische und südliche Kunst gleichermaßen zu schätzen. Der Dichter wandelt sich nach dem Gesetz von Polarität und Steigerung, welches ihm im Laufe seiner Arbeit an der *Farbenlehre* bewußt geworden war. Darum dürfen wir die ›Wolken‹ auf den Talisman-Kalligraphien auch verstehen als Symbole von Goethes Wandlung und Steigerung ins Universale.

Im Hinblick auf den Orient bilden Nord und Süd zusammen, wenn man die kulturell-symbolische Bedeutung der Himmelsrichtungen für Goethe in Betracht zieht, den Westen. Der innerwestliche Konflikt aber wird durch die Erweiterung seines Blickfeldes nach Osten hin befriedet. Goethe hatte zunächst durch sein Italienerlebnis in Nord und Süd brüderlich verwandte europäische Kulturen erkannt, die in vielem von einem gemeinsamen Erbteil zehren. Aber dann begegnet er Jahre später auf überraschende Weise den ihm aus seiner Kindheit vertrauten Gestalten des Alten Testaments im islamischen Osten wieder, Abraham, Joseph und seinen Brüdern, Moses; er findet im Propheten Mohammed einen Bundesgenossen in seinem Glauben an die Einheit Gottes und entdeckt im islamischen

Kulturkreis die Wurzeln der europäischen Aufklärung, und in dem persischen Dichter Hafis erkennt er seinen »Zwillingsbruder« oder sieht in ihm einmal einen anderen Horaz, ein anderes Mal einen zweiten Voltaire. Die Dinge haben für Goethe also eine weit größere Zahl von Dimensionen, als die bloße Nennung der scheinbar gleichberechtigten vier Himmelsrichtungen zunächst vermuten läßt.

Zwar hat sein Widerwille gegen einige Auswüchse der deutschen Romantik ihn gelegentlich zu Äußerungen des Unmuts geführt, welche den Eindruck erwecken, als habe er einseitig für den klassizistischen Süden und somit gegen den romantischen Norden Stellung nehmen wollen. Aber all seine Alterswerke sind von einem klassizistischen Formideal im strengen Sinne weit entfernt: *Faust*, *Wilhelm Meisters Wanderjahre* und eben der *Divan*, um nur die wichtigsten zu nennen.[11] Die Entdeckung des islamischen Orients durch die Bekanntschaft mit den Dichtungen des korankundigen Hafis hat in Goethe als Künstler bis zu seinem Lebensende nachgewirkt. Insofern bezeichnet der vom *Koran* inspirierte Vierzeiler tatsächlich einen Wendepunkt im künstlerischen Schaffen Goethes. Bei der Formulierung des Spruches muß ihm blitzartig klar geworden sein, daß sich, durch die Begegnung mit dem Orient, unaufgelöste Grundspannungen seines Wesens befriedeten. Daher seine begeisterte Hinwendung zu Hafis als einem Lehrmeister, dem er die eigene Wesenserweiterung verdankte. Für diese Wesenserweiterung ins Universale prägte Goethe später in seinem Alterswerk *Wilhelm Meisters Wanderjahre* (Zweites Buch, Siebentes Kapitel) den Begriff »Weltfrömmigkeit«. Des Romanhelden väterlicher Freund, der Abbé, nimmt Bezug auf einen Brief Wilhelms, worin dieser als sein Ideal anpreist: »Häuslicher Zustand, auf Frömmigkeit gegründet, durch Fleiß und Ordnung belebt und erhalten, nicht zu eng, nicht zu weit, im glücklichsten Verhältnis der Pflichten zu den Fähigkeiten und Kräften.« Der Abbé bezeichnet dies als »Hausfrömmigkeit« und erwidert darauf:

> Wir wollen der Hausfrömmigkeit das gebührende Lob nicht entziehen: Auf ihr gründet sich die Sicherheit des Einzelnen, worauf zuletzt denn auch die Festigkeit und Würde des Ganzen beruhen mag; aber sie reicht nicht mehr hin, wir müssen den Begriff einer Weltfrömmigkeit fassen, unsre redlich menschlichen Gesinnungen in einen praktischen Bezug ins Weite setzen und nicht nur unsre Nächsten fördern, sondern zugleich die ganze Menschheit mitnehmen.

Die eigene Erfahrung der Wandlung ins Universale ermutigte Goethe, sich mit der Aufforderung an die Mitmenschen zu wenden: sich in Frieden (hier auch ganz politisch gemeint) einer gott- und geisterfüllten Universalität zu öffnen. Und liegt darin nicht der letzte Sinn des ganzen *West-östlichen Divan*? Nehmen wir die ersten zwei Verse des Talismans als *Koran*-Text und »Prophetenwort«, wird dann hier nicht, durch den Talisman selbst, der Westen aufgefordert, »Prophetenwort und -samen« zu schätzen, »wie es sich gebühret«? Und wäre das nicht zugleich eine Mahnung an den islamischen Orient, sich unbefangen und selbstbewußt einem geistigen Dialog mit dem Okzident zu öffnen durch Rückbesinnung auf das Gebot der Toleranz im Vers 256 der zweiten Sure des *Koran*: »Es sei kein Zwang im Glauben«, eine Toleranz, welche nicht auf Gleichgültigkeit oder einem Unterlegenheitsgefühl gründet, sondern auf der in eben diesem Vers ausgedrückten Gewißheit beruht: »Klar ist nunmehr unterschieden das Rechte vom Irrtum«? Indem Goethe, den Spuren des Propheten Mohammed folgend, mit seinem Talisman »Gottes ist der Orient« den »tauhîd«, den Glauben an die alles umspannende Einheit Gottes verkündet, weist er die Nachwelt, die Menschen des Orients und des Okzidents, auf »den rechten Pfad«, das heißt auf den Weg eines verantwortungsbewußten Handelns. In den Versen liegt die Quintessenz von Goethes geistiger Auseinandersetzung mit dem Islam.

Nachwort

von Peter-Anton von Arnim

Goethe als Leitfigur eines deutschen Islam?

> Unsere Seele entdeckt sich selbst, wenn wir mit einem großen Geist in Berührung kommen. Erst als ich die Unendlichkeit von Goethes Phantasiekraft begriffen hatte, entdeckte ich die Enge meiner eignen.
>
> Muhammad Iqbal: Stray Reflections (1910)[1]

Goethes eingehende Auseinandersetzung mit der Gedankenwelt des Islam führt uns in zwei Problembereiche hinein, die heute von größerer Aktualität sind denn je. Der eine betrifft das Verhältnis der Deutschen zu jenen über drei Millionen von Mitbürgern, welche sie, aufgrund ihrer von deutschen Traditionen abweichenden Religion, als »Ausländer« oder »Fremde« wahrnehmen und behandeln, und, in hintergründiger Weise, ihr Verhältnis zu Goethe selbst. Der zweite betrifft das Verhältnis der Muslime in aller Welt zu ihrer eigenen Religion und zu den Herrschern und geistlichen Würdenträgern, die im Namen des Islam politische Macht ausüben oder eine solche für sich beanspruchen.

Wer sich vor Augen hält, daß Goethe während der Arbeit an einem seiner bedeutendsten Werke, dem *West-östlichen Divan*, sich eingehend mit dem Islam befaßt, ja sich rundheraus zu ihm bekannt hat, wer sich dann vielleicht noch an den Hymnus aus des Dichters Jugendzeit mit dem Titel *Mahomets Gesang* erinnert, ein Preislied auf jenen Propheten, als dessen Verdienst Goethe erkannte, Millionen von Menschen zum Glauben an den *einen* Gott bekehrt zu haben, der wird sicher gern Näheres erfahren wollen über die Gründe für Goethes bemerkenswertes Interesse an dieser uns angeblich so fremden Religion. Wer dann aber auf den Einfall käme, in der einschlägigen Goe-

1 In Muhammad Iqbal: *Persischer Psalter*. Übersetzt von Annemarie Schimmel. Köln 1968, S. 35

the-Literatur nach dem Stichwort Islam zu suchen oder gar nach dem Stichwort *Koran,* dem erginge es wie einem, der ausgezogen ist, im Trockenen zu fischen. In den meisten Goethe-Biographien werden die beiden Begriffe *Islam* und *Koran* so sorgfältig umgangen, als handle es sich um die Erwähnung des Gottseibeiuns. Gewiß, es gab einige redliche Forscher – beispielhaft seien genannt Konrad Burdach mit seiner Arbeit über *Faust und Moses* (1912) oder Ernst Beutler mit seiner kommentierten Ausgabe des Goetheschen *Divan* (1943) –, die den deutlichen Spuren, welche jüdischer und islamischer Monotheismus in Goethes Werk hinterlassen haben, gewissenhaft nachgegangen sind. Die herrschende Tendenz in der deutschen Literaturwissenschaft, besonders seit Bismarcks Reichsgründung, war jedoch darauf ausgerichtet, Goethe zu einem deutschen Nationaldichter zurechtzustutzen und ihn zum Künder eines ›deutschen Wesens‹ oder des ›Faustischen‹ zu verklären, was immer man darunter verstehen mag. Der ›semitische‹ Orient blieb ausgespart; allenfalls fanden die ›arischen‹ Perser mit dem Dichter Hafis Erwähnung. Nicht anders war denn auch die Aufnahme, welche Goethes *Divan* beim allgemeinen deutschen Publikum gefunden hat. Aufschlußreich dafür ist folgender Vergleich: Die *Lieder des Mirza Schaffy* von Friedrich von Bodenstedt (1819-1892), Scheinblüten einer im wilhelminischen Deutschland aufgekommenen Orientalismusmode, erlebten bis zum Tode des Autors immerhin 143 Auflagen, während von Goethes *Divan* beim Verlag noch zu Beginn des 20. Jahrhunderts Exemplare der Erstausgabe lagerten.

Nun wäre zu erwarten gewesen, daß Katharina Mommsens 1988 erschienene umfangreiche Untersuchungen über *Goethe und die arabische Welt* der germanozentrischen Blindheit deutscher Forscher für Goethes ›morgenländisches Auge‹ hätten ein Ende bereiten müssen. Weit gefehlt! Zwar werden jetzt immerhin in wissenschaftlichen Ausgaben von Goethes Gedichten und speziell des *Divan* seine orientalistischen Studien berücksichtigt. Aber ein Griff in das Bücherregal einer mit Literatur zum Thema ›Goethe‹ gut bestückten Buchhandlung erweist, daß sich in den allgemeinen Darstellungen zu Goethes Leben und Werk, seien sie wissenschaftlicher, seien sie populärer Natur, auch heute noch nicht viel geändert hat.

Curt Hohoff (*Goethe – Dichtung und Leben*) scheut sich nicht, in bezug auf den *Divan* das alte Klischee von Goethe im ›islamischen Kostüm‹ wieder aufzuwärmen, gegen welches bereits Ernst Beutler Einspruch erhoben hat. Weder bei Peter Matussek (*Goethe zur Einführung*) noch bei Irmgard Wagner (*Goethe – Zugang zum Werk*) wird der Islam oder gar der *Koran* erwähnt, bei Karlheinz Schulz (*Goethe, eine Biographie in 16 Kapiteln*) fallen zum *Divan* lediglich die Stichworte: ›persisch‹, ›exotisch‹, ›Orientalismuswelle‹, wogegen die *Noten und Abhandlungen*, in denen Goethe sich so inständig bemüht hat, seinen lieben Deutschen die Gedankenwelt des Orients nahezubringen, als ›gelehrte Anmerkungen‹ abgetan werden. Karl Otto Conrady läßt im ersten Band seiner zweibändigen Goethe-Biographie die intensive Beschäftigung des Dichters mit dem *Koran* unberücksichtigt und erwähnt den Hymnus *Mahomets Gesang* nur als Titel. Im zweiten Band weist er dann zwar auf ›Goethes Interesse an der jüdischen und mohammedanischen [sic!] Religion‹ hin, meint aber betonen zu müssen: »Es ist weder christliche noch islamische Religion, die den *Divan* einseitig bestimmt, sondern ein west-östlicher Gottesglaube aus der Freiheit des Schauens und Wählens.« Nun, ja.

Im Hinblick auf Goethes frühe Freundschaft mit Herder werden meist das Straßburger Münster und Ossian erwähnt, also die Begeisterung für altdeutsche (gotische) Kunst und nordische Literatur. Ihre gemeinsamen Bibel- und Koranstudien bleiben unerwähnt. Als markantestes Beispiel für diese Schieflage sei die Goethe-Biographie mit der zur Zeit vermutlich weitesten Verbreitung, die Rowohlt-Monographie von Peter Boerner, angeführt. Zum *West-östlichen Divan* wird dort schamhaft erklärt, eines der darin behandelten Themen sei ›westliche und östliche Religion‹. Als ob es eine Schande wäre, vom Islam zu sprechen! Nun gut, ›östliche Religion‹. Aber was soll man daneben unter einer ›westlichen Religion‹ verstehen? Weder von der germanischen Götterwelt der Walhalla, von der Goethe ohnedies nicht viel hielt, noch von der griechischen des Olymp ist im *Divan* auch nur andeutungsweise die Rede. Sollte mit ›westlicher Religion‹ jedoch das Christentum gemeint sein, so möge man sich daran erinnern, daß Christus ein Jude war, der aus dem östlichen Lande Palästina stammte. Goethe selbst hat jedenfalls diese Tatsache nie aus den Augen verloren und hat in seinem *Divan* und den zugehörigen *Noten und Abhandlungen* klar zum Ausdruck gebracht, daß er die beiden in der Bibel offenbarten Religionen, Judentum und Christentum, in gleicher Weise wie den im *Koran* offenbarten Islam, selbstverständlich der Welt des Orients zurechnete; die Rede vom ›christlichen Abendland‹ lag ihm noch fern. Nein, die Vorstellung einer ›westlichen Religion‹, die im *Divan* einer ›östlichen Religion‹ entspräche, ist abwegig, auch wenn Goethe seine Gedichtsammlung *West-östlicher Divan* genannt hat. Die genaue Bedeutung dieses Titels geht aus dessen arabischer Version hervor, die der Dichter seinem Werk hat beifügen lassen: »ad-Diwân asch-scharqî lil Mu'allif al-gharbî« bedeutet wörtlich: »Der östliche Diwan des westlichen Verfassers«. Jener östliche Verfasser eines *Diwan*, durch welchen Goethe sich dazu herausgefordert fühlte, ihm in einer eigenen Sammlung von Gedichten zu antworten, nämlich Hafis, wird jedoch von Boerner nur in einem Nebensatz erwähnt. Dagegen führt er in aller Länge und Breite einen unverbürgten Kommentar Goethes zu einem Altarbild Rogier van der Weydens an, mit dem der Eindruck erweckt werden soll, Goethe hätte damals »eine neue, ewige Jugend« aus der seinerzeit gerade bei den Romantikern hoch im Kurs stehenden altdeutschen Malerei, und nicht etwa aus »Chisers Quell« geschöpft, obwohl doch das Eröffnungsgedicht des *Divan* mit dem Titel *Hegire* das Gegenteil bekundet.

Nun bräuchte man dieser merkwürdigen Tabuisierung des

Islam-Themas in der deutschsprachigen Literatur zu Goethe nicht soviel Aufmerksamkeit zu schenken und könnte es den Goethe-Kennern und -Liebhabern überlassen, sich damit auseinanderzusetzen, würde sich dahinter nicht ein Problem weit größerer Tragweite verbergen: das oben schon angedeutete Problem der ängstlichen Distanz, welche die Durchschnittsdeutschen zu denjenigen ihrer Mitbürger wahren, die einer ihnen unbekannten Religion zugehören. Und zwar nicht etwa deswegen, weil sie selbst so überzeugte Christen wären. Offenbar aber hat die Spaltung zwischen Katholiken und Protestanten im Zuge der Reformation und haben die darauffolgenden Religionskriege bei den Deutschen ein solch starkes Trauma hinterlassen, daß sie den Angehörigen von ihnen fremd erscheinenden Religionen mit tiefem Mißtrauen begegnen. Zur Zeit der Romantik, und das war die Zeit des sich herausbildenden deutschen Nationalbewußtseins, begann man, Deutschtum und Christentum zu identifizieren, ja manche Romantiker sehnten sich nach einem Mittelalter zurück, wo noch die katholische Kirche das Volk in einem alleinseligmachenden Glauben einte. Dies war eine Tendenz, welche Goethe aus tiefer Seele verhaßt war. Viele deutsche Juden wie etwa Rahel Varnhagen oder Michael Bernays, um nur zwei von ihnen zu nennen, sahen deshalb in Goethe, trotz seiner gelegentlich harschen und zugegebenermaßen etwas bornierten Kritik an den jüdischen Emanzipationsbestrebungen seiner Zeit, einen Befreier. Denn mit seinen Schriften, gerade auch dem *Divan*, ist er dem Monopolanspruch der christlichen Kirchen auf Erlösung vom Übel der Welt mit Entschiedenheit entgegengetreten und hat von seinen Landsleuten eine Offenheit des Denkens eingefordert, welche, wäre man ihm gefolgt, der freien Entfaltung bzw. Selbstbehauptung anderer Religionen auf deutschem Boden den nötigen Freiraum geschaffen hätte.

Gershom Scholem hat in einem Vortrag mit dem Titel ›Juden und Deutsche‹ von 1966 über die Situation der Juden in Deutschland im neunzehnten Jahrhundert gesagt: »Nur sehr wenige Deutsche […] haben die Unbefangenheit wirklicher Humanität gehabt [… und] am Juden das gesehen, was er zu geben, und nicht, was er aufzugeben hatte.« Heute, im einundzwanzigsten Jahrhundert, leben in Deutschland mehr als drei Millionen Muslime, in der Mehrzahl Türken. Wie viele unter den heutigen Deutschen sind bereit, an ihren türkischen Nachbarn das zu sehen, was sie zu geben, nicht das, was sie aufzugeben haben? Als gängigste Losung hört man allenthalben: »Die sollen sich doch anpassen!« Denn wie gesagt, es herrscht eine unterschwellige Angst in diesem Land vor allem, was mit Islam zu tun hat. Dazu trägt natürlich das weltweit von den Medien geschürte »Feindbild Islam« bei, ist aber gewiß nicht die ausschließliche Ursache. Man bedenke, wie weit wir doch von Goethe entfernt sind: Als sich ihm die Gelegenheit bot, in Weimar dem Gemeinschaftsgebet einer Gruppe baschkirischer Muslime beizuwohnen, hat er dies als ein Geschenk des Himmels betrachtet. Heute bedienen sich deutsche Fernsehreporter des Bilds betender Muslime als optischer Untermalung, wenn sie ihr Publikum vor den Gefahren einer wachsenden Macht des Islam warnen wollen.

Wie ein kollektives Unterbewußtsein sich auch gegen den aufgeklärtesten individuellen Verstand durchsetzen kann, das heißt, welch geradezu hysterische Angst vor dem Islam gerade auch unter sich aufgeklärt gebenden Deutschen Intellektuellen herrscht, zeigte sich bei Gelegenheit der Verleihung des Friedenspreises des Deutschen Buchhandels an Annemarie Schimmel. Schon Monate vor der Preisverleihung brach dagegen ein Sturm von Protesten los, der in Form von Zeitungsartikeln und Leserbriefen sich von Tag zu Tag steigerte, als ginge es darum, den Untergang des christlichen Abendlandes zu verhindern. Dabei waren die bei der Aktion federführenden Akteure keineswegs Anhänger der Partei bibeltreuer Christen. Es waren in erster Linie Liberale bis Linke, die sich einer Traditionslinie der Toleranz durchaus verpflichtet fühlen, wie sie in den Namen von Wolfram von Eschenbach, Lessing, Herder, Rückert,

Bettina von Arnim repräsentiert wird, also in den Namen deutscher Autoren, welche sich vor und nach Goethe in besonderer Weise für eine verständnisvolle Haltung gegenüber dem Islam eingesetzt haben.

Warum wählten sie sich dann ausgerechnet Annemarie Schimmel zum Objekt ihres Zorns? Gewiß, sie hatte eine mißverständliche Äußerung zu Salman Rushdies Roman *Die satanischen Verse* getan, eine Äußerung, die jeder nachvollziehen kann, der einmal unter Muslimen gelebt hat. Eine Zustimmung zum verabscheuungswürdigen Todesurteil gegen Salman Rushdie, wie ihre selbstgerechten Kritiker behaupteten, war damit aber keineswegs intendiert. Wäre es den Protestierenden um die Verteidigung von Menschenrechten gegangen, wie sie vorgaben, so war damals in einer weit dringlicheren Angelegenheit ihr Einsatz gefordert. Denn es waren eben jene Monate, in welchen sieben Flüchtlinge aus dem Sudan, und zwar Muslime, die vor dem islamistischen Terrorregime in ihrem Heimatland geflohen waren, im Frankfurter Flughafen festgehalten wurden. Sie hatten in Deutschland Asyl beantragt. Keine Stimme erhob sich jedoch von jener Seite, um diese Flüchtlinge vor der Abschiebung zu bewahren. Hier ging es wohlgemerkt nicht um eine bloße mißverständliche Äußerung, hier ging es darum, daß man der eigenen Regierung erlaubte, in einer Nacht-und-Nebel-Aktion das grundgesetzlich garantierte Recht auf Asyl de facto auszuhebeln und politisch Verfolgte ihren Peinigern auszuliefern. Man führte einen Gesinnungsprozeß gegen eine verdienstvolle Forscherin, blieb aber untätig bei einem eklatanten Menschenrechtsverstoß, der zum Zweck der Aushöhlung des Asylrechts in Deutschland begangen wurde – welch eine Verkehrung der Maßstäbe!

In der Tat, wenn man die Verdienste Annemarie Schimmels als Autorin in Betracht zieht, wird klar, daß die gegen sie gerichteten Angriffe sich rational nicht erklären lassen. Denn im deutschen Sprachraum hat in unserer Zeit niemand so viel für die Vermittlung zwischen den Kulturen des Orients und

Okzidents getan wie sie. Das ist nicht nur ihrer umfangreichen Kenntnis orientalischer Sprachen geschuldet, sondern auch einer Sprachkraft, die bei ihren Übersetzungen aus dem Arabischen, Persischen, Türkischen oder Urdu an die Leistungen ihres Vorbilds Friedrich Rückert erinnert[2]. Unter anderem verdanken wir ihr die Kenntnis eines der bedeutendsten muslimischen Dichter-Philosophen des 20. Jahrhunderts, Muhammad Iqbal, der sich intensiv mit Goethe, Hegel, Marx und Nietzsche auseinandergesetzt hat. Annemarie Schimmel ist aber, und das ist der springende Punkt, einem anderen, tieferen Verständnis des Begriffs von der Universalität der Menschenrechte verpflichtet als ihre lautstarken Kritiker. Denn ganz im Sinne Goethes fordert sie »echtes Verstehen [...] aus der Kenntnis historischer Tatsachen und Entwicklungen«, das keinem kritiklosen Verzeihen von Menschenrechtsverletzungen gleichgesetzt werden darf. Es geht nicht um Ablehnung oder Anerkennung der Universalität der Menschenrechte, sondern darum, wie man am erfolgreichsten dafür wirken kann. Aus dem Iran wird berichtet, daß dort Oppositionelle gerade aus den Schriften Annemarie Schimmels geistige Nahrung schöpfen für ihren Widerstand gegen den Mißbrauch der Religion zu machtpolitischen Zwecken.

Man darf ihren Kritikern natürlich nicht unterstellen, sie hätten aus christlich-deutschem Chauvinismus gehandelt. Schon die Herkunft mancher der Beteiligten spricht dagegen. Aber es gibt auch einen Chauvinismus der Aufgeklärtheit. Er läßt sich am besten illustrieren am Unterschied zwischen Voltaire und Diderot. Voltaire war sich der Überlegenheit seiner Positionen als aufgeklärter Franzose so sicher, daß er diese als Maßstab nahm für die Beurteilung der Menschheit im ganzen. So scheute er sich nicht, in seinem *Mahomet-Drama* die religiösen Gefühle von Millionen von Muslims in aller Welt zu verletzen, als es ihm darum ging, den Fanatismus der katholischen Kirche

2 von dem sie übrigens im Insel Verlag eine wunderschöne Auswahlausgabe herausgebracht hat. (it 1022)

anzugreifen, indem er glaubte, das Angriffsziel unbekümmert ins Gewand des Islam kleiden zu dürfen. Wo es um Religion ging, hörte seine vielgerühmte Toleranz gegenüber der Meinung des Andersdenkenden auf. Im Judentum seiner Zeit sah er nichts weiter als eine Manifestation von Rückständigkeit. Diderot führte seinen Angriff gegen die Mißstände und herrschenden Vorurteile in der französischen Gesellschaft seiner Zeit hingegen nicht aus der einseitigen Sicht eines aufgeklärten Parisers, sondern auf dialektische Weise. In seinem *Nachtrag zu Bougainvilles Reise* überließ er es den Bewohnern der Insel Tahiti, in einem Zwiegespräch mit dem Schiffskaplan Bougainvilles über die bigotten Moralvorschriften der Kirche ihr Urteil zu fällen. Das heißt, Diderot erteilte den Bewohnern jener Insel das Wort, auf die der Forschungsreisende Bougainville im Auftrag des Königs von Frankreich bereits einen kolonialistischen Blick geworfen hatte. Diderot wählte also den Standpunkt eines fremden Volkes nicht etwa, weil er dem Klischee vom ›edlen Wilden‹ Vorschub leisten wollte, wie ihm oft unterstellt wird. Vielmehr ging es ihm darum, durch seine Kritik an den einzelnen Vorurteilen der Europäer auch den Eurozentrismus als solchen bloßzustellen. So ermöglichte es ihm diese Perspektive, in fast hellseherischer Voraussicht vor den Gefahren der zerstörerischen Gewalt des Kolonialismus zu warnen, mit welcher die Europäer kurz darauf diese Weltgegend heimsuchen sollten. Allerdings hatte er noch keine detaillierte Kenntnis von der Kultur der Südseeinseln, und so blieb seine Darstellung der Tahitianer selbst mehr oder weniger fiktional. Die Überlegenheit seiner Vorgehensweise über diejenige Voltaires bestand jedoch darin, daß er auf das Verhältnis zwischen den Völkern eine Maxime anwendete, die Goethe später, in bezug auf zwischenmenschliche Beziehungen, so formuliert hat: »Am allerfördersamsten [für die Selbsterkenntnis] aber sind unsere Nebenmenschen, welche den Vorteil haben, uns mit der Welt aus ihrem Standpunkt zu vergleichen und daher nähere Kenntnis von uns zu erlangen, als wir selbst gewinnen mögen.« Das setzt Respekt vor dem Nebenmenschen und seiner möglicherweise andersgearteten Kultur voraus.

Goethe konnte sich bereits die Forschungsergebnisse der in seiner Zeit aufblühenden Orientalistik zunutze machen, als er darum bemüht war, sich die Weltsicht des Orients anzueignen. Dergestalt mit einem ›morgenländischen Auge‹ ausgerüstet, vermochte er ohne Zorn den Blick zurück auf die leidigen Zustände in Deutschland zu richten und durch die so gewonnene Distanz sich aus einem Zustand der Verzweiflung zu befreien. Sein Blick auf den Orient aber, und das ist das Entscheidende, war frei von kolonialistischer Begehrlichkeit. Nur deshalb konnte zu Anfang des 20. Jahrhunderts ein Bewohner des indischen Subkontinents, der unter der kolonialistischen Unterdrückung seiner Heimat durch die Europäer litt, der muslimische Dichter-Philosoph Muhammad Iqbal, mit dem europäischen Dichter des *West-östlichen Divan* in seiner *Botschaft des Ostens* den eindringlichsten und fruchtbarsten Dialog führen, den man sich unter Vertretern zweier unterschiedlicher Kulturen vorstellen kann.

Wenn der dieser Tradition folgenden Autorin Annemarie Schimmel jedoch unterstellt wird, vom ›edlen Muslim‹ ein verklärtes Bild zu schaffen, mag sie sich damit trösten – soweit das ein Trost ist –, daß es Goethe auch über anderthalb Jahrhunderte nach seinem Tode noch immer nicht besser ergeht. Die flehentliche Bitte, welche der Dichter im Schlußgedicht des *Divan* mit dem Titel *Gute Nacht* an seine Landsleute richtete: ›Nun so legt euch, liebe Lieder/An den Busen meinem Volke‹, verhallte nahezu ungehört, und sein Bemühen, ihnen ein objektives Verständnis der islamischen Geisteswelt zu vermitteln, blieb bis heute verlorene Liebesmüh. So kann man noch im Jahre 2000, in einem Bericht der NZZ vom 22. September über ein deutsch-arabisches Dichtertreffen im Jemen lesen, es sei dort die Frage diskutiert worden, »inwieweit Goethes subjektiver, von romantischen Ideen geprägter Umgang mit dem Orient als Vorbild für einen Ost-West-Dialog überhaupt tauge«. Wäre nicht die erste Voraussetzung für einen jeglichen Dialog, daß man kennt, worüber man urteilt? Romantischer Subjektivismus? Nichts verabscheute Goethe stärker als das! An der souveränen Art, wie er in dem frühen Fragment einer Mahomet-Tragödie und später im *Divan* islamisches Gedankengut verarbeitet hat, zeigt sich, wie weit entfernt er war von jeglichem Subjektivimus. Goethe verließ sich nicht auf sein bloßes Einfühlungsvermögen, über das er in erstaunlichem Maße verfügte. Er beschäftigte sich intensiv mit dem *Koran* und der ihm zugänglichen orientalistischen Literatur. Zieht man noch die *Noten und Abhandlungen* in Betracht, worin Goethe seinem Publikum die Früchte seines wissenschaftlichen Studiums in verständlicher Form zu vermitteln versucht hat, so erweist sich vollends die Absurdität jener Behauptung. Man sollte meinen, der Autor des Artikels hätte nicht Goethes *Divan*, sondern Bodenstedts *Lieder des Mirza Schaffy* vor Augen gehabt. Wenn nicht Kenntnis der Kultur des Anderen, so doch wenigstens Neugier für dieselbe wäre die Voraussetzung auch für einen Ost-West-Dialog in Deutschland selbst, welcher durch die Anwesenheit in unserer Mitte von über drei Millionen Muslimen dringend geboten ist. In den Debatten über das deutsche Ausländerrecht, die doppelte Staatsbürgerschaft in Deutschland, die Möglichkeiten eines islamischen Religionsunterrichts an deutschen Schulen und uberhaupt die Frage der Integration von Ausländern in die deutsche Gesellschaft taucht jedoch immer wieder das Argument auf, gerade die Türken ließen sich nicht integrieren, schon allein ihrer fremdartigen Religion wegen. Ähnlich wurde bereits im 19. Jahrhundert von den Deutschtümlern gegen die deutschen Juden argumentiert. Scheinheilig fordert man von den Türken Integration und meint in Wirklichkeit Assimilation, das heißt die Selbstaufgabe ihrer kulturellen Identität.

Die türkischstämmigen in Deutschland geborenen Menschen sind in der Tat in einer schwierigen Lage: Sie wissen, daß sie in ihrem Heimatland oft nicht als vollwertige Türken akzeptiert werden, aber in Deutschland gelten sie wiederum nicht als vollwertige Deutsche. So leiden besonders die jungen Türken und Türkinnen unter einer gespaltenen Identität. Sie sehen sich von den übrigen Deutschen allerdings nicht so sehr als Türken unterschieden, sondern vor allem als Muslime. Könnten sie jedoch in der deutschen Geistesgeschichte Spuren des Islam entdecken, das heißt Vertreter deutscher Kultur, mit denen sie als Muslime geistige Zwiesprache halten könnten, so wäre ihnen damit die Möglichkeit geboten, islamische und deutsche Identität in sich zu versöhnen.

Nun bietet die deutsche Geistesgeschichte tatsächlich Gestalten von dieser Art: Im Hochmittelalter den Stauferkaiser Friedrich II., der mit muslimischen Fürsten auf arabisch korrespondierte und mit dazu beigetragen hat, die wissenschaftlichen Kenntnisse der arabischen Welt und den Geist arabischer Poesie in Italien, Frankreich und Deutschland zu verbreiten. Als Dichter ragt in dieser Zeit Wolfram von Eschenbach hervor, der in seinen Werken *Parzival* und *Willehalm* – auf für die damalige Zeit unerhörte Weise – die Gleichrangigkeit des Islam mit dem Christentum dargestellt hat.

Für die Aufklärungs- und Goethezeit wären mehrere Namen zu nennen:

Mozart, der in seinem Singspiel »Die Entführung aus dem Serail« einen türkischen Sultan als Vorbild der Toleranz auftreten läßt, obwohl er mit diesem Bühnenwerk eine Auftragsarbeit ausführte, worin die hundertjährige Wiederkehr des Siegs der Österreicher über den Erzfeind, die Türken, gefeiert werden sollte.

Lessing, in dessen gegen religiösen Dogmatismus gerichtetem Lehrstück nicht nur der Jude Nathan, sondern auch der Sultan Saladin das Prinzip der Toleranz verkörpert (für den der reale, aus Kurdistan stammende Herrscher Palästinas zur Zeit der Kreuzzüge, Salah ed-Din al Ayubi, Pate stand).

Lessings Freund Johann Jakob Reiske, der als erster Orientalist in Deutschland seine Wissenschaft aus reiner Begeisterung für die islamische Kultur betrieb und nicht, wie bis dahin üblich, aus theologisch-christlicher Absicht, das heißt mit dem Hintergedanken, den *Koran* mit christlichen Argumenten zu widerlegen.

Johann Gottfried Herder, der im Koran ein der Bibel ebenbürtiges Buch der Offenbarung erkannte.

Friedrich Rückert, der ansatzweise die schönste Koranübersetzung geschaffen hat, die es in deutscher Sprache gibt. Leider hat er sie nicht ganz vollendet.

Bettina von Arnim, die ihr letztes Werk, »Gespräche mit Dämonen« dem »Geist des Islam« widmete, vertreten durch den »Kaiser der Osmanen«, und zwar in Anerkennung der Tatsache, daß der Sultan Abdul-Medschid-Khan nach der Niederlage des ungarischen Volksaufstandes von 1848 den flüchtigen ungarischen Revolutionären in der Türkei politisches Asyl gewährt hat. (In diesem Zusammenhang sei daran erinnert, daß von der Türkei während der Naziherrschaft auch vielen Deutschen, einschließlich Juden, Asyl gewährt wurde!)

Vor allem aber und an erster Stelle ist hier eben Goethe zu nennen. Man möchte sich wünschen, daß bei den vielen Debatten über die Integration von Ausländern in Deutschland, Debatten, bei denen im Hintergrund immer heimlich die Frage mitschwingt, ob die Türken als Muslime wirklich je Deutsche werden können, einmal ein türkischer Deutscher aufstehen und den deutschen Spießbürgern mit ihrer Deutschtümelei entgegenhalten würde: Ihr kennt eure eigenen Klassiker nicht! Der größte deutsche Dichter hat sich mehrmals zum Islam bekannt!

Ein Vertreter derjenigen Muslime in Deutschland, die sich für einen islamischen Religionsunterricht an deutschen Schulen einsetzen, sprach kürzlich in einer öffentlichen Diskussionsrunde von einem ›deutschen Islam‹. Dieser Ausdruck mag zunächst überraschend, wenn nicht gar schockierend klingen für jemand, der damit die Vorstellung verbindet, kolonialistisch gesonnene Deutsche könnten da ein neues Feld entdeckt haben, das es für das ›deutsche Wesen‹ zu erobern gilt. Der Ausdruck kam jedoch eben nicht aus dem Munde eines Deutschtümlers, sondern aus dem eines Arabers deutscher Nationalität und ist insofern durchaus bedenkenswert. Zum einen räumt er mit der weitverbreiteten Vorstellung auf, daß es so etwas wie einen monolithischen Islam überhaupt gibt. Denn in der Tat unterscheiden sich die in der Türkei praktizierten Formen des Islam von denen im Iran, diese wiederum von denen in den arabischen Ländern oder in Indonesien oder im Senegal praktizierten in vielfacher Weise. Warum sollte es da nicht auch einen Islam deutscher Prägung geben?

Ein deutscher Islam kann aber nichts anderes sein als ein Islam im Verständnis Goethes, das heißt ein Islam, in welchem die Werte der Toleranz, wie Goethe sie einst in den Lehren des Propheten Mohammed erkannt hat, wieder an oberster Stelle stehen. Dazu ist es keineswegs notwendig, aus Goethe einen Muslim machen zu wollen, wie es das Islamische Zentrum in München auf einem Flugblatt und eine Gemeinschaft von Muslimen in Weimar mit einem im Internet verbreiteten Fetwa getan hat. Wer Goethe voll und ganz für den Islam reklamieren will, darf sich nicht allein auf dessen Kritik am real existierenden Christentum berufen, er muß sagen, ob er sich mit allen Positionen Goethes zum Islam und seinem Propheten, auch den unorthodoxen, einverstanden erklärt oder es zumindest für legitim hält, daß ein Muslim solche Positionen vertritt. Wenn es jedoch um Toleranz geht, sollte man die Maxime Goethes beherzigen, daß nur eine solche von Wert ist, die einen bloß vorübergehenden Zustand darstellt, welcher zur Anerkennung führt. Mit Anerkennung ist natürlich nicht ein Religionswechsel hin zum Islam gemeint, was Goethe eher mißbilligt hätte. In unserem Fall geht es schlicht um die bedingungslose Anerkennung des Rechts der Muslime in Deutschland, ihre Religion auf deutschem Boden frei ausüben zu können, einschließlich durch einen islamischen Religionsunterricht an deutschen Schulen. Es darf ja nicht vergessen werden, welch ein großes Zugeständnis die Muslime, die einen solchen fordern, in dogmatischer Hinsicht an die Rahmenbedingungen deutscher Schulen machen. Denn ausgehend von der Tatsache, daß das letzte Buch göttlicher Offenbarung, der *Koran*, in arabischer Sprache niedergesandt worden ist, gibt es ein Dogma im Islam, welches besagt, daß deshalb die koranischen Glaubensinhalte unverfälscht nur vermittelst des arabischen Urtexts gelehrt werden können. Selbst in der säkularistisch verfaßten Türkei werden aus diesem Grunde den Schülern die Lehren des Islam nur auf dem Weg über das Auswendiglernen des *Koran* in der ihnen fremden arabischen Sprache beigebracht. Wenn also die in Deutschland lebenden Muslime zugestehen, daß der Islam statt dessen auch auf deutsch, also in der Sprache Luthers und Goethes, gelehrt werden darf, so bedeutet das eine gewaltige Konzession an eine Auffassung, die nicht auf einem dogmatischen, sondern auf einem demokratischen Verständnis der Rolle des Unterrichts beruht.

Der Name Luthers fällt in diesem Zusammenhang nicht zufällig. Goethe hat in Briefen mehrmals betont: »Es ist wahr, was Gott im Koran sagt: wir haben keinem Volk einen Propheten geschickt als in seiner Sprache.« Nun ist jedoch allgemein von einem deutschen Propheten nichts bekannt. Goethe aber, sich auf Luther beziehend, hält daran fest, denn er fährt fort: »So ist jeder Übersetzer ein Prophet in seinem Volke.« Luther hat also offenbar in Goethes Sicht durch seine Bibelübersetzung aus der deutschen Sprache ein Gefäß geschaffen, welches dazu geeignet ist, die göttliche Botschaft zu übermitteln. Würde nun aber ein islamischer Religionsunterricht in deutscher Sprache stattfinden, so wäre damit auch garantiert, daß jederzeit überprüft werden kann, ob die im Unterricht gelehrten Inhalte den in unserem Lande geltenden demokratischen Grundsätzen entsprechen. Aber das Mißtrauen der Durchschnittsdeutschen gegen den Islam sitzt offenbar allzu tief. So wurde vor einiger Zeit noch unter der rotgrünen Regierung in Hessen eine Podiumsdiskussion veranstaltet, in der über die

Einführung eines islamischen Religionsunterrichts nicht unter der Federführung des Kultusministers, sondern des Innenministers und seines Gegenspielers von der Opposition debattiert wurde, als handle es sich um eine Frage der inneren Sicherheit und nicht um eine Frage der Kultur. Die muslimischen Antragsteller selbst durften nicht mit auf dem Podium Platz nehmen, sondern mußten sich brav aus dem allgemeinen Publikum heraus zu Wort melden. Der Vorwand war, daß sie angeblich mit einer antidemokratischen Organisation in Verbindung stünden. Wer käme hingegen auf die Idee, den katholischen Religionsunterricht an deutschen Schulen in Frage zu stellen, weil sich im Rahmen der Kirche Organisationen und auch Würdenträger bewegen, deren demokratische Einstellung gelegentlich durchaus zu Zweifeln Anlaß gibt?

Ein islamischer Religionsunterricht in deutscher Sprache würde jedoch nicht nur zur Identitätsbildung der in Deutschland aufwachsenden jungen Türkinnen und Türken beitragen, sondern auch zu ihrer demokratischen Erziehung. Von einer solchen Grundlage aus, das heißt ausgehend von einem Islam im Toleranz-Verständnis Goethes, könnten deutsche Muslime den zeitgenössischen ideologischen Scharfmachern wie Samuel Huntington auf antiislamischer Seite einerseits, wie Hassan el Turabi auf islamistischer Seite andererseits entgegentreten und zum Frieden in der Welt und zur Aussöhnung der Völker einen wichtigen Beitrag leisten.

Es läßt sich allerdings nicht bestreiten, daß sich unserer Tage der Islam in den sogenannten islamischen Ländern im Zustand einer gefährlichen Erstarrung befindet. Zu dieser Erstarrung trägt die Tatsache bei, daß diese Länder unter diktatorischen oder diktaturähnlichen Herrschaftssystemen zu leiden haben. Ein tiefer liegendes Problem aber ist, daß die islamischen Glaubensinhalte dort heutzutage nicht mehr, wie einst zur Blütezeit der islamischen Kultur, zur Diskussion gestellt werden dürfen, sondern als feste Dogmen überliefert werden. Wer dagegen verstößt, läuft Gefahr, daß man ihn als Ketzer brandmarkt.

In manchen Ländern bedeutet das, sein Leben zu riskieren, wie der Mord an Turan Dursun und Ugur Mumcu in der Türkei, Farag Foda in Ägypten, die Hinrichtung Mahmud Mohammed Tahas im Sudan, die Verfolgung Taslima Nasrins in Bangladesch und Nawal Saadawis in Ägypten, um nur einige Fälle zu nennen, der Welt vor Augen geführt hat.

Gewissermaßen im Gegenzug zur Erstarrung des traditionellen Islam hat sich am Rande der etablierten Institutionen als ein politisches Phänomen der Islamismus oder politische Islam entwickelt, der zwar vorgibt, im Sinne unumstößlicher religiöser Grundsätze zu handeln, weshalb er auch unter der Bezeichnung Fundamentalismus läuft, aber zugunsten seiner politischen Zielsetzungen äußerst willkürlich mit den überlieferten Glaubensvorstellungen umspringt. Es handelt sich hier zunächst um ein Randphänomen, dem aber der traditionelle Islam in seiner erstarrten Form ungewollt den Nährboden bietet, mit der Folge, daß er, wenn die Islamisten auf gewaltsamem Wege die Macht erobern, den Usurpatoren keine Kräfte der Abwehr entgegenzustellen weiß. Dies ist die Gefahr für den Islam unserer Zeit.

Der im Pariser Exil lebende syrische Lyriker Adonis (Ali Ahmed Said) erkennt das Dilemma, in dem die arabischen Intellektuellen der Gegenwart stecken, darin, daß sie in einer doppelten Abhängigkeit gefangen sind: einer geistigen Abhängigkeit von der Vergangenheit, in der das Wiederholen und Wiederaufbereiten des bereits Vorhandenen an die Stelle des lebendigen Schöpfertums tritt, und einer technischen Abhängigkeit vom europäisch-amerikanischen Westen, in der die Erfindungs- und Innovationskraft ersetzt wird durch technische Anleihen und Anpassung. In beiden Fällen handle es sich um eine geborgte Kultur, um ein geborgtes Leben. Auch er selbst, gesteht er, habe sich zunächst gefangennehmen lassen von der Faszinationskraft westlicher Zivilisation. Dann aber sei es ihm gelungen, einen neuen Zugang zu finden zum eigenen kulturellen Erbe, allerdings nicht im Rahmen des herrschenden arabischen Kultursystems. Es war die Lektüre Baudelaires, die ihm die Augen öffnete für die Modernität des Dichters Abu Nuwâs (757-814); die Lektüre Mallarmés enthüllte ihm die Geheimnisse der poetischen Sprache Abu Tammâms (788-845), und die Lektüre von Rimbaud, Nerval und André Breton führte ihn ein in Zauber und Glanz des dichterischen Werks der Mystiker. Adonis weist aber zugleich darauf hin, daß das Problem der arabischen Intellektuellen eigentlich noch tiefer liegt als auf der Ebene der poetischen Sprache, nämlich auf dem Gebiet der Erkenntnistheorie. Und diese ist auf geheimnisvolle Weise verknüpft mit der Frage der Interpretation des *Korans*:

»Die traditionelle Kultur ist verkörpert in einer kontinuierlichen erkenntnistheoretischen Praxis, die auf der Ansicht beruht, daß sich die Wahrheit im Text [dem *Koran*] findet und nicht in der Erfahrung und der Wirklichkeit; sie ist ein für allemal gegeben, und eine andere Wahrheit gibt es nicht. Die Aufgabe des Denkens ist, zu erklären und zu lehren, ausgehend von dem Glauben an diese Wahrheit, nicht etwa, zu suchen und zu fragen, um zu neuen, widersprechenden Wahrheiten zu gelangen.«

Wie für Adonis auf dem Gebiet der poetischen Sprache die französischen Symbolisten und Surrealisten, so könnte hier nun auf erkenntnistheoretischem Gebiet den betroffenen Intellektuellen gegebenenfalls Goethe weiterhelfen. Nicht nur, weil er, unvoreingenommen und neugierig wie jemand, der Neuland betritt, auf erstaunlich eindringliche Weise sich mit den verschiedensten historischen Glaubensrichtungen des Islam auseinandergesetzt hat, gerade auch solchen, die heute für die strengen Hüter islamischer Orthodoxie Anathema sind. Eine kritische Beschäftigung mit Goethes Islam-Studien könnte so gerade auch für heutige Muslime der Anstoß sein, sich der historischen Vielfalt und dem Reichtum des eigenen Erbes zu stellen. Vor allem aber fand Goethe, obwohl der arabischen Sprache nicht mächtig, über die Brücke mangelhafter Übersetzungen hinweg ganz intuitiv einen viel unmittelbareren und lebendigeren Zugang zur heiligen Schrift des Islam als die hundert- und aberhunderttausend des Arabischen mächtigen Koranausleger von heute und die von deren Autorität abhängigen Millionen von Gläubigen. Annemarie Schimmel schreibt zur Erläuterung eines Spottverses Muhammad Iqbals, der sich gegen die Schriftgelehrten richtete, daß unter »den zahllosen Kommentaren, Superkommentaren und Scholien, die sich im Laufe der Jahrhunderte um den Text des *Koran* gelegt hatten, der eigentliche dynamische Geist des Gotteswortes erstickt, versteinert [wurde und] der Gläubige keinen Zugang mehr zu ihm hatte«. Goethe nennt eine solche Zeit der Vorherrschaft von Glaubensregeln, die bis ins Detail schriftlich festgelegt sind, eine Zeit des Unglaubens.

In erkenntnistheoretischer Hinsicht entscheidend aber ist der folgende Punkt: Goethe hätte sich niemals mit dem Gedanken abgefunden, daß Gottes Schöpfung, die menschliche Gesellschaft und unser Verständnis von der Welt sich einem angeblich von Ewigkeit zu Ewigkeit bestehenden Text anzupassen habe, der dann von seinen Sachwaltern gehandhabt wird wie ein geistliches Prokrustesbett. Für ihn galt, daß die Welt als Schöpfung Gottes einem steten Wandlungsprozeß unterworfen ist und der Text nur ein Wegweiser sein kann, um sich in dieser Welt zurechtzufinden: »Wenn ich handle, wenn ich dichte/Gib du meinem Weg die Richte.« Das Wort »Richte«, welches inzwischen im Deutschen weitgehend außer Gebrauch gekommen ist, gibt erstaunlich genau die Bedeutung wieder, die dem Wort *Scharia* im *Koran* ursprünglich zukommt, nämlich: göttliche Wegweisung. Dagegen ist es heute durch seinen Mißbrauch als Instrument der Despotie zu einem Schreckenswort verkommen. Wenn von *Scharia* landläufig bei uns die Rede ist und davon, daß im *Koran* unter diesem Stichwort das islamische Gesetz enthalten sei, wird zumeist völlig außer acht gelassen, daß dieses Wort im *Koran* nur einmal erwähnt wird, in semantischen Ableitungen noch viermal, und zwar genau im Sinne des von Goethe gewählten Ausdrucks »Richte«.

Dagegen ist *Scharia* im Lauf der Jahrhunderte nach dem Tode des Propheten zur Bezeichnung für ein ausgeklügeltes Rechtssystem geworden, für welches dessen Hüter, obwohl es ein Werk von Menschenhand ist, gleich wie für den *Koran* selbst göttliche Autorität beanspruchen. Im Sprachgebrauch der Islamisten hat das Wort dann noch eine weitere Abwertung erfahren, denn wenn sie die Einführung der *Scharia* fordern, dann meinen sie in erster Linie die Einführung eines Strafrechts, welches solch barbarische Körperstrafen enthält wie öffentliche Auspeitschung, Amputation der rechten Hand oder gar kreuzweise Amputation, Steinigung und Kreuzigung.

Goethe hätte gewiß nicht bestritten, daß bei einer Gemeinschaft von Gläubigen, die sich eigene Gesetze schaffen, ihr Glaube natürlicherweise auf die Gesetzgebung und die Auslegung der Gesetze Einfluß hat. Er hätte aber niemals zugestimmt, wenn die offiziellen Gesetzeshüter und Schriftgelehrten dabei einen Monopolanspruch auf göttliche Autorität für sich erheben wollten. Der *Koran* mit seinen etwa 6000 Versen enthält nur etwas über 60 Verse, welche juristische Vorschriften im eigentlichen Sinne darstellen und die teilweise zudem noch deutlich zeitgebunden sind. Wahrlich keine Grundlage, um ein funktionierendes Gemeinwesen darauf zu errichten, schon gar nicht fast anderthalb Jahrtausende nach ihrer Niederschrift, auch wenn die Islamisten dies behaupten. Die ersten Generationen nach dem Tod des Propheten haben sich in ihrer juristischen Praxis in der Tat mehr nach dem Geist des *Korans* zu richten bemüht als nach seinem Buchstaben, wie insbesondere das Beispiel des Kalifen Omar zeigt, der ganz frei nach eigenem Wissen und Gewissen mit einzelnen gesetzlichen Bestimmungen des *Korans* umging und trotzdem als ein Muster an Gerechtigkeit gilt. Die Katastrophe für die Entwicklung des Islam trat ein, als um die erste Jahrtausendwende das Tor des Idjtihâd, d. h. des redlichen Bemühens um die angemessene Auslegung des heiligen Texts, von den Rechtsgelehrten für geschlossen erklärt wurde, so daß von da an sie über das Monopol für die wahre Rechtsauslegung verfügten, welche sie zumeist im Sinne der herrschenden Gewalt betreiben.

Der sudanesische Rechtsanwalt und Vorkämpfer für Menschenrechte Taha Ibrahim hat die traditionelle Auffassung von der Scharia als Rechts- oder gar als Strafrechtssystem angesichts des Mißbrauchs, den moderne diktatorische Systeme damit treiben, grundsätzlich in Frage gestellt. Er erklärt, daß man, um den *Koran* richtig zu verstehen, darin nicht von einzelnen isolierten Lehrsätzen ausgehen dürfe. Man müsse in Betracht ziehen, daß sich wie ein roter Faden *ein* Leitgedanke durch das ganze heilige Buch zieht, weshalb er auch von einer ›koranischen Methode‹ spricht: es gehe dem *Koran* darum, die Aufmerksamkeit der Menschen zu richten auf die Gesetzmäßigkeiten einer Welt im Wandel. Er belegt dies damit, daß darin das Wort Aya(h) an die vierhundertmal vorkommt, und zwar in vielfältigen, aber sinnverwandten Bedeutungen; Wunder, Beispiel, Zeichen, Beweis, Maxime, Indiz, sodann auch als Bezeichnung für die einzelnen Koranverse selbst. Die Vielfalt dieser Bedeutungen stehe jedoch in einem klaren Bezugsrahmen: jedesmal geht es darum, eines zu erkennen, nämlich die Bewegungsgesetze der Schöpfung, der Natur, der Gesellschaft und der menschlichen Seele. Der gleichen Ansicht war auch Muhammad Iqbal, der in einer seiner »Sechs Vorlesungen über die Wiederherstellung des religiösen Denkens im Islam« erklärte, es gebe drei Quellen menschlicher Erkenntnis: innere Erfahrung, Natur und Geschichte. Iqbal fährt fort: »Der Koran sieht Zeichen der letzten Wirklichkeit in der Sonne, dem Mond, dem Sich-Ausdehnen der Schatten, dem Wechsel von Tag und Nacht, der Vielfalt menschlicher Hautfarben und Zungen, dem Wechsel der Tage des Erfolges und Mißerfolges unter den Völkern – tatsächlich in der ganzen Natur, wie sie der Sinneswahrnehmung des Menschen offenbar ist.« An anderer Stelle der Vorlesungen nimmt Iqbals Darstellung des Islam eine geradezu pantheistische Wendung, die an Goethe erinnert, womit er überleitet zu einem Gedicht von Goethe selbst:

»Gottes Leben ist Selbstoffenbarung, nicht die Verfolgung eines Ideals, das noch erreicht werden soll. Das Noch-Nicht des Menschen bedeutet Streben und kann einen Fehlschlag bedeuten; das Noch-Nicht Gottes bedeutet die unfehlbare Verwirklichung der unendlichen schöpferischen Möglichkeiten Seines Seins, das seine Ganzheit in dem gesamten Prozeß beibehält.

Wenn im Unendlichen dasselbe
Sich wiederholend ewig fließt,
Das tausendfältige Gewölbe
Sich kräftig ineinander schließt,
Strömt Lebenslust aus allen Dingen,
Dem kleinsten wie dem größten Stern,
Und alles Drängen, alles Ringen
Ist ewige Ruh in Gott dem Herrn.«

Eschborn, den 3. Oktober 2000

Anmerkungen

1. Die geistesgeschichtlichen Voraussetzungen von Goethes Verhältnis zur muslimischen Religion

1 Neu herausgegeben von Winfried Schröder, Stuttgart/Bad Cannstatt 1999 in der Reihe: Philosophische Clandestina der deutschen Aufklärung, Bd. 6.

2 *The Koran commonly called The Alcoran of Mohammed.* Translated into English immediately from the Original Arabic; with explanatory notes, taken from the most approved commentators. To which is prefixed a preliminary discourse. By George Sale ... London MDCCXXXIV. – Fück nennt sie a.a.O., S. 104 »die klassische Koranübersetzung«. Goethe benutzte auch deren Übertragung ins Deutsche: *Der Koran, oder insgemein so genannte Alcoran des Mohammeds* ... i. d. Engl. übers von George Sale ... ins Teutsche verdolmetscht von Theodor Arnold. Lemgo 1746.

3 In: *Le dîner du Comte de Boulainvilliers* läßt Voltaire den gelehrten Grafen Boulainvilliers im Streitgespräch mit dem Abbé Couet zugunsten des Islam sagen: »Du moins Mahomet a écrit et combattu; et Jesus n'a su ni écrire, ni se défendre. Mahomet avait le courage d'Alexandre avec l'esprit de Numa; et votre Jesus a sué sang et eau dès qu'il a été condamné par ses juges. Le Mahométisme n'a jamais changé, et vous autres vous avez changé vingt fois toute votre religion.« (*Œuvres complètes* de Voltaire. [Kehl] 1785 1789. Vol. 36. S. 378.

4 In der arabischen Übersetzung von *Goethe und die arabische Welt* (Kuweit 1995, S. 181) hat der Herausgeber, Dr. Abdelghafar Mekkawi, dem obigen Satz eine Fußnote beigefügt, worin er erklärt, daß Goethe mit besagter Übersetzung einen großen Fehler und Verrat an seiner eigenen Überzeugung begangen habe, der einem Dichter und großen Menschen wie ihm nicht zu verzeihen sei, was immer man zu seiner Entschuldigung anführen möge und was immer auch er selbst zu seiner Entschuldigung vorgebracht habe. Entsprechend ist dann das ganze Kapitel, welches sich ausführlich mit Goethes Übersetzung von Voltaires *Mahomet* befaßt, in der arabischen Ausgabe weggelassen worden. Eine der meistzitierten Stellen des *Koran*

ist der Vers 256 aus der zweiten Sure (*Die Kuh*): »Es sei kein Zwang im Glauben. Klar ist nunmehr unterschieden das Rechte vom Irrtum.« Welche Kleingläubigkeit wird hier bewiesen, wenn man meint, dem Leser das, was man für Irrtum hält, vorenthalten zu müssen! Welches Mißtrauen offenbart sich hier gegenüber der Überzeugungskraft des *Koran*, der immerhin schon seit vierzehnhundert Jahren der Menschheit zur Verfügung steht und auch *Al-Furqân* genannt wird, das bedeutet Instrument zur Unterscheidung von Wahrheit und Irrtum! (Anm. des Hg.)

5 In seinen *Essais de théodicée sur la bonté de Dieu, la liberté de l'homme et l'origine du mal.* Amsterdam 1710 ff., erklärt Leibniz den Propheten Mohammed für preiswürdig, weil er nicht von der natürlichen Religion abgewichen sei; seine Anhänger hätten die von Abraham und Moses gestiftete Religion der Weisen, welche durch Jesus zur Religion der Völker geworden sei, unter den heidnischen Völkern Asiens und Afrikas verbreitet. Vgl. G. W. Leibniz, *Die philosophischen Schriften.* Hg. von C. L. Gerhardt, 7 Bde. 1875-1890. Bd. 6 (Nachdruck Hildesheim 1961).

6 Darin sind es ja nicht nur der jüdische Weise Nathan, sondern auch der muslimische Sultan Saladdin und seine Schwester Sittah, welche dem christlichen, jugendlich ungestümen Tempelherrn den Weg der Toleranz weisen. Lessing war befreundet mit Johann Jakob Reiske, dem ersten Orientalisten in Deutschland, der nicht, wie viele seiner Vorgänger, lediglich das Ziel im Auge hatte, die Lehren des Islam zu widerlegen oder, bestenfalls, durch das Studium des Arabischen als der neben dem Hebräischen wichtigsten semitischen Sprache ein tieferes Verständnis des Alten Testaments zu gewinnen, sondern der ein genuin humanistisches Interesse verfolgte, d. h. die arabisch-islamische Kultur um ihrer selbst willen erforschte. Unter seinem Einfluß hatte Lessing begonnen, sich für die Geschichte des Islam zu interessieren. Gemeinsam mit Freunden hat Lessing *Des Abtes von Marigny Geschichte der Araber unter der Regierung der Califen* (Bd. 1-3. Berlin und Potsdam 1753) aus dem Französischen übersetzt. Vgl. Wulf Piper: *Die Welt der Araber in Büchern einer Alten Bibliothek.* Herzog August Bibliothek Wolfenbüttel 1983. Ausstellungskatalog Nr. 39. (Anm. d. Hg.)

4. *Koran*-Auszüge (1771/1772) und *Koran*-Rezensionen (1772)

1 Die heute im Düsseldorfer Goethe-Museum liegenden Koran-Exzerpte des jungen Goethe sind nur den umfänglichen ersten Suren 2., 3., 4., 5., 6., 10., 13., 17., 20. und 29. entnommen. Ob Goethe von den insgesamt 144 Suren darüber hinaus auch noch Auszüge aus den kurzen das letzte Drittel des *Korans* umfassenden Suren gemacht hat, diese jedoch nicht erhalten geblieben sind, ist nicht mehr festzustellen.

2 Vgl. *Goethe-Lesebuch*. Eine repräsentative Auslese. Von Katharina Mommsen. Frankfurt 1992 (it 1375). S. 19 ff., 100 f., 333 ff.

3 Vgl. Momme Mommsen, *Spinoza und die deutsche Klassik*. In: *Lebendige Überlieferung*. George – Hölderlin – Goethe. Bern-Frankfurt/Main 1999, S. 217 ff., und: Momme Mommsen, *Goethes Verhältnis zu Christus und Spinoza*. Blick auf die Werther-Zeit. ebenda, S. 275 ff. Darin weist der Autor darauf hin, daß in der geradezu uferlosen Goethe-Literatur der Bezug Goethes zu Spinoza bis heute meist nur am Rande behandelt, wenn nicht gar, trotz der bekannten Bekenntnisse Goethes zu seinem Lieblingsphilosophen, rundheraus abgestritten worden ist (wie auch – könnte man hinzusetzen – der Islam bis zu den Entdeckungen Katharina Mommsens ein blinder Fleck in der Goethe-Forschung gewesen war). Zu nennen ist hier die von M. Mommsen angeregte Studie von Martin Bollacher: *Der junge Goethe und Spinoza*. Tübingen 1969. Nach den 1972 bzw. 1974 zum ersten Mal publizierten Aufsätzen Momme Mommsens kam eine Abhandlung von Jürgen Teller hinzu: *Der Prometheus des Ein-und-Alles*. Zum Spinoza-Verständnis des jungen Goethe. In: *Impulse*. Aufsätze, Quellen, Berichte zur dt. Klassik und Romantik. Berlin und Weimar 1985, S. 25-42; und vor allem das Buch von Alfred Schmidt: *Goethes herrlich leuchtende Natur*. Philosophische Studie zur deutschen Spätaufklärung. München 1984. (Anm. des Hg.)

4 Goethe war ein freier Mensch und hat sich als solcher das Recht genommen, diejenigen religiösen und philosophischen Überzeugungen sich zu eigen zu machen, die ihm seiner inneren Natur gemäß schienen. Das heißt, er war nicht bereit, in Glaubensfragen sich irgendwelchen äußeren, von menschlichen Institutionen gesetzten

Normen oder Vorschriften zu unterwerfen. Deshalb streift es die Grenze des Komischen, wenn der ägyptische Schriftsteller Dr. Abdelghafar Mekkawi in einem Buch über Goethes Beziehungen zur arabisch-islamischen Kultur nach Entschuldigungsgründen dafür sucht, daß Goethe angeblich den islamischen Monotheismus und den spinozistischen Monismus miteinander verwechselt habe. Vgl. Abdelghafar Mekkawi: *En-Nûr wa el-Farâscha.* Kairo 1979, S. 46. In diesem Buch verwertet Dr. Mekkawi, der an der FU Berlin in jener Zeit promoviert hat, als Katharina Mommsen dort lehrte, übrigens ausgiebig deren Forschungsarbeiten, soweit diese in Einzelaufsätzen damals bereits vorlagen, ohne aber die Autorin namentlich zu erwähnen: er spricht von denselben lediglich als von den »neuesten Ergebnissen der Forschung«. Inzwischen ist eine arabische Übersetzung von *Goethe und die arabische Welt* erschienen, mit Kürzungen, die stellenweise eindeutigen Zensureingriffen gleichkommen (Kuweit 1995). Diese Ausgabe hat Dr. Mekkawi als Herausgeber betreut und mit Fußnoten versehen, welche von der Verfasserin nicht autorisiert worden sind. Darin wiederholt er die Kritik an Goethe und weitet sie auf Katharina Mommsen selbst aus, weil nämlich beide den ›abgrundtiefen‹ Unterschied zwischen Islam und Spinozas Philosophie verkannt hätten, und er warnt die Leser ausdrücklich davor, es ihnen gleichzutun. (S. 185/*167*; S. 217/*245*; S. 227/*254*; S. 284/*317* – die kursiv gedruckten Seitenzahlen beziehen sich auf das deutsche Original.) Noch weiter geht der Übersetzer, Adnan Abbas Ali, der sich dazu versteigt, Goethe des ›Schirk‹ zu bezichtigen (S. 210/*201*). Von der Bedeutung dieses arabischen Ausdrucks macht man sich eine nur allzu schwache Vorstellung, wenn man im Wörterbuch als deutsche Entsprechung die Begriffe ›Beigesellung‹, ›Vielgötterei‹ angegeben findet. Denn er bezeichnet das schwerste Verbrechen, dessen man sich im Islam in Glaubenssachen schuldig machen kann, d. h., er bedeutet die verdammungswürdigste Form der Ketzerei. Allerdings erwähnt Dr. Mekkawi in seiner Fußnote zu S. 284/*317* im Zusammenhang mit Goethes Auffassung von der göttlichen Zeichenhaftigkeit der Natur auch den ›Größten Meister‹ der arabischen Mystik, Ibn Arabî (1165-1240), und dessen Buch *Fusûs al-Hikam* (›Ringsteine der Weisheit‹), womit er, gewollt oder ungewollt, daran erinnert, daß es eine monistische Strömung auch in der islamischen Geisteswelt gegeben hat. Annemarie Schimmel hat darauf hingewiesen, daß der Streit der Gelehrten, ob Ibn Arabî ein islamischer Pantheist oder Monist gewesen sei oder aber nicht, bis heute noch im Gange sei, daß jedenfalls die Orthodoxie niemals aufgehört habe, ihn anzugreifen. Vgl. Annemarie Schimmel: *Mystische Dimensionen des Islam.* Die Geschichte des Sufismus. Köln 1985; S. 374 ff. Wie anstößig muß da erst der Name des Spinoza auf die Orthodoxen wirken! (Anmerkung des Hg.)

5 Inzwischen hatte Goethe 1815 in einem seiner Lieblingsbücher während der *Divan*-Epoche, dem *Buch des Kabus oder Lehren des persischen Königs Kjejawus für seinen Sohn Ghilan Schach* [...] übers. u. erläutert von Heinr. Friedr. v Diez. Berlin 1811, S. 721 f. im 32. Kapitel »Die Eigenschaften der Dichter« folgende Erläuterung zu »Borak« gelesen: »Borak [...] ist das Wunderpferd mit Frauengesicht, Pfauenschwanz, Krone auf dem Kopf und mit Halsband um den Hals, worauf Muhammed in den Himmel gefahren seyn soll. Es ist aber zu wissen, daß Muhammed selbst sich solcher Dinge nicht berühmt hat, als welche nur von seinen Nachfolgern erdichtet worden. Im Koran Sure 17 gleich im Eingang wird zwar von einer Entrückung von Mekka bis nach Jerusalem geredet. Es werden aber nicht die geringsten Umstände weiter angeführt, welche berechtigen könnten zu glauben, daß Muhammed damit etwas anders als ein Traumgesicht gemeynt habe.«

6 Wesentlich ist die koranische Lehre (Sure 2 Vers 130, Sure 5 Vers 43, Sure 21, Vers 105), daß die *Thora*, die *Psalmen Davids* und das *Neue Testament* und der *Koran* einander nicht entgegenstehen, sondern einander bestätigen (Sure 3 Vers 2), denn alle sind desselben göttlichen Ursprungs (Sure 42 Vers 11).

5. Fragmente einer *Mahomet*-Tragödie (1772)

1 Als Quellen dienten ihm neben den *Koran*-Ausgaben von Maracci und Megerlin: Jean Gagnier, *La Vie de Mahomet.* Traduite et compilée de l'Alcoran, des traditions authentiques de la Sonna et des meilleurs auteurs arabes. Amsterdam 1732, 2 Bde.; Turpin, *Vie de Mahomet*, 1773 und Pierre Bayle, *Dictionnaire historique et critique.* 1697; Adrian Relands *Zwey Bücher von der Türckischen oder Mohammedischen Religion.* Hannover 1717. – In der väterlichen Bibliothek fand Goethe überdies das Werk des Pietisten Joh. Daniel Müller, *Elias mit dem Al-*

coran Mahomeds in der Offenbarung Jesu Christi. Zur Versammlung aller Völker in einem einzigen Glauben an den einigen Gott, der da ist der Vater aller Menschenkinder, Maleachi 2,10, [o. O.] 1772.

2 »der Türme Flammengipfel«, also Leuchttürme. Wie die dem gesamten Hymnus zugrunde liegende Metapher vom Strom als dem Propheten und Gott als dem Ozean weist diese Metapher darauf hin, daß Goethe, falls ihm nicht durch irgendwelche unterirdischen literarischen Kanäle – die europäische Mystik des Mittelalters fußte ja auf derjenigen der muslimischen Sufis! – eine versteckte islamische Tradition zugänglich gewesen ist, er sich mit genialer Einfühlsamkeit in das religiöse Denken der Muslime hineinversetzt hat. Denn im Arabischen stehen die Leuchttürme als Metapher für die Propheten (minarât el-hudâ), also für die – im übertragenen Sinn – »Wegweiser der rechten Leitung«. Eine ähnlich geheimnisvolle Beziehung läßt sich auch aus dem Passus »nimm die Brüder mit! / Mit zu deinem alten Vater, / Zu dem ewgen Ozean / Der, mit weitverbreit'ten Armen / Unsrer wartet, / Die sich, ach! vergebens öffnen, / Seine sehnenden zu fassen« herauslesen, denn das arabische Äquivalent für Ozean, *al-Muhît*, hat zugleich die Bedeutung von *der Allumfassende.* Im *Koran* wird Gott mehrmals als al-Muhît, d. h. als der Allumfassende, benannt. (Anm. d. Hg.)

3 Vgl.: *Opuscules spirituels* de Madame J. M. B. de la Mothe Guion [sic!]. Nouvelle Edition, corrigée et augmentée de son rare traité des Torrens. A Cologne, chez Jean de la Pierre, 1720. (Die Verlagsangabe ist fiktiv.) Nachdruck Hildesheim 1965. (Anm. d. Hg.)

4 Wenn wir in den *Torrents*, den geistlichen Strömen der Madame Guyon, welche mit menschlichen Seelen verglichen werden, lehrhafte *Gleichnisse* zu sehen haben, so hat Hegel darauf hingewiesen, daß es sich in Goethes Gedicht um ein *Bild* handelt: »Das Bild findet besonders statt, wenn zwei für sich genommen mehr *selbständige* Erscheinungen oder Zustände in eins gesetzt werden, so daß der eine Zustand die Bedeutung abgibt, welche durch das Bild des anderen faßbar gemacht wird. [...] Von dieser Art z. B. ist das Goethesche Gedicht *Mahomets Gesang.* Nur die Aufschrift zeigt es an, daß uns hier in dem Bilde eines Felsenquells, der jünglingsfrisch sich über Klippen in die Tiefe stürzt, mit herzusprudelnden Quellen und Bächen in die Ebene hinaustritt, Bruderströme aufnimmt, Ländern den Namen gibt, Städte unter seinem Fuß werden sieht, bis er all

diese Herrlichkeiten, seine Brüder, seine Schätze, seine Kinder dem erwartenden Erzeuger freudebrausend an das Herz trägt, – daß in diesem weiten, glänzenden Bilde eines mächtigen Stroms Mahomets kühnes Auftreten, die rasche Verbreitung seiner Lehre, die beabsichtigte Aufnahme aller Völker in den *einen* Glauben treffend dargestellt sei.« (In: Hegel, *Vorlesungen über die Ästhetik*, Band I = Werke in zwanzig Bänden, Hg. von K. M. Michel und Eva Moldenhauer, Band 13, Frankfurt/Main 1970, S. 523 f.) (Anm. d. Hg.)

5 Obwohl das Buch *Goethe und die arabische Welt* nun schon vor über zehn Jahren erschienen ist, brachte der Hessische Rundfunk im vergangenen, d. h. im Goethe-Jahr eine im übrigen durchaus kenntnisreiche Fernsehsendung über den *West-östlichen Divan*, worin nicht ein einziges Mal Goethes intensive Beschäftigung mit dem Islam im allgemeinen und mit dem *Koran* im besonderen erwähnt wurde! (Anm. d. Hg.)

6 Vortrag von A. Schimmel über *Goethe und der Islam* vom 10. 9. 1999 im islamischen Zentrum in Hamburg, abgedruckt in: Al-Fadschr Nr. 95/1999, S. 6. (Anm. d. Hg.)

7 Annemarie Schimmel: Muhammad Iqbal: *Botschaft des Ostens*. Ausgewählte Werke. Tübingen 1977, S. 121 f.

8 Im Gedicht *Zueignung*, das Goethe in den späteren Ausgaben an die Spitze seiner gesamten Werke stellte, hebt der Dichter erneut das Prinzip der Brüderlichkeit hervor: »Für andre wächst in mir das edle Gut, / Ich kann und will das Pfund nicht mehr vergraben! / Warum sucht' ich den Weg so sehnsuchtsvoll, / Wenn ich ihn nicht den Brüdern zeigen soll? ...«

9 WA I 39, 189. Diese Hymne ist selbst unter Goethe-Kennern fast unbekannt geblieben, was vor allem damit zusammenhängt, daß sie selbst in den sogenannten Gesamtausgaben von Goethes Gedichten nirgends zu finden ist. Eine bedauerliche Praxis, zumal wenn man bedenkt, daß etwa bei einem Autor wie Brecht die Gedichte und Lieder aus seinen Stükken selbstverständlich auch in den Gedichtausgaben abgedruckt werden. Dagegen sucht man ein so wichtiges Gedicht wie das vorstehende, aber beispielsweise auch das großartige Lied »Feiger Gedanken / Bängliches Schwanken« aus dem Singspiel *Lila* oder das *Hexeneinmaleins* aus dem *Faust*, in den *Gesamt*ausgaben der Gedichte Goethes vergeblich. Man muß

sie sich aus den Ausgaben der Stücke, oder wie hier, der nachgelassenen Fragmente eigens heraussuchen. (Anm. des Hg.)

10 In einem Brief vom 11. September 1785 schrieb Goethe an Jacobi sarkastisch: »Du sendest mir deinen Spinoza [...] Ob du aber wohl gethan hast mein Gedicht [*Das Göttliche*] mit meinem Nahmen vorauf zu setzen, damit man ja bey dem noch ärgerlichern Prometheus mit Fingern auf mich deute, das mache mit dem Geiste aus der dich es geheißen hat. Herder findet lustig daß ich bey dieser Gelegenheit mit Lessing auf Einen Scheiterhaufen zu sitzen komme.« (Anm. d. Hg.)

11 Dennoch versucht Boyle, die Radikalität der Immanenz, zu welcher sich Goethe durch Spinoza ermutigt fühlte, dadurch zu relativieren, daß er den Einfluß Spinozas auf Goethe, wenn auch nicht völlig abstreitet, so doch herunterspielt, indem er, wie schon viele Germanisten vor ihm, Goethe aus einem Anhänger Spinozas in einen Anhänger Leibniz' zu verwandeln sucht (a. a. O., S. 160/61 und S. 384). Gegen die Versuche, aus Goethe einen Leibnizianer zu machen oder den Einfluß von Spinoza auf die Entstehung der Ode *Prometheus* zu leugnen, haben Martin Bollacher (*Der junge Goethe und Spinoza*. Tübingen 1969) und Momme Mommsen (*Spinoza und die deutsche Klassik*, in: M. Mommsen, *Lebendige Überlieferung*. George, Hölderlin, Goethe. Bern 1999) zu Recht entschieden Einspruch erhoben. (Anm. d. Hg.)

6. Das *Mahomet*-Projekt und die Prophetenproblematik in *Dichtung und Wahrheit* (1813)

1 Johann Caspar Lavater (1741-1801), Prediger in Zürich.

2 Johann Bernhard Basedow (1723-1790), im Gegensatz zu Lavater ein ausgeprägter Rationalist, gewann großen Einfluß als origineller Pädagoge und Begründer des Philanthropinums in Dessau. Goethe lernte ihn im Juli 1774 in Frankfurt kennen.

3 Im Verlag seines Freundes Joh. Heinr. Merck in Darmstadt erschienen mehrere um die Jahreswende 1772/73 entstandene anonyme Publikationen Goethes, die sich auf theologische Probleme beziehen und wichtige Dokumente für seine religiöse Entwicklung dar-

stellen: *Brief des Pastors *** an den neuen Pastor zu **** 1773; *Zwo wichtige bisher unerörterte biblische Fragen zum erstenmal gründlich beantwortet, von einem Landgeistlichen in Schwaben.* 1773. Erste Frage: *Was stund auf den Tafeln des Bunds*? Andere Frage: *Was heißt mit Zungen reden?*

4 In *Was heißt mit Zungen reden?* warnt er: »Wie aber jede Quelle, wenn sie von ihrem reinen Ursprung weg durch allerley Gänge zieht, und vermischt mit irdischen Theilen zwar ihre selbstständige innerliche Reinigkeit erhält, doch dem Auge trüber scheint, und sich wohl gar zuletzt in einen Sumpf verliert. So giengs hier auch. Schon zu Paulus Zeiten ward diese Gabe in der Gemeine gemißbraucht ...«

5 Friedrich Maximilian Klinger an E. Schleiermacher, Juni 1776: »Hier [in Weimar] sah ich und seh täglich, daß über Goethe sich sowenig sagen läßt, als man eigentlich über den Sohn Gottes sagen sollte, wenn man ihn glaubt. Und so will ich auch schweigen.«

6 F. A. Werthes an F. H. Jacobi, 18. Oktober 1774

7 Charlotte von Stein an Joh. Georg Zimmermann, 8. März 1776: »Wenn unser sanfter Sittenlehrer gekreuziget wurde, so wird dieser bittere zerhackt.«

8 F. H. Jacobi an Wieland, 27. August 1774

9 Joh. Georg Zimmermann an Charlotte von Stein, 22. Okt. 1775

10 Lavater an Joh. Georg Zimmermann, 27. August 1774

11 Joh. Georg Zimmermann an Charlotte von Stein, 19. Januar 1775

12 Lavater an Goethes Eltern, 20. Juni 1775

13 W. Heinse an J. W. L. Gleim und Klamer Schmidt, 13. Sept. 1774

14 C. L. v. Knebel an seine Schwester Henriette, 13. Dez. 1774

15 F. H. Jacobi, Tagebuch vom 23./24. Juli 1774

16 Carl August von Sachsen-Meiningen an seine Schwester, 20. Aug. 1775

17 W. Heinse an J. W. L. Gleim, 13. Okt. 1774

18 W. Heinse an Gleim, 8. September 1775

19 Lavater an Joh. Georg Zimmermann, 20. Oktober 1774

20 Lavater an Christoph Martin Wieland, 8./9. Nov. 1775

21 Charlotte von Stein an J. G. Zimmermann, 10. Mai 1776

22 Jacob Michael Reinhold Lenz, Aufzeichnung 1775

23 Chr. M. Wieland an Anna Luise Karsch, 11. Jan. 1776

24 Friedrich Maximilian Klinger an E. Schleiermacher, Juni 1776

25 J. G. Schlosser an Joh. Caspar Lavater, 17. Okt. 1773

26 Ch. Kayser an seine Schwester Dorothea, 1. Juli 1775

27 F. H. Jacobi an Chr. M. Wieland, 27. August 1774

28 J. M. R. Lenz, Aufzeichnung 1775

29 Zu Goethes Faszination durch die Prophetenrolle vgl. *Goethe-Lesebuch.* Eine repräsentative Auslese ... Hg. von Katharina Mommsen, Frankfurt 1992 (it 1375). Nachwort S. 343-357.

30 Folgt Beschreibung des 1. Akts, siehe voriges Kapitel, S. 62 f.

31 *Dichtung und Wahrheit,* Schluß Buch 14. Wenn Goethe in *Dichtung und Wahrheit* das *Mahomet*-Projekt ins Jahr 1774 (statt 1773) setzt und es mit dem ihm erst 1774 persönlich bekannt gewordenen Lavater in Verbindung bringt, so ist das chronologisch nicht korrekt, beruht aber auf innerer Wahrheit. Mindestens seit 1772 war Goethe auf den Zürcher Propheten aufmerksam geworden und durch Mittelspersonen – z. B. Joh. G. Schlosser und Leuchsenring – gut über ihn unterrichtet. So hatte die Gestalt Lavaters zweifellos etwas mit der Entstehung des *Mahomet*-Plans zu tun. Die Erinnerung daran bestimmte den Bericht von *Dichtung und Wahrheit.* Auf der 1774 mit Lavater gemeinsam unternommenen Reise nach Ems diktierte Goethe jenem übrigens ein Scherzgedicht, betitelt »II Sura«. Demnach war auch der *Koran* Gesprächsgegenstand zwischen den beiden gewesen.

7. Übersetzung von Voltaires *Mahomet* (1799)

1 Schiller ging in einem Brief an Goethe vom 15. Okt. 1799 ausführlich auf das Weimarer Experiment mit dem französischen Versdrama, die *Mahomet*-Übertragung und das Wesen des Alexandriners ein: »Soviel ist gewiß, wenn mit einem französischen und besonders Voltairischen Stück der Versuch gemacht werden sollte, so ist Mahomet am besten dazu gewählt worden. Durch seinen Stoff ist das Stück schon vor der Gleichgültigkeit bewahrt, und die Behandlung hat weit weniger von der französischen Manier als die übrigen Stücke, die mir einfallen [...] Ich zweifle daher nicht, der Erfolg wird der Mühe des Experiments wert sein. Demohngeachtet würde ich Bedenken tragen, ähnliche Versuche mit andern französischen Stücken vorzunehmen, denn es gibt schwerlich noch ein zweites, das dazu tüchtig ist. Wenn man in der Übersetzung die Manier zerstört, so bleibt zu wenig poetisch Menschliches übrig, und behält

man die Manier bei und sucht die Vorzüge derselben auch in der Übersetzung geltend zu machen, so wird man das Publikum verscheuchen. – Die Eigenschaft des Alexandriners, sich in zwei gleiche Hälften zu trennen, und die Natur des Reims, aus zwei Alexandrinern ein Couplet zu machen, bestimmen nicht bloß die ganze Sprache, sie bestimmen auch den ganzen inneren Geist dieser Stücke, die Charaktere, die Gesinnungen, das Betragen der Personen. Alles stellt sich dadurch unter die Regel des Gegensatzes, und wie die Geige des Musikanten die Bewegungen der Tänzer leitet, so auch die zweischenklichte Natur des Alexandriners die Bewegungen des Gemüts und die Gedanken. Der Verstand wird ununterbrochen aufgefodert und jedes Gefühl jeder Gedanke in diese Form wie in das Bette des Prokrustes gezwängt. – Da nun in der Übersetzung, mit Aufhebung des Alexandrinischen Reims, die ganze Basis weggenommen wird, worauf diese Stükke erbaut wurden, so können nur Trümmer übrig bleiben. Man begreift die Wirkung nicht mehr, da die Ursache weggefallen ist. – Ich fürchte also, wir werden in dieser Quelle wenig Neues für unsre deutsche Bühne schöpfen können, wenn es nicht etwa die bloßen Stoffe sind.«

2 An Knebel, 7. Nov. 1799. Goethe fährt fort: »In dem nächsten Propyläenstück findest du einen sehr bedeutenden Aufsatz über das gegenwärtige französische tragische Theater [von W. v. Humboldt].« Dieser Hinweis sollte dem Freund den Aspekt vor Augen stellen, unter dem Goethe sein »Experiment« allenfalls rechtfertigen konnte. – Knebel nahm lebhaften Anteil an dem Unternehmen. Am 2. Jan. 1800 schrieb er an Goethe: »Man sagt mir, daß in Weimar gar schöne Sachen vorgehen [...] und daß Du Deinen Mahomet vorgelesen hast. Nach letzterm wäre ich sonderlich verlangend.« – Am 30. Jan. 1800 berichtet Goethe an Knebel: »Heute Abend wird Mahomet aufgeführt. Den Proben nach zu urtheilen wird es, im ganzen genommen, recht gut gehen und einzelnes ganz vorzüglich vorgetragen werden. Da das Stück so obligat und in sich selbst zusammengearbeitet ist, so entsteht eine Wirkung *sui generis*, der man nicht entrinnen kann, und ich sollte denken es müßte für die Menge imposant und rührend seyn, wenn sie gleich übrigens die Regungen, welche die neusten Theaterstücke hervorbringen, vermissen wird. – Mir ist übrigens alles recht sowohl wie das Stück gefällt, als was übrigens daraus entsteht. Ich sehe es als einen Versuch an bey welchem

Autor, Schauspieler und Publicum wenigstens manche gute Lehre gewinnen können.«

3 Vgl. Katharina Mommsen, *Goethe und 1001 Nacht.* Frankfurt/Main 1981, S. 68-77

4 – was in den Augen der überwiegenden Mehrheit der Muslime die Sache nicht besser macht, soweit man überhaupt davon sprechen kann, daß Goethe an diesem als islamfeindlich angelegten Stück grundsätzlich etwas zu ›verbessern‹ möglich war. Omar war einer der aufrichtigsten Gefährten Mohammeds und gilt den Sunniten (wenn auch nicht den Schiiten, die nur Ali als rechtmäßigen Nachfolger des Propheten anerkennen) unter den vier rechtgeleiteten Kalifen als ein Muster von Edelmut und Gerechtigkeit. (Anm. d. Hg.)

8. Gelebter Islam: Vorsehungsglaube, Ergebung, Wohltätigkeit

1 J. v. Hammer, Réponse à la question: Quelle a été pendant les trois premiers siècles de l'hégire, l'influence du mahometisme sur l'esprit, les mœurs et le gouvernement des peuples, chez lesquels il s'est établi? (*Fundgruben des Orients*, Bd. 1. Wien 1809. S. 363). (Übers. a. d. Frz. vom Hg.)

2 Vgl. Spinoza, *Ethik.* [Teil II: *Über die Natur und den Ursprung des Ganzen.* 48. Lehrsatz:] *Es gibt im Geiste keinen absoluten oder freien Willen …* [49. Lehrsatz:] *Im Geiste gibt es kein anderes Wollen oder keine andere Bejahung und Verneinung als jene, welche die Idee, sofern sie Idee ist, in sich schließt.* [Anmerkung: …] Es erübrigt sich noch anzugeben, wie nützlich die Erkenntnis dieser Lehre für das praktische Leben ist. Es ist dies leicht aus folgendem ersichtlich: 1. Lehrt sie, daß wir nach der bloßen Willensmeinung Gottes handeln und der göttlichen Natur teilhaftig sind, und das um so mehr, je mehr Vollkommenheit unsere Handlungen haben und je mehr und mehr wir Gott erkennen. Diese Lehre hat also neben dem, daß sie dem Gemüt vollständige Beruhigung verschafft, auch noch das Gute, daß sie uns das lehrt, worin unser höchstes Glück oder unsere Glückseligkeit besteht, nämlich in der bloßen Erkenntnis Gottes, durch welche wir veranlaßt werden, nur das zu tun, was Liebe und Frömmigkeit hei-

schen. Daraus ersehen wir klar, wie weit jene von der wahren Schätzung der Tugend entfernt sind, die für Tugend und gute Handlungen wie für sehr schwere Dienstleistungen die höchsten Belohnungen von Gott erwarten; als ob die Tugend und der Dienst Gottes nicht selbst schon das Glück und die höchste Freiheit wären. (Übers. von Jakob Stern, 1888, Ausg. Reclam, Leipzig 1987, S. 126 ff.)

3 Als handle es sich bei dem Namen Spinoza um die Erwähnung des Gottseibeiuns, fühlt sich der Herausgeber der arabischen Übersetzung von *Goethe und die arabische Welt*, Abdelghafar Mekkawi, erneut genötigt, an dieser Stelle in einer Fußnote (dort auf S. 217) darauf hinzuweisen, daß sich Goethe und die Autorin abermals einer grundsätzlich in die Irre führenden Verwechslung schuldig machen. Nun geht es hier gar nicht um den Unterschied zwischen Pantheismus und dem Gedanken der Einheit Gottes, den verkannt zu haben Goethe zuvor von ihm angeklagt wurde, sondern um einen Vergleich zwischen den deterministischen Lehren des *Koran* und der spinozistischen Prädestinationslehre. Wer hiergegen Protest einlegt, kann schwerlich behaupten, es gehe ihm um den Versuch einer inhaltlichen Bestimmung der Glaubenssätze des Islam. Vielmehr handelt es sich um eine reflexhafte Abwehrhaltung gegenüber dem Namen Spinoza. Denn an unzähligen *Koran*-Stellen läßt sich eine Übereinstimmung zwischen beiden Positionen ohne Zweifel nachweisen. Und der islamische Vorsehungsglaube hat in dem türkischen Wort *Kismet*, abgeleitet vom Arabischen *qismah*, selbst unter Nichtmuslimen einen fast sprichwörtlichen Charakter angenommen. Zwar stand das Problem des Widerspruchs zwischen dem Gedanken der Allmacht Gottes und dem der menschlichen Willensfreiheit seit der Frühzeit des Islam im Zentrum aller theologischen Auseinandersetzungen. Eine endgültige Entscheidung hat man indessen naturgemäß nicht erreicht, es sei denn von Fall zu Fall *par ordre de mufti*. Es kommt demnach einer Anmaßung gleich, zu urteilen, Goethe habe sich hier hinsichtlich seiner Auffassung von dem, was Islam sei, auf dem Irrweg befunden. Zum Problem der Prädestination vgl. Tilman Nagel, *Geschichte der islamischen Theologie*. München 1994, S. 43 ff. (Anm. d. Hg.)

9. Schicksalsergebenheit

1 Woher Goethe seine Information über diese Art des Unterrichts in der Philosophie hatte, ist ungeklärt. Für die sachliche Richtigkeit von Goethes Darstellung bzw. Eckermanns Wiedergabe konnte ich von muslimischer Seite keine Bestätigung erhalten. S. H. Abdel-Rahim a. a. O., S. 317 f. bleibt jeden konkreten Beweis schuldig für ein »System des dialektischen Denkens in der islamischen Philosophie, das sich mit Hegels Dialektik im abendländischen Denken vergleichen läßt«. – Mir scheinen Goethes Gedankengänge und Schlußfolgerungen eher auf Lektüre-Eindrücken wie dem *Mesnewi* des Dschelâl-eddîn Rumi und anderer sufischer Dichter zu gründen, in deren religiösem System alle Widersprüche durch den Glauben an die höchste Instanz aufgelöst werden; »worin der Mensch seine völlige Beruhigung findet«.

2 Vgl. in Spinozas *Ethik* Teil 1, Lehrsatz 29, nach der Übersetzung von J. Stern a. a. O., S. 55: »In der Natur gibt es kein Zufälliges, sondern alles ist vermöge der Notwendigkeit der göttlichen Natur bestimmt, auf gewisse Weise zu existieren und zu wirken.« Siehe auch den Schluß des II. Teils der *Ethik*, vom 48. Lehrsatz an.

3 Momme Mommsen, *Spinoza und die deutsche Klassik*, a. a. O., S. 248 ff.

4 Zitiert nach Theun de Vries: *Baruch de Spinoza in Selbstzeugnissen und Bilddokumenten*. Reinbek 1970, S. 175

5 Diesen Unterschied festzuhalten ist wichtig, denn es gab in der Vergangenheit, insbesondere in der Literaturwissenschaft der DDR, Tendenzen, den Pantheismus von Spinoza bis Goethe in einen versteckten oder inkonsequenten Materialismus umzudeuten. So schreibt etwa Paul Rilla in seiner berühmten Monographie über *Lessing und sein Zeitalter* (Berlin 1959, S. 366): »Der Pantheismus war nach einem nicht üblen Wort Schopenhauers, des kleinbürgerlichen Reaktionärs, aber konsequenten Atheisten, der ›höfliche Atheismus‹, d. h. der Atheismus in einer gesellschaftlich gebundenen, noch nicht gesellschaftlich befreiten Form. Gerade vermöge dieser Form aber konnte der Pantheismus in Deutschland, wo der überall gebundene gesellschaftliche Kampf noch zurückschreckte vor den Konsequenzen des französischen Materialismus, als mächtiger befreiender Impuls wirken.« (Anm. d. Hg.)

6 Momme Mommsen, a. a. O., S. 227 f. Die Spinoza-Zitate stammen aus der *Ethik*, 2. Teil, Vierzigster Lehrsatz, 2. Anmerkung, a. a. O., S. 116; und 5. Teil, Beweis zum 25. Lehrsatz, a. a. O., S. 316.

7 Vgl. hierzu das Buch von Sigrid Hunke: *Allahs Sonne über dem Abendland*. Stuttgart 1962

8 Für das darin enthaltene lateinische Zitat aus Spinozas *Ethik* siehe die deutsche Übersetzung weiter oben. Man beachte Goethes Ausdrucksweise »was mir zugeschnitten ist«. Das ist genau die Bedeutung der arabischen Wurzel, welche dem in seiner türkischen Form uns bekannten Begriff für Schicksal, *Kismet*, zugrunde liegt, nämlich *qismat*. Er bedeutet wortwörtlich »den Teil, der uns von Gott zugeschnitten ist«! (Anm. d. Hg.)

9 Vgl. K. Mommsen, *Goethe und 1001 Nacht*. Frankfurt/Main 1960 (st 674), vor allem S. 57 ff.

10 In einem Paralipomenon zum *West-östlichen Divan* schrieb Goethe später in Anlehnung an einen von F. H. v. Diez übersetzten arabischen Spruch: »Und wer sich selbst erkennt / erkennet seinen Gott.« (Anm. d. Hg.)

10. Annäherung der Religionen

1 Hiervon spricht ein Paralipomenon zu *Kunst und Alterthum* vom 8. November 1814: »Die christliche Religion ist reicher an individuellen Gestalten als die heidnische [...] Christus in allen seinen Lebensperioden, Maria desgleichen, die Apostel, Evangelisten, die aus dem alten Testament überlieferten Propheten und Erzväter bilden eine breite Welt, über welcher Gott Vater, der Heilige Geist, und die Chöre der Engel an dem unendlichen Himmel schwebten [...] Die Bilder jener verehrten Gestalten mochten sich in der griechischen Kirche bis ins Unendliche vermehrt haben. Sie stellten sich nach und nach an den Platz der himmlischen Wesen selbst und wurden angebetet. – Zu Anfang des 8. Jahrh. bemerkt der einsichtige Politiker des Byzantinischen Hofes [Leo III.], daß hierin eigentlich die Spaltung der Welt liege, und wagt den kühnen Versuch, ob dieses Unheil nicht auszugleichen sein möchte. – Der griechische Kaiser hatte unter seinem Szepter *Juden, Muhammedaner* und *Christen*, die beiden ersten entfernten alle Bilder von ihrem Gottesdienst. Die

christliche Religion war keineswegs auf Bilder gegründet, sondern vielmehr so gut, ja mehr wie jene auf eine gestaltlose Idee. *Man glaubte die 3 Religionen vereinigen zu können, wenn man der letzten die Bilder nimmt.* – Hieraus entstand das Verbot des Bilderdienstes, mit seinen Gegenwirkungen [...] Aus der ungeheuern Bewegung, welche daher entstand, aus der Masse von Bildern, welche damals zerstört wurden, läßt sich das Obgesagte vermuten.«

11. Ominöse Ereignisse in der *Divan*-Epoche

1 Sie umfaßten u. a. eine prachtvolle Handschrift von Dschelâl-eddîn Rumis *Mesnewi*, ein Prachtexemplar von Dschamis *Rosenkranz der Frommen*, eine Anthologie mit vielen Gedichten von Hafis, Saadi und Dschami, Ferideddin Attars *Vogelgespräche,* mehrere Kommentare zu *Koran*-Stellen, mehrere Gebete, Aufsätze scholastisch-theologischen Inhalts, über das Buch Tehára [d. i. Reinigung bzw. Beschneidung]; aus dem weltlichen Bereich: Kommentare über grammatische und metrische Fragen, ein arabisches Glossar zu einer Abhandlung über Metrik, ein arabisch-türkisches Wörterbuch, arabische Aufsätze über Themen wie Entlassung von Sklaven, Kauf und Verkauf, Zinsen und Wucher, arabische Briefe aus dem Umkreis des Sultans Selim etc.

2 Abbildungen der *Bismillah*-Formel und der 114. Sure in Goethes Handschrift finden sich in: Goethe. *West-östlicher Divan.* Eigenhändige Niederschriften. Herausgegeben und erläutert von Katharina Mommsen. Erster Band: Handschriften. Zweiter Band: Einführung, Transkription und Kommentar. Frankfurt/Main (Insel), I/S. 13-14. An der Kopie dieser Sure, die der Augenmensch Goethe in seiner berückend schönen Handschrift völlig exakt wiedergegeben hat, läßt sich die Tatsache, daß er die arabische Sprache nicht beherrschte, nur daran erkennen, daß bei dem Wort *qul*! (Sprich!) der Buchstabe *qaf* fehlt, vermutlich, weil an dieser Stelle die Vorlage defekt war. (Anm. des Hg.)

12. Der korankundige Hafis als Vorbild des *Divan*-Dichters

1 Hafis erschien Goethe gelegentlich als »ein anderer Voltaire«, d. h. als Erzaufklärer, wie er gesprächsweise gegenüber Sulpiz Boisserée am 5. August 1815 verlauten ließ: »Auf dem Rückweg [vom Geisberg nach Wiesbaden Gespräch über] orientalische Poesie, Hafiz ein anderer Voltaire so frech – ich kehr mich an euren Himmel nicht, kann ich mir ein paar Huris hineinstellen.«

2 Vgl. zum »heitren Bild des Glaubens« das oben über den Goetheschen Lieblingsheiligen Sankt Rochus Gesagte. – In der *Italienischen Reise* rühmt Goethe den »humoristischen Heiligen« Philippo Neri als seinen besonderen Liebling. Vgl. im *Zweiten Römischen Aufenthalt* das Kapitel *Philipp Neri*, der humoristische Heilige; dazu im Abschnitt *Neapel* die Schilderungen des Heiligen, beginnend mit dem Absatz: »Philippus Neri steht in hohem Ansehn und zugleich heiterm Andenken [...] man hört auch von seiner guten Laune sehr viel erzählen.«

3 Aus Gewohnheit und euphonischen Gründen bevorzugte Goethe die französische Form: *Hegire.* Er gab dafür in den *Noten und Abhandlungen,* Kapitel *Revision*, die Erklärung: »Unter französischem Geleit sind wir hauptsächlich in jene Gegenden eingeführt worden. Herbelots Wörterbuch [= *Bibliothèque orientale*] kam unsern Wünschen zu Hülfe. Nun mußte der französische Gelehrte orientalische Worte und Namen der nationellen Aussprache und Hörweise aneignen und gefällig machen, welches denn auch in deutsche Kultur nach und nach herüberging. So sagen wir noch Hegire lieber als Hedschra, des angenehmen Klanges und der alten Bekanntschaft wegen.«

13. Anregungen zu *Divan*-Gedichten durch den *Koran*

1 Hammer spielt hier an auf die *Moallakat.* Vgl. Goethe an seinen Freund Carl Ludwig von Knebel am 14. November 1783: »Der durch seine Bemühungen über die Arabische Poesie bekannte Jones

hat die *Moallakat* oder die 7 Gedichte der 7 großen arabischen Dichter die in der Moschee zu Mecca aufgehängt sind mit einer Englischen Übersetzung herausgegeben. Sie sind im Ganzen sehr merkwürdig, und einzelne allerliebste Stellen drinne. Wir haben uns vorgenommen sie in Gesellschaft zu übersetzen, und also wirst du sie auch bald zu sehen kriegen.«

2 Der Refrain richtet sich zugleich an die Menschen und an die Djinn und lautet vollständig: »Welche Wohltat Eures Herrn wollet ihr wohl beide leugnen«, wobei das Verb »leugnen« im Dual steht. Hammer hat den Refrain durch die Buchstaben »W. W.« abgekürzt, was typographisch den Text sehr verwirrend erscheinen läßt, ohne dem Leser substantiell etwas zu bringen. Wir haben diese Abkürzung aus diesem Grund hier weggelassen und durch Sternchen ersetzt. Der ägyptische Sprachwissenschaftler Professor Nasr Hamid Abu Zaid berichtet in seinen Memoiren *Ein Leben mit dem Islam* (Freiburg 1999, S. 19) über ein sprachliches Experiment, das er als Dozent mit seinen Studenten durchgeführt hat: »Wir haben uns die 55. Sure vorgenommen, in der sich der Vers »Welche von den Wohltaten eures Herrn wollt ihr leugnen?« wie ein Refrain ständig wiederholt. Diese Wiederholung unterbricht die Syntax und bereitet dem Interpreten Schwierigkeiten. Wir haben versucht, die Frage bei der Rezitation auszulassen, aber es war unmöglich. Die Sure verlor ihren Reiz, all ihre Eindringlichkeit und sogar ihren Bedeutungsreichtum. Es war einfach nicht mehr dieselbe Sure, obwohl doch der Refrain überflüssig erscheinen muß, wenn man sie bloß liest. Die Bedeutung des Koran geht also erst in der Rezitation wirklich auf. Beschränkt man sich auf das Schriftstück, mißachtet man den rituellen Aspekt des Korans, dann verliert man, was man die ästhetische oder sinnliche Erkenntnis der Offenbarung nennen kann.« (Anm. des Hg.)

3 Vgl. Tilman Nagel, *Der Koran.* Einführung, Texte, Erläuterungen. München 1991, S. 303: »In der prophetischen Verkündigung wurde das Gesetz nie Selbstzweck; es blieb die für das Gemeinwesen der Gläubigen notwendige Lebensregel, die ihren Geist aus der heilbringenden Hinwendung des Einzelnen zum Schöpfer herleitete.« Dazu auch der Abschnitt 6 des IV. Kapitels: Der Zerfall des koranischen Menschenbildes in der islamischen Theologie, S. 292 ff. Vgl. auch: Tilman Nagel, *Geschichte der islamischen Theologie.*

Von Mohammed bis zur Gegenwart. München 1994, insbesondere S. 223 ff.: Das Sunnitentum als Glaubensform der Mehrheit. (Anm. des Hg.)

4 Auch in *Faust II* kommt im III. Akt der Begriff *Richte* vor, in Verbindung mit dem Gedanken der Grenzüberschreitung, welcher im Islam dem Begriff der *Scharia* zugeordnet ist in dem Ausdruck *hudud Allah*, die von Gott gesetzten Grenzen. Dort sagt Phorkyas: »Wer aber seiner Schwelle heilige Richte leicht / Mit flüchtigen Sohlen überschreitet freventlich / Der findet wiederkehrend wohl den alten Platz, / Doch umgeändert, wo nicht gar zerstört.« (Anm. d. Hg.)

5 In der bei Reclam erschienenen Ausgabe der Übersetzung von Max Henning (Stuttgart 1960) wird in einer Fußnote zum Wort *Seil* ausdrücklich angemerkt: »um sich daran aufzuhängen«. Die meisten Kommentatoren stimmen mit dieser Auslegung überein, ja ein moderner libanesischer Kommentator (Yûsuf 'Alî) gibt sogar der Version Oelsners, auf die Goethe sich stützte, bis zu einem gewissen Grade recht: »Über die Interpretation dieses Verses gibt es Meinungsverschiedenheiten. Die meisten Kommentatoren sind der Ansicht, das ›ihm‹ beziehe sich auf den Propheten, und das ›wer‹ am Anfang auf seine Feinde [... So] würde der Vers in diesem Fall bedeuten: wenn die Feinde des Propheten sich über seinen Erfolg ärgern, dann sollen sie doch ein Seil an der Decke befestigen und sich aufhängen; wobei das Wort samâ' mit ›Decke‹ wiedergegeben ist. Wenn samâ' aber mit seiner gewöhnlichen Bedeutung ›Himmel‹ übersetzt wird, wäre der Sinn folgender: wenn Feinde des Propheten sich darüber ärgern, daß er himmlische Hilfe erhält, dann sollen sie doch ein Seil zum Himmel emporbringen und sehen, ob sie auf diese Weise die Hilfe unterbinden können.« (In: *Die Bedeutung des Korans*, Teil 17,18; S. 72 f. München 1992). (Anm. d. Hg.)

6 Den Hinweis auf die besondere Schönheit und den Humor der 12. Sure des *Koran*, in der die Josefsgeschichte erzählt wird, verdanke ich meinem Arabischlehrer, Dr. Mohammed El Badawi. Übrigens hat Thomas Mann die Episode von dem Gastmahl, welches Pothiphars Weib für ihre klatschsüchtigen Nachbarinnen dem *Koran* zufolge gegeben haben soll (ein Detail, das in der biblischen Geschichte fehlt), in seiner Josephs-Tetralogie aufgegriffen und auf seine humorvolle Weise erzählerisch ausgeschmückt. (Anm. d. Hg.)

14. Vorsehungsglaube und Ergebung im *West-östlichen Divan*

1 Man könnte – wie bei dem *Divan*-Gedicht »Was hilft's dem Pfaffen-Orden ...« im *Buch der Sprüche* – an Goethes Gegner aus dem Lager der römischen Konvertiten denken, auch an die Maler dieser Richtung und an die Dichter Friedrich Schlegel, Zacharias Werner und die Grafen Stolberg oder an die Mystiker unter den neueren Naturphilosophen. Doch findet man bei Goethe die Bezeichnung »Pfaffen« ausgedehnt auf mancherlei Zunft- und Klüngelwesen. Man denke an Wortzusammensetzungen wie »Philister-Pfaffen« oder »Geschmäckler-Pfaffen« in den *Zahmen Xenien*, Siebente Abteilung, Vers 250.

2 In der »Älteren Einleitung« zu Nachträgen der *Farbenlehre* (1816/17) wird von dem »pfäffischen Aberglauben« der Anhänger Newtons gesprochen. Auch Vokabeln wie »Papstthum« und »Pfaffengeschlecht« tauchen in diesem Zusammenhang auf: »Gegen das Papstthum der einseitigen Naturlehren, welches sich anmaßt durch Zeichen und Zahlen den Irrtum in Wahrheit zu verwandeln, habe ich meine Thesen schon vor vielen Jahren angeschlagen. Aber die künstliche Behendigkeit dieses Pfaffengeschlechts hatte eine allgemeine Wirkung meines Unternehmens zu verhindern gewußt.«

3 In *Seefahrt* (»Lange Tag' und Nächte ...«) von 1776 lautet die letzte Strophe: »Doch er stehet männlich an dem Steuer; / Mit dem Schiffe spielen Wind und Wellen; / Wind und Wellen nicht mit seinem Herzen: / Herrschend blickt er auf die grimme Tiefe, / Und vertrauet, scheiternd oder landend, / Seinen Göttern.«

16. Monotheismus im *West-östlichen Divan*

1 Hans Pyritz will in dem von Riemer notierten Goetheschen Zweizeiler »Was der Mensch als Gott verehrt, / Ist sein eigenstes Innere herausgekehrt« eine Äußerung von Sarkasmus sehen. (Vgl. Hans Pyritz: *Goethe-Studien*, Köln 1962, S. 136.) Dabei hätte Pyritz doch erkennen müssen, daß Goethe hiermit nur die eine Seite seines *allgemeinen Glaubensbekenntnisses* formuliert hat, das Pyritz selbst an ande-

rer Stelle (auf S. 206) aus einem Brief Goethes von 1815 an C.H. Schlosser zitiert: »a. In der Natur ist alles was im Subject ist. / y. und etwas drüber. / b. Im Subject ist alles was in der Natur ist. / z. und etwas drüber. b kann a erkennen, aber y nur durch z geahndet werden. Hieraus entsteht das Gleichgewicht der Welt und unser Lebenskreis in den wir gewiesen sind. Das Wesen, das in höchster Klarheit alle vier zusammenfaßte, haben alle Völker von jeher Gott genannt.« Auch der Zweizeiler aus den Paralipomena zum *Divan* ist sicher nicht als Sarkasmus zu verstehen: »Und wer sich selbst erkennt / Erkennet seinen Gott.« (Anm. d. Hg.)

2 Vgl. Rudi Paret, *Islam und Christentum.* In: *Die Welt des Islam und die Gegenwart.* Hg. von Rudi Paret. Stuttgart 1961, S. 193 ff.: »Für den Islam, die jüngste der drei Schwesterreligionen, beanspruchte der Prophet [...] die Priorität. Er tat das auf Grund der fragwürdigen, aber für seine Anhänger glaubhaften These, daß der Ka'bakult in Mekka bereits von Abraham dem reinen, monotheistischen Gottesdienst geweiht worden sei und daß demnach Mohammed [...] nur den von Abraham vertretenen wahren Gottesglauben und -kult wieder-eingeführt habe. Sure 3, 65-68 / 58-61: »Ihr Leute der Schrift! Was streitet ihr über Abraham, wo doch die Thora und das Evangelium erst nach ihm herabgesandt worden sind? Versteht ihr denn nicht? [...] Abraham war weder Jude noch Christ. Er war vielmehr ein Hanif [Rechtgläubiger] und Muslim, und kein Polytheist. Diejenigen Menschen stehen Abraham am nächsten, die ihm (seinerzeit) gefolgt sind, und dieser Prophet (d. h. Mohammed) und die Gläubigen.« Sure 9,29-31: »Die Juden sagen: Esra ist der Sohn Gottes. Und die Christen sagen: Christus ist der Sohn Gottes. Mit diesem ihrem Gerede gleichen sie denen, die schon früher ungläubig waren. Gott bekämpfe sie! Wie sind sie verkehrt! Sie nehmen sich ihre Gelehrten (ahbâr) und Mönche an Gottes statt zu Herren, und Christus, den Sohn Maria, wo ihnen doch befohlen worden ist, nur einen einzigen Gott zu verehren, außer dem es keinen Gott gibt.«

3 In den *Fundgruben des Orients*, Bd. 2 (1811) fand Goethe innerhalb der *Koran*-Übersetzung J. v. Hammers eine Stelle, in der Jesus selbst Gott gegenüber bestreitet, sich als seinen Sohn ausgegeben zu haben (Sure 5, Vers 125 f.): »Gott der Herr sprach: o Jesus Maria's Sohn, sagtest du zu den Menschen nicht? ihr sollt mich und meine Mutter als göttlich anerkennen; da antwortetest du: Lob sei dir! mir

ziemt nicht zu sprechen was nicht wahr, wenn ichs gesprochen hätte, wüsstest du es; du weißt was vorgeht in meiner Seele; ich weiß nichts was vorgeht in deiner Seele. Das Verborgne ist dir bekannt. Ich sagte Nichts als was du mir befahlst; dient Gott meinem Herrn, euerem. Ich war dein Zeuge so lang ich unter ihnen gewandelt, und nachdem du mich zu dir berufen, wachtest du über sie; du bist der Zeuge aller Dinge.«

4 Vgl. auch Eckermann, *Gespräche mit Goethe,* 28. Febr. 1831 (wo auf *Dichtung und Wahrheit,* Teil IV Bezug genommen wird): »Christus dachte *einen alleinigen Gott,* dem er alle die Eigenschaften beilegte, die er in sich selbst als Vollkommenheiten empfand. Er ward das Wesen seines eigenen schönen Innern, voll Güte und Liebe wie er selber, und ganz geeignet, daß gute Menschen sich ihm vertrauensvoll hingeben und diese Idee, als die süßeste Verknüpfung nach oben, in sich aufnehmen.«

5 Vgl. Momme Mommsen, »Abraxas«. In: M. M., *Studien zum West-östlichen Divan.* Berlin 1962, S. 139-152 (Über das Gedicht: »Süßes Kind, die Perlenreihen ...«). Mommsen weist darauf hin, daß von manchen *Divan*-Kommentatoren bzw. Herausgebern das Gedicht fälschlicherweise dem *Buch Suleika* zugeordnet wird, obwohl Marianne Willemer, die der Gestalt der Suleika Pate gestanden hat, Goethe niemals Anlaß zu einem solchen Ausbruch des Unwillens gegeben habe. Auch würde »damit in die Suleika-Gedichte ein Mißklang hineingetragen, der höchst befremdlich und jedenfalls ohne Parallele wäre«. In dem Gedicht verarbeitet Goethe, wie M. Mommsen aufzeigt, unmittelbar auch gar kein autobiographisches Moment, sondern die Geschichte von Chosru und Schirin, wie sie ihm im 2. Band der *Fundgruben des Orients* in der Übersetzung Josef v. Hammers begegnet war. Allerdings entstand das Gedicht in einer Zeit, als das Gerücht kursierte, der Philosoph Schelling, den Goethe einst hoch geschätzt hatte, sei zum Katholizismus übergetreten. Goethe hat sich damals mit seinem Sohn August über »Religionsveränderungen« unterhalten, die dem Dichter zuwider waren. Wollte man das Gedicht also nachträglich einem der Bücher des *Divans* zuordnen, so schlägt Mommsen vor, es in das *Buch des Unmuts* zu stellen. (Anm. d. Hg.)

6 Jean Chevalier de Chardin, *Voyage en Perse.* Amsterdam 1735, Tome 2, S. 279. (Übers. a. d. Französ. vom Hg.) In der arabischen Überset-

zung von *Goethe und die arabische Welt* wird auf den Text von Chardin zwar hingewiesen, dieser aber nicht abgedruckt, vermutlich aus Furcht, man könnte bei den arabischen Lesern damit Anstoß erregen, weil hier von Mohammed als einem falschen Propheten die Rede ist. Dabei würde doch damit nur verdeutlicht, mit welcher Unbefangenheit sich Goethe über alteingewurzelte Vorurteile, die er in seinen Quellen vorfand, hinweggesetzt und die Texte zugunsten des von ihm verehrten Propheten genutzt hat. (Anm. d. Hg.)

7 Zitiert nach: Momme Mommsen: *Abraxas*, a. a. O., S. 142 f.

17. Die »hundert Namen Allahs« im *West-östlichen Divan*

1 Gemeint sind: all die Götzen, welche sie ihm zur Seite stellen. Eine solche sogenannte ›Beigesellung‹ bedeutet eine Leugnung der Einheit Gottes und ist die schlimmste aller im Islam denkbaren Sünden in Sachen des Glaubens. (Anm. d. Hg.)

2 Vgl. K. Mommsen, *Goethe und 1001 Nacht*, Frankfurt/Main (st 674) 1981, S. 303-307 (Exkurs I: Moralisch-dogmatische »Zwecke« im Märchen).

3 Mohammad Sa'îd al-Ashmawy, *Al-islâm as-siyâsî*. Kairo 1987, S. 29. Von diesem Buch gibt es auch eine gekürzte französische Ausgabe unter dem Titel *L'islamisme contre l'islam*. Paris/Kairo 1989, vgl. dort S. 32.

4 Auf Anweisung des sudanesischen Diktators Numeiri wurde das Gesetz über die Staatssicherheit, das in seiner ursprünglichen Fassung noch aus der Zeit stammte, als seine im Staatssicherheitsdienst tätigen Beamten ihre Ausbildung in der DDR erhielten, im Jahre 1984, nachdem er sich als Imam der Gläubigen den Treueid hatte schwören lassen, so umformuliert, daß eine Kritik am Staatspräsidenten einem Vergehen gegen Gott gleichkam. Der sufische Meister Mahmud Mohammed Taha, der in Flugblättern den durch Numeiri betriebenen Mißbrauch der Religion zu politischen Zwecken als Verhöhnung des Islam brandmarkte, wurde daraufhin auf Betreiben Numeiris am 18. Januar 1985 wegen *ridda* – [Abfall vom Glauben] – hingerichtet. Der 18. Januar wird seitdem von der arabischen Liga für Menschenrechte als Gedenktag begangen. (Anm. d. Hg.)

5 Ein solcher naturwissenschaftlicher Agnostizismus, der später mit der Schule der Ascharíten die Oberhand gewann, wird noch heute von Spöttern mit dem Frage-und-Antwort-Spiel karikiert: »Frage: Was ist die an der Azhar-Universität in Kairo gültige Definition des Begriffs Parallele? Antwort: Zwei parallele Linien treffen sich niemals, es sei denn mit der Erlaubnis Gottes.« Diese Anschauungsweise ist gleich weit entfernt von dem durch Newton begründeten Standpunkt der modernen Naturwissenschaft, demzufolge die Welt nach eigenen, von einem außerweltlichen Schöpfergott unabhängigen Gesetzen funktioniert, welcher allenfalls zu derselben den Anstoß gegeben hat, als von dem Standpunkt Spinozas und Goethes, die in den Naturgesetzen, soweit sie in der Anschauung erfaßbar sind, Manifestationen einer innerhalb der Natur wirksamen göttlichen Kraft erkennen. (Anm. d. Hg.)

6 Zur Mu'tazila und der Frage der moralischen Wertigkeit menschlichen Handelns vgl. auch: Bassam Tibi: *Der wahre Imam.* Der Islam von Mohammed bis zur Gegenwart. München 1996, S. 118 ff. (Anm. d. Hg.)

7 Ernst Bloch: *Avicenna und die Aristotelische Linke.* Kapitel: Der Lebende, Sohn des Wachenden, Gott als Himmelskörper. In: *Das Materialismusproblem, seine Geschichte und Substanz.* Frankfurt/Main (Suhrkamp) 1972, S. 514 f. Einem Kenner von Goethes *Geschichte der Farbenlehre* wird auffallen, daß in dieser Reihe der Name Roger Bacos auftaucht, also des Philosophen, den Goethe neben Spinoza besonders schätzte. Ob Goethe allerdings gewußt hat, daß Roger Baco sich während seiner Lehrtätigkeit in Paris mit den Schriften jener arabischen Philosophen und Naturwissenschaftler eingehend auseinandergesetzt hat, von deren Impulsen die europäische Renaissance ausging, insbesondere den Schriften des Avicenna und Averroes, geht aus seinen Kommentaren zu Roger Baco nicht hervor. (Anm. d. Hg.)

18. »In tausend Formen«

1 Schlußvers seiner Gasele auf Hafis. Friedrich Rückert, *Ausgewählte Werke.* Hg. von Annemarie Schimmel. Bd. 2. Frankfurt a. M. 1988 (it 1022), S. 30 f. Goethe selbst bezeichnete ähnlich Faust als »übersinnlichen sinnlichen Freier« *(Faust. Erster Teil,* Vers 3534).

2 Vgl. Annemarie Schimmel: *Mystische Dimensionen des Islam*, a. a. O., S. 413: »Der Ausdruck *shâhid*, ›Zeuge‹, wird für den schönen Geliebten verwendet, weil er der wahre Zeuge göttlicher Schönheit ist. Ihn anzublicken oder aus der Entfernung anzubeten konnte den Sufi in echte religiöse Ekstase versetzen, und sein Antlitz zu betrachten war Gottesdienst.« (Anm. d. Hg.)

3 Vgl. im *West-östlichen Divan* das Gedicht *Vermächtnis altpersischen Glaubens* aus dem *Buch des Parsen* die auf Verehrung der Sonne bezügliche 5. Strophe: »Gott auf seinem Throne zu erkennen, / Ihn den Herrn des Lebensquells zu nennen, / Jenes hohen Anblicks wert zu handeln / Und in seinem Lichte fortzuwandeln.« – Dazu Goethe im Gespräch mit Eckermann vom 11. März 1832: »Fragt man mich, ob es in meiner Natur sei, ihm [Christus] anbetende Ehrfurcht zu erweisen? so sage ich: durchaus! – Ich beuge mich vor ihm, als der göttlichen Offenbarung des höchsten Prinzips der Sittlichkeit. – Fragt man mich, ob es in meiner Natur sei, *die Sonne zu verehren,* so sage ich abermals: durchaus! Denn sie ist gleichfalls eine *Offenbarung des Höchsten,* und zwar die mächtigste die uns Erdenkindern wahrzunehmen vergönnt ist. Ich anbete in ihr das Licht und die zeugende Kraft Gottes, wodurch allein wir leben, weben und sind und alle Pflanzen und Tiere mit uns.«

4 Spinoza, *Ethik,* übers. v. J. Stern. Leipzig 1987. Erster Teil, S. 25: Über Gott. Definitionen VI: »Unter Gott verstehe ich das absolut unendliche Wesen, d. h. die Substanz, welche aus unendlichen Attributen besteht, von denen ein jedes ewiges und unendliches Sein ausdrückt.« Vgl. dazu die Lehre von den Attributen Gottes, wie sie von Abû l-Hudail al-Allâf (geb. um 750, seit 818 in Bagdad, gest. 840 n. Chr.), dem Begründer der als Mu'tazila bezeichneten theologischen Schule vertreten wurde: »Abû l-Hudail sagte, Gott wisse vermittels eines Wissens, welches ganz er sei; er sei mächtig zu handeln dank einer Macht, die ganz er sei, die gewissermaßen mit seinem Sein identisch sei. [. . .] Abû l-Hudail wollte darlegen, daß Gott *einer* ist, daß seine Attribute nicht für eine Vielschichtigkeit des Wesens stehen, sondern nur von uns als vielschichtig und unterschiedlich wahrgenommen werden.« (Zitiert nach: Tilman Nagel, *Geschichte der islamischen Theologie.* München 1994, S. 105) Nachdem die Mu'tazila unter dem Kalifat des aufgeklärten Herrschers Al-Ma'mun (813-833) zunächst zur offiziellen Staatsdoktrin erhoben worden war,

wurde sie, nach dem späteren Sieg des Sunnitentums, zur Ketzerei erklärt und gilt noch bis heute als solche. Die Spuren dieser theologisch-philosophischen Richtung haben sich jedoch im Islam nie völlig verloren. Die von ihr aufgeworfenen Probleme und ihre Argumentationsweise ziehen sich, mutatis mutandis, über den großen jüdischen Philosophen des Mittelalters aus dem arabisch beherrschten Andalusien, Maimonides, hin bis zu Spinoza. Aber auch das Sunnitentum, d. h. die islamische Orthodoxie selbst, mußte, um die Mu'tazila besiegen zu können, ein gewisses Maß an rationalistischer Denkweise in sich aufnehmen, so daß Tilman Nagel geradezu von einem ›Sunnitischen Rationalismus‹ sprechen kann (a. a. O., S. 143-153, dort auch über die 100 Beinamen Gottes). Insofern war die Welt des Islam eine Inspirationsquelle nicht nur speziell für Goethe, sondern auch bereits für die im Werk Wolfram von Eschenbachs sich manifestierende sogenannte staufische Frühaufklärung, wie dann später für die europäische Aufklärung überhaupt. (Anm. des Hg.)

5 Der Sufismus erwuchs aus geistigen Übungen in der Nachfolge des Propheten, der, bevor ihm durch die Offenbarungen des *Koran* ein öffentlicher Auftrag als Sendbote des Einen Gottes erteilt wurde, die Gewohnheit hatte, sich in die Berge zurückzuziehen, um dort zu meditieren. Die Sufis legten die Betonung auf die unmittelbare Beziehung des Menschen zu Gott. Obwohl anfangs bekämpft von den orthodoxen Sunniten, deren Würdenträger die einzig wahre Auslegung des *Koran* und damit den Schlüssel für den Zugang zu Gott beanspruchten, und angefeindet auch von den Mullahs der Schiiten, verbreitete sich das Sufitum dennoch vom südlichen Zweistromland gegen 860 nach Bagdad und von dort vor allem nach Iran, schließlich auch nach Nordafrika und Andalusien. Bei dem andalusischen Mystiker Ibn Arabi († 1240) u. a. ging der Sufismus in Pantheismus und die Überzeugung von der Einheit alles Seienden über. Pantheistische Einströmungen sind besonders in den persisch-sufischen Dichtungen zu spüren, welche die Sehnsucht der von göttlicher Liebe berauschten Seele nach Gott und ihrer mystischen Vereinigung mit dem Göttlichen zum Thema haben.

6 A. Schimmel: *Muhammad Iqbal.* Prophetischer Poet und Philosoph. München 1989, S. 33. (Anm. d. Hg.)

7 Man beachte: Im Gegensatz zu den in einem früheren Kapitel er-

wähnten Verfassern der arabischen Übersetzung von *Goethe und die arabische Welt*, Adnan Abbas und Abdelghafar Mekkawi, welche in von der Autorin, K. Mommsen, nicht autorisierten Fußnoten Spinoza zum Gottseibeiuns erklären und Goethe eines groben Irrtums bezichtigen, weil er zwischen seinem Lieblingsphilosophen Spinoza und dem Islam verwandte Züge erkennt, nimmt der große muslimische Denker Iqbal keineswegs Anstoß an Goethes pantheistischen Überzeugungen, vielmehr erwähnt er wohlwollend Spinoza und erinnert zudem an den Märtyrer des Pantheismus, Giordano Bruno! (Anm. d. Hg.)

19. Das Licht und der Schmetterling

1 *Pambeh*: persisch für Baumwolle.

2 A. Schimmel: *Goethe und der Islam*. Vortrag im Islamischen Zentrum Hamburg, 10. 9. 1999, abgedruckt in: *Al-Fadschr* Nr. 95/1999, S. 9.

3 So schreibt H. Ritter in *Castrum Peregrini* LXXXIX (1969), S. 76: »Die ältesten Handschriften kennen es nicht, und das Motiv von dem Falter, der sich liebend in die Flamme stürzt, um in ihr zu verbrennen, ist Hafiz fremd, ebenso wie der Gedanke des ›Stirb und Werde‹.« Ähnlich schon H. H. Schaeder, *Die persische Vorlage von Goethes »Selige Sehnsucht«*. In: *Festschrift für Eduard Spranger*. Leipzig 1942, S. 93 ff.

4 Laut Grimmschem Wörterbuch bedeutet *trübe* bei Goethe »die nur halb bewußten, nicht klar beherrschten Triebe und Strebungen des Menschen; der Wortsinn nähert sich vielfach dem von *dumpf*.« (Anm. d. Hg.)

20. Der *Divan*-Dichter als Vermittler islamischer Glaubensvorstellungen

1 Vgl. A. Benachenhou, *Goethe et l'Islam*. Rabat 1962

21. Islamisches im *Buch des Paradieses*

1 Emmanuel Kellerhals: *Der Islam.* Geschichte, Lehre, Wesen. Gütersloh 1978, S. 92.

2 Vgl. Yirmiyahu Yovel: *Spinoza.* Das Abenteuer der Immanenz. Göttingen 1996.

3 Vgl. Goethes Brief vom 16. 9. 1775 an Auguste Gräfin zu Stolberg: »Wir wollen einander nicht aufs ewige Leben vertrösten! Hier noch müssen wir glücklich seyn.« So dann auch später Heinrich Heine in *Deutschland. Ein Wintermärchen*: »Wir wollen auf Erden glücklich sein / Und wollen nicht mehr darben; [...] Ja, Zuckererbsen für jedermann, / Sobald die Schoten platzen! / Den Himmel überlassen wir / Den Engeln und den Spatzen.« Unverständlich ist, wie Ernst Bloch aus diesem Pochen auf dem Glück im Diesseits ableiten kann, Goethe sei sich des utopischen, zukunftsweisenden Elements, das seine Paradiesvorstellungen enthalten, nicht bewußt gewesen: »... der Goethe-Spinozismus, dieser sich nicht einmal als utopisch bewußte Pantheismus nimmt aus der Humanisierung seiner Allnatur Glücksbilder, als wäre diese natura sive deus – schon jetzt.« (Ernst Bloch: *Atheismus im Christentum.* Frankfurt 1968, S. 219) (Anm. d. Hg.)

4 Spinoza, *Ethik*, Zweiter Teil: Über die Natur und den Ursprung des Geistes. Erster Lehrsatz: Das Denken ist eins von den unendlichen Attributen Gottes, welches das ewige und unendliche Wesen Gottes ausdrückt. Zweiter Lehrsatz: Die Ausdehnung ist ein Attribut Gottes, oder Gott ist ein ausgedehntes Ding.

5 Schon lange ehe Herder seine *Ideen zur Philosophie der Geschichte der Menschheit* (Riga 1784-95) drucken ließ, hatten er und Goethe ihre Gedanken über Palingenesie ausgetauscht. (Vgl. Goethe zu Fr. v. Müller, 23. März 1830, *Unterhaltungen.* Weimar 1959. S. 163.) Vgl. auch Goethes durch Wielands Tod ausgelöste Gespräche mit J. D. Falk vom Januar 1813: »wo Goethe die Fortdauer nach dem Tode, wie etwas, das sich von selbst verstehe, voraussetzte [...] *Vom Untergang solcher hohen Seelen kann in der Natur niemals und unter keinen Umständen die Rede sein;* so verschwenderisch behandelt sie ihre Kapitalien nie [...] Jede Sonne, jeder Planet trägt in sich eine höhere Intention, einen höhern Auftrag, vermöge dessen seine Entwick-

lungen ebenso regelmäßig und nach demselben Gesetze, wie die Entwickelungen eines Rosenstockes durch Blatt, Stiel und Krone, zustande kommen müssen [...] Es ist immer nur dieselbe Metamorphose oder Verwandlungsfähigkeit der Natur [...] Alle Monaden [...] scheiden [...] nur aus den alten Verhältnissen, um auf der Stelle wieder neue einzugehen [...] Die Monas einer gebildeten Menschenseele und die eines Bibers, eines Vogels, oder eines Fisches, das macht einen gewaltigen Unterschied. Und da stehen wir wieder an den Rangordnungen der Seelen, die wir gezwungen sind anzunehmen, sobald wir uns die Erscheinungen der Natur nur einigermaßen erklären wollen [...] am Ende wird sich das Gleiche zum Gleichen, die Fische zu den Fischen, die Vögel zu den Vögeln, die Hunde zu den Hunden, die Katze zu den Katzen gesellen [...] Da haben wir völlig die Geschichte von unsern Monaden nach ihrem irdischen Ableben. Jede Monade geht, wo sie hingehört, ins Wasser, in die Luft, in die Erde, ins Feuer, in die Sterne; ja der geheime Zug, der sie dahin führt, enthält zugleich das Geheimnis ihrer zukünftigen Bestimmung [...] Sobald man die Ewigkeit dieses Weltzustandes denkt, [läßt] sich für Monaden durchaus keine andere Bestimmung annehmen, als daß sie ewig auch ihrerseits an den Freuden der Götter als selig mitschaffende Kräfte teilnehmen. Das Werden der Schöpfung ist ihnen anvertraut. Gerufen oder ungerufen, sie kommen von selbst auf allen Wegen, von allen Bergen, aus allen Meeren, von allen Sternen; wer mag sie aufhalten? Ich bin gewiß, wie Sie mich hier sehen, schon tausendmal dagewesen und hoffe wohl noch tausendmal wiederzukommen.«

6 Vgl. Katharina Mommsen: *Faust II als politisches Vermächtnis des Staatsmannes Goethe*. In: Jahrbuch des Freien Deutschen Hochstifts, Tübingen 1989, S. 1 ff. (Anm. d. Hg.)

22. *Begünstigte Tiere* im *Buch des Paradieses*

1 Es sei hier daran erinnert, daß im *West-östlichen Divan* diesem Wiedehopf, (arab.) »Hudhud«, eine wichtige Rolle als einem Liebesboten zwischen *Hatem* und *Suleika* bzw. Goethe und Marianne Willemer zugefallen ist, wie noch manche Hudhud-Gedichte aus dem Nachlaß des Dichters und Anspielungen in der Korrespondenz zwischen ihm und den Willemers zeigen.

2 Das Kamel des Propheten Mohammed ist das Tier, welches bei der Entstehung des Begriffs »Moschee« (europäische Verballhornung des arabischen Worts »Mas-djid«) Pate gestanden hat. Die Wurzelkonsonanten s-dj-d, aus denen das Wort gebildet wird, bezeichneten nämlich ursprünglich das Niederkauern eines Kamels, erst im Islam haben sie dann die zusätzliche Bedeutung von »sich niederwerfen zum Gebet« angenommen. Und das kam so: Als der Prophet Mekka unter Lebensgefahr verlassen mußte, fügte es sich, daß er von den Bewohnern der Stadt Yathrib zu Hilfe gerufen wurde, welche seitdem als »Medinat en-Nabi«, Stadt des Propheten, oder schlicht als »al Medina« (*die* Stadt) bekannt ist. Die Stämme Yathribs lagen untereinander in todbringendem Streit, und der Prophet, der weithin unter dem Beinamen »der Ehrliche« (el-Amîn) großes Vertrauen genoß, sollte als Vermittler die Streitigkeiten zu einem friedlichen Ende führen. Um bei der Errichtung seines Wohnhauses, an welches das Gebäude des gemeinsamen Freitagsgebetes angrenzen sollte, keinen der verfeindeten Stämme zu bevorzugen oder zu benachteiligen, schickte der Prophet sein Kamel aus, um den Wohn- und Gebetsort zu bestimmen. Dort, wo das Kamel sich niederkauerte (sadjada), wurde demzufolge das erste »Mas-dijd«, die erste »Moschee« errichtet. (Anm. d. Hg.)

3 Vgl. *Goethe-Lesebuch. Eine repräsentative Auslese aus Werken, Briefen und Dokumenten.* Hg. u. m. e. Nachwort vers. von K. Mommsen. Frankfurt/Main 1992. S. 105ff. über Goethes staatsmännisches Wirken und soziales Handeln. F. M. Klinger, Juni 1776: »Goethe ist geliebt durchaus und des Landes Heil.« – J. H. Merck, 1777: »Goethe gilt und dirigiert alles, und jedermann ist mit ihm zufrieden, weil er vielen dient und niemandem schadet. Wer kann der Uneigennützigkeit des Menschen widerstehn?« – J. A. Leisewitz, 1780: »Von Armen-Anstalten; Goethe hat auf seine Kosten im Weimarischen Versuche gemacht, mit denen er zufrieden war.« – D. J. Veit, 1793: »Goethe ist hier unter vielen Volksklassen [...] als sehr freundlich, gutmütig bekannt, und hat die allgemeine Achtung und Liebe; die mittlern Stände nennen ihn den Genius des Orts.« – H. Voß, 1804: »Gestern sagte mir eine Frau, Goethe wäre der Segen Weimars, alles brächte er ins Gleis, und er sei der Wohltäter aller Hilfsbedürftigen.«

4 Wenn es Goethe vergönnt wäre, vom Jenseits aus sich auf den Webseiten des Internet zu tummeln, so wäre er vermutlich überrascht,

sicher aber auch belustigt, wenn er unter: http://www. freeyellow. com/members3/abdallah/goethe. html entdecken würde, daß er in einem von Schaikh 'Abdul-qadir Al-Murabit am 19. Dezember 1995 in Weimar verfaßten und vom Amir der Gemeinschaft der Muslime in Weimar, Hajj Abu Bakr Rieger, autorisierten Fetwa zum Muslim erklärt worden ist. Dieses Fetwa endigt mit den Worten: »Im Lichte seiner überwältigenden Bestätigung des Propheten – möge Allah ihn segnen und ihm Frieden geben! – soll er bei den Muslimen von nun an bekannt sein als Muhammad Johann Wolfgang von Goethe.« Das in diesem Fetwa präsentierte Beweismaterial für die »Anerkennung Goethes als Muslim« ist ganz offensichtlich dem Buch »Goethe und die arabische Welt« entnommen, wenn auch der Name der Autorin, Katharina Mommsen, darin diskret verschwiegen wird. Hätte der ehrenwerte Mufti, Schaikh 'Abdul-qadir Al-Murabit, dieses Buch allerdings genau gelesen, dann hätte er feststellen können, daß Goethe des zusätzlichen Vornamens »Muhammad« gar nicht bedarf, um ins muslimische Paradies zu kommen, weil er sich längst schon unter dem Namen »Wolf« dort eingeschlichen hat! (Anm. des Hg.)

23. Auseinandersetzung mit dem Frauenbild der islamischen Tradition

1 In Anspielung auf die Tatsache, daß in der ersten Moschee, welche in der Geschichte des Islam errichtet wurde, nämlich derjenigen in Medina, die Gemächer des Propheten und seiner Frauen und der Gebetsraum für das gemeinsame Freitagsgebet der medinesischen Gemeinde in einem einzigen Gebäude vereinigt waren, schreibt Fatema Mernissi (in: *Der politische Harem.* Mohammed und die Frauen. Freiburg 1992, S 152): »Der muslimische Gott ist der einzige monotheistische Gott, dessen Heilige Stätte, die Moschee, an ein Schlafzimmer angrenzt. Er ist auch der einzige, der einen Propheten auserwählte, welcher seine Sorgen und Nöte als Mann nicht verschwieg, sondern im Gegenteil laut über Sexualität und Lust nachdachte.« Goethe hätte an diesem Gedanken zweifellos seine Freude gehabt. (Anm. d. Hg.)

2 Zur widersprüchlichen Entwicklung in dieser Frage vgl. Johann

Christoph Bürgel: *Allmacht und Mächtigkeit.* Religion und Welt im Islam (München 1991), Kap. XII: Die Mächtigkeit der Frau. 1: Die Frau im vorislamischen Arabien, S. 285: »Gewiß, der Koran verbietet die bei den Beduinen damals mitunter offenbar noch geübte Bestattung neugeborner, aber unerwünschter Mädchen, er sichert der Frau gewisse Rechte bei der Eheschließung, bei der Scheidung und im Erbrecht zu, andererseits aber hat der Islam durch seine Gesetze die Bewegungsfreiheit und die Entwicklungsmöglichkeiten der Frau innerhalb der Gesellschaft stark beschnitten.« (Anm. d. Hg.)

3 Wie im Laufe der Geschichte des Islam die Stellung der Frau sich stufenweise verschlechterte, läßt sich laut Bürgel (a. a. O., S. 293 f.) bildhaft an der Darstellung des Sündenfalls erkennen: Obwohl »Eva im Unterschied zur jüdisch-christlichen Überlieferung nicht als Verführerin Adams auftritt, vielmehr beide gleichermaßen als Verführte Satans erscheinen (II, 35 f.; XX, 115 f.)«, verschärft sich das von den Theologen für Eva, und nur für Eva! vorgesehene Strafregister (Plagen des Wochenbetts, Menstruation, Ausschluß vom Freitagsgebet etc.) von Autor zu Autor. Einen vorläufigen Höhepunkt erreicht die Frauenfeindlichkeit im 11. Jahrhundert bei dem wohl einflußreichsten sunnitischen Theologen, Ghazali, der laut Bürgel (a. a. O., S. 294) die Gehorsamspflicht der Frau dem Manne gegenüber folgendermaßen definiert: »Die Ehe ist eine Art Gefangenschaft (*riqq*), denn sie ist seine Sklavin (*raqîqa lah*). Sie ist ihm zu absolutem Gehorsam verpflichtet in allem, was er von ihr verlangt, soweit keine Sünde darin liegt.« (Anm. d. Hg.)

4 Die marokkanische Soziologin Fatema Mernissi hat, von der Frage ausgehend: »Warum soll der Prophet einen Hadith gesagt haben, der mir weh tut? Zumal eine solche Aussage in nichts dem ähnelt, was man uns ansonsten über das Leben Mohammeds erzählt!« die von Männern geprägte Überlieferung im einzelnen genauer unter die Lupe genommen und festgestellt, daß sie auf schwankendem Boden steht. Man hat diese ja erst zweihundert Jahre nach dem Tode des Propheten schriftlich zu fixieren und dann zum verbindlichen Dogma, *Sunna* genannt, festzulegen begonnen. Fatema Mernissi hat nach eingehenden Recherchen Belege dafür ausfindig machen können, daß der Prophet, nicht zuletzt unter dem Einfluß seiner ersten Frau Khadidja, sehr viel entschiedener für die Rechte der Frauen eingetreten ist, als gemeinhin angenommen. Vgl. Fatema

Mernissi, *Der politische Harem*. Mohammed und die Frauen. Freiburg 1992. (Anm. des Hg.)

5 In einigen Ausgaben trägt das 1800 veröffentlichte Werk den Titel *Die guten Frauen*. – Zur Auffassung Goethes von der Frau vgl. auch K. Mommsen, *Goethes Einstellung zur Frau in neuer Sicht*. In: *Jahrbuch der Berliner Wissenschaftlichen Gesellschaft* 1980. Berlin 1981, S. 161-176; K. Mommsen, *Goethe's Views of Women: A Modern Perspective*. In: *Goethe in the Twentieth Century*. Ed. by Alexej Ugrinsky. New York 1987. S. 155-162. – Ruth Klüger, *Frauen lesen anders*, darin: Goethes fehlende Väter. München 1996, S. 105 ff.

6 Im ersten Band der *Fundgruben des Orients* (Wien 1809), wo sich S. 144-188 und S. 277-316 siebenhundert *Auszüge aus der mündlichen Überlieferung Mohammeds* finden, die J. v. Hammer aus über siebentausend ausgewählt und übersetzt hatte.

7 Soweit im folgenden von *Sunna* die Rede ist, ist nicht die Sunna des Propheten im eigentlichen Sinne gemeint, d. h. die Berichte über die Worte und Handlungsweisen des Propheten in ihrer Gesamtheit, sondern die etwas dubiose Auswahl von Propheten-Aussprüchen, die Josef v. Hammer in den *Fundgruben des Orients* unter dem Titel *Sunna* eher als eine Art Kuriosität präsentiert und mit seiner Zählung versehen hat. Es fällt auf, daß bei ihm die frauenfeindlichen Äußerungen gegenüber solchen anderer Art ein relativ großes Gewicht beanspruchen. Die Frage nach der Glaubwürdigkeit der Überlieferung, die sonst bei einem kritischen Studium der Sunna eine entscheidende Rolle spielt, wird von J. v. Hammer überhaupt nicht gestellt. (Anm. d. Hg.)

8 In *Vorschmack* (»Der echte Moslem spricht vom Paradiese ...«), letzte Strophe: »Auf meinem Schoß, an meinem Herzen halt' ich / Das Himmelswesen, mag nichts weiter wissen; / Und glaube nun an's Paradies gewaltig, / Denn ewig möcht' ich sie so treulich küssen.«

24. »Frauen sollen nichts verlieren«

1 Wo Goethe Doppelmoral witterte, konnte er sehr grob werden. Vgl. das Gedicht über Frau von Krüdener, »V .... R«: »Junge Huren, alte Nonnen / Hatten sonst schon viel gewonnen, / Wenn, von

Pfaffen wohlberaten, / Sie im Kloster Wunder taten. / Jetzt geht's über Land und Leute / Durch Europens edle Weite! / Hofgemäße Löwen schranzen, / Affen, Hund' und Bären tanzen – / Neue leidge Zauberflöten – / Hurenpack, zuletzt Propheten!« (Anm. d. Hg.)

2 Das Goethesche Paradies am Schluß von *Faust II* ist im übrigen nicht nur bevölkert von Engeln, Heiligen, unschuldigen Kindern usw., sondern auch von »großen Sünderinnen«, denen die Madonna ihre »Nähe nicht verweigert«. Als »Chor der Büßerinnen« scharen sie sich um die Mutter Gottes, während Goethe aus der Maske des *Doctor Marianus* ein Plädoyer für »*Una Poenitentium* sonst *Gretchen* genannt« hält, das an Maria als höchste Instanz gerichtet ist: »Dir, der Unberührbaren, / Ist es nicht benommen / Daß die leicht verführbaren / Traulich zu dir kommen. / In die Schwachheit hingerafft / Sind sie schwer zu retten; / Wer zerreißt aus eigner Kraft / Der Gelüste Ketten? / Wie entgleitet schnell der Fuß / Schiefem, glattem Boden? / Wen betört nicht Blick und Gruß, / Schmeichelhafter Odem? « – Die Verse werden hier so ausführlich angeführt, weil sie gleichsam Goethes Gegenentwurf zum islamischen Männer-Paradies sind, wie es der *Koran* und die *Sunna* festlegen. Auch hier befand sich Goethe noch im Wettstreit mit Mohammed.

3 Sure 66, Vers 10 ff. In: *Probe einer Übersetzung des Korans* von J. v. Hammer (*Fundgruben des Orients*, Bd. 4. Wien 1814, S. 86): »[Vers] 10. Der Herr hat gegeben als ein Gleichniß von den Ungläubigen Noahs Weib, und das Weib Loths. Beyde waren die Frauen zweyer unserer Diener, die sie betrogen. Das nützte ihnen Nichts bey Gott. Er sprach: Gehet ein in die ewige Höllenpein. [Vers] 11. Von den Gläubigen hat der Herr ein Gleichniß gegeben in Pharao's Weib. Sie sprach: Herr, baue mir ein Haus im Paradies, befreie mich von Pharao und seinen Thaten, und von den Ungerechten. [Vers] 12. Auch Maria, Amrans Tochter, die ihre Keuschheit wohl bewahrt. Wir hauchten unsern Geist ihr ein, sie glaubte an das Wort des Herrn und seine Bücher, und war gezählt zu den Gerechten.« Vgl. auch Sure 28, Vers 9: »Und es sprach Pharaos Frau: Er [das Säuglingskind Moses] ist mir und dir ein Augentrost. Tötet ihn nicht; vielleicht daß er uns nützt oder daß wir ihn als Sohn annehmen.«

4 Am 19. März 1818 notiert Goethe in seinem Tagebuch: »Relands Türkische Religion«. Dieses Buch hatte er bereits in seiner Jugend

in seiner Frankfurter Bibliothek besessen. Darin wird im zweiten Buch, 18. Kapitel die Frage behandelt: »Ob die Weiber auch in den Himmel kommen werden. Einige geben vor / die Mohammedaner glauben / daß die Weiber nicht ins Paradies eingehen werden; es würden zwar im Himmel schöne Weibergens seyn / aber das würden die nicht seyn / die hie auff Erden gelebt haben. So schreibt unter anderem Grelot in seiner Constantinopolitanischen Reise=Beschreibung: [...] gleichwie die Mohammedaner die Weiber nicht bey ihren öffentlichen Gebeten in der Kirche leiden /, so wollen sie auch bey ihnen nicht in einem Grabe liegen. Das kommt ohne Zweifel daher / weil sie auch nicht glauben / daß sie mit ihnen in den Paradies gehen werden / sondern daß sie daselbst jüngere und schönere Mädgens bekommen werden. Doch Mohammed ist den Weibern nicht so ungünstig gewesen / daß er sie aus dem Himmel sollte ausgeschlossen haben. Der gelehrte Sike hat drey Oerter aus dem Alcoran ausgemercket / die klar erweisen / daß Mohammed den Weibern sowohl als den Männern das Paradies verheissen hat. So steht in der 40. Surate [Vers 40]: Wer gute Werke thut / und gläubig ist / er sey Mann oder Weib / der wird in den Paradies eingehen. Und in der 13. Surate [Vers 23]: Sie werden in die Lust=Gärten gehen / und alle ihre Väter und Weiber / die Gutes gethan haben. So steht auch von gläubigen Weibern und Männern die in den Paradies eingehen werden / Surate 48 [Vers 5], 57 [Vers 12], 60 [Vers 12] und 66 [Verse 11 u. 12].« (Anm. d. Hg.)

5 Fatema Mernissi zitiert (in: *Der politische Harem*. Mohammed und die Frauen. Freiburg 1992, S. 156 f.) zu dieser Frage wiederholt den islamischen Historiker Tabarî (839-935), der in dem für seine Zuverlässigkeit berühmten dreißigbändigen *Koran*-Kommentat (*Tafsîr*) an verschiedenen Stellen aufschlußreiche Hinweise auf die Stellung des Propheten zu den Frauen gegeben hat. In Band XXII, S. 10 des *Tafsîr* (Beirut 1984) fand sie folgenden Bericht über die Entstehung des letzten dem Propheten offenbarten Verses, nämlich Vers 35 der dreiunddreißigsten Sure, aus dem Munde einer der Frauen des Propheten, Umm Salma, einer selbstbewußten Aristokratin aus dem Stamme der Quraisch: »Ich hatte den Propheten gefragt, weshalb der Koran von uns nicht so spricht wie von den Männern. Und wie groß war meine Überraschung, als ich eines Nachmittags seinen Ruf vom Minbar [Kanzel in der Moschee] hörte, während ich dabei

war, mein Haar zu entwirren. Ich band es in Eile zusammen und lief zu einer der Wohnungen, ich legte mein Ohr an die Wand und hörte die Worte des Propheten: ›O ihr Menschen! Allah hat in seinem Buch gesagt: Für die Muslime und die Musliminnen, für die gläubigen Männer und Frauen, usw., und er fuhr fort bis zum Schluß, wo es heißt: Für alle hat Allah Versöhnung und großen Lohn bereit.« Zu der Zeit also, als durch seinen Propheten Gott menschlichen Fragen noch unmittelbar zugänglich war, hat er sich offenbar ganz im Sinne des Goetheschen *Divan*-Verses geäußert: »Frauen sollen nichts verlieren ...« (Anm. d. Hg.)

6 Da Aischa nach dem Tode des Propheten eine bedeutsame, aber umstrittene politische Rolle gespielt hat, war ihre Person der männlich dominierten Traditionswissenschaft weitgehend suspekt. Fatema Mernissi hat nachgewiesen, daß die Sunna genannte Überlieferung der Aussprüche des Propheten mit Aischa, seiner Lieblingsfrau, auf besonders bösartige Weise umgegangen ist. Denn die meisten der überlieferten, vornehmlich auf Aischa bezogenen frauenfeindlichen Äußerungen stammen von dem wenig glaubwürdigen Zeitzeugen Abu Hureira, der nicht nur von Aischa, sondern auch vom Khalifen Omar wegen seiner Geschwätzigkeit verachtet wurde und der es geschafft haben will, wie Fatema Mernissi bissig anmerkt, »während der drei Jahre, die er in Begleitung des Propheten verbrachte, [...] sich an 5300 Hadithe zu erinnern.« (A. a. O., S. 109) Charakteristisch für Goethe ist, daß er sich hier wiederum für eine verfemte Persönlichkeit stark macht, wenn er gerade Aischa in das Quartett der auserwählten Frauen aufnimmt. (Anm. d. Hg.)

7 In *Sunna* 544 (*Fundgruben des Orients.* Bd. I. Wien 1809. S. 298 und 285) erzählt Aischa, der Prophet habe eine seiner Frauen bevorzugt, weil sie ihm viel Honig gab, den er besonders liebte. Aischa, dadurch eifersüchtig geworden, habe nun alle anderen Mitfrauen aufgewiegelt, den Propheten zu kritisieren, weil er »nach Honig rieche«. Erfolg der Intrige sei gewesen, daß Mohammed keinen Honig mehr annahm; Aischa brauchte auf die Spenderin nicht mehr eifersüchtig zu sein. – Der übliche Hinweis auf *Koran*, Sure 24, 11 ff., wo Aischa vom Verdacht ehelicher Untreue freigesprochen wird, erklärt das Wort »Schalk« im obigen Vers nicht. Als »weibliche Schälke« bezeichnete Goethe speziell Frauen, die dem Mann das Leben erschweren durch raffiniert negierende Reden und durch Hand-

lungen, z.B. verletzende »Possen spielen« (wie es *Sunna* 544 beispielhaft zeigt). Vgl. Momme Mommsen, *Der »Schalk« in den »Guten Weibern« und im »Faust«*. In: *GoetheJahrbuch* N.F. Bd. 14/15. Weimar 1952/1953. S. 171-202.

8 Sure XXXVII: »Jenseits der Sterne im Paradiese ruhen auf weichen Polstern die *Huris*, die Charitinnen des Himmels, schwarzen Augs und unverwüstbarer Jungfräulichkeit [...] Dort [...] wandeln *Adam* der Vater der Menschen, *Jusuf*, das Urbild aller Schönheit, *Moses*, und der Herr *Jesus*, *Maria*, die Reine, und der Prophet der Propheten, *Mohammed* der Hochgebenedeite.«

9 Die wichtigsten Partien der Jussuf-Überlieferung des *Korans* lauten in Hammers Übersetzung (*Fundgruben des Orients*, Bd. 2, S. 357 f.): »*Jussuf XII. Sura:* ... 4. Wir wollen dir erzählen die schönste der Geschichten, die offenbaret wird im Koran [...] 25. Sie sehnte sich nach ihm, er sehnte sich nach ihr, und hätt' er nicht geschaut ein offenbares Zeichen seines Herren; er wäre unterlegen. So wandten Wir [Allah] von ihm das Böse und das Laster; er war von Unseren aufrichtigen Dienern [...] 33. Ich begehrte ihn seiner Seele willen. Er widerstand [...] 35 [...] Und das Weib des Großen (Vesirs) sprach: nun ist die Wahrheit offenbar. Ich begehrte seiner Seele (seiner Person). Er ist von den Wahrhaftigen.«

10 In den *Fundgruben* traf Goethe in Band 3, S. 308 ff., Band 4, S. 173 ff. und Band 5, S. 327 ff. auf *Jussuf und Suleicha, ein romantisches persisches Gedicht* von Mevlana Abdur-rahman Dschami, übersetzt von Vinzenz v. Rosenzweig.

26. Einwände gegen das Weinverbot

1 »Chisers Quell« bezieht sich auf die Auslegung einer geheimnisvollen Erzählung des *Koran* in Sure 18 (Vers 60 ff.), wonach Moses sich mit seinem Diener auf die Suche nach dem »Zusammenfluß der beiden Meere« macht und auf die Spur von »al-Khidr«, des (dort namentlich nicht genannten) »grünen« Propheten, gerät, welcher der Legende nach aus dem Quell des Lebens getrunken hat und erst beim Posaunenstoß des Jüngsten Tages sterben soll. Dem Vorwort J. v. Hammers zum *Diwan* des Hafis (Band I, S. XXIII) zufolge »erschien Hafisen [einst] ein ehrwürdiger Greis, in grünen Mantel ge-

hüllt, mit einem Becher in der Hand. Es war Chiser, der Hüter des Quells des Lebens, der Hafisen davon zu trinken vergönnte, und ihm unsterblichen Ruhm verhieß. So gelangte er zu der Weihe des Dichters.« Hafis selbst gab in seinem *Diwan* (I, 277) einen Hinweis auf den Ursprung jenes Quells: »Such' in der Schenk', das Glas ihn hat.« (Anm. d. Hg.)

2 Ein absolutes Verbot wird im *Koran* ausgedrückt mit den Wurzelkonsonanten h-r-m, wie zum Beispiel in Vers 3 der fünften Sure (*Der Tisch*), wo es heißt: »hurrimat 'aleikum al-meitah wa ad-dam wa lahm alkhanzîr ...« »Verboten sind euch Kadaver, Blut, Schweinefleisch und das, worüber ein anderer Name als derjenige Gottes angerufen ward [...] und das auf Götzensteinen Geschlachtete ...« Es handelt sich hier also um rituelle Vorschriften und um solche der Hygiene für die heißen Länder. Hingegen geht es bei der Warnung vor dem Weingenuß um das Gebot der Mäßigung, nämlich einmal, um zu verhindern, daß das rituelle Gebet durch Trunkenbolde entweiht wird (Sure 4, Die Weiber, Vers 43): »O ihr, die ihr glaubt, nähert euch nicht trunken dem Gebet, bis ihr wisset, was ihr sprechet ...«). Bei der Kennzeichnung des Weins als Werkzeug Satans geht es buchstäblich um die Verhinderung von Mord und Totschlag, denn in einem Atemzug mit dem Wein wird das Glücksspiel (al-meísir) genannt, bei dem es gewöhnlich hoch herging (Sure 5, *Der Tisch*, Vers 90-91): »O ihr, die ihr glaubt, siehe, der Wein, das Glücksspiel, die Götzenbilder und die Pfeile des Orakels sind ein Greuel vom Werke Satans. Meidet sie, damit es euch wohlergehe. / Der Satan will nur zwischen euch Feindschaft und Haß säen durch Wein und Spiel und euch abwenden von dem Gedenken Gottes und vom Gebet. Wollt ihr nicht davon ablassen?« Einer der großen Dichter aus dem Goldenen Zeitalter der arabischen Poesie, Abu Nuwâs (757-814), der viele Gedichte zum Lobe des Weines verfaßt hat, entschuldigte sich in etwa so: Wenn er nicht am Glücksspiel teilnehme, dann müsse es ihm erlaubt sein, Wein zu trinken. Das war zwar auch als Spott über die Kasuistik der islamischen Rechtsgelehrten gemeint, hatte aber in sich durchaus seine Berechtigung. Wie kann Gott auch den Gläubigen ein Getränk auf Erden absolut verbieten, welches er ihnen im Paradies als Belohnung verspricht? (Sure 47, *Muhammad*, Vers 15): »Das Bild des Paradieses, welches den Gottesfürchtigen verheißen ward: Darin sind Ströme von Wasser, das nicht fad wird, und Ströme von Milch, deren

Geschmack sich nicht ändert, und Ströme von Wein, eine Köstlichkeit den Trinkenden ...« (Anm. d. Hg.)

3 Vgl. Muhammad Sa'id Al-Ashmawy, *L'Islamisme contre l'Islam,* Paris/Kairo 1989, S. 48 und 52. Ders. ausführlicher in: Al Islâm as-siyâsî, Kairo 1987, S. 51 und 57. Ashmawy, der ehemalige Vorsitzende des obersten Gerichts in Ägypten, erklärt dort, die Tatsache, daß weder im Koran noch vom Propheten selbst eine Strafe für den Genuß alkoholischer Getränke ausgesprochen worden sei, bedeute, daß es im Ermessen des einzelnen stehen müsse, wie er mit dem Alkohol umgeht. Und er weist darauf hin, daß der Begründer einer der vier Rechtsschulen im Islam, Abu Hanifa, ausgehend von der Wurzel des arabischen Wortes für Alkohol, *Khamr*, nämlich dem Verb *bedekken, verschleiern,* nicht das Trinken von Alkohol als solches für strafwürdig erklärt hat, sondern nur denjenigen, der sich seinen Verstand durch übermäßigen Genuß desselben hat bedecken bzw. verschleiern, oder, wie wir im Deutschen sagen würden, vernebeln lassen. (Anm. d. Hg.)

4 Vgl. auch Johann Christoph Bürgel, *Allmacht und Mächtigkeit.* Religion und Welt im Islam. München 1991. In dem Unterkapitel *Wein als Heilmittel* (S. 178 f.) heißt es: »... Nicht nur jüdische und christliche, auch muslimische Ärzte zögerten lange Zeit nicht, den Wein zu loben. Sa'id ibn al-Hasan, ein Autor des 11. Jahrhunderts, preist ihn in seiner *Ermutigung zur Medizin* wie auch Ibn Sina. Und der sufisch gesinnte ärztliche Autor Musaffar, Sohn des Richters von Ba'albakk, trägt noch im 13. Jahrhundert ebenfalls kein Bedenken, in seinem *Seelenerheiterer (Mufarrih an nafs)*, einem reizvollen Werk über die psychischen Wirkungen von Sinneseindrücken und über Antidepressiva, unter zahlreichen anderen ›seelenerheiternden‹ Mitteln auch den Wein zu nennen.« (Anm. des Hg.)

5 *Buch des Kabus oder Lehren des persischen Königs Kjekjawus für seinen Sohn Ghilan Schach.* Ein Werk für alle Zeitalter aus dem Türkisch-Persisch-Arabischen übers. u. durch Abhandlungen u. Anm. erl. von Heinrich Friedrich von Diez. Berlin 1811. S. 440 ff. Das Zitat stammt aus dem 12. Kapitel, dessen Überschrift ankündigt: *Wie man Gäste bewirten und zu Gaste gehen muß.*. Vgl. auch: Katharina Mommsen, *Goethe und Diez.* Quellenuntersuchungen zu Gedichten der Divan-Epoche. Bern/Frankfurt/Main 1995

6 Nach der hebräischen Mythologie eine Art von Untergöttern: Jahwe als der höchste heißt daher auch *Herr der Heerscharen.*

7 In seinem Aufsatz über das *Sankt-Rochus-Fest zu Bingen* von 1814 führt Goethe ein weiteres Zeugnis zugunsten des Weines aus einer heiligen Schrift an, welche auch von den Muslimen unter dem Namen *Zabûr* als Gotteswort geachtet wird, nämlich aus den Psalmen Davids. Er läßt dort den Weihbischof in seiner »Fastenpredigt« sagen: »Steht doch geschrieben [104. Psalm]: ›der Wein erfreue des Menschen Herz‹. Daraus erhellet, daß wir, uns und andere zu erfreuen, des Weines gar wohl genießen können und sollen ...«

8 Die ursprüngliche Überschrift von *Erschaffen und Beleben: Buchstabe Dal, 18 te Gasele,* weist deutlich auf die Keimzelle des Gedichts im *Diwan* des Hafis hin, wo Goethe gelesen hatte:
»Ihr Engel an der Schenkethür, / Lobsinget Euern Preisgesang, / Die Säuerung von Adams Stoff / Nichts anders ist der Trinker Tun«; dazu die Erläuterung des Übersetzers J. v. Hammer: »Trinken heißt nichts anders als den Erdenteig säuern, aus dem Adam geknetet ward; ohne diese Säuerung bliebe der Mensch ein abgeschmackter, ungegorner Klumpen.«

9 Zu dem Richtungsstreit zwischen Sunniten und Mu'tazeliten schreibt Tilman Nagel in *Der Koran.* Einführung, Texte, Erläuterungen. München 1991, auf S. 336: »Die dogmatische Entwicklung des Islams [...] konnte die Vorstellung vom Koran als der in arabischen Worten verdichteten göttlichen Fügung nicht unberührt lassen. Die einseitige Betonung des unüberbrückbaren Unterschiedes zwischen der geschaffenen Welt und dem einen Schöpfer mußte die Frage hervorrufen, welcher dieser beiden Kategorien denn die göttliche Fügung, insbesondere sein Wort, zuzurechnen sei. Hielt man folgerichtig an der Lehre fest, daß es neben dem einen Schöpfer nur Geschaffenes geben könne, mußte man auch die göttliche Fügung, sein Wort, also den Koran, für geschaffen erklären. Denn nur so war die absolute Einheit Gottes als anfangs- und endlos ewiger Wesenheit vorstellbar. Transzendenz und Einheit Gottes verlangen nach der Geschaffenheit seines Wortes und seiner den Lauf der Welt lenkenden Fügung. Die negative Theologie der Mu'tazeliten hat daher mit Nachdruck das Dogma von der Erschaffenheit des Korans verfochten.
Demgegenüber hat die Mehrzahl der Muslime stets am unerschaffenen, ewigen Charakter des Gotteswortes festgehalten, das sich ja nach koranischer Aussage auf der wohlverwahrten Tafel in unmit-

telbarer Gegenwart Gottes befindet. Denn wäre dieses Wort nicht unerschaffen, müßte dann Gott, der doch allmächtig ist, nicht vor der Schaffung seiner göttlichen Fügung und seines Wortes unfähig zur Ausübung seiner Allmacht gewesen sein?« (Anm. d. Hg.)

10 Wie das eben auch schon den Mu'tazeliten aufgefallen war. Dazu schreibt Tilman Nagel in seiner *Geschichte der islamischen Theologie* (München 1994, S. 119): »Verständlich ist die Tabuisierung bestimmter Fragen [durch die Sunniten], wenn man weiß, wie manche Mu'tazeliten über das *hadith* [Sammlung der Ausprüche des Propheten, d. h. die Grundlage der *Sunna*] dachten. Ihnen war natürlich nicht verborgen geblieben, wie widersprüchlich und bisweilen auch wunderlich der Inhalt der Überlieferungen war. Nahm man diese beim Wort, dann war es nicht weit her mit der von den Sunniten behaupteten unerschütterlichen Zeugenschaft gerade der beliebtesten Prophetengefährten, unter deren Flagge besonders viel Material segelte. Mit beißendem Spott spießten die Mu`tazeliten Merkwürdiges und Lächerliches auf, so daß die Sunniten ihre liebe Not hatten mit dem Hinwegerklären und Harmonisieren der aufgedeckten Unstimmigkeiten.« (Anm. d. Hg.)

11 Darunter offensichtlich auch der erzorthodoxe Kommentar des sonst von Goethe als Berater in Sachen Orient durchaus hochgeschätzten Prälaten H. F. von Diez zum *Buch Kabus*, welcher, wie von K. Mommsen nachgewiesen, die unmittelbare Anregung gab zu obigem Gedicht. In diesem Kommentar hatte Diez nämlich von der »unbestrittensten Ueberlieferung von der Wahrheit der Schöpfungsgeschichte« etc. geschrieben, was Goethes Unmut erregte, dem er sich in besagtem Gedicht Luft machte. Vgl. K. Mommsen, *Goethe und Diez*, a. a. O., S. 161 ff. (Anm. d. Hg.)

12 Zitiert nach: Tilman Nagel, *Geschichte der islamischen Theologie*, a. a. O., S. 128

13 *Noten und Abhandlungen*, Kapitel *Israel in der Wüste*: »Alle Epochen, in welchen der Glaube herrscht, unter welcher Gestalt er auch wolle, sind glänzend, herzerhebend und fruchtbar für Mitwelt und Nachwelt. Alle Epochen dagegen, in welchen der Unglaube, in welcher Form es sei, einen kümmerlichen Sieg behauptet, und wenn sie auch einen Augenblick mit einem Scheinglanze prahlen sollten, verschwinden vor der Nachwelt, weil sich niemand gern mit Erkenntniß des Unfruchtbaren abquälen mag.«

27. Antagonismus zwischen dem Propheten und den Poeten

1 *Orientalische Bibliothek* oder Universalwörterbuch, welches alles enthält, was zur Kenntniß des Orients nothwendig ist. Verfaßt von Bartholom. d'Herbelot [deutsch von J. C. F. Schulz]. Bd. I. Halle 1785, S. 272. Goethe entlieh diese deutsche Übersetzung der *Bibliothèque orientale* – während der Abfassungszeit der *Noten und Abhandlungen* – vom 24. September 1818 bis 3. Juni 1819 aus der Weimarer Bibliothek.

2 Dies erinnert an den in der gleichen Zeit entstandenen Zweizeiler: »Wie einer ist, so ist sein Gott; / Darum ward Gott so oft zum Spott.« Wie hier aus dem Kontext ersichtlich, beabsichtigte Goethe damit keineswegs einen Seitenhieb auf Religion an sich im Sinne Voltaires, als welcher dieses Zitat gelegentlich verstanden wird; es war viel mehr ein anderer Ausdruck seiner Überzeugung: »... Denn was innen das ist außen.« (Anm. d. Hg.)

28. Die Poesie vor dem Richterstuhl orthodoxer und liberaler Würdenträger

1 *Notices et Extraits des Manuscripts de la Bibliothèque* [du Roi] *Nationale.* Lus au Comité établi [par Sa Majesté dans l'Académie royale des Inscriptions et Belles-Lettres] dans la ci-devant Académie des Inscriptions [...] Tome IV, Paris, An 7 [=1795], S. 273. [Übers. aus d. Französischen des Abraham I. Silvestre de Sacy vom Hg.]. In seinem *Divan*-Kommentar von 1994 (FA I 3/2, S. 991) zieht H. Birus in Zweifel, daß Goethe diese »wichtige Tadkire (Anthologie) von zeitgenössischen persischen Dichtern« gekannt haben könnte, weil der Safwidenprinz »*Sâm Mîrzâ* in Goethes Notizen nirgends erwähnt« sei. Doch ist zu bedenken, nicht alle Goetheschen Notizen sind erhalten geblieben, und wo immer der Dichter mit Orientalisten ins Gespräch kam, hatte er es mit Leuten zu tun, die auf direkte oder indirekte Weise Schüler Silvestre de Sacys waren und seine Publikationen kannten und diskutierten. Nicht zufällig widmete Goethe seinen *West-östlichen Divan* keinem anderen als Silvestre de Sacy mit

den Versen »Unserm Meister, geh! Verpfände / Dich, o Büchlein, traulich-froh …«

2 Seit unter dem Namen »Fetwa« der Bannstrahl des Ayatollah al-Khomeini gegen Salman Rushdie auf der ganzen Welt die Runde gemacht hat, wird von vielen bei uns dieser Begriff mit einem Todesurteil gleichgesetzt. Zu den Ausdrücken *Fetwa*, *Mufti* und *Scheichulislam* vgl. jedoch Johann Christoph Bürgel, *Allmacht und Mächtigkeit.* Religion und Welt im Islam (München 1991, S. 112): »Einzig dem Amt des Mufti blieb es vorbehalten, für schwierige Fälle *Fetwa* genannte Rechtsgutachten zu erstellen. Das Amt erlangte vor allem bei den Osmanen Bedeutung, wo der oberste Mufti, der sogenannte *Scheichulislam* an der Hohen Pforte in Konstantinopel, Entscheidungen, die der Sultan zu treffen gedachte, durch ein Fetwa religiös zu legitimieren hatte, darüber hinaus aber aus dem ganzen Lande mit Anfragen überhäuft wurde, wie die riesigen Fetwa-Sammlungen etwa des Abu s-Su'ud [bei Hammer *Ebusuud*] beweisen. In der Regel werden diese Rechtsgutachten den Intentionen des Herrschers entsprochen haben. So gestattete der eben erwähnte Abu s-Su'ud, der unter Sulaiman dem Prächtigen (1520-66) als Scheichulislam wirkte, das Kaffeetrinken.« (Anm. des Hg.)

3 Nur so ist auch der von Pyritz oben angeführte und aus dem Kontext gerissene Satz in dem Brief an J. H. Meyer zu verstehen. Die Briefstelle lautet vollständig: »Gehen Sie so genau zu Werke als es Ihre Natur heischt, seyn Sie in dem was Sie nachbilden so ausführlich um sich selbst genug zu thun, wählen Sie nach eigenem Gefühle, wenden Sie die nöthige Zeit auf und denken Sie immer: daß wir nur eigentlich für uns selbst arbeiten. Kann das jemand in der Folge gefallen oder dienen, so ist es auch gut. Der Zweck des Lebens ist das Leben selbst und so lassen Sie auch Ihren Aufenthalt in Rom Ihren Zweck seyn. In diesem Sinne bereitete ich mich auch vor, und wenn wir nach innen das unsrige gethan haben, so wird sich das nach außen von selbst geben.« (Anm. d. Hg.)

4 Über den Unterschied zwischen Spinozas und Goethes *amor dei intellectualis* einerseits und Nietzsches *amor fati* andererseits, vgl. in Yirmiyahu Yovel: *Spinoza.* Das Abenteuer der Immanenz (Göttingen 1996), S. 384 ff. das Kapitel über Spinoza und Nietzsche. (Anm. d. Hg.)

30. »Medschnun« aus der Sicht islamischer Dichter und in Goethes *Divan*

1 *Medschnun und Leila.* Ein persischer Roman von Dschami. Nach der französischen Übersetzung Chezys in's Deutsche übersetzt von A. Th. Hartmann. 2 Bde. Amsterdam 1808

2 Übers. a. d. Französ. vom Hg.

31. Die Namen »Suleika« und »Hatem« im Rollenspiel des *Divan*

1 Übers. aus dem Französ. vom Hg.

2 »Denkwürdigkeiten von Asien in Künsten und Wissenschaften, Sitten, Gebräuchen und Alterthümern, Religion und Regierungsverfassung aus Handschriften und eigenen Erfahrungen gesammelt von Heinrich Friedrich von Diez. Erster Theil. Berlin, 1811.« – Goethe hatte sich dieses Buch vom 8. Januar bis 19. Mai 1815 aus der Weimarer Bibliothek entliehen, bevor er am 23. Dezember desselben Jahres ein Exemplar vom Verfasser selbst als Geschenk erhielt. Er dankte dafür in einem Brief vom 1. Februar 1816 mit den Worten: »Die daraus gewonnene Belehrung ist uns unschätzbar und so konnt ich auch früher Ew. Hochwohlgeb. Arbeiten als die Basis ansehen, worauf sich meine Kenntnisse des Orients gründeten, indem Genauigkeit und Sicherheit die köstlichen Eigenschaften Ihrer Werke sind.« (Anm. d. Hg.)

3 Unter dem Titel: *Liebchen benamst* ist das Gedicht als Nummer 53 im Wiesbadener Register vom Ende Mai 1815 eingetragen.

4 Einzelheiten zu dem Problem dieser Namensgebung in K. Mommsen: *Goethe und die arabische Welt*, Kapitel V: Abu Ismael Tograi als Namenspatron »Hatem Zograi« im *Divan*, S. 545 ff. (Anm. d. Hg.)

5 Vgl. K. Mommsen: *Goethe-Lesebuch*, a. a. O., Nachwort S. 359 ff. (Anm. d. Hg.)

32. »Gottes ist der Orient! Gottes ist der Occident!«

1 Michael Engelhard sei gedankt für seine Beiträge zu diesem Schlußkapitel, das zurückgeht auf die mit der Verf. gemeinsam publizierte Interpretation: »Der Spruch *Gottes ist der Orient* als Ausdruck einer Lebenswende Goethes« in der Karl-Richter-Festschrift: Goethe Gedichte. Zweiunddreißig Interpretationen. Hsg. von Gerhard Sauder. München 1996. S. 234-256.

2 Vgl. Hugo Wernekke, Goethe und die orientalischen Handschriften der Weimarer Bibliothek. In: Zuwachs der Großherzoglichen Bibliothek zu Weimar [...] Weimar 1911. S. IX-XXVII.

3 Im arabischen Buchschmuck gibt es aus religiöser Strenge nichts Gestaltähnliches, während die Perser es in ihren Buchminiaturen mit dem Bilderverbot nicht so genau zu nehmen pflegten.

4 Vgl. die Schlußstrophe von *Ganymed*: »Hinauf hinauf strebts! / Es schweben die Wolken / Abwärts die Wolken, / Neigen sich der sehnenden Liebe. / Mir! Mir / In eurem Schoße / Aufwärts! / Umfangend umfangen! / Aufwärts / An deinen Busen / Alliebender Vater!« Auch auf die Wolkensymbolik in *Faust* sei hingewiesen. Selbst das Gedicht zu Ehren des Wolkenerforschers Luke Howard, der als erster eine Klassifizierung einführte (Essay on the Modification of Clouds, London 1803), zeigt, wie der in den Wolken sich vollziehende »Wechsel der Gestalten« für Goethe untrennbar verbunden war mit einer zutiefst religiös geprägten Symbolik: in der *Cumulus*-Strophe des Aufsteigens »zu höh'rer Atmosphäre«, in der *Cirrus*-Strophe des »immer höher«-Steigens zum höchsten Ziel: »So fließt zuletzt was unten leicht entstand / Dem Vater oben still in Schoß und Hand«; die Schlußstrophe des Wolkengedichts, *Nimbus*, faßt des Dichters religiösen Drang im letzten Vers zusammen: »Der Geist will aufwärts, wo er ewig bleibt.« Vgl. *Howards Ehrengedächtnis* (»Wenn Gottheit, Camarupa, hoch und hehr ...«).

5 Konrad Burdach bezeichnete irrtümlicherweise Vers 109 (nach der Flügelschen Zählung) als Quelle, ihm folgten die späteren Kommentare, auch wenn sie ihn nach der kufischen Zählung als Vers 115 bezeichnen. Doch kann dieser Vers, trotz einer gewissen Ähnlichkeit, nicht derjenige sein, welcher dem *Fundgruben*-Motto zu-

grunde liegt, denn ihm fehlt sowohl der Befehl des Engels an Mohammed, ihm seine Worte nachzusprechen, als auch das Motiv der Leitung auf dem rechten Pfad. In der Tat war Goethe auch dieser Vers wohlvertraut; in seiner Jugend hatte er sich denselben aus der *Koran*-Übersetzung Megerlins (1771/1772) notiert: »Gott gehört der Aufgang und der Niedergang der Sonnen, und wohin ihr euch wendet, ist Gottes Angesicht da.«

6 Hendrik Birus kommentiert Vers 3 und 4 (in: Johann Wolfgang Goethe, *West-östlicher Divan* [...] Frankfurt a. M., Deutscher Klassiker Verlag, 1994, S. 906): »Wenn hier gegenüber dem Preis von Gottes allmächtiger Willkür im 2. Vers des *Fundgruben*-Mottos seine unparteiische Universalität herausgestellt wird, so schließt sich Goethe damit (womöglich durch Kosegarten beraten) viel enger als Hammer an den tatsächlichen Sinn jenes Koranverses (Sure 2, 115) an, dessen wörtliche Übersetzung lautet: »Gott gehört der Osten und der Westen. Wohin ihr euch [beim Gebet?] wenden möget, da habt ihr Gottes Antlitz vor euch. Er umfaßt [alles] und weiß Bescheid.« Den Orientalisten Kosegarten hat Goethe jedoch erst nach Entstehung des Spruches »Gottes ist der Orient« kennengelernt, und, wie erwähnt, lag dem Hammerschen *Fundgruben*-Motto der Vers 142 und nicht der Vers 115 (109) zugrunde, den Birus hier in der Paretschen Übersetzung zitiert. (Letztere wird gemeinhin als »wissenschaftliche« oder »wörtliche« Übersetzung gehandelt, wobei zu fragen ist, was eine solche Bezeichnung überhaupt besagt. Jedenfalls ist sie in ihrer sprachlichen Trivialität – »Gott weiß Bescheid!« – und mit ihren vielen eingeschobenen und in Fragezeichen gesetzten Deutungsvorschlägen – »[beim Gebet?]« – für den Laien verwirrend und eher dazu geeignet, ihre deutschen Leser vom eingehenden Studium des *Korans* abzuschrecken, als sie zu einem solchen zu ermuntern. (Anm. d. Hg.)

7 Vgl. *Römische Elegien* V, Vers 10; dazu Werner Keller, *Goethes dichterische Bildlichkeit*. München 1972, S. 73-75, der auf die »Einheit von Hand und Auge« bei Goethe aufmerksam macht und an Albrecht Schönes Hinweis auf Alciati und Zincgref erinnert, bei denen Goethe das Rätselbild einer Hand wiedergegeben fand, »auf deren Innenfläche ein Auge sich öffnet« als »Zeichen der Umsicht und Besonnenheit«.

8 Hier in der sprachlich schönsten der deutschen *Koran*-Übersetzun-

gen, derjenigen von Friedrich Rückert, die leider unvollständig geblieben ist. (Siehe: *Der Koran* in der Übersetzung von Friedrich Rückert, hg. von Hartmut Bobzin. Würzburg 1996.)

9 Gerd Heinz Mohr, *Lexikon der Symbole*. Bilder und Zeichen der christlichen Kunst. Düsseldorf 1971. 3. Aufl. 1974, S. 173 f. Vgl. auch den Negro Spiritual: »He's got the whole world in his hands!«

10 Ein solches sprachliches Wunder, wie es nur einem Dichter gelingen kann, stellt die Übersetzer vor große, fast unüberwindliche Schwierigkeiten, wie das am Beispiel von zwei arabischen Übersetzungen gezeigt werden kann. Abdelghafar Mekkawi hat der Versuchung nicht widerstanden, ins Anthropomorphische zurückzufallen, bei ihm lautet die Stelle rückübersetzt etwa so: »Die Erde im Norden / Und die Erde im Süden / Ruhet sicher / Zwischen seinen beiden Händen.« (Hand steht hier im Dual.) (Abdelghafar Mekkawi: *En-Nûr wa al-Farâsha*, Kairo 1979, S. 48 und 89; so dann auch in der arabischen Übersetzung von *Goethe und die arabische Welt*, Kuweit 1995, S. 238.) Abderrahman Bedawi, von dem eine vollständige arabische Übersetzung des Goetheschen *Divan* vorliegt, hat eine glücklichere Lösung gefunden: »Der Norden und der Süden / Suchen Schutz im Frieden seiner beiden Hände« (Hand wieder im Dual). (Abderrahman Bedawi, *Goethe: Ad-Diwân ash-sharqî lil-Mu'allif al-Gharbî*, Kairo 1980) Die von Bedawi gefundene Lösung ist auch insofern glücklicher, als das Verb »Schutz suchen« im Arabischen zugleich die Bedeutung von »Zuflucht im Schatten suchen« hat. (Anm. d. Hg.)

11 Vgl. Hans Joachim Schrimpf: *Goethes Begriff der Weltliteratur*, Stuttgart 1968, S. 21: »Die Ausweitung von Goethes literarischem Horizont war keineswegs eine romantische. Wenn er über die klassische Kunstkonzeption hinauswuchs, so in einem ganz anderen Sinne. Es bedeutete eine noch entschiedenere Wendung auf die Welt und ihre Gegenstände hin und vom genial-persönlichen und irrational-kollektiven Kunstverständnis weg.« (Anm. d. Hg.)

Bibliographie

Von Goethe benutzte Werke sowie Hinweise auf weiterführende Literatur zum Thema Goethe und Islam

Abu Zaid, Nasr Hamid:

Ein Leben mit dem Islam. Erzählt von Navid Kermani. – Freiburg (Herder) 1999

[ders.]: Islam und Politik. Kritik des religiösen Diskurses. (Aus dem Arabischen von Cherifa Magdi.) Frankfurt a. M. (dipa) 1996

Adonis [Ali Ahmed Said]:

An Introduction to Arab Poetics. (Translated from the Arabic by Catherine Cobham.) – Saqi Books, London 1990

[dass., französ.]: Introduction à la poétique arabe. (Traduit de l'arabe par Bassam Tahhan et Anne Wade Minkowski.) – Editions Sindbad, Paris 1985

Al-Ashmawi, Mohammad S'aid:

Al-islâm as-siyâsî. Kairo 1987

[dass. französ., gekürzt]: L'Islamisme contre l'Islam. – Paris/Kairo 1989

[ders.]: The Writings of Muhammad Sa'id al-'Ashmawy. Against Islamic Extremism. Edited by Carolyn Fluehr Lobban. Gainsville (University Press of Florida) 1998 (enthält eine kleine Auswahl aus seinen Schriften)

Arnold, Gottfried:

Unpartheyische Kirchen- und Ketzer-Historie, Vom Anfang des Neuen Testaments Biß auf das Jahr Christi 1688. – 2. Aufl 1729 (Nachdruck Olms, Hildesheim 1967)

Bayle, Pierre:

Dictionnaire Historique et Critique, par Mr. Pierre Bayle. T. 1-4. – [Rotterdam] 1695-1702

– [dasselbe, deutsch]: Herrn Pierre Baylens [...] Historisches und Kritisches Wörterbuch, nach der neuesten Auflage von 1740 ins Deutsche übersetzt [...] von Johann Christoph Gottscheden. T. 1.2. – Leipzig 1743

Birus, Hendrik:

Begegnungsformen des Westlichen und Östlichen in Goethes *West-öst-*

lichem Divan. In: Insel-Almanach auf das Jahr 1999. Johann Wolfgang Goethe zum 250. Geburtstag. Frankfurt a. M. 1998, S. 113-132

Bloch, Ernst:

Avicenna und die aristotelische Linke. In: [ders.] Das Materialismusproblem, seine Geschichte und Substanz. – Frankfurt a. M. (Suhrkamp) 1972

Boisserée, Sulpiz:

Tagebücher I. 1808-1823. Hg. von Hans J. Weitz. Darmstadt 1978

Bollacher, Martin:

Der junge Goethe und Spinoza. Studien zur Geschichte des Spinozismus in der Epoche des Sturms und Drangs. – Tübingen 1969

Boulainvilliers, Henri Comte de:

La vie de Mahomed; avec des Réflexions sur la Religion Mahometane, et les Coutumes des Musulmans. Par M. Le Comte de Boulainvilliers, auteur de l'Etat de France. Amsterdam 1730

[dass., deutsch]: Das Leben Mahomeds. Mit historischen Anmerkungen über die Mahomedanische Religion und die Gewohnheiten der Muselmänner [...]. – Lemgo 1747

Bürgel, Johann Christoph:

Allmacht und Mächtigkeit. Religion und Welt im Islam. – München (C. H. Beck) 1991

Chardin, Jean Chevalier de:

Voyage du Chevalier Chardin en Perse et autres lieux de l'Orient [...] Nouvelle édition. Augmentée du Couronnement de Soliman III [...] T. 1.2. – Amsterdam 1735

Dapper, Olfert:

Umständliche und eigentliche Beschreibung von Asia: in sich haltend die Landschaften Mesopotamien [...] Anatolien [...] nebst einer vollkommnen Vorstellung [...] Arabiens [...]. Aus [...] alten und neuen Land- und Reise-Beschreibungen anfangs in Niederländischer Sprache zusammengebracht durch O. Dapper [...] ins Hochteutsche [...] übers. v. Johann Christoff Beern. – Nürnberg 1681

Diez, Heinrich Friedrich von:

Denkwürdigkeiten von Asien in Künsten und Wissenschaften, Sitten, Gebräuchen und Alterthümern, Religion und Regierungsverfassung aus Handschriften und eigenen Erfahrungen gesammelt [...]. Erster Theil. – Berlin 1811

[ders., Übers.]: Buch des Kabus oder Lehren des persischen Königs

Kjekjawus für seinen Sohn Ghilan Schach. Ein Werk für alle Zeitalter aus dem Türkisch-Persisch-Arabischen übers. und durch Abhandlungen u. Anm. erl. von H. F. v. Diez. – Berlin 1811

Eckermann, Johann Peter:

Gespräche mit Goethe in den letzten Jahren seines Lebens. Hg. von Fritz Bergemann. (it 500) – Frankfurt a. M.

Eichhorn, Johann Gottfried:

Einleitung in das Alte Testament. Bd. 1-3. – Leipzig [1]1780-1783; [3]1803 (Kritische Schriften. Bd. 1-3)

[ders.]: Geschichte der arabischen Litteratur von ihrem Anfang bis auf die neuesten Zeiten. Bd. 1-6. – Göttingen 1805-1812

[ders., Hg.]: Repertorium für Biblische und Morgenländische Litteratur. Th. 1-4. – Leipzig 1777-1779

s. a.: Ibn Tufail

Fundgruben des Orients. Bearbeitet durch eine Gesellschaft von Liebhabern [Hg. von Joseph v. Hammer]. Bd. 1-6. – Wien 1809-1818

Galland, Antoine:

Les mille et une Nuit. Contes Arabes. Traduits en François par Mr Galland, Professeur & Lecteur Royal en Langue Arabe & Antiquaire du Roi. Nouvelle Edition, revue et corrigée. T. 1-6. – Leiden 1768

Golius, Jacobus:

Jacobi Golii Lexicon Arabico-Latinum contextum ex probatioribus orientis lexicographis. Accedit index latinus. – Lugduni Batavorum 1653

Hafis, Mohammed Schemsed-din:

Der Diwan des Mohammed Schemsed din Hafis. Aus dem Persischen zum erstenmal ganz übersetzt von Joseph v. Hammer. Th. 1.2. – Stuttgart-Tübingen 1812/13 [1814]

Hammer, Joseph von:

Die Geschichte der Assassinen, aus morgenländischen Quellen. – Tübingen 1818

[ders.]: Geschichte der schönen Redekünste Persiens, mit einer Blüthenlese aus zweyhundert persischen Dichtern. – Wien 1818

[ders., Übers.]: Morgenländisches Kleeblatt, bestehend aus parsischen Hymnen, arabischen Elegien, türkischen Eklogen. – Wien 1819

[ders., Übers.]: Die Posaune des heiligen Kriegs aus dem Munde Mohammed Sohns Abdallah des Propheten. Hg. durch Johann von Müller. Leipzig 1806. S. a.: Fundgruben des Orients; Hafis; Koran; Motannabi.

Hegel, Georg Wilhelm Friedrich:

Vorlesungen über die Ästhetik I (Theorie Werkausgabe, Bd. 13). Hg. von Eva Moldenhauer und Karl Markus Michel. Frankfurt a. M. (Suhrkamp) 1970

Herbelot, Barthélemy d' [Begr., fortgeführt von Jean Antoine Galland]:

Bibliothèque orientale, ou Dictionnaire universel contenant tout ce qui fait connoître les peuples de l'Orient; leurs Histoires & Traditions véritables ou fabuleuses, leurs Religions, Sectes et Politiques, leurs Gouvernements, Loix, Coutumes, Mœurs, Guerres, & les Révolutions de leurs Empires, leurs Sciences, et leurs Arts, leur Théologie, Mythologie, Magie, Physique, Morale, Médicine, Mathématiques, Histoire naturelle, Chronologie, Géographie, Observations Astronomiques, Grammaire, & Rhétorique, les Vies et Actions remarquables de tous leurs Saints, Docteurs, Philosophes, Historiens, Poetes, Capitaines [...] Par Monsieur d'Herbelot. Paris 1697

Herder, Johann Gottfried:

Werke. Hg. von Wolfgang Pross. Bd. II: Herder und die Anthropologie der Aufklärung. – München (Hanser) 1987

Hunke, Sigrid:

Allahs Sonne über dem Abendland. Unser arabisches Erbe. – (Fischer TB 3543) Frankfurt a. M. 1991

Ibn Tufail [Abu Bekr Mohammed ben 'Abd el-Malik Mohammed ben Tufail el Qaici]:

Der Naturmensch oder Geschichte des Hai Ebn Joktan. Ein morgenländischer Roman des Abu Dschafar Ebn Tofail. Aus dem Arabischen übersetzt von Johann Gottfried Eichhorn Professor zu Jena. – Berlin und Stettin bey Friedrich Nicolai, 1783

[Neuausgabe]: Der Ur-Robinson *das ist* Der Lebende, Sohn des Wachenden *oder* Philosophus autodidactus – Der von sich selbst gelehrte Philosoph. Ein philosophischer Roman. Hg. und übertr. von Otto F. Best. – München 1987

Ibrahim, Taha:

Hadha aw at-takhalluf – bihukm al-munhidj. Hal tusallih asch-scharîa li-hadha az-zamân? [Dies oder der Rückschritt. Ist die Scharia in unserer Zeit anwendbar?] – Khartoum 1986

[ders.]: Mahmud Mohammed Taha, Märtyrer des Versuchs einer Erneuerung des islamischen Denkens im Sudan. In: Internationales Afrikaforum Nr. 4 / 1994

Iqbal, Muhammad:

Persischer Psalter. Ausgewählt und übersetzt von Annemarie Schimmel. – Köln 1968

[ders.]: Botschaft des Ostens. Ausgewählte Werke. Herausgegeben von Annemarie Schimmel. Tübingen 1977

Kermani, Navid:

Gott ist schön. Das ästhetische Erleben des Koran. – München (C. H. Beck) 2000

Der Koran. [Von Goethe benutzte Übersetzungen]:

Marraccius, Ludovicus: Mohammedis Filii Abdallae pseudo-prophetae fides islamitica, i. e. Al-Coranus ex idiomate arabico, quo primum a Mohammede conscriptus est, latine versus per Ludovicum Marraccium e congregatione cleric. Reg. Mg. Matris Dei et Innocentii XI. Papae confessionarium [...] – Leipzig 1721. (Erstausgabe Padua 1698)

Megerlin, M. David Friederich: Die türkische Bibel/ oder des Korans allererste teutsche Uebersetzung aus der Arabischen Urschrift selbst verfertiget [...] von M. David Friederich Megerlin, Professor. Frankfurt am Mayn bey Johann Gottlieb Garbe 1772

Ryer, André de: L'Alcoran de Mahomet. Translaté d'Arabe en François par le Sieur de Ryer, Sieur de la Garde Malezair. – Paris 1672

Sale, George: The Koran commonly called The Alcoran of Mohammed. Translated into English immediately from the Original Arabic [...]. To which is prefixed a preliminary discourse. By George Sale [...]. – London 1734

Arnold, Theodor: Der Koran, oder insgemein so genannte Alcoran des Mohammeds [...] i. d. Engl. übers. [...] von George Sale [...] ins Teutsche verdolmetscht von Theodor Arnold. – Lemgo 1746

Hammer, Joseph von: Die letzten vierzig Suren des Korans, als eine Probe einer gereimten Übersetzung desselben [...]. In: Fundgruben des Orients. Bd. 2. – Wien 1811. S. 25-46.

[ders.]: Fortsetzung der Proben einer neuen Übersetzung des Korans [Sure I-XII]. [Ebda] S. 336-358

[ders.]: Fortsetzung der Probe einer Übersetzung des Korans [Sure XIII-XXXV]. In: Fundgruben des Orients. Bd. 3. – Wien 1813, S. 231-261

[ders.]: Probe einer Übersetzung des Korans [aus Sure XXXVI-

LXXIV]. In: Fundgruben des Orients. Bd. 4. – Wien 1814. S. 68-105

[Im Text zitierte Übersetzungen aus späterer Zeit]:

Friedrich Rückert. Der Koran. Im Auszug übersetzt von Friedrich Rückert. [Aus dem Nachlaß] hg. von August Müller. – Frankfurt a. M. 1888. Neuausgabe hg. von Hartmut Bobzin. – Würzburg 1996

Henning, Max [Pseud.]: Der Koran. Aus dem Arabischen übersetzt von Max Henning. [ca. 1900. Neuausgabe mit einer] Einleitung und Anmerkungen von Annemarie Schimmel – Stuttgart (Reclam) 1991

Paret, Rudi: Der Koran. – Stuttgart (Kohlhammer) 1962

Nagel, Tilman: Der Koran. Einführung – Texte – Erläuterungen. – München (C. H. Beck) 1991

Krippendorff, Ekkehart:

Goethe. Politik gegen den Zeitgeist. – Frankfurt a. M. (Insel) 1999

Lessing, Gotthold Ephraim:

[übers.] Des Abtes von Marigny Geschichte der Araber unter der Regierung der Califen. Aus dem Französischen. Bd. 1-3. – Berlin und Potsdam 1753

[ders.]: Rettung des Hieronymus Cardanus (1754). In: Lessing. Werke. Hg. von Kurt Wölfel. Bd. 3: Schriften II. Frankfurt a. M. (Insel) 1967, S. 247-270

Mernissi, Fatema:

Der politische Harem. Mohammed und die Frauen. (Herder Spektrum). – Freiburg 1992

[Mohammed]

(Von Goethe konsultierte Biographien des Propheten Mohammed):

Gagnier, Jean: La vie de Mahomet. Traduite et compilée de l'Alcoran, des traditions authentiques de la Sonna, et des meilleurs auteurs arabes. T. 1.2 – Amsterdam 1732

[dass., dtsch.]: Leben Mohammeds des Propheten. Nach dem Französischen des J. Gagnier, mit Anmerkungen von C. F. R. Vetterlein. – Coethen 1802

Oelsner, K. E.: Mahomed. Darstellung des Einflusses seiner Glaubenslehre auf die Völker des Mittelalters. [...] A. d. Franz. übers. von E. D. M[ieg]. – Frankfurt a. M. 1810

Prideaux, Humphrey: The true nature of Imposture fully displayed in the life of Mahomet. – London 1697

[dass., deutsch]: Das Leben Mahomets beschrieben durch H. Prideaux. A. d. Engl. übers. Leipzig 1699

Rehbinder, Johann von: Abul Casem Mohammed. Ein Beitrag zur politischen Menschengeschichte. Kopenhagen 1799
Turpin, François Henri: Histoire de la vie de Mahomet, législateur de l'Arabie. T. 1.2. – Paris 1773
Mommsen, Katharina:
Goethe und die arabische Welt. – Frankfurt a. M. (Insel) 1988
[dies.]: Die Türken im Spiegel von Goethes Werk. In: Goethe-Jahrbuch, Bd. 112. – Weimar 1995. S. 243-257
[dies.]: »Herrlich ist der Orient ... « Zu Calderón und Hafis im *West-östlichen Divan.* In: Goethes Morgenlandfahrten. Hg. von Jochen Golz. (it 2600) Frankfurt a. M. 1999. S. 130-146
[dies.]: Die Barmekiden im West-östlichen Divan. In: Jahrbuch der Goethe-Gesellschaft. NF. Bd. 14/15. Weimar 1953. S. 279-301
[dies.]: Goethe und 1001 Nacht. 2., erw. Aufl. (st 674) – Frankfurt a. M. 1981
[dies.]: »Im Islam leben und sterben wir alle.« Goethes Verhältnis zur muslimischen Religion und ihrem Propheten Muhammad. In: Mitteilungen der Alexander von Humboldt-Stiftung. Heft 40. – Bonn 1982
[dies.] unter Mitwirkung von Michael Engelhard: Der Spruch »Gottes ist der Orient« als Ausdruck einer Lebenswende Goethes. In: Festschrift für Karl Richter: Goethe Gedichte. Zweiunddreißig Interpretationen. Hg. von Gerhard Sauder. München 1996, S. 234-256
[dies., Hg.]: Goethe-Lesebuch. Eine repräsentative Auslese aus Werken, Briefen und Dokumenten. (2. Aufl.) (it 1375) Frankfurt a. M. 1992
Mommsen, Momme:
Spinoza und die deutsche Klassik. In [ders.]: Lebendige Überlieferung. George – Hölderlin – Goethe. (Germanic Studies in America. 69) – Bern/Frankfurt a. M. 1999. S. 217-274
[ders.]:
Goethes Verhältnis zu Christus und Spinoza. Blick auf die *Werther*-Zeit. Ebd. S. 275-306
[ders.] unter Mitwirkung von Katharina Mommsen: Die Entstehung von Goethes Werken in Dokumenten. Bd. 1.2. – Berlin 1958
[ders.]: Studien zum West-östlichen Divan. – Berlin 1962
Motanabbi [Abul Tayeb Ahmed Ibn al Hussein, gen. Motanabbi]:
Reiske, Johann Jacob [Übers.]: Proben der arabischen Dichtkunst in verliebten und traurigen Gedichten aus dem Motanabbi. Arabisch und Deutsch, nebst Anmerkungen. – Leipzig 1765

Hammer, Joseph von: Motenebbi, der größte arabische Dichter. Zum ersten Mahle ganz übers. von Joseph von Hammer. – Wien 1824

Müller, Joh. Daniel:

Elias mit dem Alcoran Mahomeds in der Offenbarung Jesu Christi. Zur Versammlung aller Völker in einem einzigen Glauben an den einigen Gott, der da ist der Vater aller Menschenkinder, Maleachi 2, 10. – [o. O.] 1772

Nagel, Tilman:

Rechtleitung und Kalifat. Bonn 1975

[ders.]: Staat und Glaubensgemeinschaft im Islam. Geschichte der politischen Ordnungsvorstellungen der Muslime. Bd. 1. – Zürich 1981

[ders.]: Die Festung des Glaubens. Triumph und Scheitern des islamischen Rationalismus im 11. Jahrhundert. – München (C. H. Beck) 1988

[ders.]: Geschichte der islamischen Theologie. Von Mohammed bis zur Gegenwart. – München (C. H. Beck) 1994

s. a.: Koran

Olearius, Adam:

Des Welt=berühmten Adami Olearii colligirt und viel vermehrte Reise=Beschreibungen. Bestehend in der nach Mußkau und Persien/ Wie auch Johann Albrechts von Mandelslo Morgenländischen/ und Jürg Andersens und Volq: Yversens Orientalischen Reise: Mit angehängter Chinesischen Revolution [...]. Nebenst beygefügten Persianischen Rosen=Thal und Baum=Garten: Beyde voller Lust= und Lehr=reichen Sententzen und Sprüchen [...] von dem damahls berühmten und tieff=sinnigen Poeten Schich Saadi, [sowie] Des weisen Lokmans sinnreiche Gedichte und Fabeln & etliche Fabeln & feine Sprich=Wörter der Araber. – Hamburg 1696

Otto, Regine:

Morgenlandfahrten mit Herder im Geist der ebräischen Poesie. In: Goethes Morgenlandfahrten. Hg. von Jochen Golz. (it 2600) Frankfurt a. M. 1999. S. 29-53

Ouseley, William [Hg.]:

The Oriental collections, consisting of original essays and dissertations [...] illustrating the history and antiquities, the arts, sciences and literature of Asia. Vol. 1-3. London 1797-1799

Paulus, Heinrich Eberhard Gottlob [Hg.]:
Sammlung der merkwürdigsten Reisen in den Orient in Übersetzung und Auszügen mit ausgewählten Kupfern und Charten [...]. – Jena 1792
[ders., Hg.]: Neues Repertorium für biblische und morgenländische Litteratur. – Jena 1790 f.
s. a.: Spinoza; s. a.: Volney
Reland, Adrian:
Hn. Adrian Relands, Welt=berühmten Professoris der Orientalischen Sprachen in Utrecht, Zwey Bücher von der Türckischen oder Mohammedischen Religion, Davon das erste ist ein kurtzer Begriff der Mohammedischen Theologie, von ihm aus dem Arabischen übersetzet, und mit seinen Anmerkungen erläutert; Im zweyten aber Viele Dinge untersucht werden, die man bißher den Mohammedaneren fälschlich beygemessen hat. [...] Unsern Teutschen zu Liebe getreulich übersetzet, und zum amdern mahl in dieser Sprache herausgegeben. Hanover, bey Nicolaus Förstern, 1717.
Rodinson, Maxime:
Faszination des Islam. (Beck'sche Schwarze Reihe 290) – München 1985
Rotter, Gernot (Hg.):
Die Welten des Islam. Neunundzwanzig Vorschläge, das Unvertraute zu verstehen (Fischer TB 11480) – Frankfurt a. M. 1993
Rückert, Friedrich:
Ausgew. Werke. Hg. von Annemarie Schimmel Bd. 1.2. (it 1022). – Frankfurt a. M. 1988
s. a.: Der Koran
Sacy, Antoine Isaac Silvestre de:
Grammaire Arabe, à l'usage des élèves de l'école spéciale des langues orientales vivantes; avec figures par A. I. Silvestre de Sacy, T. I. II. – Paris 1810
[ders., Hg.]: Notices et Extraits des Manuscrits de la Bibliothèque [du Roi / Nationale] lus au Comité établi par Sa Majesté dans l'Académie royale des Inscriptions et Belles-Lettres [/ Comité établi dans la cidevant Académie des Inscriptions ...]. Tome I, II, III, IV. – Paris 1787. 1789. 1790. An 7
Schelling, F. W. J.:
Denkmal der Schrift von den göttlichen Dingen etc. des Herrn Friedrich Heinrich Jacobi. Tübingen (Cotta) 1812

Schimmel, Annemarie:
Der Islam. Eine Einführung. – Stuttgart (Reclam) 1990
[dies.]: Mystische Dimensionen des Islam. Die Geschichte des Sufismus. – Köln (Diederichs) 1985
[dies.]: Der islamische Orient – Wege seiner Vermittlung nach Europa. In: Goethes Morgenlandfahrten. Hg. von Jochen Golz. (it 2600) Frankfurt a. M. 1999. S. 16-28
[dies.]: Muhammad Iqbal. Prophetischer Poet und Philosoph (Diederichs Gelbe Reihe 82). – München 1989
[dies.]: Die Zeichen Gottes. Die religiöse Welt des Islam. – München (C. H. Beck) 1995
s. a.: Iqbal, Muhammad
Rückert, Friedrich
Schmidt, Alfred:
Goethes herrlich leuchtende Natur. Philosophische Studie zur deutschen Spätaufklärung. – München (Hanser) 1984
Scholz, Heinrich [Hg.]:
Die Hauptschriften zum Pantheismusstreit zwischen Jacobi und Mendelssohn. – Berlin 1916
Simm, Hans-Joachim [Hg.]:
Goethe und die Religion. Aus seinen Werken, Briefen, Tagebüchern und Gesprächen zusammengestellt. – (it 2200) Frankfurt a. M. 2000
Spinoza, Baruch:
Benedicti de Spinoza Opera quae supersunt omnia. Iterum edenda cur. praefationes, vitam auctoris [...] addidit Henr. Eberh. Gottlob Paulus. Vol. 1.2. – Jena 1802-1803
[ders.]: Der Theologisch-politische Traktat. Aus dem Lateinischen von Jakob Stern (1886). – Leipzig (Reclam) 1967
[ders.]: Die Ethik. Aus dem Lateinischen von Jakob Stern (1887). – Leipzig (Reclam) 1968
Tausend und Eine Nacht. Arabische Erzählungen. Zum erstenmal aus einer Tunesischen Handschrift ergänzt und vollständig übersetzt von Max. Habicht, F. H. von der Hagen und Karl Schall. Bd. 1-15. – Breslau 1825
Tavernier, Jean Baptiste:
Les six voyages de Jean Bapt. Tavernier [...] en Turquie, en Perse, et aux Indes pendant l'espace de quarante ans, & par toutes les routes que l'on peut tenir [...]. Utrecht 1712

Tholuck, Friedrich August Gotttreu:
Sufismus sive theosophia persarum pantheistica. – Berlin 1821
[ders.] Blüthensammlung aus der Morgenländischen Mystik nebst einer Einleitung über Mystik überhaupt und Morgenländische insbesondere. – Berlin 1825
Tibi, Bassam:
Der wahre Imam. Der Islam von Mohammed bis zur Gegenwart. München 1996
Yovel, Yirmiyahu:
Spinoza. Das Abenteuer der Immanenz. – Göttingen (Steidl) 1996

Personenregister

(Unter den Orientalisten sind in Klammern als solche nur diejenigen ausdrücklich gekennzeichnet, die Goethe gekannt bzw. deren Werke er konsultiert hat. Seitenangaben zu Goethe selbst beziehen sich ausschließlich auf die Stellen, in denen sein besonderes Verhältnis zum Islam und seine Bewunderung für den *Koran* zum Ausdruck kommt, desgleichen die Seitenangaben zum Propheten Mohammed auf Goethes Einstellung zu ihm. Die Transkription orientalischer Namen folgt keinem festen Schema, sondern weitgehend den überlieferten Formen.)

Sachregister